Tratado de Direito Internacional

Direito Internacional no Tempo de Samuel Pufendorf

Tratado de Direito Internacional

Direito Internacional no Tempo de Samuel Pufendorf

TOMO 9

2024 • 2ª Edição • Revista, Ampliada e Atualizada

Paulo Borba Casella

ALMEDINA

DIREITO INTERNACIONAL NO TEMPO DE SAMUEL PUFENDORF
2ª EDIÇÃO • REVISTA, AMPLIADA E ATUALIZADA

AUTOR: Paulo Borba Casella

DIRETOR ALMEDINA BRASIL: Rodrigo Mentz
EDITORA-CHEFE: Manuella Santos de Castro
EDITOR PLENO: Aurélio Cesar Nogueira
PRODUTORA EDITORIAL: Erika Alonso
ASSISTENTES EDITORIAIS: Laura Roberti, Tacila da Silva Souza e Patrícia Romero

DIAGRAMAÇÃO: Almedina
DESIGN DE CAPA: Roberta Bassanetto

ISBN: 9788584937080
Junho, 2024

Dados Internacionais de Catalogação na Publicação (CIP)
(Câmara Brasileira do Livro, SP, Brasil)

Casella, Paulo Borba
Tratado de direito internacional : direito internacional no tempo de Samuel Pufendorf : tomo 9 / Paulo Borba Casella. -- 2. ed. rev. ampl. e atual. -- São Paulo : Almedina, 2024.

ISBN 978-85-8493-708-0

1. Direito internacional 2. Relações internacionais 3. Tratados internacionais I. Título.

24-201584 CDU-341

Índices para catálogo sistemático:
1. Direito internacional 341
Aline Graziele Benitez - Bibliotecária - CRB-1/3129

Este livro segue as regras do novo Acordo Ortográfico da Língua Portuguesa (1990).

EDITORA: Almedina Brasil
Rua José Maria Lisboa, 860, Conj.131 e 132, Jardim Paulista | 01423-001 São Paulo | Brasil
www.almedina.com.br

Ocorre, assim, que entre príncipes e senhores
Pactos e convenções sejam tão frágeis.
Fazem uma liga hoje, reis, papas e imperadores,
Amanhã serão inimigos capitais:
Porque, qual seja a aparência exterior,
Não têm o coração, nem têm ânimo tal;
Que, olhando ao torto, mais que ao direito,
Cuidem somente de seu interesse.

Ludovico ARIOSTO (1532, ed. 1976)[1]

Alianças tem papel a cumprir, em tempos de guerra, como em tempos de paz, para melhor reunir os recursos de diferentes estados, e pela união de forças, repelir ou trazer a bons termos, um inimigo mais poderoso. Está, assim, no âmbito da autoridade do soberano celebrar alianças, de ambas as espécies, e obrigar os seus súditos a observá-las, e ao mesmo tempo direcionar, para o estado, todos os benefícios, daí resultantes.

Samuel PUFENDORF (1673)[2]

1 Lodovico ARIOSTO (1474-1533), **Orlando furioso** (orig. publ. 1516, 2ª ed. 1521, 3ª ed. def. 1532, Firenze: Casa ed. Salani – I grandi classici, 1976, volume secondo, canto 44, 2ª estrofe, p. 514): "Quindi avvien che tra principi e signori / Patti e convenzion sono si frali. / Fan lega oggi re, papi e imperatori, / Doman saran nimici capitali: / Perchè, qual l'apparenze esteriori, / Non hanno i cor, non han gli animi tali; / Chè, non mirando al torto più ch'al dritto, / Attendon solamente al lor profitto."

2 S. PUFENDORF, **De officio hominis et civis iuxta legem naturalem** (Lund: Adam Junghans, 1673, cit. II.VII.5); ___, **Les devoirs de l'homme et du citoyen** – tels qu'ils sont prescrits par la loi naturelle, traduits du latin par Jean BARBEYRAC, edição facsimilar da edição original dita de 'Londres': chez Jean Nourse, 1712, Caen: Centre de philosophie politique et juridique de l'Université de Caen, 1984 na capa e 1989 na página de rosto, 2 vols.); ___, **On the duty of man and citizen** – according to natural law, ed. by James TULLY, translated by Michael SILVERTHORNE, Cambridge: Univ. Press – Cambridge Texts in the History of Political Yhought, 1st. publ., 1991); ___, **Os deveres do homem e do cidadão** – de acordo com as leis do direito natural, trad. para o inglês por Andrew TOKE, 1691, org. e intr. Ian HUNTER e David SAUNDERS, seguido de *As obras de Samuel Pufendorf* – Dois discursos e um comentário, por Jean BARBEYRAC, traduzidos por David SAUNDERS, tradução Eduardo Francisco ALVES, Rio de Janeiro: Topbooks – Liberty Fund, 2007). Lamentavelmente é

Quem não sabia ontem, quem não sabe hoje, que os direitos históricos são a coisa mais compartilhada do mundo? Os efeitos são bem conhecidos. Mas, é preciso distanciamento e a experiência do passado, para reconhecer que eles constituem uma espécie de proclamação, de justificação, e que essa forma é o que mais importa, enquanto os fatos, as situações, as relações de força, que deveriam exprimir, desaparecem a partir do momento em que se tenta apreendê-los, inapreensíveis fora das categorias da percepção e da descrição, que lhes conferem existência. No século XVII, os juristas, os homens políticos, os diplomatas não falavam em direitos históricos, mas em 'títulos' e 'provas': os termos, *a priori*, são perfeitamente sinônimos, se excluímos, na circunstância, esses dados que, por definição, variam.

Daniel NORDMAN (2000)[3]

A teoria 'moderna' do direito natural, por sua própria natureza é, de tal modo, heterogênea que, frequentemente, os autores foram, entre si, falsos amigos – *faux amis* – à imagem de GRÓCIO e de PUFENDORF que, apesar de tudo, são ambos considerados como fundadores da 'escola do direito natural e das gentes'. Na verdade, não existe 'escola' do direito natural moderno. Que os filósofos e os juristas se tenham colocado de acordo, para atribuir ao direito natural um fundamento racional é, com certeza, claro; mas o conceito de direito natural, em cada doutrina, é tributário dos postulados, que sustentam o edifício. Cada sistema é irredutível a qualquer outro, precisamente, em razão de seus axiomas de base.

S. GOYARD-FABRE (2002)[4]

muito inadequada essa tradução brasileira: pouco clara, talvez por ser uma tradução de outra tradução – do latim, para o inglês, e do inglês, para o português – na qual se perdem o sentido, a concisão e a precisão do texto original de PUFENDORF.

[3] Daniel NORDMAN, *Les titres et les preuves – la notion de droits historiques en France (1648-1661)* (in **L'Europe des traités de Westphalie**, dir. de L. BÉLY, Paris: PUF, 2000, p. 245-252, cit. p. 245) completa: "Les titres et les preuves impliquent quelque chose qui est plus proche encore de l'argumentation, de l'affirmation et de la démonstration. En ce sens, ils traduisent bien ce qui est le principe même, la déclaration. Il en est de même de tant d'autres objets historiques, frontières, paysages, territoires, qui ne sont pas davantage des choses en soi."

[4] Simone GOYARD-FABRE, **Les embarras philosophiques du droit naturel** (Paris: Vrin, 2002, Première partie – *De la topologie à la typologie du droit naturel*, item – *Trois topoï et trois types de droit naturel*, p. 21-26, cit. p. 25) completa: "il importe, contrairement à une tendance couramment affirmée aujourd'hui, de reconnaître le caractère composite et souvent controversial que prend alors le concept de droit naturel."

PUFENDORF ... estima, como GRÓCIO, que existe entre as nações, embora divididas em estados, cujas relações são, geralmente, conflituosas, uma sociedade comum, a comunidade internacional, cujos interesses são superiores aos de cada um dos estados que a compõem.

J.-P. BOIS (2012)[5]

[5] Jean-Pierre BOIS, **La paix** – Histoire politique et militaire 1435-1878 (Paris: Perrin, 2012, chap. 5 – *La paix européenne à l'épreuve de Louis XIV. Le temps des congrès*, p. 251-319, cit. p. 268-269).

SUMÁRIO

ABREVIATURAS

a. C. – antes de Cristo
A.D. – anno Domini, para designar a cronologia a partir do nascimento (presumido) de Jesus Cristo, também designado como "d.C."
AE – Affaires étrangères (Arquivos do Ministério das relações exteriores), Paris
AFDI – Annuaire Français de Droit International (publicação do C.N.R.S., Paris)
AIEA – Agência Internacional de Energia Atômica (IAEA, em inglês)
AJIL – American Journal of International Law
AN – Archives Nationales (Arquivos Nacionais da França), Paris
ARSI – *Archivum Romanum Societatis Jesu – Arquivo romano da Companhia de Jesus*
BN e BnF – Bibliothèque Nationale de France, Paris
Bol. SBDI ou *Boletim – Boletim da Sociedade Brasileira de Direito Internacional*
BV – Biblioteca Vaticana, Roma
BYBL – British Yearbook of International Law
© – copyright = indica a data de publicação original da obra citada
ca. – *circa*, por volta de
CBN – Comunidade Britânica de Nações (*British Commonwealth of Nations*)
CDI ou ILC – Comissão de Direito Internacional da Nações Unidas – International Law Commission of the United Nations
CEDIN – Centro de estudos de direito internacional, seguido de indicação da Universidade (Paris e outras)
cf. – conforme
cfr. – confira-se
CIJ – Corte Internacional de Justiça, Haia (1946-)
CPJI – Corte Permanente de Justiça Internacional
C.T.S. – Consolidated Treaty Series (1648-1918) (ed. by Clive Parry, 1969–, New York: Oceana) com indicação do volume e página
d. C. – depois de Cristo, para designar o calendário da era cristã (tb. AD)
DI – Direito internacional (público)
Difel – Editora Difusão Européia do Livro, São Paulo
DIPr – Direito internacional privado

DTV – Deutscher Taschenbuch Verlag, Munique
Edusp – Editora da Universidade de São Paulo, São Paulo
EJIL – European Journal of International Law
Enciclopédia – **Enciclopédia Luso-Brasileira de Direito Internacional**, coord. D. M. VICENTE, F. L. BASTOS, M. A. RIBEIRO, A. T. SALIBA, M. T. FRANCA Fº. e P. B. CASELLA, Alfragide: Dom Quixote – Leya, 2023
Encyclopedia of International Law – **The Max Planck Encyclopedia of Public International Law**, published under the auspices of the Max Planck Institute for Comparative Public Law and International Law, edited under the direction of R. WOLFRUM, Oxford: Univ. Press, 2012, 11 vols.), com indicação do tomo e das páginas – edição anterior da **Encyclopedia** coordenada por R. BERNHARDT (Dordrecht, 1981-1990, 12 vols.)
FAO – *Food and Agriculture Organization* (Organização para a Agricultura e Alimentação das Nações Unidas), Roma
FCE – *Fondo de cultura economica,* Cidade do México e outras cidades
FUNAG – Fundação Alexandre de Gusmão, Brasília
Fundamentos – P. B. CASELLA, Fundamentos do direito internacional pós-moderno (prólogo Hugo CAMINOS, São Paulo: Quartier Latin, 2008)
GYIL – German Yearbook of International Law
i.a. – inter alia – dentre outros
HHStA – Haus-, Hof- und Staatsarchiv – Reichsarchive, Viena
ICLQ – *International and Comparative Law Quarterly*
IDI – Instituto de Direito internacional – *Institut de droit international*
IHLADI – Instituto Hispano-Luso-Americano e Filipino de Direito Internacional
ILA – International Law Association / Association de droit international
ISIAO – Istituto Italiano per l'Africa e l'Oriente, Roma
LCL – Loeb Classical Library (Greek and Latin series), Cambridge, Ma. / London, England: Harvard Univ. Press
Manual – H. ACCIOLY – G. E. do NASCIMENTO E SILVA – P. B. CASELLA, Manual de direito internacional público (com a colaboração de Arthur R. CAPELLA GIANNATTASIO, São Paulo: Saraiva, 26ª ed., 2023)
OESP – jornal "O Estado de São Paulo"
ONU – Organização das Nações Unidas (United Nations Organization / Organisation des Nations Unies)
op. cit. – opus cit. – obra citada
orig. publ. – originalmente publicado em
PU – Presses Universitaires (com indicação da universidade / cidade)
PUF – Presses Universitaires de France, Paris
RCADI – Recueil des Cours de l'Académie de Droit International de La Haye – Collected courses of the Hague Academy of International Law (Haia) – publicados desde 1923, com indicação do ano, volume e páginas
RDILC – Revue de droit international et de législation comparée
Restatement – American Law Institute, *Restatement of the law – The foreign relations law of the United States,* St. Paul, Minn., 1987, 2 v.)

RGDIP – *Révue Générale de Droit International Public*, Paris
SBDI – Sociedade brasileira para o direito internacional
SdN – Sociedade das Nações (Société des Nations / League of Nations)
SFDI – Sociedade francesa para o direito internacional
s. n. ed. – sem nome do(a) editor(a)
tb. – também
Tratado / P. B. CASELLA, Tratado de direito internacional (São Paulo: Almedina, 2022-) com indicação do tomo e do capítulo ou item, ao qual se remete
Tratado ACCIOLY – Tratado de direito internacional de H. ACCIOLY (terceira edição, histórica, com pref. P. B. Casella, Brasília: FUNAG / São Paulo: Quartier Latin, 2009, 3 vols.)
UNTS – United Nations Treaty Series – com indicação do volume e página
Univ. – Universidade / University / Université
UP – ou Univ. Press – University Press (seguido da indicação do nome e/ou local da Universidade)
VRBEI – Vorträge, Reden und Berichte aus dem Europa-Institut – Sektion Rechtswissenschaft – Universität des Saarlandes, Saarbrücken
v. – vide – ver
v. tb. – ver também
YILC – *Yearbook of the International Law Commission*
ZEE – Zona Econômica Exclusiva

INTRODUÇÃO

No fim das contas, o homem não volta ao curso da história, como alguns peixes voltam ao curso do rio; ele só pode descer rumo ao grande delta, a seu destino extremo, antes de se lançar ao grande mar. Seremos outra coisa. Nossa cultura foi afetada. O espinho está em sua carne, e é impossível retirá-lo sem morrer. No entanto, podemos viver com ele e mantê-lo em nosso corpo, não como uma medalha, mas como uma cicatriz, um testemunho, uma lembrança má, uma defesa contra os espinhos futuros. Haverá outros espinhos, com outras formas, outras cores. Mas agora este aqui faz parte de nossa grande ferida, isto é, de nossa vida.

Mohamed Mbougar SARR (2021, ed. bras. 2023)[6]

O passado não se limita apenas a nos arrastar para o passado. A memória do passado esconde, em alguns pontos, umas poucas mas poderosas molas metálicas. Elas disparam prontamente quando as tocamos, no presente, catapultando-nos em direção ao futuro.

Yukio MISHIMA (1949, ed. bras. 2010)[7]

[6] Mohamed Mbougar SARR (1990-), **A mais recôndita memória dos homens** (orig. publ. **La plus secrète mémoire des hommes**, 2021, trad. Diogo CARDOSO, São Paulo: Fósforo, 2023, cit. p. 132).

[7] Yukio MISHIMA (1925-1970), **O pavilhão dourado** (orig. publ. **Kinkakuji**, 1949, trad. do japonês e glossário Shintaro HAYASHI, São Paulo: Companhia das Letras, 2010, p. 275).

> Pesquisadores da história do direito natural – sobretudo do final do século XIX e início do XX, tais como NYS e VANDERPOL –, parecem destronar GRÓCIO, restabelecendo a linhagem complexa de evolução do direito natural. Chegam à Alta idade média, e mais ainda, até os estoicos, ARISTÓTELES e os sofistas, trazendo à luz a obra secular dos predecessores de GRÓCIO, nesse domínio, obra completada pelos esforços dos teólogos espanhóis VAZQUEZ DE MENCHACA, MOLINA, VITÓRIA e SUAREZ, como também do positivista de orientação histórica, Alberico GENTILI. Deram cabo, para sempre, do preconceito que sustentava ser o direito internacional filho dos tempos modernos e tendo sua fonte no tratado de paz de Vestfália. Pesquisas aprofundadas comprovaram a existência de complexo sistema de normas jurídicas internacionais no ordenamento jurídico da Idade média. Não há dúvida que grande número de instituições de direito internacional remontam à mais longínqua Antiguidade, e que o direito internacional não é mais novo do que qualquer outra forma de direito.
>
> G. GURVITCH (1927)[8]

A evolução institucional do direito internacional prossegue na segunda metade do século XVII e início do XVIII – contando, de um lado, a prática dos estados, em sucessivos tratados e alianças – que se multiplicam, dentre outras, com a paz religiosa de Augsburgo, em 1555, a paz de Vestfália, em 1648, a paz dos Pirineus, em 1659, a paz de Oliva, em 1660, a paz franco-espanhola de Aquisgrana, em 1668, a paz de Nijmegen, de 1679, a paz de Ryswick, em 1697, a paz da Haia, em 1698, renovada em 1700, a paz de Carlowitz, em 1699, a paz de Utrecht, em 1713 e sua complementação, a paz de

[8] Georges GURVITCH (1894-1965), *La philosophie du droit de Hugo Grotius et la théorie moderne du droit international* – à l'occasion du tricentenaire du **De jure belli ac pacis**, 1625-1925 (Revue de Métaphysique et de Morale, t. 34, no. 3, juil.-sept. 1927, p. 366-391, publ. Paris: Presses universitaires de France – online https://www.jstor.org/stable/40896476, cit. p. 367): "C'en est fini pour toujours du préjugé soutenant que le droit international est un enfant des temps nouveaux et puise sa source dans le traité de paix de Westphalie. Des recherches approfondies ont établi l'existence d'un réseau complexe de règlements juridiques internationaux dans l'ordre juridique du Moyen âge. Il est hors de doute qu'un grand nombre des institutions de droit international remonte à la plus lointaine antiquité, et que le droit international n'est nullement plus jeune que n'importe quelle autre forme du droit." A ordem dos elementos da primeira frase da citação foi ligeiramente modificada. V. tb. Ernest NYS, **Les origines du droit international** (Bruxelles: Alfred Chastaigne / Paris: Thorin & Fils, 1894); Alfred VANDERPOL, **La doctrine scholastique du droit de la guerre** (Paris: Pedone, 1919).

Rastatt, em 1714, a paz de Nystadt, em 1721, a paz de Belgrado, em 1739, a paz de Aquisgrana, em 1748, a paz de Paris, de 1763, que põe fim à guerra dos sete anos, dentre tantas outras. Sem falar de outros muitos tratados e alianças, que configuram o direito e o sistema internacional da época, e contribuem para a progressiva configuração de 'sistemas internacionais coesos'.[9]

De outro lado, surgem concepções de 'sistemas internacionais coesos' – ou que o almejam –, visando a paz, como formulam o Grande Plano, ou *Grand Dessein*, de 1632, atribuído a HENRIQUE IV, na verdade elaborado por Maximilien de Béthune, duque de SULLY, propondo uma federação europeia,[10] à qual competiria restabelecer a unidade religiosa da Cristandade e expulsar os infiéis da Europa;[11] ou G. W. LEIBNIZ, em suas Reflexões sobre a segurança pública da Europa, de 1670 –[12] temática que encontra alguns predecessores e muitos seguidores, teóricos que escreve-

[9] Ver, a seguir, neste tomo, o item – *sistemas internacionais coesos*, bem como **Tratado** (tomo 8 – **Direito internacional além do paradigma vestfaliano**, título II – *da construção de sistemas coesos: de Vestfália (1648) até a guerra dos sete anos (1756-1763)*).

[10] Como se menciona no cap. 19, neste tomo, ainda supunha Samuel RACHEL, em 1676, ter este plano sido concebido inicialmente por HENRIQUE IV, da França. Mas, como se sabe, o autor foi o duque de SULLY, algumas décadas depois de ter sido assassinado o rei, em 1610; tb., neste tomo, as considerações sobre os projetos de institucionalização da paz, no item – *sistemas internacionais coesos*; P. B. CASELLA, **Comunidade europeia e seu ordenamento jurídico** (São Paulo: LTr, 1994, esp. item, 1.2 – *projetos e experiências de união europeia: antecedentes históricos*, p. 58-75, cit. p. 62) "a piedosa mistificação em memória do rei HENRIQUE IV, perpetrada por Maximiliano de Béthune, Duque de SULLY, sob a forma do 'Grande Plano' (de 1632)"; Walter SCHÜCKING, na Haia, sobre **Le développement du Pacte de la Société des Nations** (RCADI, 1927, t. 20, p. 349-458); e dois outros seus livros, um sobre 'a organização do mundo' – W. SCHÜCKING, **Die Organisation der Welt** (Leipzig: J. C. B. Mohr – P. Siebeck, 1908) – e outro sobre 'o problema das nacionalidades' – **Das Nationalitätsproblem** – eine politische Studie über die Polenfrage, und die Zukunft Österreich-Ungarns (Dresden: Zahn & Jaensch – Gehe-Stiftung zu Dresden, 1908).

[11] Algumas décadas mais tarde, ainda o abade de SAINT PIERRE acreditava tivesse sido o rei HENRIQUE IV o autor do 'grande plano' e, em várias passagens, invocava a autoridade moral desse bom rei, como respaldo ao projeto. Ver Charles 'Irénée' CHASTEL, Abbé de SAINT-PIERRE (1658-1743), **Projeto para tornar perpétua a paz na Europa** (orig. publ. em Utrecht, por Antoine Schouten, em três tomos: os dois primeiros, em 1713, e o terceiro, em 1717; trad. Sérgio DUARTE, pref. R. SEITENFUS, Brasília: Ed. UnB / IPRI, São Paulo: IOE, 1ª ed. bras., 2003).

[12] G. W. LEIBNIZ, **Bedenken, welchergestalt Securitas publica interna et externa et Status praesens im Reich jetzigen Umständen nach auf festen Fuss zu stellen** (1670, in **Die Idee Europa 1300-1946** – Quellen zur Geschichte der politischen Einigung, hrsg. Rolf Hellmut FOERSTER, Munique, DTV, 1963, p. 73-78). Como se analisa no item seguinte –

ram por mais de um século, até KANT, 1795 –[13] ou a visão do teatro europeu, segundo RICHELIEU, antes prática, que teórica, marcada pela adoção da 'razão de estado', como norteadora da ação política.[14] E pelos imperativos de inserção francesa, no contexto europeu ocidental.

A ruptura da unidade religiosa da Europa ocidental, depois das reformas protestantes e da contrarreforma marcam a configuração das relações internacionais – e trazem à luz o fenômeno da assim chamada confessionalização, ou *Konfessionalisierung*, ou seja, algum alinhamento de potências, em conformidade com respectivas confissões religiosas.[15] O absolutismo confessional esteve presente em cada principado no Império, e o pluralismo poderia não passar de uma aparência, mesmo quando acomodações foram possíveis.[16]

sistemas internacionais coesos – bem como no **Tratado** (tomo 10 – **Direito internacional no tempo de C. van Bynkershoek e Christian Wolff**, item 22.1 – *direito segundo LEIBNIZ*).

[13] Immanuel KANT, **Zum ewigen Frieden** – ein philosophischer Entwurf, seguido de **Über den Gemeinspruch: Das mag in der Theorie richtig sein, taugt aber nicht für die Praxis** (mit Einleitung und Anmerkungen, Bibliographie und Registern kritisch herausgegeben von Heiner F. KLEMME, Hamburgo: Felix Meiner – Philosophische Bibliothek Band Nr. 443, 1992); ed. francesa ___, **Projet de paix perpétuelle** (texte intégral, présentation et commentaires de J.-J. BARRÈRE et C. ROCHE, Paris: Nathan, 1991); ed. brasileira, ___ et al., **A paz perpétua** – um projeto para hoje (org. J. GUINSBURG, textos de KANT, DERRIDA, ROSENFELD e ROMANO, São Paulo: Perspectiva, 2004). V. tb Jean FERRARI e Simone GOYARD-FABRE (dir. de), **L'année 1796 – sur la paix perpétuelle** – de LEIBNIZ aux héritiers de KANT (Paris: Vrin, 1998); e o item seguinte – *sistemas internacionais coesos*.

[14] Cfr. **Monumenta Europae Historica**, Armand Jean du PLESSIS, cardeal de RICHELIEU, **Les papiers de Richelieu** – section politique extérieure / correspondance et papiers d'état – **Empire allemand** tome I (1616-1629) (par Adolf WILD, préf. Stephan SKALWEIT, Paris: Pedone, 1982); ___, ___, **Empire allemand** tome II (1630-1635) (par Anja Victorine HARTMANN, préfaces Hermann WEBER et Klaus MALETTKE, Paris: Pedone, 1997); ___, ___, **Empire allemand** tome III (1636-1642) (par Anja Victorine HARTMANN, préfaces Hermann WEBER et Klaus MALETTKE, Paris: Pedone, 1999); ___, ___, **Empire allemand** (1616-1642 – Index des tomes I, II et III) (par Aurélia BERGER, Paris: Pedone, 2003).

[15] A respeito, Heinz SCHILLING, *La confessionalisation et le système international* (in **L'Europe des traités de Westphalie**, dir. de L. BÉLY, Paris: PUF, 2000, p. 411-428) se reporta: "moins au contexte historico-événementiel connu dans lequel, autour de 1600, la religion et la confession ont joué un rôle dans la politique étrangère des puissances européennes, mais plutôt, de façon systématique, aux termes d'un problème qui n'a guère encore été abordé par les historiens des relations internationales, à savoir comment expliquer le fait qu'à l'ère confessionnelle le poids de la religion et de l'Église se soit si fortement accru en politique intérieure comme en politique extérieure, et comment s'est traduit dans le jeu international des puissances."

[16] L. BÉLY, *La négociation comme idéal et comme art* (in **L'Europe des traités de Westphalie**, op. cit., 2000, p. 603-612, cit. p. 608): "La situation française, avec ses oscillations dans le

A dimensão confessional se inscreve ao lado da busca da promoção dos interesses nacionais – sob a forma da teoria da soberania[17] e da razão de estado.

Enquanto a teoria da soberania e a dela decorrente análise das formas de estado se ocupa, sobretudo, da tipificação dos estados e da análise das estruturas internas destes, na razão de estado se trata de deduzir das características individuais de cada estado, e sobre a necessidade do uso do poder para a conservação do estado. A doutrina da razão de estado, tal como a doutrina da soberania, surge no século XVI e já então alcança marcos perenes de sua evolução com Nicolau MAQUIAVEL, notadamente n'**o Príncipe** e nos **Comentários sobre a primeira década de Tito-Lívio,**[18] Francesco GUICCIARDINI, nas **Recordações**[19]e na **História da Itália,**[20] em linha que se estende desde então, na Itália, com Giovanni BOTERO, **Da razão de estado,**[21] Scipione AMMIRATO, **Discursos sobre Cornélio Tácito,**[22] e Ludovico SETTALA, **Da razão de estado.**[23]

temps et avec la prudence parfois imposée par le contexte international, se caractérisa par une marche inexorable vers la révocation de l'édit de Nantes."

[17] Ver **Tratado** (tomo 5 – **Direito internacional no tempo de Francisco de Vitória**, cap. 13 – *estado como sujeito de direito internacional – a contribuição de MAQUIAVEL e BODIN*).

[18] Nicolau MAQUIAVEL, **O Príncipe e outros escritos políticos** (trad. Lívio XAVIER, São Paulo: Folha de São Paulo, 2010); ___, **Comentários sobre a primeira década de Tito-Lívio** (trad. Sérgio BATH, Brasília: Ed. UnB, 1979); ___, **Discorsi** (in **Tutte le opere**, a cura di Mário MARTELLI, Firenze: Sansoni, 1971, p. 73-254).

[19] '*Ricordi*' segundo o uso florentino do termo, são 'conselhos', 'advertências', que se apresentam como um conjunto de reflexões sobre argumentos morais, políticos, sociais – "che non trova un preciso corrispetivo nel panorama dei generi letterari 'brevi' attestati nella nostra tradizione. Ci troviamo davanti a un'opera per la quale è più agevole scorgere un futuro europeo, soprattutto francese, che non un passato italiano" comenta Vincenzo De CAPRIO (in F. GUICCIARDINI, **Ricordi**, Roma: Salerno Ed., 1990, *Introduzione*, p. 7-37, cit. p. 7 e 21-22): "Dai **Ricordi** muove infatti una nuova determinazione di questo genere, distinguibile dal complesso delle scritture morali e destinato a lunga fortuna europea. [...] Nei **Ricordi** i vari tratti convivono e sempre sembrano combinati fra loro e sopratutto piegati ad altro; in particolare il proverbio, il detto, il precetto."

[20] Francesco GUICCIARDINI, **Ricordi** (1512-1530, a cura di Vincenzo De CAPRIO, Roma: Salerno Ed., 1990); ___, **Storia d'Italia** (orig. publ. Firenze: Lorenzo Torrentino, 1561, ed. a cura di Silvana Seidl MENCHI, saggio introduttivo di Felix GILBERT, Turim: Einaudi, ed. 1971, ristampa 2008, 3 vols.).

[21] Giovanni BOTERO, **Della ragione di stato** (orig. publ. 1589, Roma: Donzetti ed., 1997).

[22] Scipione AMMIRATO, **Discorsi del signor Scipione Ammirato sopra Cornelio Tacito** (orig. publ. Venezia: Filipo Giunti, 1594 – online Biblioteca virtual Miguel de Cervantes https://www.cervantesvirtual.com >).

[23] Ludovico SETTALA, **Della ragion di stato libri sette** (Milano: Gio. Battista Bidelli, 1627 – online https://books.google.com >).

A 'razão de estado' passa pela França, praticada por RICHELIEU e MAZARINO, e examinada na obra de Henri de ROHAN, **Do interesse dos príncipes e estados da cristandade**,[24] dedicada a RICHELIEU.[25]

Na Alemanha, as obras de Arnold CLAPMAR, **Dos arcanos das coisas públicas**,[26] e Christoph BESOLD, **Discurso dos arcanos das coisas públicas**,[27] precedem a obra crítica de Bogislav Philipp von CHEMNITZ. Este, utilizando o curioso pseudônimo Hippolitho a Lapide, com sua Dissertação da razão de estado no nosso império romano-germânico – **Dissertatio de ratione status in imperio nostro Romano-germanico**,[28] influencia a obra de Samuel PUFENDORF, sobre a constituição do império alemão – **De statu imperii germanici**,[29] também inicialmente publicada

[24] Henri Duc de ROHAN, **De l'interest des princes et estats de la chrestienté** à monsieur le cardinal de Richelieu (orig. publ. 1638, Paris: s.n.e. – copie imprimée, 1639 – online Bibliothèque nationale de France, https://gallica.bnf.fr.fr > ark).

[25] Ver adiante, neste tomo o item – *o teatro europeu segundo RICHELIEU*; v. tb. Rodolfo de Freitas JACARANDÁ, **Pelas razões de estado** – o maquiavelismo e os arcanos da estatalidade moderna (Campinas: Unicamp – Instituto de filosofia e ciências humanas, 2008); H. DENZER, *Nachwort* (in S. PUFENDORF, **Die Verfassung des deutschen Reiches**, Übersetzung, Anmerkungen und Nachwwort von H. DENZER, Stuttgart: Reclam Verlag – Universal Bibliothek, vol. 966[3]. 1985, p. 161-207, esp. 7 – *Die Staatsräson*, p. 202-205).

[26] Arnoldus CLAPMARIUS, **De arcanis rerum publicarum libri VI** (orig. publ. 1605, com edições posteriores de Johannes Arnoldi Corvinus, 1641, e de Martinus Schoock, 1668, 1672 – reprint on demand Delhi: True world of books).

[27] Christoph BESOLD, **Discursus de arcanis rerum publicarum** (orig. publ. 1614).

[28] Bogislav Philipp von CHEMNITZ (1605-1678) [sob o pseudônimo Hippolitho a Lapide], **Dissertatio de ratione status in imperio nostro Romano-germanico**, in qua, tum, qualisnam reverà in eo status sit, tum, quae Ratio Status observanda quidem, sed magno cum Patria libertatu detrimento ... (Freistadii, anno 1647, s.n.e.).

[29] Severini de MONZAMBANO Veronensis, **De statu imperii germanici ad Laelium fratrem** Dominum Trezolani, Líber Unus (Veronae: apud Franciscum Giulium, MDCLXVII); ___, **De statu imperii germanici ad Laelium fratrem** Dominum Trezolani, Líber Unus (Genevae: apud Petrum Columesium, MDCLXVII); ou a curiosa edição da mesma obra, Dominus de MONZAMBANO, Illustratus & Restrictus sive Severini de Monzambano, Veronensis, **De statu imperii germanici ad Laelium fratrem** Dominum Trezolani, Líber Unus – Discursibus Ivridico-Politicis explicatus & restrictus: in quibus *Elegantissima iuris publici Romano-Germanici materia v.g. de finibus ac limitibus Germânia antiquis et hodiernis; de Germanorum Imperio Romano; de variis exterorum adversus Imperium molitionibus; de Maiestati Imperatoris & libertate Imperii Ordinum; de Reip. Imperii forma prasenti per Instrumentum Pacis stabilita etc. aliaque, quas Index discursuum in sinenotarum exhibet, ad modernum seculi genium curiose firmissimis rationibus deducuntur* (Opera & Studio Pacifici a Lapide, Germano Constantiensis, Utopiae apud Vdonem Neminem, Vico ubique, ad insigne veritatis, 1668) publicada em lugar

sob pseudônimo, e depois com o nome deste.[30] A partir do século XVII, a temática da razão de estado se desdobra e prossegue, e ainda repercute, no século XIX, na obra de HEGEL.[31]

A razão de estado ou *raison d'état* – teve em RICHELIEU sua formulação e adoção de pressupostos norteadores "deixou legado que, pelos dois séculos seguintes, tentou seus sucessores, a estabelecer a primazia francesa na Europa". Mesmo do fracasso dessas ambições, "emergiu o equilíbrio de poder, primeiro como um fato – *fact of life* –, depois como um sistema, para organizar as relações internacionais".[32] Ambições continuadas por seu sucessor, MAZARINO, passariam a integrar a política externa fran-

nenhum *(utopia)*, por ninguém *(neminem)*, na rua em toda parte *(vico ubique)*, pela insigne verdade. A edição de 1671, além da obra Severini de MONZAMBANO Veronensis, **De statu imperii germanici ad Laelium fratrem** Dominum Trezolani, Líber Unus, contém o texto de ensaio de Samuelis PUFENDORFII, **Disquisitio de Republica Irregulari** ad Severini MOMBANZANO *(Ad exemplar Londinense*, MDCLXXI); ___, **De statu Imperii germanici ad Laelium fratrem, Dominum Trezolani, Líber unus** (orig. publ. 1667, edição datada de 1684, mas publicada em 1685 "editio novissima, additionibus necessariis aucta atque emendata", MDCLXXXIV).

30 Depois da morte do autor, figura o nome de PUFENDORF (na edição de João Godofredo SCHAUMBURG, publicada em Leipzig, em 1734): Sam. L. B. de PUFENDORF, antea Severini de MONZAMBANO, **De statu imperii germanici** Líber Unus olim cura B. Titii cum notis variorum editus, nunc denuo recusus et notis ad praesens seculum accomodatis atque praefatione de libertate sentiendi in causis publicis restricta auctus a Io. Godofr. SCHAUMBURG, I. V. D. eiusdemque in Academia Hasso-Schaumburgiana profess. ordin. (Lipsiae: sumtibus Michaelis Blochbergeri, 1734); Samuel PUFENDORF, **Die Verfassung des deutschen Reiches** (Originaltitel **De statu imperii germanicii**, Übersetzung, Anmerkungen und Nachwort von Horst DENZER, Stuttgart: Philipp Reclam Jun. – Univ. Bibliothek Nr. 966, 1976, reimpr. 1985, *Vorbemerkung*, p. 3): "Samuel PUFENDORF hat seine Reichsverfassungsschrift 1667 unter dem Pseudonym eines vornehmen Italieners, Severinus von Mozambano aus Verona, veröffentlicht. Die Form des Berichts des Italieners an seinen Brüder Laelius hat PUFENDORF um der Glaubwürdigkeit willen in der ganzen Schrift durchgehalten. Die Argumentation aus italienischer Sicht muss deshalb beim Lesen immer im Auge behalten werden."

31 Como se considera no **Tratado** (tomo 13 – **Direito internacional no tempo do concerto europeu**, item – *HEGEL e o direito internacional*).

32 Ver, adiante, neste tomo, o item – *o teatro europeu segundo RICHELIEU*. Como observa Henry KISSINGER, **Diplomacy** (New York: Simon & Schuster, 1994, chap. three – *From universality to equilibrium: RICHELIEU, WILLIAM OF ORANGE and PITT*, p. 56-77, cit. p. 58-59): "RICHELIEU foi o pai do moderno sistema de estados. Ele promulgou o conceito de razão de estado – *raison d'état* – e o praticou incansavelmente, para o bem de seu próprio país. Sob seus auspícios, a *raison d'état* substituiu o conceito medieval de valores morais universais, como princípio diretor da política francesa".

cesa, com influência sobre outros estados. A doutrina ainda está presente em imperativos, adotados correntemente, como as tentativas de defesa da soberania dos estados e a busca de alianças e acordos, visando manter suas independências.

O que seja a razão de estado – *raison d'état, Staatsräson* ou *Staatsvernunft*, como a denomina HEGEL – não poderia ser exprimido de maneira mais clara, como nesta passagem de *Memorial* de um dos assessores de RICHELIEU: "Não se trata aqui, absolutamente, de religião ou de consciência, mas da conservação do estado, e de se opor aos progressos de uma ambição, cuja torrente desregrada somente pode ser detida por equivalente, porém justa, violência".[33]

A partir da conquista de Constantinopla, em 1453, pelos séculos XV ao XVII, os progressos militares otomanos na Europa balcânica e oriental suscitam reflexo identitário, que poderia ter favorecido o surgimento de uma consciência europeia – apontando-se a visão dos "otomanos como bárbaros que subvertiam territórios europeus e a civilização que estes traziam, consequentemente conclamando os príncipes a uma defesa comum" – onde a "denúncia do perigo turco se fazia acompanhar da renovação da temática da união dos príncipes, que servira de base para as cruzadas medievais, na perspectiva de reconquista dos lugares santos".[34] Ainda em PUFENDORF, a guerra contra os turcos – *Türkenkrieg* – se põe como temática recorrente e de grande relevância.

Os conflitos entre soberanos são vigorosamente denunciados, acusados de contribuir para os sucessos dos infiéis:

> Essas confrontações fratricidas servem os interesses do sultão de Constantinopla; este teria completado a conquista de Bizâncio, quando se deu conta que LUÍS XI e CARLOS de Borgonha estavam empenhados em se liquidar

[33] Memorial de MARESCOT, *Parecer sobre o estado das coisas da Alemanha* (1625, in **Les papiers de Richelieu** – tome I – **Empire allemand** (1616-1629), par A. WILD, Paris: Pedone, 1982, Doc. N. 66 – Memorial von MARESCOT, 1625, p. 105-110 – *Advis sur l'estat des affaires d'Allemagne* – Paris, AE, CP, Allemagne, Supplément 1, fol. 217-219, Ausfertigung, cit. p. 107-108).

[34] Gérard POUMARÈDE, *La question d'Orient au temps de Westphalie* (in **L'Europe des traités de Westphalie** – esprit de la diplomatie et diplomatie de l'esprit, dir. de L. BÉLY avec I. ROCHEFORT, Paris: PUF, 2000, p. 363-390, esp. *Paix de la chrétienté et guerre contre le Turc*, p. 365-369 e *Quand la guerre turque se rallume*, p. 369-374, cit. p. 365-366): "Une telle constatation justifie les appels à l'union lancés à travers de multiples projets d'entreprises armées contre le Turc qui sont proposées aux XVIe et XVIIe siècles par des auteurs très divers."

um ao outro; em seguida, este teria se apossado de Rodes, enquanto o rei francês se batia, na Itália, com as tropas imperiais; depois quando os heréticos misturaram as cartas, na França, na Inglaterra e na Alemanha, ele assediou Malta, tomou o reino de Chipre, desgastou e arruinou todas as províncias e vilas cristãs da Ásia e da Europa. Parece ser uma tática deliberada dos otomanos, por meio da qual exploram as divisões entre os cristãos, para se engrandecerem às custas destes.[35]

Essas reflexões ensejam tornar evidente a ligação entre a busca da paz no seio da Cristandade e a guerra contra os turcos, na prática das relações internacionais da era moderna: "o tempo das negociações de paz efetivamente aparece como momento oportuno para abrir caminho a empreitada coletiva contra o inimigo comum, de modo que maioria dos grandes tratados internacionais do século XVI dão particular atenção ao perigo otomano", quer em seus preâmbulos ou em suas cláusulas, enquanto "os soberanos europeus adquirem o hábito de selar suas reconciliações às costas do sultão, prevendo contra este operações conjuntas"![36]

Uma verdadeira ideologia da paz é assim posta em operação no século XVI, sob pressão militar dos turcos. Esta promove a necessária acomodação dos conflitos da Cristandade como preliminar para uma união dos príncipes, suscetível de opor resistência eficaz àqueles. O papado é o inspirador e se vê respaldado ocasionalmente por um ou outro príncipe. Ainda que as consequências práticas tenham se mostrado limitadas, mesmo assim essa ideologia define o quadro teórico, no qual a negociação de Vestfália e os eventos, que se desenrolam à margem desta, podem naturalmente se acomodar nesse quadro.[37]

[35] Ver **Tratado** (tomo 5 – **Direito internacional no tempo de Francisco de Vitória**, item – *Relação entre comunidades cristãs e não-cristãs no contexto medieval*); Michael J. HEALTH, **Crusading commonplaces** – La Noue, Lucinge and rhetoric agains the Turks (Genève: Droz – Travaux d'humanisme et de Renaissance, vol. CCIX, 1986 – online droz.org): "L'Europe au XVI siècle a vécu à l'ombre de la menace turque. A quels auteurs cette situation n'a-t-elle pas inspiré quelque chose? La situation des Français, à cet égard, avait quelque chose d'ambigu, à cause des alliances turques de leurs rois."

[36] G. POUMARÈDE, *La question d'Orient au temps de Westphalie* (in **L'Europe des traités de Westphalie**, Paris: PUF, 2000, cit. p. 366 e 368): "Le thème de la menace ottomane et de la nécessaire résistance qu'il faut lui opposer contribue ainsi à structurer le dialogue international au XVIe siècle."

[37] G. POUMARÈDE, *La question d'Orient au temps de Westphalie* (in **L'Europe des traités de Westphalie**, Paris: PUF, 2000, cit. p. 369-370): "Elle repose de plus sur une rhétorique bien

Trata-se de fase relevante da história e do direito internacional, na Europa e no mundo, com desdobramentos de viés 'colonial', que se projetam, a partir da Europa, sobre vários continentes.[38] Desse período são aqui destacadas as obras de Samuel RACHEL (1628-1691) e Samuel PUFENDORF (1632-1694) e deste, seu vasto conjunto de atuação, não somente no direito internacional, mas também em suas obras históricas, sobre o Império germânico, sobre a Suécia e sobre a Prússia.

O método de PUFENDORF, para escrever a história de um estado, era compreender o motor essencial, que se pode chamar 'razão de estado'. Esta dependia, a seus olhos, da estrutura desse estado. – *forma imperii*. Por isso, ele buscou, em vão, definir a estrutura do Sacro Império, que não era nem uma monarquia, nem uma aristocracia, nem uma democracia, e o levou a ver o Império como um corpo irregular e similar a um monstro – *irregulare aliquid corpus, et monstro simile*.[39]

Sustentava PUFENDORF existir legado, que remonta à *Germania Magna*, onde conviveu, das margens do Reno até as margens do Danúbio, um conjunto de povos, que combinava tradições democráticas e reinos, mas cujos governantes eram antes colocados no papel de conselheiros, "porque a total submissão esse povo nunca pôde suportar"![40] Resta acompanhar o desenvolvimento histórico, para chegar até os nossos tempos. E, desse modo, compreender como se deu a evolução institucional, até se alcançar a configuração do Sacro Império, como a descrevia PUFENDORF, em 1667. Escrevendo, como fez, sob pseudônimo, teve mais liberdade para criticar

rodée dont Venise s'efforce de récupérer les éléments à son profit, dès que lui parvient la nouvelle de l'agression dont elle est victime. / La réaction des Vénitiens à l'attaque d'Ibrahim Ier est immédiate. Leurs représentants dans les cours européennes sont chargés d'en informer les souverains et de solliciter officiellement leur soutien. La République mobilise ainsi un réseau déjà très dense d'ambassadeurs et de résidents à l'étranger qu'elle n'hésite pas à renforcer encore devant la gravité de la situation."

[38] Como se considera, ulteriormente, no **Tratado** (tomos 14 a 17 – **Direito internacional no tempo do colonialismo**).

[39] Ver, adiante, item 20.2 – *PUFENDORF como historiador*; Béatrice NICOLLIER, **Le Saint Empire romain germanique au temps des confessions (1495-1648)** (Paris: Ellipses, 2012, *Conclusion*, p. 175-179, cit. p. 175-176).

[40] Samuel von PUFENDORF, **De statu imperii germanici**, liber unus (Latin edition, reprint Charleston: Nabu Press, 2013); ___, **Die Verfassung des deutschen Reiches** (Übersetzung, Anmerkungen und Nachwwort von H. DENZER, Stuttgart: Reclam Verlag – Universal Bibliothek, vol. 966[3]. 1985, 1. Kapitel – *Die Anfänge des Deutschen Reiches*, p. 10-21, Abs. 2 – *Die Verfassung des alten Germanien*, p. 10-11).

os 'eruditos professores de política' que lhe tinham criado problemas, na universidade de Heidelberg.[41]

Desse modo, na obra de PUFENDORF, quer no direito das gentes, quer como historiador, confluem as duas vertentes, para buscar a compreensão do fenômeno político – como se ordena, no plano interno, e como se configuram as relações, no plano internacional. O que justifica menção específica à atuação de 'PUFENDORF como historiador'.[42]

É relevante enfatizar que, para PUFENDORF, como para GRÓCIO, existe entre as nações uma sociedade comum, a comunidade internacional, cujos interesses são superiores aos de cada um dos estados que a compõem; embora dividida em estados, cujas relações são, geralmente, conflituosas.[43]

Como em toda obra humana, as produções trazem a marca de seus autores, quer como retrato do tempo histórico, quer como reflexo do contexto cultural, nos quais se inscrevem – e, dado que não se pode remontar o curso da história, porque esta está em nós, como um espinho na carne, que não pode ser retirado, "podemos viver com ele e mantê-lo em nosso corpo, não como uma medalha, mas como uma cicatriz, um testemunho, uma lembrança má, uma defesa contra os espinhos futuros".

Marcante na história da França e da Europa, a atuação de RICHELIEU mostra quanto a "memória do passado esconde, em alguns pontos, umas poucas, mas poderosas molas metálicas", que "disparam prontamente quando as tocamos, no presente, catapultando-nos em direção ao futuro". Como também via PUFENDORF, 'razão de estado', 'soberania' e 'interesse nacional' seriam exemplos dessas condicionantes, que frequentemente disparam sua força, em meio ao direito e às instituições internacionais, até nossos tempos pós-modernos. Por vezes, com nefastas consequências.

Como expõem os dois internacionalistas do século XVII aqui considerados – Samuel RACHEL e Samuel PUFENDORF, as raízes do direito internacional moderno e clássico não são contemporâneas à paz de Vestfália, mas remontam alguns séculos antes, e mesmo se florescem, com novo vigor a partir de então, seus fundamentos são antigos e medievais: "deram cabo, para sempre, do preconceito que sustentava ser o direito

[41] Como se considera, neste tomo, no item 20.2 – *PUFENDORF como historiador.*

[42] Ver o item 20.2 – *PUFENDORF como historiador.*

[43] Jean-Pierre BOIS, **La paix** – Histoire politique et militaire 1435-1878 (Paris: Perrin, 2012, chap. 5 – *La paix européenne à l'épreuve de Louis XIV. Le temps des congrès*, p. 251-319, cit. p. 268-269).

internacional filho dos tempos modernos e tendo sua fonte no tratado de paz de Vestfália".

Já advertia G. GURVITCH, faz um século, "pesquisas aprofundadas comprovaram a existência de complexo sistema de normas jurídicas internacionais no ordenamento jurídico da Idade média". Embora ainda exista quem diga o contrário, ou ainda sustente serem somente os estados considerados sujeitos de direito internacional, "não há dúvida que grande número de instituições de direito internacional remontam à mais longínqua antiguidade, e que o direito internacional não é mais novo do que qualquer outra forma de direito".[44]

[44] Georges GURVITCH, *La philosophie du droit de Hugo Grotius et la théorie moderne du droit international* – à l'occasion du tricentenaire du **De jure belli ac pacis**, 1625-11925 (Revue de Métaphysique et de Morale, t. 34, no. 3, juil.-sept. 1927, p. 366-391, publ. Paris: PUF – online https://www.jstor.org/stable/40896476, cit. p. 367): "C'en est fini pour toujours du préjugé soutenant que le droit international est un enfant des temps nouveaux et puise sa source dans le traité de paix de Westphalie. Des recherches approfondies ont établi l'existence d'un réseau complexe de règlements juridiques internationaux dans l'ordre juridique du Moyen âge. Il est hors de doute qu'un grand nombre des institutions de droit international remonte à la plus lointaine antiquité, et que le droit international n'est nullement plus jeune que n'importe quelle autre forme du droit."

SISTEMAS INTERNACIONAIS COESOS

'Sistema' não é outra coisa senão a exposição das diferentes partes de uma arte ou de uma ciência, em ordem na qual estas se sustentam, todas, mutuamente, e onde as últimas se explicam, pelas primeiras. As que dão razão às outras se chamam 'princípios', e o sistema é tanto mais perfeito, quanto os princípios sejam em pequeno número: seria mesmo desejável o reduzir a um único.

CONDILLAC, **Tratado dos sistemas** (1749, ed. 1991)[45]

Sabem que um sistema não é outra coisa que a subordinação de todos os aspectos do universo a qualquer um deles.

Jorge Luís BORGES (1941, ed. 1972)[46]

[45] Étienne BONNOT, abade de CONDILLAC (1714-1780), **Traité des systèmes** – où l'on en démêle les inconvénients et les avantages (orig. publ. na Haia: Neaulme, 1749, in **Œuvres philosophiques de CONDILLAC**, texte établi et présenté par Georges LE ROY, Paris: Fayard–Corpus des œuvres de philosophie en langue française, (c) 1947, impr. 1991, chap. premier – *Qu'on doit distinguer trois sortes de systèmes*, p. 1-8), advertia: "La vertu, que les philosophes attribuent à ces sortes de principes, est si grande, qu'il étoit naturel qu'on travaillât à les multiplier."

[46] Jorge Luís BORGES (1899-1986), **Ficciones** (orig. publ. 1944, no vol. **Obras completas** 1923-1972 de J. L. B., Buenos Aires: Emece ed., 1974, p. 425-530, *Tlön, Uqbar, Orbis tertius*, cit. p. 436): "saben que un sistema no es otra cosa que la subordinación de todos los aspectos del universo a uno cualquiera de ellos"; ___, **Ficções** (trad. Carlos NEJAR, São Paulo: Abril cult., 1972, cit. p. 26).

As raízes mais profundas e a manifestação inicial de expectativa, ainda florescente hoje. De que, em breve, haverá maravilhosa consumação, quando o bem, finalmente, triunfar sobre o mal, e o reduzir a nada; que os agentes humanos do mal serão fisicamente aniquilados ou de outro modo neutralizados; de que os eleitos, doravante, viverão como uma coletividade, unânime e sem conflitos, em terra transformada e purificada – essa expectativa teve longa história, em nossa civilização.

Norman Rufus Colin COHN, **Cosmos, caos e o mundo que há de vir** (1994)[47]

O objeto do saber (e, portanto, também do direito) é ilimitado, mas a existência não: é então necessário escolher um fio condutor que permita uma primeira orientação na massa informe dos conhecimentos e, em particular, das normas jurídicas. Muitos escolheram como estrela polar o 'sistema', coluna do pensamento ocidental, com a finalidade de ordenar toda a matéria jurídica. [...] A busca do sistema é uma 'elegante esperança': apesar de todos os esforços, a ordem desejada revela-se irrealizável.

Mario G. LOSANO (2002, ed. 2008)[48]

O direito, como regulador da vida em sociedade, serve para excluir ou ao menos para limitar o recurso unilateral à força, e ao que, em direito penal interno, se chamaria o 'exercício arbitrário das próprias razões'. Mas esses pendores primitivos se fazem presentes e atuantes, nas ordens internas e, de modo

[47] Norman Rufus Colin COHN, **Cosmos, chaos and the world to come** – the ancient roots of apocalyptic faith (orig. publ. 1993, New Haven and London: Yale Univ. Press, reprinted 1994, *Preface*): "the deepest roots and first emergence of an expectation which is still flourishing today. That there will shortly be a marvelous consummation, when good will be finally victorious over evil and for ever reduce it to nullity; that the human agents of evil will be either physically annihilated or otherwise disposed of; that the elect will thereafter live as a collectivity, unanimous and without conflict, on a transformed and purified earth – this expectation has had a long history in our civilization".

[48] Mario G. LOSANO, **Sistema e estrutura no direito** – vol. 1 – **Das origens à Escola histórica** (orig. publ. **Sistema e struttura nel diritto** – vol I – **Dalle origini alla Scuola storica**, 2002, trad. Carlo Alberto DASTOLI, São Paulo: Martins Fontes, 2008, *Introdução – a elegante esperança*, p. XXVII a XLIV, cit. p. XXVII-XXVIII) completa a passagem: "Seja como for, a história do pensamento sistemático é a história de uma busca secular que, mesmo orientada para uma meta inalcançável, produziu ao longo do caminho frutos muito abundantes".

> recorrente, no contexto internacional. Para contrapor-se a tais anseios, se fixa o conceito de 'justiça', e se vão buscar critérios para a implementação deste. A escolha tem de ser feita, de maneira clara, entre força e justiça. Quer nas ordens internas, como na internacional. Seja para enfatizar a confrontação, no que se convenciona denominar 'política de poder', seja para enfatizar a possibilidade – e a necessidade – de construção e de operação de estruturas, válidas e eficazes, para a regulação do assim chamado sistema institucional e normativo internacional.
>
> P. B. CASELLA, *Conceito de sistema, contexto internacional e pós-modernidade* (2011)[49]

É óbvio afirmar que a evolução do conhecimento, na era moderna, como em outros tempos, se fez e se faz com a modificação dos paradigmas, anteriormente vigentes.[50] E, como se dá em todas as eras, um novo tempo começa, pela modificação dos paradigmas, antes vigentes. Quer isso ocorra, efetivamente, quer seja antes desejado, do que tenha verdadeiramente ocorrido.

A vontade de ordenar o mundo se assinala, desde os primeiros registros conservados da Antiguidade, como traço característico da ação do homem, sobre o mundo. As civilizações mais antigas, desde a Índia e a China, como da Suméria, Acádia e Mesopotâmia, acreditavam ser bastiões de resistência, nessa luta constante entre 'cosmos' e 'caos' – estavam imbuídas da necessidade de preservar a vida ordenada, neste mundo. Os ritos e os modelos adotados – pouco importa quais fossem – eram vistos como garantidores e perpetuadores, da ordem do mundo.[51]

Em todas essas civilizações antigas, embora vistos esses elementos ordenadores do 'cosmos' como frágeis, ambicionavam ser imutáveis, na luta contra o 'caos'. Até que ocorra mudança, de enormes consequências, não

[49] P. B. CASELLA, *Conceito de sistema, contexto internacional e pós-modernidade* (in **Filosofia e teoria geral do direito** – estudos em homenagem a Tércio Sampaio Ferraz Júnior, por seu septuagésimo aniversário, org. João Maurício ADEODATO e Eduardo C. B. BITTAR, São Paulo: Quartier Latin, 2011, p. 999-1024, cit. p. 1000-1001).

[50] Como se examina no **Tratado** (tomo 8 – **Direito internacional além do paradigma vestfaliano**, item – *o que é e como é o clássico?*).

[51] Alguns elementos são apontados no **Tratado** (tomos 3 A – **Direito internacional no tempo antigo** e 3 B – **Gregos, romanos, chineses, indianos**).

somente como modelo civilizacional, mas também, para o conjunto do mundo, quando isso deixa de ser fenômeno 'cíclico', que se repetiria, como a sucessão das estações a cada ano, ou a trajetória das sucessivas gerações sobre a terra, e passa a ser evento 'único' e irrepetível. E este evento que mudaria a vida do homem e do mundo, de maneira irreversível – como se vê, com o advento das concepções de cunho 'milenarista'.

Com mescla de elementos, que remontam a ZOROASTRO, a concepção *milenarista* – de que se alcançará perfazimento da ordem mundial, com vitória definitiva dos bons e derrota aniquiladora dos maus, fazendo reinar a paz e a concórdia, nessa nova sociedade ideal – teve desenvolvimentos entre certos grupos da tradição judaica, como depois entre cristãos, mas também se produz, no contexto helenístico, e esta linha permanece presente, na civilização ocidental.[52]

Cabe assinalar a extensão na qual os modelos para se pretender ordenar o mundo sofrem substancial transformação:[53]

> Na sua formulação cristã [esse anseio] exerceu poderoso fascínio, através dos séculos, e continua a fazê-lo; em sua formulação secularizada, foi facilmente reconhecível em certas ideologias político-sociais. Por outro lado, existiram grandes civilizações, algumas delas duraram milhares de anos, que nada sabiam de tais expectativas.[54]

Cabe paralelo entre as formulações de cunho *milenarista* – que propalam a vitória do bem e derrota do mal – e os anseios de *institucionalização* da ordem internacional. Que perpassam o direito internacional clássico, enquanto o mundo então, como hoje, se debatia em guerras.

[52] Norman COHN (op. cit., 1993, reprinted 1994, *Afterword*, p. 227-228): "In this book the story is carried only to the close of the first century AD – but the story itself has continued down the ages. And what a story it has become! Much theological speculation; innumerable millenarian movements, including those now flourishing so powerfully in the United States; even the appeal once exercised by Marxist-Leninist ideology – all this belongs to it. Nor is there any reason to think that the story is nearing its end. The tradition whose origins are studied in this book is still alive and potent. Who can tell what fantasies, religious or secular, it may generate in the unforeseeable future?"

[53] Norman COHN (op. cit., 1993, reprinted 1994).

[54] Norman COHN (op. cit., 1993, reprinted 1994, *Preface*): "So where and how did the expectation originate? And what kind of world-view preceded it?"

E, se as guerras tomam ainda maiores proporções,[55] no contexto do tempo 'clássico', e estas permaneciam recorrentes, apesar dos esforços de teóricos que advogavam em favor do interesse e da conveniência de institucionalizar a paz. Na linha do que propunha, em 1713-1717, o Abade de SAINT PIERRE, com seu **Projeto para tornar perpétua a paz na Europa**:[56]

> O mais importante, para um soberano, é poder governar seus estados, com mais facilidade, isto é, com mais autoridade. Dessa forma, aumentando o bem estar dos seus súditos, poderá ele aumentar o seu. Para isso, precisa estar seguro, de que a união não colocará nenhum obstáculo, nesse particular, mas também, que ela o auxiliará a dominar os espíritos rebeldes, tomando as providências, que julgar adequadas, para si e para seus povos, de maneira que a união não se ponha, jamais, a julgar a conduta do soberano, e sim apoie sempre sua vontade.[57]

Apesar dos anseios pacifistas, a realidade da vida dos estados – no tempo 'clássico' – continua a se pautar pela conjugação do absolutismo, no plano interno, e as guerras recorrentes, nas relações internacionais. Ao lado de sucessivas tentativas de formular mecanismos institucionais e de ordenação da convivência internacional, que permitissem alcançar patamar de 'institucionalização' da paz. O que continuou a não passar de anseio teórico.

Contemporâneo do bem-intencionado abade de SAINT-PIERRE, comentava Daniel DEFOE, em 1722, pela voz da desabusada protagonista do romance **Moll Flanders**,[58] existirem "tentações às quais a natureza

[55] Ver **Tratado** (tomo 12 – **Direito internacional no tempo de Vattel e von Martens**, item – *mutações no direito internacional no século XVIII, ilustradas pelo tema da guerra*).

[56] Charles 'Irénée' CHASTEL, Abbé de SAINT-PIERRE (1658-1743), **Projeto para tornar perpétua a paz na Europa** (orig publ. em Utrecht, por Antoine Schouten, em três tomos: os dois primeiros, em 1713, e o terceiro, em 1717; trad. Sérgio DUARTE, Brasília: Ed. UnB/IPRI, São Paulo: IOE, 1ª ed. bras., 2003, *Terceiro discurso*, p. 91-151, cit. p. 151): "A sociedade europeia, agora proposta, será capaz de proporcionar a todos os soberanos cristãos segurança suficiente da perpetuidade da paz, dentro e fora de seus estados". Aduzia (quarto discurso – artigos fundamentais, *Esclarecimento* ao artigo I, p. 158): "Se proponho que a sociedade seja numerosa, é porque já demonstrei que se ela não for bastante grande não poderá ser inalterável."

[57] SAINT PIERRE (op. cit., 1713 e 1717, ed. bras., 2003, quarto discurso, p. 159).

[58] Daniel DEFOE (1660-1731), **Moll Flanders** (orig. publ. 1722, trad. Antonio Alves CURY, São Paulo: Abril cultural, 1971).

humana não tem o poder de resistir".[59] Isso nos traz ecos de outros tempos, e continua a ser muito atual. A guerra parece ser um desses traços da natureza humana.

Mesmo se todo tipo de generalização é sempre arriscado, como essa de pretender formular 'sistemas internacionais coesos', é preciso ter em mente a modificação de conjunto ocorrida, para poder situar a mutação do direito internacional clássico, em relação a um todo maior, no qual equivalentes mutações possam ser assinaladas, em outros campos da ação e do conhecimento humano.[60] Assim, apontar mudanças no modo de se construir e ordenar o conhecimento humano, como conjunto, serve também para mostrar que, se isso simultaneamente ocorreu no direito internacional, não foi neste campo do conhecimento um fenômeno isolado.

O direito internacional é fenômeno cultural, condicionado pelo tempo histórico e pelo meio do qual emana. E no qual foi aplicado.[61]

Dado que pode ser apontado como característico desse longo e variado tempo histórico 'clássico' se exprime na tentação de construção de sistemas coesos. Inclusive, especificamente, como sistemas internacionais coesos.

Qual seria o princípio ordenador da ordem internacional? A convivência entre os estados. E a indagação central se põe quanto a se esta pode ser pacífica.

Para PUFENDORF, a paz seria o estado 'natural'. Contrariamente à visão pessimista de HOBBES, que equiparava o estado de natureza ao estado de guerra, e "guerra de todos contra todos".

Por sua vez, ESPINOZA, no **Tratado político**, de 1677, fundamentava a escolha da paz na racionalidade:[62] "a nação, mais poderosa e a mais independente, será aquela que tome a razão como princípio constitutivo e como norma de ação".[63] Isso, porque, de outro modo, "os estados se põem, uns em

[59] D. DEFOE (op. cit., 1722, ed. cit., 1971, p. 207).

[60] Alguns aspectos foram examinados no **Tratado** (tomo 8 – **Direito internacional além do paradigma vestfaliano**, item – *o que é e como é o clássico?*).

[61] Esta é lição do conjunto dos tomos que compõem o exame do **Direito internacional no tempo**.

[62] B. de SPINOZA, **Traité de l'autorité politique** (do original, **Tractatus politicus**, notices par Madeleine FRANCÈS, in **Oeuvres complètes**, Paris: Gallimard-Pleiade, © 1954, impr. 1992, p. 909/1044). Ver tb. B. de SPINOZA, **Traité des autorités théologique et politique** (do original latino **Tractatus theologico-politicus** publ. 1670, notice par Madeleine FRANCÈS e Raymond MISRAHI, in **Oeuvres complètes**, Paris: Gallimard-Pleiade, © 1954, impr. 1992, p. 597/908);

[63] B. SPINOZA, **Tractatus politicus** (1677, ed. 1992, cap. III, § 7) considerava que o direito da nação é determinado pelo poder da massa, enquanto personalidade espiritual.

relação aos outros, como os homens, como inimigos – *due civitates natura hostes sunt*".[64] Ou seja, por natureza, duas sociedades seriam, entre si, inimigas. E os limites do direito seriam determinados pela força de cada uma destas, quando declarava que "o direito chega exatamente até onde vai o poder de cada um – *quia unusquisque tantum juris habet, quantum potentia valet*".[65]

Ambas visões permeiam a história – e diuturnamente perpassam o direito internacional. Como também se produz no tempo 'clássico'.

Na linha de CONDILLAC, no seu **Tratado dos sistemas**, de 1749, em sua já mencionada caracterização – tanto mais oportuna, por ser expressão dessa mesma época – o "sistema não é outra coisa senão a exposição das diferentes partes de uma arte ou de uma ciência em ordem na qual estas se sustentam todas mutuamente", em encadeamento "onde as últimas se explicam pelas primeiras". Ele chama de 'princípios' as que dão razão às outras. E, como assinalava CONDILLAC, "o sistema é tanto mais perfeito quanto os princípios sejam em pequeno número: seria mesmo desejável o reduzir a um único". E é de tal ordem "a virtude, que os filósofos atribuem a tais espécies de princípios, que se torna natural o empenho em querer multiplicá-los".[66]

Georges ABI-SAAB (1987), em seu curso geral de direito internacional público,[67] esclarece a conceituação dos sistemas e do ordenamento jurídico como reação às teorias de endeusamento do estado, de prioridade à sanção na definição do direito, que resultam em negação essencial do direito internacional. Assim, as teorias, tanto da escola normativista – na linha de KELSEN – quanto da escola institucionalista – na linha de RENAUD e de SANTI ROMANO – e ainda da escola de Oxford – na linha de HART – seriam reações a tal entendimento, e tentativas de analisar as facetas da noção de ordenamento e de sistema jurídico.[68]

64 B. SPINOZA, **Tractatus politicus** (1677, ed. 1992, cap. III, §§ 11 e 13).

65 B. SPINOZA, **Tractatus politicus** (1677, ed. 1992, cap. II, § 8).

66 Étienne BONNOT, abade de CONDILLAC (1714-1780), **Traité des systèmes** – où l'on en démêle les inconvénients et les avantages (orig. publ. na Haia: Neaulme, 1749, in **Œuvres philosophiques de CONDILLAC**, texte établi et présenté par Georges LE ROY, Paris: Fayard–Corpus des œuvres de philosophie en langue française, (c) 1947, impr. 1991, chap. premier – *Qu'on doit distinguer trois sortes de systèmes*, p. 1-8), advertia: "La vertu, que les philosophes attribuent à ces sortes de principes, est si grande, qu'il étoit naturel qu'on travaillât à les multiplier."

67 Georges ABI-SAAB, **Cours général de droit international public** (RCADI, 1987, t. 207, p. 9-468).

68 G. ABI-SAAB (op. cit., 1987, p. 107). Ver tb. Camilla CAPUCIO, **Implementação das decisões do sistema de solução de controvérsias da OMC e mecanismos de efetivação**

Em linha equivalente, Pierre-Marie DUPUY (2002), também em curso geral de direito internacional público,[69] retoma essas mesmas três escolas – normativista, institucionalista e de Oxford – como concepções de ordem jurídica, a partir das quais discute a "unidade do sistema jurídico internacional".[70]

A respeito de 'sistema', registra o **Dicionário** da Academia Brasileira de Letras: "conjunto de elementos que se interrelacionam, estrutura" – como em *sistema habitacional*; também como "teoria que fundamenta uma ciência", em *sistema filosófico*; ou "conjunto natural constituído de elementos dependentes entre si", como em *sistema planetário*; mas pode igualmente ser "conjunto de procedimentos lógicos que determinam uma atividade, processo, método", como em *sistema de planejamento*; e, como aqui mais nos interessa, "estrutura que constitui uma forma de organização política, econômica ou social", como em *sistema colonial*; ou ainda "estrutura resultante de uma forma de classificação ou esquematização", como em *sistema marinho*; mas sem esquecer "conjunto de órgãos que se interrelacionam para realizar determinada função no organismo", como se dá no *sistema circulatório*; na música, o termo sistema denomina "o conjunto de cinco pautas musicais", como em informática, o conjunto de "um ou mais computadores e seus periféricos", e ainda, como *sistema de dados*, enquanto "conjunto de elementos que se interrelacionam para realizar determinada função operacional".[71]

Em suma, 'sistema' sempre representa a ordenação de elementos, de modo que componham um conjunto, e que este possa atuar, de maneira distinta do que se daria, no caso de cada um dos elementos integrantes, operar de modo isolado. Até que ponto o 'sistema internacional' pode ser um verdadeiro sistema? É cabível considerar um 'sistema institucional e normativo internacional'? E a partir de que ponto na história se pode assinalar esse 'sistema' como efetivamente existente e operante?

no direito brasileiro (São Paulo: FDUSP – tese de doutoramento em direito internacional, 2014, p. 42).

[69] Pierre-Marie DUPUY, **L'unité de l'ordre juridique international** – cours général de droit international public (curso ministrado no ano 2000, RCADI, 2002, t. 297, p. 9-489).

[70] P.-M. DUPUY (op. cit., 2002, p. 67-76).

[71] ACADEMIA BRASILEIRA DE LETRAS, **Dicionário escolar da língua portuguesa** (São Paulo: Companhia Ed. Nacional, 2008, 2ª reimpressão, 2010, p. 1187).

Ao se indagar sobre a existência e conteúdo de sistema jurídico internacional, inexoravelmente se fazem presentes e necessárias as lições da história. Para perceber onde, quando e como se configuram conjuntos, que possam receber a denominação de 'sistema internacional'.[72]

O "conceito de sistema no direito", seguindo Tércio S. FERRAZ Jr., em 1976, estaria relacionado com a busca da unidade sistêmica do direito:[73]

> Mesmo entre aqueles, que se mostram céticos sobre a possibilidade de um sistema jurídico, reconhece-se que a ordem jurídica não pode dispensar a unidade sistemática. E, se estamos aqui a falar no sistema jurídico, como um sistema de enunciados de dever ser, [...] também não podemos esquecer, embora a questão se complique sobremaneira, do sistema jurídico como o conjunto das instituições, judiciárias e administrativas, ligando o conjunto das normas à própria vida social, por ele regulada, bem como do sistema da ciência do direito ou dogmática jurídica.[74]

O período 'clássico' teve e tem pertinência direta, para a formulação de 'sistema' no campo jurídico – "para nossos objetivos, os séculos XVII e XVIII representam um ponto de partida indispensável" –[75] porquanto "com o desenvolvimento do jusnaturalismo nos séculos XVII e XVIII, do positivismo científico, no século XIX, e com a tendência da escola neokantiana, de ver nas questões filosóficas questões metodológicas, é que o conceito de sistema no direito ganhou foro problemático, na pesquisa jurídica".[76]

[72] Justamente a tônica do conjunto do **Tratado**, nos tomos relativos ao **Direito internacional no tempo**. E, como se apontou, existem elementos relevantes, que podem ser considerados 'sistemas internacionais', já na Antiguidade, cf. se examina (tomos 3 A – **Direito internacional no tempo antigo** e 3 B – **Gregos, romanos, chineses, indianos**).

[73] Tércio Sampaio FERRAZ Jr., **Conceito de sistema no direito**: uma investigação histórica a partir da obra jusfilosófica de Emil LASKI (São Paulo: RT / Edusp, 1976), enfatiza o fenômeno jurídico não como simples dado, mas estrutura complexa que tem de ser analisada. V. ainda, Tércio Sampaio FERRAZ Jr., **Estudos de filosofia do direito** (São Paulo: Atlas, 2002).

[74] T. S. FERRAZ Jr. (op. cit., 1976, '*apresentação*', p. 1-5): "A multiplicidade dos aspectos parece dificultar a abordagem. Um levantamento das diversas concepções de sistema, ali implicadas, historicamente alinhadas no sentido da cronologia, nos conduziria talvez a uma sequência inexpressiva, a um amontoado de opiniões incapaz de nos guiar no labirinto do problema".

[75] T. S. FERRAZ Jr. (op. cit., 1976, cap. I – *O conceito de sistema no pensamento jurídico: pressupostos da sua problemática*, p. 7-38, cit. p. 13).

[76] T. S. FERRAZ Jr. (op. cit., 1976, cit. p. 8): "Há no próprio termo *sistema* uma pluralidade de sentidos que torna a investigação equívoca, se não for esclarecida de antemão. Uma menção

> A partir da metade do século XVII o termo se generaliza e começa a tomar a configuração primária que ainda hoje se lhe atribui. Entre os filósofos é MALEBRANCHE quem primeiro o discute de maneira característica e renovada.[77] [...]
> Com Christian WOLFF,[78] que domina com sua terminologia o século XVIII, o termo 'sistema' toma, então, as características mais marcantes, que ainda hoje o configuram. Para ele, *sistema* é mais que um mero agregado de um esquema ordenado de verdades. Sistema é sobretudo 'nexus veritatum', que pressupõe a correção e a perfeição formal da *dedução*. Compara-se o *nexus* com o conceito de organismo, superando a ideia de composição orgânica a mera justaposição classificatória. Em WOLFF, encontramos aquele conceito de sistema, que marca definitivamente o uso moderno do termo. [79]

Avançar algumas décadas, a partir da obra de WOLFF, levará à concepção de 'sistema' em KANT:[80]

histórica à origem e evolução semântica do conceito seria, nestes termos, de grande utilidade".

[77] Nicolas MALEBRANCHE (1638-1715), em **De novorum systematum inventoribus** (in **De inquirendo veritate libri sex**, Genebra, 1691); ___, **De la recherche de la vérité** (orig. publ. 1674, ed. Paris: chez André Pralard, 1678; e Paris: chez Michel David, 1712). Comenta T. S. FERRAZ Jr. (op. cit., 1976, cap. I – *O conceito de sistema no pensamento jurídico: pressupostos da sua problemática*, p. 7-38, cit. p. 10-11): "relaciona ele o conceito de sistema a sistema verdadeiro, no sentido de um conceito ideal, cuja realizabilidade pressupõe uma intuição genial, de que é capaz apenas um espírito criador dotado de uma *força formadora*. MALEBRANCHE acentua com isso o lado subjetivo, do qual é correlato o sistema objetivo, condicionando o sistema verdadeiro ao domínio espiritual simultâneo do construtor do sistema. Permanecem aí, entretanto, indistintos os conceitos de *sistema* e *classificação*".

[78] A respeito de Christian WOLFF (1679-1754) ver **Tratado** (tomo 10 – **Direito internacional no tempo de C. van Bynkershoek e Christian Wolff**, cap. 22).

[79] Como expõe T. S. FERRAZ Jr. (op. cit., 1976, cit. p. 11-12): "cujos caracteres foram analisados expressamente po Johann Heinrich LAMBERT, em obra datada de 1737". Mas, comenta FERRAZ: "LAMBERT, contudo, estabelece um conceito geral e abstrato de *sistema*, independente de qualquer conteúdo concreto: trata-se de um todo fechado, onde a relação das partes com o todo e das partes entre si estão perfeitamente determinadas segundo regras lógicas de dedução. Esta concepção tem por base o modelo do mecanismo, cujo princípio básico propõe uma relação de identidade entre o todo e a soma das partes, donde a possibilidade de decomposição e de recomposição do sistema, conforme o exemplo clássico do relógio que se desmonta e depois se monta novamente, sem que nada se perca."

[80] Para situar a contribuição de KANT, ver **Tratado** (tomo 11 – **Direito internacional no tempo do iluminismo**).

> Na mesma época, porém, temos a conhecida concepção de KANT que, partindo da concepção arquitetônica da razão – *Vernunft* –, afirma que sistema é uma relação, entre o todo e as partes, onde a retirada ou acréscimos, de uma só parte, destrói ou modifica o todo, como unidade *orgânica*. Aqui, se abandona o modelo mecânico, substituído pelo orgânico, o qual pressupõe uma força única, central, interna, agindo de modo teleológico, diferente da mera soma das partes do sistema. Um tal sistema, não poderia ser desmontado e montado de novo, pois, ao fazê-lo, algo se perderia, pois o todo precede as partes, sendo mais que a simples agregação de elementos.[81]

Para aplicar a lição de 'sistema' ao direito internacional, em relação à fase específica do direito internacional 'clássico', é sintomático notar quanto se busca, em geral, a ordenação de 'sistemas coesos', como dado característico dessa fase da história e da evolução política.[82] Fenômeno justamente característico, de anseio pela ordenação de todos coerentes, nessa fase da história europeia, também pelas suas projeções sobre outras partes do mundo: busca-se a coerência interna e os dados sustentadores desse 'modelo' europeu, no momento em que este é levado para outros continentes. Ao influenciar instituições e desenvolvimentos contemporâneos na África, na Ásia e na América, também a Europa é influenciada por estes.

De tal maneira, 'sistema' no direito tem dupla vocação: de cuidar tanto de questões teórico-conceituais, como também de sua aplicação e de sua eficácia. O direito não existe como 'ciência', e menos ainda pode pretender ser 'ciência teórica'. Este se perfaz como prática, como experiência, ou como elemento da vida social, política e institucionalmente regulada. O direito sem a realidade social sobre a qual incide não é direito; é teoria jurídica.

Sistemas jurídicos internacionais – na medida em que existam – buscam coerência e ordenação de conjunto. E, em relação ao conjunto do mundo e das relações entre estados, não pode haver anseio mais alto – nem mais recorrente – do que a busca da paz e de mecanismos de institucionalização desta. O que se fez antes e depois na história, mas de modo recorrente no tempo 'clássico'.

81 T. S. FERRAZ Jr. (op. cit., 1976, cit. p. 11-12).

82 O contexto da primeira modernidade e a evolução do direito internacional nessa época foram examinados no **Tratado** (tomos 5 – **Direito internacional no tempo de Francisco de Vitória**, 6 – **Direito internacional no tempo de Suarez, Gentili e Zouch**, e prosseguiu no tomo 7 – **Direito internacional no tempo de Hugo Grócio**).

Entre a segunda metade do século XVII e o conjunto do século XVIII se põem, por exemplo, várias formulações de projetos de paz perpétua. Essa temática abrange diversos autores que, como mencionado, se debruçaram sobre o tema, não somente, mas especialmente no curso dos séculos XVII e XVIII.[83]

Faceta menos frequentemente lembrada e menos conhecida da atuação de GRÓCIO, seu engajamento em favor do estabelecimento de um conjunto de princípios fundamentais sobre os quais poderiam estar de acordo todas as confissões cristãs. Desde a primeira fase de sua vida, na qualidade de pensionário de Roterdã e, desse modo, representante nos Estados Gerais da Holanda, redige o decreto sobre a tolerância religiosa,[84] datado de janeiro de 1614. Esse aspecto do pensamento de GRÓCIO encontra a sua formulação definitiva na indagação sobre o poder, **Tratado do poder do magistrado político sobre as coisas sagradas** – obra que teve trajetória complicada.[85]

[83] P. B. CASELLA, *Pax perpetua – a review of the concept from the perspective of economic integration* (in **Dimensão internacional do direito: estudos em homenagem a G.E. do NASCIMENTO E SILVA**, São Paulo: LTr, 2000, p. 69-88); Marcel MERLE, **Pacifisme et internationalisme** – XVIIe – XXe siècles (Paris: Armand Colin, 1966); Kurt von RAUMER, **Ewiger Friede**: Friedensrüfe und Friedenspläne seit der Renaissance (Freiburg-Munique, 1953); Jean FERRARI e Simone GOYARD-FABRE (dir. de), **L'année 1796 – sur la paix perpétuelle** – de LEIBNIZ aux héritiers de KANT (Paris: Vrin, 1998).

[84] Datado de janeiro de 1614, o *Decretum illustrium ac potentum Ordinum Hollandiae et Westfrisiae pro pace ecclesiarum* é reproduzido em H. GROTIUS, **Opera omnia theologica** (Amsterdam, 1679, t. III, p. 141 – in Grotius Collection Online: Printed Works – title PBA-183 – Opera omnia theologica; date 1679; place: Amsterdam; subject: Theology: works by Hugo Grotius; language: Latin – https://primarysources.brillonline.com>). Cf. P. HAGGENMACHER, *La paix dans la pensée de Grotius* (in **L'Europe des traités de Westphalie**, dir. de L. BÉLY, Paris: PUF, 2000, p. 67-79, cit. p. 74) esse decreto teria impacto decisivo sobre a vida e a trajetória de GRÓCIO: "l'ordonnance sur la tolérance religieuse deviendra l'une des principales pierres d'achoppement durant la crise à laquelle il finira par succomber en août 1618 et qui se soldera par la réunion du Synode de Dordrecht trois mois plus tard."

[85] Obra escrita entre 1614 e 1616, H. GROTII, **De imperio summarum potestatum circa sacra**. Originalmente publicada somente em 1647; da qual se publica, anonimamente, uma tradução francesa, em Paris, em 1751, com falsa menção a 'Londres', na página de rosto. Ver Hugo GROTIUS, **Traité du pouvoir du magistrat politique sur les choses sacrées** suivi du latin **De imperio summarum potestatum circa sacra**, édition de Londres, 1751, trad. de Charles Armand L'Escalopier de NOURAR, présentation de Vincent GUILLAUME, Caen: Publications de l'Univ. de Caen, 1991). A respeito, ver **Tratado** (tomo 7 – **Direito internacional no tempo de Hugo Grócio**, item 18.2 – *Grócio na evolução da identidade nacional*).

Durante a fase parisiense de sua vida, GRÓCIO amplia a sua perspectiva, para abranger o conjunto da cristandade. No coração de seus esforços se encontra uma ideia, já antes presente, mas que somente se desenvolve plenamente a partir do exílio: a de estabelecer um conjunto de princípios fundamentais sobre os quais concordem todos os cristãos. Esses princípios, ele os considera como necessários; todo o resto é relegado à margem, e abandonado às diversas confissões, que são convidadas a delas não fazer o objeto de controvérsias estéreis: isso vale, sobretudo, para as questões relativas à predestinação.[86]

Já se encontra essa ideia em escrito de GRÓCIO, datado de 1611, intitulado **Meletius**. Durante muito tempo somente conhecido a partir de referências na Memória das minhas intenções – *Memorie van mijne Intentiën* – de GRÓCIO, bem como na correspondência, entre o final de 1611 e o início de 1612, esse manuscrito somente foi reencontrado, em Amsterdã, em 1984.[87]

O cretense MELETIUS PEGAS (1549-1601) foi patriarca de Alexandria e GRÓCIO a ele se refere como grande amante da paz cristã – *amantissimus pacis christianae*. Como ele, horrorizado diante do espetáculo de uma cristandade doente, "não somente por indiferença e rivalidades, mas por ódios e cóleras implacáveis, e, coisa inaudita, até então, guerras começadas por nenhuma outra razão, além da própria religião, cujo objeto é a paz".[88]

Nem a diferença de religião – ainda mais em se tratando de ramificações cristãs –, nem a 'raça' justificariam a guerra entre os povos. E isso diante das matanças e atrocidades que então se cometiam – tanto entre 'espanhóis' e 'neerlandeses', na luta pela independência, durante oitenta anos – quanto entre 'católicos' e 'protestantes', na guerra dos trinta anos, como vivenciou GRÓCIO.

Não esqueçamos a contribuição inovadora de LEIBNIZ, com as suas já mencionadas *Reflexões sobre a segurança pública interna e externa da Europa* ou

86 P. HAGGENMACHER, *La paix dans la pensée de Grotius* (in **L'Europe des traités de Westphalie**, dir. de L. BÉLY, Paris: PUF, 2000, p. 67-79, cit. p. 74).

87 H. GROTIUS, **Meletius sive De iis quae inter Christianos conveniunt Epistola** (critical edition, with translation, commentary and introduction by Guillaume H. M. Posthumus MEYJES, Leiden: E. J. Brill – Studies in the history of Christian Thought, vol. 40, 1988 – publ. online by Cambridge Univ. Press, 2009).

88 H. GROTIUS, **Meletius** (ed. by G. H. M. Posthumus MEYJES, 1988, p. 75): "Non enim frigus animorum nec simultates modo, sed odia iraeque implacabiles et, quod vix ante auditum, bella aud alio magis obtentu sumta, quam religionis eius, cuius propositum pax est."

Bedenken, de 1670.[89] LEIBNIZ expunha suas ideias sobre a construção da paz geral na Europa.[90]

Este teve enorme papel como 'clássico' e também como precursor do iluminismo. Existe linha de continuidade em tais reflexões, que se estendem de LEIBNIZ, já em 1670, aos herdeiros de KANT – pós 1795.[91]

Décadas depois de LEIBNIZ, em 1713-1717, a matéria é retomada pelo abade de SAINT PIERRE. Poucos projetos de organização internacional tiveram alguma repercussão, e isso se deu também com o de Charles CHASTEL, Abade de SAINT-PIERRE, dito *Irineu*, ou 'o amigo da paz':[92]

> A história dos séculos precedentes e a experiência que possuímos, daquilo que ocorreu até hoje, diante de nossos olhos, nos ensinam que as guerras estalam, muito facilmente, causam uma infinidade de desgraças, e são muito difíceis de debelar. Nem todo mundo sabe, porém, que os meios, até agora utilizados, para preveni-las, são em si mesmos, muito ineficazes, e tais como são, hoje em dia, não guardam qualquer proporção, com o efeito que deles se

[89] G. W. LEIBNIZ, **Bedenken, welchergestalt Securitas publica interna et externa et Status praesens im Reich jetzigen Umständen nach auf festen Fuss zu stellen** (1670, in **Die Idee Europa 1300-1946** – Quellen zur Geschichte der politischen Einigung, hrsg. Rolf Hellmut FOERSTER, Munique, DTV, 1963, p. 73-78).

[90] LEIBNIZ, **Bedenken** (1670, ed. FOERSTER, 1963; I. 86, cit. p. 73): "Gewisslich, wer sein Gemüt etwas höher schwinget und gleichsam mit einem Blick den Zustand von Europa durchgehet wird mir Beifall geben, dass diese Allianz eines von den nützlichsten Vorhaben sei, so jemals zu allgemeinen Besten der Christenheit im Werk gewesen".

[91] Como se considera no **Tratado** (tomo 11 – **Direito internacional no tempo do iluminismo**). Ver tb. os estudos reunidos no volume, **L'année 1796 – sur la paix perpétuelle** – de LEIBNIZ aux héritiers de KANT (sous la direction de Jean FERRARI e Simone GOYARD-FABRE, Paris: Vrin, 1998), e como assinala J. FERRARI (*'avant-propos'*, p. 9-10): "L'idée de paix perpétuelle n'appartient pas à KANT" e essa temática abrange diversos autores, que se debruçaram sobre o tema, antes e depois dele, nos séculos XVII e XVIII.

[92] No ano de 1712, o Abbé de SAINT-PIERRE, lança em Colônia, sem indicação de local nem data, o **Mémoire pour rendre la paix perpétuelle à l'Europe**. No ano seguinte, são publicados, corrigidos e consideravelmente aumentados, os dois primeiros volumes do **Projet pour rendre la paix perpétuelle en Europe** (Utrecht: chez Antoine Schouten marchand libraire, 1713), seguidos de terceiro volume, em 1717, contendo esclarecimentos e respostas às objeções apresentadas, e se publica, ainda, em 1729, um **Abrégé du projet**. Em 1738 ainda o publica, em nova edição. Edição brasileira: Abbé de SAINT-PIERRE, **Projeto para tornar perpétua a paz na Europa** (trad. Sérgio DUARTE, pref. Ricardo SEITENFUS, Brasília: Ed. UnB / IPRI, São Paulo: IOE, 1ª ed. bras., 2003).

espera. É essa desproporção, ou a causa de tal ineficácia, o que me proponho a apresentar neste discurso.[93]

SAINT PIERRE formulava a especificidade da sua proposição:

O primeiro passo, para buscar a cura de um grande e constante mal, para o qual até agora somente foram empregados remédios ineficazes, é procurar investigar, por um lado, todas as diferentes causas desse mal, e por outro lado, a desproporção entre esses remédios e o próprio mal. Em seguida, busquei verificar se os soberanos não poderiam encontrar uma certeza suficiente da execução de suas promessas mútuas, mediante o estabelecimento, entre si, de uma arbitragem perpétua; e concluí que, se as dezoito soberanias principais da Europa, a fim de manter os governos atuais, evitar a guerra entre si e obter todas as vantagens de um comércio perpétuo de nação a nação, resolvessem fazer um tratado de união e um congresso permanente [...] concluí que os mais fracos teriam segurança suficiente, de que o maior poder dos mais fortes não os poderia prejudicar, e de que cada manteria exatamente as promessas recíprocas.[94]

O abade de SAINT PIERRE apresentava quais entendia serem as "dezoito soberanias principais da Europa" do seu tempo, que se reuniriam em colegiado, "mais ou menos segundo o modelo, ou das sete soberanias da Holanda, ou das treze soberanias dos suíços, ou das soberanias da Alemanha" para "formar uma União europeia, baseada nas virtudes de tais uniões, sobretudo na União germânica, composta de mais de duzentas soberanias".

Estas dezoito potências[95] "teriam cada qual um voto, na dieta geral da Europa": 1. França; 2. Espanha; 3. Inglaterra; 4. Holanda; 5. Portugal;

[93] Abbé de SAINT-PIERRE, **Projeto para tornar perpétua a paz na Europa** (1713 e 1717, ed. bras., 2003, *Primeiro discurso – os meios utilizados até agora para a manutenção da paz são inteiramente ineficazes*, p. 15-44).

[94] SAINT-PIERRE, **Projeto para tornar perpétua a paz na Europa** (1713 e 1717, ed. bras., 2003, *Prefácio – ideia geral do projeto*, p. 3-13, cit. p. 4-5).

[95] Cabe assinalar a discrepância na contagem das potências que integrariam a união, porquanto SAINT PIERRE enumera "dezoito" no *Prefácio – ideia geral do projeto* (1713 e 1717, ed. bras., 2003, p. 3-13), mas, mais adiante, se reporta aos "24" soberanos que comporiam a união – no quarto discurso – *Proposição a demonstrar* (p. 153-157).

6. Suíça; 7. Florença e associados; 8. Gênova e associados; 9. Estado eclesiástico; 10. Veneza; 11. Savoia; 12. Lorena; 13. Dinamarca; 14. Curlândia com Danzig; 15. o imperador e o Império; 16. Polônia; 17. Suécia; 18. Moscóvia.

Enfatizava SAINT PIERRE a conveniência "que o czar tenha a liberdade de entrar para a união". Explicava as suas razões, para a inclusão do czar, entre os soberanos cristãos: "conto, portanto, com ele entre os 24" [soberanos que comporiam a união]. Aduzia: "sei, perfeitamente, que o cristianismo, em seu estado, é bastante diferente do nosso, porém eles também creem na salvação por Jesus Cristo; portanto, são cristãos".[96]

E argumentava, ademais: "se o czar não desejar entrar para a união, e nem celebrar com ela um tratado de paz perpétua",[97] "seria inevitável considerá-lo inimigo da paz na Europa e perturbador do repouso público, até que haja assinado".[98]

Chama atenção, nessa configuração proposta por SAINT PIERRE, em 1713, o enorme peso relativo que teria a Itália, dentre essas soberanias da Europa, em decorrência justamente do fracionamento, que durante séculos reinou na península, se considerarmos que – de maneira desproporcional em relação à população – somente a República Italiana de hoje representaria quatro ou cinco votos.[99] Por sua vez, o que hoje constitui a República Francesa contaria dois ou três votos,[100] nesse pretendido colegiado europeu, tal como o imaginava SAINT PIERRE. Quanto esse colegiado

[96] Como referido na nota precedente, antes SAINT PIERRE escreve – no *Prefácio – ideia geral do projeto* – sobre as "18" soberanias que comporiam a união, mas, no quarto discurso, passa a enumerar "24" soberanias. Em ambos os casos, incluía-se o czar, como soberano da 'Moscóvia', dentre os possíveis integrantes do sistema.

[97] SAINT PIERRE (op. cit., 1713-17, ed. bras., 2003, ainda na mesma passagem, p. 156).

[98] SAINT PIERRE, **Projeto para tornar perpétua a paz na Europa** (1713 e 1717, ed. bras., 2003, quarto discurso – *Proposição a demonstrar*, p. 153-157, cit. p. 156).

[99] A Itália unificada desde 1861 se completa em 1870, com a anexação de Roma e dos estados pontifícios. Esta incluiria, dentre as potências participantes da união europeia, constantes da lista do abade de SAINT PIERRE, em 1713: 'Florença e associados', 'Gênova e associados', o 'estado eclesiástico' e a antiga 'República de Veneza'. A 'Savoia' oscilou ora como estado independente, ora como tendente a entrar na órbita da Itália, até ser absorvida pela França. Ver tb. Christopher DUGGAN, **A concise history of Italy** (orig. publ. 1994, Cambridge: Univ. Press, 14ª impressão, 2012).

[100] A França contaria três votos por ter, depois, absorvido a 'Savóia' e a 'Lorena'. Sobre a progressiva conquista francesa e anexação da Lorena ver **Tratado** (tomo 8 – **Direito internacional além do paradigma vestfaliano**, item – *além do paradigma vestfaliano*).

europeu se assemelha à atual União europeia não exige grande esforço de imaginação para ser situado.[101]

> Se a sociedade europeia proposta for capaz de proporcionar, a todos os príncipes cristãos, segurança suficiente da perpetuidade da paz, dentro e fora de seus estados, nenhum deles deixaria de ter muito mais vantagens em assinar o tratado do que em não o assinar.
> Ora, a sociedade europeia proposta é efetivamente capaz de proporcionar a todos os príncipes cristãos segurança suficiente da perpetuidade da paz, dentro e fora de seus estados. Portanto, nenhum deles deixaria de ter muito mais vantagens em assinar o tratado de estabelecimento dessa sociedade, do que em não o assinar.[102]

Pouco equilibrado se mostrava o plano de SAINT PIERRE em relação, por exemplo, ao fato de atribuir somente um voto às mais de duzentas soberanias da Alemanha, no conjunto do Sacro império. Outro tanto também distorce gravemente o equilíbrio do conjunto que pretendia oferecer, em relação ao único voto, que caberia ao imenso Império russo.

Não contemplava a que, nas décadas seguintes, se tornaria a crescente presença e importância da Prússia. Sobretudo com FREDERICO II.[103]

Nessa mesma época – em que escrevia SAINT PIERRE – o império russo, governado por PEDRO o grande, derrotava os suecos, na grande guerra do norte, e se impunha progressivamente como potência europeia.[104]

[101] Para comparação entre concepções modernas e clássicas e a situação atual da Europa, ver P. B. CASELLA, *Perspectivas da integração europeia – entre mito e operacionalidade?* (Revista FDUSP, 2014, vol. 109, p. 25-74).

[102] Abbé de SAINT-PIERRE, **Projeto para tornar perpétua a paz na Europa** (1713 e 1717, ed. bras., 2003, *Prefácio – ideia geral do projeto*, p. 3-13, cit. p. 9, e a seguir p. 11): "É fácil compreender que quanto mais meios tiver este projeto para tornar inalterável a paz na Europa, mais poderá contribuir para facilitar a paz, que atualmente se negocia em Utrecht, pois os aliados da casa de Áustria desejam a paz tanto quanto nós, porém somente com a condição que lhes deem certeza suficiente de sua duração". Este era considerado um dos dois pontos principais, sendo o outro a liberdade de comércio: "O outro ponto é a certeza suficiente de liberdade de comércio, tanto [da] América quanto do Mediterrâneo; essas duas vertentes representam mais da metade da renda da Inglaterra e da Holanda."

[103] Como se examina no **Tratado** (tomo 8 – **Direito internacional além do paradigma vestfaliano**).

[104] Alguns dados sobre a consolidação do Império russo e a sua expansão, tanto europeia quanto asiática, durante o reinado de PEDRO o grande, ver **Tratado** (tomo 8 – **Direito internacional além do paradigma vestfaliano**, item – *além do paradigma vestfaliano*).

O crescente papel da Rússia já, claramente, ocorria ao tempo de SAINT PIERRE,[105] mas parece ser negligenciado por ele a tratar como potência propriamente europeia. A contraposição entre a 'Europa' e a Rússia, aliás, continua atualíssima.[106]

As questões, enfrentadas por SAINT PIERRE, há mais de trezentos anos, continuam muito atuais:

> Mas que certezas suficientes podem-se imaginar para o mais fraco contra o mais forte? Para tanto, somente existem dois sistemas: o primeiro é enfraquecer suficientemente o mais forte, se possível, o que seria ou impossível ou ruinoso; é porém o que procuram os aliados na atual guerra, a fim de chegar a um equilíbrio quimérico. O segundo é fortalecer suficientemente o mais fraco, conferindo-lhe um poderio suficientemente superior, sem nada retirar do poderio do mais forte. É isso o que proponho num tratado de sociedade, que daria ao mais fraco um acréscimo de aliados muito fortes, e ainda mais fortes por estarem estreitamente unidos, não para arrancar do mais forte nada do que possui, mas sim para retirar-lhe o poder de perturbar os demais, seja em suas possessões internas, seja em seu comércio exterior.[107]

[105] SAINT PIERRE, **Projeto para tornar perpétua a paz na Europa** (1713 e 1717, ed. bras., 2003, quarto discurso – *Proposição a demonstrar*, p. 153-157, cit. p. 156), como citado incluía o czar entre as potências contratantes da união – "conto, portanto, com ele entre os 24" – mas com ressalvas, quando expunha, como já mencionado: "Sei perfeitamente que o cristianismo em seu estado é bastante diferente do nosso, porém eles também creem na salvação por Jesus Cristo; portanto, são cristãos".

[106] SAINT PIERRE, **Projeto para tornar perpétua a paz na Europa** (1713 e 1717, ed. bras., 2003, quarto discurso – *Proposição a demonstrar*, p. 153-157, cit. p. 156) argumentava: "se o czar não desejar entrar para a união, e nem celebrar com ela um tratado de paz perpétua," [...] "seria inevitável considerá-lo inimigo da paz na Europa e perturbador do repouso público, até que haja assinado". Ver o 'czar russo' – V. V. PUTIN – como "inimigo da paz na Europa e perturbador do repouso público" se torna tristemente atual, diante da guerra de agressão da Rússia contra a Ucrânia, como mencionado no **Tratado** (tomo 2 – **Direito internacional dos espaços**, item 29.3 – *dimensão humana do território como expressão da relação entre espacialidade e direitos fundamentais*); ver tb. Jean RADVANYI, **Russie – um vertige de puissance** – une analyse critique et cartographique (Paris: La découverte, 2023, *Introduction*, p. 8-17, cit. p. 8 e 17): "L'agression russe lancé par Vladimir POUTINE le 24 février 2022 contre l'Ukraine, un état européen souverain, constitue un véritable séisme mondial. [...] En déclarant le 24 février 2022 cette guerre au nom d'une prétendue dénazification de l'Ukraine contemporaine, POUTINE semble défier toute rationalité."

[107] Abbé de SAINT-PIERRE, **Projeto para tornar perpétua a paz na Europa** (1713 e 1717, ed. bras., 2003, *Prefácio – ideia geral do projeto*, cit. p. 11-12) ponderava a seguir se seria necessário

A tônica dessa matéria permanece: o propósito é nobre e altamente desejável – tornar perpétua a paz na Europa – a dificuldade estaria, e ainda está, no tocante aos meios de construir isso. No final do século XVIII, ponderava KANT que almejar a paz perpétua não era ilusório, enquanto ideal, mas ilusório era esperar que se alcançaria facilmente, ou em tempo breve.

Décadas antes, já se dava conta disso LEIBNIZ, quando escreveu as suas **Reflexões sobre a segurança pública da Europa**, em 1670. Onde, igualmente, propunha a ordenação institucional da convivência entre as potências da Europa –[108] que, poderia, assim voltar as suas energias para o combate aos turcos otomanos, então considerados uma ameaça para o conjunto da Europa cristã.[109]

Mas, a teoria e a prática poucas vezes andam juntas. Antes que o jovem LEIBNIZ, em viagem a Paris, tivesse podido entregar o seu plano ao rei da França, LUÍS XIV desencadeava guerras, que se estenderiam pelas quatro décadas seguintes, de seu longo reinado.

Contemporâneos, com exatos doze anos de diferença na idade, LEIBNIZ (1646-1716), voltaria a discutir o tema da paz perpétua com o próprio Abade de SAINT-PIERRE (1658-1743), no início do século XVIII.[110]

conceber projeto de união que se estendesse a todo o mundo, mas conclui que este poderia se restringir tão somente à Europa: "ainda que no correr dos séculos a maior parte dos soberanos da Ásia e da África solicitasse ingressar na União, essa possibilidade parecia tão remota e cheia de dificuldades que conferia a todo o projeto uma aparência, um ar de impossibilidade capaz de revoltar a todos os leitores. Isso levou alguns a pensar que mesmo restrito à Europa cristã, sua execução ainda seria impossível. Rendi-me de bom grado à opinião deles, no sentido de que a União da Europa é bastante para que este continente se conserve sempre em paz, e de que ela será suficientemente poderosa para manter suas fronteiras e seu comércio, apesar daqueles que os quisessem interromper."

108 G. W. LEIBNIZ, *Bedenken, welchergestalt Securitas publica interna et externa et Status praesens im Reich jetzigen Umständen nach auf festen Fuss zu stellen* (1670, in **Die Idee Europa 1300-1946** – Quellen zur Geschichte der politischen Einigung, org. Rolf Hellmut FOERSTER, Munique, DTV, 1963, p. 73-78).

109 A respeito das ambiguidades e contradições nas relações entre 'cristãos' e o mundo muçulmano – especialmente o Império otomano –, ver **Tratado** (tomo 4 – **Direito internacional no tempo medieval**, cap. 11, esp. itens 11.1 – *cristianizar a guerra?*, 11.2 – *guerra justa e guerra santa: entre jihad e as cruzadas*, e 11.5 – *o ideal de construção da paz*, bem como tomo 5 – **Direito internacional no tempo de Francisco de Vitória**, item – *relação entre comunidades cristãs e não-cristãs no contexto medieval*).

110 Ver **Tratado** (tomo 10 – **Direito internacional no tempo de C. van Bynkershoek e Christian Wolff**, item 22.1 – *direito segundo LEIBNIZ*). Observava LEIBNIZ a respeito do projeto de paz perpétua: "je suis persuadé qu'un tel projet en gros est faisable, et que son

Compreensivelmente, o velho LEIBNIZ mostrava menos entusiasmo do que tivera, em relação ao seu escrito da juventude.[111]

Foram muitos a se debruçar sobre o tema, passando por FREDERICO II, da Prússia,[112] e também Jean-Jacques ROUSSEAU –[113] embora fossem ambos bastante céticos em relação ao direito internacional,[114] enquanto

exécution seroit une des choses les plus utiles au monde." Ver G. W. LEIBNIZ, *Observations sur le projet de paix perpétuelle de l'abbé de SAINT-PIERRE* (**Œuvres de LEIBNIZ**, publiées pour la première fois d'après les manuscrits originaux avec notes et introductions par A. FOUCHER DE CAREIL, volume quatrième **Histoire et politique**, Paris: Librairie de Firmin Didot Frères, Fils et Cie., 1862, p. 325-327, a *Lettre de LEIBNIZ à l'abbé de SAINT-PIERRE* datada de Hanover, 7 de fevereiro de 1715, p. 328-336, as *Observations sur le projet de paix perpétuelle de Mr. l'abbé de SAINT-PIERRE* (Avant-propos Simone GOYARD-FABRE, Caen: Univ. de Caen / Centre de Philosophie politique et juridique, 1993).

[111] LEIBNIZ, **Bedenken** (1670, ed. FOERSTER, 1963; I. 86, cit. p. 73): "Gewisslich, wer sein Gemüt etwas höher schwinget und gleichsam mit einem Blick den Zustand von Europa durchgehet wird mir Beifall geben, dass diese Allianz eines von den nützlichsten Vorhaben sei, so jemals zu allgemeinen Besten der Christenheit im Werk gewesen".

[112] FRIEDRICHS DES GROSSEN, **Historische und militärische Schriften** (Hg. von Gustav B. BOLZ, in **Ausgewählte Werke** zu deutscher Übersetzung, Erster Band, Berlin: Reimar Hobbing, s/d); FRIEDRICHS DES GROSSEN, **Politische und philosophische Schriften Gedichte** (Hg. von Gustav B. BOLZ, in **Ausgewählte Werke** zu deutscher Übersetzung, Zweiter Band, Berlin: Reimar Hobbing, s/d); FRÉDÉRIC II roi de Prusse, **Œuvres philosophiques** (texte revu par Jean-Robert ARMOGATHE et Dominique BOUREL, Paris: Fayard – Corpus des oeuvres de philosophie en langue française, 1985). Em seu *Examen critique du système de la nature*, observava FREDERICO II (in **Œuvres philosophiques**, ed. cit., 1985, p. 387-401, cit. p. 401): "Quelque parti qu'on prenne dans le monde, il se trouve sujet à des difficultés et souvent à des terribles inconvénients. Il faut donc, lorsqu'on se croit assez lumineux pour pouvoir éclairer le public, se garder toujours de proposer des remèdes pires que les maux dont on se plaint, et, quand on ne peut faire mieux, s'en tenir aux anciens usages, et surtout aux lois établies."

[113] A respeito do Abbé de SAINT-PIERRE, na obra de Jean-Jacques ROUSSEAU, *Extrait du Projet de Paix*, um *Jugement* sobre a mesma obra e o *Jugement sur la Polysynodie.* Ver Jean-Jacques ROUSSEAU, Écrits sur l'Abbé de SAINT-PIERRE (in **Œuvres complètes**, éd. publ. sous la direction de Bernard GAGNEBIN et Marcel RAYMOND, volume III, avec François BOUCHARDY, Jean-Daniel CANDAUX, Robert DERATHÉ, Jean FABRE, Jean STAROBINSKY et Sven STELLING-MICHAUD, Paris: Gallimard / Pleiade, © 1964, impr. 1991, contendo: *Extrait du projet de paix perpétuelle* (fragments), *Jugement sur le projet de paix perpétuelle, Que l'état de guerre naît de l'état social* e *Fragments sur la guerre, Polysynodie de l'Abbé de Saint-Pierre, Jugement sur la Polysynodie,* Fragments sur la polysynodie en forme de dialogue, fragments divers, Projet d'introduction à un ouvrage sur l'Abbé de Saint-Pierre, Liste des manuscrits contenus dans les cartons de Mr. le Comte de Saint-Pierre, p. 561-682).

[114] Reticente em relação ao direito internacional Jean-Jacques ROUSSEAU sempre foi, mas não chega a negação taxativa deste. A respeito, ver o **Tratado** – tomo 7 – **Direito internacional**

mecanismo ordenador das relações entre estados – o que constitui interessante paradoxo: defender projetos de paz perpétua, mas confessar a descrença no direito internacional 'clássico'.[115]

Igualmente cuidam do tema do anseio institucionalizado pela paz D'ALEMBERT [116] e VOLTAIRE. Ambos retomam, cada um a seu turno, o tema.[117]

O tema continua a ser tratado, além do tempo 'clássico'. Ao se chegar a Immanuel KANT, este expõe a sua concepção da paz perpétua, no ensaio de 1795.

A mais conhecida reflexão sobre essa temática,[118] o ensaio de KANT, de 1795 considerava ser a maior tarefa da humanidade alcançar a regulação

no tempo de Hugo Grócio e tb. Simone GOYARD-FABRE, *Les silences de HOBBES et de ROUSSEAU devant le droit international* (in **Le droit international** Archives de philosophie du droit, vol 32, Paris: Sirey, 1987, p. 59-69, observa no último parágrafo): "Toujours étrange et ambivalent, ROUSSEAU, dans ses réticences á l'égard du droit international, pose un point d'interrogation chargé de mystère existentiel, là où le rationalisme de HOBBES, dans son implacable logique, exprimait la certitude d'une négation". Marcel MERLE, **Pacifisme et internationalisme** – XVIIe – XXe siècles (Paris: Armand Colin, 1966, p. 72-77 sobre o Abbé de SAINT-PIERRE, e p. 78-79 sobre ROUSSEAU): "Les idées de J.-J. ROUSSEAU sur la paix et la guerre sont un sujet inépuisable de controverses" e deste, o *Jugement* sobre o projeto de paz perpétua de SAINT-PIERRE conteria "les marques d'un réalisme assez inattendu". Ver tb. Kurt von RAUMER, **Ewiger Friede**: Friedensrüfe und Friedenspläne seit der Renaissance (Freiburg-Munique, 1953, especificamente *Jean-Jacques ROUSSEAU: Urteil über SAINT-PIERRE*, p. 371). Ver tb. Alfred HIRSCH, **Rousseaus Traum vom ewigen Frieden** (Munique: Wilhelm Fink, 2012).

115 Como ulteriormente se considera no **Tratado** (tomo 11 – **Direito internacional no tempo do iluminismo**).

116 D'ALEMBERT, **Éloge de l'abbé de SAINT-PIERRE** (1775) "lu à la reception de Mr. de MALESHERBES" (Avant-propos de Simone GOYARD-FABRE, Caen: Univ. de Caen / Centre de Philosophie politique et juridique, 1993).

117 P. B. CASELLA, *Pax perpetua – a review of the concept from the perspective of economic integration* (in **Dimensão internacional do direito: estudos em homenagem a G.E. do NASCIMENTO E SILVA**, São Paulo: LTr, 2000, p. 69-88); Marcel MERLE, **Pacifisme et internationalisme** – XVIIe – XXe siècles (Paris: Armand Colin, 1966); Kurt von RAUMER, **Ewiger Friede**: Friedensrüfe und Friedenspläne seit der Renaissance (Freiburg-Munique, 1953).

118 Em 1795, o ensaio **Zum ewigen Frieden** – ein philosophischer Entwurf, de Immanuel KANT, foi sucesso editorial, esgotando-se rapidamente a primeira edição, publicada pelo editor Nicolovius, de Königsberg, e foi o primeiro escrito de KANT a ser traduzido e publicado em francês. V. Immanuel KANT, **Über den Gemeinspruch: Das mag in der Theorie richtig sein, taugt aber nicht für die Praxis. Zum ewigen Frieden: ein philosophischer Entwurf** (mit Einleitung und Anmerkungen, Bibliographie und Registern kritisch herausgegeben von Heiner F. KLEMME, Hamburgo: Felix Meiner – Philosophische Bibliothek Band Nr.

da convivência pelo direito. Simultaneamente,[119] se diversificaram as formulações sobre sistemas institucionais para a manutenção da paz, e se multiplicavam as guerras, em todo o tempo 'clássico'. E isso ainda se acirra na fase seguinte, quando os exércitos aumentam em número de integrantes, registram-se grandes progressos técnicos nos seus equipamentos, e a guerra passa de questão entre príncipes para a confrontação de nações inteiras.[120]

Para tentar situar o conjunto do exame dos sistemas coesos, no tempo que transcorre desde o Congresso de Vestfália (1648) até a guerra dos sete anos (1756-1763) – e de certo modo, em alguns aspectos, se estende até o

443, 1992); ou tb., ed. francesa e brasileira: ___, **Projet de paix perpétuelle** (texte intégral, présentation et commentaires de J.-J. BARRÈRE et C. ROCHE, Paris: Nathan, 1991); ___ et al., **A paz perpétua** – um projeto para hoje (org. J. GUINSBURG, textos de KANT, DERRIDA, ROSENFELD e ROMANO, São Paulo: Perspectiva, 2004).

[119] Evelyn BARRETO, **Projetos de paz perpétua no direito internacional contemporâneo** (prefácio P. B. CASELLA, apresentação C. P. MOISÉS, São Paulo: Martins Fontes, 2021); Isaiah BERLIN, *KANT as an unfamiliar source of nationalism* (in **The sense of reality**: Studies in ideas and their history, London: Chatto & Windus, 1st. publ. 1996, p. 232-248); Jean-Michel BESNIER, *Le droit international chez KANT et HEGEL* (in **Le droit international** Archives de philosophie du droit, vol 32, Paris: Sirey, 1987, p. 85-99); James BOHMAN and Matthias LUTZ-BACHMANN (eds.), **Perpetual peace**: essay on KANT's cosmopolitan ideal (Cambridge, Ma.: MIT Press, © 1997); P. B. CASELLA, *Pax perpetua – a review of the concept from the perspective of economic integration* (in **Dimensão internacional do direito: estudos em homenagem a G.E. do NASCIMENTO E SILVA**, São aulo: LTr, 2000, p. 69-88); A. DELORENZO Neto, *Duas concepções do pacifismo: os projetos de KANT e Max SCHELER* (in **Estudos jurídicos em homenagem ao professor Haroldo VALLADÃO**: estudos, homenagens, manifestações de solidariedade, currículo, Rio de Janeiro: Freitas Bastos, 1983, p. 24-33); Jean-Pierre DERRIENNIC, *Droit de sécession et droit à la citoyenneté: réflexions à partir d'une note de KANT dans le **Projet de paix perpétuelle*** (in **Entre Kant et Kosovo** – études offertes à Pierre HASSNER, dir. de Anne-Marie LE GLOANNEC et Aleksander SMOLAR, Paris: Presses de Sciences Po, 2003, p. 459-476); Jean FERRARI e Simone GOYARD-FABRE (dir. de), **L'année 1796 – sur la paix perpétuelle** – de LEIBNIZ aux héritiers de KANT (Paris: Vrin, 1998); Michel VILLEY, *La doctrine du droit dans l'histoire de la science juridique: préface à Emmanuel KANT* (in E. KANT, **Métaphysique des mœurs**, première partie, **Doctrine du droit**, trad. A. PHILONENKO, Paris: Vrin, 1979); Jürgen HABERMAS, **La paix perpétuelle**: le bicentenaire d'une idée kantienne (trad. de l'allemand Rainer HOCHLITZ, Paris: Cerf, 1996); Soraya NOUR, **À paz perpétua de KANT**: filosofia do direito internacional e das relações internacionais (prefácio Carlos Henrique CARDIM, São Paulo: Martins Fontes, 2004); Walter SCHÜCKING, **Le développement du Pacte de la Société des Nations** (RCADI, 1927, t. 20, p. 349-458, cit. p. 353): "résoudre une tâche désignée par le grand philosophe allemand KANT comme le plus grand problème du genre humain: créer une organisation de l'humanité réposant sur le droit".

[120] Ver, a respeito, **Tratado** (tomo 12 – **Direito internacional no tempo de Vattel e von Martens**, item – *mutações no direito internacional no século XVIII, ilustradas pelo tema da guerra*).

Congresso de Viena (1815) –[121] duas mudanças devem ser assinaladas, em relação aos períodos anteriores:

– a primeira, é a mudança de tratamento do tema, onde a institucionalização faz passar o foco principal do direito internacional da *doutrina*, como se dava, ainda nos séculos XVI e XVII, para o crescente papel da *prática* dos estados, como indício de funcionamento do que passa a ser sistema institucional, como conjunto;[122]
– a segunda mudança se põe em relação ao modo de estruturar o conjunto, porquanto o desenvolvimento e a institucionalização do direito internacional, na passagem do 'moderno' para o 'clássico', paradoxalmente, o torna mais coesamente ordenado, mas marcadamente menos '*universal*' do que no passado, no sentido de mais proximamente filiado a assim caracterizadas '*escolas nacionais*'. O direito internacional se desenvolve, conceitual e institucionalmente, mas perde o seu anterior sentido e vocação universal, ou pelo menos se vê privado do anseio de universalidade, que antes o pautava.[123]

São paradoxais a ocorrência e o florescimento das assim chamadas 'escolas nacionais' de direito internacional.[124] De um lado, foi tempo de crescimento e de aprofundamento da disciplina do direito internacional; e, por outro lado, que tais desenvolvimentos sejam acompanhados pela perda da universalidade, que o caracterizara em fases precedentes.[125]

Essa característica é relevante. Examina-se, assim, de modo útil para a compreensão do sistema, o quadro desse direito internacional, ao mesmo tempo 'clássico' e pautado por modelos regionais ou nacionais. Espelho do exacerbamento dos estados, que precisam do direito internacional, mas o querem moldar e fazer operar a seu bel prazer.

121 Como se examina no **Tratado** (tomos 11 – **Direito internacional no tempo do iluminismo** e 13 – **Direito internacional no tempo do concerto europeu**).

122 Pode-se perceber essa oscilação do direito internacional 'clássico' entre a *doutrina* e a *prática* dos estados, na metade do século XVIII, na obra de Emer de VATTEL (1714-1767), como se examina no **Tratado** (tomo 12 – **Direito internacional no tempo de Vattel e von Martens**, cap. 24).

123 Este é um paradoxo do desenvolvimento da disciplina e lição a ser tirada do conjunto dos tomos que compõem o **Direito internacional no tempo**.

124 Como se examina no **Tratado** (tomo 11 – **Direito internacional no tempo do iluminismo**).

125 O que ainda se considera no **Tratado** (tomo 13 – dedicado ao exame do **Direito internacional no tempo do concerto europeu**).

É habitual a afirmação, embora pouco fundada, de que os tratados de Münster e Osnabrück, ditos da paz de Vestfália,[126] de certo modo 'implementam' e refletem, na prática dos estados, dados dos ensinamentos de Hugo GRÓCIO, obra que marca o apogeu do direito internacional 'moderno'.[127] A relação não é tão direta, nem o encadeamento tão preciso, quanto se precisaria supor, para poder fazer tal afirmação.[128]

Depois deste, que ilustra o máximo desenvolvimento do assim chamado direito internacional 'moderno', se passará, aos poucos, à concepção do direito internacional 'clássico', tal como o conheceram os séculos XVII e XVIII. O que vale até se chegar ao direito internacional do tempo do *iluminismo*, e deste passar para o contexto do direito internacional no tempo do concerto europeu.[129] Com curiosas alternâncias, entre o anseio de nortear a conduta pela razão, de vocação universalista, e o predomínio da emoção, sentimentalmente exacerbada, pelos nacionalismos.

Ainda na segunda metade do século XVII, afirmava PUFENDORF, na sua obra maior, de 1672, "todos os poderes soberanos são naturalmente iguais".[130] Marco conceitual significativo, estabelece as bases do princípio do equilíbrio europeu.[131]

[126] Ver também **Tratado** (tomo 8 – **Direito internacional além do paradigma vestfaliano**, item – *além do paradigma vestfaliano*).

[127] A respeito de Hugo GRÓCIO e sua contribuição para a evolução do direito internacional, ver (tomo 7 – **Direito internacional no tempo de Hugo Grócio**, cap. 18).

[128] A respeito, ver **Tratado** (tomo 5 – **Direito internacional no tempo de Francisco de Vitória**, cap. 14); tb. Peter HAGGENMACHER, *La paix dans la pensée de Grotius* (in **L'Europe des traités de Westphalie**, dir. de L. BÉLY, Paris: PUF, 2000, p. 67-79, cit. p. 79) quando da morte de GRÓCIO, em 1645: "il faudra trois bonnes années encore pour que les négociations aboutissent; et pendant tout ce temps la guerre se poursuivait. La gamme entière du *ius pacis* mis en système par GROTIUS était donc sollicitée. Mais sa grande vision irénique ne sera point réalisée par les traités de Westphalie, qui consolident plutôt la division des confessions chrétiennes, tout en instaurant entre elles, il est vrai, une espèce de coexistence pacifique. On ne peut s'empêcher de ressentir une discordance entre l'issue effective des négociations et les visées œcuméniques de GROTIUS: catholiques et protestants couchent sur leurs positions, et le pape, pourtant médiateur à Münster, couvrira de sa protestation l'ensemble de la paix enfin conclue."

[129] Como se considera nos tomos seguintes, **Direito internacional no tempo do iluminismo** e **Direito internacional no tempo do concerto europeu**.

[130] S. PUFENDORF, **De jure naturae et gentium** (VIII.XII.IV). Para situar a obra e o contexto de Samuel PUFENDORF (1632-1694), ver, neste tomo, o capítulo 20.

[131] Como examinado no **Tratado** (tomo 8 – **Direito internacional além do paradigma vestfaliano**, item – *literatura sobre o equilíbrio da Europa*); Juan Bautista RIVAROLA PAOLI, no seu **Derecho internacional público** (Asunción, Paraguay: Juan Bautista Rivarola Paoli, 6ª

O princípio da igualdade jurídica dos estados,[132] pioneiramente formulado por PUFENDORF, somente se ensaia na regulamentação internacional positiva, e – embora com derrogação parcial – passa ao direito internacional positivo, na metade do século XX, no âmbito da Organização das Nações Unidas.

A noção aparentemente neutra de 'equilíbrio europeu', em verdade, contém elementos de legitimação da guerra: esta se transforma em mecanismo de controle político, de uns estados em relação a outros.[133] Com desastrosa frequência, na aplicação dessa funesta ferramenta, a guerra é dado característico e recorrente, do sistema internacional da época.

Como avaliam estudos a respeito desse período,[134] cada um com suas idiossincrasias nacionais –[135] claramente perceptíveis, pelas diferenças de enfoque entre um historiador inglês e um diplomata francês – mas, cumpre notar, ambos percebem e apontam, não somente, o fracasso do sistema internacional do 'equilíbrio', que tinha mantido em pé de guerra a convivência entre as potências:

> A consequência trágica da crise de agosto de 1914 não é somente o fracasso de sistema internacional que tinha mantido a paz ou, ao menos, contido a guerra durante um século em nosso continente e permitido, sem explosão generalizada, a transformação da ordem estabelecida pelo Congresso de Viena em 1814-1815. É a falência da Europa que, depois de ter dominado o mundo, volta contra si mesma os golpes, que precipitarão seu declínio.[136]

ed., 2013, cit. p. 157): "se caracteriza el sistema del equilibrio europeo por una combinación empírica, en la cual lo principal es la voluntad de poder de estado de las partes, siempre que no atente contra los derechos vitales."

132 Reflexões e precedentes terão de levar em conta o estado, como meio e ferramenta operacional do direito internacional. A presença e a influência dos estados são incontornáveis no direito internacional, no sentido de que estarão sempre presentes e atuantes os estados, na formação e aplicação do direito de regência das relações entre estes.

133 Como considerado no (tomo 8 – **Direito internacional além do paradigma vestfaliano**, item – *literatura sobre o equilíbrio da Europa*, e tb. o item – *império, estado moderno e ascensão do absolutismo*, no tomo 11 – **Direito internacional no tempo do iluminismo**).

134 Tim BLANNING, **The Pursuit of Glory: Europe 1648-1815** (orig. publ. 2007, London: Penguin, 2008).

135 Jacques-Alain de SÉDOUY, **Le concert européen**: aux origines de l'Europe (1814-1914) (Paris: Fayard, 2009).

136 Jacques-Alain de SÉDOUY, **Le concert européen**: aux origines de l'Europe (1814-1914) (Paris: Fayard, 2009, *Épilogue*, p. 461-466, cit. p. 466): "L'issue tragique de la crise en août

Esse 'sistema de equilíbrio europeu', se não assegurava a paz, ao menos tinha contido a guerra, durante um século naquele belicoso continente. E, também, permitido, sem explosão generalizada, a progressiva transformação da ordem estabelecida, desde 1815.[137]

Como já apontado, a questão do equilíbrio das potências "fez suscitar a questão da legitimidade da guerra, quando feita em vista de prevenir o fortalecimento de um estado, que ameaçava a segurança geral e a independência das nações".[138] Esta concepção se exprime, quer como a primitiva união dos fracos contra o poderoso, ou como uma institucionalização da busca de equalização das forças. Isso ganharia foro de legitimidade histórica, ao se referir já ter sido praticado entre as cidades-estado da Grécia antiga: "o historiador filósofo David HUME mostra que mesmo se os gregos não chegaram a uma concepção exata do equilíbrio entre as potências, eles a tiveram, contudo, na prática". [139]

Dessa consolidação da ideia do 'equilíbrio europeu',[140] podem ser apontados não somente o conceito de neutralidade na guerra,[141] em relação aos

1914 n'est pas seulement l'échec d'un système international qui avait maintenu la paix ou, à défaut, contenu la guerre pendant un siècle sur notre continent et permis, sans explosion généralisée, la transformation de l'ordre établi par le Congrès de Vienne en 1814-1815. C'est la faillite de l'Europe qui, après avoir dominé le monde, se porte à ele-même les coups qui vont précipiter son déclin."

[137] Como se examina no **Tratado** (tomos 11 – **Direito internacional no tempo do iluminismo** e 13 – **Direito internacional no tempo do concerto europeu**), o sistema, criado pelo Congresso de Viena, em 1814-1815, perdura por um século, até soçobrar com a eclosão da primeira guerra mundial; o que também "marca a falência da Europa, que depois de ter dominado o mundo, desencadeia contra si mesma os golpes que precipitarão seu declínio".

[138] Ernest NYS, **Les origines du droit international** (Bruxelles: Alfred Chastaigne / Paris: Thorin & Fils, 1894, chap. VIII – *L'équilibre européen*, p. 165-172): "Le développement de la théorie de l'équilibre des puissances fit soulever la question de la légitimité de la guerre, faite en vue de prévenir l'agrandissement d'un état qui menaçait la sécurité générale et l'indépendance des nations."

[139] E. NYS (op. cit., 1894, p. 165): "On ne saurait sérieusement soutenir que l'Antiquité ignorait l'idée d'un arrangement systématique" e relatava a observação "l'historien philosophe David HUME montre comment, si les Grecs n'avaient pas une conception exacte de la balance des puissances, ils en avaient cependant la pratique". Como examinado no **Tratado** (tomo 3 B – **Gregos, romanos, chineses, indianos**, cap. 5 – *as cidades-estado gregas e mundo helenístico*).

[140] Ver **Tratado** (tomo 8 – **Direito internacional além do paradigma vestfaliano**, item – *literatura sobre o sistema de equilíbrio na Europa*).

[141] Johan Wilhelm NEWMAYR VON RAMSLA foi o autor de obras em que estuda a questão da neutralidade, como seu **Von der Neutralitet und Assistenz oder Unpartheyligkeit vnd**

beligerantes,[142] como também fazer paralelo, entre o princípio, então adotado, da determinação da religião de estado pelo governante. Este poderia ser considerado o ponto de partida do princípio contemporâneo da "não-ingerência nos assuntos internos" dos estados.[143]

Como mencionado, dado da época é a progressiva construção do estatuto da neutralidade, mesmo em se tratando de tema já referido pelos tratadistas da guerra – como AYALA e BELLI,[144] e também por GRÓCIO –[145] pode ser trazido o exemplo dos tratados sobre o tema, de autoria de J. W. NEWMAYR VON RAMSLA, **Da neutralidade e assistência ou não-alinhamento e alinhamento em tempos de guerra**, de 1620 e seus textos seguintes.[146]

Partheyligkeit in KriegsZeiten sonderbarer Tractat oder Handlung (orig. publ. Erfurt: J. Birckner, 1620; 2ª ed., rev. e ampliada, 1625).

142 A respeito ver **Tratado** (tomo 8 – **Direito internacional além do paradigma vestfaliano,** itens – *ensaio de balanço do direito internacional no século XVII* e especialmente – *construção da neutralidade no direito internacional moderno e os tratados de NEWMAYR VON RAMSLA*).

143 Como ainda consigna a **Carta** da ONU, art. 2º, § 7: "Nenhum dispositivo da presente Carta autorizará as Nações Unidas a intervirem em assuntos que dependam essencialmente da jurisdição interna de qualquer estado ou obrigará os membros a submeterem tais assuntos a uma solução, nos termos da presente Carta; este princípio, porém, não justificará a aplicação das medidas coercitivas constantes do capítulo VII."

144 Ver **Tratado** (tomo 4 – **Direito internacional no tempo medieval**, cap. 11 – *tratadistas da guerra: Balthazar AYALA e Pierino BELLI* e tomo 7 – **Direito internacional no tempo de Hugo Grócio**, cap. 18).

145 Peter HAGGENMACHER, *La paix dans la pensée de Grotius* (in **L'Europe des traités de Westphalie**, dir. de L. BÉLY, Paris: PUF, 2000, p. 67-79, cit. p. 68): "il faut préciser aussitôt, qu'on aurait tort de voir en lui un pacifiste au sens que ce terme a pris au XIXᵉ siècle. GROTIUS s'inscrit explicitement en faux contre ÉRASME et d'autres objecteurs de conscience qui en ce temps déjà proscrivaient la guerre. Il conçoit sans difficulté qu'une guerre puisse être conforme au droit, et c'est en fait là l'objet principal de son grand traité: établir les conditions d'une guerre juste. La guerre est juste dans la mesure où elle vise à poursuivre un droit (le terme étant pris au sens étroit d'un droit subjectif mis en cause par un fait illicite de l'adversaire), et GROTIUS élabore à cette fin un vaste système juridique. Par ce biais, la guerre aboutit tout naturellement à la paix. Voilà ce qui expriment les deux termes réunis dans le titre de son livre et qui doivent être lus à la lumière du troisième, le droit (pris cette fois au sens large du droit collectif): **De jure belli ac pacis.**"

146 J. W. NEUMAYR von RAMSLA, **Von der Neutralitet und Assitenz oder Unparteyligkeit und Parteyligkeit in KriegsZeiten sonderbarer Tractat oder Handlung** (Erfurt: J. Birckner, 1620, 183 p. e 2ª edição ampliada, 1625, 691 p.); mais dois tratados, respectivamente sobre alianças e ligas em tempos de guerra, ___, **Von Bündnüssen und Ligen in Kriegszeiten** (Jena, 1624) e outro sobre negociações e tratados de paz, ___, **Sonderbarer Tractat von Friedenshandlungen und Verträgen** (Jena, 1624).

Esse autor, contemporâneo de GRÓCIO, cuida do tema, em diversos textos, em pleno curso da guerra dos trinta anos.[147]

> A guerra e a paz são colocadas em tensão no tratado [de GRÓCIO], e essa tensão acompanha também toda a sua vida. GRÓCIO constitui, nesse sentido, tanto quanto RICHELIEU, dois anos mais novo que ele, uma figura simbólica de seu tempo. Seu engajamento com a paz deve ser visto sobre um fundo de guerra. Sua própria vida se inscreve em dois conflitos, que encontrarão sua conclusão nesse ano de 1648 em Vestfália: ao lado da guerra de trinta anos, a outra, mais antiga, de oitenta anos, que fizeram as Províncias Unidas dos Países Baixos do Norte contra seu suserano, o rei da Espanha.[148]

A unidade política do gênero humano não parece poder ser atingida na prática por meio do estabelecimento de poder imperial,[149] que representaria a predominância absoluta de uma organização particular qualquer.[150] E, como mostra a história,[151] "qualquer tentativa de hegemonia mundial provoca, fatalmente, sua oposição, mediante a coalizão das demais potências, qualquer que seja a importância":[152]

[147] Johan Wilhelm NEWMAYR VON RAMSLA, **Von der Neutralitet und Assistenz oder Unpartheyligkeit vnd Partheyligkeit in KriegsZeiten sonderbarer Tractat oder Handlung** (Erfurt : J. Birckner, 1620) – exemplar original da primeira edição deste singular tratado sobre a neutralidade, do início da guerra dos trinta anos, de autoria de nobre da Saxônia, que o escreveu ao lado de relatos de viagem **Itinerarium europaeum** e "mehrere Schriften staatswissenschatlichen und politischen Inhalts, die seiner Gelehrsamkeit und seinem Urtheile ein gutes Zeugnis ausstellen".

[148] P. HAGGENMACHER, *La paix dans la pensée de Grotius* (in **L'Europe des traités de Westphalie**, dir. de L. BÉLY, Paris: PUF, 2000, p. 67-79, cit. p. 69): "Ce *Tachtigjarige Oorlog*, comme l'appellent les Hollandais, n'a que 15 ans lorsque GROTIUS naît, en 1583 à Delft, l'année avant l'assassinat du Taciturne. [...] La guerre est partout, et plus d'une fois GROTIUS est amené à approuver ou à cautionner des positions belliqueuses."

[149] A respeito, ver **Tratado** (tomo 11 – **Direito internacional no tempo do iluminismo**, item – *império, estado moderno e ascensão do absolutismo*).

[150] Ver **Tratado** (tomo 3 A – **Direito internacional no tempo antigo**, cap. 3 – *civilizações antigas entre hegemonia e relações internacionais*).

[151] Giorgio DEL VECCHIO, **La société des nations au point de vue de la philosophie du droit international** (RCADI, 1931, t. 38, p. 541-650).

[152] Observava G. DEL VECCHIO (op. cit., 1931, p. 556): "quoiqu'il soit possible, pour un certain temps, qu'un pouvoir particulier prévale et constitue une hégémonie super nationale, cela n'en constitue pas moins un phénomène transitoire, qui ne peut prétendre à résoudre le problème juridique ni à assurer d'une façon durable la paix du genre humain. Toute

A aspiração à autonomia, em lugar de decrescer, se desenvolve tanto mais quanto a vida e a consciência se desenvolvem, nos indivíduos como nos povos, e "nem mesmo o anseio tão poderoso pela paz é capaz de extinguir nos corações humanos o amor pela liberdade e pela justiça".[153] E, justamente, não se trata de reunir todos os homens em único estado, mas todos os estados em único regime.[154]

Os séculos XVI a XVIII são marcados por tensões e conflitos, nos planos internos dos estados e na configuração do sistema internacional moderno, norteado pela concepção do 'equilíbrio europeu'. Nos planos internos, pauta-se a vida dos estados pelo descontentamento, e por recorrentes guerras civis: sucedem-se as revoluções inglesas, no século XVII, e a revogação do Édito de Nantes, na França, por LUÍS XIV.

Justamente, nessa época de tensões sociais e contexto de guerras civis, nascem teorias e projetos de unificação do corpo político, desta ou daquela nação. Que, em boa medida, fogem ao escopo do presente estudo. Mas, o que aqui interessa, é perceber a recorrência desses fenômenos, e a sua transposição dos planos internos, para o plano internacional: aos conflitos sociais, respondem os esforços teóricos para formulação de critérios para a ordenação pacífica e eficaz da sociedade.

Da mesma forma, às guerras recorrentes, entre as potências europeias, respondem os anseios teóricos pela ordenação institucional das relações internacionais. E da construção de mecanismos para "tornar perpétua a paz na Europa".

Aponte-se, assim, certa mutação na ótica interestatal e das relações internacionais, que, simultaneamente, combinam as guerras constantes, entre as potências europeias, com as reflexões teóricas, que se elevam a novos patamares, como acontece com a extensa e relevante obra de Christian WOLFF,[155] em meados do século XVIII.

domination impériale est précaire et fatalement caduque jusqu'à ce que soient enlevées les causes intrinsèques de division et des différends entre les divers peuples. De la simple affirmation d'une autorité toute puissante à la véritable et définitive organisation juridique de l'humanité s'étend un abîme, que la théorie impérialiste, quelle qu'en soit la forme, est impuissante à combler".

153 G. DEL VECCHIO (op. cit., 1931, p. 560).

154 G. DEL VECCHIO (op. cit., 1931, p. 563).

155 A respeito de Christian WOLFF (1679-1754), ver **Tratado** (tomo 10 – **Direito internacional no tempo de C. van Bynkershoek e Christian Wolff**, cap. 22).

No contexto iluminista do século XVIII, mais e mais, terão lugar concepções internacionalistas, na linha da *civitas maxima*, de Christian WOLFF. Este pode ser visto, quer como precursor do movimento de institucionalização internacional que, no século XX leva, primeiro à Sociedade das Nações e, a seguir, à Organização das Nações Unidas. A concepção de WOLFF pode ser vista quer como inovadora em relação aos desenvolvimentos institucionais ulteriores, ou como a última manifestação, na linha de antigos projetos de ordenação internacional, cuja inspiração antiga e cuja matriz medieval, não podem ser esquecidas, se se quiser compreender a dimensão efetiva de continuidade de ideais, como meio de reformar ou direcionar as vicissitudes da história.[156]

Sinal dos tempos, os projetos de ordenação internacional, tratam de propor ordem em meio aos conflitos constantes. Em meio às guerras daquele tempo, surgem projetos como o do cardeal ALBERONI, de 1735, ou o plano do ministro D'ARGENSON, de 1745.

O plano político do cardeal Giulio ALBERONI, de 1735, procura substituir o *corpus fictum*, ou seja, o corpo político do Sacro império, da Alemanha – e este, naquela altura, também presente, como força política na Itália –, por uma liga, sob proteção francesa.[157] O plano do cardeal ALBERONI, de 1735, tinha notas em comum com as visões, expostas no século anterior, por outros dois cardeais – mais do que homens da igreja, foram ambos eminentemente homens políticos – RICHELIEU e MAZARINO, que conduziram a política francesa, durante dezoito anos o primeiro, até sua morte, em 1642, e durante dezenove anos o outro, de 1642, até sua morte, em 1661.

[156] Como examinado no **Tratado** (tomo 4 – **Direito internacional no tempo medieval**).

[157] Lucien BÉLY, **L'art de la paix en Europe** – naissance de la diplomatie moderne XVIe-XVIIIe siècle (Paris: PUF, 2023, quatrième partie – les instruments de l'équilibre, chap. XX – *'Je n'aurai pas cru, Monsieur, que vous eussiez oublié que vous êtes italien'. L'Italie et les italiens pendant la guerre de Succession d'Espagne*, p. 407-429, cit. p. 409-410): "Des Italiens, de naissance plus modeste, trouvent aussi au service de l'Espagne le moyen d'échapper à la sphère étroite des souverainetés italiennes. C'est le cas d'ALBERONI. Ce fils de jardinier, remarqué par l'évêque de Plaisance, travaille pour le souverain de Parme, puis gagne la confiance du duc de VENDÔME, dont il devient le secrétaire, tout en restant l'agent de Parme et en recevant une pension de France. VENDÔME commande en Espagne et ALBERONI, après sa mort, y demeure. Le mariage de PHILIPPE V avec la princesse de Parme, Élisabeth FARNÈSE, fait de lui un des maîtres de la diplomatie européenne. Étonnant destin dans une Espagne où le pouvoir, surtout depuis la fin du XVIIe siècle, semble confisqué par les Grands."

Em linha semelhante, René-Louis de Voyer de Paulmy d'ARGENSON, então ministro das relações exteriores da França, em 1745, apresenta o plano de uma *Liga para restabelecer e manter a paz na Itália*, que visa federação, entre os principados mais importantes, abandonando o sistema de feudos e, suprimindo os pequenos estados e vassalos, eliminava o papel político das cidades menores e da pequena nobreza.[158] Além disso, o imperador não mais seria necessário, depois de tal reforma.[159]

Na confrontação, entre modelos de ordenação do mundo, sintomaticamente, se põem questões, como a liberdade dos mares ou a pretensão, desta ou daquela potência, de colocar limites, à livre navegação, por parte das demais. Também indícios dessa configuração de modelos de ordenação do mundo, a questão da existência, ou não, e dos limites de 'direito de ocupação' – o que também ficou superado.

No século XVII, além de GRÓCIO, dentre os internacionalistas de mais renome, além do antes citado Richard Zouch,[160] e do aqui estudado Samuel Puffendorf,[161] cabe referir a controvérsia sobre o regime de navegação dos mares, com a tese da liberdade do mar – *mare liberum* –[162] e a oposição a

[158] L. BÉLY, **Les relations internationales en Europe** (orig. publ. 1992, Paris: PUF – Thémis – Histoire, 4e éd., 2013, sixième partie – *L'Europe des despotes éclairés*, p. 485-606, chap. 16 – *la guerre de Succession d'Autriche et l'émergence de la Prusse*, p. 487-515, cit. p. 506): "En France, LOUIS XV avait choisi le marquis d'ARGENSON – '*D'ARGENSON la bête*' – comme secrétaire d'état aux affaires étrangères: c'était le frère du secrétaire d'état à la guerre. Disciple de CHAUVELIN, c'était un homme de système, qui voulait contenir les quatre grandes puissances: la maison de LORRAINE-HABSBOURG, l'Angleterre, la Russie et l'Espagne. Pour cela, il fallait protéger la Hollande contre l'Angleterre, établir une ligue de riverains de la Baltique contre la Russie, organiser l'Allemagne autour de la Saxe et de la Prusse, fédérer l'Italie avec l'appui de la Sardaigne. Pourtant, le plan de campagne fut plutôt imposé par les hommes de guerre: pour obtenir la paix il fallait en convaincre l'Angleterre et pour cela obtenir des succès dans les Pays-Bas."

[159] Ver tb. **Tratado** (tomo 8 – **Direito internacional além do paradigma vestfaliano**, item – *império e frações de império*).

[160] A respeito de Richard ZOUCH (1590-1660) ver **Tratado** (tomo 6 – **Direito internacional no tempo de Suarez, Gentili e Zouch**, cap. 17).

[161] A respeito de Samuel PUFENDORF (1632-1694), ver adiante, neste tomo, cap. 20.

[162] Hugo GRÓCIO, **Mare liberum** (original Latin text, 1609, and modern English translation, ed. and annotated by R. FEENSTRA, Introduction J. VERVLIET, Leiden/Boston: Brill, 2009); ___, **Mare liberum / De la liberté des mers** (1609, ed. facsimilar da tradução de Antoine de COURTIN, 1703, *Dissertation d'Hughes GROTIUS pour la liberté des mers, au soutien du droit qu'ont les Hollandais de participer au commerce de l'Inde*, Caen: Publications de l'Univ. de Caen, 1990), b/c na edição **De Mari Libero** et P. MERULA, **De Maribvs** (Lvgd. Batavorvm: Ex Officina

esta, formulada por John Selden – *mare clausum*. Nesta discussão, assinale-se a contribuição de Frei Seraphim de Freitas, autor **Do justo império lusitano na Ásia** – originalmente publicado **De Justo Imperio Lusitanorum Asiatico.**[163]

A essa grande questão, do regime internacional da navegação, que no tempo do direito internacional 'clássico', caminhava para acomodação, sob a égide da crescente hegemonia marítima britânica,[164] contrapunha-se outra questão, que ainda teria longo curso, antes de ser descartada, pela evolução posterior do direito internacional: a existência, ou não, e os limites de um direito de ocupação, notadamente colonial. O assim chamado 'direito de ocupação',[165] foi uma fase e um modo de compreender esse mecanismo colonial, sob o amparo do direito internacional da época, circunscrito no tempo, e felizmente superado.

A partir dos séculos XVII e XVIII, acelera-se, consideravelmente, o desenvolvimento do direito internacional. Conceitual e institucionalmente, este passa por grandes transformações. Ao mesmo tempo, paradoxalmente, em que ocorrem notáveis desenvolvimentos técnicos e institucionais do direito internacional, estes se fazem acompanhar pela perda da vocação

Elzeviriana, 1633 – contém esta edição quatro textos: 1 – Hvgonis Grotii Mare Liberum Sive De Ivre Qvod Batavis competit ad Indicana commercia, dissertatio (1609), p. 1-83; 2 – Paulus MERULA (1558-1607), Dissertatio de Maribus, p. 84-182; 3 – Marcus Zuerius BOXHORN (1612-1653), **Apologia pro navigationibus Hollandorum, adversus Pontum Heuterum**, p. 183-213; 4 – Tractatus pacis, mutui commercii, sive intercursus navigationum, confirmatus Londini anno [1495], inter Henricum Septimum Angliae regem, & Philippum Archiducem Austriae, Burgundiae, &c., p. 214-267), como parte da obra de GROTIUS, **De Jure Praedae Commentarius** (ca. 1604, with translation by G. L. WILLIAMS and W. H. ZEYDEL, reprinted in Classics of International Law, Oxford, 1950, 2 vols.).

163 Sobre a controvérsia entre GRÓCIO e Frei Seraphim de FREITAS, a respeito da legitimidade ou não da ocupação 'colonial' portuguesa, defendida por Seraphim de FREITAS, em relação aos interesses da Holanda, defendidos por GRÓCIO, veja-se **Tratado** (tomo 3 A – **Direito internacional no tempo antigo**, item 2.1, e tomo 7 – **Direito internacional no tempo de Hugo Grócio**, cap. 18). Veja-se de S. Buarque de HOLANDA, **Visão do paraíso**: os motivos edênicos no descobrimento e colonização do Brasil (São Paulo: Nacional / Secretaria da cultura, ciência e tecnologia, 3ª ed., 1977).

164 Anne-Marie HATTINGOIS-FORNER, **L'Atlantique au XVIIIe siècle** – un monde construit par et pour les européens? (Paris: Ellipses, 2013, esp. chap. II – *L'Atlantique britannique, un vaste espace commercial et colonial*, p. 25-51).

165 Ver **Tratado** (tomo 1 – **Direito internacional dos espaços**, item 6.1 – *ocupação* e tomos 14 a 17 – **Direito internacional no tempo do colonialismo**); Vaios KOUTROULIS, **Le début et la fin de l'application du droit de l'occupation** (Paris: Pedone, 2010).

universalista, que o pauta ainda na primeira modernidade – no século XVI, já consideravelmente menos nos séculos XVII e XVIII. O direito internacional se desenvolve, institucional e conceitualmente como conteúdo 'clássico' e no tempo do 'iluminismo', mas deixa de ter vocação de abranger o mundo, quando perde seu antigo olhar 'universal'.[166]

Ocorre mutação da atitude europeia, nas relações com potências asiáticas.[167] Eram sociedades organizadas e politicamente independentes, com as quais – ao menos durante os séculos XVI e XVII – os europeus trataram, em bases igualitárias, e com as quais celebraram tratados e estabeleceram relações diplomáticas.[168] Mesmo quando houvesse distinções a fazer, entre diferentes entidades estatais da Ásia.[169]

É indispensável ampliar a perspectiva intercivilizacional do direito internacional. Enquanto permanecesse tão estreito o quadro mental dessa "visão eurocêntrica ortodoxa" – *orthodox eurocentric view* –[170] para análise do fenômeno jurídico internacional, não se pode compreender adequadamente o mundo: "ao chegarem na Ásia, os europeus encontraram uma

[166] Cujo exame prossegue no **Tratado** (tomo 11 – **Direito internacional no tempo do iluminismo**).

[167] V. tb. **Tratado** (tomo 8 – **Direito internacional além do paradigma vestfaliano**, item – *reducionismo na obsessão vestfaliana*); C. H. ALEXANDROWICZ, **The Law of Nations in global History** (ed. by David ARMITAGE and Jennifer PITTS, Oxford: Univ. Press, 2017); ___, **Treaty and diplomatic relations between European and South Asian powers in the seventeenth and eighteenth centuries** (RCADI, 1960, t. 100, p. 203-322); ___, **The Afro-Asian world and the law of nations: historical aspects** (RCADI, 1968, t. 123, p. 117-214).

[168] Ver **Tratado** (tomo 3 A – **Direito internacional no tempo antigo**, item 2.1 – *a controvérsia entre Hugo GRÓCIO e Serafim de FREITAS*); C. H. ALEXANDROWICZ, **Treaty and diplomatic relations between European and South Asian powers in the seventeenth and eighteenth centuries** (op. cit., 1960, chap. III – *The GROTIUS-FREITAS controversy*, p. 218-230, cit. p. 221): "Thus, unlike in the case of the Spanish discovery of most American lands, there was no question of claiming a title by discovery, in the East Indies. [...] Thus, there was no reason for discriminating against them on grounds of civilization or religion."

[169] C. H. ALEXANDROWICZ (op. cit., 1960, p. 222): "No doubt the various state entities in Asia called for classification as to their legal status in the law of nations of the seventeenth century".

[170] Dentre outros estudos, cfr. C. H. ALEXANDROWICZ, **The Law of Nations in global History** (ed. by David ARMITAGE and Jennifer PITTS, Oxford: Univ. Press, 2017); ___, **The Afro-Asian world and the law of nations: historical aspects** (RCADI, 1968, t. 123, p. 117-214); ___, **Treaty and diplomatic relations between European and South Asian powers in the seventeenth and eighteenth centuries** (RCADI, 1960, t. 100, p. 203-322).

rede, perfeitamente organizada, de entidades políticas independentes, quer hindus, budistas ou muçulmanas":[171]

> A história das relações, entre potências europeias e asiáticas, mostra que muitas entidades estatais independentes da Ásia conseguiram manter as suas posições, inatacadas pelos europeus, bem como por outras tentativas locais de dominação. [...]
> Por esse motivo, parece difícil concordar com a opinião, expressa por internacionalistas, a partir da metade do século XIX, quando estes sustentam que o direito internacional somente se expandiu da Europa para a Ásia, no século XIX, ou mesmo, no século XX. Essa opinião nem se justifica pela prática dos estados na Ásia, anteriormente ao século XIX, nem tampouco por argumentos, relacionados com diferenças de religião ou de civilização. Nem mesmo foi esse o entendimento dos autores clássicos do direito internacional.[172]

De alguma forma, entre o final do século XVIII e a primeira metade do século XX, muda a atitude dos europeus. Estes declararam a suposta missão do homem branco, e pretenderam passar a 'colonizar' vastas extensões do continente asiático. Como tinham feito antes, no continente americano, e fariam, também, não somente na África, na Ásia, como ainda na Oceania.[173]

Durante o tempo em que o direito natural – seja de base laica ou confessional –, permaneceu na base dos princípios fundamentais do direito das gentes, a "família das nações não poderia ter sido considerada como sinônimo do clube exclusivo das potências europeias", o que foi produto – ou subproduto – "da concepção positivista do direito internacional".[174]

[171] C. H. ALEXANDROWICZ, **Treaty and diplomatic relations between European and South Asian powers in the seventeenth and eighteenth centuries** (op. cit., 1960, chap. III – *The GROTIUS-FREITAS controversy*, p. 218-230, trecho já cit. p. 221): "in the East Indies [...] there was no reason for discriminating against them on grounds of civilization or religion."
[172] C. H. ALEXANDROWICZ (op. cit., 1960, p. 223): "including GROTIUS, the most authoritative exponent of the law".
[173] Fenômeno levado ao paroxismo no colonialismo, como se examina no **Tratado** (tomos 14 a 17 – **Direito internacional no tempo do colonialismo**).
[174] C. H. ALEXANDROWICZ (op. cit., 1960, p. 223): "Whatever the views of the nineteenth century writers on the Family of Nations in the nineteenth century, the legal character of the pre-nineteenth century Family of Nations cannot be judged by *ex post facto* law. The evaluation of its legal character is the domain of the classic writers."

Isso tem de ser avaliado, pelos autores da época, porquanto essa mesma visão ainda se manteve longo tempo, e se acentua com o eurocentrismo do direito internacional 'clássico'.[175]

Interessante observar como mutações equivalentes se produziram no âmbito interno europeu. Assim, por exemplo, se deu a alternância entre o anseio pelo 'império' e a 'ideia prussiana'. Estes exprimem dois modelos, que se repetem, com muitas variações, na história europeia.

Configuração estatal relativamente recente, em relação a outros estados europeus que, nessa altura, já contavam séculos de história, a 'ideia prussiana' se pôs inicialmente com FREDERICO I, quando este se proclama "rei na Prússia" – *König in Preussen*. E passou a operar, como igual às demais cortes europeias, a partir do início do século XVIII.[176]

Da época ficaram registros de quanto foi candente o debate, em trabalhos a respeito da titulação real prussiana, e sua possível "fundamentação".[177] O que pode ter sido objeto de contestação por outras coroas, até que a potência prussiana demonstrou, com seu poder militar, que tinha passado a integrar o conjunto das soberanias europeias.

O filho e sucessor deste, FREDERICO GUILHERME I – rei da Prússia de 1713-1740 – via o 'rei' não como a encarnação e o fim último do poder,

[175] Ver **Tratado** (tomo 4 – **Direito internacional no tempo medieval**, item 11.2 – *guerra justa e guerra santa: entre jihad e as cruzadas*, cit. p. 558): "Apesar do estabelecimento de relações diplomáticas e da celebração de tratados, não é fácil se desvencilhar do peso do legado do passado, que leva cristãos e islâmicos a visões exclusivistas do direito internacional – cada lado convicto que suas tradições são superiores e mais adequadas, tanto do lado islâmico quanto do não-islâmico – e se acentuaria com o prevalente eurocentrismo do direito internacional clássico."

[176] Monika WIENFORT, **Geschichte Preussens** (Munique: Beck, 2008, esp. cap. II – *Aufbau und Aufstieg Preussens im 18. Jahrhundert*, p. 33-54); Sebastian HAFFNER (1907-1999), **Preussen ohne Legende** (orig. publ. 1979, Munique: Siedler, 9a. ed., 1998); Wolf D. GRUNER, **Der deutsche Bund** 1815-1866 (Munique: Beck, 2012).

[177] Iohann Henr. BOECLER, **Dissertatio de auspicio regio** (Argent., 1658); Iohann Petr. LUDWIG, **Dissertatio iuris gentium de auspicio regum** (Halae, 1701; a seguir publicada com o título **De iure regis appellandi**, Hallae, 1704); e do mesmo, ainda, **Naeniae Pontificis de iure reges appellandi** (Halae, 1702; também publicado em alemão, com o título, **Päpstlicher Unzug Clementis XI wider die Krone Preussen, und überhaupt von dem Recht, König zu werden**, Halle, 1701, e depois também publicado em Cölln, 1702); Iohann Hier. IMHOF, **Anmerkungen contra scriptum: Päpstlicher Unzug titulirt** (Nürnberg, 1702); G. Chr. GEBAUER, **Progr. de regio apud Germanos nomine** (Goettingen, 1753); ver tb. D. von OMPTEDA (op. cit., 1785, reed. 1963, § 209, p. 507-508).

mas considerava a si mesmo como 'o primeiro servidor do estado'. Dessa sua real condição, decorreriam deveres para o soberano, no tocante à gestão da coisa pública, como também na vida privada e familiar. A aplicação, de tal concepção, valeu a este passar a ser conhecido como o "rei sargento". Passa o foco do estado a serviço do príncipe – ou mesmo patrimônio deste – para a visão do príncipe a serviço do estado.

Foi, contudo, necessário o encadeamento de três gerações, para se completar a 'ideia prussiana': desde o avô, FREDERICO I, que se autoproclama "rei na Prússia", na virada do século XVIII, passando pelo pai, FREDERICO GUILHERME I, rei da Prússia, de 1713 até sua morte em 1740, até chegar ao filho e herdeiro, FREDERICO II (1712-1786), que reinou, por sua vez, de 1740 até 1786.

De certa forma, ao detestável FREDERICO GUILHERME, pai de FREDERICO II, deve, ao menos, ser reconhecido o mérito de ter preparado o caminho, para concepções mais modernas do estado, e colocado as premissas – conceituais e materiais – para a ascensão da Prússia, como potência, no contexto europeu. Quando, por sua vez, reinou FREDERICO II, de 1740 a 1786, sem as finanças saneadas e exércitos bem constituídos, legados pelo pai, não teria FREDERICO II podido alcançar os avanços que consolida o papel central da Prússia, no cenário da Europa,[178] com a anexação da Silésia – tirada à força da Áustria de MARIA THERESA – e, posteriormente, na "guerra dos sete anos" e diversas outras campanhas militares.[179]

Algo dos princípios políticos do rei-sargento – FREDERICO GUILHERME I – como ser a pessoa do rei considerada como a modesta encarnação da ideia de estado –[180] teria passado às doutrinas filosófico-políticas

[178] Dentre farta bibliografia disponível, ver, por exemplo: Jacob BURCKHARDT, **Das Zeitalter Friedrichs des Grossen** (hrsg. von Ernst ZIEGLER, mit einem Essay von Hans PLESCHINSKI, Munique: Beck, 2012); Johannes KUNISCH, **Friedrich der Grosse** – Der König unz seine Zeit (orig. publ. 2011, Munique: Beck, 2ª ed. 2012); Theodor SCHIEDER (1908-1984), **Friedrich der Grosse** – Ein Königtum der Widersprüche (orig. publ. 1983, Berlim – Munique: Propyläen, 2002); L. BÉLY, **Les relations internationales en Europe** (orig. publ. 1992, Paris: PUF – Thémis – Histoire, 4e éd., 2013, sixième partie – *L'Europe des despotes éclairés*, p. 485-606, chap. 16 – *la guerre de Succession d'Autriche et l'émergence de la Prusse*, p. 487-515).

[179] Como se examina no **Tratado** (tomo 11 – **Direito internacional no tempo do iluminismo**).

[180] Michel TOURNIER, **Le bonheur en Allemagne?** (orig. publ. 2004, "ed. augmentée" 2006, Paris: Gallimard, impr. 2010).

de KANT,[181] FICHTE[182] e HEGEL.[183] E, desse modo, tendo alcançado enormes desdobramentos, a partir de base 'natural' pouco coesa e bastante frágil:[184]

181 Immanuel KANT (1724-1804), **Werke** (hrsg. von Wilhelm WEISCHEDEL, Frankfurt: Suhrkamp, 12 vols., (c) 1956, 1974, com reimpressões: **Vorkritische Schriften bis 1768 – I**, stw 186, **Vorkristische Schriften bis 1768 – II**, stw 187, **Kritik der reinen Vernunft – I**, stw 55, **Kritik der reinen Vernunft – II**, stw 55, **Schriften zur Metaphysik und Logik – I**, stw 188, **Schriften zur Metaphysik und Logik – II**, stw 189, **Kritik der praktischen Vernunft. Grundlegung zur Metaphysik der Sitten**, stw 56, **Die Metaphysik der Sitten**, stw 190, **Schriften zur Naturphilosophie**, stw 191, **Kritik der Urteilskraft**, stw 57, **Schriften zur Anthropologie. Geschichtsphilosophie, Politik und Pädagogik**, stw 192, **Schriften zur Anthropologie. Geschichtsphilosophie, Politik und Pädagogik**, stw 193); I. KANT et al., **A paz perpétua** – um projeto para hoje (org. J. GUINSBURG, textos de KANT, DERRIDA, ROSENFELD e ROMANO, São Paulo: Perspectiva, 2004).

182 Johann Gottlieb FICHTE (1762-1814), **Die Bestimmung des Menschen** (orig. publ. 1800, hrsg. und mit einem Nachwort versehen von Theodor BALLAUFF und Ignaz KLEIN, Stuttgart: Philippe Reclam, Univ. Bibliothek Nr. 1201, (c) 1962, bibliographisch ergänzte Ausgabe 1981, impressão 2003); ___, **Beitrag zur Berichtigung der Urteile des Publikums über die französische Revolution** (1793, beigefügt die Rezension von Friedrich von GENTZ, 1794, hrsg. von Richard SCHOTTKY, Hamburgo: Felix Meiner, 1973); J. G. FICHTE, **Reden an die deutsche Nation** (orig. publ. 1808, mit einer Einletung hrsg. von Alexander AICHELE, Hamburgo: Felix Meiner, 2008).

183 Georg Wilhelm Friedrich HEGEL (1770-1831), **Werke** (auf den Grundlage der ***Werke Ausgabe***, von 1832-1845, neu edierte Ausgabe Redaktion Eva MOLDENHAUER und Karl Markus MICHEL, Frankfurt: Suhrkamp, 20 vols., (c) 1971, 1986, com reimpressões: **Frühe Schriften**, stw 601, **Jenaer Schriften 1801-1807**, stw 602; **Phänomenologie des Geistes**, 1807, Colonia: Anaconda, 2010; **Nürnberger und Heidelberger Schriften 1808-1817**, **Wissenschaft der Logik – I**, stw 605, **Wissenschaft der Logik – II**, stw 606, **Grundlinien der Philosophie des Rechts**, stw 607, **Enzyklopädie der philosophischen Wissenschaften – I, II e III**, stw 608, stw 609 e stw 610, **Berliner Schriften**, stw 611, **Vorlesungen über die Philosophie der Geschichte**, mit einer Einführung von Theodor LITT, Stuttgart: philipp Reclam, (c) 1961, impr. 2002, **Vorlesungen über die Ästhetik**, stw 613, stw 614 e stw 615, **Vorlesungen über die Philosophie der Religion**, stw 616, stw 617 (c) 1969, 1986, **Vorlesungen über die Geschichte der Philosophie – I, II e III**, stw); G. W. F. HEGEL, **Philosophie der Kunst** – Vorlesung von 1826 (herausgegeben von Annemarie GETHMANN-SIEFERT, JEONG-IM Kwon e Karsten BERR, Frankfurt: Suhrkamp, stw 1722, erste Auflage, 2005).

184 M. TOURNIER (op. cit., 2010, p. 88-89): "Ces principes vont trouver en 1919 leur analyse la plus fine et même temps la plus vivement paradoxale dans un petit livre écrit par Oswald SPENGLER au plus chaud des événements qui entourèrent la fin de la monarchie prussienne. La thèse exposée dans **Preussentum und Sozialismus** (*Esprit prussien et socialisme*) par le futur auteur du **Déclin de l'Occident** est aussi radicale que logique. Selon lui, il ne peut y avoir de socialisme que prussien. Pourquoi? Parce que l'idée socialiste est inséparable de celle de l'État, et l'État n'existe véritablement qu'en Prusse."

> A Prússia, de fato, não tem unidade, nem territorial, nem linguística. Sua população se formou, ao longo do tempo, de mosaico humano, vindo do leste (poloneses), do oeste (huguenotes, os protestantes franceses) e do sul (de Salzburgo), cujo único cimento é certo consenso ideológico, justamente o sentido do estado prussiano.[185]

Não discrepava dessa interpretação Oswald SPENGLER, em seu breve e menos conhecido ensaio sobre "espírito prussiano e socialismo".[186] Afirmava este que a palavra 'socialismo' descrevia não a mais profunda, mas a mais barulhenta questão do tempo – *nicht die tiefste, aber die lauteste Frage der Zeit* – e, a respeito da qual, "todos e cada um a usam; cada um pensa algo diferente a respeito".[187]

Teses, sobre o fim da história, têm repaginações recorrentes, na linha de neohegeliano de pacotilha.[188] Cuja desproporcional repercussão é eloquente sinal da pobreza intelectual do tempo corrente.[189]

[185] M. TOURNIER (op. cit., 2010, loc. cit.): "Plus encore que le soldat, le pilier de cette société est le fonctionnaire, lequel incarne la conscience civique."

[186] Oswald SPENGLER, **Preussentum und Sozialismus** (Hamburgo: Tredtion Classics, s/d, cit. p. 99) terminava o texto com a assertiva: "Wir sind Sozialisten. Wir wollen es nicht umsonst gewesen sein".

[187] O. SPENGLER (op. cit., s/d, *Einleitung*, p. 5).

[188] Como o chama, sem o nomear diretamente, Michel ONFRAY, **Théorie du voyage** – poétique de la géographie (Paris: LGF-Le livre de poche, 2007) e o refere, 'adicionalmente consultor do Departamento de Estado americano'.

[189] F. FUKUYAMA recorre ao conceito hegeliano de "luta pelo reconhecimento", para explicar o desenvolvimento universal do regime democrático. Nem as premissas, nem as conclusões parecem provadas. Segundo HEGEL, o homem difere essencialmente do animal no sentido de que, além de seu instinto de conservação, deseja ser reconhecido, ou seja, considerado como ser investido de certa dignidade. Esse dado pode ser colocado desde a base da filosofia ocidental, quando PLATÃO considera o ser humano dotado de três faculdades essenciais: o desejo, a razão e o que denomina *thymos* – autoestima ou desejo de reconhecimento. Para HEGEL é o desejo de ser reconhecido que marca, no "início da história", as lutas mortais em busca do prestígio. O resultado desse combate é a divisão da sociedade em duas classes – senhores e escravos – cuja relação – entre exploradores e explorados – se concretizou sob formas diversas no conjunto das sociedades desiguais de caráter aristocrático ou monárquico, não permitindo o reconhecimento nem de uns nem de outros. O escravo não acedia à dignidade humana; o senhor gozava de reconhecimento insatisfatório, pois este provinha de ser que não era respeitado – o escravo. HEGEL entendia ter sido essa contradição fundamental superada pela revolução francesa.
A tese hegeliana do fim da história que retoma FUKUYAMA se põe no sentido de que nenhum arranjo entre instituições políticas pode, nos princípios, satisfazer a aspiração humana

Paradoxalmente, mais próxima da realidade permaneceu a linha 'clássica' de I. KANT: a dignidade humana consiste na razão e no uso que desta se faça.[190] A razão madura pode ser educada e pode chegar a se conhecer e se situar. A razão educada, ou razão adulta, conhece os seus direitos e os seus deveres. Essa razão sabe que deve conduzir, no mundo, uma dupla tarefa de conhecimento e de ação, e que as duas tarefas não podem ser unificadas radicalmente.[191]

Logo depois, passadas as guerras revolucionárias francesas e as do período napoleônico, se retomaria a trajetória dos estados nacionais, engajados em suas agendas e prioridades nacionais. Voltaria a ter seu curso a História, com o Congresso de Viena, de 1814-1815. Esta trajetória é mostrada pelas tentativas de ordenação de sistema internacional,[192] e o ilustram alianças tais como a Santa Aliança e a Tríplice Aliança.[193]

fundamental, e a história ideológica da humanidade terminará com a consagração universal da democracia liberal. Seria a componente "timótica" dos seres humanos – ou seja, norteada pela autoestima ou desejo de reconhecimento – que os levaria a exigir governos democráticos. O desaparecimento progressivo de regimes autoritários, sobretudo os autoproclamados 'comunistas' – governos satélites da antiga URSS, na Europa central e oriental – ou sociedades profundamente injustas e desiguais, como o Brasil ou a Argentina, se explicariam pela conscientização da opinião pública, de assegurarem forma medíocre de reconhecimento.

190 I. KANT, **Opuscules sur l'histoire** (présentation par Philippe RAYNAUD, trad. Stéphane PIOBETTA, Paris: GF – Flammarion, © 1990, impr. 2009); A. DELORENZO Neto, *Duas concepções do pacifismo: os projetos de KANT e Max SCHELER* (in **Estudos jurídicos em homenagem ao professor Haroldo VALLADÃO**, Rio de Janeiro: Freitas Bastos, 1983, p. 24-33, cit. p. 25): "KANT reconhece a insuficiência das nações individualmente consideradas, em preservar a liberdade dos cidadãos, mesmo quando subordinadas às normas jurídicas." [...] "O pensamento de KANT é realmente austero sem ser pessimista, levando-nos mesmo à confiança e à esperança."

191 Ver tb. Jean LACROIX, **Kant et le kantisme** (orig. publ. 1966, Paris: PUF – Que sais-je? 1213, 11e éd., 1995, cit. p. 122): "Le profond intérêt de la raison humaine est moral, et son dessein ultime pratique. KANT n'est donc pas ce négateur de la métaphysique qu'on dit trop souvent. Il est le fondateur d'une métaphysique pratique et, si l'on ose dire, pratiquante. Loin d'être dépassée, la pensée kantienne est au contraire, instauratrice."

192 Como se examina no **Tratado** (tomo 11 – **Direito internacional no tempo do iluminismo**). Não vejo, contudo, mutações qualitativas substanciais em decorrência do Congresso de Viena, de 1815. Pode-se dizer que a consolidação da proteção internacional dos interesses dinásticos, sacralizados em alianças internacionais, levaria à eclosão das revoluções de 1830 e 1848, em vários lugares da Europa, e que estas preparariam o caminho para a eclosão violenta da manifestação das reivindicações das nacionalidades, que varreriam os impérios multinacionais, no curso e após a primeira guerra mundial (1914-1918), com transformação radical do mapa e da ordenação da Europa, que passa a ser a 'Europa das nacionalidades'. As

Tais alianças colocaram, em primeiro plano, os interesses dinásticos mas, contudo, mostram nova fase da ordenação institucional do fenômeno internacional. Em que medida existe efetivamente um 'novo' modelo? Os interesses 'dinásticos' eram ainda colocados acima dos interesses 'nacionais' mais amplos – o que corresponde ao mesmo modelo do tempo do direito internacional 'clássico'. Como aqui examinado. Somente no curso do século, sobretudo a partir das revoluções de 1848, passam a se colocar em primeiro plano as sociedades como entidades 'nacionais' – por vezes descambando para o 'nacionalismo'.

No início do século XIX, o termo 'nacional' não tinha ainda as suas credenciais de aceitação incondicional do espírito da nação.[194] Os interesses dinásticos representaram, ao menos em parte, a reação de visão reacionária, que pretendia a manutenção do *status quo ante*, e muito especificamente a estabilidade das casas reinantes.

Até aí pautavam-se as dinastias pela busca da estabilidade e da permanência, se não pela retomada do sistema anteriormente vigente. Encadeiam-se mudanças e continuidade, desde Vestfália, 1648, em relação a modelo institucional que perduraria sem mutações substanciais, até Versalhes,[195] e a instauração da Liga das Nações, a partir de 1919.

Ilustrando esse ponto de vista,[196] apesar da importância da tendência de institucionalização do direito internacional, e da multiplicação de con-

tentativas de estabelecer configuração política refletindo os 'estados-nação', em toda a Europa central, suscitariam múltiplos outros problemas, no curso das duas décadas seguintes e não pouco terá influenciado a eclosão do novo conflito generalizado (1939-1945).

193 O. NIPPOLD, **Le développement historique du droit international depuis le Congrès de Vienne** (RCADI, 1924, t. 2, p. 1-24); M. BOURQUIN, **La Sainte-Alliance: un essai d'organisation européenne** (RCADI, 1953, t. 83, p. 377-464); e tb. François FEJTÖ, **Requiem pour un Empire défunt**: Histoire de la destruction de l'Autriche-Hongrie (orig. publ. 1988, Paris: Perrin, 2014); Jacques Le RIDER, **Modernité viennoise et crises de l'identité** (Paris: PUF, 1990); em sentido diverso, Paul BASTID, **La Révolution de 1848 et le droit international** (RCADI, 1948, t. 72, p. 167-282).

194 O que cabe examinar no **Tratado** (tomo 11 – **Direito internacional no tempo do iluminismo**).

195 P. B. CASELLA, **Tratado de Versalhes na história do direito internacional** (São Paulo: Quartier Latin, 2007), no Brasil, foi sancionado pelo Dec. 3875, de 11 de novembro de 1919, publicado no D.O.U. de 12 do mesmo mês. Ratificado pelo Brasil em 10 de dezembro de 1919, deu-se o depósito da ratificação brasileira em Paris, a 10 de janeiro de 1920. Promulgado pelo Dec. 13.990 de 12 de janeiro de 1920.

196 Max SORENSEN, **Principes de droit international public** (RCADI, 1960, t. 101, p. 1-254, chap. II – *La coutume*, p. 35-51).

gressos e conferências,[197] inaugurada pelo Congresso de Viena, a partir de 1815, permaneceu o papel relevante do costume na sociedade internacional. E isso perduraria, "apesar das tendências centralizadoras das organizações internacionais".[198]

A respeito da Santa Aliança, caberia ponderar,[199] ter nascido esta, como se sabe, depois do longo período das guerras napoleônicas, e pretendeu constituir uma espécie de sociedade das nações. Por essa aliança, os estados signatários se comprometiam a permanecer unidos, por laços de fraternidade, que se pretendia verdadeira e indissolúvel, considerando mutuamente seus 'súditos' como 'concidadãos', e prestando-se, em qualquer ocasião, assistência recíproca; contudo, "os eventos ulteriores parecem quase uma gozação, em relação ao propósito, assim manifestado":[200]

> E não foram diversos os resultados, em outras ocasiões análogas, em que se desejou, depois de guerras sangrentas, dar à infeliz humanidade a estabilidade e a paz, por meio de simples acordos, supostamente definitivos, entre diversos estados.
> Mal se faz necessário lembrar, ainda, a esse respeito, os tratados de Vestfália e de Utrecht, que, como mais tarde o de Viena, pretenderam abranger a maior parte, ou a parte mais importante, dos estados civilizados. [...] Vimos manifestar-se, poderosamente, a tendência a constituir paz, que fosse mais, do que uma simples trégua, ou seja, que desse garantias, de uma natureza definitiva.

197 A respeito, ver **Tratado** (tomo 13 – **Direito internacional no tempo do concerto europeu**, cap. 27 – *premissas do sistema internacional de Viena a Versalhes*).

198 Max SORENSEN (op. cit., 1960, cit. p. 35): "Dans une société de structure décentralisée sans pouvoir législatif, la coutume prend forcément une place primordiale parmi les différentes catégories de normes juridiques. Malgré l'essor des organisations internationales, avec leurs tendances centralisatrices, la société internationale n'a pas encore atteint un degré d'unité comparable à celle des sociétés étatiques. L'évolution du droit international par la voie des traités collectifs qui a eu lieu au cours du dernier siècle et demi, commençant par le Congrès de Vienne et continuant à une allure plus vive à l'époque actuelle, n'a pas encore pris la place d'un processus législatif dans le sens national du mot. En outre, les règles relatives à la conclusion des traités, collectifs comme bilatéraux, dépendent elles-mêmes de la coutume. La coutume est donc appelée à jouer un rôle important dans la société internationale contemporaine. Elle constitue l'élément de stabilité qui est essentiel au système juridique, même à une époque de profondes transformations sociales".

199 Giorgio DEL VECCHIO, **La société des nations au point de vue de la philosophie du droit international** (RCADI, 1931, t. 38, p. 541-650).

200 G. DEL VECCHIO (op. cit., 1931, p. 573).

> O apelo à vontade dos estados é a forma mais simples e diríamos quase ingênua, dessa aspiração à organização pacífica e estável da humanidade.[201] [...] O problema se torna mais grave e complexo, na medida em que é preciso determinar – se não quisermos dizer, criar – essa fonte de obrigações superiores às diversas vontades dos entes públicos, que é representada pelo estado. Se partirmos do princípio de que a vontade do estado é absolutamente livre (compreendendo a liberdade como equivalente ao livre arbítrio), não é fácil conceber como, em determinado ponto, e como efeito de sua própria vontade, um estado pode ser obstruído, ou seja impedido de querer diversamente.[202] [...] Admite-se, como fato empírico, que os estados tenham entre si relações, e mesmo que estas possam ser amistosas, se seus interesses coincidem e enquanto estes coincidam. Mas nega-se que estas relações possam dar lugar a verdadeiros vínculos jurídicos.[203]

Convém, aqui, por breve passagem, avançar um pouco no tempo, tão somente para situar a construção de sistemas coesos em relação à Europa, que se configura pouco mais adiante. Uma vez mais, depois de crise, se faz a reformulação do 'sistema'.

É a noção de Europa, que dá ao Congresso de Viena sua verdadeira dimensão.[204] Mas, qual noção e qual visão da Europa? Pois as concepções a respeito não são facilmente coadunáveis. Como apontava, em 1814, o conde de SAINT SIMON,[205] pode haver grande diversidade de modelos.

[201] G. DEL VECCHIO (op. cit., 1931, p. 573).

[202] G. DEL VECCHIO (op. cit., 1931, p. 574) citava a lição do "philosophe allemand LASSON" e de todos os que se alinharam no mesmo sentido, e que resulta na negação ou à afirmação da impossibilidade do direito internacional. Escreveu LASSON, **Princip und Zukunft des Völkerrechts** (Berlim, 1871, p. 55): "os tratados entre estados são a expressão de suas potências respectivas", ou logo adiante, LASSON (op. cit., 1871, p. 61-62): "os tratados entre estados são razoáveis enquanto exprimam corretamente a relação de força recíproca entre os contratantes". Cfr. Adolf LASSON, **Princip und Zukunft des Völkerrechts** (orig. publ. Berlim, 1871 – Digitale Sammlungen https://www.digitale-sammlungen.de > ...).

[203] G. DEL VECCHIO (op. cit., 1931, p. 574-5).

[204] Matéria a ser examinada no **Tratado** (tomos 11 – **Direito internacional no tempo do iluminismo** e 13 – **Direito internacional no tempo do concerto europeu**).

[205] Claude Henri de ROUVROY, conde de SAINT SIMON (1760-1825), **De la réorganisation de la société européenne** – ou de la nécessité et des moyens de rassembler les peuples de l'Europe en un seul corps politique en conservant à chacun son indépendance nationale, par M. le comte de SAINT-SIMON et par A. THIERRY, son élève (octobre 1814) (publié avec

A Europa mística de ALEXANDRE I,[206] não é, exatamente, a Europa em segurança de CASTLEREAGH,[207] nem a Europa aristocrática de METTERNICH,[208] é a Europa liberal, de TALLEYRAND.[209] Mas, extrapolando o contexto da época, a partir das mesmas grandes questões de sempre:[210] "é o drama de todas as épocas. Todo mundo quer a paz, e mesmo

une introduction et des notes par Alfred PEREIRE, préface de Henri de JOUVENEL, Paris: Les presses françaises, 1925).

206 Michel MISSOFFE, **Metternich (1773-1859)** (Paris: Fayard, 1959, chap. XIII – *Le système de Metternich*, p. 225-235, cit. p. 228-229): a ideia de uma aliança tripartite – que há tempos germinava na cabeça do Czar ALEXANDRE I – seria a expressão terrena da "santíssima e indivisível trindade" (entre um católico, um ortodoxo e um protestante), à qual caberia combater 'o gênio do mal'. Já em 1804, o Czar ALEXANDRE I propusera ao britânico William PITT a ideia de pacto de renúncia à guerra. Em diferentes ocasiões manifestara o Czar o conteúdo de suas aspirações, no sentido de que "os homens se amassem, como irmãos, ajudando-se mutuamente, e que o livre comércio fosse o vínculo geral da sociedade".

207 Notório contraste de princípios e de visões de mundo ficou patente entre os aliados na luta contra o império de NAPOLEÃO, bem como quanto aos modos de ordenação da Europa, posteriormente ao fim desses conflitos. Enquanto o Czar ALEXANDRE propunha a 'Santa aliança', METTERNICH, por sua formação intelectual, caráter e convicções políticas, se afastava de tais visões, que considerava: "um nada vazio e sonoro", e "de aspiração filantrópica, disfarçada sob o manto da religião". Distantes também se achavam os ingleses CASTLEREAGH e WELLINGTON, os quais, ao receberem do Czar a descrição da sua concepção, confessam ter tido dificuldade em se manterem sérios – *ce ne fut pas sans difficulté qu'ils gardèrent le sérieux imposé par la bienséance* – e que chegam a ver o projeto do Czar como "monumento sublime de misticismo e de tolice".

208 Charles ZORGBIBE, **Metternich** – le séducteur diplomate (Paris: De Fallois, 2009); M. MISSOFFE, **Metternich** (op. cit., 1959, chap. XII – *Le Congrès de Vienne (1814-1815)*, p. 203-223, cit. p. 212): "L'Europe mystique d'ALEXANDRE Ier n'est pas, exactement, l'Europe en sécurité de CASTLEREAGH, l'Europe aristocratique de METTERNICH, l'Europe libérale de TALLEYRAND, mais à l'exception de la Prusse, prisonnière de son ressentiment contre la France, elle est le dénominateur commun des Cinq Grands."

209 Charles-Maurice de TALLEYRAND, prince de Bénévent, **Mémoires complets et authentiques** (*'texte conforme au manuscrit original', 'contenant les notes de Mr. Adolphe Fourier de BOCOURT, légataire des manuscrits de l'auteur'*, Paris: chez Jean de Bonnot, 1989, 5 vols.); TALLEYRAND, **Lettres à Napoléon** (*'d'après les originaux conservés aux archives des Affaires étrangères'*, Paris: chez Jean de Bonnot, 1989); TALLEYRAND, **Mémoires et correspondance** (édition intégrale, établie et présentée par Emmanuel de WARESQUIEL, Paris: Laffont-Bouquins, © 2007, impr. 2008); Johannes WILLMS, **Talleyrand – Virtuose der Macht 1754-1858** (Munique: Beck, 2011).

210 M. MISSOFFE, **Metternich** (op. cit., 1959, chap. XI – *L'Aigle et l'araignée (1813-1814)*, p. 187-202, cit. p. 193): "C'est le drame de toutes les époques. Tout le monde veut la paix et même l'Europe unie, mais personne n'est plus d'accord quand il s'agit d'en vouloir les conditions."

a Europa unida, mas ninguém está de acordo, quando se trata de querer as condições".[211]

> Já em 1804, o czar ALEXANDRE propunha a PITT um sistema destinado, quando do retorno à paz, a assegurar uma organização, estável e definitiva, do 'concerto europeu'. Agrupados em uma liga, todos os estados pacíficos se garantiriam mutuamente os benefícios de uma 'ordem interior baseada em liberdade sábia' – *un ordre intérieur basé sur une liberté sage* – e segurança coletiva, que tornaria impossível qualquer nova agressão. Obviamente, uma codificação do direito das gentes, diante da qual todas as potências deveriam se inclinar, estaria ao lado dessa organização. A isolacionista Grã-Bretanha subscreveu sem hesitar, esse programa revolucionário![212] [...]

[211] M. MISSOFFE (op. cit., 1959, chap. XII, p. 203-223); comte D'ANGEBERT [pseudônimo de Léonard CHODZKO], **Le Congrès de Vienne et les traités de 1815** (orig. publ. Paris, 1864, 4 vols. – en ligne https://doi.org/10.3917/perri.lentz.2015.02.0487); Jean Freiherr von BOURGOING, **Von Wiener Kongress** – Zeit- und Sittenbilder (München / Wien: Callwey und Rohrer, 1943); Carlo BRONNE, **Hommes de cœur et femmes de tête** (Bruxelles: Gomaere, 1958); Guglielmo FERRERO, **Reconstruction – Talleyrand à Vienne 1814-1815** (Paris: Plon, 1940), ___, **The reconstruction of Europe** – Talleyrand and the Congress of Vienna 1814-1815 (transl. by Theodore R. JAECKEL, New York: G. P. Putnam's Sons, 1941 – reprint Read Books, 2008); Friedrich GENTZ, **Dépêches inédites du chevalier de Gentz aux Hospodars de Valachie** – pour servir à l'histoire de la politique européenne (1813-1826) publiées par le comte PROKESCH-OSTEN Fils (orig. publ. 1876-1877, 3 vols., reimpr. Paris: Hachette-livre – BnF, 2013); Comte A. de LAGARDE-CHAMBONAS, **Souvenirs du Congrès de Vienne 1814-1815** (orig. publ. Paris, 1901, reimpr. Paris: Hachtte-livre – BnF, 2014); Thierry LENTZ, **Le congrès de Vienne** – une refondation de l'Europe 1814-1815 (orig. publ. 2013, Paris: Perrin-tempus, 2015); Harold George NICOLSON, **The Congress of Vienna** – a study in allied unity 1812-1822 (New York: Constable and Co. Ltd., 1946); Evgueni V. TARLÉ, **Talleyrand** – um diplomata da burguesia em ascensão (orig. publ. em russo, 1957, trad. francesa, Moscou, 1958, trad. Pedro de ALCÂNTARA, Rio de Janeiro: Civilização brasileira, 1965); Charles Kingsley WEBSTER, **The Congress of Vienna** (London: Great Britain Foreign Office – Historical Section, 1919 – reprint Forgotten Books, 2018); Commandant M.-H. WEIL, **Les dessous du Congrès de Vienne** – d'après les documents originaux des Archives du Ministère impérial et royal de l'intérieur à Vienne – tome 1 – juin 1814-4 janvier 1815 (Paris: Payot & Cie., 1917); ___, ___ – tome 2 – 4 janvier – 23 décembre 1815 (Paris: Payot, 1917).

[212] Jacques WILLEQUET, *Compte-rendu* – **Histoire de la Sainte-Alliance** de Maurice BOURQUIN (in Revue belge de philologie et d'Histoire, année 1955, vol. 33-3, p. 693-695 – www.persee.fr/doc/rbph_0035-0818_1955_num_33_1961_11_0693_0000_2, cit. p. 693): "Il est banal de constater que les réflexions inspirées par une guerre longue et difficile prennent un cachet de clairvoyance et de désintéressement, s'élèvent à une hauteur de vues que les petits problèmes de la paix ne pourront plus qu'amoindrir et détériorer. Le monstrueux

Uma organização coletiva sempre impõe limitações de soberania, às quais as potências somente aceitam se submeter em troca de contrapartida real e imediatamente palpável. Os povos devem claramente sentir as vantagens que uma tal organização proporciona, e os perigos que comportaria o desaparecimento desta. Em 1815, se estava longe disso: o 'sistema' ultrapassava as exigências do momento. [...] Algum remorso sobreviveria a ele, até o fim do século, até a cristalização das alianças, que levaram à conflagração de 1914: o 'concerto europeu', que criou o estado belga em 1831, neutralizou o Luxemburgo em 1867 e regulou os problemas da África central em 1884.[213]

A respeito do Congresso de Viena, METTERNICH se teria contentado em constatar ter este assegurado à Europa o mais longo período de paz, até então conhecido.[214] E reportava parte desse mérito ao imperador FRANCISCO II da Áustria.[215]

Muitas vezes, este é chamado "sistema de METTERNICH".[216] Mesmo com reparos ao uso do termo 'sistema', que o próprio combatia –[217] por

empire de NAPOLÉON avait imposé à la vieille Europe un effort matériel considérable, une solidarité inconnue jusqu'alors. De cette détresse et de ce combat devaient jaillir des idées nouvelles et salutaires."

213 J. WILLEQUET, *Compte-rendu* (cit. 1955, cit. p. 694-695): "Mais la Sainte-Alliance, enfant de la sagesse du XVIIIe siècle et d'un génial précurseur, n'était plus, n'avait au fond jamais existé. Son promoteur, ALEXANDRE I, avait sans doute été le seul à y croire: parce qu'il était un idéaliste, et que tel était son intérêt". Para avaliação diversa a respeito da regulação dos 'problemas da África' pelas potências europeias em 1884, ver **Tratado** (tomos 14 a 17 – **Direito internacional no tempo do colonialismo**, i. a. item – *direito internacional, colonialismo e suas contradições*).

214 M. MISSOFFE (op. cit., 1959, p. 220): "Pour juger cette page de l'histoire, il faut presque oublier les avantages considérables qu'en retirait l'Autriche et qui ont permis de dire que 'le renard avait reçu la part du lion'."

215 M. MISSOFFE (op. cit., 1959, p. 223): "Que CASTLEREAGH soit devenu 'la bête noire' de BYRON; que TALLEYRAND ait subi l'éloquente rancune de CHATEAUBRIAND; que METTERNICH demeure, un siècle après sa mort, la cible préférée de tous les entrepreneurs de démolitions, peu importe! Ensemble, ils avaient été les architectes convaincus d'une grande construction européenne, basée sur la sécurité de chacun, la paix de tous, la tranquillité intérieure des états."

216 M. MISSOFFE (op. cit., 1959, chap. XIII – *Le système de Metternich*, p. 225-235, cit. p. 225 e 229): "Le 'système de METTERNICH' est une expression doublement fallacieuse, puisque ce n'était pas un système et qu'il en a toujours désavoué la paternité. Mais elle a si fortement marqué l'histoire politique du XIXe siècle que nous ne pouvons pas nous dispenser d'en tracer une rapide esquisse." [...] METTERNICH teria declarado a WELLINGTON "Depuis longtemps l'Europe a pris pour moi la valeur d'une patrie"

não o considerar um 'sistema', nem se considerar como o autor deste –,[218] atribui-se a METTERNICH seu justo lugar em criar e colocar em operação aquelas instituições europeias.[219] Modelo esse que teve considerável duração.[220]

O art. 6º do tratado de Viena de 6 de novembro de 1815 substituía, ao mecanismo tradicional da diplomacia 'bilateral' dos estados, o procedimento coletivo dos congressos. Este é instaurado sob a rubrica de *"reuniões dos soberanos e de seus ministros, consagradas aos grandes interesses comuns"*.[221]

O mesmo METTERNICH, também, cometeu erros crassos – como ter declarado, e escrito em suas **Memórias** – a fórmula infeliz: "a Itália é uma expressão geográfica".[222] A Itália permanecia, aos olhos dele, uma dolorosa

[217] METTERNICH, **Mémoires, documents et écrits divers** laissés par le prince de Metternich (8 vols., ed. fran., Paris: Plon, 1879, t. VIII, p. 175): "Je suis l'ennemi de tous les systèmes, de quelque nom qu'il leur plaise de se parer."

[218] Ver Maurice BOURQUIN (1884-1961), **La Sainte-Alliance** – un essai d'organisation européenne (RCADI, 1953, t. 83, p. 377-464) e Otfried NIPPOLD (1864-1938), **Le développement historique du droit international depuis le Congrès de Vienne** (RCADI, 1924, t. 2, p. 1-24). BOURQUIN considerava que a paternidade do sistema de congressos, que se tornaria engrenagem essencial da Santa Aliança, teria sido mérito de CASTLEREAGH e não de METTERNICH. Ao mesmo tempo, contudo, em relação a METTERNICH reconhece: "ninguém compreendeu melhor do que ele o sentido profundo do princípio de equilíbrio, ninguém avaliou melhor a sua importância". E toda a sua política se inspiraria de tal premissa, tanto em relação à França, até 1815, como mais tarde, em relação à Rússia.

[219] M. MISSOFFE (op. cit., 1959, cap. XIII, p. 225-235); M. BOURQUIN, **La Sainte-Alliance** – un essai d'organisation européenne (RCADI, 1953, t. 83, p. 377-464); ___, **Histoire de la Sainte-Alliance** (Genebra: Libr. de l'Université Georg & Cie., 1954); Maurice de LA FUYE, **La Sainte-Alliance** (Paris: Denoël, 1948); Jacques-Henri PIRENNE, **La Sainte-Alliance** – organisation européenne de la paix mondiale (Neuchâtel: éd. de la Baconnière, 1946-1949, 2 vols.); v. tb. Jacques DROZ, *Compte-rendu* – **La Sainte-Alliance** de J.-H. PIRENNE (in Revue historique, Paris: PUF, t. 208, fasc. 1 (1952), p. 105-107 – https://www.jstor.org/stable/40948121); Robert de TRAZ, **De l'alliance des rois à la ligue des peuples** – Sainte-Alliance et S.D.N. (Paris: Grasset, 1936).

[220] Cujo exame prossegue no **Tratado** (tomos 11 – **Direito internacional no tempo do iluminismo** e 13 – **Direito internacional no tempo do concerto europeu**).

[221] Traité du 20 novembre 1815, art. 6: "Des réunions des souverains et de leurs ministres, consacrées aux grands intérêts communs". Ver **Tratado** (tomo 13 – **Direito internacional no tempo do concerto europeu**, item 27.1 – *do Congresso de Viena à primavera dos povos (1815-1848)*, com relação aos Congressos de Aquisgrana (1818), Troppau (1820), Laibach (1821), Verona (1822), Londres (1830-1833)).

[222] METTERNICH, **Mémoires** (ed. cit., 1879, t. VII, p. 415).

espinha no flanco do império austríaco.[223] Nesta observação, METTERNICH solapava o reconhecimento da identidade e legitimidade nacional italiana – cujo principal problema, depois de anteriores incursões de espanhóis, franceses e alemães, era justamente a permanência da ocupação austríaca de parte considerável do território da península itálica.

A lenda de METTERNICH como "*Dom Quixote da legitimidade*" – assim o chamou GRILPARZER – permaneceu viva.[224] E começa a servir de base para o trabalho de desconstrução do personagem, que se estende no tempo.

Em considerável medida, uma mutação qualitativa viria a partir desse marco de 1815.[225] Daí adviriam elementos presentes na configuração do 'sistema internacional', tal como se desenvolve desde então até o seu estado contemporâneo.[226] Este novo 'sistema internacional' – com uso sistemático de congressos e conferências – foi, em vários momentos, testado, ao longo das décadas seguintes.[227]

De modo equivalente, se poderia caracterizar, a seu tempo e meio, o conjunto de princípios e normas de regulação da convivência, entre unidades políticas, em relação ao mundo antigo, com alguns reparos, em relação ao mundo medieval, com outros reparos, como em relação ao contexto da

[223] METTERNICH: "l'unité et l'indivisibilité de l'Italie, ce n'est qu'un rêve" (em 6 de agosto de 1849); "le mot Italie est une dénomination géographique, une qualification qui convient à la langue, mais n'a pas la valeur politique que les idéologues révolutionnaires tendent à lui imprimer" (em 12 de abril de 1847).

[224] M. MISSOFFE (op. cit., 1959, p. 234): "Peut-on la dire bien fondée? Il ne ressemblait vraiment en rien au héros de CERVANTES et la 'légitimité' était déjà une notion très controversée."

[225] Cf. examinado no **Tratado** (tomos 11 – **Direito internacional no tempo do iluminismo** e 13 – **Direito internacional no tempo do concerto europeu**).

[226] Jean-Jacques ROCHE, **Le système international contemporain** (Paris: Montchrestien, 3e éd., 1998, *Introduction*, p. 9-10): "Les treize millions de morts de la première guerre mondiale avaient sonné le glas de 'la mission civilisatrice' du vieux continent qui tenta néanmoins de reproduire les mécanismes diplomatiques de l'Europe du XIXe siècle. Le refus des États-Unis d'assumer leurs responsabilités et l'isolement de la nouvelle Union soviétique contribuèrent ainsi à placer la France et la Grande-Bretagne sur le devant de la scène. Cette dévolution faussée de la puissance et le lent déclin des anciens grands furent dès lors à l'origine des multiples crises qui menèrent inéluctablement à la seconde guerre mondiale. / Le monde en gestation dès 1918 se dessina finalement en 1945. [...] Les relations internationales entrèrent dans une ère nouvelle qui rompait radicalement avec l'expérience passée". Ver tb. **Tratado** (tomos 14 a 17 – **Direito internacional no tempo do colonialismo**).

[227] Ver **Tratado** (tomo 13 – **Direito internacional no tempo do concerto europeu**, cap. 26 – *direito internacional entre o culto à razão e o concerto europeu*).

primeira modernidade,[228] até o contexto 'clássico', como aqui se formula. A existência do fenômeno internacional, muitas vezes ocorre sem que sequer se lhe reconheça o nome: a construção do direito internacional se faz, no tempo histórico e contexto cultural, no qual se inscreve o sistema de regência de relações entre unidades políticas. Nessa interação entre as relações internacionais e o que, habitualmente, se denomina direito internacional.[229]

Desaba e se reinstaura, sucessivas vezes, o assim chamado 'sistema internacional', na medida em que ocorrem mutações substanciais, nas condições históricas e culturais, como se dá após os 'grandes' descobrimentos, do início da idade moderna, como em razão das rupturas da unidade religiosa, no século XI, entre Roma e a igreja ortodoxa, o 'grande cisma do Ocidente', em Avignon, no século XIV, ou as reformas protestantes, no século XVI, com a instauração de várias igrejas nacionais – anglicana, calvinista, luterana, etc., em cada um dos países, que aderem majoritariamente à reforma.

Entre os ortodoxos, para se afirmarem como a correta opinião, ou convicção – *orthos* e *doxa* – é preciso imputar a ruptura e o desvio do bom caminho à igreja de Roma, e não a eles mesmos. E os ortodoxos também criam suas respectivas igrejas nacionais. Examinava Ivan V. KIRIÊIEVSKI, em ensaio *Sobre o caráter da ilustração da Europa e sua relação com a ilustração da Rússia*, de 1852, o 'cisma' teria sido cometido por parte da igreja de Roma:[230]

> Quando a igreja romana consistia em parte viva da igreja universal, quando a consciência comum de todo o mundo ortodoxo sustentava cada particularidade num equilíbrio legítimo – então é compreensível que após a separa-

[228] Como considerado no **Tratado** (tomos 3 A – **Direito internacional no tempo antigo**, 3 B – **Gregos, romanos, chineses, indianos**, 4 – **Direito internacional no tempo medieval**, 5 – **Direito internacional no tempo de Francisco de Vitória**, 6 – **Direito internacional no tempo de Suarez, Gentili e Zouch**, 7 – **Direito internacional no tempo de Hugo Grócio**).

[229] A linha divisória entre direito internacional e relações internacionais pode ser objeto de consideração específica, como considerado nos **Fundamentos** (2008, item XII – *direito e relações internacionais: coexistência pacífica?*).

[230] Ivan V. KIRIÊIEVSKI (1806-1856), *Sobre o caráter da ilustração da Europa e sua relação com a ilustração da Rússia* (orig. publ. 1852, trad. Denise SALES, in **Antologia do pensamento crítico russo** – 1802-1901, org., apres. e notas de Bruno B. GOMIDE, São Paulo: Ed. 34, 2013, p. 187-234, cit. p. 239) considerava "a diferença entre a ilustração da Europa ocidental e da Rússia antiga, pois, ao que parece, as particularidades mencionadas por nós já bastam para chegar a um resultado e obter uma determinação clara do caráter dessa e daquela formação".

ção de Roma, essa particularidade da mente romana tivesse preponderância decisiva no caráter do ensinamento dos teólogos romanos. Pode até ser que essa particularidade romana, essa racionalidade desprendida, essa inclinação excessiva ao encadeamento externo das concepções tenha sido um dos principais motivos do próprio cisma de Roma.[231]

Novamente, ocorre crise e ruptura do sistema, até então vigente, no século XIV, com o grande cisma de Avignon. Confrontações políticas, no seio e em torno da igreja levam à existência simultânea de dois, por vezes três papas, que reciprocamente se excomungavam.

Em escala consideravelmente mais extensa e mais profundamente marcante, no século XVI, se desencadeia a violenta ruptura, entre católicos e várias correntes, que passam a ser chamadas 'protestantes', até a consolidação do modelo da paz religiosa de Augsburgo, em 1555, e depois, dos tratados da paz de Vestfália, em 1648, após muitas décadas das guerras ditas 'de religião' – muito especialmente a guerra dos trinta anos.[232]

Ainda outras vezes, depois das várias guerras dos séculos XVII e XVIII, especialmente após a guerra dos sete anos, de 1756 a 1763, como também no século XIX, após as guerras napoleônicas, e no século XX, após as duas guerras mundiais. Sucedem-se fases de 'ruptura' e 'reinstauração',[233] do sistema institucional e normativo internacional.

As tentativas de reinstauração e de renovação do sistema, decorrentes das guerras, ditas mundiais, do século XX, com as daí decorrentes tentativas de reinstauração de sistema internacional, como se deu, em curta

[231] I. V. KIRIÊIEVSKI, *Sobre o caráter da ilustração da Europa e sua relação com a ilustração da Rússia* (1852, ed. bras., 2013, cit. p. 203).

[232] Conjunto da trajetória examinado no **Tratado** (tomos 3 A – **Direito internacional no tempo antigo**, 3 B – **Gregos, romanos, chineses, indianos**, 4 – **Direito internacional no tempo medieval**, 5 – **Direito internacional no tempo de Francisco de Vitória**, 6 – **Direito internacional no tempo de Suarez, Gentili e Zouch**, 7 – **Direito internacional no tempo de Hugo Grócio**).

[233] Ver **Tratado** (tomos 11 – **Direito internacional no tempo do iluminismo** e 13 – **Direito internacional no tempo do concerto europeu**).As sempre lembradas rupturas, seguidas de tentativas de reinstauração e renovação: destas, após a guerra dos trinta anos, levam ao sistema dito da Paz de Vestfália, sistema esse que se deve acolher com reparos, mas cuja premissa central vige durante quase trezentos anos, se contado até a emergência da Sociedade das Nações, ou menos, por mais de um século e meio, se computada a duração do modelo, até o Congresso de Viena (1815). A estas, seguem-se outras rupturas.

duração, no contexto da Liga das Nações. Esta instaura novo patamar de implementação,[234] e marca o início da mudança da lógica básica do direito internacional.[235] Para dar lugar a nova crise, deflagrada com a segunda guerra mundial e a nova formulação do sistema, sob a égide da ONU.

A convicção da juridicidade[236] é crucial para a construção e aplicação de qualquer sistema normativo, mas, especialmente o é, no plano internacional. A normatividade muitas vezes será 'ativo intangível', no sentido de representar valor agregado, sem base material específica. Como se pode alegar, em relação aos sistemas internos dos estados, com o monopólio do uso legal da força, para assegurar a executoriedade das decisões, emanadas dos tribunais internos.

Em boa medida, o direito internacional dependerá da construção de sua ordenação e sistematização, entre os integrantes do próprio 'sistema internacional'. Em 'sistema', assistemático e descentralizado, como o é por excelência o internacional, a construção dessa sistematização será, muitas vezes, antes o objeto de dedução, de reflexão, antes, durante ou após os fatos, do que inerente ao conjunto, e intrinsecamente passível de dedução, a partir deste.[237]

[234] G. DEL VECCHIO, **La Société des Nations au point de vue de la philosophie du droit international** (RCADI, 1931, t. 38, p. 541-650).

[235] Ver **Tratado** (tomos 11 – **Direito internacional no tempo do iluminismo** e 13 – **Direito internacional no tempo do concerto europeu**). Renovar-se-á o esforço, em 1945, com algum tanto mais de alcance espacial e durabilidade temporal, do qual se busca enfatizar ter alcançado oito décadas de funcionamento ininterrupto, ao mesmo tempo em que se negligencia examinar como reinstaurar e assegurar as suas bases de efetividade para o futuro, no contexto da Organização das Nações Unidas. A percepção das rupturas é clara: a construção das bases para a reinstauração, após a ocorrência das rupturas, se faz de modo mais lento e progressivo. Algumas considerações a respeito, v. P. B. CASELLA, *Reforma da ONU pós KELSEN* (in **Reforma da ONU**, org. J. MOSCARDO e C. H. CARDIM, Brasília: FUNAG, 2010, p. 143-210).

[236] Cfr. CASELLA, **Fundamentos** (2008, item X – *opinio juris* e corte epistemológico – entre conceitos universais e expedientes específicos: princípios, valores e regras, p. 777-829).

[237] Haverá necessidade de se atentar para os fundamentos, para determinar o conteúdo e alcance do sistema institucional e normativo internacional, entendido como conjunto coerente de princípios e normas, metodicamente organizados, formando a base de pensamento, dotado de propósito comum – como o de proteção do ser humano – e operando sob determinada forma de controle, exercido por órgãos próprios de supervisão, constituindo todo integral e orgânico. Até que ponto o ser humano possa constituir o centro do sistema, apesar de que isso se almeja e seja desejável, ainda está para ser efetivamente alcançado. Sem adentrar complexa teorização a respeito de 'sistema' pode-se apontar concepção anotada por A. A. Cançado

No período de Vestfália (1648) até a guerra dos sete anos (1756-1763) –[238] se passa do direito internacional 'moderno' ao 'clássico', e deste para a instauração do direito internacional do tempo do iluminismo – e, em certa medida, prossegue no período até o Congresso de Viena (1815). Este direito internacional 'clássico', durante considerável período de tempo,[239] se coloca como o ordenamento jurídico de sociedade, composta por número relativamente restrito de estados, europeus, ocidentais, soberanos e juridicamente iguais, entre os quais se dava forte homogeneidade, econômica, política, social e cultural, com relações estabelecidas, em bases horizontais, regidas por direito de coordenação, limitado a favorecer a coexistência e, ocasionalmente, propiciar a cooperação, através de técnicas primordialmente bilaterais.[240] Longo será o caminho, até que se constate a passagem à situação, na qual a sociedade internacional não mais pode ser vista como exclusivamente interestatal,[241] diante da crescente regulação internacio-

TRINDADE, *Memorial em prol de uma nova mentalidade quanto à proteção dos direitos humanos nos planos internacional e nacional* (in **Os direitos humanos e o direito internacional** org. N. de ARAUJO e C. E. de Abreu BOUCAULT, Rio de Janeiro: Renovar, 1999, p. 7-62, cit. nota 48, p. 60), de sistema como conjunto coerente de princípios e normas, metodicamente organizados, formando a base de pensamento, dotado de propósito comum de proteção do ser humano, operando sob determinada forma de controle exercido por órgãos próprios de supervisão, constituindo todo integral e orgânico. V. tb. o já mencionado livro de Tércio Sampaio FERRAZ Jr., **Conceito de sistema no direito**: uma investigação histórica a partir da obra jusfilosófica de Emil LASKI (São Paulo: RT / Edusp, 1976), no qual enfatiza o fenômeno jurídico não como simples dado, mas como estrutura complexa, que tem de ser analisada. E, ainda, do mesmo Tércio Sampaio FERRAZ Jr., os seus **Estudos de filosofia do direito** (São Paulo: Atlas, 2002).

238 Cfr. **Tratado** (tomo 8 – **Direito internacional além do paradigma vestfaliano** e prossegue nos tomos 11 – **Direito internacional no tempo do iluminismo** e 13 – **Direito internacional no tempo do concerto europeu**).

239 Válida a advertência de Jacques CAILLOSSE, **Introduire au droit** (Paris: Montchrestien, 1995, *Introduction*, p. 7-10, cit., p. 9-10): "Dans l'actuelle transformation des idées et des choses, il y a une nouvelle sensibilité, mieux, une nouvelle aspiration au droit. L'objet auquel il faut introduire ne réside pas exclusivement dans ces règles, procédures et institutions dont l'agencement singulier fait un ordre juridique. Il se découvre jusque dans les discours et les pratiques dont le droit procède, comme dans tous ceux qu'il provoque."

240 CPJI, julgamento do **caso Lótus** em 7 de setembro de 1927: "o direito internacional rege as relações entre estados independentes (...) a fim de regular a coexistência entre coletividades independentes ou para a persecução de fins comuns" (CPJI, **affaire du vapeur Lotus / the case of the S. S. Lotus**, série A, n. 10, p. 18; v. tb. C 13/2).

241 Manuel DIEZ DE VELASCO Vallejo, **Las organizaciones internacionales** (Madri: Tecnos, 9ª ed., 1995, p. 31-32): "imperativos de solidaridad e interdependencia los estados se vieran impelidos, pues, a cooperar. A fin de realizar esta cooperación, y ante las carencias

nal da proteção de direitos fundamentais[242] e da responsabilização penal internacional do ser humano. Ademais, a sociedade internacional perdeu a homogeneidade de outros tempos, em razão da multiplicação e diversificação dos sujeitos internacionais.[243]

O território do mundo continua a ser dividido entre circunscrições estatais, ditas soberanas, por mais que se tenha relativizado tal conceito.[244]

institucionales de la sociedad internacional, los estados, en un primer momento, utilizaran los recursos propios de una sociedad de yuxtaposición de sujetos soberanos, esto es, la celebración de conferencias internacionales y la adopción de tratados multilaterales. Pero pronto fueran conscientes de la insuficiencia de estas técnicas para coordinar y gestionar una cooperación que se hacía cada vez más necesaria. Ello los llevó a la creación de unos mecanismos institucionalizados de cooperación permanente y voluntaria, dando vida así a unos entes independientes dotados de voluntad propia y destinados a alcanzar unos objetivos colectivos. Surgen así en la escena internacional las primeras organizaciones internacionales, cuya existencia y actual proliferación constituye una de las características más sobresalientes de la vida internacional contemporánea."

[242] Cf. **Tratado** (tomo 20 – **Direito internacional, história e cultura**, cap. 4 – *papel da proteção internacional dos direitos fundamentais como fator de renovação e de transformação do direito internacional*).

[243] CIJ, Parecer consultivo a respeito da **Reparação de danos sofridos a serviço das Nações Unidas** de 11 de abril de 1949 (ICJ, **Réparation des dommages subis au service des Nations Unies** – Avis consultatif / **Reparation for injuries suffered in the service of the United Nations** – Advisory opinion, ICJ Reports, 1949, p. 174): "o crescimento das atividades coletivas dos estados fez surgir exemplos de ações exercidas, no plano internacional, por determinadas entidades que não são estados" (Rec. 1949, cit. p. 178-179). V. tb. E. LAUTERPACHT, **The development of the law of international organization by the decisions of international tribunals** (RCADI, 1976, t. 152, p. 377-478).

[244] João Grandino RODAS e Gesner OLIVEIRA, **Direito e economia da concorrência** (Rio de Janeiro: Renovar, 2004, cap. 13 – o direito concorrencial além fronteiras, p. 375-418, cit. p. 375-376): O direito internacional, embora sufrague, como princípio, a territorialidade, permite, excepcionalmente, a extra atividade legal. "O princípio da territorialidade da jurisdição, entendida jurisdição como autoridade para declarar o direito, prevalece sobre quaisquer outros que governam a organização da comunidade internacional, admitindo-se, contudo, em face do desenvolvimento das relações internacionais e do caráter transnacional que assumiu, exceções que estabelecem hipóteses de aplicação de leis nacionais a fatos ocorridos no exterior" citando o **caso Lótus**, julgado pela CPJI, em 7 de setembro de 1927; J. C. de MAGALHÃES, *As leis de concorrência e a globalização: a competência extraterritorial do CADE* (in **Avances del derecho internacional privado en América latina**: líber amicorum Jürgen SAMTLEBEN, org. Jan KLEINHESTERKAMP & Gonzalo LORENZO, Montevideu: Fundación de cultura universitária, 2002, p. 365-378); W. SCHOENBORN, **La nature juridique du territoire** (RCADI, 1929, t. 30, p. 81-190); A. MOVCHAN, **Problems of boundaries and security in the Helsinki Declaration** (RCADI, 1977, t. 154, p. 1-43).

Entre as atribuições do estado, figuram a de estabelecer o seu próprio ordenamento jurídico – sem compromisso de coerência com os demais –, bem como o de exercer jurisdição sobre o seu território.[245]

Especificidade do direito internacional, ao mesmo tempo, o estado é sujeito e objeto deste ramo do direito. E isso explica vários dos problemas, enfrentados pelo direito internacional, e estes permanecem em contexto pós-moderno, onde, portanto, estariam as perplexidades, não no direito, mas no estado.

O estado,[246] sujeito de direito internacional, por excelência, durante bons trezentos anos, pretendeu ser o único protagonista do sistema. De certa forma, isso se projeta desde antes de Vestfália até algum tempo depois de Versalhes. Apesar das pretensões estatais, estes sujeitos de direito internacional tiveram de reconhecer que não mais poderiam pretender reinar, em caráter absoluto e isolado, a partir da emergência do ser humano, como sujeito de direitos e obrigações no plano internacional.[247]

Marco instrumental, mas não mítico, do sistema internacional, pode-se adotar como referência a multipolarização da Europa a partir do início da era moderna,[248] na medida em que, a partir daí, se dá a ocorrência de sistema relacional, baseado no conceito moderno de estado, um século e meio antes da "guerra dos trinta anos", como ilustra a celebração de sucessivos tratados de paz, que põem fim a sucessivas guerras, desde a paz religiosa de Augsburgo, em 1555, a paz de Vestfália, em 1648, a paz dos Pirineus, em 1659, a paz de Oliva, em 1660, a paz franco-espanhola de Aquisgrana, em 1668, a paz de Nijmegen, de 1679, a paz de Ryswick, em 1697, a paz da

245 Para exame das consideráveis mutações ocorridas no tratamento jurídico do território, ver **Tratado** (tomo 1 – **Direito internacional dos espaços**, cap. 1 – *evolução do conceito e do tratamento do território no direito internacional* e tomo 2 – **Direito internacional dos espaços**, cap. 20 – *espaços internacionais: de res nullius a patrimônio comum da humanidade*).

246 Como se considera no **Tratado** (tomo 5 – **Direito internacional no tempo de Francisco de Vitória**, cap. 13 – *estado como sujeito de direito internacional* e tomo 11 – **Direito internacional no tempo do iluminismo**, item – *império, estado moderno e ascensão do absolutismo*).

247 Cfr. **Tratado** (tomo 20 – **Direito internacional, história e cultura**, cap. 4 – *papel da proteção internacional dos direitos fundamentais como fator de renovação e de transformação do direito internacional*).

248 Com os reparos já apontados no **Tratado** (tomo 5 – **Direito internacional no tempo de Francisco de Vitória**, título I – *multipolarização da Europa na era moderna e advento do direito internacional como sistema* e tomo 8 – **Direito internacional além do paradigma vestfaliano**, item – *além do paradigma vestfaliano*).

Haia, em 1698, renovada em 1700, a paz de Carlowitz, em 1699, a paz de Utrecht, em 1713 e sua complementação, a paz de Rastatt, em 1714, a paz de Nystadt, em 1721, a paz de Belgrado, em 1739, a paz de Aquisgrana, em 1748, a paz de Paris, de 1763, que põe fim à guerra dos sete anos, e tantas outras. Sem falar de tantos outros tratados e alianças, que configuram o direito e o sistema internacional da época, e contribuem para a progressiva 'construção de sistemas internacionais coesos'.[249]

O estado, assim, se coloca, simultaneamente, como sujeito e objeto do direito internacional e, igualmente, as organizações internacionais.[250] Em certa medida, ainda exista quem pretenda condicionar à boa vontade dos estados o reconhecimento da personalidade jurídica do ser humano, no plano internacional.[251]

[249] Ver **Tratado** (tomo 8 – **Direito internacional além do paradigma vestfaliano**, título II – *da construção de sistemas coesos: de Vestfália (1648) até a guerra dos sete anos (1756-1763)*).

[250] Marco relevante da evolução das Organizações internacionais foi a criação da Sociedade das Nações. Passada a primeira guerra mundial, com o tratado de Versalhes se instaura a Sociedade das Nações, conforme dispositivos do **Pacto da Sociedade das Nações**, na Parte primeira do tratado de Versalhes. Como se examina em CASELLA, **Tratado de Versalhes na história do direito internacional** (São Paulo: Quartier Latin, 2007, Parte I – *Pacto da Sociedade das Nações*, p. 67-78). Com esta, se consolida a categoria de organizações internacionais, e o reconhecimento da personalidade jurídica internacional destas. Em relação às quais não mais se poderia argumentar, como ainda se fez, durante a segunda metade do século XIX, em relação à União Postal Universal e União Telegráfica Universal, cujas personalidades jurídicas de direito internacional permaneciam objeto de controvérsia e questionamento. A partir da consolidação da existência e atuação das organizações internacionais, caminhou-se, também, para a consolidação do reconhecimento da condição do *indivíduo* como sujeito de direito internacional, por conjunto crescente de instrumentos internacionais, cf. **Tratado** (tomo 20 – **Direito internacional, história e cultura**, cap. 4 – *papel da proteção internacional dos direitos fundamentais como fator de renovação e de transformação do direito internacional*).

[251] Para situar os principais aspectos da condição jurídica internacional dos estados, das organizações internacionais e do ser humano no direito internacional, ver ACCIOLY – NASCIMENTO E SILVA – CASELLA, **Manual de direito internacional público** (São Paulo: Saraiva, 26ª ed., 2023, partes 3 – *estado como sujeito de direito internacional*, 4 – *organizações internacionais* e 5 – *ser humano no direito internacional*) e tb. **Tratado** (tomo 20 – **Direito internacional, história e cultura**, cap. 4 – *papel da proteção internacional dos direitos fundamentais como fator de renovação e de transformação do direito internacional*). Em paralelo exato se não muito próximo, a mesma limitação criam os estados em relação à institucionalização do direito internacional: querem regras, mas somente até certo ponto, porque estatalmente querem pretender permanecer livres, para estatalmente se declararem "soberanos e independentes" – *comme bon leur semble* ou em vernáculo, como lhes der na veneta!

No contexto do direito internacional no tempo 'clássico', a carência de mecanismos institucionais de regulação da convivência entre os estados explica o caráter, em boa medida, provisório e contingente, do direito internacional, daquele tempo. E isso, tanto quanto este tinha de permanecer, em sua gênese, atuação e interpretação, condicionado pela (boa ou má) vontade dos estados. O risco político de seu esvaziamento era demasiadamente grande e próximo, para não ser levado em conta, exceto pelos defensores do mais desbragado estatismo.

Na linha de HEGEL e outros semelhantes, podem ser vistos os efeitos de sempre se tentar justificar o estado como "ente supremo", acima do qual nenhum outro poder humano se levante – e mesmo os poderes divinos tenham a expressão condicionada pelos canais oficiais, únicos "competentes" para manifestar a gestão sancionada pela inspiração divina, de obediência cega e inquestionável ao poder. Disso derivam tentativas de negação do direito internacional, ou do caráter jurídico deste.[252]

Nessa construção intelectual, de absoluta primazia estatal, sobra pouco espaço para o direito internacional. E ainda menos espaço para a institucionalização do direito internacional,[253] em decorrência do peso excessivo atribuído aos estados e às 'vontades' destes.

Sabe-se, que a necessidade de colocar limites à discricionaridade dos estados é a grande tarefa do direito internacional – não somente no tempo 'clássico', como também se renova e se multiplica, desde então. Mas, mesmo no contexto do direito internacional 'clássico', já se ouvem vozes, no sentido da necessidade e dos caminhos possíveis para a institucionalização.

[252] Como se examina no **Tratado** (tomo 13 – **Direito internacional no tempo do concerto europeu**, item – *HEGEL e o direito internacional*; e, antes, tb. tomo 6 – **Direito internacional no tempo de Suarez, Gentili e Zouch**, item – *existência e conteúdo do direito internacional moderno*). V. tb. Georges ABI-SAAB, **Cours général de droit international public** (RCADI, 1987, t. 207, p. 9-468); Pierre-Marie DUPUY, **L'unité de l'ordre juridique international** – cours général de droit international public (RCADI, 2002, t. 297, p. 9-489); Jean-Michel BESNIER, *Le droit international chez KANT et HEGEL* (in **Le droit international** Paris: Sirey – Archives de philosophie du droit, vol 32, 1987, p. 85-99).

[253] I. a., v. P. B. CASELLA, *Conceito de sistema, contexto internacional e pós-modernidade* (in **Filosofia e teoria geral do direito** – estudos em homenagem a Tércio S. FERRAZ Jr., org. J. M. ADEODATO e E. C. B. BITTAR, São Paulo: Quartier Latin, 2011, p. 999-1024); ___, *Evolução institucional do direito internacional à luz do cinquentenário do conceito de direito de HART (1961)* (in **Edição comemorativa em homenagem aos 70 anos do prof. Celso Lafer**, org. T. S. FERRAZ Jr. e L. O. BAPTISTA, São Paulo: Revista brasileira de filosofia, vol. 236, jan.-jun. 2011, p. 313-329).

Esse sentido se manifesta, por exemplo, na busca da paz, mediante a instauração de colegiados – em projetos mais ou menos teóricos, sobre "como tornar perpétua a paz na Europa" – em linha que vai de LEIBNIZ a SAINT PIERRE, de ROUSSEAU a VOLTAIRE, de KANT aos seus sucessores.[254] Ao mesmo tempo, vozes nesse sentido se fazem sentir, no campo específico do direito internacional, em PUFENDORF, tal como, no século XVIII, nas lições de WOLFF e de VATTEL.[255]

O sentido de institucionalização internacional está presente na obra de Christian WOLFF, quando este propõe a *civitas maxima*, como modelo para a ordenação das relações interestatais.[256] Em suma, o mesmo conceito central que viriam a exprimir as organizações internacionais – da Sociedade das Nações à Organização das Nações Unidas, e as demais existentes.[257]

Por sua vez, asseverava VATTEL: "a natureza não nos dá o direito de recorrer à força, a menos que métodos suaves e pacíficos sejam ineficazes".[258] A compreensão de VATTEL, quanto à necessidade de sistemas de convivência organizada,[259] tanto em distintos âmbitos nacionais quanto no conjunto internacional permanece necessária e verdadeira.

[254] Como examinado no **Tratado** (tomo 8 – **Direito internacional além do paradigma vestfaliano**, nas considerações iniciais do título II – *da construção de sistemas coesos: de Vestfália (1648) até a guerra dos sete anos (1756-1763)*); P. B. CASELLA, **União europeia: instituições e ordenamento jurídico** (orig. publ. 1994, São Paulo: LTr, 2ª ed., 2002, item 1.2 – *projetos e experiências de União europeia: antecedentes históricos*, p. 54-71).

[255] A respeito de Samuel PUFENDORF (1632-1694), neste tomo, cap. 20; a respeito de Christian WOLFF (1679-1754), ver **Tratado** (tomo 10 – **Direito internacional no tempo de C. van Bynkershoek e Christian Wolff**, cap. 22) e a respeito de Emer de VATTEL (1714-1767) no **Tratado** (tomo 12 – **Direito internacional no tempo de Vattel e von Martens**, cap. 24).

[256] A respeito de Christian WOLFF (1679-1754), ver **Tratado** (tomo 10 – **Direito internacional no tempo de C. van Bynkershoek e Christian Wolff**, cap. 22).

[257] Como nota Jose E. ALVAREZ, em seu **International organizations as law-makers** (Oxford: Univ. Press, 2005, *Preface*, p. XII): "International organizations have helped spur the expansion of subjects deemed suitable for international regulation as well as inspire new methods for international standard-setting. It is not an exaggeration to say that most changes in international law since 1945 have occurred within the framework of international organizations."

[258] VATTEL, **Direito das gentes** (1758, ed. bras., 2004, II.XVIII, § 331). A respeito de Emer de VATTEL (1714-1767), ver **Tratado** (tomo 12 – **Direito internacional no tempo de Vattel e von Martens**, cap. 24).

[259] Ainda na mesma passagem, VATTEL acrescentava: "não se deve negligenciar os meios de conciliação, que sem comprometer o direito, podem levar seu oponente a compreender

Parte de longa tradição,[260] que remonta a CÍCERO: "esta sociedade, na sua máxima extensão, aberta a todos, une os homens enquanto homens, e todos os povos; nela se deve manter a comunidade de todas as coisas que a natureza criou para uso comum dos homens".[261]

A conclusão se põe, no sentido de que os estados precisam estar sujeitos, no âmbito externo, a sistemas de pesos e contrapesos, ou à institucionalização de sistema normativo, que lhes limite o alcance da esfera de discricionariedade.[262] Na medida em que os mecanismos institucionais instaurem a condição jurídica de "estado de direito" no âmbito internacional, pode-se ter evolução semelhante, ao alcançado nas ordens internas, mediante a institucionalização das garantias constitucionais internas.

Que tal evolução, tampouco tenha sido fácil, nos distintos planos internos, e que tenha exigido esforços de sucessivas gerações de pensadores e de estadistas, também é claro. E, de modo pungente, dado o que viria, imediatamente a seguir, era apresentada a contraposição, entre 'estado de força' e 'estado de direito', em relação ao contexto da república de Weimar:[263]

as suas razões; tais são a mediação e as conferências". VATTEL, **Direito das gentes** (1758, ed. bras., 2004, II.XVIII, § 331).

260 Como se examina no **Tratado** (tomo 3 B – **Gregos, romanos, chineses, indianos**, cap. 6 – *na formação e no desenvolvimento de Roma*).

261 Marcus Tullius CÍCERO (106-43 a.C.), **De officiis** (with an English translation by Walter Miller, Cambridge, Ma. / London: Harvard UP / LCL 30 – CICERO XXI, © 1913, reprinted 2005, I.16.51): "Ac latissime quidem patens hominibus inter ipsos, omnibus inter omnes societas haec est; in qua omnium rerum, quas ad communem hominem usum natura genuit, est servanda communitas, ut, quae discripta sunt legibus et iure civili, haec ita teneantur, ut sit constitutum legibus ipsis, cetera sic observentur, ut in Graecorum proverbio est, amicorum esse communia omnia."

262 Ver **Tratado** (tomo 11 – **Direito internacional no tempo do iluminismo**, item – *império, estado moderno e ascensão do absolutismo*); M. BOS, **A methodology of International Law** (Amsterdam: North Holland, 1984) – situava o grau de institucionalização vigente na sociedade internacional em patamar equivalente ao das sociedades existentes por volta do ano 500 A.D.; v. tb. Maurice KAMTO, **La volonté de l'état en droit international** (RCADI, 2004, t. 310, p. 9-428).

263 Walter LAQUEUR, **Weimar** – une histoire culturelle de l'Allemagne des années 1920 (orig. publ 1974, **Weimar** – a cultural history 1918-1933, trad. Georges LIÉBERT, Paris: Les belles lettres, 2021); Friedrich DARMSTAEDTER, **Rechtsstaat oder Machtstaat?** Eine Frage nach der Geltung der Weimarer Verfassung (Berlin-Grünewald: Walther Rothschild – Archiv für Rechts- und Wirtschaftsphilosophie, 1932).

Estado de direito – *Rechtsstaat* – é aquele estado, no qual o direito está no centro, e estado de força – *Machtstaat* – é aquele, no qual o poder da força,[264] se acha no centro. Isto é simples e claro, e mesmo óbvio. Mas impõe-se, desde logo, completar: o estado de direito não nega o poder, e não é este absolutamente o estado, da falta de força [e da impotência].[265]

E isso se põe, como necessidade, para a própria existência e operacionalidade do estado, porquanto "constitui dever para o estado de direito reconhecer o poder, e o fazer, exatamente na medida, em que ter e conservar o poder se faz necessário, para aplicar o direito, afastar a injustiça, e contra esta, proteger os nacionais".[266] De modo que "a questão não se põe, com relação à existência do poder ou do direito, mas da relação hierárquica entre ambos: a questão da prioridade do direito e do poder é que faz a distinção, entre ambos os modelos".[267]

Na comparação entre sistemas internos e sistemas internacionais coesos, podem ser alinhadas algumas expressões de uma e de outra corrente – 'estado de força' e 'estado de direito' –, para ilustrar a evolução e a contraposição de dados no fenômeno de organização das sociedades:

– em favor da precedência do estado de direito, em primeiro lugar, justamente, convém lembrar a lição de Immanuel KANT, em cuja obra **Metafísica dos costumes**,[268] este assinalava: "o estado é o conjunto da sociedade civil,

[264] O termo alemão "Macht" tanto pode ser traduzido em português no sentido literal de "força", como no sentido abstrato de "poder". A contraposição ao estado de direito torna claro o conteúdo da expressão.

[265] F. DARMSTAEDTER (op. cit., 1932, I. Einleitung, p. 1-13, p. 1): Rechtsstaat ist der Staat, in dessen Mittelpunkt das Recht steht und Machtstaat ist der Staat, in dessen Mittelpunkt die Macht steht. Das ist einfach und klar, das ist selbstvertändlich. Aber einer Ergänzung bedarf diese Definition sofort an diese Stelle. Der Rechtsstaat negiert keineswegs die Macht, er ist mitnichten der Staat der Machtlosigkeit.

[266] F. DARMSTAEDTER (op. cit., 1932, I. Einleitung, p. 1-13, cit. p. 1): Es ist sogar eine Pflicht des Rechtsstaates zur Macht anzuerkennen, die Pflicht nämlich, so viel Macht zu erwerben, zu besitzen und zu erhalten, als erforderlich ist, um das Recht durchzusetzen, das Unrecht abzuweheren und die Staatsangehörigen vor Unrecht zu schützen.

[267] F. DARMSTAEDTER (op. cit., 1932, I. Einleitung, p. 1-13, cit. p. 2): "ist also nicht das Vorhandensein von Macht oder Recht sondern das Rangverhältnis unter ihnen. Die Frage der Priorität von Recht und Macht ist es, um die es sich bei diesem Unterschiede dreht."

[268] Immanuel KANT, **Grundlegung zur Metaphysik der Sitten** (hrsg. von Theodor VALENTINE, Stuttgart: Reclam Univ. Bibl. Nr. 4507, © 1961, 2008, impr. 2011, p. 70-71): "Ich

ou seja, da sociedade jurídica – *rechtlichen Zustandes* –, que exige conjunto de homens, para compartilhar o que é conforme ao direito";[269]
– não menos relevante, a lição de Johann Gottlieb FICHTE: "a finalidade do estado tem de ser fundada na lei moral – *Sittengesetz*. Uma finalidade, que atentasse contra essa norma básica – *Grundregel* –, já em si, tem de ser rejeitada, por constituir injustiça";[270]
– no século XIX, Otto BÄHR se destaca, com o seu livro sobre o estado de direito, **Der Rechtsstaat**, de 1864: o princípio estatal exige o reconhecimento do exercício da força pelo governo – *Regierungsgewalt* –, como atividade relativamente livre, cuja atuação – *Betäting* – coloca os direitos privados – *Privatrechten* –, sob a égide do direito – *Rechte stehend*";[271]
– no século XX, merecido destaque deve ser dado ao ensinamento de Hans KELSEN, em seu estudo sobre o conceito sociológico e jurídico de estado: "estado e direito se inscrevem sob a mesma categoria do ordenamento normativo – *normativen Ordnung*" – e completa: "a conceituação do estado termina com uma definição do direito";[272]

verstehe aber unte reinem Reiche die systematische Verbindung verschiedener vernünftiger Wesen durch gemeinschaftliche Gesetze. Weil nun Gesetze die Zwecke ihrer allgemeinen Gültigkeit nach bestimmen, so wird, wenn man von dem persönlichen Unterschiede vernünftiger Wesen, imgleichen allem Inhalte ihrer Privatzwecke abstrahiert, ein Ganzes aller Zwecke (sowohl der vernünftigen Wesen als Zweck an sich, als auch der eigenen Zwecke, die ein jedes sich selbst setzen mag) in systematischer Verknüpfung, d.i. ein Reich der Zwecke, gedacht werden können, welches nach obigen Prinzipien möglich ist."

269 A respeito de KANT, ver **Tratado** (tomo 11 – **Direito internacional no tempo do iluminismo**, item – *o que é o iluminismo?*); notava F. DARMSTAEDTER (op. cit., 1932, p. 6): An die Spitze darf wohl das Wort Immanuel KANT, aus dessen **Metaphysik der Sitten** gestellt werden: "Der Staat ist das ganze des bürgerlichen Zustandes d.h. des rechtlichen Zustandes, dessen eine Menge von Menschen bedarf, um dessen, was Rechtes ist, teilhaftig zu werden."

270 A respeito de J. G. FICHTE, ver **Tratado** (tomo 13 – **Direito internacional no tempo do concerto europeu**, item – *J. G. FICHTE (1762-1814) – racionalismo, direito natural e nacionalismo?*); F. DARMSTAEDTER (op. cit., 1932, p. 6): die nicht weniger wichtige Äusserung Joh. Gottl. FICHTEs treten: "Der Endzweck des Staates muss sich auf das Sittengesetz gründen. Ein Endzweck, der gegen diese Grundregel sündigt, ist schon in sich selbst verwerflich, denn er ist ungerecht."

271 Otto BÄHR, **Der Rechtsstaat** – eine Pulicistische Skizze (orig. publ. 1864, reimpr. Aalen: Scientia, 1961): "Das staatliche Prinzip fordert die Anerkennung der Regierungsgewalt als einer relativ freien Tätigkeit, in ihrer Betäting gleich den Privatrechten unter dem Rechte stehend."

272 DARMSTAEDTER (op. cit., 1932, loc. cit.): Schliesslich sagt neuestens Hans KELSEN, **Der soziologische und der juristische Staatsbegriff** – kritische Untersuchung des Verhältnisses

A seguir, podem ser ilustrados pontos de vista da corrente oposta, dos partidários do estado de força – *Machtstaat*:

– estas referências começam por seu mais destacado representante, G. W. F. HEGEL,[273] segundo o qual a organização do estado impede que a daí decorrente razão de estado – *Staatsvernunft* –, não se perca por si mesma. Desse modo, constitui poder, abrangente e dominante – *zusammenfassende und beherss-chende Macht* –, tal como explicam VOGEL, em seu estudo sobre o conceito de sociedade em HEGEL, bem como o próprio HEGEL, em sua **Filosofia do direito**;[274]

– uma dentre as mais marcantes expressões dessa corrente foi Heinrich von TREITSCHKE, que começa sua obra sobre a política, **Die Politik** com as seguintes palavras: "o estado é a expressão jurídica do povo, unido como poder independente" – *Der Staat ist als das unabhängige Macht rechtlich geeinte Volk* –

von Staat und Recht (Tübingen: Mohr, 1922, p. 36): "Staat und Recht fallen beide unter die gleiche Kategorie der normativen Ordnung [...] Eine Begriffsbestimmung des Staates endet bei einer Definition des Rechts."

[273] Georg Wilhelm Friedrich HEGEL, **Werke** (auf den Grundlage der ***Werke***, von 1832-1845, neu edierte Ausgabe Redaktion Eva MOLDENHAUER und Karl Markus MICHEL, Frankfurt: Suhrkamp, 20 vols., (c) 1971, 1986, com reimpressões: **Frühe Schriften**, stw 601, **Jenaer Schriften 1801-1807**, stw 602; **Phänomenologie des Geistes**, 1807, Colonia: Anaconda, 2010; **Nürnberger und Heidelberger Schriften 1808-1817**, **Wissenschaft der Logik – I**, stw 605, **Wissenschaft der Logik – II**, stw 606, **Grundlinien der Philosophie des Rechts**, stw 607, **Enzyklopädie der philosophischen Wissenschaften – I, II e III**, stw 608, stw 609 e stw 610, **Berliner Schriften**, stw 611, **Vorlesungen über die Philosophie der Geschichte**, mit einer Einführung von Theodor LITT, Stuttgart: philipp Reclam, (c) 1961, impr. 2002, **Vorlesungen über die Ästhetik**, stw 613, stw 614 e stw 615, **Vorlesungen über die Philosophie der Religion**, stw 616, stw 617 (c) 1969, 1986, **Vorlesungen über die Geschichte der Philosophie – I, II e III**, stw); G. W. F. HEGEL, **Philosophie der Kunst** – Vorlesung von 1826 (herausgegeben von Annemarie GETHMANN-SIEFERT, JEONG-IM Kwon e Karsten BERR, Frankfurt: Suhrkamp, stw 1722, erste Auflage, 2005).

[274] A própria organização do estado visa evitar que a daí decorrente *razão de estado* se perca, conforme Paul VOGEL, **Hegels Gesellschaftsbegriff** – und seine geschichtliche Fortbildung durch Lorenz Stein, Marx, Engels und Lassalle, Berlin: Pan-verlag Rolf Heise, 1925, p. 80): "Auch hier zuerst ein Vertreter höchster Geistigkeit als ihr vornehmster Repräsentant, G. W. F. HEGEL: Die Organisation des Staates verhindert, dass die aus sich herausgehende Staatsvernunft sich nicht selbst verliert. Derart ist sie alles zusammenfassende und behersschende Macht". Cit. HEGEL, **Rechtsphilosophie** (§§ 272-273); ver tb. Eric WEIL, **Hegel e o estado** (orig. publ. **Hegel et l'état** – cinq conférences suivies de *Marx et la philosophie du droit*, Paris: Vrin, © 1950 e 2002, trad. Carlos NOUGUÉ, São Paulo: Realizações ed., 2011, esp. 3 – *o estado como realidade da ideia moral*, p. 51-64).

e aduzia, logo a seguir: "podemos dizer isso de modo mais conciso: o estado é o poder público, para proteger e punir – *zum Schutz und Trutz*. O estado é poder, para se afirmar";[275]

– dentre os partidários do estado de força encontrava-se igualmente representante do socialismo alemão, como Ferdinand LASSALLE, em seu famoso discurso sobre os entes constitucionais – *Verfassungswesen*: "a constituição nacional é: o conjunto das relações de poder – *Machtverhältnisse* –, de fato existentes no país. Essas relações de poder, de fato existentes, são escritas em uma folha de papel, confere-se a elas expressão escrita, e quando são escritas, não mais são somente as relações de poder, de fato existentes, mas passam a ser também direito, e se exprimem como instituições jurídicas – *zum Recht geworden, zu rechtlichen Einrichtungen*";[276]

– passando de representante da esquerda para representante da direita, Julius BINDER, no seu escrito sobre direito e poder, como fundamentos da efetividade do estado – *Recht und Macht als Grundlagen der Staatswirksamkeit* –, este afirmava: "a conservação do estado é a conservação do direito". Mas, aduzia a seguir: a coerção ou o poder – *Macht* –, pertencem à ideia de direito, o direito é essencial e necessariamente poder – *Macht* –, e simplesmente não há direito sem poder, sem coerção, que transforme o dever ser em efetividade".[277]

[275] Heinrich Gotthard von TREITSCHKE, **Die Politik** Band I – Vorlesungen gehalten an der Universität zu Berlin, 1897-1898 (Leipzig: Hirzel, 2 vols., 1911-1913 – reprint Forgotten Books, 2018); DARMSTAEDTER (op. cit., 1932, loc. cit.): Einer der wohl markantesten Anhänger dieser Auffassung ist Heinrich von TREITSCHKE. Er beginnt sein Werk über **Die Politik** mit den Worten: "Der Staat ist als das unabhängige Macht rechtlich geeinte Volk" und fährt an anderer Stelle fort: "Wir können das kurzer auch so ausdrücken: der Staat ist die öffentliche Macht zu Schutz und Trutz. Der Staat ist Macht um sich zu behaupten".

[276] Ferdinand LASSALLE, **A essência da Constituição** (orig. publ. *Über Verfassungswesen*, conferências em 1863, prefácio Aurélio Wander BASTOS, Rio de Janeiro: Lumen Juris, 2007); v. tb. Vinicius de Moura XAVIER, *A essência da Constituição – uma análise da colaboração de Ferdinand Lassalle para o desenvolvimento do constitucionalismo moderno* (Brasília: Revista de informação legislativa, ano 50, no. 197, jan.-mar. 2013, p. 301-313); DARMSTAEDTER (op. cit., 1932, loc. cit.): [ein markanter und führender Angehöriger des werdenden deutschen Sozialismus] Ferdinand LASSALLE in seiner berümten Rede *Über Verfassungswesen*: "Die Verfassung des Landes ist: die in einem Lande bestehenden tatsächlichen Machtverhältnisse. Diese tatsächlichen Machtverhältnisse schreibt man auf ein Blatt Papier nieder, gibt ihnen schriftlichen Ausdruck, und wenn sie nun niedergeschrieben worden sind, so sind sie nicht nur tatsächliche Machtverhältnisse mehr, sondern jetzt sind sie auch zum Recht geworden, zu rechtlichen Einrichtungen".

[277] DARMSTAEDTER (op. cit., 1932, loc. cit.): ein Vertreter der politischen Recht zu Wort kommen, Julius BINDER in seiner Schrift: *Recht und Macht als Grundlagen der Staatswirksamkeit*.

Parece não haver dúvida de que o estado, nas fases iniciais de seu desenvolvimento, se colocava como estado de força – *Machtstaat.* O estado, originalmente, estava centrado no poder das armas e na coerção fiscal. Depois a este se agregam mecanismos visando a proteção institucionalizada dos cidadãos.

Historicamente se exprimiria, de modo bastante tardio, a concepção de que o direito se coloca no centro da concepção e da ação do estado. Desse modo, o conceito de estado de direito seria aquisição tardia na evolução do estado, ao longo da história da humanidade.[278]

Obviamente a configuração interna de 'estado de força' tenderá a enxergar o contexto internacional exatamente como o prolongamento do mesmo no âmbito externo – como projeção da força, além do âmbito territorial do estado. Enquanto ao 'estado de direito' se presume a aceitação de possíveis restrições – estipuladas tais mediante lei internacional, ou seja, tratados, conforme pactuado entre os participantes do sistema, para a proteção de interesses gerais da comunidade internacional, para alcançar objetivos comuns, e atender necessidades compartilhadas, em todas as matérias, nas quais os estados, isoladamente não consigam tais resultados.

Er sagt zwar: "Die Bewährung des Staates ist Bewährung des Rechts". Aber er fügt hinzu (S. 17): "Der Zwang oder die Macht gehört zur Idee des Rechts, das Recht ist wesentlich und notwendig Macht, es ist schlechthin kein Recht ohne Macht, ohne Zwang, das Sollen in die Wirklichkeit umzusetzen".

[278] Como examinado no **Tratado** (tomos 3 A – **Direito internacional no tempo antigo**, cap. 3 – *civilizações antigas entre hegemonia e relações internacionais*, item 3.2 – *conceito jurídico de império: I – da Antiguidade rumo à Idade média*, 3 B – **Gregos, romanos, chineses, indianos**, esp. itens 5.3 – *avaliação da contribuição grega e helenística para o direito internacional* e 6.3 – *duradoura contribuição do jus gentium para o direito internacional*, 4 – **Direito internacional no tempo medieval**, item 8.4 – *continuidade e mudança do contexto medieval ao moderno*, 5 – **Direito internacional no tempo de Francisco de Vitória**, item 12.2 – *conceito jurídico de império: II – da Idade média à era moderna* e cap. 13 – *estado como sujeito de direito internacional – a contribuição de MAQUIAVEL e BODIN*, 6 – **Direito internacional no tempo de Suarez, Gentili e Zouch**, item – *existência e conteúdo do direito internacional moderno*, 8 – **Direito internacional além do paradigma vestfaliano**, item – *império e frações de império*, e 11 – **Direito internacional no tempo do iluminismo**, item – *império, estado moderno e ascensão do absolutismo*); v. tb. Giorgio GAJA, **The protection of general interests in the international community** – general course on public international law (2011, publ. RCADI, 2012, t. 364).

Cabe apontar[279] duas grandes influências:

– a primeira, foi o papel do cristianismo, como religião universal – em oposição às religiões antigas, que eram religiões nacionais, e como tais, somente reconheciam direitos e deveres em relação aos conacionais; e

– a segunda, foi o legado da Grécia, que consolida não ser a concepção de estado de direito uma 'novidade' na história, com a ênfase dos gregos antigos quanto a ser "a lei, o senhor de todos" – νομος ο παντων βασιλευς.[280]

O desenvolvimento da concepção do Sacro império romano germânico não pode ser compreendido, se considerado somente como estado de força. Este constitui não somente experimento de sistema internacional organizado, como de construção de sistema político, bastante heteróclito, mas inovador.[281]

Depois do fim, em 1806, da experiência histórica do Sacro império resultaram dois caminhos:

– de um lado, a evolução política, de 1815 a 1866 – por assim dizer, consolida coesão 'interna' – na construção de estado federal, da qual resulta a construção da 'unidade alemã', primeiro sob a forma da Liga alemã – *deutsche*

[279] F. DARMSTAEDTER (op. cit., 1932, cit. p. 9-10): Es soll kein Zweifel dagegen erhoben werden, dass am Anfange der staatlichen Entwicklung der Machtstaat steht. Der ursprüngliche Staat war zentriert um die Waffenmacht und die Steuereintreibung. [...] Historisch ganz spät ist aber der Gedanke, dass das Recht im Zentrum des staatlichen Wirkens zu stehen habe. So ist der Rechtsstaatsgedanke ein später Nachzügler in dem Gange des Staates durch die menschliche Geschichte.

[280] Cf. **Tratado** (tomos 3 B – **Gregos, romanos, chineses, indianos**, esp. itens 5.3 – *avaliação da contribuição grega e helenística para o direito internacional* e 4 – **Direito internacional no tempo medieval**, esp. item 8.1 – *AGOSTINHO DE HIPONA (354-430 A.D.)*).

[281] Ver a respeito as considerações de Samuel PUFENDORF, no cap. XX, neste tomo e tb. **Tratado** (tomo 4 – **Direito internacional no tempo medieval**, e tomo 8 – **Direito internacional além do paradigma vestfaliano**); b/c, P. WILSON, **The Holy Roman Empire** – a thousand Years of Europe's history (Londres: Penguin, 2017); B. SIMMS, **Europe – the struggle for supremacy, 1453 to the present** (Londres: Allen Lane, 2013); M. MITTERAUER, **Warum Europa?** – Mittelalterliche Grundlage eines Sonderwegs (orig. publ. 2003, Munique: Beck, 5ª ed., 2009); P. B. CASELLA, **União europeia** – instituições e ordenamento jurídico (São Paulo: LTr, 2002, item1.2 – *projetos e experiências de união europeia: antecedentes históricos*, p. 58-75); J. BLACK, **The rise of the European Powers 1678-1793** (London: Edward Arnold, 1990), no que este descreveu como: "absence of any monopolization of sovereign powers by coherent states with clear frontiers".

Bund –,[282] que se transforma, depois de 1870-71, no 'Império alemão', tendo à frente a casa HOHENZOLLERN da Prússia, e a dinastia reina até o final da primeira guerra mundial –[283] aqui a construção de 'sistema coeso' alcança tal grau de coesão, que deixa de ser internacional, mas, também
– a experiência do Sacro império permanece, ainda que latente, como fator de construção de coesão 'externa' – na convivência ordenada de vários povos, e de acomodação, entre vários modelos políticos coexistentes – também teve e tem caráter inspirador da experiência da progressiva integração, sob a égide das antigas comunidades, desde a segunda guerra mundial, e da atual União europeia,[284] inclusive no tocante ao dilema, por parte desse 'sistema internacional coeso', em assumir, ou não, configuração que tenda a estado federal – e as sintomáticas reações adversas, quando se apresenta modelo 'federal'.

O conceito central pode ser exprimido, em formulação que se mantém desde o alemão medieval: "o povo faz o imperador, mas o imperador não faz o povo" – *wen daz volk macht ein keiser und der keiser macht nit daz volk*. O desenvolvimento do Império romano germânico não se explica a partir de concepção de estado de força.[285]

A esse conjunto se agregam, no início da era moderna, institutos que fundamentam o estado de direito, vindos da Inglaterra tais como os movimentos, que levaram à regulamentação do *habeas corpus*, em 1679, e do *Bill of rights* – a declaração de direitos, de 1689. A estes se somam outras declarações (nacionais) de direitos fundamentais, também na esteira da revolução francesa e da constituição americana.

[282] Como examina Wolf D. GRUNER, **Der deutsche Bund** 1815-1866 (Munique: Beck, 2012). Ver tb. **Tratado** (tomo 8 – **Direito internacional além do paradigma vestfaliano**, item – *além do paradigma vestfaliano*).

[283] Henry BOGDAN, **Les Hohenzollern** – La dynastie qui a fait l'Allemagne (1061-1918) (Paris: Perrin, 2010, sobretudo as partes V – *À la conquête du Reich (1786-1871)*, p. 219-299, e VI – *L'apogée et la chute (1871-1918)*, p. 301-348), já observara no prefácio: "une maison princière dont le rôle a été déterminant au sein du monde allemand"; tb. Henry BOGDAN, **Histoire de l'Allemagne**: de la Germanie à nos jours (inicialmente publicado em 1999, Paris: Perrin, 2003).

[284] A respeito, veja-se **Tratado** (tomo 11 – **Direito internacional no tempo do iluminismo**, item – *império, estado moderno e ascensão do absolutismo*); P. B. CASELLA, *Perspectivas da integração europeia – entre mito e operacionalidade?* (Revista FDUSP, 2014, vol. 109, p. 25-74); Fred E. SCHRADER, **L'Allemagne avant l'État-nation: le 'corps germanique' (1648-1806)** (Paris: PUF, 1998); Béatrice NICOLLIER, **Le saint empire romain germanique** (Paris: Ellipses, 2012).

[285] F. DARMSTAEDTER (op. cit., 1932, cit. p. 10): Die Entwicklung des römischen Reichs deutscher Nation ist aus einem machtstaatlichen Denken heraus nicht zu verstehen.

Depois da declaração da revolução francesa, de 27 de agosto de 1789, o quadro se complementa, com ulteriores e relevantes desenvolvimentos, na Constituição imperial alemã, de março de 1849, contendo catálogo de direitos civis inalienáveis.[286] O mesmo ocorria nas Constituições de vários estados, integrantes da Liga Alemã, no período de 1815-1866.[287]

Habitualmente, é lembrada[288] a contribuição de John LOCKE, com sua tese de submissão de todos – inclusive o rei – ao poder da lei.[289] E a de MONTESQUIEU, com a sua concepção a respeito da tripartição de poderes do estado.[290]

286 F. DARMSTAEDTER (op. cit., 1932, cit. p. 11): "Anfang der Neuzeit kamen dann von England die bekannten, rechtstaatlich begründeten Forderungen, die zur *habeas corpus* Akte 1679 und zur Bill of rights 1689 führten. Die Erklärung der Menschenrechte in den amerikanischen Verfassungen 1764 bis 1776 und in der französischen Revolution am 27. August 1789 schloss sich an. Die in März 1849 vollendete deutsche Reichsverfassung enthielt einen Katalog der unverletzlichen Staatsbürgerrechte. Auch die meisten deutschen gliedstaatlichen Verfassungen des 19. Jahrhunderts brachten ihn."

287 Wolf D. GRUNER, **Der deutsche Bund** 1815-1866 (Munique: Beck, 2012); Rainer MÜLLER (Hrsg.), **Deutsche Geschichte in Quellen und Darstellung** – Band 6 – **Von der Französischen Revolution bis zum Wiener Kongress 1789-1815** (hrsg. von Walter DEMEL und Uwe PUSCHNER, Stuttgart: Philipp Reclam jun. – Univ. Bibl. Nr. 17006, ed. 1995, impr. 2008); ___ – Band 7 – **Vom Deutschen Bund zum Kaiserreich 1815-1871** (hrsg. von Wolfgang HARDTWIG e Helmut HINZE, Stuttgart: Philipp Reclam jun. – Univ. Bibl. Nr. 17007, ed. 1997, impr. 2007).

288 Como se examinou no **Tratado** (tomo 8 – **Direito internacional além do paradigma vestfaliano**, item – *além do paradigma vestfaliano*).

289 John LOCKE (1632-1704), **An Essay concerning Human Understanding** (1689, abridged, with an Introduction by Pauline PHEMISTER, Oxford: Univ. Press, 2008); ed. bras. ___, **Ensaio acerca do entendimento humano** (extratos, trad. A. ALEX, São Paulo: Abril – Os pensadores, 1973 vol. XVIII, p. 139-350); ___, **Two treatises of government** (ed. by Peter LASLETT, Cambridge: Syndicate Press of the Univ. of Cambridge, © 1960, reimpr. 1995); ed. bras., ___, **Dois tratados sobre o governo** trad. Júlio FISCHER, rev. técnica Renato J. RIBEIRO, rev. da trad. Eunice OSTRENSKY, São Paulo: Martins Fontes, 2ª ed., 2005); ___, **Segundo tratado sobre o governo** – Ensaio relativo à verdadeira origem, extensão e objetivo do governo civil (trad. de E. Jacy MONTEIRO, São Paulo: Abril – Os pensadores, 1973 vol. XVIII, p. 37-137); LOCKE, **Carta sobre a tolerância** (org., introdução, revisão técnica, notas e comentários Flávio F. LOQUE, trad. do latim Fábio FORTES e Wellington F. LIMA, trad, do inglês Flávio F. LOQUE, Belo Horizonte: Autêntica, 2019); ___, ___ (org. e trad. Ari Ricardo Tank BRITO, São Paulo: Hedra, 2012); ___, ___ (trad. A. ALEX, São Paulo: Abril – Os pensadores, 1973 vol. XVIII, p. 9-35); ___, **Lettre sur la tolérance** (Paris: PUF, © 1965, ed. revista, 1995).

290 Charles de Secondat, Barão de La Brède et de MONTESQUIEU (1689-1755), **De l'esprit des lois** (texte présenté et annoté par Roger CAILLOIS, Paris: Gallimard-NRF-Pléiade, © 1951, impr. 1994); ou tb. na ed. brasileira, MONTESQUIEU, **Espírito das leis** (intr. e notas de

Sintomaticamente, MONTESQUIEU precisou disfarçar a sua concepção institucional, se não praticamente a esconder, em meio ao capítulo, aparentemente inócuo, dedicado ao exame da 'constituição da Inglaterra'. Assim teria feito, para não se indispor com o então vigente absolutismo da coroa francesa, onde o rei concentrava os poderes em sua pessoa.

Exatamente em contraposição ao modelo desenvolvido na Inglaterra, no século anterior. Ao custo de revoluções e agitações político-religiosas, de 1641 até 1689, inclusive um rei decapitado, dentre outras violências dessa difícil experiência, que teve caráter estruturante do sistema político inglês.[291] A duração e a gravidade da guerra civil e das agitações internas serviram para manter a Inglaterra à margem da guerra dos trinta anos.[292]

Menos frequentemente, é lembrado o importante papel, desempenhado pela doutrina e pela prática alemãs, na formação e no desenvolvimento da concepção do estado de direito.[293] Nessa linha, a contribuição de Max WEBER pode ser destacada, por apontar o desenvolvimento do estado como "entidade política, com constituição racionalmente redigida, direito racionalmente ordenado, e administração orientada por regras racionais, dotado de leis e administrado por funcionários especializados".[294]

Gonzague TRUC, trad. Fernando Henrique CARDOSO e Leôncio Martins RODRIGUES, São Paulo: Abril – Os pensadores, vol. XXI, 1973).

[291] Christopher HILL, **O mundo de ponta-cabeça** – ideias radicais durante a revolução inglesa de 1640 (orig. publ. **The world turned upside down**, 1972, trad. Renato J. RIBEIRO, São Paulo: Companhia das Letras, 1987); ___, **O século das revoluções 1603-1714** (orig. publ. **The century of revolution 1603-1714**, 1961 e 1980, trad. Alzira Vieira ALLEGRO, São Paulo: Ed. Unesp, 2012); Jean-Michel VIENNE, *Savoir et violence: raison et volonté chez Locke* (in **Savoir et violence en Angleterre** – du XVIe au XIXe siècle, dir. de Alain MORVAN Lille: Univ. de Lille III – Travaux et recherches, 1987, p. 99-109).

[292] A respeito, Charles GIRY-DELOISON, *Westphalie 1648: L'Angleterre en marge de l'Europe* (in **L'Europe des traités de Westphalie**, dir. de L. BÉLY, Paris: PUF, 2000, p. 401-410, cit. p. 401): "Il y a un certain paradoxe à vouloir parler de l'Angleterre et des traités de Westphalie. Le royaume STUART est, avec la Turquie et la Russie, l'une des trois puissances à ne pas participer au concert des 149 puissances, grandes et petites, qui, du printemps 1643 à l'automne 1648, s'assemblèrent à Osnabrück et Münster. Au surplus, aucun des signataires de Westphalie ne paraît se préoccuper de l'absence des Anglais."

[293] F. DARMSTAEDTER (op. cit., 1932, cit. p. 11): "Eine höchst gewichtige Rolle spielt aber in der Heraustellung des Staatsgebildes Rechtsstaat die deutsche wissenschaftliche Lehre und politische Praxis."

[294] M. WEBER, **Die protestantische Ethik und der Geist des Kapitalismus** (1905, ed. 2005, *Vorbemerkung*, p. 7-24, cit. p. 18): "Ein solches Recht und eine solche Verwaltung nun stellte der Wirtschaftsführung in dieser rechtstechnischen und formalistischen Vollendung

A institucionalização de direitos e garantias se manifestou em três vagas sucessivas:

– o primeiro choque, se deu contra o absolutismo dos séculos XVII e XVIII, e seus defensores são os heróis do 'idealismo clássico alemão',[295] Immanuel KANT, Johann Gottlieb FICHTE e Wilhelm Von HUMBOLDT: o ponto de partida estava na ideia de liberdade da personalidade, concebida não em termos reais, de política, mas idealisticamente, como liberdade moral e normativa;[296]
– o segundo choque, se dirigiu contra as políticas reacionárias da primeira metade do século XIX, e seus defensores foram homens como David HANSEMANN, Christoph Friedrich DAHLMANN, Otto BÄHR, Carl v. ROTTECK, Friedrich LIST, mais adiante, WELKER, GNEIST e Robert von MOHL. Os objetivos passaram a ser de efetividade política – *realpolitischer* –, e se tornaram menos individualistas. Sua fundamentação exigiu, assim, considerável aprofundamento filosófico. Cuidou-se, assim, sobretudo do constitucionalismo, da autonomia municipal – *Selbstverwaltung der Gemeinden* –, da autonomia das demais entidades auto-administradas – *sonstige Selbstverwaltungskörper* –, da separação entre administração e tutela jurídica – *die Trennung von Verwaltung und Rechtspflege*;[297]

nur der Okzident zur Verfügung"; ver tb. Max WEBER, **Political writings** (ed. by Peter LASSMAN and Ronald SPEIRS, Cambridge: Univ. Press – Cambridge Texts in the History of Political Thought, 1994, esp. *The profession and vocation of politics*, p. 309-369, p. 310): "In the last analysis, the modern state can only be defined sociologically in terms of a specific means (*Mittel*) which is peculiar to the state, as it is to all other political associations, namely physical violence (*Gewaltsamkeit*)".

295 Cujo exame prossegue no **Tratado** (tomos 11 – **Direito internacional no tempo do iluminismo** e 13 – **Direito internacional no tempo do concerto europeu**).

296 F. DARMSTAEDTER (op. cit., 1932, cit. p. 11): "Der erste Vorstoss richtete sich gegen den fürstlichen Absolutismus des 17. und 18. Jahrhunderts, den sogennanten Polizeistaat. Seine Träger sind die Heroen des deutschen klassischen Idealismus Immanuel KANT, Johann Gottlieb FICHTE, Wilhelm v. HUMBOLDT. Den Ausganspunkt bildete die Idee der Freiheit der Persönlichkeit, nicht aufgefasst in realen, politischen Sinne, sondern idealistisch als moralische, normative Freiheit."

297 F. DARMSTAEDTER (op. cit., 1932, cit. p. 11-12): "Der zweite Vorstoss wandte sich gegen die politische Reaktion in der ersten Hälfte des 19. Jahrhunderts. Seine geistige Träger waren Männer wie David HANSEMANN, Christoph Friedrich DAHLMANN, Otto BÄHR, Carl v. ROTTECK, Friedrich LIST, ferner WELKER, GNEIST und Robert v. MOHL. Die Ziele sind nunmehr viel realpolitischer und auch weniger individualistisch geworden.

– o terceiro choque, se deu no questionamento da vigência da Constituição de Weimar, e as ameaças que se punham, contra o estado de direito, tanto internamente, quanto externamente, em razão da força dos representantes do estado de força, "vizinhos imediatos e não somente geograficamente, mas também espiritualmente", com as concepções bolchevista e fascista do estado, "que não deixavam de exercer forte impressão e influência, sobre a nossa vida do estado alemão".[298]

O apelo, em favor da racionalidade do uso do poder e das garantias institucionais do estado de direito, se faz tanto mais pungente, quando temos o conhecimento do que se passou imediatamente a seguir na Alemanha. Como registra a expressão inglesa – *with the benefit of hindsight* – sabendo o que veio depois, fica ainda mais forte a advertência, quanto à necessidade de preservar o estado de direito, contra as ameaças de força:

> O estado de direito somente tem conteúdo se lhe conferimos conteúdo, e ele é o que dele fazemos, e não é mais do que a nossa criação. Enquanto obrarmos pelo estado de direito, e por ele agirmos, e em defesa dele nos engajarmos, ele não estará morto nem superado. Ele vive, enquanto nós lhe dermos vida, enquanto lhe assegurarmos conteúdo e sentido – *Gehalt und Inhalt*.[299]

A existência do estado de direito estava ameaçada na Alemanha. E soçobrou, com a ascensão – ao início, por vias legais – do regime nacional-

Ihre Begründung hat dafür an philosophischer Tiefe eingebüsst. Es handelt sich jetzt vor allem um den Konstitutionalismus, die Selbstverwaltung der Gemeinden und sonstige Selbstverwaltungskörper, die Trennung von Verwaltung und Rechtspflege und um die Verwaltungsgerichtsbarkeit."

298 F. DARMSTAEDTER (op. cit., 1932, cit. p. 12): "Der Machtstaat steht in gewichtigen Repräsentanten in unserer unmittelbarsten Nähe und zwar nicht nur räumlich, sondern auch seelisch. Der bolchewistische und der fascistische Staatsgedanke sind nicht ohne Eindruck und Einfluss auf unser deutsches Staatsleben geblieben. Wie hat aber sich hierzu der Rechtsstaatsgedanke gestellt? Es liegt nahe anzunehmen, dass er dieses erneute machtstaatliche Wiederaufleben mit einem dritten Vorstoss erwidert und die neue Gegnerschaft zu erneuter Läuterung und Vertiefung der eigenen geistigen Grundlagen benützt."

299 F. DARMSTAEDTER (op. cit., 1932, cit. p. 12): "Der Rechtsstaat hat Bestand nur, wenn wir ihm Bestand geben, er ist das und nur das, was wir aus ihm machen, er ist nicht anders denn als unsere Schöpfung vorhanden. Solange wir aber an dem Rechtsstaat schaffen, an ihm wirken, für ihn uns einsetzen, ist er auch nicht tot und nicht erledigt. Er lebt, solange wir ihm Leben geben, solange wir seinen Gehalt und Inhalt gestalten."

-socialista, em 1932.[300] Mas, a advertência, que então se fazia, vale igualmente para outros tempos e outros contextos:

> o estado de direito alemão tem vida e conteúdo – *Leben und Dasein* –, somente se este nos confere o conteúdo intelectual – *Gedankengehalt* –, com o qual temos de enfrentar as atuais manifestações do estado de força – *Machtstaat*. Se o estado de direito alemão hoje ainda vive, então este terá o conteúdo intelectual, que nos permita lutar, contra essas concepções do estado de força – *Machtstaatsgebilde*. Que ele tenha essa força vital em si – *Lebenskraft* – podemos esperar, pois foi construído pelos mais profundos e nobres defensores da vida intelectual alemã.[301]

Infelizmente, o estado de direito alemão não teve forças para enfrentar e superar as ameaças, que o atacaram e devoraram, tanto mais perniciosas, porque se valeram das estruturas internas, do próprio estado de direito, para dar cabo deste, e instaurar um dos mais terríveis regimes de força, de que se tem registro na história, no assim chamado *terceiro império* – *III. Reich*. A lição merece ser meditada – porque as ameaças se repetem e se renovam.

Todo e qualquer estado tem elementos de ambos: direito e poder são elementos intrínsecos de qualquer ordenação política. A questão se põe, quanto ao modo de ordenação e coordenação, entre ambos

300 E da Alemanha de HITLER se espalhou por consideráveis extensões da Europa. Dentre tantos a respeito, ver: Mark MAZOVER, **O império de Hitler** – a Europa sob o domínio nazista (orig. publ. **Hitler's empire** – Nazi rule in occupied Europe, 2013, trad. Cláudio CARINA e Lucia BOLDRINI, São Paulo: Companhia das letras, 2013); e produziu ainda frutos amargos, após a derrocada do nazismo, como aponta Keith LOWE, **L'Europe barbare 1945-1950** (orig. publ. **Savage continente – Europe in the aftermath of World War II**, 2012, trad. Johan F. Hel GUEDJ, Paris: Perrin, 2015, impr. 2021, *Conclusion*, p. 569-589, cit. p. 579): "La passion qui pousse les individus puise sa source dans l'histoire et les mythes auxquels ils ont été exposés, et qui se répètent inlassablement au sein de leurs communautés."

301 F. DARMSTAEDTER (op. cit., 1932, cit. p. 12): "Der deutsche Rechtsstaat hat Leben und Dasein nur, wenn er uns den Gedankengehalt liefert, mit dem gerade den heutigen Erscheinungen des Machtstaates zu begegnen ist. Wenn der deutsche Rechtsstaat heute noch lebt, dann wird er uns den Gedankengehalt zur Bekämpfung dieser Machtstaatsgebilde zu liefern vermögen. Dass er aber diese Lebenskraft in sich hat, das dürfen wir um deswillen hoffen, weil er geschaffen wurde von den tiefsten und edelsten Trägern deutschen Geisteslebens."

componente.[302] A delimitação de competências tem de ser feita de modo claro, entre a força e o direito.

Não podemos nos acovardar na defesa do estado de direito e dos princípios que regem a ordem democrática e a proteção dos direitos fundamentais. Isso valeu e ainda vale para os distintos planos internos.

Isso se tem experimentado, igualmente, no plano internacional. A construção do estado de direito não foi fácil, nem se deu sem grandes esforços nos planos internos; não menos complexa se faz a tarefa no plano internacional.

Na indagação a respeito de 'sistemas internacionais coesos' cabe o paralelo entre os planos internos e o internacional. O experimento, que ganha em coesão, pode deixar de ser internacional – como se deu no processo que conduziu à unificação alemã, em detrimento do modelo anterior do Sacro império – e este se manteve, durante séculos, como experimento de convivência internacional, embora considerado pouco coeso.

Por sua vez, a construção da coesão, em escala 'nacional', tanto no caso alemão, quanto italiano, teve impacto desestabilizador – não somente em ambos os espaços internos, como também sobre o conjunto da Europa. E, desencadeando a segunda guerra mundial, em aliança com o Japão, tiveram impacto sobre o mundo todo.

A União europeia atual parece flutuar entre os dois modelos – maior ou menor coesão – com peso maior ou menor, ora em favor dos defensores do fortalecimento da união, ora em favor dos soberanistas, que pretendem conservar, ou mesmo reverter aos estados-membros, atribuições soberanas, transferidas ao poder central europeu.[303]

[302] F. DARMSTAEDTER (op. cit., 1932, cit. p. 13): "wollen wir unsere Begriffe Rechtsstaat und Machtstaat in keinen tatsächlichen Staate voll verwirklicht sein, doch müssen sich in jedem wirklichen Staate Elemente des einen oder des anderen Begriffes und unter Umständen von beiden finden. Die Bedeutung unserer Begriffe Rechtsstaat und Machtstaat liegt also nicht in der Beschreibung von wirklich vorhandenen Staatsgestaltungen. Vielmehr handelt es sich darum, mittels diese Begriffe Tendenzen in den wirklichen Staaten herauszustellen, die diese in die eine oder die andere Richtung weisen, und derart die Pflege der einen oder den anderen Tendenz und die Bekämpfung der ihr entgegengesetzten als Möglichkeit zu zeigen oder als Aufgabe vorzuhalten."

[303] Cf. comparação entre concepções modernas e clássicas e a situação atual da Europa, P. B. CASELLA, *Perspectivas da integração europeia – entre mito e operacionalidade?* (Revista FDUSP, 2014, vol. 109, p. 25-74); ___, *Soberania por dentro e por fora* (in **Estudos em homenagem a E. R. Lewandowski**, org. E. A. de J. PRUDENTE et al., São Paulo: Quartier Latin, 2023, p. 249-278).

Essa transposição, da relação entre força, poder e direito, do plano interno para o plano internacional, na construção do estado de direito, somente em parte até aqui foi ensaiada. Alguns grandes blocos conceituais, de enorme relevância e de impacto prático, já se encontram, assim, estruturados: tais como a proteção internacional dos direitos fundamentais, ou a criação de conjunto de condutas delituosas, tipificadas pelo direito internacional penal, tendo indivíduos como agentes.[304] Mas esse processo é longo e complexo, e se inscreve como dado característico, de nosso contexto pós-moderno.

Em que medida isso será viável, é preciso examinar a evolução dos últimos quatro ou cinco séculos, mais uma vez, desde antes de Vestfália, até o tempo presente. Alguns progressos podem ser apontados, no sentido da institucionalização da ordem internacional. Embora seja ainda essa "ordem internacional" fragmentária e incipiente, existe e tem de ser preservada e aperfeiçoada progressivamente.

O dilema se conserva, no sentido de que o estado, em se tratando da ordem internacional, é também o sujeito, por excelência, do direito internacional. Ao agrupamento destes compete criar as organizações internacionais, bem como reconhecer e permitir a expressão e atuação do ser humano, no plano internacional.

Ou seja, enquanto os humanos, ao menos teoricamente, criam o estado, no plano interno, e literalmente o sustentam, enquanto contribuintes, embora somente em restrita medida, possam influenciar os seus rumos, enquanto eleitores. Por outro lado, pouco ou nada disso, ocorre no plano externo, na medida em que mesmo se os estados não mais conservam a exclusividade da condição de sujeitos de direito internacional, a aceitação das regras jurídicas, por parte destes, em boa medida, se dá por mera conveniência e não por adesão firme e sincera. E o ser humano tem pouca ou nenhuma influência sobre a configuração da "ordem internacional" – que permanece, assim, essencialmente ordem "interestatal".

[304] Cfr. **Tratado** (tomo 20 – **Direito internacional, história e cultura**, cap. 4 – *papel da proteção internacional dos direitos fundamentais como fator de renovação e de transformação do direito internacional*); Olivier de FROUVILLE avec la participation de Anne-Laure CHAUMETTE, **Droit international pénal** – Sources, incriminations, responsabilité (Paris: Pedone, 2012, cit. p. V): "ce siècle de génocides et de massacres, ce siècle qui a vu l'état moderne se muer en la plus grande organisation criminelle jamais conçue et la rationalité des Lumières pervertie pour servir à l'extermination systématique de millions de personnes."

Oportuno e relevante pensar, quando e como surge o direito internacional 'moderno',[305] este se manifesta como direito interestatal, propriamente dito – sem prejuízo da importância da experiências dos séculos precedentes: "o direito internacional não é, como muitas vezes se pretendeu, uma criação moderna".[306] Existe e opera direito internacional, não somente a partir da paz de Vestfália, em 1648, quando terminam trinta anos dentre as guerras de religião na Europa, como parte de processo muito mais longo,[307]

[305] Como considerado no **Tratado** (tomos 3 A – **Direito internacional no tempo antigo**, 3 B – **Gregos, romanos, chineses, indianos**, 4 – **Direito internacional no tempo medieval**, 5 – **Direito internacional no tempo de Francisco de Vitória**, 6 – **Direito internacional no tempo de Suarez, Gentili e Zouch**, 7 – **Direito internacional no tempo de Hugo Grócio**).

[306] Por exemplo, no conjunto dos tomos acima mencionados do **Tratado** (tomos 3 A, 3 B, 4 e 5); Antonio TRUYOL y Serra a respeito da "história do direito internacional", o faz remontar à Antiguidade, **Histoire du droit international public** (Paris: Economica, 1995, *Introduction*, p. 1-3, cit. p. 1): "le droit international classique s'enracinait dans le droit de la chrétienté médiévale et, au-dela, dans des règles de conduite collective de l'Antiquité gréco-romaine, voire – sur Quelques points particuliers – des conceptions venant du tréfonds des civilisations de l'ancien Orient, méditerranéen ou asiatique"; enquanto Wilhelm GREWE, **Epochen der Völkerrechtsgeschichte** (Baden-Baden: Nomos, 1984, parte I – *Ius gentium: Grundzüge der mittelalterlichen Völkerrechtsordnung*, p. 55-162 e parte II – *Ius inter gentes: die Völkerrechtsordnung des spanischen Zeitalters 1494-1648*, p. 163-322) dedica a primeira parte ao direito internacional na Idade média e a segunda parte ao direito internacional na era de hegemonia hispânica, de 1494 a 1648 – portanto anteriores à paz de Vestfália; por sua vez, Dominique GAURIER, **Histoire du droit international**: auteurs, doctrines et développement de l'Antiquité à l'aube de la période contemporaine (Rennes: Presses Universitaires de Rennes, 2005), b/c ___, ___ – De l'Antiquité à la création de l'ONU (Rennes: P. U. Rennes, 2e. éd., 2014) põe limites ao que denomina a "identificação de sistema de direito internacional" propriamente dito, antes de 1648.

[307] Para maiores desenvolvimentos a respeito do contexto internacional até o término da guerra dos trinta anos e a consolidação do direito internacional moderno, ver **Tratado** (tomos 3 A – **Direito internacional no tempo antigo**, 3 B – **Gregos, romanos, chineses, indianos**, 4 – **Direito internacional no tempo medieval**, 5 – **Direito internacional no tempo de Francisco de Vitória**, 6 – **Direito internacional no tempo de Suarez, Gentili e Zouch**, 7 – **Direito internacional no tempo de Hugo Grócio**) e, para a fase seguinte, do direito internacional no tempo 'clássico' e do iluminismo, além do presente tomo, veja-se o **Tratado** (tomos 8 – **Direito internacional além do paradigma vestfaliano**, 10 – **Direito internacional no tempo de C. van Bynkershoek e Christian Wolff**, 11 – **Direito internacional no tempo do iluminismo**, 12 – **Direito internacional no tempo de Vattel e von Martens** e 13 – **Direito internacional no tempo do concerto europeu**). Não é possível atrelar o desenvolvimento do direito – como das relações internacionais, comenta Lucien BÉLY – somente a partir do século XVI, com a atuação dos estados-nação modernos, cf. ___, **L'art de la paix en Europe** – naissance de la diplomatie moderne XVIe-XVIIIe siècle

que marca o advento do estado, como modelo de ordenação do sistema internacional.[308]

O modelo estritamente interestatal do direito internacional 'moderno' e 'clássico' não exclui nem as modalidades anteriormente conhecidas e praticadas – poder-se-ia dizer, pré-estatais, como demonstram séculos e séculos anteriores. Nem, tampouco, esse modelo estritamente interestatal exclui as experiências que podem vir, a partir de nossos tempos pós-modernos – ou pós-estatais, marcados por múltiplas modalidades de atuação internacional não estatal, mais e mais extensamente praticadas, embora todavia, não claramente reguladas. Assim como existiu direito internacional *antes*

(Paris: PUF, 2023, *Introduction – l'art de la paix*, p. 1-23), com a passagem da configuração da ordem vertical – com duas autoridades supremas, porém sem poder – do tempo medieval, para a visão horizontal das potências políticas rivais – do tempo moderno (op. cit., 2023, cit. p. 7: "Tour au long du Moyen âge, des états sont nés, certains réduits à une ville ou à une petite principauté, d'autres vastes et peuplés. Indépendants ou autonomes, ces acteurs de la vie internationale, en petit nombre, correspondent à une organisation horizontale de la vie internationale. Elle suppose une égalité relative entre les partenaires, les états qui traitent d'égal à égal, elle nie toute solidarité internationale durable, elle introduit un désordre latent et une rivalité violente, mais aussi un dialogue permanent des souverains."

[308] Cfr. **Tratado** (tomo 5 – **Direito internacional no tempo de Francisco de Vitória**, cap. 13 – *estado como sujeito de direito internacional* e tomo 8 – **Direito internacional além do paradigma vestfaliano**, esp. item – *o reducionismo da obsessão vestfaliana*). Recorrente a concepção tradicional, que vincula o direito internacional ao sistema interestatal pós-Vestfália, como ocorre em boa parte da doutrina francesa de direito internacional e relações internacionais. A obsessão do 'estado', colocado como centro e foco praticamente único do sistema institucional e normativo internacional, ainda parece pautar parte da doutrina. Apesar da riqueza de informação e de documentação, isso ocorre não somente com autores mais antigos, como Jacques DROZ, **Histoire diplomatique de 1648 à 1919** (Paris: Dalloz, 3ª ed., 1972), como ainda parece ressurgir em historiadores mais recentes, como o já citado Lucien BÉLY, **Les relations internationales en Europe** – XVIIe-XVIIIe siècle (orig. publ. 1992, Paris: PUF – Thémis – Histoire, 4e éd., 2013); ___, **L'art de la paix en Europe** – naissance de la diplomatie moderne XVIe-XVIIIe siècle (Paris: PUF, 2023); ___, *Anatomie de l'incident diplomatique* (in **L'incident diplomatique** XVIe-XVIIIe siècle, dir. de Lucien BÉLY et Géraud POUMARÈDE, Paris: Pedone – Histoire de la diplomatie et des relations internationales, 2010); L. BÉLY (dir. de, avec Isabelle ROCHEFORT), **L'Europe des traités de Westphalie** – esprit de la diplomatie et diplomatie de l'esprit (Paris: PUF, 2000); Jean-François CHANET e Christian WINDLER (dir. de), **Les ressources des faibles** – Neutralités, sauvegardes, accommodements en temps de guerre (XVIe-XVIIIe siècle) (Rennes: Presses univ. de Rennes, 2009); Claude MICHAUD, **Entre croisades et révolutions** – princes, noblesses et nations au centre de l'Europe (XVIe-XVIIIe siècles) – *Scripta varia* (avec la collab. de Christine LEBEAU, Paris: Publ. de la Sorbonne, 2010).

do estado, também pode existir *depois* do estado. Como se experimenta, nas últimas décadas, existe e opera direito internacional, além e ao lado dos estados.[309]

A multissecular experiência do Sacro império não diz respeito somente à evolução institucional alemã, mas tem relevância para a evolução do direito internacional, no conjunto da Europa ocidental. Como, por exemplo, no tocante à divisibilidade da soberania. E também contribui para a caracterização dos elementos mais marcantes, dentro de um possível 'sistema internacional coeso'.

Relevante a contribuição de Samuel PUFENDORF, pela análise da constituição imperial alemã, na obra, publicada sob pseudônimo, a respeito do **Estado do império germânico**, de 1667.[310]

Nesse sentido, ao examinar a '*Constitutio westphalica*', nada parece ter mudado no estatuto do Sacro império, após 1648. Continuava a existir um imperador, como também existiam cerca de 350 estados, além de uma Dieta, dividida em três câmaras, com preponderância da Câmara dos Eleitores. Mas, as coisas tinham mudado: "um fato novo se achava consagrado. A independência quase total dos príncipes, que gozavam no interior da 'superioridade territorial', tanto nas coisas eclesiásticas quanto nas políticas",[311] e no exterior, do direito de constituir alianças e

[309] Cfr. **Tratado** (tomo 20 – **Direito internacional, história e cultura**, cap. 5 – *desafios e desenvolvimentos do direito internacional no contexto pós-moderno*).

[310] A respeito de Samuel PUFENDORF (1632-1694), ver, neste tomo, cap. 20. Este publica, sob o pseudônimo Severinus de MONZAMBANO, sua obra sobre **De statu imperii germanici** (1667). Esta circulou em muitas edições, e foi publicada com o nome do autor, depois da morte deste. S. PUFENDORF, **De statu imperii germanici**, liber unus (Latin edition, reprint Charleston: Nabu Press, 2013); ___, **Die Verfassung des deutschen Reiches** (Übersetzung, Anmerkungen und Nachwwort von H. DENZER, Stuttgart: Reclam Verlag – Universal Bibliothek, vol. 966[3]. 1985). A respeito, ver tb. Luiz Felipe Netto de Andrade e Silva SAHD, *Sacro Império Romano de Severinus de Monzambano* (Fortaleza: Univ. fed. do Ceará – Revista Sofia – Programa de pós-graduação em filosofia UFES, vol. 12(1), e12140722, publ. 11.05-2023 – online https://doi.org/10.47456/sofia.v12i1.40722) considera que "PUFENDORF estava fortemente interessado na questão da soberania, e que a complexa realidade do Sacro Império Romano exigia uma abordagem completamente nova para a questão de onde residia a soberania dentro do Império". Argumenta que o tipo de estado que PUFENDORF tinha em mente era o *estado composto*, representado pelo Sacro Império Romano, consistindo em muitas comunidades diferentes, divididas por religião, mas compartilhando o mesmo soberano, o Sacro Imperador Romano católico.

[311] Jacques DROZ, **Histoire diplomatique de 1648 à 1919** (Paris: Dalloz, 3ª ed., 1972).

celebrar tratados, entre eles e também com potências estrangeiras, em seu próprio interesse, sob a única condição de não serem dirigidos contra o Império. De tal modo, "em razão da consagração dessas liberdades germânicas, se constituía uma nova Alemanha, mais dividida e desunida que antes.[312]

> Essa impotência do Império, enquanto corpo político, se vê agravada pelas disposições tomadas, relativamente às relações entre a Dieta e o Imperador: na Dieta, por um lado, se reconhecia uma espécie de poder constituinte, afim de fixar por meio de 'capitulação perpétua' e definitiva, os limites da autoridade imperial; mas, por outro lado, considerando a obrigação de proceder por votação com unanimidade, não era possível recorrer ao adiamento, de onde decorria a total impotência para tomar decisões. Não se deve, contudo, acreditar que o *Reich* fosse aos olhos dos contemporâneos uma instituição destituída de sentido.[313]

Do ponto de vista religioso, a divisão foi agravada pela extensão das vantagens da paz ao calvinismo, reconhecido ao mesmo título que o catolicismo e o luteranismo: é o triunfo da fórmula *cujus regio, hujus religio* – "existe em cada estado somente uma igreja, como existe somente um príncipe".[314] E, não se deve considerar como triunfante a religião protestante, cuja força moral de expansão estava, doravante, rompida.[315]

Ou seja, como em outros momentos da história, mesclar política e religião – sempre – leva a efeitos desastrosos. E, sempre, é preciso ressaltar, quanto isso é perigoso, para o estado de direito, e para a existência de

312 J. DROZ (op. cit., 1972, p. 9): "La définition du Saint-Empire par S. PUFENDORF: 'un corps d'état qui ne correspond à aucune règle et qui ressemble à un monstre' était plus exacte que jamais".

313 J. DROZ (op. cit., 1972, p. 9). O imperador conservava importantes atribuições, como a de ser o líder da luta de todos os alemães contra os turcos, e por meio da eleição do Rei dos romanos, ainda durante a vida do Imperador, este conservava poder hereditário e dispunha de importante clientela entre os pequenos príncipes e os senhores eclesiásticos. Mesmo se, como ressalva DROZ (op. cit., 1972, p. 10): "les traités de 1648 constituaient un désaveu formel des ambitions impériales. Echec qui est aggravé par les dispositions qui placent le statut de l'Empire sous la garantie des puissances européennes."

314 J. DROZ (op. cit., 1972, p. 10).

315 J. DROZ (op. cit., 1972, p. 10) observa que essas cláusulas se tornaram possíveis em razão do arrefecimento das paixões religiosas e do cansaço com a luta prolongada.

liberdades civis e políticas, que pressupõem, entre outros dados, a clara separação entre igrejas e estado.

A paz de 1648 evidencia, a partir da constatação da impossibilidade de aniquilar o "inimigo", tratar-se de modo de ordenar regras de convivência, com os defensores de opiniões distintas – primeiro, entre católicos e luteranos; depois, além destes, também os calvinistas. Mas, cumpre lembrar que a tolerância e a convivência ordenada, entre as distintas confissões cristãs, na Europa, somente se fez depois de série de conflitos, e que estes conflitos se estenderam, por décadas, e deixaram rastro de matança indiscriminada e de destruição, em consideráveis extensões da Europa.

A extensão das barbaridades cometidas na Europa, no início dos tempos modernos, em nome da fé e da religião são parte da "história cultural dos tempos modernos". Esta permite observar que "a imagem do mundo muda praticamente a cada geração",[316] e se descreve, de modo eloquente:[317]

> A posição de CARLOS V, em relação à questão evangélica, nunca se colocou em termos de cuidado, com as necessidades do povo alemão, mas sempre somente pela conjuntura da política externa. Os três pontos, a partir dos quais construiu a sua atuação [externa] foram: o papa, o Oriente e a França. A inteira história da reforma alemã, do rompimento de LUTERO com o papa, até a Paz de Augsburgo, mostra isso, com cristalina clareza.
>
> Em 1521, CARLOS V precisa do apoio do papa, na sua primeira guerra contra FRANCISCO I, da França. Nessa altura, o *Édito de Worms* proíbe, assim, todas as inovações.
>
> Em 1526, o papa e a França fazem entre si a santa 'Liga de Cognac'. Em terras imperiais, e imediatamente, recebem os protestantes na primeira Sessão do Parlamento imperial em Speyer, posição favorável à expansão da sua doutrina. Mas, em 1529, a *Paz geral de Cambrai*, e na sequência desta, a segunda Sessão do Parlamento imperial em Speyer, ocorrem as renovações das proibições, contidas no *Édito de Worms*.

[316] Egon FRIEDELL, **Kulturgeschichte der Neuzeit** – Die Krisis der Europäischen Seele von der Schwarzen Pest bis zum Erster Weltkrieg (orig. publ. 1927-1931, Munique: C. H. Beck, "Um ein Nachwort ergänzte Sonderausgabe", 2007, p. 26): "Dieses Bild von der Welt wandelt sich mit fast jeder Generation".

[317] E. FRIEDELL (op. cit., 1927-31, ed., 2007, Livro I – Renascença e Reforma – da Peste Negra até a Guerra dos Trinta Anos, cap. 6 – *Die deutsche Religion*, p. 266-341).

> A seguir, CARLOS V é coroado imperador pelo papa. A repercussão disso é o claro alinhamento do Império, na grande reunião do Parlamento imperial, em Augsburgo.
> Nos anos seguintes, o perigo turco se faz mais e mais presente. Isso leva, em 1532, à *Paz religiosa de Nuremberg – Religionsfrieden von Nürnberg* –, onde se assegura aos protestantes o livre exercício da sua religião, até que a matéria fosse regulada por um concílio geral.
> Com a *Paz de Crespy* e o armistício com os turcos, o imperador volta a ter as mãos livres. E procura reinstaurar a unidade religiosa, de modo violento. Isso leva a nova fase de guerra – na assim chamada *Schmalkadischen Krieg* –, e CARLOS V consegue, depois da retumbante vitória de Mühlberg, obrigar os protestantes a observarem o regime temporário de Augsburgo.
> Com a queda do príncipe MAURÍCIO da Saxônia, muda completamente a situação; o *tratado de Passau* encerra o regime temporário, e por meio da *paz religiosa de Augsburgo – Augsburger Religionsfrieden* –, recebem os senhores e as cidades livres o direito de determinar a religião de seus súditos: *cuius regio, eius religio.*[318]

Este quadro de acomodação da convivência entre confissões cristãs teve várias etapas anteriores – e relevante marco regulatório assinalado pela assim chamada *paz religiosa de Augsburgo.* Na história europeia teve esta ao menos tanta importância quanto a paz de Vestfália. Embora frequentemente se negligencie o papel histórico de todas as etapas anteriores bem como da *paz religiosa de Augsburgo*, em 1555, para enxergar somente a *paz de Vestfália*, em 1648:[319]

> A fórmula *cuius regio, eius religio*, que incluía a livre determinação da confissão nacional, acabou por conduzir a crescente violência, contra a liberdade de consciência dos súditos, sob a conhecida fórmula da reserva eclesiástica – *reservatum ecclesiasticum* – que estipulava deverem dignatários eclesiásticos imperiais, quando passassem ao protestantismo, perderem seus postos,

318 E. FRIEDELL (op. cit., 1927-31, ed., 2007, Livro I, cap. 6, cit. p. 310-311).

319 E. FRIEDELL (op. cit., 1927-31, ed., 2007, Livro I – Renascença e Reforma – da Peste Negra até a Guerra dos Trinta Anos, cap. 7 – *Die Bartholomäusnacht*, p. 342-408). A partir da 'Paz religiosa de Augsburgo' (1555) – que leva incorretamente esse nome – começa o fanatismo religioso, de ambos os campos, a mostrar toda a sua arrebatadora força de destruição. Na verdade, continha este tratado o cerne dos piores enganos.

sua competência territorial e seus proventos, o que logo fez se tornarem as coisas mais acirradas, com discussões e declarações opostas. E os calvinistas não tinham sido contemplados nessa divisão de espaços: havia, a partir de então, três partidos religiosos, que combatiam entre si da forma mais acirrada.[320]

Se for possível buscar dado positivo, como saldo de toda a destruição cometida, as guerras de religião serviram para mostrar, no Ocidente, a absoluta necessidade da separação entre igreja e estado. E diante da diversidade de opiniões no seio de cada sociedade, a premente necessidade de mecanismos institucionais, para proteção de direitos fundamentais.[321]

Essas lições, da necessidade de separação, entre igreja e estado, e da institucionalização, ao menos, foram aprendidas e incorporadas, e se tornam marcas distintivas – e necessárias para a preservação – das sociedades democráticas ocidentais. Mesmo quando as ameaças de mesclar política e religião sejam mais ou menos recorrentes, em várias civilizações e conjunturas específicas.

Pouco progresso parece ter feito a humanidade, como todo, em relação ao respeito devido ao outro e à proteção da diversidade. Apesar de patentemente colocada, a necessidade de tal estrita observância, como as ameaças às minorias, são sempre recorrentes.[322]

A institucionalização da proteção às minorias não pode ser concessão da maioria, mas o reconhecimento da dignidade, de cada ser humano. Independentemente de qualquer outra consideração incidental, a respeito desta ou daquela característica. Já VOLTAIRE, no **Tratado sobre a tolerância**,

[320] E. FRIEDELL (op. cit., 1927-31, ed., 2007, Livro I, cap. 7, cit. p. 344).

[321] Cf. **Tratado** (tomo 20 – **Direito internacional, história e cultura**, cap. 4 – *papel da proteção internacional dos direitos fundamentais como fator de renovação e de transformação do direito internacional*).

[322] Ver **Tratado** (tomo 20 – **Direito internacional, história e cultura**, item 4.2 – *o quadro jurídico para a proteção das minorias*); P. B. CASELLA, *A proteção internacional dos direitos das minorias: o caso da minoria por orientação sexual e identidade de gênero* (in **O direito à diferença** – aspectos teóricos e conceituais da proteção às minorias e aos grupos vulneráveis, coord. Liliana L. JUBILUT, Alexandre G. M. F. BAHIA e José Luiz Q. de MAGALHÃES, São Paulo: Saraiva, 2013, p. 179-188) e tb. ___, *Proteção internacional das minorias no direito internacional pós-moderno* (in **O direito no século XXI** – em homenagem ao prof. Werter FARIA, org. Elizabeth ACCIOLY, Curitiba: Juruá, 2008, p. 541-595).

em 1763, apontava a necessidade de os homens não mais serem fanáticos, para merecer a tolerância.[323] Sobretudo em relação aos sem defesa.[324]

A tolerância nunca excitou guerra civil; [325] enquanto a intolerância cobriu a terra de cadáveres.[326] Afirmava VOLTAIRE, a intolerância somente produz hipócritas ou rebeldes: funesta alternativa![327]

A praga da intolerância se fez sentir tanto em terras governadas por príncipes católicos, como naquelas governadas por príncipes, de uma ou outra, dentre as diversas denominações protestantes. Por exemplo, nas Províncias Unidas – atuais Países Baixos – a disputa política entre duas interpretações, ou seitas, calvinistas.[328] O debate não se colocou somente no

323 VOLTAIRE, **Traité sur la tolérance – à l'occasion de la mort de Jean CALAS (1763)** (in VOLTAIRE **Mélanges**, préf. par Emmanuel BERL, texte établi et annoté par Jacques van der HEUVEL, Paris: Gallimard-Pléiade, 1965, p. 563-650), chap. XVIII – *Seuls cas où l'intolérance est de droit humain*, p.626-628): "il faut donc que les hommes commencent par n'être pas fanatiques pour mériter la tolérance."

324 VOLTAIRE (op. cit., ch. premier, p. 563): "Ceux qui meurent par le sort des armes pouvaient aussi donner la mort à leurs ennemis et n'ont point péri sans se défendre."

325 Veja-se, de H. WEHBERG, **La guerre civile et le droit international** (RCADI, 1938, t. 63, p. 1-128).

326 VOLTAIRE, **Traité sur la tolérance** (chap. IV – *Si la tolérance est dangereuse, et chez quels peuples elle est permise*, p. 575-580, cit. p. 580): "Je ne parle ici que de l'intérêt des nations; et en respectant, comme je le dois, la théologie, je n'envisage dans cet article que le bien physique et moral de la société. Je supplie tout lecteur impartial de peser ces vérités, de les rectifier, et de les étendre. Des lecteurs attentifs, qui se communiquent leurs pensées, vont toujours plus loin que l'auteur."

327 VOLTAIRE (op. cit., chap. XI – *Abus de l'intolérance*, p. 601-604, cit. p. 601; e adiante, chap. XV – *Témoignages contre l'intolérance*, p. 618-620, refere TILLEMONT, **Histoire ecclésiastique**, tome VI, cit. p. 619): "La violence peut faire des hypocrites; on ne persuade point quand on fait retentir partout des menaces" ; e cita (op. cit., p. 620) tb. MONTESQUIEU, **De l'esprit des lois** (liv. XXV): "Si le ciel vous a assez aimés pour vous faire voir la vérité, il vous a fait une grande grâce; mais est-ce aux enfants qui ont l'héritage de leur père, de haïr ceux qui ne l'ont pas eu?". Ver tb. a edição brasileira, MONTESQUIEU, **Espírito das leis** (intr. e notas de Gonzague TRUC, trad. Fernando Henrique CARDOSO e Leôncio Martins RODRIGUES, São Paulo: Abril cult. – Os pensadores, vol. XXI, 1973).

328 Em meio às controvérsias teológicas e religiosas, que afetaram a Holanda e o conjunto das Províncias Unidas, no século XVII, havia discussão entre a doutrina de ARMINIUS, a respeito da graça e a oposição a esta. De um lado estavam os Socinianos e GRÓCIO, que se aproximavam dos Arminianos ou Remonstrantes. Do outro lado, se colocavam os Gomarianos, também chamados *Contrarremonstrantes*. Em 1614, é apresentada petição aos Estados-gerais da Holanda, por meio da qual era recomendada e se faria a aceitação da doutrina arminiana. O então *Staathouder* das Províncias Unidas, príncipe Moritz Von ORANIEN, serviu-se da confrontação político-religiosa, para se promover, junto ao povo, e aumentar o seu poder,

plano teórico e teológico, mas suscitou paixões, entre a população. E logo se torna, também, objeto de violenta controvérsia entre facções políticas.[329]

Em meio às agitações então desencadeadas, e sob pressão do príncipe, que consegue apoio da maioria dos Estados-gerais, em 29 de agosto de 1618 são presos, na Haia, OLDENBARNEVELD, SOGERBEETS e também GRÓCIO, e acusados de traição à pátria. Nem os protestos dos Estados-gerais da província da Holanda, nem as gestões do rei da França tiveram qualquer efeito. O resultado foi: OLDENBARNEVELD depois de condenado, foi decapitado aos 71 anos de idade, enquanto SOGERBEETS e GRÓCIO foram condenados à prisão perpétua, em 18 de maio de 1619, com confiscação dos bens de ambos.

> Que fosso intransponível se tenha criado entre estas duas concepções, parece incompreensível para quem mantenha a plenitude da razão; mas, por conta destas questões, milhares foram terrivelmente perseguidos, estadista extraordinário como OLDENBARNEVELDT foi executado, e GRÓCIO condenado à prisão perpétua, da qual ele felizmente conseguiu escapar. Essas são as formas que as querelas teológicas podiam alcançar. Isso, mesmo nos Países Baixos, que eram então, com razão, considerados o país mais livre da Europa.[330]

em detrimento das liberdades do estado, e teve de se defrontar e derrubar do poder o então *Grande pensionário* OLDENBARNEVELD, e seus colegas, dentre os quais se contava também GRÓCIO. Como se examina no **Tratado** (tomo 7 – **Direito internacional no tempo de Hugo Grócio**, itens 18.1 – *conflitos metropolitanos e aventuras coloniais holandesas: interlúdio no Brasil* e 18.2 – *GRÓCIO na evolução da identidade nacional*); ver tb. Paul DIBON, **La philosophie néerlandaise au siècle d'or** (Paris/Amsterdam: Elsevier, 1954); Simon SCHAMA, **The embarassment of riches** – An interpretation of Dutch Culture in the Golden Age (Berkeley/Los Angeles/London: Univ. of California Press, 1988).

329 E. FRIEDELL, **Kulturgeschichte der Neuzeit** – Die Krise der Europäischer Seele von der Schwarzen Pest bis zum Ersten Weltkrieg (originalmente publicado, 1927-31, Munique: Beck, Sonderausgabe, 2007, Livro I – Renascença e Reforma – da Peste Negra até a Guerra dos Trinta Anos, cap. 7 – *Die Bartholomäusnacht*, p. 342-408, cit. p. 348): "A discussão tratou primeiro da predestinação, a respeito da qual Jakob ARMINIUS e os seus seguidores esclareciam, que esta se relacionava com a fé, na qual Deus, com sua onisciência, tinha previsto para cada um se este teria ou não a fé, enquanto os Gomarianos, na linha de Franz GOMARUS afirmavam, que a escolha vinha primeiro, e a fé era somente a manifestação desta". V. tb. **Ttratado** (tomo 7 – **Direito internacional no tempo de Hugo Grócio**, item 18.2 – *GRÓCIO na evolução da identidade nacional*).

330 E. FRIEDELL (op. cit., 1927-31, ed. 2007, p. 348): "Solche Formen nahmen die theologische Zwistigkeiten selbst in den Niederlanden an, die damals mit Recht als das freieste Land Europas gerühmt wurden."

Na Inglaterra, sob a égide da igreja nacional "anglicana", criada por HENRIQUE VIII, tendo como chefe o rei, determinou o rei JAIME a exigência do "juramento de fidelidade" – que acarretava a exclusão dos católicos do convívio político no reino – por parte daqueles que não o fizessem, execrados como "recusantes".

Essa exigência do "juramento de fidelidade" suscitou a firme e fundamentada oposição de Francisco SUAREZ. E daí, resultou a obra de SUAREZ, sobre a "defesa da fé católica contra os erros da seita anglicana".[331]

A obra de SUAREZ sobre a defesa da fé católica, **Defensio fidei catholicae et apostolicae adversus anglicanae sectae errores**, de 1613,[332] não somente foi proibida, tanto na França, como na Inglaterra, como além disso, foram queimados exemplares, em praça pública, em ambos os países.[333] Esse movimento de intolerância levaria, ademais, à sangrenta repressão contra a prática religiosa católica – apodada de "papista" entre os britânicos.

331 De Francisco SUAREZ, **Tractatus de legibus ac Deo legislatore** in decem libros distributus (originalmente publicado Conimbricae: apud Didacum Gomez de Loureyro, 1612) utilizadas três edições: Franciso SUAREZ (S.J.), **Tractatus de legibus ac de Deo legislatore / Tratado de las leyes e de Dios legislador** en diez libros (facsimilar da editio princeps, Coimbra, 1612, com versão espanhola de J. R. EGUILOR Muñozguren (S.J.), intr. geral Luis VELA Sanchez (S.J.), Madri: Instituto de Estudios Políticos, 1967-68); VITORIA et SUAREZ, **Contribution des théologiens au droit international moderne**, préface par James Brown SCOTT, Introduction par Yves de la BRIÈRE, Paris: Pedone, 1939, "Deuxième partie: Conceptions majeures du droit des gens d'après Fr. Suarez S.J.", p. 147-208, textos originais em latim e tradução francesa); Fr. SUAREZ, **Selections from three works** (1944, contendo **De Legibus ac Deo legislatore**, 1612; **Defensio fidei catholicae et apostolicae adversus anglicanae sectae errores**, 1613; **De triplice virtute theologica, fide, spe, et charitate**, 1621, vol. I. A Photographic Reproduction of the Selections from the original Editions; vol. II. An English version of the texts, prepared by Gwladys L. WILLIAMS, Ammi BROWN, and John WALDRON, with certain revisions by Henry DAVIS, S.J.; with an Introduction by James Brown SCOTT, an Analytical Table of Contents, Indexes and a Portrait of SUAREZ, Washington: Carnegie Endowment for International Peace – The Classics of International Law / Oxford: At the Clarendon Press / London: Humphrey Milford, 1944).

332 **Defensio fidei catholicae et apostolicae** adversus Anglicanae sectae errores, cum responsione, ad apologiam pro iuramento fidelitatis & praefationem monitoriam serenissimi IACOBI Angliae Regis, Authore P. D. Francisco SUARIO Granatensi è societate Jesu (Conimbricae: Gómez de Loureyro, 1613, in Fr. SUAREZ, **Selections from three works**, ed. cit., 1944, p. 661-731, contendo, do Livro III, caps. V e XXIII e do Livro VI, o cap. IV).

333 A contribuição de SUAREZ foi examinada no **Tratado** (tomo 6 – **Direito internacional no tempo de Suarez, Gentili e Zouch**, cap. 15).

"O estudo da história pode pelo menos despertar o respeito por aqueles cujas motivações, embora não as ações, eram nobres e idealistas".[334] E, cabe enumerar algumas restrições:

> à medida que as limitações se multiplicavam, os católicos não podiam mais exercer a profissão de advogado, nem servir como oficiais ao exército ou à marinha (sob pena de uma multa de cem libras esterlinas). A nenhum recusante se permitia trabalhar como executor testamenteiro, nem como guardião de menores, nem ter posse de arma, a não ser em casos de defesa pessoal. Os católicos não mais tinham direito à educação universitária, nem podiam votar em eleições locais, até 1797, nem nas parlamentares, até a emancipação católica, em 1829.[335]

A intolerância não foi apanágio somente dos seguidores de uma confissão religiosa, em relação aos demais. As pragas da intolerância e do fundamentalismo podem ser encontradas, tanto entre os católicos, como entre as diversas seitas protestantes e pentecostais. E isso tem se manifestado, de modo particularmente virulento, entre as seitas neoprotestantes ou pentecostais, mesmo em tempos mais recentes, quando pareciam estar consolidadas as garantias do estado de direito e da clara separação entre igrejas e estado.

O poeta inglês John MILTON, em 1651, chega a afirmar ser o catolicismo não tanto uma religião, quanto "um despotismo estrangeiro sacerdotal sob o manto da religião, coberto com os espólios do poder temporal".[336] Parece esquecer quantos séculos de atuação relevante da igreja – até a criação da igreja anglicana por HENRIQUE VIII, para acomodar seus projetos de poder e sucessivos arranjos matrimoniais –[337] na história e na

[334] Antonia FRASER, **A conspiração da pólvora** – terror e fé na Revolução inglesa (orig. publ. 1996, **The gunpowder plot** – Terror and faith in 1605, trad. Alda PORTO, Rio de Janeiro: Record, 2000, cit. p. 342).

[335] A. FRASER (op. cit., 1996, ed. bras., 2000, cit. p. 329).

[336] John MILTON, **The complete prose works** (ed. by Ernest SIRLOCK, New Haven: Yale Univ. Press, 1983, vol. IV – 1650-1655, p. 320-321). Comenta Antonia FRASER (op. cit., 1996, ed. bras., 2000, p. 330) a respeito da intolerância de MILTON: "Ele se achava no terreno firme que não seria entregue por nenhum protestante até fins do século XX (se então)."

[337] Que, entre outras vítimas, causou a morte de Thomas MORUS, por se recusar a abjurar de sua fé e de seus princípios, para acomodar-se às pretensões do rei. I. a., ver: Thomas MORE, **A sós, com Deus** – escritos da prisão 1534-1535 (trad. Roberto Vidal da Silva MARTINS,

cultura da Inglaterra. Mas MILTON não foi o único intolerante de seu tempo e seu meio.

O patamar cultural de tolerância e de convivência ordenada somente foi progressivamente construído, depois de muita confrontação e destruição de vidas e bens. Tolerância e respeito à diversidade são valores a serem construídos – não são inatos à natureza humana.

Em tempos de recrudescimento dos fundamentalismos, das mais variadas confissões, é importante ter presente a fragilidade e a enorme importância, dos legados de tolerância e de convivência ordenada com a diversidade, construídas como "garantias fundamentais" nas sociedades contemporâneas, estruturadas institucionalmente, como estados de direito. E ademais inscritas, como proteção internacional dos direitos fundamentais.[338]

A época moderna levou, também, à passagem do papel intelectualmente predominante, anteriormente desempenhado pelos teólogos, que destes passou aos filósofos e aos cientistas, como mencionado.[339] Tiveram papel formador da identidade intelectual e da ciência moderna autores como COPÉRNICO,[340] KEPLER[341] e GALILEU.[342] Sem esquecer o papel

São Paulo: Quadrante, 2002); Peter ACKROYD, **The life of Tomas Morus** (orig. publ. 1998, New York: Anchor Books, 1999); Émile DERMENGHEN, **Thomas Morus et les utopistes de la Renaissance** (Paris: Plon, 8e éd., 1927, cit. p. 279): "Le monde moderne a porté à leur comble les maux dénoncés à son aurore par ÉRASME, MORUS, POSTEL ou CAMPANELLA."

338 Como se examina no **Tratado** (tomo 20 – **Direito internacional, história e cultura**, cap. 4 – *papel da proteção internacional dos direitos fundamentais como fator de renovação e de transformação do direito internacional*).

339 No **Tratado** (tomo 20 – **Direito internacional, história e cultura**, item 1.3 – *do mundo fechado ao universo infinito* b/c no tomo 8 – **Direito internacional além do paradigma vestfaliano**, item – *o que é e como é o clássico?*); v. tb. Bernard FAIDUTTI, **Copernic, Kepler, Galilée face aux pouvoirs** – Les scientifiques et la politique (Paris: L'Harmattan, 2010).

340 Nicolau COPÉRNICO (1473-1543), **As revoluções dos orbes celestes** (orig. publ. **De revolutionibus orbium coelestium**, Nürnberg: Johannes Petrejus, 1543 etc., trad. A. DIAS GOMES e G. DOMINGUES, intr. e notas L. ALBUQUERQUE, Lisboa: Fundação C. Gulbenkian, 2ª ed., 1996).

341 Johannes KEPLER (1571-1630), **Was die Welt im Innersten zusammenhält** – Antworten auf Schriften von J. Kepler (reúne os textos de três obras, **Mysterium cosmographicum**, Tübingen, 1597, **Tertius interveniens**, 1610, e **Harmonices mundi**, 1619, in deutscher Übersetzung mit einer Einleitung und Glossar, hrsg. von F. KRAFT, Wiesbaden: Marixverlag, 2005).

342 Galileu GALILEI (1564-1642), **O ensaiador** (orig. publ. **Il saggiatore**, 1623, trad. e notas H. BARRACO, São Paulo: Abril cult. – Os pensadores, vol. 12, 1973, p. 99-238); ____, **L'essayeur**

desempenhado por VICO, cuja principal contribuição pode ser "ter compreendido o conceito do espírito como livre desenvolvimento de si mesmo e de o ter aplicado à explicação do mundo humano".[343]

As próprias trajetórias de GALILEU – e, mais ainda daqueles que foram mortos pela intolerância e pelo fundamentalismo religioso – são alertas, em favor da necessidade da tolerância. Não esqueçamos que a Europa 'moderna' ultrapassa os medievais em selvageria e sectarismo: queima 'bruxas' e também opositores na fogueira – como fez CALVINO, com Miguel SERVET,[344]

de Galilée (trad. C. CHAUVIRE, Paris: Les belles lettres, 1980); ___, **Diálogo sobre os dois máximos sistemas do mundo ptolomaico e copernicano** (orig. publ. **Dialogo sopra i due massimi sistemi del mondo tolemaico e copernicano**, 1632, trad., intr. e notas de Paulo Rubén MARICONDA, São Paulo: Ed. 34 / Associação filosófica Scientia studia, 2013).

343 Giambattista VICO (1668-1744), **Principi d'una scienza nuova d'intorno alla commune natura delle nazioni** (orig. publ. 1725 e ed. definitiva 1744, in G. VICO, **Opere**, a cura di A. BATTISTINI, Milano: Mondadori, 1990, 2 vols., t. I, p. 409-971 e t. II, p. 975-1229); cfr. Bertrando SPAVENTA (1817-1883), *Carattere e sviluppo della filosofia italiana* – dal secolo XVI fino al nostro tempo (orig. publ. 1860, *Prolusione alle Lezioni di storia della filosofia nell'Università di Bologna*, in B. SPAVENTA, **Opere**, saggio intr., pref., note e apparati di F. VALAGUSSA, postfazione di V. VITIELLO, Milano: Bompiani- Il pensiero occidentale, 2009, p. 253-292, cit. p. 282): "Il vero pregio di VICO è dunque di aver compreso questo concetto dello spirito come libero sviluppo di se stesso, e di averlo applicato alla spiegazione del mondo umano". Ver tb. Andrea BATTISTINI e Pasquale GUARAGNELLA (a cura di), **Giambattista Vico e l'enciclopedia dei saperi** (Lecce: Pensa, 2007); o clássico ensaio de Benedetto CROCE, **La filosofia di G. B. Vico** (orig. publ. 1911, Roma-Bari: Laterza, 4° ed., 1980); I. BERLIN, **Vico e Herder** (orig. publ. **Vico and Herder: two studies in the history of ideas**, 1976, Brasília: Ed. UnB – col. pensamento político, vol. 49, 1982); Fabio VANDER, **De philosophia italica** – modernità e politica in Vico e Cuoco (Lecce: Pensa, 2010); Bruce A. HADDOCK, **Vico's political thought** (Brynmill, Inglaterra: Mortlake Press, 1986).

344 Miguel SERVET (1511-1553), além de médico, também teólogo, escreveu dentre outras sua obra mais famosa **Christianismi Restitutio**, publicada em 1553, um tratado de teologia que continha suas indagações sobre medicina, pois, para ele, fisiologia revelava a conexão divina do ser humano: "*Quem realmente compreende como funciona a respiração já sentiu a respiração de Deus e, portanto, salvou sua alma*". Se, de um lado, a teoria de SERVET sobre a circulação do sangue nos pulmões se mostrou correta, exatamente o oposto se deu com sua doutrina teológica: condenado pela Inquisição, ele conseguiu fugir de Vienne, onde tiveram de se contentar em queimar sua efígie ao lado de livros em branco. Mas, a caminho do sul da Itália, fez parada na Genebra de João CALVINO, onde foi reconhecido, acusado e novamente sentenciado à fogueira. Negada a comutação da execução em decapitação, em 27 de outubro de 1553, ele foi queimado em Genebra, com um exemplar de sua obra amarrado ao braço. SERVET ainda seria queimado uma terceira vez: em 1942, durante a ocupação nazista, o governo colaboracionista francês considerou a estátua a ele dedicada em Annemasse, vizinha de Genebra, um monumento à liberdade de pensamento. A estátua foi removida e derretida

e como fizeram com Lucilio VANINI[345] e Giordano BRUNO,[346] para citar alguns casos notórios, e cujas mortes fazem lamentar o quanto essas vítimas da intolerância ainda poderiam ter criado e escrito.

no fogo. Somente em 1960, foi restaurada e recolocada em praça pública, símbolo de tempos mais tolerantes. Javier YANES, *Miguel Servet, o cientista herege que foi queimado três vezes* (publ. universoracionalista.org – OpenMind – artigos, Biografia, Ciência, História, ago. 10, 2019) comenta: "A morte na fogueira tem sido um método popular de execução na história da humanidade, de modo que o caso do espanhol Miguel SERVET não seria incomum além do destaque do personagem, descobridor da circulação sanguínea pulmonar. No entanto, SERVET é um caso notável por outra coisa: suas ideias foram tão perseguidas que ele foi queimado não uma vez, mas três vezes". Miguel SERVET, **Restitución del cristianismo** (orig. publ. **Christianismi Restitutio**, 1553, ed. e trad. Angel ALCALÁ, Madri: Fund. univ. espanhola 1980).

345 Depois de ter estudado filosofia, teologia e direito, em Roma e em Pádua, em 1617, Lucilio Pompeo VANINI (1585-1619) foi para Paris, trabalhar como educador. Um ano depois foi preso, por ter feito conferências públicas, nas quais afirmara a sua convicção ateísta. Condenado, foi executado na fogueira, aos trinta e três anos, depois do requinte de crueldade de lhe arrancarem a língua. VANINI acreditava que Deus no mundo é uno e total; concebeu uma "filosofia natural de caráter panteísta", na qual Deus manifestava a sua presença infinita e atemporal. Dentre outras, as suas obras: o Anfiteatro da eterna providência – **Amphitheatrum aeternae providentiae** divino-magicum, christiano-physicum, necnon astrologo-catholicum adversus veteres philosophos, atheos, epicureos, paripateticos et stoicos (Lyon: apud Viduam Antonii de Harsy, 1615) e Admiráveis segredos da natureza – **De admirandis naturae, reginae deaque mortalium arcanis** (Paris: Adrien Périer, 1616). Ver e. g. Wolfgang HILBER (Hg.), **Lexikon der Philosophie** (Düsseldorf: Tandem, 2009, p. 400-401); **Tratado** (tomo 20 – **Direito internacional, história e cultura**, item 1.2 – *pensamento científico moderno e a caça às bruxas*).

346 O panteísta Giordano BRUNO (1548-1600) já tinha antecipado a afirmação de que talvez Deus e a natureza fossem conceitos idênticos. Daí decorreria para a humanidade a necessidade de buscar o conhecimento, seguindo a natureza. A respeito, ver **Tratado** (tomo 5 – **Direito internacional no tempo de Francisco de Vitória**, cap. 13 – estado como sujeito de direito internacional: a contribuição de Maquiavel e Bodin) e as referências lá apontadas: Giordano BRUNO, **Le Procès** – Documents (introduction et texte L. FIRPO, trad. et notes de A.-Ph. SEGONDS, **Œuvres complètes de Giordano Bruno**, "publiés sous le patronage de l'Istituto Italiano per gli Studi Filosofici – Centro Internazionale di Studi Bruniani", ed. bilingue, vol. I, Paris: Les Belles Lettres, 2000); ___, **Le Souper des Cendres** (texte établi et notes par Giovanni AQUILECCHIA, préface Adi OPHIR, trad. Yves HERSANT, **Oeuvres complètes**, ed. cit., vol. II, Paris: Les Belles Lettres, 1994); ___, **De la causa, principio et uno** (texte établi et notes par G. AQUILECCHIA, intr. Michele CILIBERTO, trad. Luc HERSANT, **Œuvres complètes**, ed. cit., vol. III Paris: Les Belles Lettres, 1996); ___, **De l'infini, de l'univers et des mondes** (texte établi par G. AQUILECCHIA, notes J. SEIDENGART, intr. Miguel Angel GRANADA, trad. de Jean-Pierre CAVAILLÉ, **Œuvres complètes**, ed. cit., vol. IV, Paris: Les Belles Lettres, 1995); ___, **Expulsion de la bête triomphante** – Dialogue 1 (texte établi par

Com seu progressivo afastamento, com relação à cosmologia e a filosofia natural tradicionais, rumo à consciência da necessidade de nova cosmologia e de nova teoria do movimento, adequadas à concepção astronômica do movimento da terra e de sua natureza planetária, GALILEU, de certo modo, reflete a evolução do pensamento científico do período – na passagem da primeira modernidade, para o tempo 'clássico'. A trajetória de GALILEU se choca com a contrarreforma,[347] e foi por esta coarctada.

Além dessa genérica mutação de "profissões na moda" – dos teólogos para os filósofos e os cientistas – o mesmo fenômeno se reflete no direito internacional: os primeiros expoentes do direito internacional 'moderno' – como VITÓRIA e SUAREZ, por exemplo – são teólogos, e professores de teologia.[348]

G. AQUILECCHIA, notes Maria Pia ELLERO, intr. Nuccio ORDINE, trad. de Jean BALSAMO, **Œuvres complètes**, ed. cit., vol. V – tome I, Paris: Les Belles Lettres, 1999); ___, **Expulsion de la bête triomphante** – Dialogues 2 et 3 (texte établi par G. AQUILECCHIA, notes M. P. ELLERO, intr. N. ORDINE, trad. J. BALSAMO, **Œuvres complètes**, ed. cit., vol. V – tome II, Paris: Les Belles Lettres, 1999); ___, **Cabale du cheval pégaséen** (texte établi par G. AQUILECCHIA, préface et notes Nicola BADALONI, trad. de Tristan DRAGON, **Œuvres complètes**, ed. cit., vol. VI, Paris: Les Belles Lettres, 1994); ___, **Des fureurs héroïques** (texte établi par G. AQUILECCHIA, intr. et notes M. A. GRANADA, trad. de Paul-Henri MICHEL, revue par Y. HERSANT, **Œuvres complètes**, ed. cit., vol. VII, Paris: Les Belles Lettres, 1999).

347 P. R. MARICONDA, *Introdução: o diálogo e a condenação* (in Galileu GALILEI, **Diálogo sobre os dois máximos sistemas do mundo ptolomaico e copernicano** (1632, ed. 2013, p. 15-76, a seguir, cit. p. 43) explica porque considerar 1542 como marco do início do movimento da contrarreforma: "embora o movimento contra reformista seja constituído por um conjunto de medidas que não se limitam à criação da inquisição", e que inclui, por exemplo, o reconhecimento, em 1540, da Sociedade de Jesus, a ordem jesuíta, pela aprovação de seus estatutos e apoio à ação educacional e cultural por esta desenvolvida. Em 1542, com a criação da instituição do Santo ofício da inquisição, que "se constituirá no órgão central de uma ampla de tribunais eclesiásticos de exceção, para providenciar a condenação legal dos infratores da doutrina aceita pela igreja", e finalmente, com a convocação do concílio de toda a cristandade, para discutir e deliberar sobre a reforma da doutrina e da disciplina eclesiásticas: "conhecido como Concílio de Trento, teve sua abertura em 13 de dezembro de 1545 e reuniu-se em três períodos: 1545-1547, 1550-1552 e 1561-1563, ocupando três papados – PAULO III (1534-1549), JÚLIO III (1550-1555) e PIO IV (1559-1565) – encerrando-se em 3 de dezembro de 1563".

348 Ver **Tratado** (tomo 5 – **Direito internacional no tempo de Francisco de Vitória**, cap. 14 e tomo 6 – **Direito internacional no tempo de Suarez, Gentili e Zouch**, cap. 15); A. TRUYOL Y SERRA, *Considérations sur Francisco de Vitoria en son cinquième centenaire* (in **Essays in international law in honour of judge Manfred LACHS / Études de droit international en l'honneur du juge Manfred LACHS**, ed. by J MAKARCZYK, The Hague: M. Nijhoff /

No exercício de suas funções, como teólogos e – como hoje se diria – espécie de 'consultores' da coroa espanhola, em matéria não somente de consciência pessoal, mas também de políticas públicas, VITÓRIA e SUAREZ desempenhavam a sua orientação, a partir do ponto de vista da teologia.[349] Ambos, partiram de sua formação teológico-filosófica, e a aplicam, na construção da reflexão, ao opinarem, sobre temas de direito internacional: a genialidade e o caráter inovador, do que formularam, fazem com que seus nomes até hoje sejam lembrados, quando se contextualiza a evolução do direito internacional, no tempo.[350]

A sociedade internacional se atualiza e se institucionaliza, por meio de tratados, mas esta não tem somente natureza 'contratual': como se afirma desde ARISTÓTELES,[351] a vida em sociedade seria oriunda de necessidade intrínseca à natureza humana.[352] Nesse sentido, seria a comunidade

Institute of State and Law of the Polish Academy of Sciences-Institut de l'état et de droit de l'Académie polonaise des sciences, 1984, p. 749-757, cit. p. 752-753 e 754): "le rôle historique de VITORIA dans le processus d'élaboration de la doctrine du droit des gens moderne n'est qu'un de ses titres, le plus marquant sans doute, mais on ne saurait minimiser l'importance de son apport dans d'autres domaines. [...] Si sa renommée est due essentiellement à sa doctrine en matière de droit des gens, l'importance de sa doctrine politique et ecclésiastique ne saurait être négligée. On peut même affirmer que VITORIA a pu être un grand théoricien du droit des gens parce qu'il a été d'abord un grand théoricien de la société politique, considérée en elle-même et dans ses rapports avec la société religieuse." Desse modo, a contribuição de VITÓRIA: "Loin de se cantonner dans le conformisme des idées reçues, cette scolastique, en ce qui concerne le droit et la société, se donna pour tâche d'adapter le droit naturel chrétien hérité du Moyen Âge à la situation changeante des sociétés occidentales dans leur passage à la modernité."

349 Sobre a contribuição de SUAREZ, como referido, ver **Tratado** (tomo 6 – **Direito internacional no tempo de Suarez, Gentili e Zouch**, cap. 15).

350 Para exame da contribuição de VITÓRIA ver **Tratado** (tomo 5 – **Direito internacional no tempo de Francisco de Vitória**, cap. 14); como referido, a contribuição de SUAREZ é examinada no **Tratado** (tomo 6 – **Direito internacional no tempo de Suarez, Gentili e Zouch**, cap. 15).

351 ARISTÓTELES (384-322 a. C.), ΠΟΛΙΤΙΚΩΝ / **Politics** (with an English translation by H. RACKAM, Cambrigde, Ma. / London: Loeb Classical Library, ARISTOTLE t. XXI, LCL 264, orig. publ. 1932, reprinted 2005); **Politique** (texte établi et trad. par J. AUBONNET ; t. I: Intr. – Livres I et II; t. II: livres III et IV; t. III: livres V et VI; t. IV: livre VII; t. V: livre VIII et index; Paris: Les belles lettres – coll. Budé, 1960); **Política** (trad. Nestor Silveira CHAVES, Bauru: Edipro, 1995) cit. I.I.9: "o anthropos fisei politikon zoon" = é claro que a cidade-estado é um desenvolvimento natural, e que o homem é, por natureza, um animal político, ou seja, um ser, cuja natureza se perfaz com a vida em sociedade.

352 À sobejamente conhecida citação aristotélica, agrega Bertrand RUSSELL ter sido somente à luz de alguma interpretação humana que essas mudanças puderam ser compreendidas pela

humana de 'direito natural', por estar intrinsecamente ligada à própria natureza humana – igualmente seguindo a concepção de VITÓRIA.

O bem jurídico da comunidade humana é o *jus gentium*, que VITÓRIA concebe em duas dimensões: como 'direito universal' do gênero humano, à maneira medieval, tal como herdada do direito romano,[353] mas também como 'direito dos povos' – *jus inter gentes* –, entendidos os povos enquanto comunidades,[354] em suas relações recíprocas.[355]

VITÓRIA é relevante e é estudado, até hoje, por ter afirmado a humanidade e o direito dos índios das Américas, que fazem dele precursor da moderna doutrina da proteção internacional dos direitos fundamentais. Mesmo com algumas ressalvas, à sua formulação.

Com destaque para a engajada defesa dos direitos dos povos originários por Bartolomeu de LAS CASAS, exceção em relação a seus contemporâneos, VITÓRIA foi muito mais humano, mesmo quando faz algumas concessões à colonização.[356]

primeira vez. Ver B. RUSSELL, **História do pensamento ocidental** (trad. Laura ALVES e Aurélio REBELLO, São Paulo: Ediouro, 2003, vol. I, p. 26): "Segundo ARISTÓTELES, o homem é um animal político. Não vive isolado, mas em sociedade. Mesmo no nível mais primitivo, isto envolve algum tipo de organização e a noção de ordem brota desta fonte. A ordem é, antes de tudo, a ordem social. Algumas mudanças regulares que ocorrem na natureza, como a sequência do dia e da noite e o ciclo das estações, foram descobertas, sem dúvida, há muito tempo. Contudo, foi à luz de alguma interpretação humana que essas mudanças puderam ser compreendidas pela primeira vez".

353 A respeito, ver **Tratado** (tomo 5 – **Direito internacional no tempo de Francisco de Vitória**, cap. 12 – *jus gentium, jus commune, jus europaeum – entre a teoria e a prática*).

354 A respeito, **Tratado** (tomo 5 – **Direito internacional no tempo de Francisco de Vitória**, título I – *multipolarização da Europa na era moderna e advento do direito internacional como sistema*).

355 A. TRUYOL Y SERRA (cap. cit., in **Mélanges LACHS**, 1984, p. 755-756): "L'idée de l'*orbis* conduisait directement à la reconnaissance de la personnalité juridique internationale (pour l'exprimer en termes actuels) des sociétés politiques indépendamment de leur statut religieux, sur la base de l'égalité, et à celle d'un droit naturel de communication (*jus communicationis*) entre les peuples, auquel un pays ne peut pas se soustraire arbitrairement. Le *totus orbis* en tant que tel possède en tant que tel un bien commun propre (*bonus commune totius orbis*), supérieur à celui des états particuliers, qui doivent en tenir compte le cas échéant. Le principe de ce bien commun universel basé sur la communication, la solidarité et la réciprocité, est par ailleurs un facteur de la justice distributive ou, sens actuel, sociale. Cette subordination du bien commun particulier au général sur le plan international s'applique également au droit des états de recourir à la guerre, qui devra prendre en considération les conséquences de ce recours sur la société internationale dans son ensemble."

356 Ver **Tratado** (tomo 5 – **Direito internacional no tempo de Francisco de Vitória**, cap. 14); P. B. CASELLA e Guilherme F. NASCIMENTO, *Direitos dos povos indígenas: releitura de*

Para fazer somente uma comparação, décadas depois dele, o protestante GENTILI, em 1598, fazia desconcertante admissão,[357] a respeito "da justiça da causa dos espanhóis na guerra que sustentam contra os índios".[358] Quando, ademais, como italiano radicado na Inglaterra, GENTILI sequer teria qualquer interesse direto, em defender a colonização hispânica na América.

Afirmava VITÓRIA serem os índios verdadeiros senhores de seu território, no direito público, como no privado – *sunt veri domini, publice et privatium* – posteriormente ao descobrimento do Novo Mundo, quando se viu diante da necessidade de enunciar premissas, sobre as quais colocar a ideia de ordem mundial. Esta foi expressa como tentativa de legitimar o direito dos 'infiéis' ao 'domínio' e à 'jurisdição', e consequentemente, a possibilidade, para os povos cristãos, de celebrar acordos, com estes povos não-cristãos.[359]

VITÓRIA também inovou, no direito internacional do seu tempo, por ter proclamado o caráter basilar do princípio da reciprocidade, para reger as relações na sociedade internacional.[360] O caráter basilar da recipro ci-

Francisco de Vitória enfatizando os quinhentos anos do descobrimento (Revista da Faculdade de Direito da Universidade de São Paulo, vol. 95, 2000, p. 121-128); P. B. CASELLA, *Presença de Francisco de Vitória* (Revista da Faculdade de Direito da Universidade de São Paulo, vol. LXXX, 1985, p. 355-369).

357 Alberico GENTILI, **Direito de guerra** (do original **De jure belli libri tres**, 1598, trad. Ciro MIORANZA, intr. Diego PANIZZA, Ijuí: Ed. Unijuí, 2004). Ver **Tratado** (tomo 6 – **Direito internacional no tempo de Suarez, Gentili e Zouch**, cap. 16 – *Alberico GENTILI (1552-1608)*).

358 A. GENTILI (op. cit., 1598, ed. 2004, I.XXV, p. 205-214, cit. p. 205): "porque são sodomitas, animalescos, açougueiros de carne humana, da qual se alimentavam. Semelhantes inanidades ultrajam a natureza do gênero humano, como todas as outras abominações que são conhecidas de todos se, por acaso, não são ignoradas pelos animais e pelos homens brutos, contra os quais, da forma como se faria contra animais ferozes, deve ser empreendida a guerra".

359 Ver **Tratado** (tomo 5 – **Direito internacional no tempo de Francisco de Vitória**, item – *Relação entre comunidades cristãs e não-cristãs no contexto medieval*); J. MOREAU-REIBEL, **Le droit de société interhumaine et le *jus gentium*. Essai sur les origines et le développement des notions jusqu'à GROTIUS** (RCADI, 1950, t. 77, p. 481-598, cit. p. 525-528) criticava a omissão dos autores de direito internacional em mencionar a importante discussão a respeito dos limites da sociedade inter-humana, tal como se deu no âmbito do Concílio de Constança, no início do século XV; v. tb. Jacques LENFANT, **Histoire du Concile de Constance** (Amsterdam: chez Pierre Humbert, nouvelle édition, 1727, 2 vols.).

360 A. TRUYOL Y SERRA (cap. cit., in **Mélanges LACHS**, 1984, p. 757) como evidência da influência de VITÓRIA sobre autores que o sucederam, com destaque para a influência sobre GRÓCIO lembra quanto este cita VITÓRIA: "68 vezes no **De jure praedae** e 58 vezes no

dade, nas relações humanas, viria a ser reafirmado por KANT.[361] E permanece princípio norteador do comportamento dos sujeitos de direito internacional, em suas relações.

Muitos autores do direito internacional seguiram a concepção de santo TOMÁS DE AQUINO, expressa na sua **Suma teológica**, que o domínio se baseia no direito humano – *jus humanum* – e não deve ser obscurecido por distinção entre cristãos e não-cristãos.[362] Enquanto a distinção entre a religião cristã e as não-cristãs se baseia em direito divino – *jus divinum* – sendo, assim, irrelevante para a soberania, como questão temporal:

> O reconhecimento da soberania de estados da Ásia e de outros extra europeus encontra expressão em BODIN, VITÓRIA, AYALA, GENTILI, SELDEN e PUFENDORF e, ainda foi sustentado por autores do século XVIII, como VATTEL e VON MARTENS.[363]

Como observava o irreverente e provocador cardeal de RETZ, em suas **Memórias**:[364] "tudo o que se pode dizer, tudo o que se pode acreditar do

De jure belli ac pacis." Conclui considerando o papel de VITÓRIA, no mundo presente, em função da solidariedade mais e mais efetiva entre os povos e a tendência que se pode chamar da universalidade positiva da sociedade internacional, após as transformações decorrentes do processo de descolonização: "sur le plan international du droit contemporain elle ressurgit non seulement dans le domaine des droits de l'homme, mais encore dans des notions comme celle de 'patrimoine commun de l'humanité' et de solidarité dans la recherche de la justice distributive, voire sociale, qui, au sein des Nations Unies sont à la recherche d'une projection institutionnelle adéquate."

361 A respeito de KANT ver **Tratado** (tomo 11 – **Direito internacional no tempo do iluminismo**, item – *o que é o iluminismo?* bem como no precedente tomo 8 – **Direito internacional além do paradigma vestfaliano**).

362 Charles Henry ALEXANDROWICZ, *Grotius and India* (orig. publ. 1954, in **The Law of Nations in Global History**, ed. by D. ARMITAGE and J. PITTS, Oxford: Univ. Press, 2017, p. 113-120).

363 Charles Henry ALEXANDROWICZ, *Freitas versus Grotius* (orig. publ. 1959, in **The Law of Nations in Global History**, ed. by D. ARMITAGE and J. PITTS, Oxford: Univ. Press, 2017, p. 121-139, cit p. 125-126): "there was an overwhelming body of opinion among the classical writers to the effect that diplomatic and treaty relations between European and Asian Powers were based on a footing of equality and that (as stressed by GROTIUS and FREITAS) the former could acquire rights from the latter by legitimate title only such as cession or conquest."

364 Jean-François Paul de GONDI, cardeal de RETZ (1613-1679), **Mémoires** (édition présentée et annotée par Michel PERNOT, texte établi par Marie-Thérèse HIPP, Paris: Gallimard – Folio classique 3835, © 1984, 2003, impr. 2005).

direito dos povos e do direito dos reis é que estes jamais se coadunam tão bem, como no silêncio".[365] O que mais se compreende colocando ambos – de um lado, o 'direito dos povos' e, de outro, o 'direito dos reis' – na perspectiva da história.

O que acontece, a partir das enormes mudanças, ocorridas na Europa, a partir da guerra dos trinta anos? Como se viu, o foco passa dos teólogos aos filósofos e aos cientistas. E esse encadeamento, na história das ideias, repercute também na evolução do direito internacional, no tempo.

A idade 'moderna' europeia deu enorme relevância ao desenvolvimento do conhecimento empírico. Como paradigmaticamente ilustram as obras de Francis BACON,[366] Isaac NEWTON[367] ou John LOCKE,[368] tantas vezes lembrados.

365 Cardeal de RETZ (op. cit., ed. 2005, p. 129): "Tout ce que l'on peut dire, tout ce que l'on peut croire du droit des peuples et de celui des rois qui ne s'accordent jamais si bien ensemble que dans le silence".

366 Ver Francis BACON (1561-1623), **The major works** (ed. with an introduction and notes by Brian VICKERS, Oxford: Univ. Press, 1st. publ., 1996, reissued, 2008), ___, **The advancement of learning** (in **The major works**, ed. VICKERS, 2008, p. 120-299), tb. na trad. francesa, ___, **Du progrès et de la promotion des savoirs** (orig. publ. 1605, avant-propos, trad. et notes par Michèlle LE BOEUF, Paris: Gallimard-tel, 1991); ___, **A sabedoria dos antigos** (do original **Wisdom of the Ancients**, trad. Gilson César Cardoso de SOUZA, São Paulo: UNESP, 2002); André CRESSON, **Francis Bacon – sa vie, son oeuvre** (avec un exposé de sa philosophie, Paris: PUF, 1948); Michel MALHERBE, **La philosophie de Francis Bacon** (Paris: Vrin, 2011); Michel MALHERBE avec J.-M. POUSSEUR, **Francis Bacon: science et méthode** (Paris: Vrin, 2002). A respeito de BACON, ver **Tratado** (tomo 5 – **Direito internacional no tempo de Francisco de Vitória**, nas considerações iniciais do cap. 13 – *estado como sujeito de direito internacional – a contribuição de MAQUIAVEL e BODIN*).

367 A obra principal de Isaac NEWTON (1642-1727), **Philosophiae naturalis principia mathematica** (Londini: Societatis regiae ac Typis Josephi Streater, anno MDCLXXXVII) ou **Princípios matemáticos de filosofia natural** (orig. publ. Londres, 1687), permanece um marco, em relação ao qual o uso do termo 'revolução' no conhecimento humano não é exagero. Ao lado dos **Discursos** e das **Demonstrações matemáticas relativas a duas novas ciências** (1638) de GALILEU e do **Horologium oscillatorium** (1673) de Christian HUYGHENS.

368 John LOCKE (1632-1704), **An Essay concerning Human Understanding** (1689, abridged, with an Introduction by Pauline PHEMISTER, Oxford: Univ. Press, 2008); ed. bras. ___, **Ensaio acerca do entendimento humano** (extratos, trad. Anoar AIEX, São Paulo: Abril – Os pensadores, 1973 vol. XVIII, p. 139-350); ___, **Two treatises of government** (ed. by Peter LASLETT, Cambridge: Syndicate Press of the Univ. of Cambridge, © 1960, reimpr. 1995); ed. bras., ___, **Dois tratados sobre o governo** trad. Júlio FISCHER, rev. técnica Renato J. RIBEIRO, rev. da trad. Eunice OSTRENSKY, São Paulo: Martins Fontes, 2ª ed., 2005); ___, **Segundo tratado sobre o governo** – Ensaio relativo à verdadeira origem, extensão e

Veja-se, por exemplo a influência do 'cientista' Pierre BAYLE,[369] sobre o filósofo LEIBNIZ, da qual resultou sua obra **Ensaios de Teodicéia**, de 1707 e 1710.[370] Em grau ainda maior, assinale-se a influência tanto de DESCARTES, quanto de LEIBNIZ, sobre WOLFF – a ponto de WOLFF se declarar discípulo de LEIBNIZ.[371] Como, por sua vez, VATTEL se declararia discípulo de WOLFF.[372]

Dados característicos do período, o fracionamento político da Europa moderna, somado ao fracionamento religioso, obrigou à institucionalização das regras de convivência, mesmo que estas ainda tivessem caráter incipiente, no contexto do direito internacional 'clássico'. Isso se fez, visando evitar a guerra, interminável e sem trégua, entre as unidades, componentes desse 'sistema internacional' da época.[373]

objetivo do governo civil (trad. de E. Jacy MONTEIRO, São Paulo: Abril – Os pensadores, 1973 vol. XVIII, p. 37-137); ___, **Carta sobre a tolerância** (org., introdução, revisão técnica, notas e comentários Flávio F. LOQUE, trad. do latim Fábio FORTES e Wellington F. LIMA, trad, do inglês Flávio F. LOQUE, Belo Horizonte: Autêntica, 2019); ___, ___ (org. e trad. Ari Ricardo Tank BRITO, São Paulo: Hedra, 2012); ___, ___ (trad. Anoar ALEX, São Paulo: Abril – Os pensadores, 1973 vol. XVIII, p. 9-35); ___, **Lettre sur la tolérance** (Paris: PUF, © 1965, ed. revista, 1995).

369 Pierre BAYLE, com seus 'pensamentos diversos sobre o cometa de 1680', **Pensées diverses sur la comète de 1680** (orig. publ. em 1682) argumentava que não se poderia qualificar o comportamento de um ateu, como necessária e automaticamente imoral e destituído de sentido; BAYLE, no 'comentário filosófico sobre as palavras de Jesus Cristo – obrigai-os a entrar', **Commentaire philosophique sur ces paroles de Jésus-Christ '*Contrains-les-d'entrer*'** (em 1687), defendia a liberdade de consciência, como premissa da razão, aplicável não somente aos seguidores de todas as confissões religiosas, como também em relação aos ateus. Mas, sobretudo, de Pierre BAYLE, **Dictionnaire historique et critique par M. BAYLE** (Rotterdam: Reinier Leers, 1697, com segunda edição, substancialmente ampliada, 1702, 4 vols.), representou inovação, pela sistematização das matérias, mas, sobretudo, pelo espírito crítico do conteúdo.

370 Gottfried Wilhelm LEIBNIZ, **Die Theodizee** (orig. publ. **Essais de Théodicée**, 1710, einführender Essay von Morris STOCKHAMMER, Übersetzung von Arthur BUCHENAU, Hamburgo: Felix Meiner, 2ª ed., 1968). Ver **Tratado** (tomo 10 – **Direito internacional no tempo de C. van Bynkershoek e Christian Wolff**, item 22.1 – *direito segundo LEIBNIZ*).

371 A respeito de WOLFF e de LEIBNIZ, ver **Tratado** (tomo 10 – **Direito internacional no tempo de C. van Bynkershoek e Christian Wolff**, cap. 22).

372 A respeito de VATTEL, ver **Tratado** (tomo 12 – **Direito internacional no tempo de Vattel e von Martens**, cap. 24); v. tb. P. B. CASELLA, *Emer de VATTEL (1714-1767) e o direito internacional clássico* (São Paulo, Revista Fac. Direito da USP, 2020, vol. 115, p. 209-245 – https://doi.org/10.11606/issn.2318-8235.v115p209-245).

373 Como se considera no **Tratado** (tomo 5 – **Direito internacional no tempo de Francisco de Vitória**, título – *multipolarização da Europa na era moderna e advento do direito internacional*

À guisa de comparação, é ilustrativo, no presente contexto pós-moderno, nos darmos conta do movimento, em sentido inverso, onde a globalização obriga as unidades a considerar medidas, para manter algum distanciamento, entre umas e outras, como em relação ao todo. Mesmo quando suscita reações contrárias – de assim chamados movimentos 'antiglobalização'. Fenômeno, que se estuda e que se procura situar como 'diversidade cultural', e a proteção legal desta.[374]

Existem precedentes relevantes, de movimentos pendulares da história, entre fracionamento e busca de convivência ordenada, como ilustram processos de institucionalização das relações internacionais, pela adoção da prática de embaixadores residentes, na Itália, a partir da segunda metade do século XV.[375] Prática que tanto se desenvolveu desde então. Estas são etapas relevantes da evolução, até se alcançar a institucionalização da diplomacia, no período do direito internacional clássico.[376] E, a compreensão dessa evolução é igualmente necessária, para se poder entender o fenô-

como sistema). No mesmo sentido, tb. L. BÉLY, **L'art de la paix en Europe** – naissance de la diplomatie moderne XVIe-XVIIIe siècle (Paris: PUF, 2023, Première partie – *Le dialogue des souverains*, chap. I – *Duel ou entrevue entre souverains? Les faux-semblants d'un idéal dangereux*, p. 27-40, cit. p. 39): "s'il faut considérer la violence qui a pu marquer les relations entre les princes, la guerre vient au premier plan. Recours naturel lors d'un conflit, elle symbolise un duel de souverains."

374 Ver M.-C. FOBLETS e N. YASSARI (ed. by), **Approches juridiques de la diversité culturelle / Legal approaches to cultural diversity** (Leiden: M. Nijhoff, 2013).

375 Cfr. G. E. do NASCIMENTO E SILVA, P. B. CASELLA e O. BITTENCOURT NETO, **Direito internacional diplomático** (São Paulo: Saraiva, 4ª ed., 2012, esp. – *diplomacia em breve perspectiva histórica* e – *embaixadores residentes, a partir do século XV, na Itália*); L. BÉLY, **L'art de la paix en Europe** (op. cit., 2023, Première partie – *Le dialogue des souverains*, chap. II – *La fragile structuration du dialogue international au XVIe siècle*, p. -41-67, cit. p. 41): "L'installation d'ambassades permanentes se fait lentement, car elle suscite des résistances, l'ambassadeur étant souvent considéré comme un espion potentiel." (op. cit., 2023, chap. cit., item – *Le besoin d'ambassades permanentes*, p. 45-49): "à partir du XVe siècle, les états italiens ont eu recours à des ambassadeurs résidents et à des ambassadeurs permanents."

376 G. E. do NASCIMENTO E SILVA, P. B. CASELLA e O. BITTENCOURT NETO, **Direito internacional diplomático** (op. cit., 2012, esp. – *institucionalização da diplomacia no período do direito internacional clássico*); L. BÉLY, **L'art de la paix en Europe** (op. cit., 2023, Conclusion – *Les Nations Unies*, p. 673-680, cit. p. 673): "La naissance de la diplomatie moderne accompagne en Europe la transformation de l'état qui glisse peu à peu de la monarchie traditionnelle, où le seul intérêt du prince entraîne à sa suite, par des engrenages sociaux, des guerriers et des soldats dans des aventures politiques, à l'état-nation où un gouvernement parle au nom d'un peuple et le fait agir au nom de ses intérêts."

meno correspondente, da institucionalização da diplomacia parlamentar, desenvolvida nas organizações internacionais, no curso do último século. O que se tornou necessário, dada a crescente multilateralização da agenda internacional nas últimas décadas.

Muitos marcos podem ser apontados, como pontos de partida na institucionalização multilateral da vida internacional,[377] e isso muito antes e muito além da paz de Vestfália, em 1648. Como também ocorrem, muito além dos limites espaciais e temporais do direito internacional moderno.[378]

Se se quiser apontar marco para tal, pode ser este colocado no ensejo da suposta instauração de sistema de convivência internacional regulada, a partir de 1555 e de 1648, entre as potências centrais da Europa ocidental, depois de se terem dilacerado, durante décadas, em guerras de religião. Esta fase é somente parte de quadro específico e restrito, temporal e espacialmente. Mesmo se esse 'sistema' dura, com grandes percalços e muitos conflitos, até a guerra dos sete anos, de 1756 a 1763. Ou mesmo até a derrocada e a reconstituição do sistema (europeu) de convivência institucional, a partir do Congresso de Viena, de 1814-1815.[379]

[377] Em relação ao direito internacional, como ilustrariam, no século XVI, as reflexões de Francisco de VITÓRIA na busca da construção do 'quadro teórico' para inserir as descobertas na América e as relações dos representantes da coroa espanhola com os ameríndios. Ou, no início do século XVII, as de Francisco SUAREZ, ante os desafios do seu tempo, notadamente o fracionamento da Europa após as sucessivas ondas da reforma protestante. Sobre a contribuição de VITÓRIA e de SUAREZ, como referido, ver **Tratado** (tomo 5 – **Direito internacional no tempo de Francisco de Vitória**, esp. cap. 14 e tomo 6 – **Direito internacional no tempo de Suarez, Gentili e Zouch**, cap. 15).

[378] Como considerado no **Tratado** (tomo 8 – **Direito internacional além do paradigma vestfaliano**, item – *além do paradigma vestfaliano* e tomo 11 – **Direito internacional no tempo do iluminismo**).

[379] Como examinado no **Tratado** (tomos 11 – **Direito internacional no tempo do iluminismo** e 13 – **Direito internacional no tempo do concerto europeu**). A partir daí, o então instaurado "concerto europeu" dura cerca de um século, ainda no começo do século XX, mas soçobra com a primeira guerra mundial. O período entre guerras foi tempo de enorme inovação e experimentação de modelos internacionais institucionalizados: da Sociedade das Nações se tira a experiência direta, que permite a instauração da Organização das Nações Unidas, depois da segunda guerra mundial; mas tentativas como a da proscrição da guerra, por meio do Pacto de Paris, de 1928, não chegam a alcançar resultados práticos relevantes – mesmo se conceitualmente representa marco no sentido de proscrever a guerra como meio lícito de solução de controvérsias internacionais. Por sua vez, na segunda metade do século XX, se buscará a institucionalização de modelo de convivência hierarquizada (cinco 'grandes', no Conselho de Segurança da ONU, em relação a todos os outros), criticado como distorcido

Crises e reformulações do sistema internacional se sucedem. A percepção de 'crise' de determinado modelo, antes vigente, não nos esclarece, automaticamente, sobre os meios e os caminhos para a construção de novo patamar, de institucionalização da convivência internacional.

Como penosamente ilustra o fato de o modelo de convivência organizada estar mais claudicante que antes. Décadas já transcorreram, desde o final da 'guerra fria' – enorme transformação das relações internacionais no mundo, que analistas internacionais não foram capazes de detectar, antes de ocorrida e, contudo, novo modelo ainda não se delineou, nem nas relações de força, no âmbito das relações internacionais, nem tampouco no direito internacional pós-moderno. Ainda não se conseguiu nada melhor, o que torna indispensável manter estável e operacional o sistema existente, tal como herdado do contexto posterior à segunda guerra mundial, e desde então mantido sem modificações essenciais.

Nesse sentido, Hugo GRÓCIO, no seu já mencionado **De império**, de 1617, somente publicado em 1647, após a morte do autor,[380] apontava à consideração do poder secular ser adequado estender-se também às coisas sagradas. Definia o poder, em sua mais ampla extensão, não como oposto à jurisdição, mas abrangendo-a, no que constitui o direito de comandar, de permitir e de defender. Como necessidade, para a boa ordenação da vida em sociedade. Lição que merece ser meditada, em tempos de recrudescimento de fundamentalismos de viés religioso!

Mesmo sem fazer dele marco mais relevante do que efetivamente foi na história moderna da Europa, pode-se, igualmente, assinalar a considerável medida na qual em torno das guerras de religião, a partir de 1555,

e agravador de tensões. Este modelo, embora claudicante, manteve-se durante as décadas da 'guerra fria', da qual emanaram análises, que em pouco tempo se tornaram curiosidades históricas, totalmente defasadas e irreversivelmente aposentadas, embora cronologicamente recentes.

380 Hugo GRÓCIO, **Traité du pouvoir du magistrat politique sur les choses sacrées** (original **De imperio summarum potestatum circa sacra**, edição facsimilar da edição publicada anonimamente em Paris, em 1751, com falsa menção a Londres, na página de rosto, trad. de Charles Armand L'Escalopier de NOURAR, présentation de Vincent GUILLAUME, Caen: Publications de l'Univ. de Caen, 1991). O texto, muito provavelmente, foi escrito em 1617. No cap. I, "le pouvoir du magistrat politique s'étend sur les choses sacrées" (p. 1-33, observa, p. 3): "Je prends ici le pouvoir dans une signification plus étendue; ce n'est pas en ce qu'il est opposé à la juridiction, mais en ce qu'il la renferme, & qu'il est le droit de commander, de permettre et de défendre".

culminando em 1648, se transformou a religião institucional em dado da política: a adoção do princípio *cuius regio ejus religio* – que o rei determina a religião do estado. Este princípio, solenemente sancionado, desde a paz religiosa de Augsburgo, em 1555, traz a premissa, para a identificação entre a luta de confissões e a luta de estados, para o dado dramático da história do século XVII – como foi o impacto das invasões e agressões, promovidas por LUÍS XIV, contra os vizinhos, em nome das 'fronteiras naturais' da França e de estratégias de defesa desta.[381]

O quadro de 'crise' de um modelo e de busca de outro 'sistema internacional coeso' se transpõe facilmente ao contexto, não menos dramático, deste século XXI, no qual estão armados polos de conflito e tensão entre povos e confissões religiosas, que necessitarão muito tempo e muito esforço para ser amainados:[382] entre o 'ocidente' dito 'cristão' e o mundo muçulmano, depois de treze séculos de enfrentamentos, já se deveria ter

[381] Frederic HOFFET, **Psychanalyse de l'Alsace** (texte de 1951, augmenté d'une préface de l'auteur et d'un avant-propos de Germain MULLER, Colmar: Editions Alsatia, 1973) mostra como a paz em 1648 traz o marco da crise e instaura institucionalmente a dualidade na Alsácia. Nessa altura se faz a passagem forçada desta, em decorrência de acordo, para a França, e se insere na Alsácia o esforço de LUÍS XIV de integrá-la ao reino e esfera cultural e linguística francesas, depois de séculos de quase total integração da região entre os povos do império germânico. Ver tb. **Tratado** (tomo 8 – **Direito internacional além do paradigma vestfaliano**).

[382] Com o assim chamado, *faute de mieux*, choque de civilizações, no discurso de sucessivos governos republicanos dos Estados Unidos – com os assim declarados 'valores cristãos' e 'democráticos' – em face do mundo islâmico. Esse discurso confrontacionista serve para alienar massas inteiras de moderados nos países árabes e coloca em situação difícil essas minorias mais cultas e correntes políticas moderadas, que tenderiam à acomodação com o 'Ocidente' e aceitação de valores democráticos, na medida em que se vejam acusadas tais posições moderadas de cometerem entreguismo e traição do islamismo. A estupidez do discurso de BUSH Jr. e, ainda mais acirrado, de D. TRUMP, marcam a estreiteza de suas posições mentais e políticas, e deixaram marcas durante tempo consideravelmente mais longo que seus respectivos mandatos presidenciais. Esses focos de tensão e de conflito, agravados durante esses períodos de governos republicanos, arrastaram as gestões democratas de B. OBAMA e J. BIDEN a manter os EUA engajados em várias frentes de conflito, ou de se afastarem de maneira desastrosa, como no Afeganistão, depois de vinte anos de ocupação por tropas estadunidenses. Esses graves erros políticos, jurídicos, estratégicos, militares, e até mesmo econômicos podem atrasar, consideravelmente, a rápida configuração de novos equilíbrios mundiais, como aponta Hamit BOZARSLAN, em seu **Crise, violence, décivilisation** – Essai sur les angles morts de la cité (Paris: Éd. CNRS, 2019); e continua válida a advertência de Parag KHANNA, **The second world**: empires and their influence in the new global order (New York: Random House, 2008, *Preface*, p. IX-XII, cit. p. XI): "Reality is

alcançado algum patamar de convivência pacífica, institucionalmente organizada, entre ambos. O que parece estar longe de ocorrer, em prejuízo de todos, e notadamente das respectivas minorias, instaladas em território do outro.

> Excepcionais, as crises revolucionárias ou as guerras constituem, em um sentido, 'crises totais'. Densa, modificando a própria natureza dos processos que lhe deram origem, qualquer crise de tal intensidade se torna o 'marco zero' de uma nova história e de uma nova ordem; ela impõe suas próprias balizas, no tempo e no espaço, reconfigura as relações sociais, como as de poder, e exige a formação de novas subjetividades. A ruptura que ela introduz, em relação ao passado, nunca é absoluta, nem impede uma reconfiguração *a posteriori* da história, como observado em alguns contextos pós-revolucionários, mas as instituições, quer sejam públicas ou não, as organizações religiosas ou ainda os espaços de socialização ou de convivência somente podem sobreviver ao custo de múltiplos reajustes de função, de forma e de sentido.[383]

Transcorrido um quarto deste século XXI assistimos ao desfazimento de modelos e à liquefação de valores e conteúdos –[384] tanto mais histericamente

famously resistant to theories that measure the world according to what it should be rather than how it really is."

[383] Hamit BOZARSLAN, **Crise, violence, dé-civilisation** – Essai sur les angles morts de la cité (Paris: Éd. CNRS, 2019, partie I, chap. 4 – Administrer la crise, p. 117-142. cit. p. 117): "Exceptionnelles, les crises révolutionnaires ou les guerres constituent en un sens des 'crises totales'. Dense, changeant la nature même des processus qui lui ont donné naissance, toute crise de cette intensité devient le 'point zéro' d'une nouvelle histoire et d'un nouvel ordre; elle impose ses propres repères dans le temps et dans l'espace, reconfigure les rapports sociaux comme de pouvoir et exige la formation de nouvelles subjectivités. La rupture qu'elle introduit avec le passé n'est jamais absolue, ni n'interdit une rétotalisation *a posteriori* de l'histoire observée dans certains contextes post-révolutionnaires, mais les institutions, qu'elles soient publiques ou non, les organisations religieuses ou encore les cercles de socialisation ou de camaraderie ne peuvent lui survivre qu'au prix de multiples réajustements de fonction, de formes et de sens."

[384] David HARVEY, **Condição pós-moderna** – uma pesquisa sobre as origens da mudança cultural (orig. publ. **The condition of post-modernity**, 1989, trad. Adail Ubirajara SOBRAL e Maria Stela GONÇALVES, São Paulo: Loyola, 18ª ed., 2009, esp. 19 – *a pós-modernidade como condição histórica*, p. 293-294): "As práticas estéticas e culturais têm particular suscetibilidade à experiência cambiante do espaço e do tempo exatamente por envolverem a construção de representações e artefatos espaciais a partir do fluxo da experiência humana"; Zygmunt BAUMAN – Ezio MAURO, **Babel** (Roma – Bari: Laterza, 2015, p. 18) insiste BAUMAN na capacidade e decisão de pensar, olhar e agir além dos limites dos estados territoriais – *capacità*

proclamados, quanto menos efetivos se mostram. E realimentam a sensação de falta de raízes e de estabilidade de seres e grupos humanos no mundo.

Como em relação a qualquer produto humano, o enfoque pós-moderno do direito internacional permite ter maior conscientização do fenômeno, em exame, como produto do meio e do tempo em que se consolida – de modo a ser resolvido à luz do conhecimento histórico.[385] Sem fazer dessa análise histórica fim em si mesma: não se trata de fazer história do direito, mas de captar o direito internacional no tempo histórico e contexto cultural,[386] no qual se inscreve.

e risolutezza nel guardare, pensare e agire al di sopra dei confini degli stati territoriali; Z. BAUMAN, **Ensaios sobre o conceito de cultura** (orig. publ. **Culture as Praxis**, 1975, trad. Carlos Alberto MEDEIROS, Rio de Janeiro: Zahar, 2012); ___, **O mal estar da pós-modernidade** (orig. publ. **Postmodernity and its Discontents**, 1997, trad. M. GAMA e C. M. GAMA, Rio de Janeiro: Zahar, 1998); ___, **Ética pós-moderna** (orig. publ. **Postmodern Ethics**, 1993, trad. J. R. COSTA, São Paulo: Paulus, 2ª ed., 2003); ___, **Vida em fragmentos** – sobre a ética pós-moderna (orig. publ. **Life in fragments** – Essays in Postmodern morality, 1995, trad. A. WERNECK, Rio de Janeiro: Zahar, 2011); ___, **Vida líquida** (orig. publ. **Liquid life**, 2005, trad. C. A. MEDEIROS, Rio de Janeiro: Zahar, 2007); ___, **44 cartas do mundo líquido moderno** (orig. publ., **44 Letters from the liquid modern world**, 2010, trad. Vera PEREIRA, Rio de Janeiro: Zahar, 2011); ___, **Amor líquido** – sobre a fragilidade dos laços humanos (orig. publ. **Liquid love** – On the frailty of human bonds, 2003, trad. C. A. MEDEIROS, Rio de Janeiro: Zahar, 2004); ___, **Vida a crédito** – conversas com Citlali ROVIROSA-MADRAZO (orig. publ. **Living on borrowed time** – conversations with C. ROVIROSA-MADRAZO, 2010, trad. A. WERNECK, Rio de Janeiro: Zahar, 2010); ___, **Medo líquido** (orig. publ. **Liquid fear**, 2006, trad. C. A. MEDEIROS, Rio de Janeiro: Zahar, 2008); ___, **Sobre educação e juventude** – conversas com Riccardo MAZZEO (orig. publ. **On Education** – conversations with R. MAZZEO, 2012, trad. C. A. MEDEIROS, Rio de Janeiro, Zahar, 2013); ___, **Europa** – uma aventura inacabada (orig. publ. **Europe** – an unfinished adventure, 2004, trad. C. A. MEDEIROS, Rio de Janeiro: Zahar, 2006); ___, **A arte da vida** (orig. publ. **The art of life**, 2008, trad. C. A. MEDEIROS, Rio de Janeiro: Zahar, 2009); ___, **Identidade** – entrevista a Benedetto VECCHI (orig. publ. **Identity** – conversations with B. VECCHI, 2004, trad. C. A. MEDEIROS, Rio de Janeiro: Zahar, 2005).

385 Como se examina no **Tratado** (tomo 20 – **Direito internacional, história e cultura**, cap. 5 – *desafios e desenvolvimentos do direito internacional no contexto pós-moderno*); por sua vez, expunha Mireille DELMAS-MARTY sobre a mundialização do direito (**Mireille DELMAS-MARTY et les années UMR**, Paris: Société de législation comparée, 2005, p. 331-415, esp. *La mondialisation du droit: chances et risques*, p. 331-349, *Droit et mondialisation*, p. 351-362, *Les processus de mondialisation du droit*, p. 379-393). V. tb. M. DELMAS-MARTY, *Études juridiques comparatives et internationalisation du droit* (Paris: Collège de France, Résumés 2006-2007, Annuaire 107ᵉ. année, p. 537-561).

386 A tripla dimensão da cultura como conjunto de: instituições, a saber as regras ou normas que governam o comportamento; ideias, conhecimentos e convicções, nas várias dimensões,

É preciso manter horizontes intelectuais abertos. Sobretudo quando se trabalha com direito internacional.

No sentido da oportuna e necessária a advertência de ONUMA, para nos precavermos em relação a pensar todo o mundo a partir de parâmetros e conceitos somente europeus.[387] Estes podem se ter *universalizado*,[388] mas não são necessariamente *universais*.[389]

Em sentido diverso, BAUMAN enfatiza "um senso de desconforto causado pela facilidade com que qualquer afirmação das qualidades e do papel histórico da Europa pode ser acusada do pecado do 'eurocentrismo'.[390] Entre pensadores europeus, dos séculos XVII e XVIII, se põem reflexões

nas quais se manifestem (filosóficos, científicos, tecnológicos, históricos, sociológicos etc.); e produtos ou artefatos materiais que os homens produzem e usam no curso de sua existência coletiva. Como se examina no **Tratado** (tomo 20 – **Direito internacional, história e cultura**, *Introdução* e cap. 1 – *direito internacional no tempo e seu papel na história*).

387 Advertia Yasuaki ONUMA, ao situar no tempo e na história das ideias as contribuições dos filósofos e dos pensadores do direito internacional, é preciso ter em mente que a própria noção de 'direito natural universal' era construção teórica dos europeus da época. Ver ONUMA, **A Transcivilizational Perspective on International Law** (RCADI, 2009, vol. 342; tb. publ. Haia: Pocketbooks of the Hague Academy of International Law, 2010).

388 François JULLIEN, **O diálogo entre as culturas** – do universal ao multiculturalismo (orig. publ. **De l'universel, de l'uniforme, du commun et du dialogue entre les cultures**, 2008, trad. André TELLES, apres. e rev. técnica Danilo MARCONDES, Rio de Janeiro: Zahar, 2009, *Do universal*, p. 19-28, cit. p. 20-21): "nunca é demais insistir, para começar, no caráter de necessidade lógica, não empírica, não constatada, mas *decretada*, em suma, na dissociação deliberada em relação a todo e qualquer dado, nessa súbita guinada de regime do relativo, para o absoluto, mediante a qual define-se instantaneamente, na filosofia clássica europeia, o juízo de universalidade".

389 Herança grega, que pelas mãos dos pensadores e juristas romanos, passou para a assim chamada 'civilização ocidental', mas configura percurso muito menos linear, direto e ininterrupto do que se poderia supor. Como se examinou no **Tratado** (tomos 3 A – **Direito internacional no tempo antigo**, 3 B – **Gregos, romanos, chineses, indianos**, esp. cap. 5 – *as cidades-estado gregas e mundo helenístico* e cap. 6 – *na formação e no desenvolvimento de Roma*, 4 – **Direito internacional no tempo medieval** e 5 – **Direito internacional no tempo de Francisco de Vitória** e 8 – **Direito internacional além do paradigma vestfaliano**).

390 Zygmunt BAUMAN, **Europa** – uma aventura inacabada (orig. publ. **Europe** – an unfinished adventure, 2004, trad. C. A. MEDEIROS, Rio de Janeiro: Zahar, 2006, cit. p. 15): "A Europa pode ter sido, de modo consistente e por longo tempo, um recanto atipicamente arriscado do planeta – mas as aventuras em que ela se lançou em mais de dois milênios de história 'mostraram-se decisivas para o conjunto da humanidade'. Com efeito, tentem imaginar a história do mundo sem a presença da Europa."

sobre o tema clássico do 'direito natural':[391] essa é indagação europeia, que se estende sobre o direito internacional. E teve enorme impacto sobre a evolução deste.

Como em outras fases da história teve lugar ruptura do anterior direito internacional 'moderno', que dá lugar ao direito internacional 'clássico', entre os séculos XVII e XVIII. Simultaneamente, também ocorreram avanços conceituais e institucionais neste ramo jurídico.

Alargando a perspectiva, múltiplas mutações, nos conhecimentos científicos e nas artes em geral, ocorreram nesse mesmo tempo 'clássico'.[392] O que se reflete também nas mudanças de modelos culturais e jurídicos, como parte das mutações das sociedades, em si, como nos modos de estabelecer as relações entre estas.[393]

Para situar ruptura a partir do tempo 'clássico' e 'iluminista', rumo ao direito internacional no tempo do 'concerto europeu' cabe lembrar que "a Europa burguesa, já no início do século XIX, sonhou com a imagem de um século XVIII, elegante e frívolo, de costumes livres, de espírito vivo, entregue culpada e deliciosamente a uma festa despreocupada":[394]

> A partir de 1850, o mal estar e a falsa consciência das classes abastadas elaboraram a sua filosofia da história, sob a forma de uma mitologia do Antigo Regime. Não era impossível projetar sobre elas, ao mesmo tempo, a nostalgia de uma felicidade, sem interdições, e a acusação de leviandade fatal.[395]

[391] Como examinam, e.g.: Simone GOYARD-FABRE, **Les embarras philosophiques du droit naturel** (Paris: Vrin, 2002); ___, **Pufendorf et le droit naturel** (Paris: PUF, 1994); T. J. HOCHSTRASSER, **Natural law theories in the Early Enlightenment** (Cambridge: Univ. Press, 2000).

[392] Como considerado no **Tratado** (tomo 8 – **Direito internacional além do paradigma vestfaliano**, item – *o que é e como é o clássico?*).

[393] Cujo exame prossegue no **Tratado** (tomos 11 – **Direito internacional no tempo do iluminismo** e 13 – **Direito internacional no tempo do concerto europeu**).

[394] Jean STAROBINSKI, **A invenção da liberdade 1700-1789** (orig. publ. **L'invention de la liberté**, 1987, trad. Fulvia Maria Luiza MORENO, São Paulo: Ed. UNESP / Col. Studium, 1994).

[395] J. STAROBINSKI (op. cit., 1987, ed. bras., 1994, *Agir e sentir*, p. 13-17, cit. p. 13): "Os pensadores oficiais da boa sociedade do século XIX deploram a corrupção moral do século precedente; porém essa mesma sociedade usa 'móveis Luís XV', coleciona as estampas libertinas, veste, em seus divertimentos culotes de cetim, peruca, espada, meia-máscara ... O depósito de acessórios do século XVIII oferece um repositório de signos que remetem todos ao amor fácil, à sedução picante, às derrotas perfumadas."

Essa diversidade – ou, mesmo, indo mais fundo, de desencontro quanto ao modo de ver o mundo, e de se ver no mundo, entre o tempo 'clássico' e os tempos seguintes –[396] não se exprime somente por meio de alguns detalhes, literalmente decorativos: "para os homens positivos, que não seguem mais as aulas de OVÍDIO, a imagem falsificada de um século XVIII frívolo renova o álibi estético, que o devaneio da era 'humanista', entre os séculos XV e XVIII, procurava nos mitos pagãos".[397]

Não nos esqueçamos que devemos ao século XVIII a produção ou ao menos a imposição do que se denomina a "noção moderna de história".[398] Também foi este o tempo, no qual se instaura a reflexão sobre a 'estética', como disciplina independente.

Movimentos paralelos levam à configuração da estética, como disciplina autônoma, e também da história da arte, a configuração do 'clássico', como legado grego – que hoje pode nos parecer óbvia – mas deve muito a Johann Joachim WINCKELMANN. Este resgata o lugar e o papel dos gregos, ao lado ou mesmo além dos romanos antigos, para o estabelecimento do paradigma 'clássico'.

Cabe prosseguir nessa elaboração: "do casamento da beleza com o conhecimento nasce algo – evanescente como espuma, perfeitamente inútil, mas nasce. É o que o mundo costuma chamar de Arte".[399]

O modelo de WINCKELMANN passa a pautar a arte dos séculos XVIII e XIX. E se difunde de tal maneira, que a matriz 'clássica' passa a ser antes grega que romana: estes a teriam tomado emprestado dos primeiros.[400]

[396] Como prossegue no **Tratado** (tomos 11 – **Direito internacional no tempo do iluminismo**, 12 – **Direito internacional no tempo de Vattel e von Martens**, 13 – **Direito internacional no tempo do concerto europeu**).

[397] J. STAROBINSKI (op. cit., 1987, ed. bras., 1994, p. 14): "Devolvamos a esse século a sua complexidade, sua gravidade, seu gosto pelos grandes princípios e pela *tabula rasa*; atrás de todos os nossos empreendimentos atuais, atrás de todos os nossos problemas, encontramos sua presença."

[398] Ver tb. Edmilson MENEZES e Marisa DONATELLI (orgs.), **Modernidade e a ideia de história** (Ilhéus: Ed. Univ. estadual de Santa Cruz, 2003), com ensaios sobre a concepção da história em BACON, VICO, ROUSSEAU, KANT e HEGEL.

[399] Yukio MISHIMA, **O pavilhão dourado** (orig. publ. **Kinkakuji**, 1949, trad. do japonês e glossário Shintaro HAYASHI, São Paulo: Companhia das Letras, 2010, cit. p. 233).

[400] Ver tb. **Tratado** (tomos 11 – **Direito internacional no tempo do iluminismo** e 13 – **Direito internacional no tempo do concerto europeu**); sobre a evolução das artes nos séculos XVIII e XIX, ver, por exemplo, Moritz WULLEN com a colab. de Michael LAILACH e Jörg VÖLLNAGEL, **Von mehr als eine Welt** – Die Künste der Aufklärung (Berlim: Staatliche

Com sua **História da arte na Antiguidade**, em 1764, WINCKELMANN não somente marca a compreensão da arte antiga, mas igualmente se situa, como criador da história da arte ocidental, enquanto disciplina autônoma.[401] Ele construiu a história da arte como sentido narrativo – *Erzählung* – e também como sistema de arte – *Versuch eines Lehrgebäudes*.[402] Esse movimento de WINCKELMANN seria expressão de pós-modernidade – muito antes de existir o termo – essencialmente como diálogo com as fontes, releitura e reinterpretação do passado 'clássico'.

Dado característico do tempo 'clássico': mesmo se "ele não é, na própria prática das belas artes, uma época de revolução decisiva, está aberto às experiências, aos exageros, aos conflitos".[403] Em suma, segundo formula STAROBINSKI, "todo mundo invoca a natureza no Século das Luzes; porém cada um a compreende à sua maneira":[404]

> A tarefa, que se impõe aqui, consistiria em não interpretar, nem a arte nem o pensamento, isoladamente, mas – considerando a sua origem comum, histórica e social – decifrar a relação complexa, de uma arte em vias de liberação, e de uma reflexão exigente, que procura compreendê-la, guiá-la, inspirá-la.[405]

Dado relevante, para os propósitos de compreensão das premissas desse direito internacional no tempo 'clássico', é justamente, considerar a necessidade e a extensão da operacionalidade de sistema institucional e normativo internacional daquele tempo, e este tem de ser inserto, entre o

Museen Preussischer Kulturbesitz – Michael Imhof Verlag, 2012); **Regards sur l'Europe** – L'Europe et la peinture allemande du XIXe siècle (coord. Bernhard MAAZ, Ulrich BISCHOFF e Joachim KAAK, Berlim: Staatliche Museen / Kulturstiftung des Bundes / Ostfilden: Hatje-Cantz, 2007).

401 Johann WINCKELMANNS, **Geschichte der Kunst des Altertums** (orig. Publ. Dresden: In der Waltherischen Hof-Buchhandlung, 1764).

402 J. J. WINCKELMANN, **Histoire de l'art dans l'Antiquité** (orig. publ. **Geschichte der Kunst des Altertums**, 1764, trad. Dominique TASSEL, intr. et notes Daniela GALLO, Paris: Librairie générale française, 2005, *Note sur la traduction*, p. 7-8).

403 J. STAROBINSKI (op. cit., 1987, ed. bras., 1994, loc. cit.): "A voz do crítico e do filósofo, em matéria de arte, começa a se fazer ouvir, às vezes de maneira desastrada."

404 J. STAROBINSKI (ed. bras., 1994, p. 15).

405 J. STAROBINSKI (ed. bras., 1994, loc. cit.): "Escolher a reflexão, em lugar de escolher a libertinagem significa simplesmente tornar-se menos dependente dos objetos exteriores, significa procurar a própria felicidade na combinação das ideias em lugar de procurá-la nos prazeres imediatos da vida sensível ..."

crepúsculo da primeira modernidade – simbolizado pelo fim das guerras de religião – o fim da Espanha, como potência hegemônica europeia –,[406] passando ao período, guerreiro e imperialista, de LUIS XIV e, em extensão considerável menor, continuado por seu sucessor, LUÍS XV. Ambos igualmente absolutistas, embora a hegemonia francesa já não tivesse o mesmo fôlego e poder, para fazer longas e custosas guerras ofensivas, em várias frentes ao mesmo tempo.[407]

Como assinalam os efeitos da guerra dos sete anos, de 1756 a 1763, o período de hegemonia francesa dava sinais de enfraquecimento. Isso, já esboçado desde o final do reinado de LUÍS XV, e foi, definitivamente, selado com as grandes transformações em escala continental europeia, tanto quanto os impactos sobre boa parte do continente americano, em decorrência das guerras do período napoleônico.[408]

A história do século 'clássico' pode, ainda, ser lida como o advento no sangue, da ideia de nação.[409] O paroxismo do 'nacionalismo', antes de ser nacionalismo alemão e nacionalismo italiano, nos séculos XIX e XX, foi mostrado pelo exacerbado nacionalismo francês, no curso do século, dito de LUÍS XIV,[410] e prossegue com LUÍS XV.[411]

406 Miguel Ángel OCHOA BRUN, *La diplomatie espagnole dans la première moitié du XVIIe siècle* (in **L'Europe des traités de Westphalie**, dir. de L. BÉLY, Paris: PUF, 2000, p. 537-554) assinala, na diplomacia espanhola da época, a passagem de pacifismo inicial para um belicismo aguerrido, visando assegurar a qualquer custo a dominação da Europa e a manutenção, a qualquer preço – *coûte que coûte* – da 'reputação' – *Mi Rey sustentará lo que tiene y mantendrá su reputación; y quien lo provocare lo sentirá* – e, enfim, a aceitação do desastre, depois do resultado desfavorável da guerra, ou seja, a resignação. "Observe que aí se encontram as três virtudes próprias do barroco, ou ao menos, evidentemente, do barroco espanhol: paz, reputação, resignação. Virtudes que encontramos nas proezas de Don Quixote, ou nas mordentes sátiras de QUEVEDO."

407 Cujo exame prossegue no **Tratado** (tomo 11 – **Direito internacional no tempo do iluminismo**).

408 O que se examina no **Tratado** (tomos 11 – **Direito internacional no tempo do iluminismo** e 13 – **Direito internacional no tempo do concerto europeu**).

409 J. STAROBINSKI (ed. bras., 1994, *As experiências da liberdade*, p. 18-20, cit. p. 19): "A exigência de liberdade se faz sentir na frustração." E, logo adiante, observa (p. 20): "a arte, seja qual for o momento da história em que a observamos, não exprime diretamente o estado global da sociedade. Ela é o apanágio dos que detém o poder e a riqueza. Estes encomendam as obras, apreciam-nas segundo os critérios de seus gostos e de suas culturas. A sociologia da arte coloca aqui questões indispensáveis: haverá grupos sociais excluídos do circuito da produção e da contemplação da arte?"

410 A historiografia francesa parece preferir ver o lado positivo e chamar de grande século – "le grand siècle" – a despeito das suas numerosas guerras de agressão, o assim chamado

Cabe notar a trajetória de ascensão e decadência da hegemonia francesa, e ter presente que "o estilo francês de fazer política, com seus fundamentos na política interna, com as suas premissas espirituais e materiais, não foi criado somente no período de LUIS XIV, mas remonta a HENRIQUE IV, como obra de RICHELIEU e de MAZARINO".[412] Esse modelo foi levado ao seu paroxismo, pelas gerações seguintes.

Como se observou,[413] ainda durante o longo reinado de LUIS XIV – com 72 anos de duração –, essa preponderância da França já se tinha quebrado, antes da morte do "rei sol", em 1715. Outra fase, levando adiante o enfraquecimento relativo, foi iniciada com LUÍS XV.[414]

'século de LUIS XIV'. Ver, por exemplo: Olivier CHALINE, **Le règne de Louis XIV** (Paris: Flammarion – Coll. Champs, 2005, impr. 2009, dois tomos); Christian JOUHAUD, **Sauver le grand siècle?** – Présence et transmission du passé (Paris: Seuil, 2007); VOLTAIRE, **Le siècle de Louis XIV** (orig. publ. 1751, in **Œuvres historiques**, édition présentée, établie et annotée par René POMEAU, Paris: Gallimard-Pléiade, © 1957, impr. 2010, p. 603-1274); tb. ___, **Le siècle de Louis XIV** (édition établie, présentée et annotée par Jacqueline HELLEGOUARCH et Sylvain MENANT, avec Philippe BONNICHON et Anne-Sophie BARROVECCHIO, Paris: Libr. Génerale Française, © 2005, 2ª ed., 2008); em sentido consideravelmente mais crítico, ver John A. LYNN, **The French Wars 1677-1714**: the Sun King at war (orig. publ. 2002, Oxford: Osprey, 2009).

[411] Mesmo entre os historiadores franceses, o tom já costuma ser menos ufanista em relação ao tempo de LUÍS XV. Ver, por exemplo: Pierre GAXOTTE, **Le siècle de Louis XV** (© 1974 e 1987, Paris: Tallandier – Texto, 2013); ver tb. VOLTAIRE, *Précis du siècle de Louis XV* (in **Œuvres historiques**, édition présentée, établie et annotée par René POMEAU, Paris: Gallimard – Pleiade, © 1957, impr. 2010, p. 1297-1571).

[412] Wilhelm GREWE, **Epochen der Völkerrechtsgeschichte** (Baden-Baden: Nomos, 1984, cit. p. 325-326). O espírito da razão de estado – *raison d'état, Staatsräson* –, livre de todo e qualquer entrave confessional e de caráter ideológico, que se tornou característico da política francesa, teve em RICHELIEU a sua primeira expressão, plenamente configurada e ordenada. A ideia, inicialmente desenvolvida por MAQUIAVEL – *ragione di stato* – foi por RICHELIEU levada além do plano da política dos pequenos estados italianos, para a ampla confrontação das grandes potências no cenário europeu, como se considera, neste tomo, no item – *o teatro europeu segundo RICHELIEU.*

[413] Ver **Tratado** (tomo 8 – **Direito internacional além do paradigma vestfaliano**); Heinz Dieter KITTSTEINER (1942-2008), **Die Stabilisierungsmoderne** – Deutschland und Europa 1618-1715 (Munique: Carl Hanser, 2010, esp. *Ausklang: Ludwig XIV. und das Ende einer Epoche*, p. 335-355, cit. p. 335); Lucien BÉLY (dir. de), **L'Europe des traités de Westphalie** – esprit de la diplomatie et diplomatie de l'esprit (Paris: PUF, 2000); Lucien BÉLY, **La France au XVIIe siècle** – puissance de l'état, contrôle de la société (Paris: PUF, 2009).

[414] Dentre outros, ver Lucien BÉLY, **L'art de la paix en Europe** – naissance de la diplomatie moderne XVIe – XVIIIe siècle (Paris: PUF, 2023); ___, **Les relations internationales de l'Europe** – XVIIe – XVIIIe siècles (orig. publ. 1992, Paris: PUF, 4e éd., 2013); ___, **La France au**

Nessa mutação de fase, se alteram alianças entre potências, como o conjunto das relações internacionais e institucionais, na história da Europa. Isso se assiste, em geral, e especificamente na história do Sacro Império romano germânico. Em sua fase final, de 1648 a 1806, passa a ser regido como conjunto institucional de convivência internacional.[415]

Ao período de hegemonia francesa – que pode ser situado entre 1648-1815, com o então chamado "direito público da Europa" – *droit public de l'Europe* –, se segue o esgotamento dessa primazia, que leva ao subsequente período hegemônico britânico – entre 1815 a 1919, como dado característico da ordenação de direito internacional público – *international law* –, nessa era de marcada primazia mundial inglesa.[416]

As tentativas de construção de novos parâmetros conceituais e operacionais assinalam, de maneira visível, a resposta a rupturas, anteriormente verificadas. Essas respostas, que se vêm como conjuntos, para suprir essas lacunas, verificadas com o desfazimento de modelos anteriores, tendo como alguns exemplos notórios:

> – a descoberta das Américas – muda o eixo das relações, antes vigentes da Europa com o Oriente médio, em tempo de expansão otomana e retração europeia, e leva os europeus a se voltarem para o novo mundo;[417]
> – a instauração do sistema de paz religiosa na Europa, marca o final da ideia de unidade, que ainda pautava o sistema internacional medieval;[418]

XVIIe siècle – puissance de l'état, contrôle de la société (Paris: PUF, 2009); Marc FUMAROLI, **Dans ma bibliothèque** – la guerre et la paix (préface de Pierre LAURENS, Paris: Gallimard – tel, 2023); ___, **La diplomatie de l'esprit** – de Montaigne à La Fontaine (Paris: Gallimard, © 1998, impr. 2001).

415 François FEJTÖ, **Réquiem pour un Empire défunt**: Histoire de la destruction de l'Autriche-Hongrie (Paris: Lieu commun, 1988); Béatrice NICOLLIER, **Le Saint Empire romain germanique (1495-1648)** (Paris: Ellipses, 2012); Francis RAPP, **Le Saint Empire romain germanique**: d'Otton le grand à Charles Quint (Paris: Tallandier, 2000, impr. 2003); Peter WILSON, **The Holy Roman Empire** – a thousand years of Europe's History (orig. publ. 2016, Londres: Penguin, 2017).

416 Objeto de análise no **Tratado** (tomos 11 – **Direito internacional no tempo do iluminismo** e 13 – **Direito internacional no tempo do concerto europeu**).

417 Cfr. **Tratado** (tomo 5 – **Direito internacional no tempo de Francisco de Vitória**).

418 Cfr. **Tratado** (tomo 6 – **Direito internacional no tempo de Suarez, Gentili e Zouch**).

– a reformulação do sistema internacional (europeu), posteriormente às guerras de LUÍS XIV, o transforma em sistema mundial, com extensão nunca antes experimentada de expansão da influência europeia em escala mundial.[419]

Sem prejuízo da relevância histórica e conceitual de outras passagens, pode-se ter o foco no modelo ensaiado desde Augsburgo, em 1555, continuado com os tratados de paz de Vestfália, em 1648, até a guerra dos sete anos, de 1756-1763 – e, posteriormente, desse marco até o Congresso de Viena, 1814-1815.[420] Seria este o campo de florescimento, expansão e declínio do direito internacional 'moderno', passando pelo 'clássico', rumo ao assim chamado direito internacional no tempo do 'iluminismo', como ainda, do 'concerto europeu'.[421]

Depois virão mutações ulteriores de modelo, a partir de Viena, 1815,[422] até Versalhes, 1919. Como se pode constatar, de Versalhes e demais tratados de paz, após a primeira guerra mundial, entre 1919 e 1923, se fazem numerosos experimentos de novos modelos conceituais.[423] Ainda que, em boa medida, o modelo internacional vigente permaneça, estruturalmente, o mesmo – com predominância de número restrito de estados – o que somente se altera de maneira substancial, com a descolonização, depois da segunda guerra mundial. Assim, se prepara o caminho para as grandes transformações, ocorridas no mundo e no direito internacional, para se chegar até o contexto pós-moderno.

A afirmação da identidade do século XVIII se fará, em certa medida, como negação das qualidades herdadas dos séculos precedentes, sobretudo do imediatamente anterior. No assim chamado "desencantamento do mundo".[424] O que parece ser dado característico, a cada geração.

[419] Cfr. **Tratado** (tomo 7 – **Direito internacional no tempo de Hugo Grócio** e tomo 8 – **Direito internacional além do paradigma vestfaliano**).

[420] Como parte da maneira a ser examinada no **Tratado** (tomo 11 – **Direito internacional no tempo do iluminismo**, como referido.

[421] Como considerado justamente no **Tratado** (tomos 11 – **Direito internacional no tempo do iluminismo** e 13 – **Direito internacional no tempo do concerto europeu**).

[422] O que se examina no tomo subsequente, **Direito internacional no tempo do concerto europeu**.

[423] Como se considera no **Tratado** (tomo 20 – **Direito internacional, história e cultura**, cap. 4 – *papel da proteção internacional dos direitos fundamentais como fator de renovação e de transformação do direito internacional*, item 4.2 – *o quadro jurídico para a proteção das minorias*).

[424] Como se examina no **Tratado** (tomos 10 – **Direito internacional no tempo de C. van Bynkershoek e Christian Wolff**, 11 – **Direito internacional no tempo do iluminismo** e

Sem esquecer as enormes transformações do mundo, ocorridas no curso do seguinte século XIX.[425] E quanto isso se reflete, também, no direito internacional.

Renegar os predecessores pode ser (psicologicamente) compreensível, e mesmo necessário, para o crescimento e a libertação, a cada geração: como necessidade de afirmação, como necessidade de libertação, como esforço para a caracterização da própria identidade, e dos motivos e dos propósitos desta. É a asserção de 'nós', em relação a 'eles'. Mas, histórica e intelectualmente, isso pode ser injusto, como também pouco honesto: por não reconhecer o que se herdou desses predecessores, que se quer renegar.

O mesmo fenômeno, de confrontação e de reafirmação intergeracional, se vê entre conjuntos de seres, individualmente considerados, como também entre gerações, consideradas enquanto grupos humanos, sociedades e culturas. O que se reflete na mutação de modelos históricos, culturais, e também jurídicos.

O estudo e a compreensão do direito, e do direito internacional especificamente, não pode nem deve ser isolada da compreensão das mutações, ocorridas na sociedade da mesma época daquele direito, que se procura estudar e compreender.[426] Não podem ser fenômenos isolados; devem ser situados, como conjuntos humanos, que se estendem e se projetam por vários campos de ação.

Deste longo e complexo período, do assim chamado direito internacional 'clássico', fase que se estende entre a paz de Vestfália, de 1648, até a guerra dos sete anos, de 1756-1763, são referidos os internacionalistas considerados mais marcantes, e cujas obras tiveram maior impacto sobre as

12 – **Direito internacional no tempo de Vattel e von Martens**). Estendendo ao conjunto do mundo o que o historiador alemão Jürgen OSTERHAMMEL chamou de perda do fascínio da Ásia, no século XVIII, **Die Entzauberung Asiens** – Europa und die asiatische Reiche im 18. Jahrhundert (orig. publ. 1998, Munique: Beck, 2010).

425 Da institucionalização das relações entre potências, dos aperfeiçoamentos dos sistemas políticos internos, mas também da exacerbação do imperialismo colonialista, cfr. **Tratado** (tomo 13 – **Direito internacional no tempo do concerto europeu**, b/c tomos 14 a 17 – **Direito internacional no tempo do colonialismo**); por exemplo, do mesmo Jürgen OSTERHAMMEL, **Die Verwandlung der Welt** – Eine Geschichte des 19. Jahrhunderts (orig. publ. 2009, Munique: Beck, "Sonderausgabe", 2011).

426 Cf. **Tratado** (tomo 20 – **Direito internacional, história e cultura**).

gerações seguintes.[427] Antes de passar ao direito internacional, no tempo do 'iluminismo'.[428]

Seguem-se as contribuições de VATTEL e von MARTENS,[429] na evolução do direito internacional. Ao término desse período, quando falece von MARTENS, em 1821, alguns anos depois dos Congressos de Viena (1815) e de Aachen (1818), uma vez estruturado o modelo de direito internacional dito 'clássico', vê-se a sua aplicação no sistema internacional, dito do tempo do 'iluminismo'. Esse sistema se conjuga com o direito internacional do tempo do 'concerto europeu',[430] e não obstante alguns percalços, por sua vez, dura até a nova ruptura, com a eclosão da primeira guerra mundial.

Depois da primeira guerra mundial, ocorrem nova ruptura e nova formulação do sistema internacional, com a instauração encetada pelos **tratados de Versalhes**, de 1919, e tratados correlatos,[431] com os demais perdedores do conflito armado. Os tratados celebrados com os países derrotados na primeira guerra mundial adotaram estrutura e disposições equi-

[427] Neste tomo, cap. 19 – *Samuel RACHEL (1628-1691)* e cap. 20 – *Samuel PUFENDORF (1632-1694)*, bem como, no **Tratado** (tomo 10 – **Direito internacional no tempo de C. van Bynkershoek e Christian Wolff**, cap. 21 – *Cornelius van Bynkershoek (1673-1743)*, cap. 22 – *Christian Wolff (1679-1754)* – também com menção a seu mestre, LEIBNIZ – no item 22.1, seguindo-se breve exame da contribuição de *J. J. BURLAMAQUI (1694-1748)* no cap. 23).

[428] No **Tratado** (tomo 11 – **Direito internacional no tempo do iluminismo**).

[429] No **Tratado** (tomo 12 – **Direito internacional no tempo de Vattel e von Martens**, cap. 24 – *Emer de VATTEL (1714-1767)* e cap. 25 – *G. F. von MARTENS (1756-1821)*).

[430] No **Tratado** (tomo 13 – **Direito internacional no tempo do concerto europeu**).

[431] O **tratado de paz entre as potências aliadas e associadas e a Alemanha, e protocolo anexo, assinados em Versalhes, aos 28 de junho de 1919**, foi celebrado entre os Estados Unidos da América, o Império britânico, França, Itália, Japão (como "principais potências aliadas e associadas"), secundados pela Bélgica, Bolívia, Brasil, China, Cuba, Equador, Grécia, Guatemala, Haiti, Hedjaz, Honduras, Libéria, Nicarágua, Panamá, Peru, Polônia, Portugal, Romênia, Estado Servo-Croata-Esloveno, Sião, Tchecoslováquia e Uruguay (como "potências aliadas e associadas"), de uma parte, e a Alemanha, de outra parte, como "Tratado de paz e protocolo anexo, que foram feitos num único exemplar, depositado nos arquivos do governo da República francesa". No Brasil, sancionado pelo Dec. 3875, de 11 de novembro de 1919, foi publicado no D.O.U. de 12 do mesmo mês; ratificado pelo Brasil, em 10 de dezembro de 1919, deu-se o depósito da ratificação brasileira em Paris, a 10 de janeiro de 1920; promulgado pelo Dec. 13.990 de 12 de janeiro de 1920. Por meio deste, "a contar da data em que começara a vigorar o presente tratado, o estado de guerra terminará. A partir desse momento, e observadas as disposições do presente tratado, serão restabelecidas as relações oficiais das potências aliadas e associadas com a Alemanha e qualquer dos estados alemães." Ver P. B. CASELLA, **Tratado de Versalhes na história do direito internacional** (São Paulo: Quartier Latin, 2007).

valentes: o **tratado de Saint-Germain**, com a Áustria, em 10 de setembro de 1919; o **tratado de Neuilly**, com a Bulgária, em 27 de novembro de 1919; o **tratado de Trianon**, com a Hungria, em 4 de junho de 1920; e o tratado de Sèvres, com a Turquia, em 10 de agosto de 1920 – este último, não aceito pelos nacionalistas turcos, liderados por Mustafá KEMAL, depois das vitórias turcas sobre os gregos, em 1921-1922, foi substituído por outro, em condições substancialmente mais favoráveis, para a Turquia republicana, o **tratado de Lausanne**, de 24 de julho de 1923.[432]

Essa nova fase de ordenação de sistema internacional, em busca de coesão, conta a criação da Sociedade das Nações e demais estruturas então estabelecidas, como a C.P.J.I. – Corte permanente de justiça internacional, e também aporta inovações conceituais relevantes, como a criação de sistema internacionalizado de proteção dos direitos do trabalhador, sob a égide da O.I.T., a Organização Internacional do Trabalho, e a proteção internacional das minorias étnicas, por meio de tratados.[433]

Em todo o curso desse período, desde o século XVI até obviamente, o século XX, se faz sentir o impacto da Europa, sobre outros continentes. O que foi levado ao paroxismo sob a égide do colonialismo.[434]

As influências são recíprocas. Da Europa também sobre a América, mas também desta última, sobre a Europa. O sistema de direito internacional, catalisa dados transformadores do até então existente:

[432] A respeito das consequências do tratado de Lausanne, de 1923, ver Alexandre JEVAKHOFF, **Kemal Atatürk** – père fondateur de la Turquie (orig. publ. 1989, Paris: Tallandier-texto, éd. actualisée, 2021); Klaus KREISER e Christoph K. NEUMANN, **Kleine Geschichte der Türkei** (orig. publ. 2003, Stuttgart: Philipp Reclam – Univ. Bibliothek, vol. 18669, 2a. ed., 2009, esp. K. KREISER, *Die neue Türkei (1920-2008)*, p. 383-487); tb. Ernest WEIBEL, **Histoire et géopolitique des Balkans de 1800 à nos jours** (Paris: Ellipses, 2002, esp. 3e partie, chap. 10 – *La Turquie et la Grèce de novembre 1918 au traité de Sèvres (10 août 1920)*, p. 392-405, e chap. 11 – *La guerre gréco-turque et la protection des minorités dans les Balkans après 1919*, p. 405-413). Sem esquecer as atrocidades cometidas no "genocídio armênio", entre o final do século XIX e 1915-1921.

[433] No **Tratado** (tomo 13 – **Direito internacional no tempo do concerto europeu**), nos quais prossegue o exame do assim chamado apogeu e institucionalização do direito internacional, nos últimos duzentos anos.

[434] Como se examina no **Tratado** (tomos 14 a 17 – **Direito internacional no tempo do colonialismo**); i. a., Frédéric MAURO, **L'expansion européenne** 1600-1870 (orig. publ. 1964, Paris: PUF, 4ª ed., 1996); Jean MEYER, **L'Europe et la conquête du monde** (orig. publ. 1975, Paris: Armand Colin, 2009).

– primeiro, a irrupção das descobertas da América, de 1492 e de 1500, que causam grande transformação, na crise do modelo anterior e na passagem do direito internacional medieval para o moderno.[435] São enormes os seus efeitos, que se projetam sobre o período;

– depois, foi novamente a América a trazer elemento transformador do sistema internacional, até então vigente, ao cabo do período 'colonial' europeu, no continente americano, quando se dá o processo de independência da maior parte das antigas colônias europeias.[436] A partir dessa altura, o antigo sistema europeu de direito internacional 'clássico', passa a ser europeu e, também, americano, no contexto do direito internacional no tempo do concerto europeu.[437] Este são dados de grandes transformações do mundo,[438] tal como se verificam, a partir do começo do século XIX.[439]

Em nova fase, a evolução do direito internacional 'moderno' ao 'clássico', depois de assistir às guerras de religião, entre católicos e protestantes, no interior da Europa, quando avança rumo ao direito internacional no tempo do 'iluminismo' vê o prosseguimento de conflitos intraeuropeus, conjugados com outras guerras – em certa medida também de religião – entre europeus e o Império otomano.[440] Essas confrontações tem elementos religiosos, como também políticos e econômicos.

[435] Como se considerou no **Tratado** (tomos 4 – **Direito internacional no tempo medieval** e 5 – **Direito internacional no tempo de Francisco de Vitória**).

[436] Com algumas exceções, mas que se pode situar como conjunto, estes processos vão da independência dos Estados Unidos, 1776, ao conjunto das antigas colônias espanholas e portuguesa, entre 1810 e 1836. Bem como algumas áreas, cuja colonização prossegue, quer até o final do século XIX ou meados do século XX, cf. se examina no **Tratado** (tomos 14 a 17 – **Direito internacional no tempo do colonialismo**).

[437] Cujo exame prossegue no **Tratado** (tomo 13 – **Direito internacional no tempo do concerto europeu**).

[438] Ver, por exemplo, o já mencionado e amplo estudo de Jürgen OSTERHAMMEL, **Die Verwandlung der Welt** – Eine Geschichte des 19. Jahrhunderts (Munique: Beck, 2011).

[439] Como se considera no **Tratado** (tomo 13 – **Direito internacional no tempo do concerto europeu**).

[440] É preciso estudar e conhecer melhor esse vasto conjunto representado pelo Império otomano, para compreender os complexos que pautam a Turquia atual. Ver, por exemplo, os já referidos estudos de Klaus KREISER e Christoph K. NEUMANN, **Kleine Geschichte der Türkei** (Stuttgart: Reclam, 2. aktualisierte und erweiterte Auflage, 2009); Alan PALMER, **Declínio e queda do império otomano** (orig. publ. **The decline and fall of the Ottoman Empire**, 1992, trad. Gleuber VIEIRA, Rio de Janeiro: Globo livros, 2013); Yves TERNON,

O contexto do tempo 'clássico', pode ser assinalada pelo exame sucinto da contribuição de internacionalista, muitas vezes menos lembrado, como Samuel RACHEL.[441] No encadeamento da evolução do direito internacional 'clássico', se RACHEL se inscreve na sequência à obra de GRÓCIO, por sua vez, ele também prepara o caminho para desenvolvimentos ulteriores da disciplina, pelas críticas que RACHEL formula, contra seu contemporâneo, muito mais conhecido e lembrado, Samuel PUFENDORF.[442]

Empire ottoman – le déclin, la chute, l'effacement (orig. publ. 2002, Paris: Michel de Maule, 2005); e ainda, a clássica obra de Alphonse de LAMARTINE (1790-1869), **Histoire de la Turquie** (orig. publ. Paris: Librairie Le Constitutionnel, 1854; edição de Paris: Adolphe Delahays, 8 vols., 1859-1861; vol. I – **Histoire de la Turquie – La vie de Mahomet**, 'édition spéciale publiée en collaboration avec la Fondation Abdulaziz Saud Al-Babtin pour la Création poétique', intr. et annotations d'Ali KURHAN, ouvrage révisé par Osama KHALIL, Paris: Institut des arts et lettres arabes / Harmattan, 2006).

[441] Como se considera, neste tomo, capítulo 19, a seguir.

[442] Como se examina, neste tomo, capítulo 20, mais adiante.

CAPÍTULO 19
SAMUEL RACHEL (1628-1691)

É inquestionável que os livros do direito romano contêm leis e regras de natureza vária, algumas tiradas do direito natural, outras do direito das gentes, algumas de origem doméstica, surgidas e desenvolvidas no estado romano. E esse direito é, segundo o meu entendimento, propriamente chamado de direito das gentes (*jus gentium*), do qual aparecem traços no **Digesto**.

Samuel RACHEL, **Dissertações sobre o direito natural e das gentes** (1676, Primeira Dissertação – Do direito natural)[443]

Não somente a natureza dispensou a sua própria lei aos homens, por meio da qual como em corrente mundial – *universali vinculo* –, eles estão ligados uns aos outros, enquanto homens; mas a humanidade também criou para si

[443] Samuel RACHELII, **De jure naturae et gentium dissertationes** (originalmente publicado em Kiel, 1676, edited by Ludwig von BAR, transl. into English by John Pawley BATE, Washington: publ. by the Carnegie Institution, 1916, 2 vols., "Dissertatio prima", n.1, p. 1-2): "Jus Romanum [...] partim ex Jure Naturae, partim Gentium deprompta, partim domestica [...] Jus Gentium ego hic intelligo proprie dictum cujus vestigia videre licet in" ... no **Digesto**: *sobre a aquisição de propriedade* (41.1), *sobre cativos e o postliminio* (49.15), *sobre questões militares* (49.16), *sobre as embaixadas* (50.7)". Este, mais adiante (CXXXVIII), afirma: "o direito romano é considerado como a expressão da mais alta autoridade, em parte porque a prática dos Romanos levou as suas normas a todos os lugares que as suas armas adicionaram ao Império, e exigiram a recepção de sua lei, em todos os reinos conquistados, aos quais foi dada a condição de províncias; em parte também porque outros povos perceberam que o direito romano se baseava na mais alta sabedoria, que princípios equitativos o informavam, e que nele o direito natural se manifestava com grande exatidão, e que nessa extensão, as práticas do direito romano eram também as desses outros povos."

mesma vários direitos positivos – *varia jura positiva pro suo arbitratu constituit* –, não tanto aqueles, que em cada República, o governo vincula consigo seus súditos, ou por meio da qual estes se vinculam uns aos outros, mas também aqueles que a raça humana, dividida como está em povos independentes – *liberas Gentes* –, dispersos em diversos estados – *diversasque civitates dispertitum* –, emprega como vínculo comum de obrigações – *pro communis obligationis vinculo uteretur* –, e povos [submetidos a] diferentes formas de governo, e de diferentes tamanhos, estão sob o controle de tais normas, que dependem, para a sua eficácia da mútua boa-fé – *mutua fide sumixis.*

S. RACHEL, **Dissertações sobre o direito natural e das gentes** (1676, Segunda Dissertação – Do direito das gentes)[444]

RACHEL relaciona o direito natural com a vontade divina, e vê nele o modelo, para julgar o direito das gentes, sobretudo para avaliar a justiça das causas da guerra, e determinar a maneira de a conduzir. Mas ele o distingue, claramente, do direito das gentes, que para ele é um direito entre estados, e tem a sua fonte no costume e nos tratados. Com base nessa distinção, a doutrina da guerra justa fica fora do direito das gentes positivo, e passa a ser questão de consciência.

A. TRUYOL Y SERRA (1995)[445]

Cronologicamente, inscreve-se, na sequência do desenvolvimento do direito internacional 'clássico', a contribuição de Samuel RACHEL (1628-1691). Este marca a sua presença, na evolução do direito internacional, com

[444] S. RACHELII, **De jure naturae et gentium dissertationes** (1676, Dissertatio altera – De jure gentium, n. 1): "Non solum Natura hominibus suum jus ingeneravit, quo tanqum universali vinculo, qui sunt homines, invictem obligarentur; sed & ipsum genus humanum varia jura positiva pro suo arbitratu constituit, non tantum ea, quibus in qualibet Republica imperantes sibi suos subditos, vel etiam hi fese obstringerent, sed etiam quibus illud in liberas Gentes diversasque civitates dispertitum pro communis obligationis vinculo uteretur, Gentesque Rebuspublicis & numero diversae hisplacitis, mutua fide sumixis, continerentur."

[445] Antonio TRUYOL y Serra, **Histoire du droit international public** (Paris: Economica, 1995, p. 88) aduzia logo a seguir: "Face à PUFENDORF, RACHEL soutient que les traités ou conventions engendrent non seulement un droit subjectif mais aussi un droit objectif contraignant. Il inclut dans le droit des gens la courtoisie des nations, tout en signalant que ses règles n'ont pas la même valeur et la même nécessité que celles qui dimanent de la coutume et des conventions".

a publicação de sua obra, em duas partes – ou dissertações –, uma sobre o direito natural (*Dissertatio prima* – De jure naturae) e outra, sobre direito das gentes (*Dissertatio altera* – De jure gentium), ambas na obra **Dissertações sobre direito natural e das gentes** ou **De jure naturae et gentium dissertationes**, de 1676.[446] Mantinha RACHEL a tradição de se estudar o 'direito natural' e o 'direito das gentes' em paralelo, como correlatas e bastante próximas.

Nascido em 6 de abril de 1628, na pequena cidade de Ditmarschen, no Holstein, era o filho mais novo e a sexta criança do pastor Mauritius RACHEL. Sua infância foi difícil. Depois da morte do pai, sua mãe o mandou estudar em Husum, a partir dos nove anos. Depois de dois anos lá, foi admitido na Academia de Bordersholm, onde se beneficiou de bolsa integral, para custeio da sua instrução e manutenção, durante cinco anos. Isso continuou até a irrupção da invasão sueca, de 1643, quando os alunos foram mandados embora.

Foi assim RACHEL atingido diretamente pelos combates no curso da guerra dos trinta anos: assim, mais um internacionalista do tempo 'clássico', alcançado pelos efeitos diretos da guerra dos trinta anos.[447] Enquanto Hugo GRÓCIO vivia os seus últimos anos de vida, tendo falecido antes do final da guerra, o jovem Samuel RACHEL, em razão da invasão sueca – na fase final do conflito – teve de mudar de colégio.

Da Academia de Bordersholm, RACHEL foi para a Academia de Hamburgo, mas por pouco tempo, pois sua mãe não conseguiu cobrir os custos de sua manutenção, na instituição. Segundo reportava Ludwig von BAR (1916),[448] RACHEL passou algum tempo como aprendiz de farmacêutico, mas vendo-se inadaptado ao exercício dessa profissão, consegue voltar para a Academia de Bordersholm, que tinha sido reaberta nesse meio tempo.

Foi com grande relutância, como relata o próprio RACHEL, em sua autobiografia, que ele se viu "novamente encerrado naquela instituição, de

[446] Samuel RACHEL, **De jure naturae et gentium dissertationes** (1676, ed. 1916). Além desta obra, na qual 'o filósofo' é extensamente citado, S. RACHEL foi responsável por edição da **Ética a Nicômaco** de ARISTÓTELES, para a qual escreveu 'introdução'.

[447] A respeito, ver **Tratado** (tomos 7 – **Direito internacional no tempo de Hugo Grócio** e 8 – **Direito internacional além do paradigma vestfaliano**).

[448] Ludwig von BAR, *Einleitung / Introduction* (datada de Götingen, 1913, in S. RACHEL, **De jure naturae et gentium dissertationes**, 1676, ed. 1916, em alemão, vol. I, p. 7a-16a; em inglês, vol. II, p. 7a-16a).

ensino ou penal", mas isto se mostrou inevitável, pois os meios da família tinham sido bastante consumidos, com a educação dos três irmãos mais velhos. Samuel RACHEL deixa claro, como se sentia, em relação à instituição, na qual recebeu a sua formação: "o sofrimento e a miséria, que eu suportei, nessa instituição penitenciária, não podem ser expressos em palavras; a simples lembrança deles me enche de horror".

Relata, ainda, RACHEL que não somente os alunos eram mal alimentados, como recebiam comida inadequada, o que lhes causava doenças. As acomodações eram frias no inverno e quentes no verão, além de infestadas de insetos. Além disso, castigos corporais eram frequentes.

A instrução, contudo, era bastante adequada. Mas a severidade da disciplina exasperava os alunos, a ponto de levar alguns à confrontação desesperada, enquanto afundava outros no medo e na submissão. Diante de tudo isso, notava, ainda, L. von BAR:

> Somente se pode considerar como prova de natureza forte, saudável e persistente, tanto física quanto intelectual, que RACHEL, apesar das condições em que viveu, privado de carinho familiar, tenha, apesar de tudo, sido capaz, mais adiante, em sua vida, de realizar coisas importantes.[449]

Na altura do final da guerra dos trinta anos, em 1648, RACHEL graduou-se na Academia de Bordersholm, o que lhe permitiu ingressar na Universidade de Rostock. Lá estudou durante três anos, a expensas do Duque de Holstein.

Tanto para satisfazer os desejos de seus familiares, como em razão de compromisso ligado à sua instituição de origem, RACHEL estudou teologia. Mas este logo percebeu que não teria vocação para o púlpito.

Com aprovação expressa do Duque, foi autorizado a passar a estudar história, filosofia e direito. Depois de três anos e meio em Rostock, mudou-se para dar prosseguimento aos seus estudos jurídicos na Universidade de Jena.

A falta de meios de subsistência o obrigou a logo voltar para o Holstein, para ganhar a vida dando aulas. Depois de quatro meses, contudo, teve de abandonar o trabalho de tutor, que obtivera em casa de família da nobreza, pois as condições eram de tal modo difíceis de suportar, que RACHEL ficou doente.

[449] L. von BAR (intr., 1913, ed. 1916, p. 9a).

Durante um ano, RACHEL lecionou na Academia de Bordersholm, mas a deterioração das condições desta o levou a buscar nova colocação junto a outra família nobre, desta vez em Halberstadt, na Saxônia. A partir daí, as coisas parecem ter começado a ficar mais favoráveis: RACHEL seguiu, com os seus alunos, para a Universidade de Helmstedt, no Brunswick. Lá estudou por dois anos, e assistiu cursos de direito público.

Em Frankfurt, travou conhecimento com Johann SCHWARZKOPF, o representante de Brunswick. Samuel RACHEL torna-se secretário dele, e mediante recomendação do mesmo foi nomeado professor de filosofia moral na Universidade de Helmstedt, em 1658.

Além da edição, comentada, da **Ética a Nicômaco** de ARISTÓTELES, para a qual escreveu a introdução, RACHEL também escreveu diversos ensaios, sobre temas filosóficos e morais. A base filosófica também está presente na formação de mais este internacionalista do tempo 'clássico'.

Deixa Helmstedt, em 1665, para tomar parte na instauração da Universidade de Kiel. Onde assume a cadeira de direito das gentes e direito internacional. As suas **Dissertationes de jure naturae et gentium** foram publicadas em Kiel, em 1676. Como resultado de seu trabalho docente sobre a disciplina.

Intrigas políticas e acadêmicas, logo a seguir, o obrigam a deixar o seu posto em Kiel. O que, infeliz e frequentemente, ocorre e estraga o ambiente, favorável ao estudo e ao trabalho acadêmico de qualidade. Intrigas acadêmicas também tinham obrigado Christian WOLFF a mudar de universidade, somente voltando à sua cátedra de origem anos mais tarde, quando FREDERICO II sobe ao trono da Prússia.[450]

Desloca-se, então, RACHEL para Hamburgo, onde se tornou funcionário diplomático do Duque CHRISTIAN ALBRECHT von Schleswig-Holstein-Gottorp, que o rei da Dinamarca tinha obrigado a abandonar seu Ducado. Em 1678,[451] representou o Duque nas negociações de paz de Nijmegen.[452]

[450] Ver **Tratado** (tomo 10 – **Direito internacional no tempo de C. van Bynkershoek e Christian Wolff**, cap. 22).

[451] Ver **Tratado** (tomo 12 – **Direito internacional no tempo de Vattel e von Martens**, item – *ensaio de balanço do direito internacional no século XVIII*), no onde se menciona a "história dos tratados de paz e outras negociações do século XVII, desde a paz de Vervins até a paz de Nijmegen" (obra publicada em Amsterdã e na Haia, em 1725), cujo nome completo constitui todo um programa: **Histoire des Traités de paix et autres negotiations du dix septième**

Até a sua morte, em 13 de dezembro de 1691, Samuel RACHEL trabalhou para o Duque, em diversos postos, sobretudo em questões diplomáticas, desempenhadas em Dresden, em Regensburg e em Nuremberg. Em razão do fracionamento político da Alemanha da época, eram numerosos estados soberanos, muito ciosos de sua independência – em aberta concorrência, e por vezes em conflitos armados – uns com os outros.

Pode-se imaginar a experiência prática de RACHEL como pano de fundo que informe a sua concepção do direito internacional. Como tão frequentemente acontece com os homens.

Por meio do direito das gentes, segundo RACHEL, justamente, a raça humana, apesar de dividida, como está, em povos independentes – *liberas*

siècle depuis la paix de Vervins iusqu'à la paix de Nimègue; où l'on donne l'origine des prétentions anciennes et modernes de toutes les puissances de l'Europe et une Analyse exacte de leurs negotiations tant publiques que particulieres. Ouvrage necessaire aux Ministres publics et aux autres negociateurs, et qui peut servir d'Introduction au *Corps diplomatique* ou *Recueil des Traités de Paix* T. I.II. (à Amsterdam chez I. F. BERNARD et à la Haye, chez les Frères Vailland et Prevost, 1725) – não é conhecida a autoria desta coletânea, que se apresenta como complemento à obra de DUMONT, **Corps diplomatique**, e abrange principalmente tratados relativos ao período de 1599 até 1679. Observava OMPTEDA (op. cit., 1785, § 178, p. 466-473, cit. p. 468) ser muito curioso que esta obra mencione – já no seu título – a de DUMONT, mesmo tendo a obra anônima sido publicada (1725), por outros editores, estes em Amsterdã e na Haia, um ano antes da obra de DUMONT, o monumental, **Corps universel diplomatique du droit des gens** (1726 a 1731), mencionado no **Tratado** (tomo 8 – **Direito internacional além do paradigma vestfaliano**).

[452] Na verdade, foram três tratados de paz, celebrados separadamente, entre agosto de 1678 e fevereiro de 1679, normalmente agrupados sob a denominação de 'paz de Nijmegen', mas incluem, além deste, igualmente a paz de Saint Germain, de junho de 1679, e a paz de Fontainebleau, de novembro de 1679. Ver Tim BLANNING, **The Pursuit of Glory: Europe 1648-1815** (orig. publ. 2007, Londres: Penguin, 2008, p. 533-534) observa a respeito da 'paz de Nijmegen', como a despeito das vitórias militares, a paz foi feita segundo a vontade da França de LUÍS XIV: "The fate of Pomerania was decided not on the battlefields of the east but around the negotiating table at Nijmegen, where the great European war that had begun in 1672 with the French invasion of the Dutch republic was being brought to a conclusion. Here it was LOUIS XIV who was in control. If he had not achieved total military victory, LOUIS had conquered more territory, had acquired more prestige and still had more men under arms than any of his numerous enemies. So he was able to pick them off one by one, neutralizing the English in May 1678, and then making peace with the Dutch on 10 August, with the Spanish on 17 September and with the emperor LEOPOLD I on the following February. So, when FREDERICK WILLIAM returned triumphant from his campaigns, he found himself with only Denmark to support him against a rampant LOUIS XIV, determined that his Swedish allies should regain all that they had lost".

Gentes –, dispersos em diversos estados – *diversasque civitates dispertitum* – se constitui em sociedade internacional, e, em razão desta, passam a estar vinculados, uns aos outros.[453] Não somente pela frequência da utilização se reconhece o direito internacional. Assim RACHEL reportava o ensinamento de GRÓCIO:

> Como entre os antigos, as instituições do direito dos gregos se estenderam a quase todos os povos, assim, as instituições alemãs foram recebidas, em quase toda parte, e ainda encontram autoridade.[454]

Na concepção de RACHEL a respeito do direito internacional, há elemento *voluntário* em tal constituição, dado não haver subordinação entre os soberanos, mas este vínculo é igualmente *necessário*, para a existência comum da humanidade. O que constitui o dilema central – e eterno – do direito internacional: os estados são os principais sujeitos do direito internacional, mas este somente se configura mediante limites, postos a cada um dos integrantes, para que exista e opere o direito internacional, como sistema institucional e normativo!

Os juristas romanos, segundo RACHEL,[455] não teriam

> adequadamente distinguido o direito natural do direito das gentes, do qual este difere, consideravelmente – questão de grande importância, do ponto de vista da filosofia do direito – e confundido ambos. Esta seria a razão, pela qual submetem muitas questões, às obrigações [decorrentes] do direito das gentes, sobre as quais, até nossos dias, não existe acordo, quanto a deverem estas ser reguladas, quer pelo direito natural, ou pelo direito das gentes, propriamente dito.[456]

[453] S. RACHEL (op. cit., 1676, ed. 1916, "Dissertatio altera", III): "Duo igitur hinc colligi, & diligenter notari merentur. Primum est quod more privatorum per pacta jus gentium a liberis populis constituatur. Alterum, quod hoc ipso inter se consocientur & invicem obligentur."

[454] H. GRÓCIO, **De jure belli ac pacis** (1625, Livro II, cap. 8, n. 1, reportado por S. RACHEL, op. cit., 1676, "Dissertatio altera", III): "Sicut enim olim Jura Graeca, ita tunc Germanica instituta passim recepta sunt, & nunc etiam vigent." Ver tb. **Tratado** (tomo 3 B – **Gregos, romanos, chineses, indianos**, cap. 5, itens 5.1 – *legado grego ao direito internacional* e 5.3 – *avaliação da contribuição grega e helenística para o direito internacional*).

[455] S. RACHEL (op. cit., 1676, ed. 1916, "Dissertatio altera", VI): "Cum igitur Jcti Romani Jus gentium vere tale, & a Jure naturae admodum diversum non exacte distinxerint."

[456] S. RACHEL (op. cit., 1676, ed. 1916, "Dissertatio altera", VI). Refere matérias tais como 'guerra', 'captura de prisioneiros' e 'escravidão', dentre os temas, objeto de controvérsia.

E, apesar de toda a consideração que merecem, "os jurisconsultos romanos usam e abusam do termo 'direito das gentes' – *juris gentium* –, de modo promíscuo e confuso, para denotar, uma vez, o 'direito natural' – *jus naturae* – e, outra vez, o 'direito das gentes', propriamente dito; mas estes, em geral, designam o 'direito natural'.[457]

O direito das gentes, para Samuel RACHEL, se expressa como vínculo comum de obrigações – *pro communis obligationis vinculo uteretur* –, entre povos, submetidos a diferentes formas de governo, e de diferentes tamanhos, porquanto os povos, estão sob o controle de tais normas. Mas, ele ressalva, que estas dependem, para a sua eficácia, da mútua boa-fé – *mutua fide sumixis*. Está aí, colocado o problema central do direito internacional: criado para regular sociedade de convivência entre iguais, mas dependente de sua mútua aceitação, para assegurar-lhe a eficácia e aplicação.

Retoma Samuel RACHEL a distinção feita por ARISTÓTELES, na **Ética a Nicômaco**,[458] entre as leis, ditas da natureza – este seria o direito natural, e imutável – e as leis dos homens – de natureza meramente convencional –, porquanto afirmava o filósofo

> O direito da natureza é imutável e tem a mesma validade em qualquer parte, assim como o fogo arde da mesma forma aqui como na Pérsia, mas que as normas de justiça – as leis – variem, não é totalmente verdade, mas somente com qualificações.[459]

Com base na classificação do direito, apresentada por ARISTÓTELES, da qual um ramo seria *físico – physikón, naturale* –, ou o direito natural e 'necessário', enquanto o outro abrangeria o *nômico – nomikón, arbitrarium* –, ou seja, o direito consensual ou 'voluntário', constrói RACHEL a sua concepção da esfera de atuação do direito internacional.

A contraposição dar-se-ia, assim, entre o direito natural, no sentido daquele que decorre da natureza – *física* ou direito 'natural' –, e aquele,

[457] S. RACHEL (op. cit., 1676, ed. 1916, "Dissertatio altera", VIII): "Jctos Romanos vocabulo Juris gentium modo ad Jus naturae, modo Juris gentium proprie dictum designandum, promiscue ac confuse uti abuti."

[458] ARISTOTLE, **The Nicomachean Ethics** (original grego com tradução em inglês de H. RACKHAM, first publ. 1926, Cambridge, Ma.: Harvard UP, Loeb Classical Library, ARISTOTLE vol. XIX, reprinted 2003, cit. V.VII.1-3).

[459] ARISTOTLE, **The Nicomachean Ethics** (ed. cit., 2003, livro V.vii.1-3).

que se instaura a partir de convenção entre os homens – *nômico* ou direito 'arbitrário' –, ou também diríamos, *varia jura positiva*, vários direitos 'positivos', que cada povo cria, para regular as relações entre o soberano e os súditos, como entre os particulares.[460] *Natural*, RACHEL explica [461] "seria aquele que, em toda parte no mundo, tem a mesma força, e independe da vontade de um legislador", e o ilustra: "aquilo que existe por natureza é fixo e imutável direito, e tem a mesma força em toda parte, assim como o fogo queima, tanto aqui como na Pérsia".

Comentava Samuel RACHEL, "fica, assim, fácil ver quão longe vai o poder vinculante de tal direito, no sentido de que afeta todos os homens".[462] A partir desse dado, pode ser deduzida a base territorial, como norma, para a ordenação de espaços legalmente delimitados, tal como a soberania estatal, que parte dessa premissa.[463]

Seguindo-se a construção sugerida por RACHEL, caberia estender a afirmação, em relação a aquilo que existe, por força da natureza, e como tal, tem a condição de ser fixo e imutável – e assim, se poderia chegar a reconhecer a existência de um direito 'natural', onde este teria a mesma força, em toda parte, assim como o fogo queima, tanto aqui como na Pérsia? Em contraposição ao direito, que decorreria de mera convenção, ou da conveniência das partes contratantes.[464] Também necessário, para ordenar a convivência internacional, porém voluntário.

460 S. RACHEL (op. cit., 1676, ed. 1916, "Dissertatio altera", I, acima referido).

461 S. RACHEL (op. cit., 1676, ed. 1916, "Prima Dissertatio", IX) : "Juris itaque in universum Divisio optima est, quam tradidit Philosophus. **Nicom.7**. Quod aliud sit φυσικόν, naturale, aliud νόμικον, arbitrarium."

462 Observava S. RACHEL (op. cit., 1676, ed. cit., 1916, "Prima dissertatio", IX): "plura tamen hic investiganda sunt" – aqui se toca algo que merece ulterior investigação, porquanto se trata de conceito central de sua doutrina, especialmente desenvolvido na "segunda dissertação", especificamente focada no "direito das gentes".

463 A respeito da relação entre estado soberano e direito internacional, ver **Tratado** (tomo 5 – **Direito internacional no tempo de Francisco de Vitória**, item 13.3 – *estado soberano e direito internacional*), b/c, a respeito da dimensão espacial da manifestação da soberania do estado, ver **Tratado** (tomo 1 – **Direito internacional dos espaços**, esp. cap. 2 – *soberania e território do estado*).

464 O que, de certo modo, pode ser aproximado da distinção, igualmente obsoleta, entre os assim chamados 'tratados-lei', que conteriam disposições de ordem geral e de interesse da comunidade internacional, como todo, em oposição aos ditos 'tratados-contrato', que seriam a expressão de mero acordo de vontades das partes contratantes, no caso do direito internacional, os estados. O que se aponta com reparos.

Considerava Samuel RACHEL ser o direito natural expressão da conformidade com a natureza racional e social do homem – *Dixi Jus Naturae accomodatum esse Humanae Naturae rationali & sociali*.[465] A seguir, caracterizava, extensamente, como se deveria entender esse direito natural. Daí, se extrai a passagem:

> ARISTÓTELES e outros gregos chamam esse direito 'norma comum' ou 'justiça comum' – direito comum, *communis lex, commune jus*; para CÍCERO e APULEIO, é o direito comum da humanidade; para SÊNECA, o direito comum da raça humana; para CORNELIO NEPOS, o direito comum do mundo – *commune jus gentium* –; para DEMÓSTENES, ISÓCRATES e QUINTILIANO, o direito comum de todos.[466]

E, mais adiante, asseverava: "assim como o direito humano não é mudado, simplesmente por haver comportamentos contrários, por parte daqueles, que deveriam estar submetidos a tal norma, muito menos o direito natural admite mudança", por tal motivo, "mesmo se povos inteiros, corrompidos por maus costumes, se comportam de modo contrário a este".[467] Muito atual, infelizmente, a ponderação de RACHEL e quadra perfeitamente com nosso contexto pós-moderno: o direito humano não é mudado, mesmo se povos inteiros, corrompidos por maus costumes, se comportam de modo contrário a esse direito.

Diversamente de GRÓCIO, sustentava RACHEL que se deve distinguir o direito internacional do direito natural. Segundo RACHEL,[468] deve-se incluir o direito das gentes no campo do direito arbitrário – *jus arbitrarium* –,

[465] S. RACHEL (op. cit., 1676, ed. 1916, § XXX).

[466] S. RACHEL (op. cit., 1676, ed. 1916, § XLVI): "Unde & ipsi [ARISTOTELES] & aliis Graecis hoc jus dicitur κοινος νομος, seu κοινος δικαιον, communis lex, seu commune jus: commune jus humanitatis, CICERONI & APULEIO: communis jus generis humani, SENECAE: commune jus gentium, CORNELIO NEPOTI : communis omnium lex, DEMONSTHENI, ISCORATI & QUINTILIANO "

[467] S. RACHEL (op. cit., 1676, ed. 1916, § L): "Sicut ergo non mutatur lex humanae factis forte subditorum contrariis solis; multo minus Lex naturae, etiamsi pravo more corrupti integri populi contrarium feceriut mutatione hinc recipit."

[468] S. RACHEL (op. cit., 1676, ed. 1916, §§ V-IX). Mais adiante (XXVIII) afirma RACHEL que críticas injustas são formuladas contra GRÓCIO: "*Immerito itaque vapulare videtur GROTIUS*", com relação ao cuidado da sociedade ser a fonte do direito internacional.

como expressão de norma, decorrente de acordos ou do costume,[469] onde o primeiro decorreria da divina providência, e o segundo seria fruto da vontade do legislador.[470]

Ficava, assim, claro, segundo RACHEL, que o direito das gentes, no sentido estrito, é espécie do direito arbitrário, e uma espécie muito importante deste – *eamque praecipuam esse*. Considerava inadequado confundir o direito das gentes com o direito natural –[471] e asseverava "não devem ser promiscuamente confundidos o direito das gentes e o direito natural; pois, assim fazendo, causam-se muitos erros e se confundem variedades totalmente distintas do direito".[472]

Em matéria de costume, RACHEL reconhecia a exigência da habitualidade na repetição de atos – *ad consuetudinis jus requiri soleat actuum frequentia* –[473] mas aceitava a existência de acordos, que podem ser expressos ou tácitos.[474] Pois, sendo os estados independentes, uns dos outros, a existência de vínculos, entre estes, somente poderia, segundo este, decorrer de acordo.[475]

O 'acordo tácito', que se exprime por meio do costume, não precisa, contudo, ser *celebrado* entre todas as nações; pois segundo notava, sequer sabemos quais são todas as nações existentes na terra.[476] Asseverava RACHEL, que a menção a 'nações', no direito das gentes, fazia considerar "normal-

[469] S. RACHEL (op. cit., 1676, ed. 1916, § LVIII): "Hinc proclive jan et varias inter Jus naturale & arbitrarium differentias arcessere."

[470] S. RACHEL (op. cit., 1676, ed. 1916, § LVIII): "Illud unice a Providentia, hoc a legislatorum libera voluntate originem & autoritatem habet."

[471] S. RACHEL (op. cit., 1676, ed. 1916, "Dissertatio altera", IV): "Apparet hinc, Jus Gentium proprie dictum juris arbitrarii speciem, eamque praecipuam esse, & omnino male hoc ipsum cum jure naturae confundi."

[472] S. RACHEL (op. cit., loc. cit.): "non tamen Jus naturae Juris gentium vocabulo promiscue insigniri, tot erroribus occasio inde praeberi, & jura toto genere diversa confundi debuerant."

[473] S. RACHEL (op. cit., 1676, ed. 1916, "Dissertatio altera", XXVII e XXVIII).

[474] S. RACHEL (op. cit., 1676, ed. 1916, "Dissertatio altera", XXIV): "consensu gentium seu pacto Jus gentium constituit, eoque vel tacito vel expresso; id protinus monendum hic erit, Jus gentium commune tacitis, proprium expressis fere pactis introductum esse."

[475] S. RACHEL (op. cit., 1676, ed. 1916, "Dissertatio altera", XXIX): "Quando igitur tacito consensu et approbatione Majestatis civilis ex actuum [...] frequentia consuetudini juris autoritas tribuitur, illa deinceps in similibus actibus illos sibi tributos juris effectus exferit."

[476] Semelhante a ponderação de Francisco SUAREZ a respeito do número de estados necessário para a formação do consenso na sociedade internacional, como se considera no **Tratado** (tomo 6 – **Direito internacional no tempo de Suarez, Gentili e Zouch**, cap. 15).

mente muitas nações, sem fixar número definido, mesmo quando estas forem apenas duas".[477]

Para caracterizar o que seja o direito das gentes comum, as exigências nesse sentido são satisfeitas quando diversos e sobretudo as nações 'civilizadas' – *moratiores* –,[478] exprimem a sua aceitação de determinada regra – *pro jure inter se utuntur et consociantur*.[479] O direito das gentes específico – *proprium* – é, por sua vez, aquele que dois ou mais estados acordam entre si, e que as demais nações não estão obrigadas a observar.

Os acordos entre estados somente podem regular questões atinentes às partes contratantes, de tal modo que, ao lado do direito internacional geral – *ius gentium commune* – existe, também, direito internacional específico – *ius gentium proprium* –, que opera somente entre as nações, que com tais normas tenham concordado.[480]

RACHEL considerava provável que o direito internacional geral – *ius gentium commune* – tivesse origem no direito internacional específico – *ius*

[477] S. RACHEL (op. cit., 1676, ed. 1916, "Dissertatio altera", XII): "Mihi igitur ad significationem Juris gentium in generi considerari sufficiunt plures gentes, numero certo licet aut definitae, etiamsi illae vel duae fuerint, cum & he numerum pluralem consistere possint."

[478] S. RACHEL (op. cit., 1676, ed. 1916, "Dissertatio altera", XXIII): "commune appello, quo complures, aut forte pleraeque gentes, saltem moratiores, pro jure inter se utuntur & consociantur."

[479] Extensa no tempo e no espaço a construção do conceito de civilização e do papel da vida urbana como expressão de civilidade, cf. se considera no **Tratado** (tomo 20 – **Direito internacional, história e cultura**, *Introdução* e cap. 1 – *direito internacional no tempo e seu papel na história*); v. tb. Valerie FRASER, **The architecture of conquest** – Building in the Viceroyalty of Peru, 1535-1635 (Cambridge: Univ. Press – Cambridge Iberian and Latin American Studies, 1990, chap. 1 – *The idea of architecture*, p. 21-50, esp. – *The civic, the civil and the Christian: Indian towns to 'our design'*, cit p. 40-41): "Behind this unanimity about the grid-plan layout for new towns lies the assumption that civility is conditional upon a urban lifestyle. In the case of Spanish America this comes to mean not *any* town, but specifically the grid-plan type and the orderliness of the grid-plan layout is a metaphor for the orderliness and civility of the people who live within it. Spaniards in America should therefore live in orderly towns in a demonstration both to themselves and to the Indians of their inherent civility. But this idea is also extended and modified to apply to the Indians. It was considered at least as important the Indians too should live in orderly towns but in this case the purpose of such orderliness was not a demonstration of civility but an encouragement towards it. Indian civility is dependent upon orderly urbanization and it is also closely bound up with Christianization: the civic, the civil and the Christian are essentially interdependent."

[480] S. RACHEL (op. cit., 1676, ed. 1916, § XXIII). Desse modo, Samuel RACHEL consistentemente nega a distinção entre *jus gentium primaevum* ou *primarium*, em relação a um *jus gentium secundarium*.

gentium proprium –, pelo desenvolvimento daquilo, que foi considerado adequado, e foi adotado, entre determinados estados, em casos concretos. A partir da aceitação de natureza consensual – em caráter pontual por parte de dois ou mais estados – em casos concretos, pode desenvolver-se norma, que alcance patamar de aceitação mais amplo, pelo conjunto da comunidade dos estados.

Conceitualmente, esta formulação de RACHEL pode ser aproximada do conteúdo de normas cogentes de direito internacional geral – *jus cogens* –, no contexto pós-moderno.[481] Embora ele não utilize essa terminologia.

Com base nessa premissa, RACHEL criticava vários autores de direito internacional, para os quais a natureza do direito das gentes seria somente *contratual*. Especialmente são alvo de suas críticas[482] as concepções de Richard ZOUCH e de Alberico GENTILI.[483]

Nessa ótica de fundamentação das normas, podem ser considerados alguns dos principais ramos do direito internacional, segundo Samuel RACHEL. Como por exemplo, o direito da guerra, as imunidades dos embaixadores, o direito dos tratados, ou a existência e o fundamento do direito internacional.

Nas suas considerações a respeito do direito da guerra, RACHEL sustentava que o direito natural não somente exige *justa causa*, mas que também exista para tanto necessidade.[484] A *justa causa* somente pode ser ofensa grave, como causadora de uma guerra. Muito menos, pode ser invocada

[481] O complexo conceito de *jus cogens* está exposto no art. 53 da Convenção de Viena sobre direito dos tratados, de 1969: "É nulo o tratado que, no momento de sua conclusão, conflite com uma norma imperativa de direito internacional geral. Para os fins da presente Convenção, uma norma imperativa de direito internacional geral é uma norma aceita e reconhecida pela comunidade internacional dos estados como um todo, como norma da qual nenhuma derrogação é permitida, e que só pode ser modificada por norma ulterior de direito internacional geral da mesma natureza". Por sua vez, o art. 64, da mesma Convenção, estipula: "Se sobrevier uma nova norma imperativa de direito internacional geral, qualquer tratado existente, que estiver em conflito com essa norma torna-se nulo e extingue-se".

[482] S. RACHEL (op. cit., 1676, ed. 1916, §§ XXXI ss.). Para a crítica de Samuel RACHEL a respeito de Richard ZOUCH, vejam-se os principais elementos no capítulo sobre este último, no **Tratado** (tomo 6 – **Direito internacional no tempo de Suarez, Gentili e Zouch**, cap. 17).

[483] Para exame das contribuições de Richard ZOUCH (1590-1660) e de Alberico GENTILI (1552-1608) para o direito internacional ver **Tratado** (tomo 6 – **Direito internacional no tempo de Suarez, Gentili e Zouch**, esp. caps. 16 e 17).

[484] S. RACHEL (op. cit., 1676, ed. 1916, "Dissertatio altera", XLI): "Praeterquam quod justam bello causam subesse, etiam necessariam esse opportet."

qualquer ofensa, para se fazer uso do remédio extremo da guerra – *praeternaturale remedium*.[485]

Uma ofensa qualquer não seria suficiente; como tampouco seria base para a guerra, caso se tivesse oferecido compensação reparatória. Considera não mais haver justa causa, quando tiver sido oferecida reparação. E, visto ter a guerra efeito disruptivo, sobre o conjunto do sistema, o fim de todo o sistema deve ser a manutenção da paz:

> O direito natural exige que a guerra seja considerada em relação ao seu devido fim e objetivo último, que é a paz; e se a paz não estiver ameaçada, por atos ou desígnios malévolos, a paz deve ser segura com ambas as mãos, e sempre preferida à guerra.[486]

Sustentava ainda RACHEL, com base no direito natural, que somente meios legítimos, devam ser usados na guerra.[487] E que, nessa matéria, o *jus arbitrarium*, como expressão do consenso tácito – *tacitus consensus* – das nações, deva ser levado em consideração.

A guerra, segundo RACHEL, somente poderia ser exercida pelo comando supremo da nação, por aquele que detém o poder soberano.[488] Seu início somente poderia ocorrer depois de ter sido formal e solenemente comunicada, observados os usos correntes, quanto à promulgação, declaração, denúncia ou proclamação, por meio de arautos.[489]

[485] No que não discrepa da concepção de GENTILI a respeito da guerra, como expunha no seu **Direito de guerra** (orig. publ. **De jure belli libri tres**, 1598, trad. Ciro MIORANZA, intr. Diego PANIZZA, Ijuí: Ed. Unijuí, 2004, livro terceiro, capítulo XIII). Logo adiante, GENTILI (op. cit., 1598, ed. 2004, III.XIV.2, p. 528) mencionava "belas são as seguintes palavras de BALDO DEGLI UBALDI (**Cons.**, 2, 195): '*Deve-se procurar que a paz seja duradoura e que por causa de novas injúrias não surja a oportunidade de voltar às armas*'." E ainda (III.XXII.2, p. 599): "A paz será perpétua, portanto, segundo sua própria natureza e com ela ficarão adormecidas as causas de guerra". Como examinado no **Tratado** (tomo 6 – **Direito internacional no tempo de Suarez, Gentili e Zouch**, cap. 16 – *Alberico GENTILI (1552-1608)*).

[486] S. RACHEL (op. cit., 1676, ed. 1916, "Dissertatio altera", XLII): "Porrò Naturae jus requirit, ut bellum ad debitum referatum finem, pacem, inquam, quae si nihil sit habitura a iniuriarum vel insidiarum, ambadus manibus prehendi, & bello semper preferri debet."

[487] S. RACHEL (op. cit., 1676, ed. 1916, "Dissertatio altera", XLIII): "Denique vult Jus naturae, bella etiam juste geri."

[488] S. RACHEL (op. cit., 1676, ed. 1916, "Dissertatio altera", XLIV): "penes quem est το κυριον Reipublicae".

[489] S. RACHEL (op. cit., 1676, ed. 1916, §§ XLIV-XLV).

A solenidade do gesto de a declarar tem por fim mostrar que a guerra se faz em nome do interesse público, e não sob instigação de interesses particulares.[490] Referidas preliminares formais, bem como a justa causa, antes referida, são indispensáveis, para que se possa caracterizar a *justiça* da guerra, para que esta seja encetada, e também com relação aos danos que sejam mutuamente causados, quer contra pessoas, quer contra bens, de um e de outro lado.[491]

Na condução da guerra há de ser observada a distinção, entre o que é lícito – *licitum* –, o que é honesto – *honestum* –,[492] e em terceiro lugar, o que pode ser considerado 'indiferente', como distinguia RACHEL.[493] Assim, alinha-se com o que, segundo ele, sustentava a maioria dos autores, por exemplo, condenando o uso de venenos.[494]

RACHEL admitia serem alvo das armas e serem mortos, durante a guerra, mesmo mulheres e crianças. Admitia, ainda, que inimigos sejam mortos, mesmo quando pretendam se render, mas não podem ser mortos, depois de tomados como prisioneiros. Executar prisioneiros é prática, covarde e desleal, que fere não somente as leis da guerra, como os mais elementares princípios de humanidade.

Propriedade do inimigo pode ser tomada e mesmo destruída, sem exceção, como tantos exemplos da história deixam registro.[495] Inclusive, para RACHEL, quando se tratar de edifícios destinados ao culto religioso.[496]

490 S. RACHEL (op. cit., 1676, ed. 1916, "Dissertatio altera", XLV) reporta a lição de GRÓCIO, **De jure belli ac pacis** (1625, Livro III, cap. 3, n. 11).

491 S. RACHEL (op. cit., 1676, ed. 1916, "Dissertatio altera", XLVI): "In ipso bello, quod secundum requisitia Juris gentium justum est, mutuo hostibus illara laetio ac detrimentum est licitum, sive id in personis, sive rebus contingat."

492 Pode-se contrapor a ponderação do contemporâneo Blaise PASCAL (1623-1662): "On n'apprend pas aux hommes à être honnêtes hommes, et on leur apprend tout le reste; et ils ne se piquent jamais tant de savoir rien du reste, comme d'être honnêtes hommes. Ils ne se piquent de savoir que la seule chose qu'ils n'apprennent point". Ver PASCAL, **Pensées** (in **Œuvres complètes**, texte établi, présenté et annoté par Jacques CHEVALIER, Paris: Gallimard-Pléiade, © 1954, impr. 1991, p. 1079-1358, n. 82 [169], p. 1104).

493 S. RACHEL (op. cit., 1676, ed. 1916, "Dissertatio altera", XLVI): "ita ut sine vitio atque fieri atque non fieri possit."

494 S. RACHEL (op. cit., 1676, ed. 1916, "Dissertatio altera", § XCIX): "Veneno infectis armis hostem interficere, etiam Juris gentium non naturalis, placitum esse" – e remete ao que já expusera antes (XLVII).

495 S. RACHEL (op. cit., 1676, ed. 1916, "Dissertatio altera", XLVII). Cita passagens do **Digesto** (11.7.36 e 47.12.4), para justificar que nem mesmo locais de culto sejam poupados.

496 Contrariamente ao que já sustentavam os antigos gregos, como se examina no **Tratado** (tomo 3 B – **Gregos, romanos, chineses, indianos**, esp. cap. 5 – *as cidades estado gregas e mundo helenístico*).

O que é capturado do inimigo, durante a guerra, torna-se propriedade do captor, de tal modo que a completa transmissão da propriedade seja universal e definitivamente atribuída ao vencedor.[497] RACHEL expressamente sustentava não haver diferença, nessa matéria, entre a captura de bens públicos e de bens privados.[498]

O vencedor adquire total e supremo poder sobre estado derrotado, ou sobre a parte subjugada de estado derrotado, do qual resulta a cessão de poder soberano.[499] Qualquer violação do direito, cometida contra inimigo, durante trégua, é uma violação do direito das gentes.[500]

O tratamento, cruel e desumano, dispensado a inimigos e prisioneiros, com base na prática dos estados da época – desse modo aceitando-se tal tratamento nos usos – *ex placito* –, do direito das gentes –, levava RACHEL à afirmação de que o direito positivo pode conflitar com o direito natural, o que o torna injusto.[501]

Sustentava RACHEL, deverem os autores, como fez GRÓCIO, distinguir entre direito das gentes externo – *jus gentium externum* – e direito das gentes interno – *jus gentium internum* –, entre o que ele chamava de verdadeiro direito das gentes – *jus gentium verum* – ou seja, aquele que é conforme ao direito natural – em relação ao direito das gentes putativo – *jus gentium putativum*. E, assim, como GRÓCIO já antes demonstrara, o primeiro tempera o segundo, e por vezes, o torna inoperante.[502]

Dentre as mais úteis normas do direito das gentes, considerava RACHEL inscreverem-se aquelas, relativas às imunidades dos embaixadores,[503] como

497 S. RACHEL (op. cit., 1676, ed. 1916, "Dissertatio altera", XLIX).

498 S. RACHEL (op. cit., 1676, ed. 1916, §§ XLVI-XLIX). Considera, ainda, que não se podem tomar inimigos vencidos como escravos, entre nações cristãs (L), como evidencia, sustenta, da existência de *jus gentium commune minus late patens*.

499 S. RACHEL (op. cit., 1676, ed. 1916, §§ LI): "in ditionem et imperio victoris transit."

500 S. RACHEL (op. cit., 1676, ed. 1916, §§ LII). Não exprime qualquer opinião sobre a tomada de reféns, mas se limita a relatar alguns precedentes sobre a matéria (LIV, LV).

501 S. RACHEL (op. cit., 1676, ed. 1916, §§ LVI-LVII).

502 Para exame da concepção de GRÓCIO a respeito, ver **Tratado** (tomo 7 – **Direito internacional no tempo de Hugo Grócio**, cap. 18).

503 Diversa a compreensão da matéria por Samuel PUFENDORF, como se examina no cap. 20, neste tomo. Compare-se o que antes de RACHEL e PUFENDORF escrevem, por exemplo, Alberico GENTILI, com sua inteira obra sobre a matéria, **De legationibus libri tres**, de 1585, como se examina no **Tratado** (tomo 6 – **Direito internacional no tempo de Suarez, Gentili e Zouch**, cap. 16); matéria também tratada por Conrad BRAUN (1491-1563), o fanático canônico de Augsburgo, em sua obra, em cinco livros, **Sobre as embaixadas** (orig. publ. **De**

pessoas encarregadas da condução de negociações.[504] Apesar da utilização corrente, de vários termos,[505] somente se caracteriza o 'embaixador' quando enviado, revestido de suprema autoridade, por um príncipe, junto a outro.[506] Estas, quando enviadas frente ao inimigo, em meio a uma guerra, são chamadas de 'arautos'.[507]

Considerava RACHEL, contudo, necessário que tais representantes estrangeiros sejam admitidos como embaixadores, pelo príncipe, perante o qual são enviados. Depois de admitidos, suas prerrogativas têm de ser observadas.[508] Muitas vezes, informações preliminares podem ser buscadas, a respeito da possibilidade de admissão de uma embaixada, ou sobre o próprio embaixador.[509]

O pedido de admissão do representante pode ser recusado por *justa causa*. RACHEL cita[510] Francesco GUICCIARDINI,[511] no sentido de que aos embaixadores do rei da França, de Veneza e de Florença, que tinham

Legationibus libri V, Mainz: Fr. Behem, 1548), na edição C. BRAUN, **Cinq livres sur les ambassades** à destination de ceux qui sont totalement appliqués à la chose publique, ou très utiles à ceux qui remplissent une quelconque magistrature, et agréables à la lecture (trad., annotations et notes par Dominique GAURIER, Limoges: Pulim – Presses univ. de Limoges, 2008).

504 S. RACHEL (op. cit., 1676, ed. 1916, "Dissertatio altera", LVIII): "Humanissimum vero est illud Jus gentium quo legatorum securitatem iis munire placuit."

505 Para algumas referências e exame da matéria, ver G. E. do NASCIMENTO E SILVA, P. B. CASELLA e O. BITTENCOURT Neto, **Direito internacional diplomático** – a Convenção de Viena sobre relações diplomáticas (1961) na teoria e na prática (São Paulo: Saraiva, 4ª ed., 2012); L. BÉLY, **L'art de la paix en Europe** – naissance de la diplomatie moderne XVIe – XVIIIe siècle (Paris: PUF, 2023); bem como o conjunto dos ensaios no volume **L'incident diplomatique – XVIe-XVIIIe siècle** (dir. de L. BÉLY G. et POUMARÈDE, Histoire de la diplomatie et des relations internationales, Paris: Pedone, 2010).

506 S. RACHEL (op. cit., 1676, ed. 1916, "Dissertatio altera", LIX): "Etsi vero Legatorum, qui etiam Oratores, Nuntii, Interpretes dicuntur, appellatio sit generalis, & vulgari loquendi consuetudine illa extendi solleat; quod tamen Jus gentium attinet, hujus non perinde participes sunt illi, qui quidem vulgo Legati dicuntur, cum tamen secundum significationem maxime propriam non sint; sed iis tantum, vel certe praecipue, quicunque invicem ab iis mittuntur, penes quos utrimque est το κυριον Reipublicae".

507 S. RACHEL (op. cit., 1676, ed. 1916, "Dissertatio altera", LXI): "Ad hostes qui mittuntur, olim *Feciales & Caducatores,* nunc *Heraldi* dici consueverunt".

508 S. RACHEL (op. cit., 1676, ed. 1916, "Dissertatio altera", LXII).

509 S. RACHEL (op. cit., 1676, ed. 1916, "Dissertatio altera", LXIII).

510 S. RACHEL (op. cit., 1676, ed. 1916, "Dissertatio altera", LXIV).

511 Francesco GUICCIARDINI, **Storia d'Italia** (a cura di Silvana Seidl MENCHI, saggio introduttivo di Felix GILBERT, Turim: Einaudi, © 1971, ristampa 2008, 3 vols.).

ingressado nos seus domínios, para lhe declarar guerra, sem terem sido própria e previamente anunciados, fora ordenado, pelo Imperador CARLOS V, que se retirassem, para local distante, e ao menos trinta milhas, das fronteiras de seus territórios: "e, assim, rompida toda prática da paz, permaneceram acesos somente os pensamentos da guerra, conduzida e estabelecida em toda a Itália".[512]

Embora considerasse não haver disciplina exata, de quais e como devam ser exercidas as imunidades dos representantes diplomáticos, Samuel RACHEL considerava que se deveria atuar com cautela, mesmo quando se tratasse de embaixador, que tivesse tramado contra o estado, para o qual este foi enviado.[513] Por exemplo, no caso de embaixador de estado, que se tivesse mostrado particularmente cruel, na condução da guerra. Da mesma forma, o embaixador de governante, que se tivesse declarado ateu, e por essa razão, poderia ser tido como não merecedor de confiança.[514]

[512] F. GUICCIARDINI (op. cit., livro 18, cap. XV, cit. p. 1902): "E partiti da lui gli imbasciadori, entrorono subito gli araldi del re di Francia e del re di Inghilterra a intimargli la guerra: la quale avendo accettata con lieto animo, ordinò che gli imbasciadori del re di Francia de' viniziani e de' fiorentini fussino condotti a una villa lontana trenta miglia della corte, dove fu posta loro guardia di arceri e alabardieri, proibito ogni commercio e la facoltà dello scrivere; a quello del Duca di Milano, come a suo suddito, fece commandamento che non partisse della corte; a l'inghilese non fu fatta innovazione alcuna. E così, rotta ogni pratica della pace, restorono accesi solamente i pensieri della guerra, condotta e stabilita tutta in Italia."

[513] S. RACHEL (op. cit., 1676, ed. 1916, "Dissertatio altera", LXVIII). Compare-se a avaliação de Richard ZOUCH, sobre o tratamento a ser dispensado a representante diplomático envolvido na prática de delito, **Solutio quaestionis veteris et novae sive de legati delinquentis judice competetente dissertativo in qua Hug. Grotii de ea re. sententia explicatur, expenditur et adseritur** (Oxford, 1657; ed. cum notis & animadversionibus Christiani HENELII, Colonia: Impensis Rupert Völckeri, 1669; tb. Londres, 1717). A respeito, ver **Tratado** (tomo 6 – **Direito internacional no tempo de Suarez, Gentili e Zouch**, cap. 17).

[514] Exatamente nessa mesma época, se batia Pierre BAYLE, no **Dictionnaire historique et critique** (1697, segunda edição, substancialmente ampliada, 1702), para que o 'ateísmo' não fosse, em si, considerado delito, nem causa de impedimento de exercício da condição normal do cidadão, no que rapidamente se tornou um dos livros mais lidos da época. No curso desses debates, também LEIBNIZ, tanto nos **Nouveaux essais** (1703-1704, II, 21, §49-50) como em LEIBNIZ, **Textes inédits** (ed. cit., 1998, tome I, section V, *Liberté et optimum*, p. 262), fornecia precisões a respeito do sentido em que se deve chamar "a liberdade uma tendência sem impedimentos". Desenvolvia LEIBNIZ a sua psicologia da vontade, sem falar de harmonia previamente estabelecida, mas estendendo até mesmo em relação a Deus – como também antes fizera John LOCKE – a sua definição, no sentido de que: "ser livre é ser determinado pelo melhor da razão". LEIBNIZ discutia a liberdade e a escolha do melhor dos mundos possíveis, e considerava: "meu sistema aumenta nossa espontaneidade e em nada diminui nossa

Em matéria de direito dos tratados, RACHEL observava que muitos instrumentos têm significado que ultrapassa as relações entre as partes –[515] por exemplo, tratados de paz podem ser do interesse de grande número de nações – e, em alguns casos, a observância de tais pactos, dentre os quais destacam-se os tratados de aliança – *foedera*.[516] O conteúdo destes acordos de aliança poderia ser assegurado, por meio de cláusulas acessórias.[517]

Aí se inscreve, para RACHEL, a caracterização do que é propriamente direito das gentes – *Jus gentium proprium* – e que pode ser subdividido entre, de um lado, ampla parte operacional deste – *latius patens* –, e sua parte de operação restrita – *arctius*.[518] Dentre estas convenções, contam-se as situações, nas quais um terceiro estado, não diretamente ligado ao objeto do tratado, figure como garantidor, do cumprimento das obrigações, decor-

escolha". Ver, ainda Dirk EVERS, no ensaio *Gottes Wahl der besten aller möglichen Welten* (in G. W. LEIBNIZ, **Monadologie**, hrsg. von Hubertus BUSCHE, Berlim: Akademie Verlag, 2009, p. 129-143), considerando a estreita relação, na obra de LEIBNIZ, entre '*o melhor dos mundos possíveis*' e o conceito da '*harmonia universal*'. Ver **Tratado** (tomo 10 – **Direito internacional no tempo de C. van Bynkershoek e Christian Wolff**, item 22.1 – *direito segundo LEIBNIZ*).

515 O que, em nossos tempos pós-modernos, pode ser considerado como "normas cogentes de direito internacional geral" – *jus cogens* –, e como tais podem ser vinculantes, mesmo em relação ao estado que não tenha manifestado expressamente a sua aceitação daquele conteúdo normativo. Como regula a **Convenção de Viena sobre direito dos tratados** de 1969, notadamente em seus arts. 53 e 64.

516 S. RACHEL (op. cit., 1676, ed. 1916, "Dissertatio altera", LXXVIII): "Sed inter Gentes publicarum conventionum noctissimae & frequentissimae sunt *Foedera*".

517 Com relação às garantias dos tratados de aliança expunha criteriosamente Christian WOLFF, como se examina no **Tratado** (tomo – **Direito internacional no tempo de C. van Bynkershoek e Christian Wolff**, cap. 22). Ver Christiano L. B. de WOLFF, **Institutiones juris naturae et gentium** – in quibus ex ipsa hominis natura continuo nexo omnes obligationes et jura omnia deducuntur (Hallae Magdeburgicae: prostat in officina Rengeriana, MDCCLXIII, prefácio com data de 4 de setembro de 1749) – que constitui resumo da grande obra, antes publicada por WOLFF, em oito volumes, tendo o direito internacional como objeto do último tomo: WOLFF, **Ius gentium, methodo scientifica pertractatum, in quo ius gentium naturale ab eo, quod voluntarii, pactitii et consuetudinarii est, accurate distinguitur** (Halle, 1749). As **Institutas** foram traduzidas para o francês, **Principes du droit de la nature et des gens** ("extrait du grand ouvrage latin de Mr. de WOLFF, [traduit en français] par Mr. [Jean-Henri Samuel] FORMEY", Amsterdam: chez Marc Michel Rey, 1758, 3 vols. edição facsimilar Caen: Centre de philosophie politique et juridique, 1990, livro IX, cap. V, §§ XVI e XVII): "uma potência pode intervir como terceiro, na qualidade de garantidora de tratado, feito entre duas outras. É o que se chama *garantia*".

518 S. RACHEL (op. cit., 1676, ed. 1916, "Dissertatio altera", LXXVI).

rentes deste. O que, também, pode ocorrer, nas várias modalidades de tratados de aliança.[519]

RACHEL mostrava[520] a necessidade de distinguir, entre preceitos de lei e preceitos de moralidade (ou de cortesia internacional) – *in moralibus latus pateat officii quam juris nomen* – e que a extensão do conteúdo do termo 'obrigações' é mais ampla, na regulação de dever moral, do que no direito.

Com base em tal distinção, refutava RACHEL algumas opiniões errôneas, a respeito do direito internacional: tais como a atribuição de coisas, na terra, a diferentes povos, como se fossem direitos de propriedade; ou que a punição dos culpados, seja derivada do direito de legislar; e, ainda, que nenhum direito de punir é derivado do exercício da legítima defesa na guerra.[521]

Considerava Samuel RACHEL, como a sua suprema tarefa, demonstrar a existência do direito internacional[522] e descartar as objeções dos detratores, contrários à existência deste: "pois se não existisse todos os meus esforços e penas estariam perdidos". Esse curioso debate ainda perdura. RACHEL ponderava:

> Alguns faladores poderiam argumentar que eu deveria ter colocado esta discussão logo no início, e não ao final do meu tratado. Pois qual será a utilidade de questionar o conteúdo e a natureza jurídica do direito das gentes, antes que se saiba, com certeza, se afinal existe um direito das gentes?[523]

[519] S. RACHEL (op. cit., 1676, ed. 1916, §§ LXXIII-LXXVIII). Como mencionado, pode ser útil fazer a comparação com a concepção de WOLFF a respeito da mesma matéria. O que se examina, **Tratado** (tomo 10, cap. 22).

[520] S. RACHEL (op. cit., 1676, ed. 1916, §§ LXXIX).

[521] S. RACHEL (op. cit., 1676, ed. 1916, §§ LXXX-LXXXIII). Menciona o livro de Hugonis de ROY, **De eo quod iustum est, et circa id philosophiae, theologiae et iurisprudentiae syncretismo libri tres** (Ultrajecti: ex officina Gisberti à Zyll, 1645 – online: books.google.com.br tb. digitale-sammlungen.de) e pondera serem, normalmente, consistentes as opiniões do autor a respeito do Direito das gentes normalmente, contudo, este parecia confundir-se ao tentar defender os ditos e confusos ensinamentos dos autores antigos, a respeito do direito natural e das gentes: "Reliqua fere favent priscae confusioni".

[522] S. RACHEL (op. cit., 1676, ed. 1916, "Dissertatio altera", LXXXIV): "Supremus ergo labor superest, ut demonstrem, esse aliquod Jus gentium". Ver tb. **Tratado** (tomo 6 – **Direito internacional no tempo de Suarez, Gentili e Zouch**, item – *existência e conteúdo do direito internacional moderno*).

[523] S. RACHEL (op. cit., 1676, ed. 1916, "Dissertatio altera", LXXXIV): "Quid enim opus est inquirere, quid & quale sit Jus gentium, si nondum sit certum, an ullum Jus gentium sit et existet."

Considerou RACHEL assim, mais adequado,

Primeiro, considerar as questões antes tratadas, com a esperança de que, removidas todas as ambiguidades verbais – *remota omnia homonymia* –, por meio da classificação de todas as espécies do direito das gentes, adotando nomenclatura distinta para tanto, e explicando os tópicos mais importantes desse direito, se pudesse limpar o caminho, para mais direta e perspicaz compreensão – *plane & perspicue tradi & intelligi possit* – da questão, se afinal, existe um direito das gentes – *omnino aliquod Jus gentium* –, tal como eu o descrevi e classifiquei e ilustrei, com vários exemplos.[524]

No tocante às críticas feitas ao direito internacional, Samuel RACHEL apontava quatro, que "teriam seduzido muitas pessoas à condição de dúvida",[525] quanto à existência e a operacionalidade deste:

- em primeiro lugar – *primo* –, há quem considere improvável que o consentimento de todas as nações possa exprimir-se, de modo a ter, alguma vez, estabelecido algum direito;
- em seguida – *deinde* –, que não há uso ou costume, suficientemente generalizado, para que seja aparente, do qual o consentimento expresso ou tácito dessas nações, para com tal lei, pudesse ser deduzido ou presumido;
- em terceiro lugar – *tertio* –, que as nações e os príncipes repetidamente professam, por suas condutas, que aquilo que é tido como o direito das gentes, não é preocupação deles, mas somente jogo cênico, que não se adapta aos seus palcos – *scenae haec fabula minime conveniat* –; e
- finalmente – *denique* –, que os assuntos, normalmente referidos ao direito das gentes, são baseados, em parte no direito natural, de modo que não há necessidade de fingir a existência de direito das gentes arbitrário – *partim Jure naturae sustineantur, ut adeo Juris gentium arbitrarii fictione opus non sit* – e, em parte, não tem qualquer embasamento jurídico – *partim omni jure destituantur.*[526]

Em resposta à alegação, de nem todos os estados se acharem vinculados, pelo direito internacional, Samuel RACHEL reiterava,[527] o que já

[524] S. RACHEL (op. cit., 1676, ed. 1916, "Dissertatio altera", loc. cit.).
[525] S. RACHEL (op. cit., 1676, ed. 1916, "Dissertatio altera", LXXXV).
[526] S. RACHEL (op. cit., 1676, ed. 1916, "Dissertatio altera", LXXXV).
[527] S. RACHEL (op. cit., 1676, ed. 1916, LXXXVI, e se reporta ao que desenvolvera nos §§ XI, XII e XXXVI). Afirma existir direito das gentes, propriamente dito (como apresentara nos

tinha afirmado antes: ele enfrenta a objeção, de que as normas do direito das gentes não podem ser remetidas a tratados específicos, por meio da proposição de que existe consenso tácito – *tacitus consensus* –, bastando que determinado conteúdo seja observado como lei, mesmo que a origem da norma seja incerta. Desde que se veja revestida pela 'convicção de juridicidade' – *opinio juris*.[528]

Afastava RACHEL, igualmente, a objeção no sentido de não existirem usos e costumes, de tal modo generalizados, entre todas as nações, e de tal modo aparentes, dos quais o consentimento ou a concordância tácita de todas essas mesmas nações pudesse ser deduzido ou presumido: [529] "manifestamente", assevera, "muitas normas existem e são observadas, entre as nações, como lei, em nosso tempo, como no passado, embora somente possamos conjecturar, quanto à sua origem, e como estas se formaram".[530]

§§ XXIV, LXXIII ss.) e conclama: quem pode duvidar que as nações estejam entre si vinculadas pelo vínculo arbitrário de várias convenções públicas? A este direito das gentes convencional se soma o que chama de direito das gentes comum (*Jus gentium commune*), distinto do primeiro, como do direito natural. A oposição a este é oposição ao sentido e à experiência (*non minus sensui et experientiae quam Juri gentium communi quisquam adversabitur*).

528 A respeito do papel da *opinio juris* no direito internacional pós-moderno, ver P. B. CASELLA, *Contemporary trends on Opinio Juris and the Material Evidence of International Law* (in Zanzibar: The Zanzibar Yearbook of Law, vol. 3, 2013, p. 27-49); ___, *Opinio juris* ("Gilberto Amado Memorial Lecture" apresentada perante a Comissão de direito internacional da ONU, em Genebra, em julho de 2013), bem como o conjunto do trabalho da CDI sobre a matéria, especialmente o 'Report' (2014) de *sir* Michael WOOD.

529 A respeito, ver o julgamento da CIJ, *South West Africa Cases* (judgment of 18 July 1965, ICJ Reports, 1966, //www.icj-cij.org/docket/files/46/4945.pdf//, Dissenting Opinion – Judge TANAKA, p. 250 ss., cit. p. 294): "The method of the generation of customary international law is in the stage of transformation from being an individualistic process to being a collectivistic process. This phenomenon can be said to be the adaptation of the traditional creative process of international law to the reality of the growth of the organized international community". Embora divirja da opinião, expressa na seguinte frase, com relação a: "*It can be characterized, considered from the sociological viewpoint, as a transition from traditional custom-making to international legislation by treaty*".

530 S. RACHEL (op. cit., 1676, ed. 1916, "Dissertatio altera", LXXXVII). Logicamente não se pretende que todas as nações se tenham reunido em determinado lugar para estabelecer as normas do direito das gentes, como lei para todos, e tenham chegado a consenso a respeito – *illud jus propter communem utilitatem tacito consensum gentium approbatum, & ab omnibus receptum*. Muitas vezes, é difícil apontar o começo de qualquer lei, que deva a sua instauração a uso ou costume, e tanto menos alguém poderá mostrar a origem e o desenvolvimento do direito das gentes comum, dependente como estão do uso difundido, durante período suficientemente longo de tempo, e transmitido de uma nação para outra.

Tampouco, poderia o terceiro argumento fazer avançar a causa, simplesmente mediante o uso do raciocínio. Segundo RACHEL,[531] "a observância do direito muitas vezes é negligenciada, e assim ou não existe lei, ou esta deixou de ser" – *ergo Jus aut lex non est, vel esse desinit*. As normas do direito das gentes, que não causam ofensa, nem atentam contra a equidade, e mais ainda, as que foram introduzidas pela utilidade e pela necessidade, não podem ser alteradas, nem ab-rogadas, por qualquer nação, sem motivo, especialmente se isso puder causar dano, a outras nações.

Apontava RACHEL,[532] que "a maior força de convicção parece repousar no quarto argumento, de que não haja necessidade, desse direito das gentes imaginário" – *Jure gentium nihil sit opus* –, vendo que o direito natural sozinho é o bastante, para regular a conduta das nações livres, e de que alguns dos temas, desse direito das gentes, não merecem o nome de direito – *quaedam Juris gentium capita sint talia, quae juria ne quidem nomine insigniri mereantur*: Afirmava:

> Já admiti, que algumas normas de direito das gentes, dessa ordem, que não merecem este nome, e insisti que aquelas, que repugnam ao direito natural, ou à piedade cristã, podem e devem ser rejeitadas, como não sendo aptas a adquirir qualquer força obrigatória, uma vez que a suprema autoridade do direito natural ou divino o impede. Mas à questão, se as nações e os estados estão vinculados por algo além do direito natural, com exclusão de qualquer direito voluntário entre estes, seja comum ou específico, é matéria que exige cuidadosa atenção. E será útil ouvir a voz de alguns, que fizeram tais afirmações.[533]

RACHEL reportava[534] as objeções de HOBBES, tais como estas tinham sido retomadas em PUFENDORF.[535] Segundo expunha HOBBES, no livro **Do cidadão**:

[531] S. RACHEL (op. cit., 1676, ed. 1916, "Dissertatio altera", LXXXVIII). Reconhece terem havido tópicos do direito das gentes caídos em desuso, ou por não estar seu uso firmemente estabelecido entre as nações livres, e assim pôde ser facilmente ab-rogado por interesse contrário, ou porque não havia inevitabilidade a respaldá-lo.

[532] S. RACHEL (op. cit., 1676, ed. 1916, "Dissertatio altera", LXXXIX).

[533] S. RACHEL (op. cit., 1676, ed. 1916, "Dissertatio altera", loc. cit.).

[534] S. RACHEL (op. cit., 1676, ed. 1916, "Dissertatio altera", XC). De HOBBES, reporta-se ao livro do cidadão, **Lib. de Cive** (cap. 14, § 4); essa mesma passagem de HOBBES é reportada por PUFENDORF, em seu Direito natural e das gentes, **De jure naturae et gentium** (Livro 2, cap. 3, § 22). T. HOBBES, **Do cidadão** (orig. publ. **Philosophical rudiments concerning**

O direito natural – *Legem naturale* – pode ser dividido, entre aquele que é natural aos homens, e o das cidades – *civitatum* –, que o vulgo chama de direito das gentes – *Jus gentium*. Os preceitos, de ambos, são semelhantes – *eadem sunt* –, mas porque as cidades, depois de instituídas, se somam às – *induunt* – às propriedades pessoais dos homens, a lei (*lex*), que regula os deveres de cada homem, chamamos natural, mas aplicada ao conjunto das cidades, nações e dos povos, chamamos direito das gentes – *totis civitatibus, nationibus, sive gentibus, vocatur Jus gentium*.[536]

Este velho debate – entre direito natural e das gentes – continuava a ter curso, na época. Como mostra a preocupação de Samuel RACHEL. Por sua vez, PUFENDORF, depois de reportar este mesmo trecho de HOBBES, afirmava concordar com ele e acrescentava:

> Tais sentenças nós plenamente subscrevemos, pensando, além disso, que não há outro direito das gentes – *nec praeterea aliud Jus gentium voluntarium seu positivum dari arbitramur* –, que tenha força de lei – *Legis proprie dictae vim habeat* –, propriamente assim chamado, que vincule as nações como se emanado de superior – *quae gentes tanquam a superiore profecta stringat*.[537]

Afirmava, por sua vez, RACHEL concordar com PUFENDORF, que as nações não estão vinculadas por lei, emanada de superior, mas que, não por isso, deixaria de existir o direito internacional, enquanto "estabelecido em

government and society, trad., apresentação e notas Renato J. RIBEIRO, São Paulo: Martins Fontes, 3ª ed., 2002); ___, **De Cive** (the Latin version, ed. by Howard WARRENDER, Oxford: Univ. Press, 1984); v. tb. ___, **De Corpore** (orig. publ. 1655, segunda edição 1668, in **Elementa philosophiae Sectio Prima De corpore – Hobbes Latinus** – vol. 1, reprinted Kessinger Publ., 2009).

535 Sobre PUFENDORF ver o cap. 20, seguinte, inclusive o item 20.1, para a crítica de RACHEL à concepção de PUFENDORF.

536 HOBBES, **De Cive** (ed. cit., cap. 14, § 4): Legem naturale esse vel naturalem hominum, vel civitatum, quae vulgo Jus gentium appellatur. Praecepta utriusque, *inquit*, eadem sunt: sed quia civitates semel institutae induunt proprietates hominum personales, lex, quam loquentes de hominum singulorum officio naturalem dicimus, applicata totis civitatibus, nationibus, sive gentibus, vocatur Jus gentium.

537 S. PUFENDORF, **De jure naturae et gentium** (Livro 2, cap. 3, § 22): Cui sententiae & nos plane subscribimus, nec praeterea aliud Jus gentium voluntarium seu positivum dari arbitramur, quod quidem Legis proprie dictae vim habeat, quae gentes tanquam a superiore profecta stringat.

consideração de sua utilidade, pelo livre consentimento das nações",[538] e nem deixariam estas nações de estar vinculadas pelo direito internacional:

> Lei, segundo o uso habitual – *juxta receptum loquendi usum* –, designa norma de conduta humana, imposta por um legislador aos seus súditos, mas tampouco se excluem os pactos, de toda lei, nem da lei propriamente dita. Pois os legisladores não são mais capazes do que a natureza, para estabelecer regras fixas, antecipadamente – *praefiniverunt* –, para cada detalhe de atividade, em todas as situações.
> Desse modo, a mesma liberdade, que a natureza permitiu aos legisladores, de estabelecer, com referência ao direito natural, os assuntos não cobertos por sua legislação, a mesma liberdade recebem os indivíduos, de legislar para si mesmos, mutuamente, por meio de pactos, que não se oponham ao direito natural e das leis civis, e como tais vinculantes, entre estes. Assim, GRÓCIO, ademais citado por PUFENDORF, entende que, claramente, o direito das gentes foi estabelecido, em consideração de sua utilidade, pelo livre consentimento das nações. E, assim, obviamente o distingue do direito natural.[539]

E, ainda na mesma passagem, aduzia RACHEL:

> Mesmo que uma nação livre não seja superior a outra e, como tal, não possa impor regras, para o comportamento desta última, na medida em que ambas aceitem pactos, entre elas negociados, podem estes assumir força de lei, entre nações livres. Desse modo, se uma delas descumprir o que foi pactuado, pode a outra, ou podem as demais nações compelir a faltosa ao cumprimento do que fora pactuado.[540]

Uma coisa, assim, seria a existência e o conteúdo de *dever*, resultante do direito natural. Outra, distinta, a *obrigação*, pactuada entre nações livres, com base no direito das gentes voluntário.[541] A natureza específica deste não pode ser negligenciada.

[538] S. RACHEL (op. cit., 1676, ed. 1916, "Dissertatio altera", § XCI).
[539] S. RACHEL (op. cit., 1676, ed. 1916, "Dissertatio altera", § XCI).
[540] S. RACHEL (op. cit., 1676, ed. 1916, "Dissertatio altera", § XCI).
[541] S. RACHEL (op. cit., 1676, ed. 1916, "Dissertatio altera", § XCIII): "aliud est obligatione Juris naturalis, aliud praeterea ex voluntario consensu Gentium debebitur".

Assim, coisa distinta do direito natural, e de natureza completamente diversa deste, o direito das gentes precisa, desse modo, emergir. E é, sem dúvida, no direito específico das gentes, que o direito regulador dos tratados e dos demais pactos, que se formam segundo a discrição das nações, de tal modo que a sua origem e causa não pode ser reportada a nenhuma outra fonte.[542] O direito internacional é fonte de obrigação jurídica; e não se confunde, com outros ramos do direito, nem com o *dever* de ordem moral, decorrente do direito 'natural'.

A própria condição, de existirem diversas nações livres, e a necessidade de comuns negócios, entre estas – *plerisque negotiis, de quibus libera gente inter se communicant* – , bem como a inexistência de regras, de direito natural, para tais matérias – *Jure naturae praefinita norma non est* –, e que, cada uma destas, não possa contar somente com suas próprias forças, para garantir a sua segurança – *singulae vero suis opibus salvae esse nequeunt* –, mas acham-se submetidas a muitas necessidades – *multiplici indigentiae presae* –, essa condição leva à criação de normas, para a regulação de tal convivência, e percebem a utilidade e a conveniência de serviços, e relações, e ajuda e amizade de outras.[543] As próprias necessidades levam à celebração de pactos – *ipsa necessitas pactis gentes conjungit* –, visando que estas possam obter a satisfação de seus desejos, com certeza e constância, e que se achem mutuamente vinculados, a prestar tais serviços e assegurar tais relações – *ad prestanda officia vel commercia fide data se obstringant.*[544]

Quando entre os estados surgem controvérsias, estes sustentarão que tais controvérsias constituem violação do direito das gentes, e não do direito natural.[545] Isso, segundo RACHEL, constituía evidência adicional, de que seria contraproducente, tentar negar a existência desse ramo

[542] S. RACHEL (op. cit., 1676, ed. 1916, "Dissertatio altera", § XCIV): "Res plana est in Jure gentium proprio, quod foederum, alliarumve conventionum publicarum conditiones fere soleant esse tales, quas uti natura arbitrio gentium determinandas permisit, ita quoque aliunde obligationis originem & causam non habent."

[543] S. RACHEL (op. cit., 1676, ed. 1916, "Dissertatio altera", § XCVI). Embora Samuel RACHEL não o mencione, não se pode deixar de relembrar as consequências do *jus communicationis*, tal como formulado por Franciso de VITÓRIA (1480-1546), cf. se examina no **Tratado** (tomo 5 – **Direito internacional no tempo de Francisco de Vitória**, cap. 14).

[544] S. RACHEL (op. cit., 1676, ed. 1916, "Dissertatio altera", § XCIV).

[545] S. RACHEL (op. cit., 1676, ed. 1916, "Dissertatio altera", § XCVII): "Neque est, quod quis regerat, errore nominis vel me vel gentes duci, quasi Jus naturae intelligant, ubi Jus gentium appellant."

do direito, no qual todas as nações buscam fundamentar as suas reclamações, quando surge controvérsia entre estas.[546]

Mostrava, ainda, RACHEL, com exemplos, que muito do que não é derivado do direito natural – *Jus naturae* – pode, contudo, ser observado e aceito, como princípio do direito das gentes – *Jus gentium*. Inversamente, muito do que corresponde ao direito natural pode não ser observado, entre as nações.[547] Para ilustrar esse ponto, mostrava RACHEL, que os estados podem fazer reclamações injustas – do ponto de vista do direito natural – sem deixar de observar estritamente os parâmetros (formais), do direito internacional.

Fazia, ainda, Samuel RACHEL digressão de vários parágrafos sobre a origem e a utilização do 'dinheiro'.[548] Como evidência de sistema de confiança e de relações internacionais:[549] "porquanto sem comércio não pode haver sociedade entre os homens".[550]

Em conclusão,[551] Samuel RACHEL se insurgia, contra aqueles que negam a existência do direito internacional, como laço existente entre todas as nações, e necessário para afastar enorme perigo de ruptura da convivência, entre as sociedades humanas. Sustentava o interesse e a conveniência para todos, da instauração de Colegiado supremo, de representantes dos

546 S. RACHEL (op. cit., 1676, ed. 1916, "Dissertatio altera", § XCVIII): "Ex gentium vero instituto hoc amplius requiritur".

547 S. RACHEL (op. cit., 1676, ed. 1916, esp. § CII).

548 Compare-se o exame da matéria, desenvolvido por Jacques LE GOFF, **Le Moyen Age et l'argent**: essai d'anthropologie historique (Paris: Perrin, 2010, 'introduction', p. 9-15). Este aponta, desde a Idade média, a existência duas facetas da história da moeda: ao lado das moedas reais – *monnaies réelles* –, a ocorrência de moedas de conta – *monnaies de compte* –, que levaram a sociedade medieval, ao menos em certos meios, a uma habilidade no domínio da contabilidade, que esta não possuía em matéria econômica. O que pressupõe a existência de relações de confiança entre os operadores. Ver, ainda, Peter L. BERNSTEIN, **O poder do ouro**: história de uma obsessão (orig. publ. **The power of gold**: the History of an obsession, 2000, trad. Alexandre F. ROSAS, Rio de Janeiro: Campus, 2001, cit. p. 234): "O ouro é um fruto da terra, e não um produto sonhado por economistas e financistas"; e P. B. CASELLA, *Aspectos legais do dinheiro* (no volume de Irineu STRENGER, **Direito moderno em foco**, São Paulo: RT, 1986, p. 126-138).

549 S. RACHEL (op. cit., 1676, ed. 1916, "Dissertatio altera", §§ XCVI-CXVIII).

550 S. RACHEL (op. cit., 1676, ed. 1916, "Dissertatio altera", § CVI): "Quippe sine commerciis non potest esse inter homines Societas". A matéria já se apresentava como internacionalizada desde o final da Idade média, como se examina no **Tratado** (tomo 4 – **Direito internacional no tempo medieval**).

551 S. RACHEL (op. cit., 1676, ed. 1916, §§ CXIX-CXXI).

povos – *Collegium aliquod Fecialium communi conventione constituatur,*[552] encarregado da solução de todas as controvérsias, que pudessem surgir entre as nações, de tal modo que a guerra somente fosse exercitada, contra a nação que descumprisse sentença emanada dessa 'corte internacional', ou pela recusa, em reconhecer a autoridade deste.[553]

Como supunha Samuel RACHEL, em 1676, teria este plano sido concebido inicialmente por HENRIQUE IV, da França.[554] Mas, como se sabe, o Grande Plano, ou *Grand Dessein*, de 1632, antes atribuído a HENRIQUE IV, foi, na verdade, elaborado por Maximilien de Béthune, duque de SULLY.[555] E, nessa mesma época, também escrevera LEIBNIZ, em 1670, sobre o tema.[556]

552 S. RACHEL (op. cit., 1676, ed. 1916, esp. § CXIX).

553 Em linha semelhante à concepção da *civitas maxima*, tal como concebida por Christian WOLFF. Como se examina no **Tratado** (tomo 10 – **Direito internacional no tempo de C. van Bynkershoek e Christian Wolff**, cap. 22).

554 Algumas décadas mais tarde, ainda o abade de SAINT PIERRE acreditava tivesse sido o rei HENRIQUE IV o autor do 'grande plano' e, em várias passagens, invocava a autoridade moral desse bom rei, como respaldo ao projeto. Ver Charles 'Irénée' CHASTEL, Abbé de SAINT-PIERRE (1658-1743), **Projeto para tornar perpétua a paz na Europa** (orig. publ. em Utrecht, por Antoine Schouten, em três tomos: os dois primeiros, em 1713, e o terceiro, em 1717; trad. Sérgio DUARTE, pref. R. SEITENFUS, Brasília: Ed. UnB / IPRI, São Paulo: IOE, 1ª ed. bras., 2003).

555 A respeito, ver as considerações sobre os projetos de institucionalização da paz, neste tomo, bem como P. B. CASELLA, **Comunidade europeia e seu ordenamento jurídico** (São Paulo: LTr, 1994, esp. item, 1.2 – *projetos e experiências de união europeia: antecedentes históricos*, p. 58-75, cit. p. 62) "a piedosa mistificação em memória do rei HENRIQUE IV, perpetrada por Maximiliano de Béthune, Duque de SULLY, sob a forma do 'Grande Plano' (de 1632), concebendo o plano de federação europeia, à qual competiria restabelecer a unidade religiosa da Cristandade e expulsar os infiéis da Europa". Mencionem-se também, as obras de Walther M. A. SCHÜCKING, além de seu já mencionado curso, na Haia, sobre **Le développement du Pacte de la Société des Nations** (RCADI, 1927, t. 20, p. 349-458); também dois outros livros, um sobre 'a organização do mundo' – ___, **Die Organisation der Welt** (Leipzig: J. C. B. Mohr – P. Siebeck, 1908) – e outro, sobre 'o problema das nacionalidades', em relação à assim chamada 'questão polonesa' e o futuro da então ainda existente 'Áustria-Hungria' – **Das Nationalitätsproblem** – eine politische Studie über die Polenfrage, und die Zukunft Österreich-Ungarns (Dresden: Zahn & Jaensch – Gehe-Stiftung zu Dresden,1908).

556 Alguns anos antes da publicação da obra de RACHEL, em 1676, tinha LEIBNIZ formulado as suas **Reflexões**. Ver G. W. LEIBNIZ, *Bedenken, welchergestalt Securitas publica interna et externa et Status praesens im Reich jetzigen Umständen nach auf festen Fuss zu stellen* (orig. publ. 1670, ed. Rolf Hellmut FOERSTER, **Die Idee Europa 1300-1946** – Quellen zur Geschichte der politischen Einigung, Munique: DTV, 1963, p. 73-78). A respeito das considerações de LEIBNIZ, nesta

A respeito do Grande Plano, apresentado como se fosse de autoria de HENRIQUE IV, comentava Samuel RACHEL:

> Essa proposta não pode agradar àqueles que praticam o mal, e se comprazem em guerras sangrentas; mas seria agradável àquelas nações verdadeiramente imbuídas do espírito do cristianismo, bem como aqueles, que não desejam sofrer injustiças e serem oprimidos, por quem os ultrapassa em força.[557]

Tal Colegiado seria especialmente útil e necessário, para solucionar as controvérsias, entre os estados alemães, e destes com terceiros estados; pois, na verdade, os estados alemães formavam parte de um único império,[558] mas essa unidade era ameaçada pelas lutas internas, como por incursões de potências estrangeiras.[559] Samuel RACHEL citava os precedentes, não somente da Liga dos Aqueus, na Antiguidade,[560] como também da Liga das Províncias Unidas,[561] como exemplos úteis de organização, para prevenir as guerras, em conjuntos supraestatais.[562]

matéria, ver **Tratado** (tomo 10 – **Direito internacional no tempo de C. van Bynkershoek e Christian Wolff**, item 22.1 – *direito segundo LEIBNIZ*).

557 S. RACHEL (op. cit., 1676, ed. 1916, § CXX).

558 A respeito da natureza jurídica e da continuidade do Sacro império, apesar das consideráveis mudanças ocorridas no período entre a paz da Vestfália e a extinção deste (1648-1806) ver as considerações desenvolvidas no **Tratado** (tomo 8 – **Direito internacional além do paradigma vestfaliano**, título II – *da construção de sistemas coesos – de Vestfália (1648) até a guerra dos sete anos (1756-1763)*). Bem como ulteriores referências bibliográficas a respeito do tema.

559 S. RACHEL (op. cit., 1676, ed. 1916, § CXXI). Caso tal propósito de ordenação da convivência internacional não pudesse ser instaurado, entre todos os príncipes e povos da Cristandade, considerava Samuel RACHEL que haveria grande interesse e conveniência em fazer algo semelhante, entre os príncipes germânicos, para preservar a existência e a estabilidade do Sacro Império. Como modo de combater a tendência que apontava, de que os componentes do Império, mais e mais, se dividiam em grupos antagônicos: *"Quidquid ejus rei sit, magis magisque in partes ordines Imperii discedere"*.

560 A respeito, ver **Tratado** (tomo 3 B – **Gregos, romanos, chineses, indianos**, cap. 5 – as cidades-estado gregas e mundo helenístico).

561 Sobre a progressiva consolidação da identidade nacional das Províncias Unidas, e a contribuição de GRÓCIO nesse processo, ver **Tratado** (tomo 7 – **Direito internacional no tempo de Hugo Grócio**, cap. 18).

562 O que também se aplica em relação à experiência em curso, no âmbito da União europeia. Como examinava em P. B. CASELLA, *Perspectivas da integração europeia – entre mito e operacionalidade?* (Revista FDUSP, 2014, vol. 109, p. 25-74).

A ideia da institucionalização das relações internacionais, por meio de Conselho político, ou sistema consultivo e de solução de controvérsias entre estados – como também esboça, mais adiante, Christian WOLFF, com sua *civitas maxima* –[563] é ideia que percorre longo caminho, até ser ensaiada na prática, alguns séculos mais tarde. Como mostram as experiências institucionais, primeiro, da Sociedade das Nações e, depois, da Organização das Nações Unidas.

Pode-se considerar[564] que a obra de Samuel RACHEL demonstra, não somente, a sua sagacidade intelectual, com propósitos práticos, ao mesmo tempo em que não deixa de ser otimista, e ter certos traços idealistas. O erro de Samuel RACHEL teria sido, talvez, o modo de separar o 'direito das gentes' do 'direito natural', e isto porque – e, como se diz, em nossos tempos, não é o direito natural, mas a própria natureza da coisa – *die Natur der Sache* o torna necessário.[565] Nisso, von BAR pensa em termos conceituais desenvolvidos somente muito tempo depois da época 'clássica' de Samuel RACHEL.

Pode-se argumentar que seria a separação, entre 'direito das gentes' e 'direito natural', antes erro de forma que de conteúdo. Isso, porquanto o direito natural, tal como denominado por RACHEL, é o que rege as relações entre as nações, se não quanto à forma, o é em considerável extensão, na substância. Mesmo quando se reveste da forma de direito internacional, propriamente dito.

Mas este erro não é de todo sem importância, na medida em que o direito internacional positivo, enquanto tal, baseado em tratados e no costume, na sua aplicação a casos concretos, tem de ser interpretado em conformidade com a própria natureza da coisa – *nach der Natur der Sache interpretiert werden muss* – e portanto, penetra, em certa medida, as normas de direito positivo, em questão, e aparece sempre como princípio, regula-

[563] Como mencionado, existem evidentes semelhanças entre a concepção desse colegiado internacional proposto por Samuel RACHEL e a posteriormente apresentada por Christian WOLFF, a respeito do mesmo tema. Como se examina no **Tratado** (tomo 10 – **Direito internacional no tempo de C. van Bynkershoek e Christian Wolff**, cap. 22).

[564] No seu estudo introdutório à obra de Samuel RACHEL. Ver L. von BAR (intr. cit., 1913, ed. 1916, p. 16a).

[565] L. von BAR (intr. cit., 1913, ed., 1916, loc. cit.): "ein Fehler das RACHEL das Naturrecht von Völkerrecht trennte, da nicht (wie man heutzutage richtig sagen wird) das Naturrecht wohl aber die *Natur der Sache* eine wesentlich, eigentlich die Grundquelle des Völkerrechts, ist."

dor de tais normas, quando estas sejam duvidosas, ou apresentem lacunas. Isso, segundo a concepção do direito internacional, em Samuel RACHEL, poderia levar a resultados, que não estão baseados no direito das gentes, ou, mesmo, que estejam em conflito com o direito internacional.

A seguir se pode passar ao exame da contribuição de Samuel PUFENDORF para o direito internacional (cap. 20). Samuel RACHEL dialogou com a obra de seu contemporâneo e a criticou – por vezes duramente –, sobretudo no tocante à concepção do direito internacional. A extensa e complexa obra de PUFENDORF, que encontrou enorme repercussão em seu tempo, compreende não somente direito, mas também abrange numerosos volumes voltados para o estudo da história[566] e da teologia.

566 Ver, especificamente, o item 20.2 – *PUFENDORF como historiador.*

CAPÍTULO 20
SAMUEL PUFENDORF (1632-1694)

O direito das gentes não é outra coisa, se não direito natural, que observam e praticam povos, entre si não vinculados por poder soberano.

Samuel PUFENDORF, **Elementa iuris prudentiae universalis** (1660)[567]

Não consideramos o direito das gentes voluntário ou positivo outra coisa senão o que teria a força vinculante do direito em sentido estrito, e que obrigasse os povos, como se emanado de soberano comum.

Samuel PUFENDORF, **De jure naturae et gentium** (1672)[568]

[567] Samuel PUFENDORF, **Elementa iuris prudentiae universalis** (1660, Lib. primus, § 24): "De iure gentium numque quoque aliud addendum, quod quibusdam nihil aliud est, quam ius naturae, quatenus illud inter se summo imperio non connexae gentes diversae observant, queis eadem invicem suo modo officia praestanda, quae singulis per ius naturae praescribuntur."

[568] Samuel PUFENDORF, **De jure naturae et gentium** (1672, livro II, cap. III, § 23): "Nec praeterea aliud jus gentium voluntarium seu positivum arbitramur, quod quidem legis propriae dictae vim habeat, quae gentes tamquam a superiore profecta stringat". PUFENDORF, **De jure naturae et gentium** (orig. publ. em Lund, em 1672); ___, **Of the Law of nature and nations** eight books ("translated into English from the best edition", "with a short introduction", Oxford: Lichfield, MDCCIII); ___, **De jure naturae et gentium libri octo** (Latin text – da edição de 1688 – and English translation by C. H. and W. A. OLDFATHER, Oxford: The Classics of International Law, 2 tomos, 1934 – reimpr. Buffalo, N.Y.: W. S. Hein, 1995). Apesar de anunciada, parece nunca chegou a ser publicada a edição brasileira, **Do direito natural e das gentes** (prefácio Tércio Sampaio FERRAZ Jr., na coleção de Clássicos do direito internacional: IPRI / UnB).

A influência de PUFENDORF foi preponderante, durante três quartos de século, e ele dominou o direito natural, ao menos até WOLFF, em parte, mesmo, até KANT. [...] Em muitos pontos, PUFENDORF adiantou-se a seu século, ele abriu caminhos, sem ser de modo algum o que se chama um 'idealista'.

F. HOLTZENDORFF e A. RIVIER (1889)[569]

O direito das gentes é aplicável nas relações entre Oriente e Ocidente, no século XVI, e depois foi direito da reciprocidade, que aceitava a soberania da Índia e dos governantes asiáticos e suas comunidades. GRÓCIO não foi o único autor a testemunhar este estado de coisas. PUFENDORF, VATTEL e outros autores exprimiram, depois, as mesmas opiniões. Somente depois do estabelecimento do regime colonial ocidental na Ásia (por conquista ou tratado), os autores do direito internacional começaram a negar a soberania desses governantes e comunidades.

C. H. ALEXANDROWICZ (1954, ed. 2017)[570]

Cinquenta anos depois do tratado de GRÓCIO, em uma obra imensa e difícil, Samuel PUFENDORF também exprime o ideal de racionalidade que, segundo ele, deve animar a 'ciência do direito'. Mas, além dos motivos epistemológicos, que dão estrutura aos numerosos escritos de PUFENDORF e comandam o andamento demonstrativo e reflexivo, a conotação filosófica

[569] Franz de HOLTZENDORFF e Alphonse RIVIER, **Principes du droit des gens** (Paris: Fischbacher, 1889, p. 389): "L'influence de PUFENDORF a été prépondérante pendant trois quarts de siècle, et il a dominé le droit naturel jusqu'à WOLFF, en partie même jusqu'à KANT. [...] sur nombre de points, PUFENDORF a devancé son siècle, il a frayé les voies, sans être en aucune façon ce qu'on nomme un idéaliste." Mas, logo a seguir é acrescentado o reparo, no sentido de que essa considerável influência, exercida por PUFENDORF, nem sempre foi positiva para o direito das gentes; e esta, tal como a influência de HOBBES, pode causar danos à evolução institucional da disciplina, na medida em que não reconhecem, nem um, nem o outro, um 'direito internacional', propriamente dito, separado do 'direito natural'. O que acaba por ter impacto redutor sobre o conjunto da disciplina. E cabe indagar onde se inscreveriam, assim, os usos e costumes, o conjunto da prática dos estados, que dificilmente se pode considerar abrangido pelo 'direito natural'. Ver tb., item 20.1 – *crítica da concepção de PUFENDORF.*

[570] Charles Henry ALEXANDROWICZ, *Grotius and India* (orig. publ. 1954, in **The Law of Nations in Global History**, ed. by D. ARMITAGE and J. PITTS, Oxford: Univ. Press, 2017, p. 113-120, cit p. 120).

dos conceitos, em torno dos quais se desenvolve o pensamento, se afasta dos caminhos traçados por GRÓCIO.

S. GOYARD-FABRE (2002)[571]

Na história do direito internacional, Samuel PUFENDORF,[572] historiador, jurista e filósofo, declara inscrever-se como continuador de GRÓCIO. Mas, entre ambos, se põe a diversidade da extensão do direito natural na construção do direito internacional.

Traz PUFENDORF, contudo, alguns dados específicos, no curso do magistério, exercido em suas cátedras, primeiro na Universidade de Heidelberg, depois na Universidade de Lund. Ele também se destacou, na sua atuação como historiador, como conselheiro de estado, e como consultor jurídico, primeiro durante seus anos junto à corte sueca, com CARLOS XI, em Estocolmo. Depois, igualmente como historiador oficial, conselheiro real secreto e consultor jurídico de FREDERICO GUILHERME (1620-1688), e ainda junto ao filho e sucessor deste, FREDERICO III (1657-1713), príncipe-eleitor e depois rei 'na' Prússia – *König in Preussen* –, junto à corte de ambos, em Berlim.[573]

O complexo e abrangente pensamento de PUFENDORF teve grande repercussão, não somente entre os seus contemporâneos. Igualmente, após o seu tempo de vida, se reflete, continua a ser tratado, e com a obra de PUFENDORF dialogam numerosos filósofos e pensadores do século seguinte.[574] Que o citam, quer para com ele concordar, quer para a ele se opor.[575]

571 Simone GOYARD-FABRE, **Les embarras philosophiques du droit naturel** (Paris: Vrin, 2002, Première partie – *De la topologie à la typologie du droit naturel*, chap. III – *le droit naturel et la raison humaine*, item 1.b – *l'humanisme volontariste de PUFENDORF*, p. 84-89, cit. p. 84).

572 Muitas vezes vem grafado o nome, Von PUFFENDORF, com dois "F" e precedido pela partícula "von", em razão do título de Barão que lhe conferido.

573 Ver, a seguir, o item 20.2 – *PUFENDORF como historiador*. V. tb. Henry BOGDAN, **Les Hohenzollern** – la dynastie qui a fait l'Allemagne (1061-1918) (Paris: Perrin, 2010, III Partie – *Vers la royauté*, chap. 10 – *Frédéric-Guillaume le reconstructeur*, p. 110-126, cit p. 110): "L'historiographe officiel de la cour de Brandebourg depuis 1688, Samuel PUFENDORF, lui consacra une grande partie de ses travaux."

574 Ver tb. a seguir, o item 20.1 – *crítica da concepção de PUFENDORF*.

575 Cujo exame prossegue no **Tratado** (tomo 11 – **Direito internacional no tempo do iluminismo**).

Nascido em 8 de janeiro de 1632, em Dorchenmnitz bei Thalheim, paróquia de Fiohe, na região do Erzgebirge na Saxônia, onde seu pai era pregador,[576] Samuel, em 1650, ingressou na Universidade de Leipzig, para estudar teologia luterana, e desenvolveu interesses em ciências naturais, humanidades e direito, durante sua permanência de seis anos. Dessa época, data estudo, de sua autoria, sobre as constituições antigas e a origem dos estados – o que já mostra o seu gosto pela combinação de estudos jurídicos de caráter histórico.

Em 1656, ingressa na Universidade de Jena, onde alcançou grau de mestrado. Em 1657, teve aulas de direito natural e filosofia moral, com Ehard WEIGEL (1625-1699) – este que também foi professor de Gottfried Wilhelm LEIBNIZ (1646-1716).[577] E LEIBNIZ vem a ser crítico da concepção de PUFENDORF.

Em 1658, durante período no qual atuou como tutor da família de Peter Julius COYET, ministro sueco em Copenhagen, PUFENDORF escreve sua primeira exposição sobre o direito natural, **Elementa iuris prudentiae universalis**, de 1660 –[578] os Elementos de jurisprudência universal – e isso durante período passado na prisão, em razão da guerra entre Suécia e Dinamarca.

Em 1659, PUFENDORF se muda para a Holanda, com a família COYET. Lá, Peter de GROOT – filho de Hugo de GROOT, ou GRÓCIO – o recomenda ao Eleitor Palatino, Karl LUDWIG, a quem PUFENDORF dedica a sua já mencionada obra **Elementa iuris prudentiae universalis**, de 1660.

Em 1660 – ou segundo outras fontes, 1661 –, PUFENDORF foi nomeado professor associado de direito internacional e filologia, na Universidade de Heidelberg. A cadeira a seguir passou a ser denominada de direito internacional e natural – *Professor juris naturae et gentium* – cadeira a ele oferecida,

[576] Trata-se, assim, de mais um filho de pastor, que se torna ilustre internacionalista. Como assinala Béatrice NICOLLIER, **Le saint empire romain germanique** (1495-1648) (Paris: Ellipses, 2012, p. 50): "Les communautés urbaines prirent en mains leurs églises, qui très vite ne conservèrent guère d'autonomie, mais dont les pasteurs et leurs familles devinrent et demeurèrent des piliers de la vie sociale et intellectuelle en Allemagne: PUFENDORF, LESSING, HERDER, NIETZSCHE, JUNG pour citer quelques exemples, sont issus de famille de pasteurs".

[577] Filósofo de marcante influência sobre o seu tempo e que permanece, até hoje, como um dos grandes nomes da filosofia ocidental. Ver, a seguir, o item 22.1 – *direito segundo LEIBNIZ*.

[578] Esta obra de PUFENDORF também foi publicada com o título **Elementorum jurisprudentiae universalis libri duo** (1660).

pelo Eleitor Karl LUDWIG, então instituída, e da qual foi PUFENDORF o primeiro titular, dado que a Universidade tinha recusado atribuir-lhe a cadeira de direito constitucional.

Em 1663 escreve seu estudo sobre FILIPE da Macedônia, **De rebus gestis Philippi Amyntai filio.**[579] Este texto foi, depois, incluído na obra Dissertações acadêmicas escolhidas, as **Dissertationes academicae selectiores**, de 1675.[580]

Em 1664, escreve a sua controvertida análise da constituição imperial, **De statu imperii germanici**, publicada,[581] no ano seguinte, sob pseudônimo. Amplamente criticada, a obra não somente foi banida das universidades alemãs, como também condenada pelo papa. O fato de ser banida e condenada não impediu **De statu imperii germanici**, a partir da edição de 1667, de contar numerosas outras edições, tanto durante o tempo de vida do autor,[582] como depois da morte deste.[583]

579 Teve PUFENDORF destacada atuação como historiador. Como brevemente se refere, a seguir, no item 20.2 – *PUFENDORF como historiador.*

580 PUFENDORF, **Dissertationes academicae selectiores** (seguido de **Specimen controversiarum**, 1677, contendo *De origine et progressu disciplinae juris naturalis* – anno MDCCXXV editae sunt opus a Samuele Pufendorf scriptum. In hoc libro, auctor varias disputationes philosophicas tractat, quae ad ius naturale et gentium pertinent (Londini Scanorum: Adamus Junghans, 1775, online books.google.com.br – exemplar da Universidade de Lausanne).

581 PUFENDORF, sob o pseudônimo Severinus de MONZAMBANO, **De statu imperii germanici** (1667).

582 Severini de MONZAMBANO Veronensis, **De statu imperii germanici ad Laelium fratrem** Dominum Trezolani, Líber Unus (Veronae: apud Franciscum Giulium, MDCLXVII); Severini de MONZAMBANO Veronensis, **De statu imperii germanici ad Laelium fratrem** Dominum Trezolani, Líber Unus (Genevae: apud Petrum Columesium, MDCLXVII); ou a curiosa edição da mesma obra, Dominus de MONZAMBANO, Illustratus & Restrictus sive Severini de Monzambano, Veronensis, **De staty imperii germanici ad Laelium fratrem** Dominum Trezolani, Líber Unus – Discursibus Ivridico-Politicis explicatus & restrictus: in quibus *Elegantissima iuris publici Romano-Germanici materia v.g. de finibus ac limitibus Germania antiquis et hodiernis; de Germanorum Imperio Romano; de variis exterorum adversus Imperium molitionibus; de Maiestati Imperatoris & libertate Imperii Ordinum; de Reip. Imperii forma prasenti per Instrumentum Pacis stabilita etc. aliaque, quas Index discursuum in sinenotarum exhibet, ad modernum seculi genium curiose firmissimis rationibus deducuntur* (Opera & Studio Pacifici a Lapide, Germano Constantiensis, Utopiae apud Vdonem Neminem, Vico ubique, ad insigne veritatis, 1668) publicada em lugar nenhum (*utopia*), por ninguém (*neminem*), na rua em toda parte (*vico ubique*), pela insigne verdade. A edição de 1671, além da obra Severini de MONZAMBANO Veronensis, **De statu imperii germanici ad Laelium fratrem** Dominum Trezolani, Líber

Em 1670 assume a cátedra de direito internacional e natural na Universidade de Lund. Essa cátedra já fora a ele oferecida em 1667, por CARLOS XI, rei da Suécia (1660-1697).

Sua obra maior sobre filosofia do direito natural e das gentes, em oito livros, **De jure naturae et gentium libri octo**, foi publicada em 1672. Com dedicatória ao rei CARLOS XI da Suécia.[584]

No ano de 1673, PUFENDORF publica a versão resumida de sua grande obra do ano anterior. Provavelmente, este, o seu texto mais amplamente circulado, sobre os Deveres do homem e do cidadão, segundo o direito natural, o **De officio hominis et civis iuxta legem naturalem**, de 1673, foi dedicada ao chanceler da Universidade de Lund.[585]

Em 1675, publica os seus ensaios acadêmicos selecionados, as **Dissertationes academicae selectiores**. Além de coligir estudos anteriores, teve esta obra também o propósito de responder aos seus críticos, e esclarecer aspectos de suas teorias.

Em linha semelhante, publica, em 1677, a sua coletânea de controvérsias, o **Specimen controversiarum**, contendo, dentre outros, o texto sobre a

Unus, contém o texto de ensaio de Samuelis PUFENDORFII, **Disquisitio de Republica Irregulari** ad Severini MOMBANZANO (*Ad exemplar Londinense*, MDCLXXI); ___, **De statu Imperii germanici ad Laelium fratrem, Dominum Trezolani, Líber unus** (orig. publ. 1667, edição datada de 1684, mas publicada em 1685 "editio novissima, additionibus necessariis aucta atque emendata", MDCLXXXIV).

583 Depois da morte do autor, figura o nome de PUFENDORF (na edição de João Godofredo SCHAUMBURG, publicada em Leipzig, em 1734): Sam. L. B. de PUFENDORF, antea Severini de MONZAMBANO, **De statu imperii germanici** Líber Unus olim cura B. Titii cum notis variorum editus, nunc denuo recusus et notis ad praesens seculum accomodatis atque praefatione de libertate sentiendi in causis publicis restricta auctus a Io. Godofr. SCHAUMBURG, I. V. D. eiusdemque in Academia Hasso-Schaumburgiana profess. ordin. (Lipsiae: sumtibus Michaelis Blochbergeri, 1734); Samuel PUFENDORF, **Die Verfassung des deutschen Reiches** (Originaltitel **De statu imperii germanicii**, Übersetzung, Anmerkungen und Nachwort von Horst DENZER, Stuttgart: Philipp Reclam Jun. – Univ. Bibliothek Nr. 966, 1976, reimpr. 1985, *Vorbemerkung*, p. 3): "Samuel PUFENDORF hat seine Reichsverfassungsschrift 1667 unter dem Pseudonym eines vornehmen Italieners, Severinus von Mozambano aus Verona, veröffentlicht. Die Form des Berichts des Italieners an seinen Brüder Laelius hat PUFENDORF um der Glaubwürdigkeit willen in der ganzen Schrift durchgehalten. Die Argumentation aus italienischer Sicht muss deshalb beim Lesen immer im Auge behalten werden."

584 PUFENDORF, **De jure naturae et gentium libri octo** (Lund, 1672).

585 PUFENDORF, **De officio hominis et civis iuxta legem naturalem** (Lund, 1673).

origem e os progressos da disciplina do direito natural, o **De origine et progresso disciplina juris naturalis.**[586]

PUFENDORF escreve, ainda nessa altura, mas somente publica em 1686, as suas controvérsias escandinavas, **Eris scandica, qua adversus libro de jure naturali et gentium objecta diluuntur**, como ulterior esclarecimento e resposta aos seus críticos.[587]

Em 1677, PUFENDORF se muda para Estocolmo, depois da ocupação de Lund, pelo exército dinamarquês, em 1676. Lá começa a sua carreira política, tornando-se conselheiro real, secretário de estado e também historiógrafo oficial de CARLOS XI da Suécia.

Em 1679, sob pseudônimo, publica a sua descrição histórica e política da monarquia espiritual de Roma, **Historische und politische Beschreibung der geistlichen Monarchie des Stuhls zu Rom,**[588] na qual critica as pretensões de soberania da igreja católica. Compreensivelmente, pelas críticas que formulava PUFENDORF esta obra também encontrou consideráveis reações contrárias.

De 1682 a 1686, PUFENDORF publica a sua obra enciclopédica, em perspectiva comparada, de introdução à história dos principais reinos e estados, como atualmente existem na Europa, **Einleitung zu der Historie der vornehmsten Reichen und Staaten so itziger Zeit in Europa sich befinden.**[589] Esta obra estuda a política e as relações internacionais, mediante análise comparativa dos interesses e poderes dos estados europeus.

586 PUFENDORF, **Dissertationes academicae selectiores** (seguido de **Specimen controversiarum**, 1677, contendo *De origine et progressu disciplinae juris naturalis* – anno MDCCXXV editae sunt opus a Samuele Pufendorf scriptum. In hoc libro, auctor varias disputationes philosophicas tractat, quae ad ius naturale et gentium pertinent (Londini Scanorum: Adamus Junghans, 1775, online books.google.com.br – exemplar da Universidade de Lausanne).

587 PUFENDORF, **Eris scandica, qua adversus libro de jure naturali et gentium objecta diluuntur**, (1686), contém também os textos antes reunidos no **Specimen controversiarum** (1677).

588 PUFENDORF, sob o pseudônimo Basilius HYPERTA, **Historische und politische Beschreibung der geistlichen Monarchie des Stuhls zu Rom.**

589 Na obra de PUFENDORF, **Einleitung zu der Historie der vornehmsten Reichen und Staaten so itziger Zeit in Europa sich befinden** (1682-86) também se republica o ensaio crítico anterior sobre a Santa Sé de Roma, **Historische und politische Beschreibung der geistlichen Monarchie des Stuhls zu Rom** (1679).

Ainda durante a sua fase de vida na Suécia, PUFENDORF escreveu mais dois estudos sobre a história contemporânea da Suécia: os comentários sobre as coisas suecas, em 26 livros, o **Commentariorum de rebus suecicis libri XXVI**, em 1686, e os comentários sobre os feitos do reino de CARLOS GUSTAVO, em sete livros, o **De rebus a Carolo Gustavo Sueciae rege gestis commentariorum libri VII**, publicados postumamente, em 1696.[590]

Em 1687, PUFENDORF publica a sua teoria sobre o regime das relações entre a igreja e o estado, em resposta à revogação, em 1685, por LUÍS XIV, na França, do 'Edito de Nantes', sob o título **De habitu religionis christianae ad vitam civilem**. A obra foi dedicada ao líder da Europa protestante, FREDERICO GUILHERME I, Grande eleitor da Prússia-Brandemburgo, cujo longo reinado se estende de 1640 a 1688.

Em 1688, se muda para Berlim, e se torna historiador da corte, bem como conselheiro real secreto e consultor jurídico, primeiramente de FREDERICO GUILHERME, e depois da morte deste, em 1688, também do filho e sucessor, FREDERICO III da Prússia, que reinou de 1688 a 1713.

Em 1689, começa a escrever a história do reinado de seus dois novos soberanos: **De rebus Friderici Magni Electoris Brandenburgici commentariorum libri XIX**, de 1692 – a história do grande eleitor FREDERICO GUILHERME de Brandemburgo, em 19 livros; e **De rebus gestis Friderici III Electoris Brandenburgici**, publicado somente em 1784 – a história de FREDERICO III, eleitor de Brandemburgo. Incluiu PUFENDORF comentários sobre a 'revolução gloriosa' da Inglaterra, na sua história de FREDERICO III.

Escreve, ainda, em 1689, a sua visão sobre um direito natural para a Europa protestante, **Jus feciale divinum sive de consensu et dissensu protestantium exercitatio posthuma**, de 1695 – somente publicado postumamente – e onde examina, sob a perspectiva do direito dos tratados, as premissas para o consenso e o dissenso, entre os protestantes.

Em 1694, recebe título de nobreza imperial.[591] Nesse mesmo ano, PUFENDORF viaja para a Suécia, na primavera, para publicar a sua His-

[590] As duas obras sobre a História da Suécia, escritas por Samuel PUFENDORF, **Commentariorum de rebus suecicis libri XXVI ab expeditione Gustavi Adolphi in Germaniam ad abdicationem usque Christinae** (1686) e **De rebus a Carolo Gustavo Sueciae rege gestis commentariorum libri VII** (1696) foram traduzidas e publicadas como 'História geral' da Suécia, em dois volumes, em 1702.

[591] Dietrich Heinrich Ludwig von OMPTEDA, **Literatur des gesamten natürlichen und positiven Völkerrechts** ("Neudruck der Ausgabe Regensburg 1785", Aalen: Scientia Verlag,

tória de CARLOS X, e receber título de barão, outorgado pelo rei CARLOS XI, da Suécia. Em outubro, durante a viagem marítima de volta para a Alemanha, falece PUFENDORF e é sepultado em Berlim.[592]

Para situar o vasto e complexo conjunto da obra de PUFENDORF, esta pode ser alinhada em três vertentes.[593] A *primeira* é a sua tentativa de construir uma abrangente filosofia política e moral, apropriada para as condições da Europa moderna, no contexto do século XVII, e baseada em conjunto de princípios universais ou leis naturais. Esta vertente foi começada por PUFENDORF, ainda em seu tempo na Universidade de Jena, e trabalhada por ele, de 1658 até 1677, em seus três textos sobre o direito natural, de 1660, 1672 e 1673,[594] na análise da constituição imperial alemã, de 1667,[595] e nas três coletâneas de esclarecimentos e de respostas aos seus críticos, de 1675, 1677 e 1686.[596]

1963, § 69-73, p. 270-283, cit. p. 270) menciona "vom König von Schweden in den Reichs Freyherrenstand erhoben" – ter sido PUFENDORF elevado à condição da nobreza imperial, mediante título de nobreza, outorgado pelo rei da Suécia. Seus dois irmãos mais velhos teriam recebido, o mais velho, Jeremias, a sucessão no cargo de pregador do pai, e o segundo, o não menos notório Isaias PUFENDORF, famoso por sua inteligência e grande erudição – *noch in seinem Glanze fortdaurende berühmte und gelehrte Geschlecht fortgesetzt hat* – desempenhado vários cargos relevantes, no serviço público real sueco e dinamarquês, e vem a falecer, no exercício do cargo de embaixador, em Regensburg, em 1689.

592 Sua viúva compra capela na igreja de São Nicolau, em Berlim, onde os restos mortais de Samuel e outros membros da família PUFENDORF repousam até hoje, apesar dos danos sofridos pela edificação na segunda guerra mundial. Restaurada, a igreja de São Nicolau funciona como museu, e foi polo de movimentação social contra o regime da antiga República Democrática Alemã, pouco antes da unificação. Nesse templo-museu se encontram a capela com o escudo de armas e a placa funerária do barão Samuel von PUFENDORF, falecido em 26 de outubro de 1694, na qual se inscreve, depois de todos os títulos e invocações habituais: OSSA HEIC RECUBANT, ANIMA COELO RECEPTA, FAMA PER TOTO ORBEM VOLITAT – "seus ossos foram aqui recolhidos, sua alma recebida no céu, e sua fama se espalha pelo mundo todo".

593 Ver tb. o item 20.2 – *PUFENDORF como historiador*; James TULLY, professor da Univ. Mc GILL University, do Canadá, observa em sua introdução editorial (*Editor's introduction*, in PUFENDORF, **On the duty of man and citizen** – according to natural law, ed. by J. TULLY, translated by Michael SILVERTHORNE, Cambridge: Univ. Press – Cambridge Texts in the History of Political Yhought, 1st. publ., 1991, p. XIV-XXXVII).

594 PUFENDORF, **Elementa** ou **Elementorum juris prudentiae universalis** (publicada em 1660); **De jure naturae et gentium libri octo** (Lund, 1672) e **De officio hominis et civis iuxta legem naturalem** (Lund, 1673).

595 PUFENDORF, sob o pseudônimo Severinus de MONZAMBANO, **De statu imperii germanici** (1667); **Die Verfassung des deutschen Reiches** (Originaltitel **De statu imperii**

A *segunda* vertente da obra de PUFENDORF se situa a partir do momento em que ele se muda, de Lund para Estocolmo, em 1677. Como conselheiro do rei sueco CARLOS XI, deixa PUFENDORF a sua análise jurídica da política, em termos de obrigação e de direito universal, e se volta para a tentativa de compreender a política do século XVII, partindo da acirrada competição, entre as maiores potências da época.[597]

O método de PUFENDORF, para escrever a história de um estado, era compreender o motor essencial, e se pode chamar 'razão de estado', mas esta dependia, a seus olhos, da estrutura desse estado.[598]

O método de PUFENDORF consiste em analisar a realidade, dentro e entre os estados contemporâneos europeus, por meio de análises históricas e comparativas, de seus interesses e poderes relativos, com vistas a estabelecer predições e recomendações, destinadas aos homens de estado, como formulação dos conceitos e das diretrizes que devem reger a 'razão de estado'.

As primeiras formulações da razão de estado, ainda no século XVI, se encontram em MAQUIAVEL, em GUICCIARDINI, e prosseguem no livro **Da Razão de estado**, de Giovanni BOTERO.[599] Coube a este popularizar o uso do termo *'ragion di stato'*.[600]

germanicii, Übersetzung, Anmerkungen und Nachwort von Horst DENZER, Stuttgart: Philipp Reclam Jun., 1976, reimpr. 1985).

596 PUFENDORF, **Dissertationes academicae selectiores** (1675), **Specimen controversiarum** (1677) e **Eris scandica, qua adversus libro de jure naturali et gentium objecta diluuntur** (1686).

597 Ver **Tratado** (tomo 8 – **Direito internacional além do paradigma vestfaliano**, item – *literatura sobre o equilíbrio da Europa*).

598 Cf., adiante, item 20.2 – *PUFENDORF como historiador*; para Béatrice NICOLLIER, **Le Saint Empire romain germanique au temps des confessions (1495-1648)** (Paris: Ellipses, 2012, *Conclusion*, p. 175-179, cit. p. 175-176) partindo da configuração – *forma imperii* – PUFENDORF buscou, assim, em vão, definir a estrutura do Sacro Império, que não era nem uma monarquia, nem uma aristocracia, nem uma democracia, concluindo ver o Império como um corpo irregular e similar a um monstro – *irregulare aliquid corpus, et monstro simile.*

599 Cf. **Tratado** (tomo 5 – **Direito internacional no tempo de Francisco de Vitória**, cap. 13 – *estado como sujeito de direito internacional: a contribuição de MAQUIAVEL e BODIN*); G. BOTERO, **Della ragione di stato** (orig. publ. 1589, Roma: Donzetti, 1997, cit. p. 231): "Stato è un dominio fermo sopra popoli e ragione di stato si è notizia di mezzi a fondare, conservare e ampliare un dominio. Egli è vero che, sebbene assolutamente parlando, ella si stende tre parti sudette, nondimeno pare che più strettamente abbracci la conservazione che l'altre, e dell'altri più l'ampliazione che la fondazione."

600 **Della ragion di stato** (1589) tornou-se a obra mais conhecida de Giovanni BOTERO (ca. 1544-1617), padre, poeta, pensador, diplomata, estadista e economista italiano, teve numerosas

Depois, a 'razão de estado' passa por autores espanhóis e franceses – que acrescentam reflexões, a respeito da *raison d'état* – e essa forma de análise rapidamente se desenvolve em ciências pan-europeias da política comparada e das relações internacionais.[601] O campo destas ciências é o moderno sistema de estados independentes, conjugado com a rivalidade, militar e comercial, que emerge, depois da guerra dos trinta anos e da paz de Vestfália, de 1648.

A razão de estado – como *Staatsvernunft* – encontra eco em HEGEL, em sua **Filosofia do direito** onde a organização do estado impede que a daí decorrente razão de estado se perca por si mesma. Desse modo, constitui poder, abrangente e dominante – *zusammenfassende und behersschende Macht.*[602]

edições italianas e traduções para o espanhol, o latim e o francês, entre o final do século XVI e no curso do século XVII. Ainda que sua obra mais importante seja **Delle cause della grandezza delle città** do ano anterior, 1588.

[601] Cf. **Tratado** (tomo 8 – **Direito internacional além do paradigma vestfaliano**, o já mencionado item – *literatura sobre o equilíbrio da Europa*); ver tb. J. TULLY (introdução citada, 1991, p. XIV-XV); S. PISTONE, *Razão de estado* (in **Dicionário de política**, orig. publ. 1983, por N. BOBBIO, N. MATTEUCCI e G. PASQUINO, trad. J. FERREIRA, C. C. VARRIALE e outros, Brasília: Ed. UnB, 1986, p. 1066-1073, cit. n. I – *quadro histórico e definição geral*, p. 1066): "A tradição de pensamento indicada pela expressão 'razão de estado' compreende todo o curso histórico da Europa moderna e das áreas a ela culturalmente ligadas (a América particularmente). Nela se pode distinguir algumas linhas particularmente significativas. O ponto de partida se situa no limiar da Idade moderna e é constituído pelas instituições geniais e inspiradoras de MAQUIAVEL, com que começa a emergir, em seus contornos mais gerais, o conceito de razão de estado, mas não ainda a sua exata formulação verbal. Antes disso, é possível descobrir na história do pensamento político numerosas antecipações parciais, às vezes bastante agudas, de tal teoria, mas está fora de dúvida que é só com MAQUIAVEL que se registra um salto qualitativo capaz de constituir o começo de uma nova tradição de pensamento. O segundo momento especialmente significativo desta tradição está na reflexão e análise dos mestres da razão e dos interesses de estado, em sua maioria italianos e franceses, da segunda metade do século XVI e do século XVII. Devemos-lhes, não só a introdução definitiva da expressão 'razão de estado' com o significado que ainda hoje conserva, mas também novas determinações e aprofundamentos desse conceito e das suas implicações, e particularmente, uma mais rigorosa distinção entre o interesse individual do príncipe e o interesse do estado."

[602] Ver, supra, o item – *sistemas internacionais coesos* bem como **Tratado** (tomo 13 – **Direito internacional no tempo do concerto europeu**, item – *HEGEL e o direito internacional*). A própria organização do estado visa evitar que a daí decorrente *razão de estado* se perca, conforme Paul VOGEL, **Hegels Gesellschaftsbegriff** – und seine geschichtliche Fortbildung durch Lorenz Stein, Marx, Engels und Lassalle, Berlin: Pan-verlag Rolf Heise, 1925, p. 80): "Auch hier zuerst ein Vertreter höchster Geistigkeit als ihr vornehmster Repräsentant, G.

Seguindo a teoria de PUFENDORF, já desde os seus "elementos" – ou **Elementa iuris prudentiae universalis**, de 1660,[603] e como prossegue na obra maior, sobre o direito natural e das gentes, ou **De jure naturae et gentium**, de 1672 –[604] não haveria direito internacional voluntário ou positivo, com força vinculante, no sentido juridicamente estrito do termo, que, como tal, obrigasse os povos, não vinculados entre si, por um soberano. Mas, com a crucial ênfase de PUFENDORF quanto "a paz é estado próprio à natureza humana, como tal, e decorre de princípio, de que os homens gozam, acima dos animais selvagens; enquanto a guerra decorre do que é comum a uns e outros".[605]

Mesmo que se diga[606] ter PUFENDORF retomado algum elemento da teoria de HOBBES, e quanto ele a desenvolveu e a difundiu, no continente, não se pode esquecer a diferença essencial entre ambos, porquanto, para PUFENDORF, o estado de natureza é um estado de paz.[607] Contra-

W. F. HEGEL: Die Organisation des Staates verhindert, dass die aus sich herausgehende Staatsvernunft sich nicht selbst verliert. Derart ist sie alles zusammenfassende und behersschende Macht". Cit. HEGEL, **Rechtsphilosophie** (§§ 272-273); ver tb. Eric WEIL, **Hegel e o estado** (orig. publ. **Hegel et l'état** – cinq conférences suivies de *Marx et la philosophie du droit*, Paris: Vrin, © 1950 e 2002, trad. Carlos NOUGUÉ, São Paulo: Realizações ed., 2011, esp. 3 – *o estado como realidade da ideia moral*, p. 51-64).

[603] Como citado na epígrafe do presente capítulo: "o direito das gentes não é outra coisa, se não direito natural, que observam e praticam povos, entre si não vinculados por poder soberano". Ver, no original de Samuel PUFENDORF, **Elementa iuris prudentiae universalis** (1660, Lib. primus, § 24): "De iure gentium numque quoque aliud addendum, quod quibusdam nihil aliud est, quam ius naturae, quatenus illud inter se summo imperio non connexae gentes diversae observant, queis eadem invicem suo modo officia praestanda, quae singulis per ius naturae praescribuntur."

[604] Igualmente mencionado na epígrafe: "Não consideramos o direito das gentes voluntário ou positivo outra coisa senão o que teria a força vinculante do direito em sentido estrito, e que obrigasse os povos, como se emanado de soberano comum". Da obra de Samuel PUFENDORF, **De jure naturae et gentium** (1672, livro II, cap. III, § 23): "Nec praeterea aliud jus gentium voluntarium seu positivum arbitramur, quod quidem legis propriae dictae vim habeat, quae gentes tamquam a superiore profecta stringat".

[605] S. PUFENDORF, **De jure naturae et gentium** (VIII.VI.II).

[606] Wilhelm G. GREWE, **Epochen der Völkerrechtsgeschichte** (Baden-Baden: Nomos, 1984, terceira parte – *Droit public de l'Europe: die Völkerrechtsordnung des französischen Zeitalters 1648-1815*, p. 323-498, esp. cap. V – *Die Rechtsbildung: Naturrecht und Staatsräson*, p. 408-422, cit. p. 412): "Ausdrücklich, schloss sich PUFENDORF den Definitionen des HOBBES an, wonach das Völkerrecht ein Teil des Naturrechts ist und den Staaten untereinander im Naturzustand leben".

[607] W. GREWE (op. cit., 1984, p. 413): "Für PUFENDORF ist der Naturzustand ein Zustand des Friedens."

riamente à afirmação hobbesiana da guerra como estado de natureza.[608] O estado de natureza, segundo HOBBES, é a "guerra de todos contra todos", e neste estado a vida dos homens é então "solitária, cheia de necessidades, penosa, quase animal e breve".[609]

Seria, mediante a ordenação da convivência entre estados, possível passar, entre estes, do estado de natureza – de suposta guerra de todos contra todos, na concepção de HOBBES, ou de estado natural de paz, mas com possível ocorrência de guerras, na concepção de PUFENDORF – para patamar de convivência regulada, mediante normas e instituições internacionais. Caracteriza HOBBES a guerra de todos contra todos não como batalhas somente, durante as quais se trava o ato de lutar, mas abrange todo o tempo, durante o qual a vontade de lutar – enquanto disposição para recorrer à luta armada – seja suficientemente conhecida. Nesse sentido, não destoaria tanto HOBBES da concepção de PUFENDORF, quando este afirmava ser a paz o estado natural, mas com possível ocorrência de guerras.[610]

A contribuição de PUFENDORF, a essa temática de exame histórico do poder, e das relações entre o direito e a política, como se exprime, na sua época, pelo conceito de 'razão de estado',[611] vai desde o seu estudo sobre FELIPE da Macedônia,[612] passa pela teoria política – e crítica das preten-

608 Thomas HOBBES (1588-1679), **Leviathan** (1651, ed. by Richard TUCK, Cambridge: Univ. Press – Cambridge Texts in the History of Political Thought, 1991); ed. bras., **Leviatã** ou matéria, forma e poder de um estado eclesiástico e civil (trad. João Paulo MONTEIRO e Maria Beatriz Nizza da SILVA, São Paulo: Abril cult., 1974, col. Os Pensadores, vol. XIV).

609 HOBBES, **Leviathan** (op. cit., 1651, ed. cit., 1991, chap. XIII – *Of the naturall condition of mankind, as concerning their felicity and misery*, p. 86-90, cit. p. 88/89): "During the time men live without a common power to keep them all in awe, they are in that condition which is called warre; and such a warre, as is of every man, against every man. For warre consisteth not in battell onely, or the act of fighting; but in a tract of time, wherein the will to contend by battell is sufficiently known; (...) So the nature of war, consisteth not in actuall fighting, but in the known disposition thereto, during all the time there is no assurance to the contrary. All other time is peace."

610 Ver tb. **Tratado** (tomo 8 – **Direito internacional além do paradigma vestfaliano**, item – *sob o signo do Leviatã* e tomo 20 – **Direito internacional, história e cultura**, item 1.1 – *o Leviatã e suas transformações*).

611 Ver, a seguir, o item 20.2 – *PUFENDORF como historiador* e tb. o item – *o teatro europeu segundo RICHELIEU*.

612 O estudo de PUFENDORF sobre FILIPE da Macedônia, **De rebus gestis Philippi Amyntai filio** (1663) foi depois inserido nas Dissertações acadêmicas escolhidas, **Dissertationes**

sões temporais – da igreja católica,[613] prossegue nos volumes sobre história política contemporânea, tanto os escritos para CARLOS XI da Suécia,[614] como, depois de 1688, os escritos para FREDERICO GUILHERME e para FREDERICO III da Prússia,[615] e especialmente a sua monumental introdução à história dos principais estados da Europa.[616]

A *terceira* vertente da obra de PUFENDORF abrange as suas tentativas em definir a correta relação de subordinação da religião à política, nos estados protestantes, após a 'paz religiosa de Augsburgo', de 1555, reconhecendo a diversidade religiosa, no seio da cristandade. Essas obras foram publicadas em resposta à revogação do 'Edito de Nantes', em 1685, que regulava a tolerância religiosa, em relação aos protestantes na França católica, e acarretou o acirramento da consequente divisão da Europa em dois blocos, o católico, liderado pela França e, de outro lado, a aliança protestante, chefiada por FREDERICO GUILHERME da Prússia, como potência hegemônica em ascensão:[617]

academicae selectiores (1675).

613 Como referido, publicado por PUFENDORF, sob o pseudônimo Basilius HYPERTA, com o título **Historische und politische Beschreibung der geistlichen Monarchie des Stuhls zu Rom** (1679).

614 PUFENDORF, **Commentariorum de rebus suecicis libri XXVI ab expeditione Gustavi Adolphi in Germaniam ad abdicationem usque Christinae** (1686) e **De rebus a Carolo Gustavo Sueciae rege gestis commentariorum libri VII** (1696), posteriormente traduzidas e publicadas como 'História geral' da Suécia, em dois volumes, em 1702.

615 PUFENDORF começa a escrever em 1689 os seus volumes de história da Prússia: **De rebus Friderici Magni Electoris Brandenburgici commentariorum libri XIX** (1692) – contendo a história do grande eleitor FREDERICO GUILHERME de Brandemburgo, em 19 livros; e, a seguir, a história de FREDERICO III, o **De rebus gestis Friderici III Electoris Brandenburgici** (publicado somente em 1784).

616 Comenta J. TULLY (introdução citada, 1991, p. XV): "The **Introduction to the history of the principal realms and states as they currently exist in Europe**, with its rigorous concepts of state interest and relative powers and its comprehensive design, was republished throughout the eighteenth century. The editors of the French edition added more chapters, making a prototype of Enlightenment encyclopedias of comparative politics". Ver tb., supra, o item – *sistemas internacionais coesos*.

617 Aí se incluem, das obras de PUFENDORF, **De habitu religionis christianae ad vitam civilem** (1687), **Jus feciale divinum sive de consensu et dissensu protestantium exercitatio posthuma** (1695), e o comentário sobre a Revolução gloriosa de 1688, incluído no volume sobre FREDERICO III da Prússia, **De rebus gestis Friderici III Electoris Brandenburgici** (publicado somente em 1784).

Os líderes protestantes viam a França como desejosa de – e, ao menos em parte, conseguindo – fazer reverter a reforma protestante e [visando] o estabelecimento de monarquia imperial, de dimensão europeia. GUILHERME DE ORANGE, assim, conquistou a Inglaterra em 1688, de modo a reconduzi-la para o equilíbrio protestante, que foi então mobilizado na 'guerra dos nove anos' (1689-1698),[618] a primeira batalha da confrontação militar e comercial, que dominaria a política da Europa durante 74 anos.[619]

Os escritos de PUFENDORF sobre a organização e a defesa da religião protestante foram amplamente reconhecidos como a mais importante apresentação da causa protestante,[620] na apresentação filosófica da prática política moderna, centrada no estado: "essa conjunção serviu para aumentar o prestígio, que sua obra rapidamente alcançou, em razão de seus méritos intelectuais, e também para consolidar o seu lugar, no centro do pensamento político europeu, do século seguinte".[621]

Esse vasto conjunto historicamente teve e tem importância, até hoje. Mas, no presente trabalho, interessa considerar, sobretudo, a contribuição de PUFENDORF para o direito internacional, ainda que incidentalmente lembrando alguns dados da sua produção como historiador.[622]

Logo no início de sua obra maior **De jure naturae et gentium**, sobre o direito natural e das gentes, de 1672, PUFENDORF explicava[623] a sua concepção do direito natural, situando-a em relação ao homem, inserto no espaço e no tempo:

> Existem duas espécies de espaços, segundo os quais as coisas se situam, e segundo os quais os lógicos dizem estarem as coisas, em seus lugares: aque-

[618] Como observa Tim BLANNING, **The Pursuit of Glory: Europe 1648-1815** (orig. publ. 2007, Londres: Penguin, 2008, p. 545) "LOUIS XIV had embarked on what he hoped would be a limited war on the Rhine but which turned out to be a world war lasting nine years (and variously known as the Nine years war, the Ten years war, the war of the League of Augsburg or the war of the Grand alliance)."

[619] J. TULLY (introdução citada, 1991, p. XV).

[620] J. TULLY (introdução citada, 1991, p. XV): "During the last eighteen years of his life, PUFENDORF was adviser to three rulers who were seen as successful, modern, protestant state-builders and exemplars of enlightened absolutism".

[621] J. TULLY (introdução citada, 1991, p. XVI).

[622] Como se aponta no item 20.2 – *PUFENDORF como historiador.*

[623] S. PUFENDORF, **De jure naturae et gentium** (I.I.7); e tb., ___, **Of the Law of nature and nations** (edição de Oxford, 1703, I.I.VII).

> les que os homens chamam *Ubi,* como *aqui, lá etc.* E outra maneira, segundo a qual dizem estarem as coisas insertas no tempo, que são chamadas *quando,* e também *hoje, ontem* ou *amanhã.*
> Da mesma forma, de duas maneiras podemos, segundo ele, conceber a noção de estado, uma que denota uma situação moral, e pode ser assinalada como analogia ao lugar, e outra que diz respeito ao tempo, significando a aplicação de algum efeito moral, em relação às pessoas, existentes naquele local, naquele momento.
> O primeiro estado, que tem relação com o lugar, pode ser considerado ou como indeterminado, na medida em que resulta somente de qualidades morais, ou determinado, na medida em que supõe dependência, em relação a quantidades morais, e se baseia em comparação. O estado do homem, considerado de maneira indeterminada, é natural ou adquirido. Usamos o termo 'natural' não porque tal estado decorra dos princípios internos, e da própria natureza intrínseca do homem, que antecedam o poder de imposição, mas porque foi imposto pelo próprio Deus e não pelo homem, e nos afeta assim imediatamente, desde o nosso nascimento.[624]

PUFENDORF pode ser considerado expressão destacada dessa escola de juristas, que se dedicou ao estudo do direito natural, entre o final do século XVII e a primeira metade do século XVIII. Coube a ele, em primeiro lugar, ter coordenado os resultados alcançados, e ter reunido em corpo doutrinal, de majestosa ordenação, as noções esparsas, que outros juristas tinham, se não descoberto, ao menos recolhido e vulgarizado. Mesmo sem ter renovado, de maneira extraordinária, a assim chamada 'ciência do direito das gentes', PUFENDORF se inscreve na corrente de sistematização da disciplina, conferindo-lhe proporções e regularidade. Etapa relevante, no caminho para a configuração de direito internacional 'clássico', como disciplina autônoma.

A concepção de direito 'natural' em PUFENDORF se exprime pelas matérias básicas, para a ordenação da vida, em sociedade. Como decorrentes da própria 'natureza' do homem. E explicação do seu pendor, para a vida ordenada, em sociedade.

[624] S. PUFENDORF, **De jure naturae et gentium** (loc. cit.); e tb., ___, **Of the Law of nature and nations** (edição de Oxford, 1703, I.I.VII): "*natural or adventitieux*".

Alguns grandes temas da obra de PUFENDORF geraram controvérsias consideráveis,[625] como por exemplo, a sua concepção a respeito dos contratos ou compromissos voluntários e também a respeito do direito de propriedade:

– no livro III, capítulo IV, a respeito dos contratos ou compromissos voluntários, enfatiza a absoluta necessidade do cumprimento das convenções: os compromissos voluntariamente assumidos devem ser observados estritamente. Aduz PUFENDORF, no capítulo VI, somente ser válido o consentimento, se o contratante tem o uso da razão, e tem conhecimento suficiente, do objeto dessa contratação, de modo que não ocorram nem dolo nem má-fé, e que a expressão do consentimento seja realmente livre. No capítulo VII, ao examinar o objeto das promessas e convenções, enfatiza somente se poder ficar vinculado pelo que seja lícito e possível.[626]

– a respeito do direito de propriedade, PUFENDORF retoma a concepção de GRÓCIO – como também fará LOCKE depois dele – e pondera que embora seja verdade não existir propriedade privada, no estado de natureza (esta não integra a 'natureza das coisas'), existiria a razão natural, que mostraria, segundo ele, de maneira evidente, ser a propriedade privada um conceito útil para a ordenação da vida em sociedade:[627]

> A sociabilidade é inerente ao homem e é também o fundamento do direito natural, os homens sendo feitos como são, estes não poderiam, sem a propriedade dos bens, viver juntos, em sociedade ordenada e pacífica, desde que se multiplicaram e tiveram de começar a instaurar procedimentos para tornar a vida mais cômoda: a constituição das coisas humanas e o propósito do direito natural exigiriam assim um tal estabelecimento.[628]

Não afirma PUFENDORF que o adimplemento dos contratos e convenções nem tampouco o direito de propriedade estejam inscritos na 'natureza das coisas' – ele afirma textualmente, que não – [629] mas reconhece e

[625] Ver, adiante, o item 20.1 – *crítica da concepção de PUFENDORF.*
[626] S. PUFENDORF, **De jure naturae et gentium** (III.IV, VI e VII).
[627] S. PUFENDORF, **De jure naturae et gentium** (IV.IV, 14).
[628] S. PUFENDORF, **De jure naturae et gentium** (IV.IV).
[629] S. PUFENDORF, **De jure naturae et gentium** (III.IV, VI e VII).

pondera que, dentre outras, ambas premissas são úteis e necessárias, para a ordenação pacífica da vida em sociedade.[630]

Na sua concepção, tanto a respeito dos contratos quanto da natureza da propriedade, PUFENDORF não discrepa de GRÓCIO. E, como dito, nessa matéria, PUFENDORF será acompanhado por LOCKE.

Com base nessas mesmas premissas, é possível criticar as concepções, por exemplo de HOBBES e de ESPINOZA, sobre a alegada inexistência de sentido imanente de justiça nos seres humanos. Este seria 'construído' socialmente, pela necessidade de ordenar a vida em sociedade; mas não estaria inscrito *ab initio*, na natureza humana.

A respeito da concepção de contrato social, PUFENDORF reconhece que "a paz do estado de natureza é fraca e mal assegurada",[631] e é assim necessário fundar sociedades políticas. O que se faz por um contrato social, que se divide, segundo ele, em três momentos: contrato de associação – *pactum associationis* –, decreto – *decretum* – instaurando a autoridade, e contrato de sujeição – *pactum subjectionis* –, por meio do qual se vincula o povo a essa autoridade.[632]

Igualmente objeto de controvérsias, a concepção do absolutismo,[633] em PUFENDORF, merece ser reportada. Este parece de tal modo convencido, que sequer julga útil fundamentar – como fará LOCKE algum tempo mais tarde – as bases de direito de resistência à opressão.

Afirma PUFENDORF que algumas coisas devem ser relevadas em relação ao príncipe – "em consideração do encargo penoso e elevado, do qual está investido para a nossa conservação" –[634] como também sustenta haver

[630] S. PUFENDORF, nas passagens já referidas de seu **De jure naturae et gentium** (III.IV, VI e VII). A propriedade foi introduzida, mas esta tem função social, como observa P. NEMO, **Histoire des idées politiques** aux temps modernes et contemporains (orig. publ. 2002, Paris: PUF, 3a. tiragem, 2009, *La tradition démocratique et libérale*, cit. p. 504), na Alemanha, na obra de PUFENDORF: "la propriété a bien été introduite, mais elle l'a été par une suite nécessaire des attributs présents dès l'origine dans la nature humaine; elle n'a donc pas été seulement introduite, comme le droit civil, pour le bien d'un état, mais pour celui de la société humaine en général."

[631] S. PUFENDORF, **De jure naturae et gentium** (II.II, 12).

[632] S. PUFENDORF, **De jure naturae et gentium** (II.VI, 7).

[633] Sobre o conteúdo e a evolução do conceito, ver as considerações no **Tratado** (tomo 11 – **Direito internacional no tempo do iluminismo**, item – *império, estado moderno e ascensão do absolutismo*).

[634] S. PUFENDORF, **De jure naturae et gentium** (VII.VIII, 5).

presunção de justiça, em favor do dirigente.[635] Ademais, adverte não dever o povo julgar as questões públicas, que são, na maior parte do tempo, "obscuras e delicadas": se nos permitirmos julgar tirânicas, medidas que são, simplesmente, necessárias, haverá desordens sem fim.

Contrariamente ao que antes defendeu SUAREZ – de maneira muito mais favorável à proteção das 'liberdades públicas' –,[636] rejeita PUFENDORF a tese de derrubada do titular do poder, mesmo quando este se torna tirânico: "não se pode aprovar a opinião, daqueles que afirmam, cruamente, que tão logo um rei degenere em tirano, este possa ser destronado e punido, por seu próprio povo".[637] O direito de resistência pode, por vezes, ser expresso como a retirada voluntária do cidadão, que se mude para outro estado, caso considere insuportável a continuidade de sua participação, naquela comunidade social.[638]

A opinião de SUAREZ, em 1613, a respeito era mais consentânea com as concepções atuais do que, algumas décadas mais tarde, a visão de PUFENDORF, em 1672, sobre o tema.[639] Muito mais reacionária a opinião de PUFENDORF, comparada à de SUAREZ, tanto mais admirável por ter sido formulada várias décadas antes, sobre o mesmo tema.

Apesar de sua defesa do absolutismo, pois PUFENDORF não somente aceita a monarquia absoluta, como forma de governo e, ainda, porque presume ser esta a forma adequada de governo, é preciso ressaltar que a exposição deste, sobre o 'estado de direito', se pauta por seu caráter razoável e moderado. Nisso, também, foi ele expressão de opiniões correntes, de seu tempo e de seu meio. A aceitação do absolutismo é dado que se pode compreender, dentro do contexto da época,[640] mas não por isso justificar.

635 S. PUFENDORF, **De jure naturae et gentium** (VII.VIII, 5).

636 A respeito de Francisco SUAREZ, ver **Tratado** (tomo 6 – **Direito internacional no tempo de Suarez, Gentili e Zouch**, cap. 15).

637 S. PUFENDORF, **De jure naturae et gentium** (VII.VIII, 5 e 6).

638 S. PUFENDORF, **De jure naturae et gentium** (VII.VIII, 6).

639 Ver **Tratado** (tomo 6 – **Direito internacional no tempo de Suarez, Gentili e Zouch**, cap. 15). Compare-se a argumentação de F. SUAREZ, em favor da licitude da resistência ao poder tirânico, na sua obra sobre a **Defesa da fé católica contra os erros da seita anglicana** (1613), que lhe valeu a condenação da sua obra pelas coroas tanto da França como da Inglaterra, chegando o livro a ser queimado em praça pública, por questionar o 'poder divino' dos reis.

640 Ver tb. **Tratado** (tomo 11 – **Direito internacional no tempo do iluminismo**, item – *império, estado moderno e ascensão do absolutismo*).

Examina PUFENDORF, com meticuloso cuidado, as questões de direito penal: todas as penas devem ter em vista alguma utilidade – corrigir o culpado, prover a segurança da vítima, proteger a segurança e a utilidade públicas – e não ser somente a expressão de vingança.[641] O que, sempre, se afigura presente na natureza humana, mas precisa ser coibido e direcionado, para o bem da sociedade.

Segundo PUFENDORF, somente se deve punir, nos tribunais humanos, o que afete a ordem pública.[642] Enfatizava a crucial distinção entre 'crime' – a ser punido pela sociedade – diversamente do 'pecado' – questão de foro íntimo e da consciência de cada um. Distinção relevante e que merece ser lembrada e aplicada como diretriz de política pública.

Do conjunto da extensa e multifacetada obra de Samuel von PUFENDORF – na sua tripla condição de historiador, jurista e filósofo –[643] como mencionado, interessam-nos aqui, sobretudo, três dentre as suas obras:

– seus elementos da jurisprudência universal, em três livros, **Elementa** ou **Elementorum juris prudentiae universalis**, obra dos primeiros anos de PUFENDORF, publicada em 1660 – na qual "já se mostrava homem de grandes conhecimentos" –[644] e nesta formulava sua doutrina do direito natural, "que pode ser considerado o primeiro bom e útil manual da matéria" do direito natural. E são feitas severas críticas à compreensão pufendorfiana do objeto do direito internacional, por OMPTEDA.[645]

[641] Interessante comparar algumas colocações de PUFENDORF a respeito do direito de punir e da utilidade social do direito penal, em relação ao que escreveria, quase um século mais tarde, Cesare BECCARIA em seu **Dos delitos e das penas** (1764). Como se examinou no **Trat**ado (tomo 8 – **Direito internacional além do paradigma vestfaliano**, item – *direito internacional e o padrão clássico na cultura*). V. tb. P. B. CASELLA, *Cesare Beccaria e o padrão clássico* (in **Estudos em homenagem a Ivette Senise Ferreira**, org. Renato M. J. SILVEIRA e Mariângela G. M. GOMES, São Paulo: Liber Ars, 2015, p. 393-414).

[642] S. PUFENDORF, **De jure naturae et gentium** (VIII.III, 14). O que exclui da competência dos tribunais humanos a punição de pecados e questões de moral. Isso é vital para evitar a instauração de teocracia, e de confundir as esferas de competência da religião e da política.

[643] Ver, a seguir, o item 20.2 – *PUFENDORF como historiador.*

[644] D. Von OMPTEDA (op. cit., 1785, reed., 1963, § 70, p. 271): "Er zeichnete sich indessen bereits in diesem als ein Mann von vielen Kentnissen aus, und entwarf in selbigem einen Grundriss des Naturrechts, welcher als das erste gute und brauchbare Lehrbuch derselben anzusehen ist."

[645] D. Von OMPTEDA (op. cit., 1785, reed., 1963, § 70, p. 271): "PUFFENDORF legte indessen bereits in solchem seine Gedanken vom Völkerrechte an den Tag, welche dahin gehen, dass

Nessa obra, PUFENDORF já inseria o direito das gentes como fundamentado no direito natural,[646] e como tal, não necessitaria desenvolvimento ulterior específico, e fora do qual não haveria direito das gentes, consensual ou positivo. Neste sentido, por exemplo, os costumes, que os povos observam, em tempo de guerra, não teriam, enquanto tal, caráter vinculante,[647] e sua inobservância não seria a violação de dever jurídico,[648] mas somente o reflexo de – *nisi quod ruditatis vulgo arguitur* – "certa crueza de costumes do tempo" – *eine gewisse Rauhigkeit der Sitten an den Tag gelegtwerde*: "No que diz respeito à condução de uma guerra justa, somente o direito natural o pode determinar",[649] pois não teriam caráter jurídico as práticas costumeiras, habitualmente observadas em tempo de guerra. Pois, afinal, o mais das vezes, a guerra se faz por ambição e com vista ao lucro.[650]

das natürliche Völkerrecht in dem allgemeinen Naturrechte mit begrifen sei, und keine besondere Ausführung erfordere."

646 S. PUFENDORF, **Elementa iuris prudentiae universalis** (1660, Liber primus, § 24-26, p. 282-286).

647 S. PUFENDORF, **Elementa iuris prudentiae universalis** (1660, Lib. primus, § 25): "Solent denique sub nomine iuris gentium venire illae consuetudines inter plerasque gentes, saltem quae cultiorum et humaniorum sibi famam vindicant, potissimum circa bellum tacito quodam consensu usurpari solitae. Postquam enim inter cultiores istas gentes maximum fuit decus habitum, bellum gloriam quaerere, i.e. in eo praestantiam suam prae ceteris hominibus ostendere, quod vis multos homines auderet et dextre calleret perdere, adeoque in non necessaria aut iniusta bella est procursum; ne ambitionem suam invidiae nimis exponerent, usurpata omni licentia iusti belli, humanitate nonnulla et quadam magnanimitatis specie bellorum atrocitatem temperare plerisque populis est visum."

648 S. PUFENDORF, **Elementa iuris prudentiae universalis** (1660, Lib. primus, § 25) prossegue, na mesma passagem: "Unde consuetudines circa exemtiones certarum rerum et personarum a vi bellica, modus nocendi hostibus, modus tractandi captivos, et similia. Quae si quis legitimum gerens bellum neglexerit, scilicet ubi per ius naturae recte fieri possunt, nulli obligationi validae contravenisse dici potest, nisi quod ruditatis vulgo arguitur, quia non ad consuetudinem eorum, queis bellum inter artes liberales nominatur, sese composuerit.".

649 S. PUFENDORF, **Elementa iuris prudentiae universalis** (1660, Lib. primus, § 25) aduz, ainda, nesta mesma passagem: "Igitur si quis iusta gerat bella, solo naturae iure ea regere potest, nec ulla iure ad istas consuetudines, nisi sponte ob commodum aliquod suum velit, tenetur."

650 S. PUFENDORF, **Elementa iuris prudentiae universalis** (1660, Lib. primus, § 25) e conclui esta passagem: "Et sane, si ex crebro gentium usu ius aliquod peculiare debet constitui, primum utique caput in eo erit de bellis per solam ambitionem aut ob adspectum lucri licite gerendis, quibus apud plerasque gentes nihil frequentius".

Da mesma forma, as práticas, relacionadas com os representantes diplomáticos,[651] a inviolabilidade destes, e certos privilégios, reconhecidos como inerentes à função, em parte adviriam do direito natural, e em parte da simples boa vontade e política, com as quais os povos os tratam, e isso como favores, e não como direito próprio de quem envia o representante, e que podem sofrer limitações.[652]

– sua grande obra, **De jure naturae et gentium libri octo**, de 1672,[653] constrói versão ampliada de seu sistema de direito das gentes, com base no direito natural: PUFENDORF teve o mérito de banir, para o domínio da história, os elementos do suposto direito internacional, que não poderiam ser integrados, em conformidade com o direito natural, e assim construiu teoria sistemática do direito natural, onde supostamente somente as normas de validade universal estariam inseridas.[654] Curiosamente, não é tanto a sua obra principal, que traz a contribuição específica de PUFENDORF, para a evolução futura do direito internacional.[655]

651 S. PUFENDORF, **Elementa iuris prudentiae universalis** (1660, Lib. primus, § 26): "Quod vero legatos attinet, qui communiter unum ex praecipuis gentium capitibus constituunt, illi etiam ad hostes missi, siquidem speciem legatorum, non speculatorum prae se ferant, quamdiu apud eum, ad quem missi sunt, in eundem hostilia non molliuntur, puta, proditiones, seditionis et similia excitando (etsi fors ordinario modo per tractatus domini sui commodum prae alterius quaerant) ipso naturae iure sunt inviolabiles."

652 S. PUFENDORF, **Elementa iuris prudentiae universalis** (1660, Lib. primus, § 26): "illa ex mera eius ad quem mittuntur, gratia et indulgentia pendent, quae si commodum videatur, citra violationem ullius iuris denegare potest, nisi quatenus aliquid es dandum respectui, quod ipsius legati apud alium simili modo tractari fuerint."

653 S. PUFENDORF, **De jure naturae et gentium** (orig. publ. em Lund, em 1672); ___, **Of the Law of nature and nations** eight books ("translated into English from the best edition", "with a short introduction", Oxford: Lichfield, MDCCIII); ___, **De jure naturae et gentium libri octo** (Latin text – da edição de 1688 – and English translation by C. H. and W. A. OLDFATHER, Oxford: The Classics of International Law, 2 tomos, 1934 – reimpr. Buffalo, N.Y.: W. S. Hein, 1995).

654 S. PUFENDORF, **De jure naturae et gentium** (esp. II.III, 5-12, 20).

655 Compare-se o tratamento dado por GRÓCIO à relação entre 'direito natural' e 'direito internacional', no tocante a dados não intrinsecamente inerentes à natureza humana, mas que refletiam somente a visão e os limites do homem GRÓCIO, no seu meio cultural e no seu tempo histórico, em relação ao 'caráter sistemático', mais adequadamente desenvolvido por PUFENDORF. Compare-se **Tratado** (tomo 7 – **Direito internacional no tempo de Hugo Grócio**, cap. 18).

Nessa sua grande obra **De jure naturae et gentium**, de 1672, afirmava PUFENDORF a necessidade da compreensão da "sujeição do legislador à mais alta lei da natureza humana e da razão".[656] Esta obra encontra grande aceitação e repercussão em sua época, mas segundo OMPTEDA, teria como objeto, sobretudo, o direito natural e "conteria tão pouco direito internacional, que não precisa ser considerado",[657] além do que já desenvolvera PUFENDORF, na obra anterior, de 1660.[658]

PUFENDORF toca, somente de passagem, o assim chamado direito internacional positivo – *ius gentium pactitium* –, que considera difícil de ser encontrado, porquanto as estipulações, contidas em tratados, somente seriam vinculantes para as partes contratantes, em relação a cada tratado, e, mesmo assim, sujeitas a modificações supervenientes, e seu exame seria, assim, antes objeto de estudo da história – *potius historia* –, que direito internacional.[659] Quanta falta fazia, ao tempo de PUFENDORF, a noção de 'normas cogentes' de direito internacional geral – *jus cogens*,[660] como também a compreensão do caráter

[656] S. PUFENDORF, **De jure naturae et gentium** (I.I.XVI): "das coisas, consideradas como são, objetos da lei, se pode dizer que não haja ocasião de as colocar sob a rubrica de entidades morais. Pois embora os homens sejam concebidos como diferentes pessoas, considerando os seus diferentes estados ou ofícios, as coisas não podem suscitar tais distintas noções".

[657] D. Von OMPTEDA (op. cit., 1785, reed., 1963, § 71, p. 274): "So vortrefflich dieses nun auch im Rücksicht des allgemeinen Naturrechts ausgearbeitet ist, und mit Recht im diesem Epoche gemacht hat, so wenig ist jedoch solches für die Völkerrechtswissenschaft beförderlich, und enthalt in Ansehung deren im wesentlichen nichts weiteres als die vorhergehende **Elementa**."

[658] S. PUFENDORF, **De jure naturae et gentium** (1672, L. II, c. III, § 23) enumera os mesmos elementos do direito internacional, tal como se achavam referidos em sua obra anterior, os **Elementa** (1660).

[659] Samuel von PUFENDORF, **De jure naturae et gentium** (1672, loc. cit): "Et quod non nemo ad ius gentium quoque referre instituit peculiaria conventa duorum pluriumve populorum, foederibus et pacificationinus definiri solita, id nobis plane incongruum videtur. Et si enim illis stare lex naturalis de servanda fide iubet, legum tamen et iuris vocabulo valde improprie veniunt. Et praeterea infinita ac magnam partem temporaria sunt. Quin nec magis partem iuris constituunt, quam pacta singulorum civium inter se ad corpus iuris civilis spectant; cum potius historia sibi eadem vinticet."

[660] Como se encontra o conceito de *jus cogens*, no direito internacional vigente, nos termos do art. 53 da Convenção de Viena sobre direito dos tratados, de 1969: "É nulo o tratado que, no momento de sua conclusão, conflite com uma norma imperativa de direito internacional geral. Para os fins da presente Convenção, uma norma imperativa de direito internacional geral é uma norma aceita e reconhecida pela comunidade internacional dos estados como um todo, como norma da qual nenhuma derrogação é permitida, e que só pode ser modificada por norma ulterior de direito internacional geral da mesma natureza". E, ainda, o art. 64, da mesma Convenção, que estipula: "Se sobrevier uma nova norma imperativa de direito

materialmente 'constitucional', das disposições contidas nos grandes tratados multilaterais vigentes – de maneira mais restritiva do que admitia o seu contemporâneo Samuel RACHEL.[661]

Assim, em sua obra maior, PUFENDORF desenvolvia o exame das matérias, relativas ao direito e pactos de guerra e de paz.[662] Mas deixava, totalmente fora de sua abordagem, matérias como a regulação dos representantes diplomáticos.[663]

– e, finalmente, seu livro **De officio hominis et civis**, de 1673. Já o título da obra denota tratar de considerar, antes, os 'deveres do homem e do cidadão', como indivíduo singular, menos do que das relações e dos deveres dos 'estados', uns com os outros.[664] Esta publicação é, de certo modo, versão resumida

internacional geral, qualquer tratado existente, que estiver em conflito com essa norma torna-se nulo e extingue-se".

661 Como examinado, no precedente cap. 19, isso, de certa forma, já admitia seu contemporâneo, Samuel RACHEL (1628-1691) -- a partir da aceitação de natureza consensual, em caráter pontual por parte de dois ou mais estados, de modo a permitir, em casos concretos, o desenvolvimento de norma, que alcance patamar de aceitação mais amplo, pelo conjunto da comunidade dos estados. Conceitualmente, esta formulação de RACHEL pode ser aproximada do conteúdo de normas cogentes de direito internacional geral – *jus cogens* –, no contexto pós-moderno.

662 S. PUFENDORF, **De jure naturae et gentium** (1672, livro VIII, capítulos VI, VII, VIII e IX) enumera: "de iure belli", "de pactis bellicis", "de pactis pacis reducentibus" e "de foederibus". Considerados logo a seguir, neste capítulo.

663 Contrariamente ao que antes dele fizera, por exemplo, Alberico GENTILI, com sua inteira obra sobre a matéria, **De legationibus libri tres** (1585), como se examina no **Tratado** (tomo 6 – **Direito internacional no tempo de Suarez, Gentili e Zouch**, cap. 16). Matéria também tratada por Conrad BRAUN (1491-1563), o fanático canônico de Augsburgo, em sua obra, em cinco livros, **Sobre as embaixadas**, do original **De Legationibus libri V** (Mainz: Fr. Behem, 1548). Ver Conrad BRAUN, **Cinq livres sur les ambassades** à destination de ceux qui sont totalement appliqués à la chose publique, ou très utiles à ceux qui remplissent une quelconque magistrature, et agréables à la lecture (trad., annotations et notes par Dominique GAURIER, Limoges: Pulim – Presses univ. de Limoges, 2008).

664 Samuel von PUFENDORF, **De officio hominis et civis iuxta legem naturalem** (publicado em Lund, 1673), constitui versão resumida de sua obra principal **De jure naturae et gentium** (1672). Utilizadas estas edições desta obra de Samuel PUFENDORF, **Les devoirs de l'homme et du citoyen** – tels qu'ils sont prescrits par la loi naturelle (traduits du latin par Jean BARBEYRAC, edição facsimilar da edição original dita de 'Londres': chez Jean Nourse, 1712, Caen: Centre de philosophie politique et juridique de l'Université de Caen, 1984 na capa e 1989 na página de rosto, 2 vols.); PUFENDORF, **On the duty of man and citizen** – according to natural law (ed. by James TULLY, translated by Michael SILVERTHORNE, Cambridge: Univ. Press – Cambridge Texts in the History of Political Yhought, 1st. publ., 1991); PUFENDORF, **Os deveres do homem e do cidadão** – de acordo com as leis do direito

de sua grande obra, **De iure naturae et gentium** publicada no ano anterior. E, por conseguinte, ainda menos do que naquela, PUFENDORF considera o direito internacional.[665]

Situava o alcance da questão Samuel PUFENDORF, no seu livro **Dos deveres do homem e do cidadão**, de 1673: "os compromissos, unicamente fundados sobre determinado estado das pessoas, se evaporam a partir do momento, em que esse estado não mais subsista, quer em relação à pessoa engajada, quer em relação à pessoa, com a qual se tinha engajado".[666]

Antes, PUFENDORF considerava, em sua obra maior, de 1672, "a natureza das promessas e dos pactos em geral",[667]

> Como obrigações que não nasceram com o homem, e em decorrência de sua própria natureza, mas em decorrência de algum ato deste homem, possa ser atribuída a obrigação de observar determinado conteúdo específico. Em razão do qual surge, ao mesmo tempo, para outra pessoa, o direito em relação ao que antes desejavam. Pois estas duas qualidades morais tem relação mútua e dependência, pois quando se cria uma obrigação para um homem, imediatamente se cria o direito correspondente para outro.[668]

Por isso, apontava PUFENDORF, em 1672, a "exigência do consentimento, ao se fazerem pactos e promessas":[669]

> Como o efeito de pactos e promessas é o de limitar a nossa liberdade, e nos colocar o encargo ou a necessidade de fazer esta ou aquela coisa, que antes poderíamos ter efeito ou deixado de fazer a nosso bel prazer, não pode haver

natural (trad. para o inglês por Andrew TOKE, 1691, org. e intr. Ian HUNTER e David SAUNDERS, seguido de *As obras de Samuel Pufendorf* – Dois discursos e um comentário, por Jean BARBEYRAC, traduzidos por David SAUNDERS, tradução Eduardo Francisco ALVES, Rio de Janeiro: Topbooks – Liberty Fund, 2007).

665 S. PUFENDORF, **De officio** (1673, ed. cit., 1712, cap. XVI – *de iure circa bellum et pacem*, e cap. XVII – *de foederibus et aliis conventionibus publicis*).

666 S. PUFENDORF, **Les devoirs de l'homme et du citoyen** – tels qu'ils sont prescrits par la loi naturelle (1712, 2 vols., edição facsimilar citada, 1984 e 1989, em 2 vols., cit. tome premier, livro I, cap. XVI, par. 6, p. 383).

667 S. PUFENDORF, **De jure naturae et gentium** (III.V).

668 S. PUFENDORF, **De jure naturae et gentium** (III.V).

669 S. PUFENDORF, **De jure naturae et gentium** (III.VI).

melhor argumento, para evitar que um homem se queixe de tal encargo, do que alegar que ele o tomou a si, por sua própria vontade e consentimento, quando tinha poder de escolher, se o faria ou não.[670]

Considerava, a seguir, PUFENDORF o "conteúdo das promessas e dos tratados".[671] E a necessidade de distinguir se a coisa, objeto de promessa, nos parecia possível, quando foi feita, e depois se mostre impossível, se isso se deveu somente ao acaso, ou se foi fruto de inadimplemento ou de fraude.[672]

A respeito das "condições das promessas",[673] distinguia PUFENDORF (1672), entre algumas que se fazem pura e simplesmente, enquanto outras se vinculam a determinadas condições, ou que por vezes nos obrigam, de maneira absoluta, em relação a esta ou aquela atuação. E que, por vezes, se suspende a nossa obrigação, até que esta ou aquela condição seja satisfeita. [674]

Mais adiante, PUFENDORF enfatizava "a igualdade que deve ser observada nos contratos onerosos".[675] E prosseguia, com extensas considerações sobre os meios e os modos de exercício da vontade, inclusive no tocante a testamentos, e a sucessão sem testamento, bem como sobre o exercício do pátrio poder, e a respeito de diferentes ramos do direito privado.[676]

No livro VII, do seu **Direito natural e das gentes**, PUFENDORF passa a considerar as razões, pelas quais os homens estabelecem as sociedades civis.[677] E também "a estrutura interna e a constituição dos estados civis".[678]

Ao considerar as "formas de estado",[679] PUFENDORF apontava, ser a soberania atributo característico, desta forma de associação política – o

[670] S. PUFENDORF, **De jure naturae et gentium** (III.VI).

[671] S. PUFENDORF, **De jure naturae et gentium** (III.VII).

[672] S. PUFENDORF, **De jure naturae et gentium** (III.VII.III).

[673] S. PUFENDORF, **De jure naturae et gentium** (III.VIII).

[674] S. PUFENDORF, **De jure naturae et gentium** (III.VIII.I).

[675] S. PUFENDORF, **De jure naturae et gentium** (V.III). E a seguir os elementos característicos de várias modalidades contratuais (livro V, caps. IV, V). E também dos contratos que dependem de elementos aleatórios (livro V, cap. IX).

[676] S. PUFENDORF, **De jure naturae et gentium** (esp. livro VI).

[677] S. PUFENDORF, **De jure naturae et gentium** (VII.I).

[678] S. PUFENDORF, **De jure naturae et gentium** (VII.II). E prosseguia com o exame da "origem da soberania civil ou majestade" (VII.III).

[679] S. PUFENDORF, **De jure naturae et gentium** (VII.V).

estado – e que esta poderia residir, em único indivíduo, ou em colegiado.[680] Considerava, a seguir, "os atributos ou propriedades da soberania",[681] bem como os modos de adquirir a soberania,[682] especialmente na monarquia.[683]

O livro VIII, do **Direito natural e das gentes**, por sua vez, concentra o conteúdo do que se poderia, mais especificamente, denominar 'direito internacional', no conjunto dessa obra maior de PUFENDORF, de 1672. O oitavo livro começa, justamente, com a consideração das facetas, pelas quais se manifesta o poder soberano. Na sequência e encadeamento da matéria, tratada no anterior livro VII.

O poder soberano, tal como o entendia PUFENDORF, continha, por exemplo, "o poder de dirigir as ações do súdito".[684] E prosseguia com o exame do "direito do soberano sobre a vida do súdito, em razão da defesa do estado".[685]

Cuidava, ainda, PUFENDORF de examinar o "direito do soberano sobre a vida e os bens dos súditos em casos criminais", o "poder do soberano, em determinar o valor dos súditos", e por fim, o "poder do sobe-

680 S. PUFENDORF, **De jure naturae et gentium** (VII.V). Ver tb. **Tratado** (tomo 5 – **Direito internacional no tempo de Francisco de Vitória**, cap. 13 – *estado como sujeito de direito internacional*).

681 S. PUFENDORF, **De jure naturae et gentium** (VII.VI).

682 Ver: Heber ARBUET-VIGNALI, **Teoría jurídica de la soberania** – y su influencia sobre la teoría del estado pós-moderno (orig. publ. 2019, Montevideu: Fundación de cultura univ., reimpr. 2020); Jens BARTELSON, **A genealogy of sovereignty** (orig. publ. 1995, Cambridge: Univ. Press – Cambridge studies in international relations, vol. 39, reprinted 1996); Jean BODIN, **Les six livres de la République** (ed. orig. 1576, esta edição segue a 10ª ed., publicada em Lyon: Gabriel Cartier, em 1593, reimpr. em 1594, Corpus des œuvres de philosophie en langue française, Paris: Fayard, 1986, 6 vols., esp. Livro I, caps. VIII e X); P. B. CASELLA, *Soberania por dentro e por fora* (in **Estudos em homenagem a E. R. Lewandowski**, org. E. A. de J. PRUDENTE, São Paulo: Quartier Latin, 2023, p. 249-278); D.-E. KHAN, E. LAGRANGE, S. OETER e C. WALTER (ed. by), **Democracy and sovereignty** – Rethinking the legitimacy of Public International Law (Leiden / Boston: Brill / Nijhoff, 2023); Benno TESCHKE, **The myth of 1648** (orig. publ. 2003, Londres: Verso, 2009).

683 S. PUFENDORF, **De jure naturae et gentium** (VII.VII). E que "o poder supremo deve ser considerado sagrado no estado civil" (VII.VIII). E considerava a seguir "os deveres dos soberanos" (VII.IX). Ver tb. S. PUFENDORF, sob o pseudônimo Severinus de MONZAMBANO, **De statu imperii germanici** (1667); **Die Verfassung des deutschen Reiches** (Originaltitel **De statu imperii germanicii**, Übersetzung, Anmerkungen und Nachwort von Horst DENZER, Stuttgart: Philipp Reclam Jun., 1976, reimpr. 1985).

684 S. PUFENDORF, **De jure naturae et gentium** (VIII.I).

685 S. PUFENDORF, **De jure naturae et gentium** (VIII.II).

rano, sobre o patrimônio público, bem como sobre os imóveis dos cidadãos privados".[686]

Ainda no livro VIII, PUFENDORF passa a examinar o direito da guerra, os pactos bélicos, os tratados para o restabelecimento da paz, e as alianças.[687] Inicialmente, expõe a sua concepção do direito da guerra:[688]

> Como cada homem, que vive na liberdade [do estado] de natureza, tem a mesma liberdade natural, que os estados e reinos tem, de se defenderem contra violência injusta, e de apoiarem e de afirmarem os seus direitos por meio da força, quando outros o ferem, ou os tentam privar de tais direitos, será, penso eu, o melhor método, examinar primeiro o que é comum às guerras dos particulares e às dos estados, e, em seguida, o que pode ser apropriado aos últimos, quer segundo os costumes das nações, quer segundo a sua própria natureza.[689]

A premissa central, da relação entre paz e guerra, é, logo a seguir, apresentada:

> Nada é mais agradável, ao direito natural, que nenhum homem dever cometer violência injusta ou ofender a outro; e, por outro lado, que devemos mostrar gentileza e humanidade, uns com os outros, e ser particularmente cuidadosos, na observância de nossos compromissos e acordos. E quando os homens, devidamente, observam e aplicam tais leis, se pode dizer, que vivam em paz, que é o estado mais agradável, para a natureza humana, o que melhor tende a promover a sua felicidade e segurança, e em verdade, que o direito natural foi dado aos homens, para estabelecer e preservar.
>
> Além disso, a paz é estado próprio à natureza humana, como tal, e decorre de princípio, de que os homens gozam, acima dos animais selvagens; enquanto a guerra decorre do que é comum a uns e outros. Os animais selvagens, por instinto natural, tenderão a se defenderem e se preservarem, como puderem,

[686] S. PUFENDORF, **De jure naturae et gentium** (VIII.III). Sobre o "poder do soberano em determinar o valor dos súditos" (VIII.IV), e sobre o "poder do soberano sobre o patrimônio público, bem como sobre os imóveis dos cidadãos privados" (VIII.V).

[687] S. PUFENDORF, **De jure naturae et gentium** (1672, livro VIII, capítulos VI, VII, VIII e IX) enumera: "de iure belli", "de pactis bellicis", "de pactis pacis reducentibus" e "de foederibus".

[688] S. PUFENDORF, **De jure naturae et gentium** (VIII.VI).

[689] S. PUFENDORF, **De jure naturae et gentium** (VIII.VI.I).

por meio da força; mas somente o homem compreende a natureza e a constituição da paz. Pois somente ele pode voluntariamente vincular-se ou evitar a prática de qualquer ato, que possa contribuir ou prejudicar outra pessoa, com base em consideração de certas obrigações de um lado, e certos direitos, de outro. Tudo isso depende, inteiramente, do uso e exercício da razão.[690]

A guerra, assim, para ser justa e poder ser validamente desencadeada, deveria ser decorrência de necessidade, mas, mesmo quando decorra da necessidade, a guerra sempre deve ter em vista, como objetivo último, a consecução da paz:

> Apesar de tudo, pode, por vezes, ser legal e mesmo necessário, que o homem faça a guerra. Por exemplo, quando se vê que outra pessoa tem a intenção de causar dano, ou negar os meus direitos. Pois, em tais casos, o cuidado que tenho, com a minha própria segurança, me confere o poder de me defender, e de afirmar o meu direito, segundo os meios, que eu considere mais adequados, embora isso signifique ferir, quem queria me atingir, ou recuperar o meu direito por meio do uso da força, quando não o possa fazer, por meios pacíficos. Além disso, a natureza nos deu um rápido sentido da injustiça, para que não soframos ser oprimidos e insultados, por outros. Mas ela, também, nos armou com a força e a agilidade do corpo, para que não sejamos medrosamente forçados, a nos submeter a tanto. Mas, assim, quando a natureza permite a guerra, é a paz que se tem em vista, e devemos nos assegurar em vista de alcançar. Pois a paz é o preço e a recompensa da guerra. E quando somos forçados a lutar, não é que queiramos fazer as nossas guerras perpétuas, mas que possamos gozar de paz duradoura e de segurança no futuro.[691]
>
> Embora quem me faça mal tenha, assim, me conferido o poder de fazer guerra contra ele, eu também devo considerar quanto de bem e de mal eu acarretarei, para mim e para outros, que não me fizeram qualquer mal. Pois, ofensas que não me privem, totalmente, de minha tranquilidade e segurança, não devem provocar a vingança, que conduza à guerra, de tal modo, quando os inconvenientes que eu acarretaria para mim e para os que me são próximos, sejam provavelmente maiores, do que as vantagens, que eu poderia obter. Ou quando outros, com os quais no presente estou em paz, precisem, por causa

[690] S. PUFENDORF, **De jure naturae et gentium** (VIII.VI.II).
[691] S. PUFENDORF, **De jure naturae et gentium** (VIII.VI.II).

> de minha guerra, sofrer tais males que, segundo as leis da humanidade, em quieta submissão, às injúrias feitas contra mim, eu os deveria defender contra estas. E assim, um homem deve ser levado a não se vingar de uma injúria sofrida, quando veja que uma guerra causaria, com muita probabilidade, mais males do que bem.[692]

Pode-se dizer que exista tanto de virtude, quanto de interesse, na avaliação da guerra. Esses estados podem ser inerentes à condição humana, mas que a escolha entre um e outro se faça, de maneira realista e objetiva, inclusive quanto aos males e aos resultados positivos, que possam advir, da adoção de tal medida. Mesmo se, como apontava PUFENDORF, que se deva, "quando a natureza permite a guerra, é a paz que se tem em vista, e devemos nos assegurar em vista de alcançar". Isso por ser a paz, segundo ele, "o preço e a recompensa da guerra".[693]

As causas da *guerra justa* poderiam,[694] desse modo, segundo PUFENDORF, ser enfeixadas, em três rubricas: primeiro, para nos defender e a nossos bens, contra quem tenha o desígnio de nos causar mal; segundo, para afirmar nossos direitos, quando outros, que os deveriam respeitar, se recusem a observá-los; e terceiro, para obter satisfação por danos que tenhamos injustamente sofrido, e forçar a pessoa, que os causou, a nos dar caução de seu bom comportamento no futuro:[695]

> Assim, se põe a divisão das guerras justas, entre ofensivas e defensivas. As últimas, eu considero serem as modalidades de guerra, em que nos esforçamos por defender e conservar o que é nosso; enquanto as primeiras são as que ocorrem, quando exigimos o respeito de direitos que são nossos, e se estes nos são negados, tentamos recuperar, o que nos foi injustamente tomado, de modo a ter garantias de tranquilidade para o futuro.[696] [...]

[692] S. PUFENDORF, **De jure naturae et gentium** (VIII.VI.II).

[693] S. PUFENDORF, **De jure naturae et gentium** (VIII.VI.II).

[694] Ver **Tratado** (tomo 4 – **Direito internacional no tempo medieval**, esp. item 11.2 – *guerra justa e guerra santa: entre jihad e as cruzadas*), inclusive em relação ao conceito e à evolução da assim chamada 'guerra justa'.

[695] S. PUFENDORF, **De jure naturae et gentium** (VIII.VI.III).

[696] S. PUFENDORF, **De jure naturae et gentium** (VIII.VI.III), ponderava a seguir, nesta passagem: "Algumas vezes, a parte que primeiro começou a guerra pode ter o crédito de a fazer como defensiva".

> Mas, em geral, as causas de qualquer guerra, e especialmente das ofensivas, devem ser evidentes, sem qualquer dúvida ou incerteza. Pois é muito usual que, em tais casos, as dúvidas surjam, talvez por ignorância das causas materiais: quando não seja absolutamente certo, se assim foi ou não, e com qual intenção se fez, ou ainda por uma superficial e obscura comparação de justiça estrita, com as leis do amor e da caridade, ou que possa resultar de conta errônea da proporção das utilidades, que provavelmente resultem de se encetar ou se manter em curso a guerra, em tais casos nenhuma argumentação obscura deve ser utilizada. De tal modo, não se deveria buscar imediatamente satisfação pela força das armas, mas se deve tentar, por três meios, compor as diferenças, que poderiam levar à guerra: primeiro, por meio de conferências entre as partes, por seus agentes; segundo, por recurso a árbitros, e terceiro, por meio de [se tirar a] sorte.[697]

Ante a inexistência de razões válidas, descaracteriza-se a guerra, que poderia ser considerada 'justa':

> Das causas injustas da guerra, como apontadas por GRÓCIO,[698] algumas são manifestamente ilegais. Algumas, podem ter alguma coloração, embora seja esta fraca e desbotada. Dentre as primeiras, a avareza, e a desmedida ambição,[699] de aumentar as nossas riquezas, e esperanças de aumentar o nosso reino e o espaço, sobre o qual se estenda a nossa dominação, para nos fazer grandes e nos dar a ilusão de fama e glória, pela opressão de outros.[700]

697 S. PUFENDORF, **De jure naturae et gentium** (VIII.VI.IV). Compare-se a lição de GRÓCIO, **De jure belli ac pacis** (1625, II.XXIV) no sentido de refletir cuidadosamente, antes de encetar uma guerra, pois seria loucura e imprudência, tanto para os homens individualmente, como para as comunidades políticamente organizadas, não aceitar uma acomodação, ou acolher uma reconciliação, enquanto os negócios estão inteiramente com ambos os lados, e, assim (ainda no VIII.VI.IV), "quando tiverem suficientemente punido e mortificado um ao outro, de maneira discreta e silenciosamente interrompam [o conflito], sem dar a qualquer um o trabalho de os separar."

698 H. GRÓCIO, **De jure belli ac pacis** (1625, II.XXII). Ver **Tratado** (tomo 7 – **Direito internacional no tempo de Hugo Grócio**).

699 S. PUFENDORF, **De jure naturae et gentium** (VIII.VI.V) condenava a prática dos antigos judeus, que pensavam lhes ser permitido, uma vez que o Sinédrio – *Sanhedrin* – tivesse declarado a guerra, fazê-la sem qualquer outra razão, além da grandeza e da glória de sua nação, invadindo os seus vizinhos, e se assim pudessem, fazendo deles conquista total.

700 S. PUFENDORF, **De jure naturae et gentium** (VIII.VI.V) considerava ser a avareza a causa de guerra que mais cuidadosamente se procura esconder, pois seria a expressão de natureza

Dentre as causas espúrias para a guerra se pode contar o receio da força e poder de nossos vizinhos, que podem se tornar ameaça para nós. Mas, essa simples suspeita não constitui motivo válido, nem pode tornar justa a nossa causa de guerra, exceto se tivermos boa certeza moral, quanto a terem esses vizinhos desígnios malignos, contra nós: "pois, simplesmente, uma incerta desconfiança pode ser o suficiente para me persuadir a ser circunspecto e me fortalecer, quanto eu puder, mas nunca me confere o direito de fazer o primeiro ataque, embora tenha este somente o propósito de me dar segurança para o futuro".[701]

Ou seja, PUFENDORF rejeitava claramente a validade de qualquer guerra 'preventiva'. Em linha consistente com o eixo central do direito internacional, desde o tempo 'clássico', até os nossos dias. Ponderava, ademais, PUFENDORF:

> Nada pode ser mais oposto ao interesse público da humanidade, do que admitir a introdução de direito, segundo o qual se permitiria tomar, com uso da força, qualquer coisa de outra pessoa, desde que isso possa ser vantagem para mim. Pois, devo e posso esperar, que outros usem da mesma liberdade, em relação a mim, como eu faria, em relação a outros.[702]

Notava PUFENDORF, que embora a violência e o terror sejam intrínsecos às guerras, e nestas possam ser usados estratagemas e fraudes, para iludir o inimigo, não se deve usar de traição, nem violar pactos celebrados e a fé nestes contida.[703] Mas o melhor é entender até que ponto podemos, legalmente, perseguir a nossa vingança, e usar de violência contra um inimigo, tornando-se necessário observar que existe uma grande diferença, entre aquelas liberdades que, em estado de hostilidade, possam ser simplesmente consideradas, e quanto estas nos conferem contra um inimigo, e de outro lado, aquelas que a clemência e a gentileza nos permitam adotar, em conformidade com o direito natural:[704]

baixa e de espírito mesquinho. Enquanto a ambição muitas vezes é mostrada neste mundo, como expressão de força e de valor, e comumente se pensa em grandeza e em bravura, por apossar-se daquilo que pertence a outros homens, depois de ter lutado por isso.

[701] S. PUFENDORF, **De jure naturae et gentium** (VIII.VI.V).

[702] S. PUFENDORF, **De jure naturae et gentium** (VIII.VI.V).

[703] S. PUFENDORF, **De jure naturae et gentium** (VIII.VI.VI).

[704] S. PUFENDORF, **De jure naturae et gentium** (VIII.VI.VII).

> O direito natural nos obriga a um mútuo exercício dos ofícios e dos deveres da paz, que a pessoa, que primeiro os viola contra mim, me libera, tanto quanto resida em seu poder, de observar esses mesmos deveres, em relação a ele. Consequentemente, enquanto ele se declara meu inimigo, me confere a liberdade de usar a violência contra ele, *in infinitum*, ou tanto quanto eu deseje.[705]

Alguns objetam, trazia à consideração PUFENDORF, que deva haver proporcionalidade na resposta, quanto à extensão do uso da violência, "na retribuição do mal que nos é feito":[706] "os males, que são o efeito do direito da guerra, não são propriamente punições", nem tem qualquer tendência a reformar ou corrigir o autor do delito. Em decorrência de ter existido justo título, para desencadear a guerra. Mas, mesmo assim, somente se destinam a defender ou a reconquistar a segurança e a tranquilidade dos meus direitos e propriedades:[707]

> Na busca de tal propósito, é lícito que eu utilize todos os meios, de que possa fazer uso, para alcançar tal fim, como eu estime sejam mais adequados, para prevalecer contra tal pessoa, que, por seu injurioso tratamento contra mim, que colocou fora da condição de fazer contra ele qualquer ofensa, até o momento em que se tenha concordado, entre nós, suspender a prática de toda e qualquer hostilidade. Mas, as leis da humanidade nos devem levar a considerar, não somente o que um inimigo pode, licitamente sofrer, no curso de uma guerra, mas também o que é adequado que um conquistador, clemente e generoso, possa infligir.[708]

Mesmo quando possa existir justo título, para desencadear a guerra, devem ser ponderados os riscos, antes de ser esta desencadeada, como advertia PUFENDORF: "as incertezas e surpresas da fortuna, que podem ocorrer durante uma guerra, devem nos persuadir a manter a temperança

[705] S. PUFENDORF, **De jure naturae et gentium** (VIII.VI.VII).
[706] S. PUFENDORF, **De jure naturae et gentium** (VIII.VI.VII).
[707] S. PUFENDORF, **De jure naturae et gentium** (VIII.VI.VII).
[708] S. PUFENDORF, **De jure naturae et gentium** (VIII.VI.VII). Em relação à moderação, GRÓCIO (1625, III.XI) se estende consideravelmente na exposição do tema, e as três normas que ele prescreve (III.I.II, III e IV) nos dão clara visão da liberdade possível em relação a um inimigo. Como se examina no **Tratado** (tomo 7 – **Direito internacional no tempo de Hugo Grócio**, cap 18).

no uso de tais liberdades, por receio de mudança de situação, que poderiam fazer as nossas próprias armas se voltarem contra nós, e se aplicarem contra nós os mesmos usos, que dispensamos a outros".[709]

Por isso, os turcos otomanos, tomados como prisioneiros, depois da batalha naval em Lepanto, foram levados para Roma, e se deveria fazer bom uso deles: "para mostrar aos maometanos, que aprendam conosco, a serem clementes e misericordiosos, vocês que são sempre tão cruéis e bárbaros, com os cativos cristãos". Ao que, teriam estes respondido: "Seja isso considerado perdoável para nós, porque até aqui não sabíamos o que era ser prisioneiros, e ser deixado à mercê do inimigo".[710] Como reporta PUFENDORF, "os turcos entendiam, como outros podiam ser tomados em cativeiro, mas não tinham pensado em se verem, em tal condição, eles mesmos. Como eles deveriam ser tratados, e o que deveria ser dado aos inimigos, capturados em combate".[711]

A seguir, PUFENDORF abrange o escopo da comparação entre a condição dos particulares e a das comunidades politicamente organizadas:

> Em suma, o direito da guerra, que sempre observa o estado de natureza, entre os homens lhes é tirado, ao ingressarem estes em comunidades politicamente organizadas, e assim, como integrantes de uma sociedade civil, os súditos não devem punir, aqueles que os injuriam, com as suas próprias espadas, como desejarem, ou tentarem recuperar os seus direitos, que lhes tenham sido negados, usando as suas próprias forças, mas devem, sempre, se reportar aos magistrados, em tais casos, cujo dever é o de cuidar, que tais ilícitos sejam sanados, que reparação seja dada, pelos danos sofridos, e que precaução seja tomada, quanto ao futuro, que cada homem seja mantido, em seus justos direitos.[712]
>
> Algumas vezes, mesmo em tais casos, os particulares são autorizados a fazerem uso de tais prerrogativas, de se defenderem, por conta própria, mediante uso de sua própria força, mas isso não lhes é atribuído, segundo um direito de guerra. Pois o poder de fazer guerra impõe a prerrogativa de iniciá-la, segundo a minha discricionaridade, continuá-la tanto quanto eu deseje e pôr fim a ela,

[709] S. PUFENDORF, **De jure naturae et gentium** (VIII.VI.VII).

[710] S. PUFENDORF, **De jure naturae et gentium** (VIII.VI.VII).

[711] S. PUFENDORF, **De jure naturae et gentium** (VIII.VI.VII).

[712] S. PUFENDORF, **De jure naturae et gentium** (VIII.VI.VIII).

quando assim se estipule, em acordo celebrado com o inimigo. Mas, aos súditos nunca é permitido se defenderem a si mesmos, mediante uso de sua própria força, exceto em casos extremos, de perigo iminente, e em caráter temporário, até que o perigo possa ser afastado. Assim, como nenhum súdito tem direito de guerra, tampouco é necessário que a paz seja por este celebrada, quando a autoridade do soberano tenha sido suficientemente consolidada antes.[713]

Normalmente, se faz a distinção entre a guerra solene e a menos solene.[714] Na primeira, é preciso que a guerra seja dirigida e conduzida pela autoridade suprema, de ambos os lados, e que tenha sido devidamente proclamada. Por sua vez, as guerras menos solenes são tais que não tenham sido publicamente declaradas, ou tenham sido iniciadas ou sejam conduzidas contra cidadãos privados. O que faz parecer serem tais confrontos meras incursões de bandidos, ou se tratar de rebelião, "ou se tratarem de momentos da vida, que em caso algum pode ser uma guerra justa".[715]

A guerra 'justa' não o é somente pelas causas, mas também pela observância da forma devida. O que inclui ter sido desencadeada, pelo detentor do poder soberano, e ser conduzida, tendo em vista a defesa do interesse público.

Assim, as guerras civis são espécie de guerra menos solene, quando a comunidade, politicamente organizada, se encontra de tal maneira dividida, que não se saiba, de qual lado o soberano está engajado. E, como comenta PUFENDORF, "é observável em relação às guerras solenes, mencionarem os autores que o *povo* e seus *generais*, ou os seus *governadores* estejam envolvidos no conflito, justamente em relação a *inimigos*, em oposição a *bandidos* e *piratas*".[716] Na caracterização das guerras solenes seria, justamente, o caráter nacional ou coletivo de tal engajamento no conflito, que

[713] S. PUFENDORF, **De jure naturae et gentium** (VIII.VI.VIII).

[714] S. PUFENDORF, **De jure naturae et gentium** (VIII.VI.IX). Ver tb. **Tratado** (tomo 4 – **Direito internacional no tempo medieval**, cap. 11 – *tratadistas da guerra: Balthazar AYALA e Pierino BELLI* e seus itens 11.1 a 11.7).

[715] S. PUFENDORF, **De jure naturae et gentium** (VIII.VI.IX).

[716] S. PUFENDORF, **De jure naturae et gentium** (VIII.VI.IX). A seguir (VIII.VI.X) ponderava PUFENDORF, contrapondo-se à opinião de GRÓCIO, **De jure belli ac pacis** (1625, I.III.IV) se um magistrado, propriamente assim chamado, tem o direito de fazer a guerra. PUFENDORF entende que não: "pois a guerra é negócio de tal natureza que pode colocar a inteira comunidade em perigo, e assim conceder a um magistrado o poder de declarar a guerra e a conduzir como tal, seria a mesma coisa que conferir a tal magistrado o poder soberano."

denotaria a extensão do comprometimento coletivo, com a empreitada bélica.

Em sociedade, politicamente organizada, o direito coercitivo sobre os súditos não é o mesmo, que o direito de guerra. Não pode ser exercido o poder sobre os súditos, indistintamente, nem pode somente basear-se sobre o monopólio do exercício legal da força, pelos poderes constituídos.[717]

O que virá a se caracterizar como o 'estado de direito', ou 'estado democrático de direito'. Com as devidas cautelas, em relação à exata definição do conteúdo, de cada um destes termos.

A guerra parece repousar somente entre iguais. Ou, ao menos, entre poderes, que se pretendam iguais:

> Assim, o governador de cidade ou província, especialmente se tiver, sob as suas ordens, contingente de soldados, deve fazer a melhor resistência que puder, para que não seja invadido por um inimigo, mas não cabe a este [governador de cidade ou província], fazer guerra em território estrangeiro. Exceto se tiver recebido instruções expressas, nesse sentido.[718]

[717] S. PUFENDORF, **De jure naturae et gentium** (VIII.VI.X). Mais uma vez, cita e se opõe à opinião de GRÓCIO, **De jure belli ac pacis** (1625, I.III.IV), quando este asseverava que consideradas as coisas sem relação com as leis civis, caberia ao magistrado – como poder político subordinado – no seu dever de proteger o povo sob seus cuidados, caso lhe seja feita oposição, com uso de força, ao exercício de sua autoridade, teria este direito de fazer a guerra. Porque fazer a guerra é prerrogativa do soberano. E se ao magistrado se atribui jurisdição, isso se faz somente para que este os defenda, como é obrigado a defender os pobres e os mais fracos, por meio da justiça, contra a opressão dos ricos e dos poderosos: "Para isso não é necessário que ele tenha [o magistrado] o direito de fazer a guerra."

[718] S. PUFENDORF, **De jure naturae et gentium** (VIII.VI.X). Considerava logo a seguir (VIII. VI.XI) se um general que não tenha instruções, nem gerais nem específicas, pode justamente fazer a guerra contra príncipe ou estado estrangeiro, baseado somente na presunção, por acreditar que seu soberano aprovará a sua ação, o que considera PUFENDORF (1672, VIII. VI.XI) deve ser negado: "pois não é suficiente saber o que é provável que o soberano aprovaria, se fosse este consultado sobre a questão específica, mas deveria antes ser considerado se seria provável que este desejasse fosse isso feito sem a sua opinião, quando o assunto exige tempo e a situação é difícil, se uma lei deve ser feita a respeito, ou a quem cabe determinar todos os casos semelhantes. E assim sem dúvida aparecerá como tais casos devem ser regulados, que não deva ser decidido somente por um ministro tomar qualquer ação, onde o interesse de toda a comunidade política está colocado".

Assevera PUFENDORF, "nenhum estado pode estar mais obrigado em relação a outros estados, do que em relação aos seus próprios súditos".[719] Assim, em qualquer tratado de cooperação e de assistência deve ser levado em conta esse limite, do interesse público.

O limite ao exercício do poder de fazer a guerra é implícito, na medida em que é consistente, com as obrigações da comunidade política, em relação ao conjunto dos cidadãos:[720] "assim, é absurdo colocar qualquer confiança, em tratado de aliança ou liga, que não seja do interesse de nosso aliado observar". E que, assim, acabaria por se tornar sem efeito, quando se apresentasse a necessidade. Mas, igualmente, PUFENDORF reconhece, "seria, assim, sem propósito fazer ligas, se não se vai correr qualquer risco, ou sofrer qualquer perda, na defesa de um aliado".[721]

PUFENDORF considerava, ainda, parecer haver acordo tácito, entre as nações, de que uma não julgue as guerras de outra.[722] Pois, porque deveria alguém, que está distante da controvérsia, e não é aliado de qualquer das partes, se dar ao trabalho de fazer suas, as brigas de outrem.[723]

> Mesmo em guerra justa, é difícil saber a exata extensão da necessidade de medidas de defesa, e de qual maneira alcançar reparação, por danos sofridos, e de quais maneiras se precaver, para o futuro. Assim, é melhor deixar essas coisas à consciência das partes, envolvidas na guerra, do que se arriscar a fazer julgamento sobre questão, cuja condenação pode ter consequências perigosas para nós.[724]

Em relação à determinação da medida, em que se possa dispor dos bens dos inimigos, tomados durante a guerra, PUFENDORF remete à lição de GRÓCIO.[725] Mas, além deste, reporta-se também às "leis da natureza e

[719] S. PUFENDORF, **De jure naturae et gentium** (VIII.VI.XIV).

[720] S. PUFENDORF, **De jure naturae et gentium** (VIII.VI.XIV).

[721] S. PUFENDORF, **De jure naturae et gentium** (VIII.VI.XIV). Compare-se GRÓCIO, **De jure belli ac pacis** (1625, II.XXV – *das causas de empreender uma guerra em favor dos outros*).

[722] S. PUFENDORF, **De jure naturae et gentium** (VIII.VI.XVI).

[723] S. PUFENDORF, **De jure naturae et gentium** (VIII.VI.XVI).

[724] S. PUFENDORF, **De jure naturae et gentium** (VIII.VI.XVI).

[725] S. PUFENDORF, **De jure naturae et gentium** (VIII.VI.XIX). Interessante comparar, a respeito da mesma matéria, a formulação de H. GRÓCIO, no seu **De jure belli ac pacis** (III.V – *da devastação e do saque*). Ver tb., sobre GRÓCIO, **Tratado** (tomo 7 – **Direito internacional no tempo de Hugo Grócio**, cap. 18).

da consciência" sobre a mesma matéria: "em guerra justa, permitem que o homem faça tais aquisições, dentre os bens que seu inimigo possua, que ou restaurem o que lhe era devido, ou o equivalente a isso, e todos os pagamentos recusados, que deram origem à guerra, e além disso, satisfazer-se pelos custos da empreitada, ao recobrar o seu direito, mediante o uso da força".[726]

Para o vencedor da guerra, PUFENDORF acrescenta limites bastante amplos para o exercício de sua autossatisfação: "e se houver mais alguma coisa, que entenda oportuno assegurar para si, que o faça a título de caução, como penhor da tranquilidade futura".[727] Contudo, adverte PUFENDORF para os riscos:

> Se um homem insulta e oprime os seus vizinhos, por causa da segurança, que deposita em suas riquezas, quando ocorra a este estar em posição de mais poder, é somente justo que ele seja privado de toda a sua riqueza supérflua, para que, no futuro, ele possa aprender a ser mais modesto e pacífico, observando a temperança. Mas, pelos usos do mundo, o homem se torna senhor absoluto, senhor perpétuo e proprietário, de todas as coisas que toma de seu inimigo, em guerra justa, mesmo quando excedam as reclamações, com base nas quais teve início o conflito.[728]

O direito de guerra é prerrogativa do soberano. E, assim, decorrem os meios e os modos, para ser a guerra exercitada: também devem ser os bens, apropriados no curso da guerra, propriedade do soberano. Cabe, ainda, ao soberano armar os seus súditos, levá-los ou enviá-los ao exterior, conduzi-los em expedições bélicas, como também levantar dinheiro, para financiar a guerra, e prover todas as necessidades, desta decorrentes.[729]

O soberano não deve se esquecer, caso a guerra tenha sido iniciada para reparar danos, causados a determinadas pessoas, que sejam, a seu tempo, e tão logo possível, satisfeitas as reclamações, de tais particulares, em defesa

[726] S. PUFENDORF, **De jure naturae et gentium** (VIII.VI.XX).

[727] S. PUFENDORF, **De jure naturae et gentium** (VIII.VI.XX). Compare-se GRÓCIO, **De jure belli ac pacis** (1625, III.VIII – *da soberania sobre os vencidos*).

[728] S. PUFENDORF, **De jure naturae et gentium** (VIII.VI.XX). Ver tb. GRÓCIO, **De jure belli ac pacis** (1625, III.VI.I – *a respeito da aquisição das coisas apreendidas na guerra; qual é o direito de natureza* e III.VI.II – *qual é o direito das gentes; testemunhos citados a respeito*).

[729] S. PUFENDORF, **De jure naturae et gentium** (VIII.VI.XXI).

dos quais tenha sido encetado o conflito. O restante do butim de guerra será de domínio público, ou conforme seja determinado pelo soberano.[730]

No tocante à aquisição de coisas incorpóreas, cumpre notar que estas somente podem ser adquiridas, com o sujeito, ao qual sejam inerentes.[731] Estes podem ser pessoas e coisas.[732] Considerava, ainda, PUFENDORF, como as coisas, perdidas na guerra, podem voltar aos seus mestres e senhores.[733]

No **Direito natural e das gentes**, de 1672, cuida dos tratados, celebrados em tempo de guerra, e com esta relacionados. São dois tipos de instrumentos públicos, que pressupõem um estado de guerra:[734] os primeiros, põem fim ao estado de guerra; os segundos, sem a terminar, somente em alguns aspectos, qualificam ou limitam os seus efeitos.[735] Sustentava PUFENDORF, ser a boa-fé destinada a promover a paz: "pois o estado de guerra não tem outra medida de ação, se não a força".[736] Sendo necessário, a seguir, retomar os fundamentos da convivência civilizada entre os homens.

Dentre os demais pactos, que não põem fim ao estado de guerra, mas somente limitam os seus efeitos, devem ser contadas as tréguas, que são acordos, para suspender as hostilidades, durante um tempo determinado, mas apesar das quais, o estado de guerra continua.[737] Antes de PUFENDORF, também GENTILI[738] e GRÓCIO[739] estudaram a 'natureza jurí-

[730] S. PUFENDORF, **De jure naturae et gentium** (VIII.VI.XXI).

[731] S. PUFENDORF, **De jure naturae et gentium** (VIII.VI.XXII).

[732] S. PUFENDORF, **De jure naturae et gentium** (VIII.VI.XXII): "Assim, por exemplo, dentre as coisas às quais certas qualidades e direitos específicos são inerentes, contam-se terras, rios, portos, cidades e províncias, ou também as pessoas, que são proprietárias dessas coisas, estão investidas de certos direitos, em relação a outras pessoas e coisas. Mas, aqui, é preciso atentar, se esse vínculo decorre de direito real ou de direito pessoal."

[733] S. PUFENDORF, **De jure naturae et gentium** (VIII.VI.XXV). Ver tb. GRÓCIO, **De jure belli ac pacis** (1625, III.IX – *do postlimínio*, I a XIX, cit. III.IX.II): "O postlimínio é, pois, um direito que nasce do retorno ao limite, isto é, às fronteiras públicas."

[734] S. PUFENDORF, **De jure naturae et gentium** (VIII.VII.I).

[735] S. PUFENDORF, **De jure naturae et gentium** (VIII.VII.II). Ver tb. GRÓCIO, **De jure belli ac pacis** (1625, III.XIX), para quem todos os pactos, celebrados com o inimigo, devem ser cumpridos.

[736] S. PUFENDORF, **De jure naturae et gentium** (VIII.VII.II).

[737] S. PUFENDORF, **De jure naturae et gentium** (VIII.VII.V).

[738] A. GENTILI, **Direito de guerra** (orig. publ. **De jure belli libri tres**, 1598, trad. Ciro MIORANZA, intr. Diego PANIZZA, Ijuí: Ed. Unijuí, 2004, III.XIV.2, p. 528): "Poderíamos dizer que esta seria a mesma da primeira guerra, que se origina desta, como de uma raiz que ficou? Paz certamente não é aquela que não erradica por inteiro as diferenças". Referia GENTILI, na mesma passagem, pouco significar para a paz, o fato de estarem as duas partes

dica' das tréguas – e, em suma, prevalece o entendimento no sentido de que estas não alterariam o estado de guerra, mas acarretariam a suspensão das hostilidades.

Conceitual e operacionalmente, é importante distinguir entre ambas as situações: *tréguas*, por vezes, são pactuadas, com efeitos que se estendem por anos. Mas, apesar de sua duração, mais ou menos longa, as *tréguas*, em si, não põem fim à guerra. Por meio destas somente se suspendem, temporariamente, os atos de guerra.[740] Terminado o tempo da trégua, as hostilidades recomeçam, sem que seja necessário declarar novamente a guerra.[741]

A questão, também, se coloca, para PUFENDORF, quanto a se saber se a paz pode ter duração limitada – se esta, assim como a trégua – poderia ser restrita a determinado período de tempo.[742] O que acarretaria aproximar ainda mais a 'paz' e a 'trégua'.

Entende PUFENDORF, ser característico da paz, que esta seja eterna, ou seja, quando a paz é celebrada, que ambas as partes concordam, em nunca voltar a tomar armas, uma contra a outra, em razão daquela controvérsia, que causara a guerra, mas que aquele conflito seja absolutamente silenciado, ou remetido ao julgamento de árbitros, ou de alguma outra forma, solucionado, mediante composição amigável:[743] de tal modo, "a perpetuidade dessa paz não se deve supor tenha sido interrompida, mesmo que uma nova guerra venha a ocorrer, entre as mesmas partes, por outras novas razões, diferentes das primeiras".[744] Quando uma parte viola a trégua, pode a outra parte imediatamente retomar o conflito armado, entre as partes.[745]

cansadas de guerra: "este último caso não oferece paz alguma. A respeito diria TÁCITO (**Annales**, 4): *Antes havia terminado a guerra que começado a paz.*" A respeito de GENTILI, ver **Tratado** (tomo 6 – **Direito internacional no tempo de Suarez, Gentili e Zouch**, cap. 16).

[739] A respeito das tréguas ver a lição de H. GRÓCIO, **Direito da guerra e da paz** (1625, II.XVI.XX e tb. III.XXI – *das convenções durante a guerra, em que se trata da trégua, do livre trânsito, do resgate de prisioneiros*). A respeito de GRÓCIO, ver **Tratado** (tomo 7 – **Direito internacional no tempo de Hugo Grócio**, cap. 18).

[740] S. PUFENDORF, **De jure naturae et gentium** (VIII.VII.III). Ver tb. GRÓCIO, **Direito da guerra e da paz** (1625, III.XXI.I), para a definição da natureza e dos efeitos de trégua.

[741] S. PUFENDORF, **De jure naturae et gentium** (VIII.VII.VI).

[742] S. PUFENDORF, **De jure naturae et gentium** (VIII.VII.IV).

[743] S. PUFENDORF, **De jure naturae et gentium** (VIII.VII.IV).

[744] S. PUFENDORF, **De jure naturae et gentium** (VIII.VII.IV).

[745] S. PUFENDORF, **De jure naturae et gentium** (VIII.VII.XII).

É preciso que a paz tenha conteúdo positivo, para que esta dure. Que agregue algo, na convivência regulada entre as partes. Como antes GENTILI, no seu **Direito de guerra**, de 1598: "o vencedor deve dar aquela paz que dure para sempre. Na verdade esta é a natureza da paz: o de ser perpétua".[746] Não discrepa PUFENDORF de tal orientação, como aqui se expõe.

Os tratados que restauram a paz são objeto de consideração no mesmo livro VIII. Onde PUFENDORF considerava,[747] qualquer tenha sido a causa justa de guerra solene, o efeito certamente será a aquisição do domínio externo, do que pertencia ao inimigo.[748]

Também, foi questão muito considerada, se o estado deve observar o tratado de paz, celebrado com antigos súditos revoltosos.[749] Em relação a essa matéria, GRÓCIO, em 1625, tendia a aceitar essa possibilidade.[750] Por sua vez, PUFENDORF argumenta que, por meio do tratado, o príncipe ou o estado aceitaram restaurar a normalidade das relações, com os antigos revoltosos. E, desse modo, se reinstauraria a normalidade da convivência, no seio da comunidade politicamente organizada.

Se o tempo for limitado, durante o qual as condições da paz devam ser cumpridas, este limite temporal deve ser observado, de maneira estrita, excluindo quaisquer desculpas e ainda menos quaisquer atrasos, exceto se decorrentes de causas naturais, cujos efeitos sejam incontroláveis: "a razão é simples, pois qualquer atraso pode conduzir a novas circunstâncias e a uma mudança dos negócios".[751]

[746] GENTILI, **Direito de guerra** (1598, ed. 2004, III.XIII). Logo adiante, GENTILI (op. cit., 1598, ed. 2004, III.XIV.2, p. 528) mencionava "belas são as seguintes palavras de BALDO DEGLI UBALDI (**Cons.**, 2, 195): *Deve-se procurar que a paz seja duradoura e que por causa de novas injúrias não surja a oportunidade de voltar às armas.*" E ainda (III.XXII.2, p. 599): "A paz será perpétua, portanto, segundo sua própria natureza e com ela ficarão adormecidas as causas de guerra."

[747] S. PUFENDORF, **De jure naturae et gentium** (VIII.VIII) considera ter sido a matéria muito adequadamente tratada por GRÓCIO, **De jure belli ac pacis** (III.XX – *das convenções públicas pelas quais se termina a guerra, onde se trata do tratado de paz, da sorte, do combate combinado, da arbitragem, da capitulação, dos reféns, dos penhores*), somente cabendo acrescer algum dado que este tenha omitido.

[748] S. PUFENDORF, **De jure naturae et gentium** (VIII.VIII.I).

[749] S. PUFENDORF, **De jure naturae et gentium** (VIII.VIII.II).

[750] H. GRÓCIO, **De jure belli ac pacis** (III.XIX.VI – *as mesmas coisas são aplicadas aos indivíduos rebeldes*). E ver tb. **Tratado** (tomo 7 – **Direito internacional no tempo de Hugo Grócio**, cap. 18, item 18.2 – *GRÓCIO na evolução da identidade nacional*).

[751] S. PUFENDORF, **De jure naturae et gentium** (VIII.VIII.IV).

Quanto aos reféns, dados como garantia da paz,[752] enfatiza PUFENDORF que caso se trate de príncipe herdeiro do soberano que celebrou a paz, caso este morra, o refém não mais poderá ser mantido em cativeiro. Mesmo que não tenha ainda expirado o prazo de tempo, previsto no tratado.[753]

Existe ainda outro meio de assegurar a paz, mediante terceiros que sejam interpostos, como garantidores ou mediadores da paz, e que assumem o compromisso de que aqueles artigos pactuados sejam cumpridos, por ambas as partes, antes em conflito. Esse compromisso implica uma espécie de tratado, por meio do qual todas as partes envolvidas terão pactuado a obrigação de manter a paz.[754]

As alianças são o objeto de capítulo, no qual PUFENDORF ressalta[755] ser a divisão mais adequada, dentre as diferentes espécies de aliança, a que se faça segundo o objeto, pelo qual são celebradas: podem as primeiras ser aquelas, cujo objeto já constituía uma obrigação, segundo o direito natural; as segundas, são as que acrescentem alguma coisa, aos deveres do direito natural, "ou ao menos onde estas sejam excessivamente gerais e indefinidas, restringi-las a alguma coisa certa e específica".[756]

Dentre as primeiras alianças, contendo direitos e obrigações já, por si, decorrentes do direito natural, contem-se aquelas que estipulam deveres de prestar humanidade e civilidade, ou evitar ofensas.[757] Hoje diríamos 'boa vizinhança', ou *comitas gentium*. Ou seja, dever de cortesia e de colaboração entre estados, mesmo quando não exista obrigação legal, formalmente estipulada, quer por meio de tratado, ou decorrente de costume, acompanhado da *opinio juris*.

As segundas, são as alianças que acrescentem deveres, aos que os homens já tenham entre si, em decorrência do direito natural, e são estas, por sua vez, de duas espécies: as iguais ou equitativas e as desiguais.[758] As primeiras, são as que obrigam, igualmente, os dois lados, onde não somente as obrigações e as promessas são simples, ou na proporção das for-

[752] S. PUFENDORF, **De jure naturae et gentium** (VIII.VIII.VI).
[753] S. PUFENDORF, **De jure naturae et gentium** (VIII.VIII.VI).
[754] S. PUFENDORF, **De jure naturae et gentium** (VIII.VIII.VII).
[755] S. PUFENDORF, **De jure naturae et gentium** (VIII.IX).
[756] S. PUFENDORF, **De jure naturae et gentium** (VIII.IX.I).
[757] S. PUFENDORF, **De jure naturae et gentium** (VIII.IX.II).
[758] S. PUFENDORF, **De jure naturae et gentium** (VIII.IX.II).

ças de cada parte, iguais para ambos os lados.[759] As desiguais, são aquelas alianças onde ou as promessas não são as mesmas, ou existam diferenças, entre as partes contratantes.[760]

Outra questão é a de determinar quando as alianças podem ter caráter *pessoal* ou caráter *real*.[761] Em se tratando de príncipe, com o qual seja celebrado tratado, pode-se presumir que os direitos e obrigações, resultantes de tal instrumento, cessem ou tenham de ser renovados, quando este venha a falecer – e teriam, assim, caráter *pessoal*. Mas, qualquer aliança, que se contrate com um povo livre, será por sua própria natureza, de caráter *real*.[762] Esta última aliança deverá continuar em vigor, sempre, ou até que se cumpra o lapso temporal prescrito no instrumento.[763] A natureza da aliança pode ser determinada pela própria linguagem, utilizada no instrumento, quando se trate de determinar o que constitui esta, se vínculo de caráter *real* ou de caráter *pessoal*.[764]

Questão diversa é saber se o príncipe sucessor está obrigado por tratados, celebrados por seu predecessor.[765] E, indagava também PUFENDORF, como determinar os efeitos de aliança, quando um dos príncipes contratantes tenha sido deposto e expulso, por seus próprios súditos.[766] Inclusive quanto a saber se os demais contratantes ficam obrigados a enviar tropas em apoio a esse príncipe, para defender os seus interesses, mesmo frente aos seus próprios súditos: entendia PUFENDORF, que o príncipe, injustamente deposto e expulso, ainda teria direito ao seu reino, mesmo tendo perdido a posse deste.[767]

Para determinar a extensão dos direitos e obrigações, resultantes da aliança, frisa PUFENDORF, existe a necessidade de se atentar para os termos do instrumento, e verificar se este especifica que a proteção e assistência devam ser prestados, à pessoa do príncipe. Em tal caso, este príncipe deveria ser assistido, na recuperação de seu reino.[768]

759 S. PUFENDORF, **De jure naturae et gentium** (VIII.IX.III).
760 S. PUFENDORF, **De jure naturae et gentium** (VIII.IX.IV).
761 S. PUFENDORF, **De jure naturae et gentium** (VIII.IX.VI).
762 S. PUFENDORF, **De jure naturae et gentium** (VIII.IX.VI).
763 S. PUFENDORF, **De jure naturae et gentium** (VIII.IX.VI).
764 S. PUFENDORF, **De jure naturae et gentium** (VIII.IX.VII).
765 S. PUFENDORF, **De jure naturae et gentium** (VIII.IX.VIII).
766 S. PUFENDORF, **De jure naturae et gentium** (VIII.IX.IX).
767 S. PUFENDORF, **De jure naturae et gentium** (VIII.IX.IX).
768 S. PUFENDORF, **De jure naturae et gentium** (VIII.IX.IX).

Diversa será a situação, quando a aliança, sob a forma de 'confederação', tenha sido celebrada pelo bem público, e aí se torna ponto altamente controvertido determinar se o príncipe destronado poderia invocar o pacto, para pleitear assistência, em recuperar o seu reino. Pois, se presume, que a ajuda e a assistência tenham sido prometidas contra inimigos externos.[769]

Suscitava PUFENDORF outra célebre questão, a saber, se aliados em uma liga, ao se comprometerem a não invadir o território de um, dentre os aliados, se isto deve ser entendido como aqueles estados, que eram aliados, somente na altura, em que a liga foi feita, ou incluiria também aqueles, que sejam posteriormente aceitos na aliança, de qualquer dos lados.[770] Citando o exemplo da segunda guerra púnica, relatado por POLÍBIO e TITO LÍVIO,[771] e também a opinião de GRÓCIO, se expressava PUFENDORF, no sentido de que deva ser entendido não ter havido violação de alianças, quando os cartagineses fizeram guerra, contra os saguntinos, depois destes terem sido aceitos em aliança, com os romanos; nem, tampouco, quanto aos romanos, por terem se comprometido em defendê-los: "pois pode, assim, acontecer, sem violação da liga, que de dois confederados, um tenha de fazer guerra contra, enquanto o outro assista o mesmo lado".[772]

A respeito das alianças, que são limitadas no tempo, quando o prazo expira,[773] não devem estas ser supostas, como tacitamente renovadas: "tanto porque não se deve presumir que um corpo tenha aceitado se vincular, sem ter expressado a sua vontade, como também, se houvesse renovação tácita, nunca se saberia até quando uma liga perduraria".[774] Visto criar obrigação para as partes, não se pode presumir que perdure, depois do lapso do tempo para o qual tenha sido estipulada.

Depois de ter a liga expirado, os atos praticados pelas partes, que tenham a aparência de aliança, devem ser entendidos como atos de amizade e de cortesia. Pois estas podem perdurar, mesmo depois que uma aliança expire.[775] Como dever genérico, e critério ordenador da convivência entre estados:

[769] S. PUFENDORF, **De jure naturae et gentium** (VIII.IX.IX).

[770] S. PUFENDORF, **De jure naturae et gentium** (VIII.IX.X).

[771] TITO LÍVIO, **História de Roma** (introdução, tradução e notas de Paulo Matos PEIXOTO, São Paulo: Paumape, 1989, 6 volumes).

[772] S. PUFENDORF, **De jure naturae et gentium** (VIII.IX.X).

[773] S. PUFENDORF, **De jure naturae et gentium** (VIII.IX.XI).

[774] S. PUFENDORF, **De jure naturae et gentium** (VIII.IX.XI).

[775] S. PUFENDORF, **De jure naturae et gentium** (VIII.IX.XI).

É evidente, pela natureza de todos os pactos, quando uma das partes não aceite as condições da liga, as demais ficam igualmente liberadas de se submeterem ao compromisso. Assim, também, podem os confederados concordar, caso seja derrubado um dos artigos da liga, que os demais permaneçam em vigor, e que o restante seja inviolavelmente observado.[776]

Outro aspecto, considerado por PUFENDORF, são os compromissos públicos, assumidos por ministros de estado, em negociações relacionadas com o poder soberano, sem qualquer conselho ou comando deste.[777] Caso se tenham feito acordos, sujeitos à aprovação do soberano, e este, depois, não aprove tais acordos, poder-se-ia indagar se cabe ao ministro a responsabilidade pelo que tenha prometido, em nome do estado? Entre os antigos romanos, prevalecia o entendimento de que não haveria compromisso de ratificar tais acordos, bastando entregar os responsáveis, pela promessa não cumprida, às autoridades do outro estado.[778]

Opinava, contudo, PUFENDORF, "se estimarmos a questão sob o ponto de vista da equidade, certamente os romanos deveriam ter ratificado o acordo, mesmo que este tivesse sido celebrado sem o seu conselho e consentimento".[779]

Ainda uma questão tratada, é saber, quando ministros fazem promessa, se o soberano, mesmo sabendo que esta foi feita, permanece em silêncio, se isso deve ser entendido que o soberano assuma e aprove o cumprimento de tal promessa? PUFENDORF se reporta a GRÓCIO que, por sua vez, se reporta ao romano LUCANO, para a resposta. Sem estender maiores considerações a respeito deste tema.[780]

[776] S. PUFENDORF, **De jure naturae et gentium** (VIII.IX.XI).

[777] S. PUFENDORF, **De jure naturae et gentium** (VIII.IX.XII).

[778] S. PUFENDORF, **De jure naturae et gentium** (VIII.IX.XII).

[779] S. PUFENDORF, **De jure naturae et gentium** (VIII.IX.XII). Ver **Tratado** (tomo 3 B – **Gregos, romanos, chineses, indianos**, cap. 6 – *na formação e no desenvolvimento de Roma*).

[780] S. PUFENDORF, **De jure naturae et gentium** (VIII.IX.XII) se reporta a GRÓCIO (1625, II.XVI.XVII – *um tratado celebrado com um rei se estende ao rei expulso do reino*): "Seguramente, um tratado celebrado com um rei subsiste, mesmo quando esse rei ou seu sucessor é exonerado do trono pelos súditos. De qualquer maneira que tenha perdido a posse do reino, o direito permanece sempre, a que se refere este verso de LUCANO sobre o senado romano: *Essa ordem jamais perdeu seus direitos por ter mudado de lugar.*" Ver Marcus Annaeus LUCANUS (39-65 A.D.) – LUCANO, **Farsália** (ed. bilingue, introdução, trad. e notas Brunno V. G. VIEIRA,

Considera PUFENDORF, na obra de 1672, o que chama de "pactos promíscuos dos príncipes soberanos", e divide a matéria em três rubricas:[781] a primeira, quando o príncipe soberano tem algum poder específico, que o afete, com relação aos tratados? A segunda, que liberdade tem o príncipe, nas obrigações contratadas com os seus súditos? E a terceira, como e em que medida, podem atos praticados por este príncipe vincular os seus sucessores?[782]

A primeira dificuldade, assim é, sabendo que o príncipe tem o poder de reverter tratado, celebrado em prejuízo de seus súditos, se caberia, desse modo, restaurar o estado em que se encontravam antes, ou somente mediante justificada razão, poderia este se desvincular de juramento, feito anteriormente?[783] A questão, segundo PUFENDORF, deveria ser colocada de outra maneira: se um príncipe, que tenha prejudicado a si mesmo, consentindo em certas obrigações e condições de pacto – no sentido do prejuízo, que sofre em razão disso –, pode, por sua própria autoridade, declarar que, em razão de tais faltas, ao aderir a tal compromisso, ele se considere desobrigado do cumprimento, de tais obrigações:[784]

> A isso, pode ser respondido, como a todos que vivem em estado de liberdade, na natureza, e não tem qualquer sujeição, estão sob a sua própria conduta, e são juízes das suas ações. Assim, quando são injustamente ofendidos, por qualquer coletividade, em seus contratos, podem, por sua própria autoridade, pleitear restituição ou alteração, do que foi estipulado, em seus contratos, pressupondo que o prejuízo e ofensa alegados sejam visíveis e manifestos.[785] [...] E assim, o príncipe, se ainda estiver na sua liberdade do estado de natureza, encontrar falha ou abuso, impostos a ele, em termos com os quais tinha consentido, pode, por sua própria autoridade, declarar à parte em questão, que não será obrigado a cumprir com o conteúdo de tal tratado. E não terá ele

Cantos I a V, Campinas: Ed. Unicamp – Lumina, 2011, cit. V.29): "Non unquam perdidit ordo mutato sua iura solo" – em vernáculo – "Nunca por mudar de sede perdeu a classe seu poder".

781 S. PUFENDORF, **De jure naturae et gentium** (VIII.X.I).

782 S. PUFENDORF, **De jure naturae et gentium** (VIII.X.I).

783 S. PUFENDORF, **De jure naturae et gentium** (VIII.X.II).

784 S. PUFENDORF, **De jure naturae et gentium** (VIII.X.II).

785 S. PUFENDORF, **De jure naturae et gentium** (VIII.X.II): "Quando a matéria é controvertida, deve ser submetida ao julgamento de árbitros".

necessidade de obter liberação da outra parte, pois a coisa, por sua própria natureza, seria incapaz de produzir qualquer obrigação ou direito.[786]

Quando a questão se ponha entre o príncipe e seus súditos, a diferença do caso, opina PUFENDORF, merece consideração distinta.[787] A minoridade do príncipe se supõe continue, enquanto dure o governo e a administração do reino, por seus tutores e governadores: "durante essa administração, o príncipe não pode fazer qualquer acordo, com qualquer pessoa ou estado estrangeiro; mas se este celebra qualquer acordo, com um súdito, e depois se vê prejudicado por este, não vejo porque este não poderia gozar do comum benefício da lei, que ele permite e assegura a outros; pois de outro modo, a sua condição seria inferior à dos particulares":[788]

> Um príncipe não pode rescindir tratados e acordos que tenham sido legalmente feitos por seus governadores, com qualquer potência ou pessoa estrangeira, quando atinja a maioridade, sob a alegação de que tenham sido feitos durante a sua minoridade. Pois, assim, nada poderia ser celebrado com qualquer segurança, em relação a um príncipe, durante o tempo em que durasse a sua minoridade.[789]

Considerava PUFENDORF necessário ressalvar, "quando, embora príncipes, estes contratassem com particulares, não como príncipes, mas como cidadãos, ficariam sujeitos, como qualquer outro, às leis positivas do reino".[790] Muito mais tarde, essa distinção se torna conhecida em direito internacional, como a linha divisória entre os assim chamados 'atos de império' e os 'atos de gestão' –[791] com a qual guarda notória semelhança a matéria, exposta por PUFENDORF, ainda no contexto do direito internacional 'clássico'.

[786] S. PUFENDORF, **De jure naturae et gentium** (VIII.X.II).

[787] S. PUFENDORF, **De jure naturae et gentium** (VIII.X.III).

[788] S. PUFENDORF, **De jure naturae et gentium** (VIII.X.III), na mesma passagem, acrescentava: "e a renúncia às exceções que podem ser feitas por sua minoridade, não se podem supor como tendo qualquer força e efeito, contra as presunções da verdadeira fraqueza, justificada pela idade".

[789] S. PUFENDORF, **De jure naturae et gentium** (VIII.X.III).

[790] S. PUFENDORF, **De jure naturae et gentium** (VIII.X.IV).

[791] A respeito, ver Fausto de QUADROS e John H. D. STONE, *Act of State Doctrine* (in **Encyclopedia of International Law**, 2012, vol. I, p. 62-65).

Aduzia PUFENDORF, "não ter qualquer príncipe o poder de se libertar de seu juramento, quando não haja objeção, quer quanto à validade deste, como ao assunto, por este abrangido, sob a alegação de ser legal para ele poder libertar os seus súditos", e assim de igual modo, poderia libertar a si mesmo:[792]

> Mas, embora os príncipes estejam tão obrigados, pelo conteúdo de suas promessas e acordos, quanto qualquer particular, a situação do príncipe é diversa, daquela do particular, porquanto o príncipe sempre pode exigir o cumprimento das promessas e acordos, pelos particulares, obrigando-os a cumprir, no que tivessem estes acordado; mas o súdito, como tal, não tem meios de obrigar o seu príncipe, a honrar o que lhe é devido, quando o príncipe a tanto se recuse. Mas, nenhum príncipe sábio se recusaria a cumprir a palavra dada, e adimplir um acordo, legalmente constituído, porquanto ele deve, necessariamente, considerar que a sua honra e segurança estariam no crédito, que tenha a sua palavra dada, e que a pior coisa, que se pode dizer de um príncipe, é que este não leve em conta a justiça, que cabe a este apoiar e defender.[793]

Pode também acontecer que os súditos se vejam privados de um direito, seja como punição, seja para atender uma necessidade pública.[794] Em caso como este, de necessidade pública, sempre deverá ser feita indenização. E, assim, pela mesma razão, o príncipe pode deferir os seus pagamentos, alegando razão de ordem pública, ou de interesse coletivo, mas isso não obstará que o pagamento seja devido, e como tal permaneça, e deva ser cumprido, tão logo as circunstâncias permitam, de tal modo, que este pagamento, devido pelo príncipe, seja honrado, em relação ao particular:[795]

Considerava, em seguida, PUFENDORF se teria o príncipe o direito de transferir obrigações, por ele contraídas, e dessa ordem, vincular seus

[792] S. PUFENDORF, **De jure naturae et gentium** (VIII.X.V). Isso porque nos juramentos, feitos pelos súditos, sempre se subentende implícita a condição '*quanto com isto esteja de acordo o meu soberano*'. O que não se aplica para o soberano, em relação a si mesmo.

[793] S. PUFENDORF, **De jure naturae et gentium** (VIII.X.VI).

[794] S. PUFENDORF, **De jure naturae et gentium** (VIII.X.VII).

[795] S. PUFENDORF, **De jure naturae et gentium** (VIII.X.VII). Considerava a seguir PUFENDORF (VIII.X.VIII) se teria o príncipe o direito de transferir obrigações dessa ordem a seus sucessores. Onde se impunha a distinção entre ser o príncipe detentor de seu patrimônio como proprietário, ou somente como usufrutuário: "se o reino do príncipe é o seu patrimônio, ou se este tem somente direito de usufruto".

sucessores.[796] Onde se impunha a distinção entre ser o príncipe detentor de seu estado, como seu patrimônio, por assim dizer, como se dele fosse o proprietário, ou em se tratando este somente como usufrutuário. Daí, segundo PUFENDORF, decorreria toda a diferença, "se o reino do príncipe é o seu patrimônio, ou se este tem somente direito de usufruto". [797]

A distinção então proposta, somente se pode compreender no contexto absolutista da época, antes de se consolidar o entendimento, quanto a ser o príncipe o primeiro servidor do estado, mas nunca o proprietário deste. Como ainda se podia conceber, em tempos de absolutismo.[798]

Expunha PUFENDORF: "o poder de criar débito, como obrigação de ordem pública, para com todo o reino, deve ser restringido, exceto quando o príncipe tenha justas razões, para contratar tal obrigação":[799]

> Em seu conjunto, todos os acordos feitos pelo príncipe, obrigam o interesse público, exceto quando sejam manifestamente absurdos ou injustos. E, se o caso for duvidoso, sempre se adotará a presunção em favor do príncipe. Em casos como este, também estará obrigado o seu sucessor, como chefe do governo.
> Da mesma forma, o povo livre, também estará obrigado, mesmo quando mude a sua forma de governo. E o que um povo livre contrata, também obrigará depois aquele, a quem, porventura, venham a conferir o exercício do poder soberano.[800]

Considerava PUFENDORF "quando um homem deixa de ser súdito".[801] Mais do que pela morte do príncipe, que representa simples interregno, até que outro suceda ao falecido, trata-se de situação em que o particular, voluntariamente, se retire do território, governado pelo príncipe, e se dirige a território, governado por outro, e "lá se estabeleça, com seus

[796] S. PUFENDORF, **De jure naturae et gentium** (VIII.X.VIII).

[797] S. PUFENDORF, **De jure naturae et gentium** (VIII.X.VIII).

[798] Ver **Tratado** (tomo 11 – **Direito internacional no tempo do iluminismo**, item – *império, estado moderno e ascensão do absolutismo*).

[799] S. PUFENDORF, **De jure naturae et gentium** (VIII.X.VIII).

[800] S. PUFENDORF, **De jure naturae et gentium** (VIII.X.VIII). O que foi dito em relação aos acordos, estendia a seguir PUFENDORF (VIII.X.IX) também em relação às doações e concessões. E estas não poderiam ser canceladas pelos sucessores do príncipe, quando tivessem sido feitas por razões justas e plausíveis.

[801] S. PUFENDORF, **De jure naturae et gentium** (VIII.XI.I).

efeitos pessoais, e suas expectativas de boa fortuna".[802] Pois, como ponderava PUFENDORF, "existem reinos, dos quais o cidadão não pode se retirar, sem que tenha sido autorizado; ou que, antes de partir, tenha de fazer o pagamento de determinado montante, ou mesmo, lá deixar parte de seu patrimônio". Mas, ressalvava, "onde não existam leis sobre o assunto, devem tais práticas ser regidas pelos costumes, como decorra da natureza da condição de súdito. E o que o costume admita, supõe-se qualquer súdito tenha a prerrogativa de utilizar".[803]

PUFENDORF admite, mesmo, que alguém "prefira ser cidadão do mundo, como SÓCRATES disse, do que estar vinculado a este ou aquele reino".[804] Seria esta uma formulação do 'cosmopolitismo' na Idade moderna? Mesmo se o nome de PUFENDORF não costuma ser lembrado em relação ao tema do cosmopolitismo.[805] Quando esse movimento parece ter voltado a estar em voga. Expunha PUFENDORF, em 1672:

> Pois quando um homem passa a integrar uma comunidade politicamente organizada, nada implica que este tenha abandonado os cuidados devidos a si mesmo e ao seu patrimônio, mas que, por meio desta associação, ele busque o modo mais eficiente, de prover e assegurar ambos. Mas, como muitas vezes acontece, que a natureza do governo não convenha às circunstâncias de cada particular, ou que este pense poder levar adiante, de modo mais adequado, a sua vida, em outro lugar.[806]

[802] S. PUFENDORF, **De jure naturae et gentium** (VIII.XI.II).

[803] S. PUFENDORF, **De jure naturae et gentium** (VIII.XI.II).

[804] S. PUFENDORF, **De jure naturae et gentium** (VIII.XI.II).

[805] Por exemplo, Jason D. HILL, **Becoming a Cosmopolitan** – what it means to be a human being in the new millenium (Lanhan, MD. / Plymouth, UK: Rowman & Littlefield, 2011) não menciona PUFENDORF; enquanto, por sua vez, Garrett Wallace BROWN and David HELD (ed. by), **The Cosmopolitan reader** (Cambridge: Polity Press, 2010, cit. p. 250), em conjunto de quatrocentas e oitenta páginas, PUFENDORF é mencionado somente uma vez, e mesmo assim somente indiretamente: "Although the idea of applied cosmopolitan law suffered an extended period of silence after the death of MARCUS AURELIUS, a renewed interest in universal law developed between 1500 and 1800 AD. This renewed interest sought to make a link between universal morality and international law and was largely pursued by two distinct traditions: one embodied by the *natural law* tradition and the other by what is often referred to as *perpetual peace projects*. Whereas international legal scholars such as Hugo GROTIUS, Samuel PUFENDORF, Emeric de VATTEL and Christian WOLFF personify the natural law tradition, the second tradition can be said to be represented by the normative principles associated with Abbé de SAINT PIERRE, Jean-Jacques ROUSSEAU and Immanuel KANT."

[806] S. PUFENDORF, **De jure naturae et gentium** (VIII.XI.II).

O interesse público – ou seja, da comunidade considerada como um todo –,[807] também tem de ser levado em conta, em relação ao direito de determinado particular, quanto a este poder escolher, retirar-se de uma comunidade política, e transferir-se para outra.[808] Expressamente, considerava PUFENDORF, devem ser restringidos os direitos de retirar-se, em relação a quem tenha desempenhado funções de interesse público, como embaixadas e outras missões; assim, também, caso existam grandes dívidas públicas, considerava ele aceitável, que tivesse o cidadão, antes de exercer o direito de retirar-se, de arcar com parcela correspondente da dívida pública, que incumbe ao conjunto da comunidade política, da qual até então fazia parte; e ainda, que o exercício do direito de retirar-se "fosse exercido, em tempo adequado, quando não fosse diretamente contrário ao interesse da comunidade", como notoriamente se coloca, existindo quadro de guerra, com perigo de invasão, em situação, na qual todos os homens, em condições de prestar auxílio, no manejo das armas e nos combates, devem ser preservados, no interesse da coletividade. Em suma, considerava PUFENDORF, em sua obra de 1672, desleal abandonar comunidade, em estado de necessidade, depois de ter auferido de todas as vantagens, que esta lhe tinha anteriormente proporcionado.[809]

Mas, não obstante o direito de partir, individualmente considerado, seria diversa a situação, quando se tratasse de partir, em grande número, ou grupos inteiros. PUFENDORF reportava que GRÓCIO considerava isso como algo abusivo, e que poderia ser limitado, pelo interesse do estado.[810]

Contudo, PUFENDORF discorda de GRÓCIO. Prosseguia, na mesma linha de sua argumentação anterior: considerando ser possível e permitido que, individualmente, se deixe um estado, para se instalar, definitivamente, no território de outro, porque não haveria de ser possível fazer isso em grupo, "quando todos se proponham melhorar a sua condição,

[807] Apesar dos desastres da anterior primeira guerra mundial, considerava Walter SCHÜCKING, **Le développement du Pacte de la Société des Nations** (RCADI, 1927, t. 20, p. 349-458) poderia estar vivendo a humanidade uma das fases mais interessantes de sua história, pela possibilidade de se alcançar a efetivação jurídica e institucional do sonho de KANT, de regular a convivência da humanidade segundo o direito. A ulterior configuração política da Europa desmentiria tais expectativas, depois da ascensão do nazismo na Alemanha.

[808] S. PUFENDORF, **De jure naturae et gentium** (VIII.XI.III).

[809] S. PUFENDORF, **De jure naturae et gentium** (VIII.XI.III).

[810] S. PUFENDORF, **De jure naturae et gentium** (VIII.XI.IV).

mudando de estado", supondo que não se trate de nenhuma das restrições antes apontadas?[811]

Referida discussão, longe de ser mera abstração, teve efeitos práticos consideráveis. Alguns anos depois da obra de PUFENDORF, com a revogação do Édito de Nantes, em 1685, por LUÍS XIV, houve êxodo maciço, de protestantes franceses, para a Holanda e para a Prússia, com relevante contribuição desses contingentes, para o progresso, de ambos os estados, que os acolheram. Ou, também, ainda antes, no mesmo século XVII, a implantação de peregrinos ingleses, nas colônias da América do norte, para fugir à perseguição religiosa – tendo como símbolo o navio *Mayflower*, em 1620 –[812] e da qual resultam grandes progressos, para o que, depois, vem a ser os atuais Estados Unidos e o Canadá.

Considerava, a seguir, PUFENDORF, se poderia, de alguma maneira, ser justificado que alguém, passando-se por desertor ou por refugiado, procurasse abrigo, em outra comunidade, mas fazendo-o, tão somente, para continuar – como espião – a servir os interesses de sua comunidade de origem, e visando causar danos àqueles que os acolheram.[813] Ele afirmava que isso não pode ser escusado, e considerava justo que traidores fossem punidos, depois de se averiguar ter sido a traição consumada.

Enfatizava PUFENDORF, como diretriz de condução dos negócios humanos, que "nenhum homem é obrigado a servir o seu país, ao custo de sua honra e de sua consciência".[814] O que nunca deve ser esquecido: nem mesmo ao seu país, e ainda menos a serviço de uma facção, ou partido, deve o homem trair sua consciência e sua honra.

Da mesma forma, considera PUFENDORF, se a comunidade pode rejeitar e expulsar um dos cidadãos, sem que tenha havido qualquer falta, cometida por este.[815] Considerava, com apoio na lição de CÍCERO, ser um dos fundamentos da liberdade, que um súdito não seja forçado a mudar de país. E que a comunidade não force ninguém a partir, contrariamente ao seu desejo e inclinação pessoal: "quando um homem se põe sob a proteção de

[811] S. PUFENDORF, **De jure naturae et gentium** (VIII.XI.IV): "Penso assim ser pouco convincente o argumento de GRÓCIO".

[812] Ver, por exemplo, Kathryn LASKY (ed. by), **A Journey to the new world** – the diary of Remember Patience Whipple: Mayflower (1620) (New York: Scholastic Inc., 1996).

[813] S. PUFENDORF, **De jure naturae et gentium** (VIII.XI.V).

[814] S. PUFENDORF, **De jure naturae et gentium** (VIII.XI.V).

[815] S. PUFENDORF, **De jure naturae et gentium** (VIII.XI.VI).

qualquer comunidade, ele o faz, ao menos pelo presente, confiando inteiramente nesta, e seria assim prejudicado ou arruinado, se fosse obrigado a deixá-la, contrariamente à sua vontade".[816]

Um homem pode deixar de ser súdito, quando, em razão da prática de um crime, tenha sido expulso de sua comunidade, e se veja obrigado a deixá-la, em razão desse delito, cuja prática lhe é imputada.[817] Em tal caso, fica este homem liberado de todas as obrigações, que anteriormente pudesse ter como súdito, em relação à sua comunidade de origem, podendo inclusive estabelecer-se onde puder.[818]

Igualmente, pode um homem se ver forçado, a mudar de comunidade, quando esta seja vencida e dominada por inimigo poderoso, e ele se submeta à nova autoridade, como súdito, quer seja ele removido, ou não, para outro país:[819] "isso deve ser permitido e lícito, não somente para um indivíduo, como também, para inteiras cidades e províncias, se não houver outro meio, para a sua segurança e preservação".[820]

Pode, ainda, acontecer que um cidadão cometa injúria, contra outro estado, e seja entregue, pela sua comunidade, ao estado ofendido, para evitar que se tenha de fazer uma guerra,[821] em razão de tal incidente.[822] O que no direito internacional pós-moderno, pode ser causa indireta de se acionar e fazer valer a responsabilidade internacional do estado.[823]

E a questão, que aí coloca PUFENDORF, é a de saber, se o cidadão, entregue por sua comunidade, a outro estado, mas não aceito por

[816] S. PUFENDORF, **De jure naturae et gentium** (VIII.XI.VI).
[817] S. PUFENDORF, **De jure naturae et gentium** (VIII.XI.VII).
[818] S. PUFENDORF, **De jure naturae et gentium** (VIII.XI.VII).
[819] S. PUFENDORF, **De jure naturae et gentium** (VIII.XI.VIII).
[820] S. PUFENDORF, **De jure naturae et gentium** (VIII.XI.VIII).
[821] S. PUFENDORF, **De jure naturae et gentium** (VIII.XI.IX).
[822] Definição de 'incidente diplomático' é dada por Charles-Édouard LEVILLAIN em seu *'Stetit sol in caelo': les préparatifs de la guerre de Hollande à l'aune d'un incident diplomatique* (no volume **L'incident diplomatique – XVIe-XVIIIe siècle**, dir. de L. BÉLY G. et POUMARÈDE, Histoire de la diplomatie et des relations internationales, Paris: Pedone, 2010, p. 261-280, cit. p. 262): "Tout incident diplomatique suppose une interaction entre deux politiques étrangères et et une interaction entre les différents acteurs de ces mêmes politiques étrangères."
[823] A respeito, dentre vasta literatura especializada, ver: ACCIOLY – NASCIMENTO E SILVA – CASELLA, **Manual de direito internacional público** (São Paulo: Saraiva, 26ª ed., 2023, item 3.9 – *responsabilidade internacional do estado*, esp. 3.9.3 – *atos de indivíduos*, p. 337-341); ver tb. James R. CRAWFORD, *State responsibility* (in **Encyclopedia of International Law**, 2012, vol. IX, p. 517-533).

este último, continua ou não a ser cidadão, daquela comunidade que o entregou?[824]

> O entendimento, a respeito do assunto, deve ser o seguinte: a comunidade, que sofreu a ofensa, tem o direito de processar o ofensor, por meio de guerra, contra a comunidade de origem deste. Mas, por meio da entrega deste, fica o ofensor inteiramente consignado à comunidade, que recebera a ofensa, e por esta poderá ser processado e punido, como se fosse um dos súditos desta.[825]

A respeito "das mudanças e da dissolução da comunidade", PUFENDORF dedica todo um capítulo:[826] ou seja, quais atos podem se revestir de tal gravidade, que acarretem o fim da comunidade. Com múltiplos e complexos problemas de identidade e de sucessão de estado.[827]

As mudanças, segundo PUFENDORF, podem ser de três ordens:[828]

> – primeiro, aquelas situações em que esta muda, mas não se altera a identidade da comunidade – por exemplo, quando se mude a forma de governo, como ocorre quando uma monarquia seja substituída por uma aristocracia, ou uma aristocracia seja substituída, quer por uma monarquia, ou por uma democracia – "pois em qualquer destes casos, a identidade essencial da comunidade se mantém preservada", e assim, o povo é o mesmo, quer o governo seja real, aristocrático ou popular;
> – segundo, que mude a comunidade, e que esta, de algum modo, permaneça, mas sem ser a mesma – e assim, caso aconteça que um povo livre, depois de uma guerra, com um rei, seja vencido, e totalmente sujeito a passar a integrar o patrimônio deste; tal povo, contudo, continuará a existir, e não deixa de ser

[824] S. PUFENDORF, **De jure naturae et gentium** (VIII.XI.IX).

[825] S. PUFENDORF, **De jure naturae et gentium** (VIII.XI.IX). E, assim, caso este súdito, entregue a outro estado, para punição de delito cometido, viesse a voltar ao território de seu estado de origem, não mais deveria ser considerado como súdito deste, exceto se viesse a ser novamente admitido como tal, mediante nova concessão ou favor.

[826] S. PUFENDORF, **De jure naturae et gentium** (VIII.XII.I).

[827] A respeito, ver: ACCIOLY – NASCIMENTO E SILVA – CASELLA, **Manual de direito internacional público** (São Paulo: Saraiva, 26ª ed., 2023, item 3.4 – *extinção e sucessão de estado*, p. 253-264); ver tb. Andreas ZIMMERMANN, *State succession in other matters than treaties* (in **Encyclopedia of International Law**, 2012, vol. IX, p. 536-545); e A. ZIMMERMANN, *State succession in treaties* (in **Encyclopedia of International Law**, 2012, vol. IX, p. 545-551)

[828] S. PUFENDORF, **De jure naturae et gentium** (VIII.XII.I).

o mesmo povo, caso seja mantida administração separada, como reino distinto, e não seja anexado como província, a outro povo – "desde que, em boa medida, o próprio povo detenha o poder soberano, não faz diferença substancial que um rei tenha sobre eles o governo, por pleno e absoluto direito, ou não; pois, de um modo ou de outro, esse rei é a cabeça de um e o mesmo corpo"; e – terceiro, que mude a condição da comunidade, a ponto de ser esta inteiramente destruída. E aí, se perderiam essa identidade e essa personalidade.[829]

Ao desenvolver sua classificação, PUFENDORF considera a "constituição" de determinado povo, não somente no sentido técnico de instrumento formal, adotado para desempenhar papel 'constitucional', mas sobretudo, a 'constituição', em sentido material, contendo as formulações de princípios, e as normas fundamentais, de ordenação de determinado estado. Logicamente, isso se dá, no plano interno, o que, aqui, interessa menos, mas será, assim, considerado, sobretudo, nas suas projeções externas, notadamente em relação ao direito internacional e às relações internacionais: cabe, assim, inicialmente precisar o conteúdo do termo 'constituição', como caracterizador da estrutura do estado. No sentido, amplo e material, do termo 'constitucional'.

A lição de PUFENDORF, quanto ao uso do termo 'constituição', em sentido ao mesmo tempo formal – enquanto conjunto de leis fundamentais –, e material – enquanto estrutura orgânica e funcionamento das instituições do estado –, não discrepa do que já adotava ARISTÓTELES, na **Política**:[830] no sentido de que, mesmo quando uma comunidade politicamente organizada passasse, de uma tirania ou uma oligarquia, a ser um estado popular livre, se este continuaria obrigado, mesmo depois de tal mudança, a observar e aplicar os tratados, capitulações, pactos e acordos, que tinham sido, antes, contratados, bem como outros atos, antes celebrados pelo tirano, ou pelo governo oligárquico.[831]

PUFENDORF volta à questão, das formas irregulares ou corrompidas de estado, **Disquisitio de republica irregulari**, já tratado em ensaio,

829 S. PUFENDORF, **De jure naturae et gentium** (VIII.XII.I).

830 ARISTÓTELES, **Politics** (original grego com tradução em inglês de H. RACKHAM, first publ. 1932, Cambridge, Ma. / London: Harvard UP, LCL 264, ARISTOTLE vol. XXI, reprinted 2005); ver tb. a edição brasileira, ARISTÓTELES, **Política** (trad. Nestor Silveira CHAVES, Bauru: Edipro, 1995).

831 ARISTÓTELES, **Política** (especificamente III.I.II).

publicado em 1671.[832] Neste considera: "anarquia, oligarquia e tirania são três nomes diversos",[833] para designar esses males, nos quais, ou os regimes, ou os dirigentes, se desviam dos fins principais do estado – *republica irregulari*. A república 'irregular' teria perdido as suas características centrais, no sentido de permitir a boa regulação da vida em sociedade.[834]

A razão, para a não vinculação de toda a comunidade, residiria no fato de que os atos, do tirano ou dos oligarcas, não seriam atos de toda a comunidade, e esta, como tal, não ficaria obrigada, por tais atos, anteriormente celebrados.[835] A comunidade, assim, somente ficaria obrigada, por seus próprios atos, aqueles praticados, por toda a comunidade, para a proteção e consecução de seus interesses coletivos, e "quando for de outra forma, não existe nem o nome, nem o direito da comunidade, mas somente força e violência".[836]

Da mesma forma, sugere-se a comparação, com outra lição de ARISTÓTELES, quando este fazia o exame da continuidade ou não da identi-

[832] Cf. acima ref., em edição de 1671, além da obra de PUFENDORF, inicialmente publicada sob o pseudônimo Severini de MONZAMBANO Veronensis, **De statu imperii germanici ad Laelium fratrem** Dominum Trezolani, Líber Unus, também se publica o texto de ensaio de Samuelis PUFENDORFII, **Disquisitio de Republica Irregulari** ad Severini MOMBANZANO (*Ad exemplar Londinense*, MDCLXXI), como se se tratasse de resposta ou contestação de PUFENDORF, à obra de outro autor, mas não passava de pseudônimo do mesmo.

[833] S. PUFENDORF, **Disquisitio de republica irregulari** (MDCLXXI, § 4): "anarchiam, oligarchiam & tyranniden esse tria nomina diversa, quae illis indidire ii, quibus vel regimem vel regentes displicuerunt".

[834] Em muitas edições circulou essa obra, publicada com o nome do autor, depois da morte deste. S. PUFENDORF, **De statu imperii germanici**, liber unus (Latin edition, reprint Charleston: Nabu Press, 2013); ___, **Die Verfassung des deutschen Reiches** (Übersetzung, Anmerkungen und Nachwwort von H. DENZER, Stuttgart: Reclam Verlag – Universal Bibliothek, vol. 966[3]. 1985). A respeito, ver tb. **Tratado** (tomo 8 – **Direito internacional além do paradigma vestfaliano**); Luiz Felipe Netto de Andrade e Silva SAHD, *Sacro Império Romano de Severinus de Monzambano* (Fortaleza: Univ. fed. do Ceará – Revista Sofia – Programa de pós-graduação em filosofia UFES, vol. 12(1), e12140722, publ. 11.05-2023 – online https://doi.org/10.47456/sofia.v12i1.40722) considera que "PUFENDORF estava fortemente interessado na questão da soberania, e que a complexa realidade do Sacro Império Romano exigia uma abordagem completamente nova para a questão de onde residia a soberania dentro do Império". Argumenta que o tipo de estado que PUFENDORF tinha em mente era o *estado composto*, representado pelo Sacro Império Romano, consistindo em muitas comunidades diferentes, divididas por religião, mas compartilhando o mesmo soberano, o Sacro Imperador Romano católico.

[835] S. PUFENDORF, **De jure naturae et gentium** (VIII.XII.II).

[836] S. PUFENDORF, **De jure naturae et gentium** (VIII.XII.II).

dade do estado, em seu estudo a respeito da "constituição ateniense".[837] O que, hoje, se designaria sob o nome de 'sucessão de estado' no direito internacional.[838]

ARISTÓTELES se manifestava no sentido de "se administrar tudo, segundo as leis, em todas as questões", no sentido daquilo, que é materialmente essencial, em relação à natureza da cidade, politicamente organizada – a *politeia*. 'Constituição', assim, se considera não somente no sentido de instrumento jurídico formal, mas, antes, no sentido estrutural, de conjunto de princípios, ordenadores da vida política organizada, especificamente nas suas projeções externas, tais como a regulação das relações internacionais, e da relação, entre direito internacional e direito interno.

Na existência e na identidade da comunidade, pondera PUFENDORF, deve-se levar em conta que, mesmo ocorrendo alguns distúrbios, não deixa esta de manter a sua identidade. Indo mais adiante, considerava que "mesmo se uma comunidade foi reduzida a uma província, os débitos, que esta tinha, continuam a ser devidos".[839]

> Caso, que parece estar além de qualquer controvérsia, quando se trate de dívidas contraídas, para o uso da comunidade, estas, supõem-se, permanecerão com o todo da comunidade. Mas, quanto aos atos de um usurpador, se e em que medida o mesmo raciocínio se aplicará, continua a ser questão debatida. Se um usurpador celebra atos de confederação, com estado estrangeiro, para a prestação recíproca de ajuda contra um inimigo comum, e um dos lados divide o butim de guerra com o confederado, ou vende parte deste, a confederação, a doação e a venda deverão continuar em vigor, mesmo depois do usurpador ter sido deposto.[840]

[837] ARISTOTLE, **The Athenian Constitution** (with an English translation by H. RACKHAM, Cambridge, Ma./London: Harvard University Press – Loeb Classical Library, vol. 285 – ARISTOTLE XX, ed. de 1935, reprinted 2004, p. 1-188, cit. XVI.8).

[838] Para exame de alguns aspectos e referências adicinais sobre essa matéria, ver P. B. CASELLA, *Sucessão de estado no direito internacional pós-moderno* (São Paulo: Revista da Faculdade de Direito da USP. 2007, vol. 102, p. 1155-1170).

[839] S. PUFENDORF, **De jure naturae et gentium** (VIII.XII.II): "Pois os débitos, fundados na comunidade, não precisamente em determinada forma da comunidade politicamente organizada, mas assim como são possuídos certos bens, quem for mestre destes, deverá também levar consigo as dívidas".

[840] S. PUFENDORF, **De jure naturae et gentium** (VIII.XII.III): "Pois a comunidade estrangeira adquire sólidos direitos com tais atos, pois foram com esta acordados pelo

Examinava, ainda, PUFENDORF, em 1672, que lugar deve ser conferido ao príncipe, que se torna soberano, de povo antes livre, ou a povo que se torna livre, depois de suprimido anterior poder real?[841] Reportava a lição de GRÓCIO, no sentido de reconhecer a identidade e a continuidade: "uma comunidade politicamente organizada pode pretender ao mesmo lugar, depois de uma tal mudança".[842]

Pondera a seguir PUFENDORF, ser necessária a distinção quando, por exemplo, o povo que obteve o governo, de outro povo, antes livre, continua na assembleia ou sistema, que antes teria existido. Ou se ele se afasta disso, e enceta administração separada de seus próprios negócios: "pois no primeiro caso, sem controvérsia, ele pode pretender manter o mesmo lugar, como antes dele ocupava esse povo livre, apesar da majestade e grandeza dos príncipes soberanos, que tenham sido investidos em tal lugar".[843] E assim, por outro lado, "um povo livre, depois de ter extirpado um governo real, pode pleitear o mesmo lugar, em qualquer assembleia comum, tal como antes atribuído aos príncipes". Mas, se o povo ou príncipe se separam de suas antigas assembleias ou sistema, o lugar, que antes lhes pertencera, não deve causar prejuízo a eles, ou ser argumento de precedência, alegado por outros, que tivessem antes aquele privilégio na Assembleia comum, pois "todos os poderes soberanos são naturalmente iguais".[844]

Mesmo que seja de uso corrente criticar PUFENDORF, pela falta de brilho e de suposta falta de ideias originais, merece ser reconhecido e enfatizado o mérito do princípio por ele então formulado, de que "*todos os poderes soberanos são naturalmente iguais*".[845] Sua afirmação da 'igualdade jurídica dos estados' seria adotada como premissa ordenadora do sistema na evolução posterior do direito internacional.[846] Na época, a premissa era,

usurpador, como chefe de governo, e aparentemente buscando o interesse e a vantagem da comunidade", em nome da qual tratava como chefe.

[841] S. PUFENDORF, **De jure naturae et gentium** (VIII.XII.IV).

[842] H. GRÓCIO, **De jure belli ac pacis** (1625, II.IX.VIII). V. tb. **Tratado** (tomo 7 – **Direito internacional no tempo de Hugo Grócio**, cap. 18, esp. item 18.2 – *GRÓCIO na evolução da identidade nacional*).

[843] S. PUFENDORF, **De jure naturae et gentium** (VIII.XII.IV).

[844] S. PUFENDORF, **De jure naturae et gentium** (VIII.XII.IV).

[845] S. PUFENDORF, **De jure naturae et gentium** (VIII.XII.IV).

[846] Como registra a **Carta** da Organização das Nações Unidas (assinada em 26 de junho de 1945, depois de aprovada pelo Congresso Nacional, foi ratificada pelo governo brasileiro, com depósito do instrumento em 12 de setembro de 1945, e promulgada pelo Dec. 19841, de

antes, no sentido de discussão dos supostos títulos de precedência entre os estados, e os seus respectivos representantes.[847]

Essa fórmula da 'igualdade jurídica dos estados', de enorme importância, será consagrada, como critério ordenador do sistema internacional de convivência entre estados – em conformidade com a premissa básica da ordenação do sistema institucional e normativo internacional, com base na "igualdade jurídica". Contrariamente ao que antes se pretendera regular, com alegações de precedência deste ou daquele estado ou povo, em detrimento de outros.[848]

Mudanças, que fazem uma comunidade politicamente organizada não mais parecer a mesma, ocorrem quando um estado se divide, em duas ou mais entidades, ou inversamente, quando várias entidades se reúnem, e passam a formar um único estado.[849] O que pode resultar de mútuo consenso, ou da força da guerra:

> Diferentes comunidades, politicamente organizadas, podem ser formadas a partir de uma, por mútuo consentimento, por exemplo enviando colônias ao exterior, da mesma forma, como era corrente fazer, na Grécia antiga. A seguir, os romanos, cujo costume tem sido seguido pelas modernas nações da Europa, quando enviam uma colônia ao exterior, esta continua a ser regida pelas normas e instituições da mãe-pátria. Enquanto as colônias, plantadas pelos gregos, e regidas segundo os métodos deles, se constituíam depois em [novas e] particulares comunidades politicamente organizadas. Mas estas eram, sempre, obrigadas a reconhecer certa deferência, e espécie de dever de subordinação, em relação à antiga célula-mãe.[850]

22 de outubro de 1945), em seu art. 2º, inciso 1: "A Organização é baseada no princípio da igualdade soberana de todos os seus membros."

847 Como se examina no **Tratado** (tomo 8 – **Direito internacional além do paradigma vestfaliano**, item – *sobre dignidade e precedência entre estados e povos* e v. tb. tomo 12 – **Direito internacional no tempo do iluminismo**, item – *ensaio de balanço do direito internacional no século XVIII*), havia toda uma literatura a respeito das pretensões de precedência, entre as potências da época, na Europa. Alguns autores e títulos são resenhados a respeito desse tema, que hoje nos parece curioso e obsoleto, mas correspondia aos usos e costumes vigentes naquela altura.

848 Ver, também, já ref., **Tratado** (tomo 8 – **Direito internacional além do paradigma vestfaliano**, item – *sobre dignidade e precedência entre estados e povos*).

849 S. PUFENDORF, **De jure naturae et gentium** (VIII.XII.V).

850 S. PUFENDORF, **De jure naturae et gentium** (VIII.XII.V). Ver tb. **Tratado** (tomo 3 B – **Gregos, romanos, chineses, indianos**, cap. 5 – *as cidades-estado gregas e mundo helenístico*).

A matéria, da qual PUFENDORF cuidava, continua a ser tratada nas obras e manuais de direito internacional,[851] até os nossos dias, sob a rubrica da "sucessão de estados".[852] No final do século XVI, Alberico GENTILI tinha considerado a "destruição dos reinos",[853] na determinação do que chamaríamos de 'sucessão de estado', e consignava seu entendimento: "as cidades e o povo não mudam com o tempo, mas permanecem sempre os mesmos, em virtude da sucessão".[854]

PUFENDORF expunha a regulação dos efeitos da sucessão de estado,[855] por exemplo, em relação a dívidas públicas:[856]

[851] Matéria da qual, no século XVIII, cuidou, também, Cornelius van BYNKERSHOEK, como se examina, no **Tratado** (tomo 10 – **Direito internacional no tempo de C. van Bynkershoek e Christian Wolff**, cap. 21); ver tb. P. B. CASELLA, *Desenvolvimento do direito internacional na concepção de Cornelius van Bynkershoek* (São Paulo: Revista da Faculdade de Direito da USP, 2008, vol. 103, p. 563-592).

[852] Como regulam, por exemplo, as Convenções de Viena sobre **sucessão de estados em matéria de tratados** (1978), e sobre a **sucessão de estados em matéria de bens, arquivos e dívididas de estado** (1983). Ver tb. P. B. CASELLA, *Sucessão de estado no direito internacional pós-moderno* (São Paulo: Revista da Faculdade de Direito da USP, 2007, vol. 102, p. 1155-1170).

[853] A. GENTILI, **Direito de guerra** (do original **De Iure belli libri tres**, op. cit., 1598, ed. 2004, I.XXIII – *destruição dos reinos*, p. 192-202). A respeito de GENTILI e sua obra, ver **Tratado** (tomo 6 – **Direito internacional no tempo de Suarez, Gentili e Zouch**, cap. 16).

[854] A. GENTILI (op. cit., 1598, ed. 2004, I.XXIV – *se a guerra contra os sucessores é lícita*, p. 203-205, cit. p. 204 e 203): "Como porém poderá a guerra ser feita por sucessores contra sucessores? Em outras palavras, a guerra que teria sido lícito mover contra os predecessores será igualmente lícito movê-la contra os sucessores e seus pósteros?" E considera a continuidade da existência de um grupo nacional, em contraposição ao possível desaparecimento deste ou daquele indivíduo: "Com os povos, contudo, não é assim porque de algum modo não morrem nunca".

[855] Sobre sucessão de estado em relação ao Sacro império, ver **Tratado** (tomo 8 – **Direito internacional além do paradigma vestfaliano**, título II – *da construção de sistemas coesos: de Vestfália (1648) até a guerra dos sete anos (1756-1763)* e o item – *Império e frações de império*); v. tb. o já mencionado estudo, P. B. CASELLA, *Sucessão de estado no direito internacional pós-moderno* (São Paulo: Revista da Faculdade de Direito da USP, 2007, vol. 102, p. 1155-1170).

[856] Na história do Brasil, ao menos em duas ocasiões, a 'colônia' assume e efetua o pagamento de dívidas contraídas pela 'metrópole': depois da luta e da negociação, que leva ao acordo de indenização dos holandeses, quando estes deixam a sua colônia em Pernambuco, em 1654, além de pagar parte do dote da infanta portuguesa, que se casaria com o rei da Inglaterra, com receitas provenientes das vendas de açúcar brasileiro e, novamente, depois da independência, na negociação com Portugal, com a mediação da Inglaterra, que leva ao tratado de Lisboa, de agosto de 1825, por meio do qual a antiga metrópole reconhece a independência da antiga colônia, enquanto esta se compromete ao pagamento da dívida contraída por Portugal, na praça de Londres, justamente para financiar as operações de combate à independência do

Uma colônia, constituída segundo tal forma, não é obrigada a pagar as dívidas da célula-mãe, exceto se assim tiver sido expressamente acordado, quando a colônia foi estabelecida. Pois as dívidas públicas, em última análise, afetam os bens da comunidade, e na qual, supostamente, a colônia não tinha participação.[857]

A questão central considerada é a da 'identidade' do 'sujeito de direito internacional' – como diríamos hoje: "se adotarmos visão mais estrita da matéria, a identidade de uma comunidade, politicamente organizada, não é, na verdade, afetada pela criação de colônias, ela não é mudada, nem deixa de ser a mesma". Assim como, "na geração natural, a comunidade ensejou o nascimento de outra":[858]

> Mas, quando um reino se divide, em duas ou mais distintas comunidades, politicamente organizadas, o patrimônio público, bem como todas as dívidas e encargos, incidentes sobre este patrimônio, devem ser igualmente divididos, entre todos. Embora, em verdade, quando tais separações são feitas, por mútuo acordo e consentimento, normalmente constará disposição expressa, a respeito de tais casos.[859]

Hipóteses de 'união' ou 'fusão de estados' eram, igualmente, consideradas por PUFENDORF: "mudança da comunidade, politicamente organizada, e pela qual esta deixa de ser a mesma, ocorre quando dois povos se unem – não por meio de confederação, ou sujeição a um único soberano – mas, de tal maneira, que os dois antigos estados passam a ser, integralmente, um".[860] Em tais casos, "é preciso considerar se dois ou mais povos

Brasil. Cf. se examina no **Tratado** (tomo 2 – **Direito internacional dos espaços**, cap. 27 – *território brasileiro e direito internacional* e cap. 28 – *fases da formação do território brasileiro: algumas lições de direito internacional*, bem como tomo 7 – **Direito internacional no tempo de Hugo Grócio**, item 18.1 – *conflitos metropolitanos e aventuras coloniais holandesas*).

857 S. PUFENDORF, **De jure naturae et gentium** (VIII.XII.V).

858 S. PUFENDORF, **De jure naturae et gentium** (VIII.XII.V).

859 S. PUFENDORF, **De jure naturae et gentium** (VIII.XII.V).

860 S. PUFENDORF, **De jure naturae et gentium** (VIII.XII.VI): "Em tais casos, GRÓCIO pensa que os direitos, antes usufruídos, e particulares caracteres de cada comunidade politicamente organizada, que compõem a união, não se perderiam, mas se somariam, e se comunicariam ao conjunto do [novo] corpo, bem como as dívidas e os encargos, exceto se o contrário tivesse sido expressamente acordado".

se unem, com a intenção de formar nova comunidade única, onde todos usufruam dos mesmos direitos", em suma, "onde as antigas identidades se subvertam, e uma nova é erigida sobre as antigas".[861]

Situação diversa ocorre, quando se mantenham as respectivas identidades – e governos – tal como anteriormente existentes. E, inversamente, quando se trate de 'acessão':[862]

> Quando uma comunidade se une a outra, de tal maneira que cada uma mantém os seus respectivos governos, e os súditos de uma mudam de país e são removidos para solo estrangeiro, e são levados aos direitos e privilégios da comunidade estrangeira, é evidente que uma é absorvida e se perde na outra. Mas aquela, que permanece, não deixa de ser a mesma, ainda que, apesar da acessão, tenha recebido considerável aumento de força e poder.[863]
>
> Não há meio de unir duas distintas comunidades, politicamente organizadas, onde cada uma preserve a sua própria constituição separada, e seja como antes, exceto por meio de estritas alianças e confederações, que antes dão lugar a um sistema, do que a uma comunidade politicamente organizada, propriamente dita.[864]

A mutação, também, pode ocorrer em decorrência de mudança da população. E como nas coisas naturais, mudam os indivíduos, embora a

[861] S. PUFENDORF, **De jure naturae et gentium** (VIII.XII.VI).

[862] Ver **Tratado** (tomo 1 – **Direito internacional dos espaços**, item 6.2 – *acessão*).

[863] S. PUFENDORF, **De jure naturae et gentium** (VIII.XII.VI).

[864] S. PUFENDORF, **De jure naturae et gentium** (VIII.XII.VI). Contrariamente ao que sustentava PUFENDORF, a história registra numerosos casos de *união pessoal* – ou união de coroas – em que se produziu a reunião acidental e temporária de dois ou mais estados independentes, governados pelo mesmo monarca, sem perder as características e a administração separada de cada um, nas situações lembradas em ACCIOLY – NASCIMENTO E SILVA – CASELLA, **Manual** (São Paulo: Saraiva, 26ª ed., 2023, item 3.2.2 – *estados compostos por coordenação*, p. 230-232), tais como a Lituânia e a Polônia, de 1386 a 1569; a Grã-Bretanha e Hannover, de 1714 a 1837; Holanda e Luxemburgo, de 1815 a 1890; Bélgica e Congo, de 1885 a 1908; bem como outros casos de *união real* – reunião sob o mesmo monarca ou chefe de estado, de dois ou mais estados soberanos que conservam sua plena autonomia interna, mas, por acordo mútuo, delegam a órgão único os poderes de representação externa e, geralmente, fundem todos os interesses comuns no tocante às relações externas – tais como ocorreu com Lituânia e Polônia, de 1569 até as partilhas da Polônia, no final do século XVIII; Portugal e Espanha, durante o período de 1580 a 1640; Suécia e Noruega, de 1814 a 1905; Áustria e Hungria, de 1867 a 1919; Dinamarca e Islândia, de 1918 a 1944.

espécie continue a mesma: "a última mudança, pela qual uma comunidade deixa inteiramente de existir, acontece quando o próprio povo é dissolvido ou destruído. É frase corrente que os reis são mortais, mas os estados são eternos":[865]

> Com isso, não se quer dizer que seja impossível que um povo se veja dispersado, ou mesmo seja extinto, por meio de violência e período fatal. Mas, o povo não sofre a decadência natural, com o decurso do tempo, como acontece a cada indivíduo. Pois os indivíduos mudam, mas continua a haver contínuo suprimento, de novos indivíduos da mesma espécie, sejam provenientes de estados vizinhos, ou oriundos da procriação em casa. Pelo curso contínuo de tais sucessões, o povo sempre parece o mesmo, e possui os mesmos direitos e privilégios, embora constantemente mudem os indivíduos, que o compõem.[866]

A continuidade da espécie humana se sobrepõe, assim, às mudanças dos indivíduos. O que caracterizaria o 'povo', como categoria jurídica. Mas, mesmo assim, casos extremos são possíveis:

> Apesar de tudo, é possível que uma comunidade seja inteiramente destruída, e materialmente o povo desapareça, ou pereça grande número de indivíduos ou, de tal maneira, se dispersem, de modo que o vínculo moral, que mantém o povo unido, seja totalmente rompido e dissolvido.[867]

Ponderava PUFENDORF, em 1672, não se ter definido, até hoje, quantos chefes de famílias são necessários, para se fazer um *povo*:[868] "não vejo assim razão para que os remanescentes não possam se considerar um povo, e reclamem os antigos direitos deste".[869] E, "quando pela primeira vez a humanidade se dividiu em nações, um pequeno número perfazia um povo".[870]

[865] S. PUFENDORF, **De jure naturae et gentium** (VIII.XII.VII).
[866] S. PUFENDORF, **De jure naturae et gentium** (VIII.XII.VII).
[867] S. PUFENDORF, **De jure naturae et gentium** (VIII.XII.VIII).
[868] S. PUFENDORF, **De jure naturae et gentium** (VIII.XII.VIII).
[869] S. PUFENDORF, **De jure naturae et gentium** (VIII.XII.VIII).
[870] S. PUFENDORF, **De jure naturae et gentium** (VIII.XII.VIII).

> A forma ou espécie do *povo* é destruída, quer quando o todo, ou a perfeita comunidade de direito é destruída. A comunidade de direito e o governo são inteiramente destruídos, quando a comunidade de indivíduos se dispersa, de diferentes maneiras, e se estabelecem, em diferentes comunidades, quer conservem a sua liberdade pessoal, quer sejam reduzidos à condição de escravos.[871]

Depois de sua grande obra sobre o **Direito natural e das gentes**, de 1672, ainda volta PUFENDORF a alguns dos temas centrais, do que então se estudava no 'direito das gentes', e muitos dos quais continuam presentes no direito internacional até nosso presente contexto. PUFENDORF o faz em obra 'resumida', a partir de seu grande tratado, publicada no ano seguinte, esta dedicada ao exame dos **Deveres do homem e do cidadão**, de 1673.

Nessa sua obra de 1673, sobre **os Deveres do homem e do cidadão**, enfatizava PUFENDORF ter o propósito de, simplesmente, apresentar os elementos básicos a respeito do direito natural, "em breve – e, espero – lúcido compêndio",[872] e também por "acreditar ser do interesse público manter presente nas mentes uma doutrina, cuja grande utilidade, para a

[871] S. PUFENDORF, **De jure naturae et gentium** (VIII.XII.IX).

[872] Samuel von PUFENDORF, **De officio hominis et civis iuxta legem naturalem** (orig. publ. em Lund: Adam Junghans, 1673, da qual foram utilizadas estas edições: ___, **Les devoirs de l'homme et du citoyen** – tels qu'ils sont prescrits par la loi naturelle, traduits du latin par Jean BARBEYRAC, edição facsimilar da edição original dita de 'Londres': chez Jean Nourse, 1712, Caen: Centre de philosophie politique et juridique de l'Université de Caen, 1984 na capa e 1989 na página de rosto, 2 vols.; ___, **On the duty of man and citizen** – according to natural law, ed. by James TULLY, translated by Michael SILVERTHORNE, Cambridge: Univ. Press – Cambridge Texts in the History of Political Yhought, 1st. publ., 1991; ___, **Os deveres do homem e do cidadão** – de acordo com as leis do direito natural, trad. para o inglês por Andrew TOKE, 1691, org. e intr. Ian HUNTER e David SAUNDERS, seguido de *As obras de Samuel Pufendorf* – Dois discursos e um comentário, por Jean BARBEYRAC, traduzidos por David SAUNDERS, tradução Eduardo Francisco ALVES, Rio de Janeiro: Topbooks – Liberty Fund, 2007). Lamentavelmente é muito inadequada essa tradução brasileira: pouco clara, talvez por ser uma tradução de outra tradução – do latim, para o inglês, e do inglês, para o português – na qual se perdem o sentido, a concisão e a precisão do texto original de PUFENDORF, tradução esta ademais pautada por uso fantasioso e excessivo de letras maiúsculas – como se pode constatar por exemplo desta passagem (ed. cit., 2007, II.V.4, p. 282-283): "Qualquer um que se torna um Súdito imediatamente perde a sua Liberdade Natural e submete-se a alguma Autoridade, que é investida com o Poder de Vida e Morte, e por cujas Ordens muitas Coisas devem ser feitas" – e mesmo se existe alguma flexibilidade e flutuação

vida civil, é reconhecida como óbvia".[873] Parecia ter consciência da conveniência de oferecer versão, mais enxuta e resumida, de sua grande exposição do 'direito natural e das gentes'.

Na obra de 1673, PUFENDORF considerava existirem três fontes, para o conhecimento humano, a respeito de seus deveres: a luz da razão, as leis civis e a revelação pela divindade. Daí decorrem, segundo PUFENDORF, três disciplinas:

> – a *primeira*, é a disciplina do direito natural, que é comum a todas as nações;
> – a *segunda*, é a disciplina do direito civil, de cada estado, individualmente considerado, e esta tem ou pode ter tantas formas, quantos sejam os estados, nos quais se encontra dividida a raça humana; e
> – a *terceira* disciplina é chamada teologia moral, "e é distinta da parte da teologia, que explica os nossos artigos de fé".[874]

Complementar-se-iam, reciprocamente, estas três disciplinas, na visão de PUFENDORF: "a disciplina do direito civil pressupõe o direito natural, como disciplina mais ampla", ou como a ciência mais geral: "assim também, se houver alguma coisa, contida no direito civil, sobre a qual o direito natural cala completamente, não devemos, portanto, concluir que um é, de algum modo, incompatível com o outro".[875]

Aí, se poderia argumentar, serem igualados por PUFENDORF o "direito natural" e o "direito das gentes". O que tem causado muita controvérsia – quando se alega que PUFENDORF não teria feito distinção entre 'direito das gentes' e 'direito natural' – o que não é de todo verdade.

em relação ao uso de maiúsculas entre nós, certamente não se compreende o critério adotado, nesta tradução para o português.

873 S. PUFENDORF, **De officio hominis et civis** (*Prefácio do autor*).

874 S. PUFENDORF, **De officio hominis et civis** (*Prefácio do autor*) observava ter cada uma destas disciplinas o seu próprio método, para prover aos seus dogmas, correspondendo ao seu princípio. O direito natural afirma que esta ou aquela coisa deva ser feita, porque isso corresponde ao ditame da justa razão, como essencial para a preservação da sociabilidade – *socialitas* – entre os homens. O fundamento último dos preceitos do direito civil decorre de terem sido estes como tal afirmados pelo legislador. O ponto final de referência da teologia moral é que Deus assim comandou, por meio das Sagradas escrituras.

875 S. PUFENDORF, **De officio hominis et civis** (*Prefácio do autor*). Do mesmo modo, em relação à teologia moral.

PUFENDORF traz a definição do dever – *officium* –, como "ação em conformidade com comando de lei, com base em obrigação".[876] Este se relaciona com a "faculdade de compreensão e julgamento, chamada entendimento – *intellectus*".[877] O que, segundo ele, não se põe somente como campo de ação e de escolhas individuais, mas é norteado pela lei, como modo de ordenação da sociedade.[878]

Admitia PUFENDORF certo grau possível de variação, no tocante à interpretação, das coisas "boas e más" pelos homens.[879] O que não se confunde com a total indiferença entre o bem e o mal.

Dada a controvérsia suscitada, junto a críticos, por essa formulação de PUFENDORF, em 1673, convém trazer o trecho em questão, para situar com precisão a opinião do autor:

> Embora a vontade sempre deseje o bem em geral, e tenha continuamente uma aversão pelo mal, igualmente geral, pode, no entanto, ser encontrada entre os homens grande variedade de desejos e de ações. E isso decorre do fato de que todas as coisas, que são boas e más, não se mostram assim puramente ao homem, mas se mesclam, as boas com as más, e as más com as boas.[880]

[876] S. PUFENDORF, **De officio hominis et civis** (I.I.1) para explicar o dever – *officium* – considerava necessário previamente discutir a natureza da ação humana e a natureza das leis em geral. Por 'ação humana' (I.2) entendia "não todo movimento que procede das faculdades – *facultas* – do homem, mas somente aqueles que foram iniciados e dirigidos pelas faculdades que o grande e bom Criador concedeu à humanidade, acima e além de todos os animais. Com isto quero dizer movimento iniciado à luz do entendimento e sob o comando da vontade".

[877] S. PUFENDORF, **De officio hominis et civis** (I.I.4).

[878] S. PUFENDORF, **De officio hominis et civis** (I.II – *da norma das ações humanas, ou da lei em geral*).

[879] Caberia sugerir paralelo com a formulação desenvolvida por seu contemporâneo Blaise PASCAL (1623-1662), **Les Provinciales** (in **Œuvres complètes**, texte établi, présenté et annoté par Jacques CHEVALIER, Paris: Gallimard-Pleiade, © 1954, impr. 1991, p. 657-945) e também deste, os escritos sobre a graça (PASCAL, **Les écrits sur la grâce**, ed. cit., 1954, impr. 1991, p. 947-1044, cit. p. 1044) onde concluía: "Dieu, par sa miséricorde donne quand il lui plaît, aux justes, le pouvoir plein et parfait d'accomplir les préceptes, et qu'il ne le donne pas toujours par un jugement juste, quoique caché".

[880] S. PUFENDORF, **De officio hominis et civis** (I.I.11) do que pode resultar distinta apreciação de tais coisas pelos homens: "diferentes objetos influenciam de maneira específica diversas partes de um homem, por exemplo, algumas concernem àquela boa opinião e respeito que um homem tem por si mesmo; algumas afetam os sentidos exteriores; e outras aquele amor por si mesmo, que o leva a desejar a sua própria preservação. Donde se segue que as primeiras lhe parecem *respeitáveis*; as segundas, parecem *agradáveis*; e as últimas, *proveitosas*". Entendo ser

De maneira equivalente, situava PUFENDORF, em 1673, o conteúdo e o papel da 'equidade'. Entendia a respeito desta: "é uma correção da lei, onde esta é deficiente em sua universalidade", ou, "uma interpretação habilidosa da lei, onde se mostra, segundo a razão natural, que algum caso específico não tinha sido previsto pela lei, porque, se fosse, uma situação absurda resultaria disso".[881] A equidade se relaciona, por sua vez, com a justiça.[882]

Explicava também PUFENDORF a sua concepção a respeito da 'justiça': "esta é, às vezes, o atributo de ações; às vezes, de pessoas":

> Quando atributo de pessoas, é definida como o constante e perpétuo desejo, de dar a cada um o que é seu. [**Institutas**, I.1; **Digesto**, I.I.10]. O homem justo é definido como aquele, que se compraz em ações justas, que busca a justiça, em todas as suas ações, e se esforça por fazer, o que é certo.[883]

Depois de se situar, em relação à matriz romana, PUFENDORF prosseguia, enfatizando que "a justiça, nas ações, não consiste apenas em sua devida conformidade à lei, mas inclui, igualmente, a correta aplicação desta às pessoas, às quais a ação é feita".[884]

Interessa-nos situar o conceito de 'direito natural'. Este, segundo PUFENDORF, se caracteriza:[885]

clara a intenção de PUFENDORF em mostrar não a total relatividade não do 'bem' e do 'mal', mas de certo compreensível grau de possibilidade de diversa apreciação pelos homens, entre coisas que este denominava '*respeitáveis*', '*agradáveis*' e '*proveitosas*'. O que é substancialmente diverso, tanto no que diz respeito às premissas, como no que decorre como consequência.

881 S. PUFENDORF, **De officio hominis et civis** (I.II.10).

882 Dario Moura VICENTE, *Equidade (direito internacional privado)* (in **Enciclopédia luso-brasileira de direito internacional**, coord. D. M. VICENTE, F. L. BASTOS, M. A. RIBEIRO, A. T. SALIBA, M. T. FRANCA Filho e P. B. CASELLA, Lisboa / Alfragide: Sociedade Portuguesa de Direito Internacional / Leya – Publicações Dom Quixote, 2023, p. 501-506): "À equidade acha-se geralmente associada a ideia, que remonta ao pensamento de ARISTÓTELES, de justiça do caso concreto. Caber-lhe-ia, segundo este ponto de vista, a função de corrigir a solução que se extrai da norma legal porventura inadequada ao caso em razão das circunstâncias particulares deste."

883 S. PUFENDORF, **De officio hominis et civis** (I.II.12).

884 S. PUFENDORF, **De officio hominis et civis** (I.II.13).

885 S. PUFENDORF, **De officio hominis et civis** (I.III – *do direito natural*).

> Qual o caráter do direito natural? Qual a sua necessidade? Em quais preceitos ele consiste, na efetiva condição da humanidade? Assim, como convém a quem queira conhecer a organização política de uma comunidade, que primeiro se entendam bem a condição do estado, os costumes e as ocupações de seus cidadãos, também assim primeiro se toma o caráter comum e a condição da humanidade, as leis, sobre as quais se funda a segurança do homem, se tornarão mais claras.[886]

Tinha PUFENDORF claro entendimento, a respeito da natureza e dos benefícios decorrentes dos vínculos de sociedade, entre os homens. E como isso se manifesta, tanto para o bem, quanto para o mal: "todas as vantagens, ao alcance da vida humana, hoje, derivam da mútua assistência entre os homens".[887] Ao mesmo tempo, também notava: "a capacidade humana de infligir-se mutuamente dano é igualmente poderosa".[888]

Os 'deveres do homem e do cidadão' são, assim, como um manual de conduta para a vida humana, em sociedade politicamente organizada. Onde, enfatizava PUFENDORF, em 1673, a natureza e a relevância das "leis dessa sociabilidade – *socialitas* –, as leis que ensinam como cada um se deve comportar, para se tornar membro útil – *commodum* – da sociedade humana, são chamadas leis naturais".[889]

Aduzia PUFENDORF ser claro, com base nessas premissas, que a lei natural fundamental seria, para cada homem, fazer tanto quanto possa para cultivar e preservar essa sociabilidade, onde "a demonstração de ser Deus o autor do direito natural repousa na razão natural, desde que nos confinemos ao estado presente do homem, desconsiderando a questão de sua condição primitiva, se esta era diversa, e como tal mudança ocorreu":[890] "a natureza humana é, de tal maneira constituída, que a raça humana não pode estar segura, sem a vida social, e a mente humana é vista, como capaz de ideias, que servem a tal fim".[891]

A sociabilidade e a organização da convivência seriam, assim, intrínsecas à condição humana. E, como são necessárias para o perfazimento dessa condição, seriam, assim, expressão de conteúdos de 'direito natural'.

[886] S. PUFENDORF, **De officio hominis et civis** (I.III.1).
[887] S. PUFENDORF, **De officio hominis et civis** (I.III.3).
[888] S. PUFENDORF, **De officio hominis et civis** (I.III.5).
[889] S. PUFENDORF, **De officio hominis et civis** (I.III.8).
[890] S. PUFENDORF, **De officio hominis et civis** (I.III.9).
[891] S. PUFENDORF, **De officio hominis et civis** (I.III.11).

Esse pertencimento à natureza humana, e o perfazimento desta em sociedades organizadas explica, não somente, a ordenação da vida em sociedades, politicamente organizadas no plano interno, como também a ordenação da convivência entre sociedades, politicamente organizadas, por meio do direito internacional. Como distintos planos de expressão das premissas norteadoras e constitutivas da natureza humana.

A vida ordenada, em diferentes sociedades seria, assim, 'mandamento' de direito natural, no sentido de estar em conformidade com a essência da condição humana, e a missão de preservar e desenvolver os dons de cada um. Ao mesmo tempo, se põem como deveres inerentes à nossa condição, construir e manter a paz e a sociabilidade, no plano da convivência organizada. O que parece bastante sensato e facilmente aceitável.

Claramente, não se pretenda sustentar ter havido 'secularização' do direito natural por PUFENDORF, em sua obra de 1673: este expressa e diretamente vincula "a demonstração de ser Deus o autor do direito natural repousa na razão natural".[892] Deus, como fonte do direito, está mais próximo em PUFENDORF do que, antes dele, em autores como VITÓRIA e em SUAREZ.[893]

O argumento transcendente é ulteriormente desenvolvido e fundamentado no capítulo seguinte, sintomaticamente intitulado *sobre os deveres do homem para com Deus, ou a religião natural.*[894] E isso é formulado de modo muito específico: "Tanto quanto se admita que o dever do homem para com Deus possa ser traçado pela religião natural, não tem este mais do que dois artigos: primeiro, termos a correta noção de Deus, e segundo, conformarmos as nossas ações à sua vontade".[895]

É curioso observar como se tenha pretendido marcar linha divisória entre o direito das gentes, tal como formulado por VITÓRIA e ainda por SUAREZ como essencialmente lastreado na escolástica tardia, e dependente de fundamentos religiosos – o que não é verdade, nem em VITÓRIA, nem em SUÁREZ – e, alega-se, que os expoentes protestantes o teriam secularizado, laicizado e racionalizado. Quem afirme isso mostraria,

892 S. PUFENDORF, **De officio hominis et civis** (I.III.11).

893 Como se examinou no **Tratado** (tomos 5 – **Direito internacional no tempo de Francisco de Vitória**, cap. 14 e 6 – **Direito internacional no tempo de Suarez, Gentili e Grócio**, cap. 15).

894 S. PUFENDORF, **De officio hominis et civis** (I.IV).

895 S. PUFENDORF, **De officio hominis et civis** (I.IV.1).

assim, ou simplesmente não ter lido, ou tendo lido, não ter compreendido esses mesmos autores. O que não fizeram os expoentes católicos do direito internacional, na primeira modernidade – fundar o direito internacional em mandamento divino – foi feito pelos autores protestantes do direito internacional 'moderno' e 'clássico' – como notoriamente exprime PUFENDORF.

No caso de autor como PUFENDORF, a fundamentação em Deus, como inspirador do direito natural, não poderia ser mais claramente enunciada:[896] onde fica, assim, a suposta progressiva "laicização do direito internacional", que teria sido levada a cabo por uma assim chamada "escola protestante de direito internacional"?

Vejamos a lição, claramente formulada por PUFENDORF:

> De todas as noções, que cada um precisa ter, a respeito de Deus, a primeira é a firme convicção de que Deus existe, ou seja de que verdadeiramente existe ser supremo e primeiro, de quem este universo depende.[897] [...]
> A segunda noção, é que Deus é o criador do universo, sendo evidente que tudo neste mundo não veio a existir por si mesmo, é preciso que exista uma causa, e esta causa chamamos Deus.[898] [...]
> A terceira noção, é que Deus exerce a direção de todo o mundo, e também sobre a raça humana.[899] [...]
> A quarta noção, é que Deus não pode ter qualquer atributo, que implique alguma forma de imperfeição.[900]

Sustentava PUFENDORF, em 1673, decorrer como "efeito dessa religião natural, quando entendida de maneira precisa, e à luz da presente condição do homem, confinada à esfera desta vida", desse modo "não tendo qualquer efeito para alcançar a salvação eterna".[901] E, se ainda houvesse alguma dúvida, enfatizava a seguir PUFENDORF: "talvez valha a pena considerar, ainda um pouco mais precisamente, os benefícios decorrentes da religião para a humanidade".[902]

[896] S. PUFENDORF, **De officio hominis et civis** (I.III.11), como mostrado.
[897] S. PUFENDORF, **De officio hominis et civis** (I.IV.2).
[898] S. PUFENDORF, **De officio hominis et civis** (I.IV.3).
[899] S. PUFENDORF, **De officio hominis et civis** (I.IV.4).
[900] S. PUFENDORF, **De officio hominis et civis** (I.IV.5).
[901] S. PUFENDORF, **De officio hominis et civis** (I.IV.8).
[902] S. PUFENDORF, **De officio hominis et civis** (I.IV.9).

Não tem fundamento a afirmação de ter sido a assim chamada 'escola protestante' do direito internacional 'clássico', quem fez a laicização do direito internacional: isso o fizeram, antes, os autores católicos da primeira modernidade. Justamente dois professores de teologia, que também escreveram sobre direito internacional – e o fundamentam na razão humana e não na divindade. Nisso não foram acompanhados por GRÓCIO,[903] e, ainda menos, por PUFENDORF, como ora se vê.

Esse peso da presença divina não se exprimiria somente no plano pessoal de conduta, em relação a cada ser humano, mas, igualmente, em relação às coletividades humanas: "a coesão interna dos estados também seria perpetuamente insegura, se a religião fosse abolida".[904] Desse modo, a religião é apontada por PUFENDORF como elemento de construção e de manutenção da coesão social. E também como "freio" social.

Esse papel 'político', atribuído à religião, pode parecer altamente preocupante, para a preservação de estado laico, e da igualdade de direitos civis e políticos, independentemente de confissão religiosa, no seio de qualquer comunidade, politicamente organizada. Contra tais limites se bateriam espíritos mais livres, como LEIBNIZ e Pierre BAYLE.[905]

Essa estreita vinculação, entre a religião e a política, é afirmada por PUFENDORF em contexto marcado por forte engajamento protestante – e com ataques às diretrizes da igreja católica. Mas, equivalente papel da religião, como elemento de construção e de manutenção da coesão social, também pode ser apontado, para as monarquias católicas, da mesma época, como notoriamente se verificou na França de LUIS XIV.[906]

903 A respeito de GRÓCIO, ver **Tratado** (tomo 7 – **Direito internacional no tempo de Hugo Grócio,** item 18.3 – sistema de direito internacional no 'De jure belli ac pacis').

904 S. PUFENDORF, **De officio hominis et civis** (I.IV.9).

905 Ver **Tratado** (tomo 10 – **Direito internacional no tempo de C. van Bynkershoek e Christian Wolff**, item 22.1 – *direito segundo LEIBNIZ*). A controvérsia se colocou na época quanto a saber se o ateu poderia, ou não, ser bom cidadão, pelo simples fato de ser ateu. Ver, por exemplo, G. W. LEIBNIZ, **Die Theodizee** (do original **Essais de Théodicée**, 1710, einf. Essay von M. STOCKHAMMER, Hamburgo: Felix Meiner, 1968), no debate deste com Pierre BAYLE, no seu **Dictionnaire historique et critique** (Rotterdam: Reinier Leers, 1697, esp. na segunda edição, substancialmente ampliada, 1702)

906 Nesse sentido, considera Lucien BÉLY, **La France au XVIIe siècle** – puissance de l'état, contrôle de la société (Paris: PUF, 2009, p. 30): "Si la religion renforce le pouvoir royal, elle reste un répère et une réference, un garde-fou aussi aux risques de la raison d'état et une sauvegarde contre toute tentation de la démesure". A religião como instrumento político

Do papel da religião, como elemento de construção e de manutenção da coesão social, decorreria, segundo seu entendimento, a necessidade e a conveniência da proteção da religião, como hoje se chamaria, uma questão de 'política pública'. A religião como 'política de estado' é claramente afirmada por PUFENDORF:

> É claro, quanto se coloca no interesse da raça humana, deter qualquer modalidade de ateísmo e prevenir seu crescimento, e de que insensatez estão tomados os homens que acham poder conseguir a reputação de políticos notáveis, sendo aparentemente inclinados ao relaxamento e à irreligião.[907]

Prosseguia PUFENDORF, em 1673, com o exame dos deveres do homem, para consigo mesmo.[908] O amor próprio, segundo ele, estaria profundamente implantado na raça humana, compelindo o homem a ter meticuloso cuidado consigo mesmo, e a fazer todo o bem que pode, em todos os modos para si mesmo, de tal modo, que não parece necessário "inventar uma obrigação de amor próprio".[909]

Mas, segundo formulava PUFENDORF, "de outro ponto de vista, o homem certamente tem obrigações, em relação a si mesmo", "pois o homem não nasce somente para si mesmo", e "o fim, para o qual foi ele dotado, por seu criador, de tantos excelentes dons, é que possa celebrar a Sua glória, e ser membro apto da sociedade humana". Por isso, entendia PUFENDORF, simultaneamente: "deve o homem, assim, conduzir-se de modo a que não pereçam, sem uso, os dons que lhe conferiu o Criador, e contribuir no que puder, para a sociedade humana":[910]

> Sendo o homem alma – *anima* – e corpo, onde a primeira tem função de diretor, e o outro de instrumento ou elemento subordinado, consequentemente

e estratégia de estado, se exprimia não somente em relação aos protestantes – a "religião pretensamente reformada", como diziam documentos oficiais da época de LUÍS XIV – como também pela política pública de manter considerável autonomia da igreja francesa, face ao poder de Roma, com prerrogativas tais como a nomeação de bispos e abades pela coroa francesa.

907 S. PUFENDORF, **De officio hominis et civis** (I.IV.9).

908 S. PUFENDORF, **De officio hominis et civis** (I.V).

909 S. PUFENDORF, **De officio hominis et civis** (I.V.1).

910 S. PUFENDORF, **De officio hominis et civis** (I.V.1).

empregamos o termo inteligência – *animus* –, para o governo, com o corpo a serviço deste. Devemos cuidar de ambos, mas particularmente da primeira. Acima de tudo, a inteligência deve ser formada, para aceitar a vida social com facilidade; que precisa estar lastreada em sentido de amar o dever e a bondade. Cada homem também precisa receber alguma educação, segundo a sua capacidade e a sua condição, de modo que nenhum se torne peso inútil sobre a terra, um problema para si mesmo e um aborrecimento para os outros.[911]

Daí decorre, igualmente, o dever de cuidar de seu corpo, como suporte para a alma.[912] E, advertia PUFENDORF, "como nenhum homem conferiu a si mesmo a vida, deve esta ser considerada como um dom".[913]

Cabe paralelo, entre a conduta de indivíduos e a de coletividades humanas. Segundo PUFENDORF, pode haver conflito, entre o dever de autopreservação e o dever de sociabilidade:

> Isso acontece, por exemplo, quando nossa segurança é ameaçada por outro homem, de modo a não podermos evitar a morte ou ferimentos graves, sem repelir o ataque. E assim, precisamos discutir o uso da moderação, em nos defender de outros.
>
> A autodefesa assim ocorre, quer sem ofensa à parte que nos ameaça, quando nos asseguramos que o ataque, contra nós, seria arriscado para ele, quer com ofensa ou morte. Não há dúvida, que a primeira é legítima e livre de qualquer erro.[914]
>
> Mas há questão, a ser suscitada, quanto à última [hipótese], porquanto a perda para a raça humana é igual, quer eu pereça, quer o meu agressor. E porque, assim, haverá de qualquer modo, a perda de um ser humano, com quem se estaria obrigado a praticar a vida social, e porque a autodefesa violenta parece criar mais agitação, do que se eu fugir ou pacientemente oferecer o meu corpo, ao assaltante.[915]

Mas estes dados não são suficientes para tornar ilegítima a autodefesa, como considerava PUFENDORF: "se devo tratar, de maneira pacífica e

911 S. PUFENDORF, **De officio hominis et civis** (I.V.2).
912 S. PUFENDORF, **De officio hominis et civis** (I.V.3).
913 S. PUFENDORF, **De officio hominis et civis** (I.V.4).
914 S. PUFENDORF, **De officio hominis et civis** (I.V.5).
915 S. PUFENDORF, **De officio hominis et civis** (I.V.6).

amigável com alguém, este deve por sua vez mostrar-se igualmente apto, a receber tal tratamento de minha parte":[916]

> A lei da sociabilidade serve para proteger a segurança humana; deve, assim, ser interpretada como não causando qualquer dano à segurança dos indivíduos. Assim, quando outro quer a minha morte, não há lei, que me obrigue a sacrificar a minha própria segurança, e que a sua ação maléfica possa ser exercida sem limite. Se alguém for ferido ou morto, em tal ocasião, deve somente deve recriminar somente seu próprio mal, por ter colocado tal necessidade sobre mim.[917]

Existe, assim, segundo PUFENDORF, em 1673, direito à autodefesa, como premissa básica, para a ordenação da vida organizada, em qualquer comunidade humana:

> Pois, de outro modo, todas as coisas boas, que a natureza ou a indústria conquistaram para nós, não teriam qualquer propósito, se não pudéssemos resistir com força, contra qualquer um que injustamente nos ataque, e os bons homens ficariam expostos, como vítimas fáceis para os maus, se estes nunca pudessem reagir, com o uso da força. Desse modo, a completa proibição da autodefesa, com uso da força, seria a morte da raça humana.[918]

Prosseguia PUFENDORF, com sua argumentação, defendendo a gradualidade e a proporcionalidade: "não devemos, contudo, sempre adotar tais medidas extremas, quando agressão é ameaçada".[919] Cabendo, primeiro, "tentar remédios mais cautelosos: bloquear a aproximação do atacante, ou nos fechar em local protegido, ou avisar o atacante que desista de sua fúria".[920]

Aduzia PUFENDORF, ser sinal de prudência e de maturidade, saber suportar e mostrar paciência, em relação a pequenos incidentes.[921] E a linha divisória, entre o pleno direito ao exercício da autodefesa, ou a ocorrência

[916] S. PUFENDORF, **De officio hominis et civis** (I.V.6).
[917] S. PUFENDORF, **De officio hominis et civis** (I.V.6).
[918] S. PUFENDORF, **De officio hominis et civis** (I.V.6).
[919] S. PUFENDORF, **De officio hominis et civis** (I.V.7).
[920] S. PUFENDORF, **De officio hominis et civis** (I.V.7).
[921] S. PUFENDORF, **De officio hominis et civis** (I.V.7).

de limites, ao exercício desta, se faz quando estamos em estado de natureza, ou estamos inseridos em vida socialmente organizada.[922] Não haveria restrições a tal exercício, no estado dito de natureza:

> Mas aqueles, que estão sujeitos a um governo civil, somente se justificam no uso da violência, na autodefesa, quando tempo e lugar não permitam contar com a assistência do poder público, para repelir agressão, contra a vida ou algum bem insubstituível, tão valioso quanto a própria vida, se veja ameaçado. Mas isto se limita a repelir o perigo; a vingança e a segurança, contra risco de ataque futuro, devem ser deixados ao cuidado do poder público.[923]

Também devem ser observados limites, quanto ao tempo:[924]

> Com relação ao tempo, no qual a defesa possa ser justamente exercida, é preciso considerar quando ambas as partes estejam em estado de natureza, e liberdade, poder-se-ia esperar que outros observassem os limites da lei natural em relação uns aos outros, mas em decorrência da maldade natural do coração humano, nunca uns poderão estar suficientemente seguros que os outros não agirão contra, e por isso se circundarão de defesas inocentes, por exemplo erigindo obstáculos, contra a aproximação daqueles, que tenham desígnios hostis, como também coletando armas e homens, e formando alianças, mantendo observação sobre os movimentos dos outros, e assim por diante. Mas a suspeita, que decorre da maldade do coração humano, não me faculta, sob a alegação de autodefesa, tomar a iniciativa de conquistar o outro, pela força, nem mesmo se vejo o poder do outro crescer desmesuradamente. [...] Se alguém mostra a capacidade e a vontade de fazer mal, não contra mim, mas contra terceiro, eu não posso tomar imediatamente a iniciativa de atacá-lo, em meu próprio nome, exceto se for o caso de estar vinculado por tratado, que obrigue a prestar assistência à parte, injustamente atacada, por outro poder mais forte.[925]

922 S. PUFENDORF, **De officio hominis et civis** (I.V.8).
923 S. PUFENDORF, **De officio hominis et civis** (I.V.9). acrescentava (I.V.10): "basta que o outro não tenha o direito de me atacar ou me matar, e não há obrigação de minha parte de me submeter à morte sem motivo".
924 S. PUFENDORF, **De officio hominis et civis** (I.V.11).
925 S. PUFENDORF, **De officio hominis et civis** (I.V.11).

Não pode valer o mesmo, na relação entre pessoas, no interior de sociedades organizadas.[926] Quando ocorre a constituição do estado, cada um abre mão da possibilidade de utilizar os seus próprios meios. E se obriga a trazer a questão à apreciação das autoridades comuns: "somente quando um homem já seja atacado, e se veja em tal contingência, que não possa recorrer à autoridade dos magistrados ou à ajuda de seus concidadãos, poderá enfrentar a violência de seu assaltante, com medidas extremas".[927]

Existe estrita limitação temporal, para o exercício lícito de tal prerrogativa: "o tempo, para o exercício da autodefesa inocente, dura até que o assaltante tenha sido afastado".[928] Isso porque o exercício da punição ou vingança, e a precaução de que o mesmo não volte a ocorrer no futuro, cabe aos magistrados e à autoridade do governo civil.[929]

> Apesar de se dizer habitualmente não haver justificativa em matar, quando o perigo puder ser evitado recorrendo a meios menos violentos, não é usual ser tão escrupuloso, em relação a tais detalhes, por causa da agitação mental, causada por perigo iminente. Pois a pessoa em pânico, diante do perigo, pode não olhar para todas as alternativas, ao seu alcance, e [nem ver] todas as formas de evitar e escapar do perigo, que poderiam ser consideradas, com tranquilidade do espírito.[930]

O mesmo direito de autodefesa há de valer, na proteção do patrimônio, quando se viva em estado de natureza, indo a ponto de matar o atacante, "desde que a propriedade seja valiosa":[931] "pois, certamente, não podemos preservar nossa vida sem propriedade, e o ataque injusto contra a propriedade revela intenção tão hostil, quanto o ataque contra as nossas vidas".[932] Mas que "isso não seja admitido nos estados, onde bens roubados possam

926 S. PUFENDORF, **De officio hominis et civis** (I.V.12).
927 S. PUFENDORF, **De officio hominis et civis** (I.V.12).
928 S. PUFENDORF, **De officio hominis et civis** (I.V.12).
929 S. PUFENDORF, **De officio hominis et civis** (I.V.12).
930 S. PUFENDORF, **De officio hominis et civis** (I.V.13). E assim, admitia (I.V.14) que em lugar de simplesmente causar ferimento ao assaltante se chegasse a matá-lo, em situação de perigo e tensão extrema. E o que se faria em proteção da vida, admite se possa igualmente fazer para "proteger a virtude feminina" (I.V.15).
931 S. PUFENDORF, **De officio hominis et civis** (I.V.16).
932 S. PUFENDORF, **De officio hominis et civis** (I.V.16).

ser recuperados, com a ajuda dos magistrados, exceto quando quem tenha vindo nos roubar, não possa ser levado perante a justiça. Em vista do que, é justo matar assaltante, que venha roubar à noite".[933]

Todas essas hipóteses diziam respeito a quem tivesse sido atacado, sem provocação. Pois quem tenha feito prévio dano a outrem não pode se defender, nem causar maior dano, alegando a necessidade de defesa. Ao menos até que determinadas condições tenham sido caracterizadas.[934] Finalmente, a autopreservação é, de tal modo, estimada que permite, em muitos casos, que um homem se libere da obrigação de observar muitas leis, se for este o único modo dele se proteger.

PUFENDORF, por todos esses motivos, considera que a 'necessidade', como se diz, 'não tem lei' – *necessitas non habet legem*:[935] "necessidade pode justificar que se exponha indiretamente outro ao risco de grave perigo ou mesmo de morte, desde que não tenha sido nossa intenção causar dano ao outro, mas somente fazer, para preservar a nossa segurança, ato que poderia causar-lhe perigo".[936]

Caberia ponderação equivalente na relação entre sociedades organizadas.[937] Quando a convivência internacional deixa o estado de natureza, os mesmos limites devem ser observados – caberia acrescentar.[938]

Considerava, ainda, PUFENDORF, em 1673, sucessivamente: "os deveres de cada homem em relação ao outro, especialmente o dever de não causar danos",[939] "do reconhecimento da igualdade natural entre os

[933] S. PUFENDORF, **De officio hominis et civis** (I.V.16).

[934] S. PUFENDORF, **De officio hominis et civis** (I.V.17).

[935] S. PUFENDORF, **De officio hominis et civis** (I.V.18).

[936] S. PUFENDORF, **De officio hominis et civis** (I.V.22): "considerando também que tivéssemos preferido enfrentar a nossa emergência de outra maneira e que minimizamos o dano efetivo, tanto quanto possível".

[937] S. PUFENDORF, **De officio hominis et civis** (I.V.18).

[938] Compare-se o exame da matéria, à luz do direito internacional vigente, nas atas do 40º colóquio da Sociedade francesa de direito internacional, realizado de 8 a 10 de junho de 2006, na Universidade de Grenoble. Ver SFDI, **La nécessité en droit international** ('colloque de Grenoble, 8-10 juin 2006', Paris: Pedone, 2007, *Avant-propos* de Théodore CHRISTAKIS e Karine BANNELIER, p. 7-8): "La nécessité en droit international présente l'intérêt de combiner une dimension théorique importante et une approche pratique, plus 'utilitaire'. La nécessité imprègne en effet toutes les branches du droit international sous des formes très diverses".

[939] S. PUFENDORF, **De officio hominis et civis** (I.VI).

homens",[940] "dos deveres comuns de humanidade",[941] "do dever das partes contratantes em geral",[942] "do dever dos homens no uso da linguagem",[943] "dos deveres de quem faz um juramento",[944] "do dever ao adquirir a propriedade das coisas",[945] "dos deveres decorrentes da propriedade",[946] "do preço e do valor das coisas",[947] "dos contratos em que o valor das coisas é pressuposto, e dos deveres, daí decorrentes",[948] e, ainda, a respeito "dos métodos, pelos quais são liquidadas as obrigações contratuais".[949] Tudo isso merece consideração e atenção, mas, em boa medida, foge ao escopo do presente trabalho, sobre a contribuição de PUFENDORF ao direito internacional no tempo 'clássico'.

"Sobre interpretação" é o objeto de interessante capítulo, em PUFENDORF, na obra de 1673: [950]

> As obrigações de cada um, no que compete ao julgamento humano, devem consistir no que indica a correta interpretação dos sinais. É, assim, uma grande contribuição, para a adequada compreensão das leis e acordos, e do cumprimento dos deveres de cada um destes decorrentes, que se estabeleçam normas, para a interpretação, sobretudo das palavras, sendo estas os sinais mais correntes, pelos quais exprimimos nossas ideias e intenções.[951]
> A norma, para a interpretação das palavras de uso comum, é que as palavras devem ser, em geral, entendidas em seu significado mais próprio e corrente.[952]
> Termos de arte devem ser explicados, segundo a definição dos especialistas, daquela arte. Mas se os termos são diversamente definidos, por diferentes especialistas, para evitar controvérsias, devemos exprimir, com palavras comuns, o que entendemos, por qualquer termo específico.[953]

[940] S. PUFENDORF, **De officio hominis et civis** (I.VII).
[941] S. PUFENDORF, **De officio hominis et civis** (I.VIII).
[942] S. PUFENDORF, **De officio hominis et civis** (I.IX).
[943] S. PUFENDORF, **De officio hominis et civis** (I.X).
[944] S. PUFENDORF, **De officio hominis et civis** (I.XI).
[945] S. PUFENDORF, **De officio hominis et civis** (I.XII).
[946] S. PUFENDORF, **De officio hominis et civis** (I.XIII).
[947] S. PUFENDORF, **De officio hominis et civis** (I.XIV).
[948] S. PUFENDORF, **De officio hominis et civis** (I.XV).
[949] S. PUFENDORF, **De officio hominis et civis** (I.XVI).
[950] S. PUFENDORF, **De officio hominis et civis** (I.XVII).
[951] S. PUFENDORF, **De officio hominis et civis** (I.XVII.1).
[952] S. PUFENDORF, **De officio hominis et civis** (I.XVII.2) cita HORÁCIO, **Ars poetica**, 72.
[953] S. PUFENDORF, **De officio hominis et civis** (I.XVII.3).

Conjeturas podem ser necessárias para extrair o sentido, se as palavras ou expressões forem ambíguas, ou se determinada passagem parece contradizer outra, desde que possam ser reconciliadas, por meio de exegese capacitada. Pois onde exista contradição certa e óbvia, a passagem posterior se sobrepõe à anterior, como critério de interpretação.[954]

Conjeturas, sobre a intenção e o correto sentido, de passagem ambígua ou intrincada, podem ser feitas, com base no conteúdo, no efeito do texto, e também com base em passagens correlatas:

> A norma, quanto ao conteúdo: as palavras, normalmente, devem ser compreendidas à luz da matéria. Pois se presume que o interlocutor sempre tenha em mente o assunto de seu discurso; e assim o significado das palavras deve ser apropriado a este.[955]

Quanto ao efeito e consequências, deve-se considerar, que "se as palavras forem tomadas, em sentido simples e literal, se chega a sentido absurdo, ou a não fazer sentido, deve-se divergir, do sentido comumente aceito das palavras, somente na medida necessária, para evitar a falta de sentido ou o absurdo":[956] para tanto, "as conjeturas mais válidas são derivadas de passagens correlatas, pois se espera que cada um seja coerente consigo".[957]

> É, também, valioso para encontrar o sentido verdadeiro, especialmente ao interpretar leis, que se examine a razão da lei – *ratio legis* –, ou a causa e as considerações, que levaram o legislador a adotá-la, especialmente quando seja claro ter sido esta a razão, para a adoção da lei. A norma aqui é: siga a interpretação da lei, que concorde com a razão da lei, e rejeite o que for inconsistente com esta.[958]

Cumpre notar que muitas palavras tem mais de um sentido, um mais amplo e outro mais estrito.[959] E aí se põe a necessidade de interpretação, e os critérios para nortear esta:

954 S. PUFENDORF, **De officio hominis et civis** (I.XVII.4).
955 S. PUFENDORF, **De officio hominis et civis** (I.XVII.5).
956 S. PUFENDORF, **De officio hominis et civis** (I.XVII.6).
957 S. PUFENDORF, **De officio hominis et civis** (I.XVII.7).
958 S. PUFENDORF, **De officio hominis et civis** (I.XVII.8).
959 S. PUFENDORF, **De officio hominis et civis** (I.XVII.9).

> São favoráveis, aquelas em que se protege, igualmente, a condição de ambos os lados, em que se busca o interesse público, ou se corroborem textos de lei, em que se promova a paz, e assim por diante. As hostis, são as que causam danos a somente uma das partes, ou a uma parte mais do que a outra, ou se acarreta penalidade, ou se subverte um ato, ou modifica as condições ou promove a guerra. É de caráter misto se, por exemplo, altera as condições existentes – *status quo* –, mas o faz, para preservar a paz. A norma tem de ser: interprete expressões favoráveis de maneira mais ampla; e as hostis mais estritamente.[960]

Também ocorrem circunstâncias, que não tem caráter verbal, quando, por exemplo, a interpretação pode ser ampliada ou restringida, "embora seja mais fácil encontrar razões para interpretação mais estrita do que mais ampla":[961]

> Uma lei pode ter a sua aplicação estendida a caso, inicialmente não contemplado por esta, de maneira explícita, quando seja clara a razão para enquadrar o presente caso, como o único motivo do legislador, e que ele a tenha tomado, em seu sentido mais amplo, o que abrangeria aquele caso específico.[962]

Cabe, aqui, fazer paralelo entre o entendimento de PUFENDORF e a lição de Moisés MAIMONIDES como esta destaca, em sua obra, o **Guia dos perplexos**:[963] "o homem tem a faculdade que não possuem os demais animais de causar toda espécie de danos e de fazer toda sorte de mal".[964]

O **Guia dos perplexos** de MAIMONIDES não é obra de metodologia de pesquisa, mas muito mais que isso, livro de sabedoria, com passagens de grande lucidez e penetrante discernimento, que se aplicam, perfeitamente, ao tema: "os pontos sobre os quais reina confusão (entre as opiniões), são muito numerosos nas coisas metafísicas, em pequeno número nas coisas físicas, e inexistentes nas coisas matemáticas".[965]

[960] S. PUFENDORF, **De officio hominis et civis** (I.XVII.9).

[961] S. PUFENDORF, **De officio hominis et civis** (I.XVII.10).

[962] S. PUFENDORF, **De officio hominis et civis** (I.XVII.10).

[963] Moisés MAIMONIDES (1135-1204), **Le guide des égarés** (traduit de l'arabe par Salomon MUNK, préf. de Claude BIRMAN) suivi **Le traité des huit chapitres** (traduit de l'arabe par Jules WOLF, préf. Franklin RAUSKY, nouv. éd. révue par Charles MOPSICK, Paris: Verdier, © 1979, impr. 1996).

[964] M. MAIMONIDES (obra e ed. cit., I.1.7, p. 40).

[965] MAIMONIDES, **Le guide des égarés** (ed. cit., première partie, n. 31, 'l'intelligence et ses limites', p. 69-72, cit. p. 71) cita ALEXANDRE DE AFRODÍSIA que apontava como três

Afirmava MAIMONIDES ser inquestionável "a superioridade que tem os indivíduos da espécie (humana), uns em relação aos outros, nas percepções sensíveis e nas outras faculdades corporais, sendo clara e manifesta, para todo mundo, mas esta tem limite, e a coisa não se estende a qualquer distância, nem a qualquer limite".[966] Porquanto, "afastando a corporeidade, afasta-se o espaço, e não pode ser questão de aproximação, de acesso, de distanciamento, de reunião, de separação, de contato ou de sucessão".[967]

Observava MAIMONIDES[968] as contradições, passíveis de serem encontradas, em um livro ou escrito, em número de sete causas:

– *primeira causa*: quando o autor reuniu as palavras de gente de opiniões diferentes, omitindo-se (em citar) as autoridades e de atribuir cada palavra ao seu autor. Encontrar-se-á, então, em seu trabalho, as contradições ou assertivas opostas, porque uma das proposições é a opinião de um indivíduo e a outra opinião provém de outro indivíduo;
– *segunda causa*: quando o autor do livro professou primeiro uma certa opinião, a respeito da qual mudou de ideia depois, e no escrito se recolhe tanto o que ele tinha dito antes, como o que disse depois;
– *terceira causa*: quando as palavras (do autor) não foram todas tomadas em seu sentido exterior (literal), mas que umas conservam o seu sentido literal, enquanto outras, são uma imagem, e tem sentido figurado, ou então que as duas proposições contraditórias, segundo o seu sentido literal, são alego-

as razões das discordâncias entre os homens sobre determinadas coisas: 1. as pretensões ambiciosas e rivais que impedem o homem de perceber a verdade, tal como ela é; 2. a sutileza da coisa perceptível em si mesma, sua profundidade e a dificuldade de a perceber; 3. a ignorância daquele que percebe, e sua incapacidade de captar mesmo o que é passível de o ser. Acrescenta quarta causa: o hábito e a educação, pois está na natureza do homem amar o que lhe é familiar, e ser por isso atraído.

[966] MAIMÔNIDES, **Le guide des égarés** (ed. cit., loc. cit., p. 70). Dá-se absolutamente o mesmo nas percepções inteligíveis do homem, nas quais os indivíduos da espécie gozam de grande superioridade uns sobre os outros, o que é igualmente muito claro e manifesto, para todos os homens de ciência, de sorte que ocorre nesse assunto que determinado indivíduo faça brilhar a si próprio em sua especulação, enquanto outro indivíduo jamais chegaria a compreender o mesmo assunto, e isso mesmo que se buscasse fazê-lo compreender, por meio de toda espécie de alocuções e de exemplos, e durante longo espaço de tempo, seu espírito não o poderia penetrar, e ele se recusa a compreender.

[967] MAIMÔNIDES, **Le guide des égarés** (ed. cit., première partie, n. 18 – sur *karab*, *nagá* e *nagach* (aborder), p. 50-52, cit. p. 51).

[968] MAIMÔNIDES, **Le guide des égarés** (ed. cit., *observation préliminaire*, p. 23-26).

rias, e que, tomadas em seu sentido literal, pareçam contraditórias ou opostas entre si;

– *quarta causa*: quando exista certa condição, que por motivo qualquer, não esteja expressamente indicada, no lugar adequado, ou ainda que os dois assuntos sejam diferentes e que nenhum dos dois esteja claramente designado, naquele mesmo lugar, de sorte que pareça existir contradição no discurso, sem que esta verdadeiramente ocorra;

– *quinta causa*: a necessidade (à qual se está por vezes reduzido) para ensinar e fazer compreender (determinada coisa); ou seja, quando existe determinado assunto obscuro e difícil de conceber, e que se tenha necessidade de mencionar ou de tomar como premissa, a fim de explicar o assunto, de modo fácil de conceber, e que, no ensino, deveria preceder o primeiro assunto, porque se começa sempre pelo mais fácil. É preciso então que aquele que ensina se ponha em situação confortável, para fazer compreender o primeiro assunto, de qualquer maneira que seja, examinando-o em suas grandes linhas, sem encetar o exame de toda a realidade, e, deixando, ao contrário, ao alcance da imaginação do ouvinte, a fim de que este possa compreender o que se quer que ele compreenda naquele momento, para expor, em seguida, mais exatamente, o assunto obscuro que se manifestará, na sua realidade, no momento e lugar adequado;

– *sexta causa*: quando a contradição se esconde e somente se mostra após diversas premissas. Quanto mais premissas forem necessárias para manifestá-la, mais escondida estará a contradição, de modo a escapar ao autor, que acreditará não haver contradição entre as duas primeiras proposições. Contudo, tomando cada uma das duas proposições, separadamente, e acrescentando-lhe uma premissa verdadeira, de modo que se alcance conclusão necessária, e fazendo da mesma forma, em relação a cada conclusão, (quero dizer) reunindo a esta uma premissa verdadeira, de modo a fazer chegar a uma conclusão necessária, chegar-se-á, depois de uma série de silogismos, a encontrar uma contradição ou uma oposição entre as duas últimas conclusões. Isso ocorre mesmo a autores sábios. Mas, se as duas primeiras proposições eram manifestamente contraditórias, e que o autor teria, simplesmente, esquecido a primeira, ao escrever a outra, em passagem diversa de seu trabalho, aí estaria (revelar) grande inferioridade, e tal homem não poderia ser contado dentre aqueles cujas palavras merecem atenção;

– *sétima causa*: a necessidade do discurso, quando se trata de coisas muito obscuras, cujos detalhes devem ser, em parte, omitidos, e, em parte, revelados.

> Algumas vezes se vê forçado, ao emitir uma opinião, a se exprimir de maneira a afirmar certa proposição, enquanto, em outra passagem, se é forçado a exprimir de maneira a afirmar uma proposição que se encontra em contradição com a primeira. O vulgo não deve, de modo algum, se dar conta da passagem onde existe a contradição, e o autor, às vezes, procura toda espécie de expedientes para ocultá-la.[969]

Esta passagem de MAIMONIDES mereceu ser lembrada,[970] e cotejada com a lição de PUFENDORF. E ambos deveriam ser lembrados, em qualquer curso de metodologia de pesquisa. A clareza da construção do raciocínio e da exposição somente poderão beneficiar-se.

Também podem ser cotejados, ambos, quanto à sabedoria de suas reflexões sobre a natureza humana. E sobre a capacidade do homem causar sofrimento a si mesmo e a seus semelhantes.

No livro II, dos deveres do homem e do cidadão segundo a lei natural, de 1673, PUFENDORF considera "o homem no estado de natureza",[971] e aponta "quais deveres incumbem ao homem, em razão dos diferentes estados, no qual o encontramos, existindo na vida social".[972] Ele especifica: "por estados – *status* –, em geral, designamos a condição, na qual os homens se entendem, para o fim de desempenhar certa classe de ações. Cada estado tem as suas leis distintas – *jura*".[973] Ademais, cada estado do homem pode ser natural ou adquirido. E isso pode ser situado de três maneiras: na relação do homem com o seu Criador, na relação de cada indivíduo, consigo mesmo, e na relação, de cada um, com os demais homens.[974]

PUFENDORF expõe essas facetas da vida humana, em relação aos outros, e considera sucessivamente: "sobre os deveres do casamento",[975]

[969] M. MAIMÔNIDES, **Le guide des égarés** (ed. cit., *observation préliminaire*, p. 23-26).

[970] P. B. CASELLA, **Introdução ao estudo do direito – ensaios didáticos** (orig. publ. 2008, São Paulo: Editora dos editores, 3ª ed., 2019, item – *metodologia e pesquisa*, p. 153-161, cit. p. 161): "Esta passagem mereceria ser ensinada em qualquer curso de metodologia e de pesquisa. A clareza da construção do raciocínio, como da exposição, somente poderão beneficiar-se."

[971] S. PUFENDORF, **De officio hominis et civis** (II.I).

[972] S. PUFENDORF, **De officio hominis et civis** (II.I).

[973] S. PUFENDORF, **De officio hominis et civis** (II.I.1).

[974] S. PUFENDORF, **De officio hominis et civis** (II.I.2).

[975] S. PUFENDORF, **De officio hominis et civis** (II.II): "o primeiro dos estados adquiridos, ao qual acede o homem, por ação humana antecedente, é o casamento".

"sobre os deveres de pais e filhos",[976] e "sobre os deveres de senhores e servidores – *servus*". [977] Nesta matéria aponta: "tal como existem diversos graus de servidão, assim variam o poder dos senhores e a condição dos servidores".[978]

Passava, a seguir, a apontar as "causas impulsivas de constituição de estado":[979]

> Parece não haver qualquer amenidade ou vantagem, que não possa ser assegurada, pelos deveres e condições – *status* –, que até aqui discutimos. Apesar de tudo, devemos agora investigar porque os homens não se contentaram, com aquelas primeiras pequenas associações – *societas* –, mas se constituíram em associações mais amplas, que tem o nome de estados – *civitas*. Pois esta é a base, sobre a qual devemos derivar a justificação, dos deveres que acompanham o estado civil – *status civilis*.[980]

A linha de argumentação é bastante direta e simples: "não basta dizer, que o homem é naturalmente atraído, para a vida em sociedade – *societas civilis* –, pela sua própria natureza, e que ele não possa e não queira viver sem esta":[981]

> Pois o homem é, obviamente, um animal que se ama, e busca a sua vantagem, no mais alto grau. É sem dúvida, assim, necessário, que ao aspirar livremente à sociedade civil, tenha o homem em vista alguma vantagem que, para ele, derive desta. Embora fosse manifestamente claro que o homem seria o mais miserável dos seres, fora da vida em sociedade – *societas* –, com seus semelhantes, contudo, seus desejos e necessidades naturais poderiam ser atendidos abundantemente pelas formas primitivas de convívio social e pelos deveres, baseados na simples consideração de humanidade, ou com base nos pactos. Assim, não podemos inferir, diretamente, da sociabilidade do homem – *socialitas* –, mais do que sua natureza tenderia, precisamente, à sociedade civil.[982]

[976] S. PUFENDORF, **De officio hominis et civis** (II.III).

[977] S. PUFENDORF, **De officio hominis et civis** (II.IV). O termo usado por PUFENDORF – *servus* – serve para designar tanto o 'empregado', propriamente dito, quanto o 'escravo'.

[978] S. PUFENDORF, **De officio hominis et civis** (II.IV.2).

[979] S. PUFENDORF, **De officio hominis et civis** (II.V).

[980] S. PUFENDORF, **De officio hominis et civis** (II.V.1).

[981] S. PUFENDORF, **De officio hominis et civis** (II.V.2).

[982] S. PUFENDORF, **De officio hominis et civis** (II.V.2).

Desse modo, a explicação para a inserção do homem, na vida em sociedade, tem ser construída. E, para tanto, PUFENDORF propõe considerar três aspectos: (i) a condição humana, que resulta da constituição de estados socialmente organizados; (ii) as exigências para que o homem seja chamado de animal político, ou seja, um bom cidadão; e (iii) os aspectos, observados na natureza humana, que repugnam ao caráter da sociedade civil.[983]

Ao se tornar cidadão – como decorrência da condição humana – o homem perde a sua liberdade natural, e se sujeita a alguma autoridade, cujos poderes incluem o direito de vida e de morte. Sob comando desta, muitas coisas devem ser feitas, das quais ele naturalmente se absteria. E ele não deve, assim, fazer muito do que, de outro modo, natural e vigorosamente, desejaria fazer.

Em decorrência da vida em sociedade, assim, na maioria de suas ações, cada homem terá de levar em conta o bem da sociedade, que muitas vezes parece conflitar com o bem de cada um dos indivíduos. Apesar de tudo, o homem tem tendência congênita a não querer se sujeitar a ninguém, e agir segundo as suas próprias escolhas, e determinar a sua conduta tendo em vista a sua vantagem em tudo.[984]

Para ser um verdadeiro animal político, ou seja, um bom cidadão, esclarecia PUFENDORF, em que consistiria isso,

> Queremos dizer, aquele que prontamente obedece às ordens daqueles que estão no poder; alguém, que se empenha, com toda a sua força, pelo bem público; alguém que, voluntariamente, põe o seu próprio interesse, em segundo lugar. Alguém, em suma, que acredita que nada seja bom para si mesmo, se não for para o bem do estado; alguém, finalmente, que se encontra em boa disposição, em relação a seus concidadãos. Poucos são aqueles, cuja natureza espontaneamente se alinha com tal fim. A maioria das pessoas mal se contém, por medo de punição. Muitos permanecem maus cidadãos, ao longo de toda a vida, e não são animais políticos.[985]

[983] S. PUFENDORF, **De officio hominis et civis** (II.V.3).

[984] S. PUFENDORF, **De officio hominis et civis** (II.V.4).

[985] S. PUFENDORF, **De officio hominis et civis** (II.V.5).

No tocante aos aspectos, observados na natureza humana, que repugnam ao caráter da sociedade civil,[986] enfatizava PUFENDORF que nenhum animal é mais feroz que o homem, nenhum é mais selvagem e mais propenso a vícios destruidores da vida em sociedade, pois, segundo ele:

> Além dos desejos por comida e por sexo, aos quais os animais também estão sujeitos, o homem é atraído por muitos vícios, desconhecidos dos animais, como o desejo insaciável, por mais do que ele necessita, o mais terrível dos males, que é a ambição, e também, como excessivo ressentimento, lembrança dos males sofridos e desejo de vingança, que cresce, com o passar do tempo, e a infinita variedade de suas inclinações e apetites, e a obstinação em lutar, por suas próprias causas, vontades particulares e caprichos. Além disso, tem o homem tal furioso prazer em exercer a crueldade, sobre os seus semelhantes, que a maior parte dos males, aos quais se sujeita a condição humana, deriva do próprio homem.[987]

Dessa maneira, pondera PUFENDORF, a razão primeira, pela qual os chefes de família abandonaram a sua liberdade natural, e recorreram à constituição de estados, foi para construir a proteção em torno deles, contra os males, que ameaçam os homens, oriundos dos próprios homens.[988] Pois, depois de Deus, cada homem pode fazer a outro o maior bem, também pode fazer o maior mal. E julga-se, assim, corretamente o mal do homem, e o remédio contra tal mal, quando afirmava: 'sem a existência de tribunais, os homens se devorariam, uns aos outros'.[989]

> Pela constituição de comunidades, os homens se reduziram a tal ordem e método, para poderem se preservar dos ataques uns dos outros, de onde se segue a consequência natural, de mais poderem aproveitar os benefícios, que decorrem de tal organização da vida em sociedade. [...] A causa da constituição de estados ficará ainda mais clara se refletirmos, que nenhum outro meio seria adequado, para restringir os males, que o homem pode causar aos seus semelhantes.[990]

[986] S. PUFENDORF, **De officio hominis et civis** (II.V.3).
[987] S. PUFENDORF, **De officio hominis et civis** (II.V.6).
[988] S. PUFENDORF, **De officio hominis et civis** (II.V.7).
[989] S. PUFENDORF, **De officio hominis et civis** (II.V.7).
[990] S. PUFENDORF, **De officio hominis et civis** (II.V.8).

Admite PUFENDORF, que o direito natural ensine aos homens, como devem se abster de causar mal, aos seus semelhantes, mas que somente o respeito a este direito natural não poderia garantir a vida em liberdade natural, com justa segurança:

> Pois, podem existir homens bons, que se absteriam de causar mal aos seus semelhantes, mesmo com a certeza da impunidade; outros que, de alguma forma, reprimiriam os seus desejos, por medo das consequências do mal. Mas, também existem muitos homens, para os quais as leis nada significam, diante da expectativa de lucro, e que tem confiança, na sua própria força, ou habilidade em repelir, ou em se esquivar da vingança de suas vítimas. [...] Não basta que algumas pessoas tenham dado, umas às outras, a garantia de mútua assistência, exceto se houver algo que os una em seus julgamentos, e firmemente vincule as suas vontades, para cumprir tais compromissos, sendo de outro modo vão esperar ajuda uns dos outros.[991]

Finalmente, advertia PUFENDORF, embora o direito natural previna, adequadamente, que aqueles que cometem violações aos direitos de outros não ficarão sem punição, nem o temor de Deus, nem a voz da consciência, encontram neles força suficiente, para restringir o mal, que existe nos homens.[992] Pois muitos, por falhas de sua educação e modo de vida, não atentam para a força da razão. Somente prestam atenção ao presente, e descuidam do futuro; somente são movidos pelo que está diante de seus olhos.[993]

Não por acaso, a importância da lição humanista e jurídica de PUFENDORF era lembrada como relevante, no século XVIII, por Denis DIDEROT.[994]

[991] S. PUFENDORF, **De officio hominis et civis** (II.V.8).

[992] S. PUFENDORF, **De officio hominis et civis** (II.V.9).

[993] S. PUFENDORF, **De officio hominis et civis** (II.V.9). A edição brasileira (cit., 2007, p. 286) distorce o sentido da passagem ao mencionar "muitíssimas Pessoas, através dos Preconceitos do Costume e da Educação, são, de certo modo, totalmente surdas à Força e ao Poder da Razão".

[994] Denis DIDEROT (1713-1784), no seu **Plan d'une université pour le gouvernement de Russie** – ou d'une éducation publique dans toutes les sciences (écrit de 1775-1775; publié partiellement en 1813-1814; complété d'après le manuscrit de l'Ermitage, in **Œuvres complètes de D. DIDEROT**, notes – notices – table analytique – étude sur DIDEROT et le mouvement philosophique au XVIIIe siècle par J. ASSÉZAT, Paris: Garnier, 1875, Philosophie – tome III, p. 409-534)– enfatizava a relevância da obra de PUFENDORF, para o estudo do direito natural, na sua proposta de criação de uma universidade, encomendada pelo governo de CATARINA II, da Rússia. Mencionado a seguir, item 20.1 – *crítica da concepção de PUFENDORF.*

Mesmo se outros contemporâneos, como VOLTAIRE, não poupam mordazes críticas contra o mesmo PUFENDORF.[995]

Ao indagar sobre os meios, pelos quais os estados foram constituídos, e quais sejam os seus vínculos internos de coesão, apontava PUFENDORF:[996] "é claro que o indivíduo encontra, em outros homens, mais útil e mais efetiva defesa, muito mais do que em fortificações, em armas ou animais, contra os outros males, que a depravação da humanidade ameaça lhe infligir", e "como o poder do homem tem extensão limitada, torna-se necessário para este associar-se a outros homens, para poder ter defesa adequada".[997] É, igualmente, óbvio que a combinação das forças, de dois ou três, não consegue prover essa espécie de segurança, contra outros homens. E, por isso, é necessário que grande número de indivíduos se reúna, para poderem eficazmente se proteger.[998] E entre os indivíduos, que se reúnam, é preciso que exista consenso, ao adotarem meios, aptos para a consecução de tais fins.[999]

> A única forma, pela qual se pode conseguir, que as vontades de muitos sejam unidas, se dará se cada um submeta a sua, à vontade de um homem ou de uma assembleia, de tal maneira que, de tempos em tempos, qualquer coisa que se determine, com respeito a quaisquer negócios ou coisas, necessários à segurança pública, será considerado como a expressão da vontade de todos, e de cada um em particular.[1000]
>
> Da mesma forma, um poder, que todos possam temer, não se configura, entre grande número de homens, por meio melhor do que ocorre, quando todos e cada um – *omnes & singuli* –, se obrigam a fazer uso de sua força, segundo o modo ordenado, por aquele, a quem todas as pessoas se devem submeter e

[995] Sobre a crítica de VOLTAIRE contra PUFENDORF e os autores do direito natural moderno, ver a seguir, item 20.1 – *crítica da concepção de PUFENDORF.*

[996] S. PUFENDORF, **De officio hominis et civis** (II.VI). A tradução francesa da obra de PUFENDORF, feita por Jean BARBEYRAC (cit., 1741, vol. II, p. 59) é muito mais colorida do que o texto original, ao mencionar: "Voyons maintenant de quelle manière se forment les Societez civiles, & quelle est la structure de cet édifice merveilleux".

[997] S. PUFENDORF, **De officio hominis et civis** (II.VI.1).

[998] S. PUFENDORF, **De officio hominis et civis** (II.VI.2).

[999] S. PUFENDORF, **De officio hominis et civis** (II.VI.3): "Se os homens não concordarem entre si, mas se dispersarem em suas opiniões e tenderem a fins distintos [nessa associação de forças, para a mútua proteção] nada alcançarão, pouco importando quão numerosos possam ser."

[1000] S. PUFENDORF, **De officio hominis et civis** (II.VI.5).

entregar a decisão e orientação das forças unidas. Somente quando tiverem alcançado a união de vontades e forças, uma multidão de homens ganha vida como conjunto de força superior às forças de cada um, e se poderá dizer que exista um estado – *civitas*.[1001]

Para que um estado se forme são necessários – segundo a lição de PUFENDORF – dois acordos e uma constituição.[1002] Quando uma multidão renuncia à independência, característica do estado de natureza, para formar uma sociedade civil, cada um se engaja, em relação a todos os demais, a se juntarem para sempre em único corpo, e a solucionar, mediante entendimento comum, o que diz respeito à sua conservação e à sua segurança comum; em uma palavra, exprimem que desejam se tornar concidadãos. Todos e cada um – *omnes & singuli* – têm de aceitar tal acordo; e, quem dissentir, ficará fora do futuro estado.[1003]

Depois desse acordo, é preciso que haja *constituição*, determinando a forma de governo, como a maneira pela qual será regida a associação. Até que isso se determine, medidas de segurança pública não poderão ser, efetivamente, instituídas.[1004]

Uma vez determinada a forma de governo, por meio da *constituição*, um segundo acordo é necessário, por meio do qual se faça a indicação daquele ou daqueles, aos quais é confiada a gestão da coisa pública. Por meio desse acordo, se obrigam aquele ou aqueles, aos quais se atribui o governo, a atuar no sentido da proteção do interesse e da segurança de todos, e que os demais se obriguem a obedecer.[1005]

O estado, assim constituído, é concebido como uma pessoa – *persona* –, e se vê como ente distinto e separado de cada um dos seus integrantes, designado por nome único. E, como tal, tem os seus próprios direitos e prerrogativas, a que nenhum homem ou multidão de homens, nem mesmo

1001 S. PUFENDORF, **De officio hominis et civis** (II.VI.6).

1002 S. PUFENDORF, **De officio hominis et civis** (II.VI.7). Esclarece a edição brasileira da obra de PUFENDORF (op. cit., 2007, nota 33, p. 292) ser o termo '*constituição*' uma inovação *whig*: "Na explicação de PUFENDORF, a soberania se forma antes do decreto determinando a forma de governo. Esse decreto pode assumir a forma de uma constituição – ao inserir certas leis básicas, limitando o exercício soberano do poder – mas não necessariamente".

1003 S. PUFENDORF, **De officio hominis et civis** (II.VI.7).

1004 S. PUFENDORF, **De officio hominis et civis** (II.VI.8).

1005 S. PUFENDORF, **De officio hominis et civis** (II.VI.9).

a totalidade dos homens, pode pretender ou se apropriar, exceto aquele que detém o poder soberano, e ao qual o governo do estado foi confiado. Assim, o estado se define, como pessoa jurídica, em cuja vontade se unem e se combinam, por meio do acordo de todos, de modo que possa empregar as forças e capacidades, de cada indivíduo, para a paz e a segurança de todos:[1006]

> A vontade do estado, como princípio das ações públicas, se exprime quer por meio de um homem ou de uma assembleia, segundo a supremacia tenha sido concedida a um ou a vários.[1007] [...] No estado assim constituído, o titular do governo é chamado 'monarca', 'senado' ou 'povo livre', conforme se trate de governo de um, de assembleia de poucos, ou de assembleia que congregue a todos. Os demais são chamados súditos ou cidadãos, tomando o termo em seu sentido mais amplo.[1008]

Afirmava PUFENDORF, que a instituição de estados é a ordenação da sociedade que melhor protege a aplicação do direito natural: "a que mais favorece a prática do direito natural".[1009] O que a prática, contudo, nem sempre confirma.

As funções do poder soberano são, a seguir, consideradas por PUFENDORF, como elementos estruturais dessa ordenação da sociedade:[1010] "as

1006 S. PUFENDORF, **De officio hominis et civis** (II.VI.10).

1007 S. PUFENDORF, **De officio hominis et civis** (II.VI.11 e 12).

1008 S. PUFENDORF, **De officio hominis et civis** (II.VI.13) aduzia: "Em seu sentido mais estrito, o termo 'cidadãos' pode ser aplicável somente a certas pessoas, em razão de cuja união ou consentimento o estado foi originalmente formado, ou seus sucessores, ou seja os chefes de família". PUFENDORF ainda acrescentava, nesta mesma passagem (II.VI.13), que os cidadãos podem ser natos ou naturalizados. Mas que aqueles que somente se encontrem temporariamente ou de passagem pelo território do estado, "não são considerados cidadãos, mas são chamados estrangeiros ou residentes".

1009 S. PUFENDORF, **De officio hominis et civis** (II.VI.14).

1010 S. PUFENDORF, **De officio hominis et civis** (II.VII). Ocorre considerável variação entre três das edições utilizadas: TULLY (ed. cit., 1991, p. 139-141) menciona "on the functions of the sovereign power"; BARBEYRAC (ed. cit., 1741, reimpr., 1984, t. II, p. 72-81) por sua vez "des parties de la souveraineté en général" e a edição brasileira (a partir da tradução para o inglês de TOOKE, de 1691, trad. Eduardo Francisco ALVES, 2007, p. 297-302) intitula o capítulo "das diversas Partes do Governo", e ao título acrescenta-se esta nota: "TOOKE usa 'governo' para traduzir a expressão 'poder soberano' – *summum imperium* – de PUFENDORF, e BARBEYRAC traduz por *Souveraineteté* – soberania. Dada a centralidade do conceito para

funções do poder soberano – *summi imperii* –, e os meios, pelos quais as suas forças operam nos estados, podem ser claramente inferidos, da natureza e finalidades dessas sociedades".[1011]

> Em estado, onde todos submeteram as suas vontades à vontade daqueles que estão no poder, em matérias relativas à segurança do estado, de tal forma que se dispõem a fazer, o que os governantes desejarem. Para que isso seja possível os que estão no poder devem manifestar, claramente, aos cidadãos, a sua vontade, em tais questões.[1012]

É o principal propósito dos estados, segundo PUFENDORF, que, por meio da mútua cooperação e assistência, os homens possam estar seguros contra os ataques e afrontas, que podem infligir uns aos outros, como muitas vezes acontece:[1013] "para obter isso, daqueles aos quais estamos unidos em sociedade, não basta que façam acordo mútuo, de não atacar um ao outro; nem tampouco, que a simples vontade do superior, se faça conhecida dos cidadãos", mas é, igualmente, essencial o medo da punição, e que seja conhecida a capacidade, de a infligir imediatamente.[1014] Nesse sentido, não discrepa PUFENDORF do que escreveria, quase um século mais tarde, BECCARIA a respeito "dos delitos e das penas".[1015]

Podem, muitas vezes, ocorrer controvérsias, quanto à correta aplicação das leis, em relação a casos específicos, bem como pode ser que surjam muitas questões tópicas, que precisam ser cuidadosamente sopesadas, sempre

a construção da autoridade política na obra de PUFENDORF, o fato de que TOOKE usa *soberania* – em seu sentido político – apenas duas vezes, em sua tradução inteira, é um bom indício das mudanças léxicas e ideológicas feitas no vocabulário absolutista de PUFENDORF."

1011 S. PUFENDORF, **De officio hominis et civis** (II.VII.1).

1012 S. PUFENDORF, **De officio hominis et civis** (II.VII.2): "Eles o fazem não somente por meio de instruções, dirigidas a indivíduos, sobre assuntos específicos, mas também por meio de normas gerais, para que sempre possa haver certeza, quanto ao que tem de ser feito e o que não tem de ser feito."

1013 S. PUFENDORF, **De officio hominis et civis** (II.VII.3).

1014 S. PUFENDORF, **De officio hominis et civis** (II.VII.3).

1015 Cesare BECCARIA (1738-1794), **Dos delitos e das penas** (orig. publ. **Dei delitti e delle pene**, Livorno, 1764, trad. Torrieri GUIMARÃES, São Paulo: Hemus, s/d); como se examina, no **Tratado** (tomo 8 – **Direito internacional além do paradigma vestfaliano**, item – *direito internacional e o padrão clássico na cultura*); e tb. P. B. CASELLA, *Cesare Beccaria e o padrão clássico* (in **Estudos em homenagem a Ivette Senise Ferreira**, org. Renato M. J. SILVEIRA e Mariângela G. M. GOMES, São Paulo: Liber Ars, 2015, p. 393-414).

que se alegue que algum ato específico foi ilegal.[1016] Daí decorre que, para manter a paz e a tranquilidade entre os súditos, é função do poder soberano tomar conhecimento das controvérsias entre os cidadãos, tomar decisões, investigar as ações de indivíduos, denunciadas como ilegais, prolatar julgamentos e fazer cumprir as penas, em conformidade com as leis.[1017]

Para assegurar a segurança contra aqueles, que se encontram fora da sociedade, quando esta se uniu como estado, é função do poder soberano reunir e armar, ou alternativamente, contratar tantos homens, quantos possam ser necessários, para a defesa comum, e que isso se faça, levando em conta o número incerto e a força do inimigo. E, assim como fazer a guerra, também saber, quando for o caso, celebrar a paz. E, para tanto, apontava PUFENDORF o papel das alianças:[1018]

> Alianças tem papel a cumprir, em tempos de guerra, como em tempos de paz, para melhor reunir os recursos de diferentes estados, e pela união de forças, repelir ou trazer a bons termos, um inimigo mais poderoso. Está, assim, no âmbito da autoridade do soberano celebrar alianças, de ambas as espécies, e obrigar os seus súditos a observá-las, e ao mesmo tempo direcionar, para o estado, todos os benefícios, daí resultantes.[1019]

Os assuntos de um grande estado, seja na guerra, como na paz, não podem ser geridos, sem o auxílio de ministros e de magistrados. O soberano deverá, assim, nomear homens, que deverão, por conta do soberano, investigar os litígios, entre os cidadãos, bem como reunir informação estratégica, sobre as intenções dos estados vizinhos, comandar os soldados, coletar e distribuir os recursos do estado, em uma palavra, cuidar dos interesses do estado – *utilitas* –, em todas as suas facetas: "o soberano pode e tem a prerrogativa de compelir que todos esses oficiais cumpram os seus deveres e exigir que se reportem a ele".[1020]

Os assuntos do estado, na guerra como na paz, não podem ser desempenhados sem despesas. E assim, expunha PUFENDORF, como prerrogativa do poder soberano, o poder de compelir os cidadãos, a arcar com

[1016] S. PUFENDORF, **De officio hominis et civis** (II.VII.4).
[1017] S. PUFENDORF, **De officio hominis et civis** (II.VII.4).
[1018] S. PUFENDORF, **De officio hominis et civis** (II.VII.5).
[1019] S. PUFENDORF, **De officio hominis et civis** (II.VII.5).
[1020] S. PUFENDORF, **De officio hominis et civis** (II.VII.6).

tais despesas. O que pode ser feito de muitas maneiras: por exemplo, os cidadãos podem reservar, para tal fim, uma parte dos bens ou produtos da região que habitam; ou os cidadãos podem contribuir individualmente, com alguma coisa de sua propriedade; também podem os cidadãos prestar serviços, quando necessário; ou taxas alfandegárias podem ser cobradas sobre importações e exportações – onde as primeiras são, antes, encargo para os cidadãos, enquanto as últimas o são, para estrangeiros; ou modesta fração do preço dos bens de consumo pode ser deduzida.[1021]

> Em suma, cada homem governa as suas ações, segundo as suas próprias opiniões, mas a maioria dos homens julga as questões, tal como estão habituados, e como as veem, normalmente, julgadas. Poucos podem discernir o que é verdadeiro e o que é bom, por sua própria inteligência.[1022]

Caberia, aqui, paralelo com a "comparação entre reinos e repúblicas", feita por Aurélio Lippo BRANDOLINI.[1023] Fascinante e pouco conhecida obra humanista de teoria política, formulada alguns anos antes de MAQUIAVEL, sob a forma de diálogo socrático, que se desenvolve na corte do rei MATIAS CORVINO da Hungria, por volta de 1490, a obra relata o debate entre o próprio rei e um mercador florentino, sobre os méritos relativos das repúblicas e dos reinos.

Pode, justamente, ser oportuno contrapor, à concepção de PUFENDORF, sobre o conhecimento da verdade – quando este considerava que "poucos podem discernir o que é verdadeiro e o que é bom por sua própria inteligência" –[1024] a visão reportada por BRANDOLINI. No tocante ao discernimento, para determinar o bem e o mal, o rei MATIAS se mostra muito lúcido, ao ponderar que "nem todos os educados, com habilidade e cuidado, são inteligentes, e nem todas as pessoas, que não receberam educação, são obtusos e de cabeça fraca".[1025]

1021 S. PUFENDORF, **De officio hominis et civis** (II.VII.7).

1022 S. PUFENDORF, **De officio hominis et civis** (II.VII.8).

1023 Aurelio Lippo BRANDOLINI (1454?-1497), **De comparatione reipublicae et regni / Republics and kingdoms compared** (edited and translated by James HANKINS, Cambridge, Ma.: Harvard Univ. Press – The I Tatti Renaissance Library, 2009, ITRL-40).

1024 S. PUFENDORF, **De officio hominis et civis** (II.VII.8).

1025 A. L. BRANDOLINI (op. cit., ca. 1490, ed. 2009, II.58, p. 152): "Nam neque omnes quibus educandis ars et diligentia adhibetur sunt ingeniosi, neque omnes quibus non adhibetur hebetes atque obtusi sunt".

PUFENDORF admitia ser "conveniente, para qualquer estado, que sejam publicamente ensinadas doutrinas, do tipo mais conforme ao justo propósito e uso dos estados, e que as mentes dos cidadãos possam ser, desde cedo, temperadas com esses princípios. É função da soberania, assim, nomear instrutores públicos de tais doutrinas".[1026]

Nessa passagem,[1027] PUFENDORF não se mostra somente absolutista, mas parece antecipar a doutrinação pública de ideologia oficial,[1028] em estado totalitário.[1029] Teve o direito internacional controvertido papel histórico, para justificar a relação desigual entre as potências dominantes colonizadoras e povos colonizados.[1030]

Como outros conceitos, também o termo *ideologia* se mostra produto característico do tempo, mas somente seria formulado, em 1799, por DESTUTT DE TRACY, nas suas *Dissertações sobre algumas questões de ideologia*.[1031]

1026 S. PUFENDORF, **De officio hominis et civis** (II.VII.8).

1027 S. PUFENDORF, **De officio hominis et civis** (II.VII.8).

1028 Ver tb. Istvan MESZÁROS, **O poder da ideologia** (orig. publ. **The power of idelogy**, 1989, trad. Paulo Cezar CASTANHEIRA, São Paulo: Boitempo, 2004).

1029 A vocação messiânica russa, em muito, precede a existência do estado totalitário soviético, mas foi acentuada nesse contexto, e neste adotada como ideologia oficial. Nicholas V. RIASANOVSKY e Mark D. STEINBERG, **A History of Russia** (Oxford: Oxford Univ. Press, 7th. ed., 2005, i.a., p. 572, 576-577) mostram quanto a existência de ideologia de vocação abrangente e a operação de estado totalitário tiveram efeito devastador sobre o pensamento criativo e crítico na Rússia soviética: *partiinost* – o ideal da absoluta e constante dedicação aos fins do partido, resumido como dado essencial do trabalho e da vida comunista. Isso se exprimiu, de maneira igualmente deletéria, na literatura, sob a forma do 'realismo soviético', alinhado pelas diretrizes do *'partiinost'* – dedicação total aos ideiais do partido –, *'ideinost'* – inspirar-se por altos ideais e princípios e *'narodnost'* – ser compreensível para as pessoas comuns e servir às necessidades destas. O mesmo vale para outros casos de estados totalitários, do passado e do presente.

1030 Como se examina no **Tratado** (tomos 14 a 17 – **Direito internacional no tempo do colonialismo** e tomo 20 – **Direito internacional, história e cultura**, cap. 3 – *impacto do colonialismo sobre o direito internacional, a descolonização e o desenvolvimento do direito de descolonização dos povos*); Y. ONUMA (ed.), **A normative approach to war**: peace, war and justice in Hugo Grotius (Oxford: Clarendon Press, 1993, cit. p. 381) considera muito significativo o fato de tal justificação ter sido feita por meio da combinação de noções modernas, tais como *igualdade* e *universalidade*, liberadas de qualquer contexto ou crença religiosa específica, e sem exercício da superioridade de poder físico, por parte dos europeus.

1031 O termo 'ideologia' foi criado e difundido por Antoine Louis Claude DESTUTT DE TRACY (1754-1836), *Dissertations sur quelques questions d'idéologie* (1799, no volume **Mémoire sur la faculté de penser / De la métaphysique de KANT** et autres textes, textes réunis et

Não discrepa de tal orientação 'absolutista' a passagem seguinte, com a qual PUFENDORF encerra o capítulo, sobre "as funções do poder soberano":[1032]

> As diversas funções da soberania são, de tal maneira interligadas, umas com as outras, que todas elas devem ser submetidas ao controle de um único homem. Pois se faltar alguma parte, o governo será defeituoso, e o estado será incapaz de alcançar a sua finalidade.[1033]

Daí se segue o exame, por PUFENDORF, das "formas de governo".[1034] E as diferentes formas de governo – *respublica* –, decorrem da atribuição da soberania, quer a um, quer a uma assembleia de poucos, quer a todos os cidadãos. As formas do estado são regulares ou irregulares:[1035]

A forma é regular onde a soberania está concentrada, em único súdito, de tal maneira que, "originando em única vontade, perpasse todas as partes e questões do estado, de maneira indivisa e sem restrição". Onde isso não se encontra, "a forma do estado será irregular".[1036]

Existem, para PUFENDORF, três formas regulares de estado: (i) onde a soberania esteja nas mãos de um homem, o que se chama de *monarquia*; (ii) onde a soberania esteja somente nas mãos de assembleia de cidadãos escolhidos, que se chama de *aristocracia*; e (iii) onde a soberania esteja nas mãos de assembleia, que reúne todos os chefes de família, que é chamado de *democracia*.[1037]

O poder – *potestas* – é o mesmo, em cada uma dessas formas.[1038] Muda a forma, pela qual o exercício do poder se divide, em cada caso.

A monarquia, segundo PUFENDORF, teria distinta vantagem sobre as outras formas, porquanto, em matéria de deliberação e de decisão, ou seja,

revus par Anne et Henry DENEYS, Paris: Fayard – Corpus des oeuvres de philosophie en langue française, 1992, p. 181-201).

1032 S. PUFENDORF, **De officio hominis et civis** (II.VII.8). V. tb. **Tratado** (tomo 11 – **Direito internacional no tempo do iluminismo**, item – *império, estado moderno e ascensão do absolutismo*).

1033 S. PUFENDORF, **De officio hominis et civis** (II.VII.9).

1034 S. PUFENDORF, **De officio hominis et civis** (II.VIII).

1035 S. PUFENDORF, **De officio hominis et civis** (II.VIII.1).

1036 S. PUFENDORF, **De officio hominis et civis** (II.VIII.2).

1037 S. PUFENDORF, **De officio hominis et civis** (II.VIII.3).

1038 S. PUFENDORF, **De officio hominis et civis** (II.VIII.4).

no efetivo exercício da autoridade – *imperium* –, não se exige fixar hora e local, mas pode ocorrer, em qualquer lugar e a qualquer tempo: "consequentemente o monarca está sempre de prontidão, para desempenhar os atos de governo".[1039] Quanto às decisões, a serem tomadas pela *aristocracia* ou pelo povo, numa *democracia*,

> nenhum dos quais é pessoa física, é necessário que estes se reúnam, em determinado tempo e lugar, para deliberar e decidir, sobre as questões de interesse público. Este é o único modo, pelo qual a vontade do senado ou do povo podem ser conhecidas, pois resultam da manifestação do consentimento da maioria.[1040]

Ocorre, em relação à soberania, como também em relação a outros direitos, que esta seja bem exercida, em um lugar e desempenhada mal e de maneira imprudente, em outro:[1041] "consequentemente, alguns estados são considerados saudáveis, enquanto outros são tidos como doentes e corruptos".[1042] Alguns muito mais aberta e notoriamente corruptos – e doentes – do que outros ...

E, segundo PUFENDORF, se alguns dos males, que afetam os estados, estão nos homens, outros estão nas próprias instituições. Daí, serem algumas chamadas de falhas *pessoais* e outras, falhas *institucionais*:[1043]

> Nomes específicos são, muitas vezes, dados a governos doentes, de tal modo que a monarquia defeituosa é chamada de *tirania*; a forma defeituosa do governo de poucos é chamada de *oligarquia*; e a forma defeituosa do governo popular é chamada de *oclocracia*.[1044] Muitas vezes, o uso de tais termos, mais

[1039] S. PUFENDORF, **De officio hominis et civis** (II.VIII.4).

[1040] S. PUFENDORF, **De officio hominis et civis** (II.VIII.4).

[1041] S. PUFENDORF, **De officio hominis et civis** (II.VIII.5). V. tb. **Tratado** (tomo 5 – **Direito internacional no tempo de Francisco de Vitória**, cap. 13 – *estado como sujeito de direito internacional: a contribuição de MAQUIAVEL e BODIN*).

[1042] S. PUFENDORF, **De officio hominis et civis** (II.VIII.5) ressalvava: "Mas não precisamos inventar formas especiais de governo para encobrir esses males".

[1043] S. PUFENDORF, **De officio hominis et civis** (II.VIII.5). Especifica as falhas pessoais e as institucionais, respectivamente, nas monarquias, nas aristocracias e nas democracias (II. VIII, 6 a 10).

[1044] O termo grego designa o poder da turba ou da massa. Esta modalidade se poderia denominar 'demagogia' ou 'populismo', governo demagógico, ou populista que são termos de uso corrente – e dos quais se encontram numerosos casos na prática política atual no mundo.

do que descrever a doença, desta ou daquela forma de governo, serve para manifestar o favor ou a crítica, em relação a determinada forma de governo e aos seus dirigentes.[1045]

A tipificação dos estados e das formas deturpadas destes, formulada por PUFENDORF, segue de perto a matriz de ARISTÓTELES, sobretudo na **Política**,[1046] como já mencionado.[1047] E, cabe ainda lembrar, do mesmo ARISTÓTELES, quando este fazia o exame da "Constituição ateniense", [1048] no sentido de "se administrar tudo segundo as leis, em todas as questões", no sentido daquilo que é materialmente essencial em relação à natureza da cidade politicamente organizada – *politeia*.[1049]

Uma forma irregular de governo – *respublica irregulares* – é aquela, na qual não se encontra a unidade, que é da essência do estado, assim estabelecido. E isso não por conta de doença ou falha na administração, mas por ter sido a irregularidade de sua forma como se legitimada, pelo direito público, ou pelo costume: "existem infinitos modos de se desviar do cami-

1045 S. PUFENDORF, **De officio hominis et civis** (II.VIII.11). Na edição brasileira (cit., 2007, p. 307) se traduz: "um Estado popular corrupto é chamado de Uma Anarquia ou Governo da Ralé" – questionável o uso excessivo de maiúsculas, adotado nessa edição.

1046 ARISTÓTELES (384-322 a. C.), **Politics** (original grego com tradução em inglês de H. RACKHAM, first publ. 1932, Cambridge, Ma. / London: Harvard Univ. Press, Loeb Classical Library, vol. 264 – ARISTOTLE – XXI, reprinted 2005); ARISTÓTELES, **Política** (trad. Nestor Silveira CHAVES, Bauru: Edipro, 1995).

1047 Ver **Tratado** (tomo 3 B – **Gregos, romanos, chineses, indianos**, cap. 5 – *as cidades-estado gregas e mundo helenístico*); tb. Émile BRÉHIER, **Histoire de la philosophie** – vol. I – **Introduction – Période hellénique** (Paris: PUF, 1948); Jean BRUN, **Sócrates – Platão – Aristóteles** (orig. publ. **Socrate – Platon – Aristote**, 1960, trad. C. PITTA, F. JARRO, L. da SILVA, Lisboa: Dom Quixote, 1994); Werner JAEGER, **Aristote** – fondements pour une histoire de son évolution (orig. publ. **Aristoteles** – Grundlegung einer Geschichte seine Entwicklung, Berlim, 1923; 2a. ed. rev., em inglês, Oxford, 1948; trad. e apres. Olivier SEDEYN, Paris: L'éclat, 1997); John B. MORRALL, **Aristóteles** (orig. publ. **Aristotle**, 1977, trad. Sérgio DUARTE, Brasília: Ed. UnB – Col. pensamento político, vol. 31, 1981); Christopher SHIELDS, **Aristotle** (Londres: Routledge, 2007).

1048 ARISTOTLE, **The Athenian Constitution** (original grego e trad. em ingles de H. RACKHAM, Cambridge, Ma. / London: Harvard University Press / Loeb Classical Library, vol. 285, ARISTOTLE – XX, © 1935, reprinted 2004, p. 1-188, cit. XVI.8).

1049 *'Constituição'*, assim, se considera não somente no sentido de instrumento jurídico formal, mas, antes, no sentido estrutural de conjunto de princípios ordenadores da vida política organizada, especificamente nas suas projeções externas, tais como a regulação das relações internacionais; e daí, também, na relação entre direito internacional e direito interno.

nho reto, e por isso as formas irregulares de governo não podem ser definidas de maneira fixa e definitiva".[1050] Sempre podem se multiplicar e assumir novas configurações.

Caracteriza-se um *sistema de estados*, segundo PUFENDORF, quando dois ou mais estados completos – ou melhor dizendo – soberanos, se vinculam entre si, por vínculos específicos, de tal maneira que as suas forças conjugadas possam ser consideradas como a força de único estado.[1051] Onde se passa da estrutura interna dos estados para a ordenação da convivência entre estes.

Os sistemas de ordenação da convivência entre estados podem surgir de duas maneiras: (i) por ter rei em comum,[1052] ou (ii) por meio de alianças.[1053]

Dentre as características da autoridade civil – *imperium civile* –, PUFENDORF assinala a supremacia – *summum* –[1054] cada autoridade – *imperium* –, pela qual um estado – *civitas* –, como um todo, é governado – ou seja, "o exercício não depende de superior; mas age, por sua própria vontade e decisão; e as suas ações não podem ser anuladas por qualquer um, com base em superioridade":[1055]

[1050] S. PUFENDORF, **De officio hominis et civis** (II.VIII.12) ressaltava: "Pode-se, contudo, claramente entender a natureza das formas irregulares, por meio de um ou dois exemplos". E, nessa linha, apontava como exemplos de deturpação do modelo político, "a irregularidade ocorre, em alguns países, quando o senado e o povo tratam dos negócios públicos, com poder final de decisão para ambos, de tal modo que nenhum dos dois tenha responsabilidade perante o outro, ou num reino, onde o poder dos dirigentes principais tenha crescido de tal maneira, que estes não mais sejam súditos, mas aliados desiguais do rei".

[1051] S. PUFENDORF, **De officio hominis et civis** (II.VIII.13).

[1052] S. PUFENDORF, **De officio hominis et civis** (II.VIII.13 e 14): "um *sistema* emerge quando vários estados separados tem o mesmo e único rei, seja por meio de tratado ou em decorrência de casamento, herança ou conquista, desde que não se amalgamem todos em único reino, mas cada um seja governado pelo mesmo rei, em conformidade com as suas leis fundamentais".

[1053] S. PUFENDORF, **De officio hominis et civis** (II.VIII.13 e 15): "o segundo tipo de sistema resulta quando vários estados vizinhos estão de tal maneira vinculados por alianças perpétuas que estes renunciam à intenção de exercer determinadas parcelas de seu poder soberano, sobretudo aquelas relativas à defesa externa, exceto mediante o consentimento de todos, e fora disso, a liberdade e a independência dos estados continua intocada".

[1054] S. PUFENDORF, **De officio hominis et civis** (II.IX).

[1055] S. PUFENDORF, **De officio hominis et civis** (II.IX.1).

> Daí decorre, que a autoridade, nesse sentido, não tenha de prestar contas de coisa alguma, ao mundo inteiro – *anhupeunthunos* –,[1056] ou seja, não é obrigada a responder, a qualquer homem, não havendo poder acima dela, para castigar ou para inquirir, se seus procedimentos são corretos ou não.[1057]

A concepção absolutista é claramente expressa por PUFENDORF: "a autoridade soberana – *summum imperium* – é superior a qualquer lei humana ou civil, e não fica vinculada, por qualquer uma destas. Pois essas leis dependem, quanto à sua origem e prazo de validade, da autoridade soberana".[1058]

Considera PUFENDORF, ainda, "não pode esta ser vinculada por si mesma, porquanto o mesmo poder teria, assim, superioridade sobre si próprio" – ou seja, é impossível que as leis, diretamente, obriguem o poder que as faz, pois esse poder seria, assim, superior a si mesmo.[1059]

Segundo PUFENDORF "existe, assim, uma veneração peculiar que se deve ter pelo governo supremo, sob o qual vivemos":[1060]

> A autoridade soberana, finalmente, tem a sua forma peculiar de santidade. É, assim, moralmente errado que os cidadãos resistam às ordens legítimas. Mas, além disso, mesmo a sua severidade deve ser pacientemente suportada pelos cidadãos, com paciência igual àquela, com que filhos obedientes se submetem ao rigor de alguns pais.[1061]

Particularmente nas monarquias e nas aristocracias, opina PUFENDORF,[1062] a autoridade soberana ocorre, em sua forma absoluta – *absolutum imperium* –; enquanto esta se manifesta de maneira limitada, em outros regimes políticos:

> A autoridade absoluta se diz ser detida pelo monarca, que pode fazer segundo o seu julgamento, não seguindo normas ou procedimentos fixos, mas como a

1056 S. PUFENDORF, **De officio hominis et civis** (II.IX.2).
1057 S. PUFENDORF, **De officio hominis et civis** (II.IX.2).
1058 S. PUFENDORF, **De officio hominis et civis** (II.IX.3).
1059 S. PUFENDORF, **De officio hominis et civis** (II.IX.3).
1060 S. PUFENDORF, **De officio hominis et civis** (II.IX.4).
1061 S. PUFENDORF, **De officio hominis et civis** (II.IX.4).
1062 S. PUFENDORF, **De officio hominis et civis** (II.IX.5).

> condução efetiva dos negócios possa sugerir, e que exerce, segundo seu poder discricionário, as medidas para a segurança de seu país, conforme possam determinar as circunstâncias.[1063]
> Mas, como o julgamento de um único homem pode estar sujeito a erros, e a sua vontade tender para o mal, sobretudo quando tenha excessiva liberdade, alguns povos consideraram prudente restringir o exercício da autoridade, dentro de certos limites.[1064] [...] Algumas diferenças ocorrem entre os reinos, no tocante à forma de exercer a realeza,[1065] que, como se observa, não é uniforme em todos os casos.[1066]

Quanto aos meios de aquisição da autoridade, especialmente monárquica, PUFENDORF exprime[1067] "ser necessário o consentimento dos súditos, para a constituição de qualquer governo legítimo, mas nem sempre, e em toda parte, isso se faz, do mesmo modo".[1068] Isso porquanto, "as vezes, os homens são compelidos, pela força militar, a consentir com o mando do conquistador; as vezes, os cidadãos aquiescem, livremente, na indicação do príncipe".[1069]

[1063] S. PUFENDORF, **De officio hominis et civis** (II.IX.5).

[1064] S. PUFENDORF, **De officio hominis et civis** (II.IX.6).

[1065] S. PUFENDORF, **De officio hominis et civis** (II.IX.7). A edição brasileira (cit., 2007, p. 311) parece pouco compreensível nesta passagem: "Vemos igualmente uma Diferença no Direito e no Modo de possuir alguns Reinos de como é em outros". A tradução de BARBEYRAC (1741, reimpressão 1984, tomo II, p. 97) parece mais clara: "Il y a encore ici une autre différence accidentelle, qui regarde la manière de posséder la souveraineté, surtout par rapport aux rois".

[1066] S. PUFENDORF, **De officio hominis et civis** (II.IX.7) ainda trazia a concepção do estado como patrimônio pessoal do soberano: "alguns reis se diz deterem os seus reinos como um patrimônio; e podem, assim, conforme desejem, aliená-lo, dividi-lo ou transferi-lo a quem entenderem. Isso é particularmente verdade no caso de reis que adquirem os seus reinos pela força das armas, e fizeram o seu próprio povo para si mesmos". Distinta modalidade seria a de monarquia eletiva: "Mas aqueles a quem o povo livremente convidou para ser o rei, embora tenham o mais alto direito de exercer o poder, não podem alienar, dividir ou transferir o reino, a seu bel prazer. São obrigados a seguir a lei fundamental e os costumes aceitos pelo povo, na transmissão do reino a seu sucessor, e por esse motivo alguns os equiparam à condição de usufrutuários".

[1067] S. PUFENDORF, **De officio hominis et civis** (II.X).

[1068] S. PUFENDORF, **De officio hominis et civis** (II.X.1).

[1069] S. PUFENDORF, **De officio hominis et civis** (II.X.1).

A aquisição da autoridade, por meio da força militar, 'normalmente' chamada de conquista – *occupatio* –, se dá quando o homem, confiando em justa causa para a guerra, e tendo alcançado sucesso, com a força das armas, reduz um povo a ponto de ser este compelido a aceitar submeter-se, doravante, à sua autoridade. O título legítimo de poder, parcialmente, decorre do fato de que se o vencedor, quisesse fazer valer os estritos direitos da guerra, poderia simplesmente ter tomado as vidas dos vencidos; e, assim, ao permitir que esses prossigam seu caminho, com pequena perda de sua condição jurídica, também merece reputação de clemência.[1070]

Um reino é adquirido, pelo livre consentimento de um povo, quando tem lugar uma eleição, por meio da qual o povo (seja em processo de formação, ou já formado), livremente designa um homem específico, considerado como capaz de exercer o poder. A decisão do povo – *decretum* – é a ele comunicada; ele aceita; o povo promete obediência; o poder é conferido.[1071]

A eleição, em estado já formado, quando ocorre depois da morte do rei precedente, normalmente se faz preceder de um interregno. Durante esse tempo, o estado regride, para forma imperfeita, quando os cidadãos estão, assim, vinculados somente pelo primeiro pacto [de constituição da sociedade].[1072]

Nos reinos, formados por livre vontade do povo, a ordem de sucessão depende, originalmente, da vontade desse mesmo povo. Se o povo tiver conferido ao rei, no momento de sua investidura, também o poder de nomear o seu sucessor, o indicado pelo rei será o sucessor. Se isso não tiver sido feito, entende-se que o povo reservou para si a prerrogativa de nomear o sucessor.[1073]

[1070] S. PUFENDORF, **De officio hominis et civis** (II.X.2). Sobre a progressiva restrição à ocupação como modo de aquisição de território no direito internacional, ver **Tratado** (tomo 1 – **Direito internacional dos espaços**, especificamente item 6.1 – *ocupação* e tomo 2 – **Direito internacional dos espaços**, item 31.4 – *consequências da construção do muro no território palestino ocupado*); tb. V. KOUTROULIS, **Le début et la fin de l'application du droit de l'occupation** (Paris: Pedone, 2010).

[1071] S. PUFENDORF, **De officio hominis et civis** (II.X.3).

[1072] S. PUFENDORF, **De officio hominis et civis** (II.X.4). Aduzia PUFENDORF (II.X.5): "em alguns lugares, nova eleição é feita cada vez que morre um monarca". E, em seguida (II.X.6): "Quando um rei detém o reino como patrimônio seu, este poderá livremente dispor a respeito da sucessão como bem entender".

[1073] S. PUFENDORF, **De officio hominis et civis** (II.X.8 e 9) considera quando tiver o povo conferido ao rei a prerrogativa da sucessão hereditária, sem outras condições, se teria exprimido a vontade de que a realeza se transmitisse da mesma forma que uma herança privada. Mas, alertava, "para a segurança dos estados, a sucessão real deve diferir da herança privada, quanto aos pontos seguintes: (i) que o reino não seja dividido; (ii) que a sucessão se

Quanto aos deveres dos soberanos, PUFENDORF alinha:[1074] "para conhecer, com clareza, os deveres do soberano, basta considerar o que exigem a natureza e a finalidade dos estados, e o exercício da soberania".[1075] A primeira exigência é a de que aquele que exerce o poder se instrua, em tudo o que é relevante para o exercício de seu ofício: "ninguém pode desempenhar bem, o que não aprendeu adequadamente".[1076]

Para PUFENDORF, o príncipe deve se afastar do que não é pertinente ao seu ofício.[1077] Seus conselhos, sobre a formação e a atuação do príncipe, seguem longa tradição de textos sobre o bom governo, que remonta a várias tradições, teve considerável desenvolvimento na Antiguidade romana tardia.[1078] Estes voltam a florescer na Idade moderna.[1079]

> Para saber, como bem aplicar as máximas gerais da ciência do governo, é preciso conhecer, a fundo, a sua própria condição, a constituição do estado e a

limite aos descendentes do primeiro rei; (iii) que nenhum filho ilegítimo ou adotado possa suceder, mas somente os filhos nascidos segundo a lei do país; (iv) que entre homens e mulheres de igual condição, os homens tenham preferência, mesmo se as mulheres tiverem mais idade; (v) que o sucessor reconheça ser a coroa um dom do povo, e não de seu predecessor". E depois de considerar critérios para a sucessão real (II.X.10 e 11), concluía (II.X.12): "Se a sucessão é determinada pela vontade do povo, a incerteza será removida por meio de declaração do povo".

[1074] S. PUFENDORF, **De officio hominis et civis** (II.XI).

[1075] S. PUFENDORF, **De officio hominis et civis** (II.XI.1). As edições de TULLY (1991) e BARBEYRAC (1741) são conformes. A edição brasileira (cit., 2007, p. 319), em mais esta passagem, se mostra dificilmente compreensível: "Se considerarmos quais são o Fim e a Natureza das Comunidades, e quais as Partes do Governo, será fácil daí fazer um Julgamento sobre as Regras e Preceitos em cuja Observância consiste o Dever de um Príncipe".

[1076] S. PUFENDORF, **De officio hominis et civis** (II.XI.2).

[1077] S. PUFENDORF, **De officio hominis et civis** (II.XI).

[1078] Existe vasta literatura a respeito das exigências para a formação do príncipe, desde a Antiguidade, até os tempos modernos. Muitas vezes sob a forma de manuais ou de instruções para uso do príncipe – *ad usum Delphini*. Para amostragem, ver a inteira antologia dedicada ao tema, **Miroirs de prince** – de l'Empire romain au IVe siècle (anthologie éditée par Dominic O'MEARA et Jacques SCHAMP, Fribourg: Presses universitaires / Paris: Cerf, 2006), com textos dos filósofos pagãos IÂMBLICO, SOPATROS e TEMISTIOS, bem como do teólogo cristão EUSÉBIO de Cesaréia. V. tb. **Tratado** (tomo 3 B – **Gregos, romanos, chineses, indianos**, item 6.3 – *duradoura contribuição do jus gentium para o direito internacional*).

[1079] Lucien BÉLY, **La France au XVIIe siècle** – puissance de l'état, contrôle de la société (Paris: PUF, 2009, cit. p. 31): "Les nombreux ouvrages consacrés à cette éducation [du prince] dessinent même un genre littéraire. Ces textes normatifs définissent un modèle de formation, proposent une vision cohérente du monde. Les auteurs font le portrait d'un prince idéal et à travers lui, révèlent le monde dans lequel ils entendent vivre".

natureza dos súditos. Também, deve [o príncipe] cultivar as virtudes, cuja prática é mais evidente e necessária, para a administração, em grande escala, e adaptar os seus modos à dignidade de sua posição preeminente.[1080]

Este é o princípio geral, para os soberanos: a segurança do povo é a lei suprema.[1081] Pois a autoridade lhes foi conferida para alcançar os fins, para os quais foram criados os estados.[1082]

A paz interna do estado exige que as vontades dos cidadãos sejam governadas e dirigidas, como exija a segurança do estado:[1083] "é assim dever do soberano não somente promulgar leis adequadas para tal fim, como também conferir autoridade à disciplina pública, de maneira que os cidadãos se conformem, aos preceitos legais, não tanto por medo de punição, mas por estarem a tanto habituados".[1084]

Também contribui, para a paz interna, ter leis escritas, de maneira simples e clara, sobre as questões, que mais frequentemente surgem entre os cidadãos:[1085] "contudo, as leis civis devem regular somente o necessário, para o bem do estado e dos cidadãos. Pois os homens, mais facilmente, deliberam sobre o que devem ou não fazer, com base na razão natural, do que em decorrência do conhecimento das leis".[1086]

Sabiamente, advertia PUFENDORF, "de nada adianta fazer leis, se o soberano permitir que estas sejam impunemente violadas":[1087]

1080 S. PUFENDORF, **De officio hominis et civis** (II.XI.2).

1081 S. PUFENDORF, **De officio hominis et civis** (II.XI.3). Tortuosa a redação da edição brasileira (cit., 2007, p. 320): "A Regra mais Geral a ser observada por Governantes é esta: *o Bem do Público é de todas as Leis a Suprema*". Máxima romana por ele revisitada.

1082 S. PUFENDORF, **De officio hominis et civis** (II.XI.3): "Um soberano nada deve considerar vantajoso para si, se não o for também para o estado".

1083 S. PUFENDORF, **De officio hominis et civis** (II.XI.4).

1084 O fundamentalismo é praga que grassa não somente em nossos tempos. S. PUFENDORF, **De officio hominis et civis** (II.XI.4) aconselhava: "Também contribui para esse fim [da paz e da segurança do estado] assegurar que a pura e sincera doutrina cristã floresça no estado, e que as escolas públicas ensinem dogmas consistentes com o propósito dos estados".

1085 S. PUFENDORF, **De officio hominis et civis** (II.XI.5). Todo o seguinte capítulo XII do livro II se dedica justamente ao exame do papel das 'leis civis' (cf. II.XII.1 e seguintes): "mais importantes são as leis civis, como expressão da autoridade civil do soberano – *summi imperantes civilis* – que prescrevem aos cidadãos o que estes devem fazer ou deixar de fazer".

1086 S. PUFENDORF, **De officio hominis et civis** (II.XI.5).

1087 S. PUFENDORF, **De officio hominis et civis** (II.XI.6).

> Tem, assim, o dever de assegurar, que as leis sejam cumpridas, e assegurar que cada homem possa obter seus direitos, sem longas demoras, sem contratempos e sem chicanas. Também devem ser impostas penas proporcionais aos crimes, e segundo a intenção e a malícia do agente. Não se devem conceder perdões, sem boa causa. É injusto e exasperante, ao extremo, para os cidadãos, que não se confira igual tratamento, para crimes equivalentes, quando são iguais as demais condições.[1088]

O interesse público deve ser o critério, norteador da imposição de penas. Desse modo, os sofrimentos dos cidadãos não ultrapassarão o peso da vantagem para o estado.[1089] O que é bastante inovador para a sua época, e consentâneo com o desenvolvimento ulterior dos padrões 'clássicos' do direito penal.[1090]

Não se deve esquecer, enfatizava PUFENDORF, que os homens se uniram em estados, para se assegurarem, contra as ameaças de outros. É, assim, dever do soberano ser severo e criterioso, na prevenção de que os males, que os homens causam uns aos outros, justamente, porque a vida em comum oferece mais oportunidades, para que se cause mal, uns aos outros.[1091]

Dado ser impossível que o soberano se ocupe, diretamente, de tudo, é importante que este conte com ministros, para dividir as suas responsabilidades. No entanto, como todos estes derivam os seus poderes do soberano, a responsabilidade, pelas boas e más ações dos ministros, será sempre do soberano:[1092]

> A única razão, pela qual os cidadãos devem suportar o pagamento de impostos, é a medida do necessário, para custear as despesas do estado, em tempos de guerra e de paz. É, assim, dever do soberano, nessa matéria, não exigir mais

[1088] S. PUFENDORF, **De officio hominis et civis** (II.XI.6).

[1089] S. PUFENDORF, **De officio hominis et civis** (II.XI.7).

[1090] Como se examinou no **Tratado** (tomo 8 – **Direito internacional além do paradigma vestfaliano**, item – *direito internacional e o padrão clássico na cultura*), à luz da doutrina de Cesare BECCARIA, com a sua obra clássica **Dos delitos e das penas** (1764); e tb. P. B. CASELLA, *Cesare Beccaria e o padrão clássico* (in **Estudos em homenagem a Ivette Senise Ferreira**, org. Renato M. J. SILVEIRA e Mariângela G. M. GOMES, São Paulo: Liber Ars, 2015, p. 393-414).

[1091] S. PUFENDORF, **De officio hominis et civis** (II.XI.8).

[1092] S. PUFENDORF, **De officio hominis et civis** (II.XI.9).

> do que seja estritamente necessário, e do que exijam os interesses maiores do estado; e dever, também, de manter os encargos tão leves quanto for possível, para que os cidadãos tenham de sofrer o menos possível.[1093]
> Os soberanos não tem de manter os seus súditos; mas a caridade pode ser necessária, para assistir aqueles, incapacitados de prover às suas próprias necessidades, em razão de infortúnio, que fuja ao controle destes.[1094]

Advertia PUFENDORF, que governar não é somente retirar dinheiro dos cidadãos, por meio de impostos e taxas, mas também entender e aplicar-se que "a força do estado consiste na virtude e na riqueza dos cidadãos, e por conseguinte, o soberano deve envidar esforços, para contribuir para o crescimento da prosperidade pessoal dos cidadãos":[1095]

> A saúde interna e a estabilidade dos estados dependem da união dos cidadãos, e quanto mais perfeitas forem estas, mais efetivamente a força do governo se mostrará, em todo o corpo do estado. É, assim, dever do soberano, assegurar que não surjam facções antagônicas; prevenir que os cidadãos formem associações, por meio de pactos privados.[1096]

Considerava PUFENDORF que a paz entre os estados tem caráter precário:[1097] "a relação dos estados, uns com os outros, é paz mais ou menos precária".[1098] Por isso, considerava ser "dever dos soberanos tomar medidas, para assegurar o desenvolvimento de aptidões militares e de habilidade, no manejo das armas pelos cidadãos, deixando-os preparados, para repelir, com prontidão, as ameaças externas e o uso da força: praças fortificadas, armas, soldados – e, sobretudo, boa provisão de dinheiro, que é o nervo da guerra".[1099]

Pode-se, a respeito, adotar tom condescendente e deplorar o estado primitivo de organização da sociedade internacional, na segunda metade do século XVII, quando escreveu nosso autor as suas ponderações. Ou tam-

[1093] S. PUFENDORF, **De officio hominis et civis** (II.XI.10).
[1094] S. PUFENDORF, **De officio hominis et civis** (II.XI.11).
[1095] S. PUFENDORF, **De officio hominis et civis** (II.XI.11).
[1096] S. PUFENDORF, **De officio hominis et civis** (II.XI.12).
[1097] S. PUFENDORF, **De officio hominis et civis** (II.XI.13).
[1098] S. PUFENDORF, **De officio hominis et civis** (II.XI.13).
[1099] S. PUFENDORF, **De officio hominis et civis** (II.XI.13).

bém podemos, honesta e sinceramente, reconhecer quão pouco mudaram as relações internacionais, desde o tempo de PUFENDORF:

> A força de inimigo externo, muitas vezes, tem de ser enfrentada com a força, ou se pode precisar usar desta, para fazer valer nosso direito.[1100] Em qualquer dos casos, a autoridade soberana pode compelir os cidadãos a desempenhar esse tipo de missão, onde não se trata de deliberadamente os enviar para a morte, mas somente de os expor a tal risco. À autoridade soberana compete proporcionar preparação e treinamento adequado, para que os cidadãos possam se desincumbir de tal missão, com vigor e habilidade em tais perigos.[1101]

PUFENDORF considerava o "poder de vida e de morte sobre os cidadãos" como parte das prerrogativas soberanas do estado.[1102] Mas tal poder não poderia ser exercitado, sem razão válida: "a punição é o mal que se sofre, infligido em razão de mal, anteriormente cometido pelo agente; em outras palavras, algum mal penoso, imposto pela autoridade, como meio de coerção, em vista de ofensa passada".[1103]

A diferença entre o homem, integrado à vida em sociedade, e o mesmo em sua liberdade natural, está em existir, para este último, somente a Deus, como superior, "e fica sujeito exclusivamente à punição divina":[1104] "com a introdução do governo, entre os homens, a segurança das sociedades exige que os dirigentes também tenham a capacidade de suprimir a maldade de seus súditos, quando cometam estes um crime, de modo que, em sua maioria, os homens possam viver seguros uns com os outros".[1105] Com observância de alguns parâmetros:

> Embora nada exista de contrário à equidade, em fazer que um delinquente padeça de algum mal, quando seres humanos infligem punição, têm estes de

[1100] S. PUFENDORF, **De officio hominis et civis** (II.XIII). A tantas vezes confusa redação da edição brasileira (cit., 2007, p. 333) se mostra nesta passagem (II.XIII.2): "Pois, quando a Força de Estrangeiros em uma Invasão (o que muitas vezes acontece) precisa ser repelida pela Força; ou se não podemos, sem o uso da Violência, obter deles nossos Direitos".

[1101] S. PUFENDORF, **De officio hominis et civis** (II.XIII.2).

[1102] S. PUFENDORF, **De officio hominis et civis** (II.XIII).

[1103] S. PUFENDORF, **De officio hominis et civis** (II.XIII.4).

[1104] S. PUFENDORF, **De officio hominis et civis** (II.XIII.5).

[1105] S. PUFENDORF, **De officio hominis et civis** (II.XIII.5).

considerar, não somente o mal que foi feito, mas também o bem, que possa resultar de tal punição. Por exemplo, nunca se deve punir, somente para comprazer as vítimas da ação daquele delinquente. Pois isso é, claramente, inumano e contrário à sociabilidade.[1106]

O propósito central da punição, infligida por humanos, tem de ser a prevenção de ataques e crimes. Esse fim é alcançado, se o criminoso muda, para melhor, ou se outros, por seu exemplo, se abstiverem de cometer outros crimes; ou que o criminoso seja coarctado, para não mais poder cometer crimes.[1107]

A reputação, caracteriza PUFENDORF,[1108] "é o valor das pessoas, na vida comum – *vita communis* –, pelo qual podem ser medidas e comparadas com outras, e assim preferidas ou preteridas".[1109] Isso cabe a cada um, mesmo na vida organizada em sociedade: "a honra natural de homem algum pode ser tirada dele somente pela vontade do governo".[1110]

Quanto ao "poder do soberano, de dispor sobre a propriedade dentro do estado",[1111] PUFENDORF considera necessário distinguir: entre a propriedade, atribuída aos cidadãos pelo soberano, cujo direito pelo qual a detém depende inteiramente da discricionariedade do soberano; enquanto a propriedade, plenamente adquirida pela indústria do cidadão, não pode ser objeto de expropriação, sem razão validade de ordem pública.[1112]

Ao discorrer sobre a guerra e a paz, PUFENDORF, em 1673, apontava ser consentâneo com o direito natural, que os homens vivam em paz, uns

1106 S. PUFENDORF, **De officio hominis et civis** (II.XIII.6).

1107 S. PUFENDORF, **De officio hominis et civis** (II.XIII.7): "O propósito da punição é ou o bem do criminoso, ou o interesse da pessoa para quem teria sido melhor se o crime não tivesse sido cometido, ou o interesse de todos, sem distinção".

1108 S. PUFENDORF, **De officio hominis et civis** (II.XIV).

1109 S. PUFENDORF, **De officio hominis et civis** (II.XIV.1).

1110 S. PUFENDORF, **De officio hominis et civis** (II.XIV.10).

1111 S. PUFENDORF, **De officio hominis et civis** (II.XV).

1112 S. PUFENDORF, **De officio hominis et civis** (II.XV.1 e a seguir II.XV.2-4) aponta três direitos: o primeiro, que os soberanos possam fazer leis, obrigando os cidadãos a acomodarem o uso de suas propriedades ao interesse do estado; o segundo, que o soberano possa coletar uma fração da propriedade dos cidadãos a título de impostos e taxas; o terceiro direito é o domínio eminente, o que significa que, em caso de emergência nacional o soberano pode ser apropriar e aplicar para o bem público a propriedade de qualquer cidadão, segundo seja especificamente necessário naquela crise, mesmo se o valor daquela propriedade em muito exceda a quantia que seria normalmente fixada como contribuição obrigatória para as despesas nacionais.

com os outros, fazendo por sua própria iniciativa o que o dever exige:[1113] "na verdade a paz, em si, é condição característica do homem, e nisso o distingue dos animais".[1114] Mas, adverte

> para o homem, também, a guerra, por vezes, é permitida, e ocasionalmente, mesmo necessária, sobretudo quando, em razão da ação nefasta de outrem, não possamos proteger a nossa propriedade, ou resguardar nossos direitos, sem o uso da força.[1115] [...]
> As causas justas, para a guerra, decorrem da preservação e da proteção de nossas vidas e propriedade, contra ataque injusto; ou da efetiva recuperação, do que nos é devido e nos foi negado; ou da busca de reparação, por dano causado, ou de garantia para o futuro. As guerras, feitas pela primeira causa, são ditas *defensivas*; pelas outras causas, *ofensivas*.[1116]

Frisa PUFENDORF, não se dever recorrer às armas, tão logo nos sintamos lesados, particularmente enquanto existir alguma dúvida, sobre direitos ou fatos.[1117] Devemos explorar a possibilidade de solução pacífica, por diversos meios, tais como iniciar diálogo com a outra parte, ou submeter a questão a um árbitro, ou ainda à decisão de sorteio.[1118] Para evitar incorrer em causa injusta para a guerra:

> Causas injustas da guerra são aquelas, ou abertamente tais, ou que sejam respaldadas, por pretexto fraco. Causas abertamente injustas, podem ser duas: a avareza e a ambição, como ganância por riqueza e poder. As abrangidas por pretextos, podem ser várias: incluem o receio, diante da riqueza e do poder do vizinho, o injustificado desejo de grandeza, o desejo por melhor território, a recusa por algo, que é simples e diretamente devido, a estupidez, por parte do possuidor ou o desejo de extinguir direito, legitimamente adqui-

[1113] S. PUFENDORF, **De officio hominis et civis** (II.XVI).

[1114] S. PUFENDORF, **De officio hominis et civis** (II.XVI.1).

[1115] S. PUFENDORF, **De officio hominis et civis** (II.XVI.1): "Nesse caso, contudo, o bom senso e a humanidade nos aconselham a não recorrer às armas quando mais mal do que bem possa resultar do esforço de combater os males que nos foram causados".

[1116] S. PUFENDORF, **De officio hominis et civis** (II.XVI.2).

[1117] S. PUFENDORF, **De officio hominis et civis** (II.XVI.3).

[1118] S. PUFENDORF, **De officio hominis et civis** (II.XVI.3) entendia incumbir ao reclamante tomar tais cuidados, pois existe em qualquer caso a predisposição a favorecer a posse, com algum título.

> rido por outrem, que o agressor considere inconveniente, ou outros dessa mesma laia.[1119]

Os meios, mais adequados, de ação na guerra são a força e o terror. Mas, pondera PUFENDORF, "existe também o direito de recorrer a estratagemas e artifícios, contra um inimigo, desde que não se viole a palavra empenhada".[1120] Assim, "se pode induzir em erro o inimigo, por meio de afirmações falsas ou histórias fictícias, mas nunca por [falsas] promessas e acordos".[1121]

Quanto à força, usada na guerra, contra um inimigo e a sua propriedade, é preciso distinguir entre o que é possível fazer o inimigo sofrer, sem injustiça, e o que podemos infligir, sem perder a nossa humanidade:[1122]

> Quando um homem se declara meu inimigo, ele torna conhecida a sua intenção de me causar dano, e por esse mesmo fato ele me concede a prerrogativa ilimitada de empregar o máximo das minhas forças, contra ele. O dever de humanidade, contudo, exige que inflijamos ao inimigo não mais sofrimento, do que seja exigido para a defesa ou proteção de nosso direito, e o que exija a garantia futura deste.[1123]

A guerra pode ser dividida em duas modalidades: a declarada e a não-declarada.[1124] Também pode ser chamada de guerra solene ou menos solene. Existem, segundo PUFENDORF, duas condições necessárias, para a guerra declarada: que seja conduzida pela autoridade do titular do poder soberano, e precedida por declaração pública. A guerra não-declarada, ou menos solene, é a que se enceta sem declaração formal, ou seja, aquela conduzida entre particulares. As guerras civis se enquadram nessa última categoria:[1125]

[1119] S. PUFENDORF, **De officio hominis et civis** (II.XVI.4).
[1120] S. PUFENDORF, **De officio hominis et civis** (II.XVI.5).
[1121] S. PUFENDORF, **De officio hominis et civis** (II.XVI.5).
[1122] S. PUFENDORF, **De officio hominis et civis** (II.XVI.6).
[1123] S. PUFENDORF, **De officio hominis et civis** (II.XVI.6).
[1124] S. PUFENDORF, **De officio hominis et civis** (II.XVI.7). V. tb. **Tratado** (tomo 4 – **Direito internacional no tempo medieval**, item 11.3 – *herança antiga e medieval na concepção moderna da guerra*).
[1125] S. PUFENDORF, **De officio hominis et civis** (II.XVI.7).

O direito de fazer a guerra incumbe ao soberano. É, assim, questão fora da autoridade, de qualquer oficial, exercer tal direito, sem a delegação de autoridade do soberano para tanto, mesmo em situação, na qual este deduza que o soberano, se consultado, imediatamente agiria pela guerra imediata.[1126]
Enquanto, no estado de natureza, cada um somente pode fazer guerra pelos danos, que lhe tenham sido diretamente infligidos, na sociedade organizada, o dirigente do estado ou o estado, como um todo, podem sofrer ataques, mesmo sem ser a causa do dano. Mas, para que isso seja justificado, é essencial que repercuta o dano, de alguma forma, sobre o soberano.[1127]
Também é aceito, entre as nações, que os bens de cidadãos privados sejam usados, para ressarcir dívidas (do estado do qual é nacional), ou por algo que o outro estado confiscou, sem observar as exigências da justiça. Desse modo, os estrangeiros, assim afrontados, podem retaliar a injustiça sobre as pessoas ou os bens dos súditos desse estado, que se encontrem em território do estado prejudicado.[1128]
Uma guerra pode ser feita, tanto em defesa de causa própria, como de outrem. Isso se justifica quando a parte, pela qual se vai à guerra, tenha uma justa causa, e onde a parte, que presta assistência, tenha razoável motivo para conduzir as hostilidades, por sua conta, contra o terceiro.[1129]

A liberdade, que se tem na guerra, para matar, pilhar e arrasar, estende-se a âmbito, de tal maneira extenso, advertia PUFENDORF, que mesmo quando se ultrapassem os limites do dever de humanidade em matar, como em saquear e destruir propriedade, a opinião das nações não considera o agente, que comete tais atos, infame ou merecedor de ser proscrito, da convivência de pessoas honradas:[1130] “excetuando que, entre o mundo mais civilizado, encaram-se alguns métodos, de fazer mal ao inimigo, como baixos e vis, tais como, envenenar fontes, ou corromper soldados ou súditos, para que matem os seus senhores”.[1131]

1126 S. PUFENDORF, **De officio hominis et civis** (II.XVI.8): “Aquele que tenha o comando de uma província ou praça fortificada com forças militares sob a sua responsabilidade pode ser obrigado, pela natureza de suas atribuições, a assim agir, para repelir um inimigo invasor, em área que se encontre sob as suas atribuições, pelos meios que puder. Mas não devem, temerariamente, sem causa grave, levar a guerra ao território inimigo”.

1127 S. PUFENDORF, **De officio hominis et civis** (II.XVI.9).

1128 S. PUFENDORF, **De officio hominis et civis** (II.XVI.10).

1129 S. PUFENDORF, **De officio hominis et civis** (II.XVI.11).

1130 S. PUFENDORF, **De officio hominis et civis** (II.XVI.12).

1131 S. PUFENDORF, **De officio hominis et civis** (II.XVI.12).

Em linha semelhante, sobre os danos causados, em tempo de guerra, e os limites para tais estragos, tinha se manifestado GENTILI,[1132] muitas décadas antes de PUFENDORF.[1133]

Em relação ao direito de conquista e de ocupação, prosseguia PUFENDORF:

> O domínio, sobre povos conquistados, como sobre indivíduos, é adquirido por meio da guerra. Pois é legítimo, e vincula as consciências dos súditos, que os conquistados devam jurar lealdade aos conquistadores, e os conquistadores abandonem o seu estado de inimizade e intenções hostis, em relação aos conquistados.[1134]

A respeito das tréguas,[1135] observava PUFENDORF,[1136]

> Atos de guerra são suspendidos por trégua, que é acordo, para ambos os lados, se absterem da prática de atos de combate, durante certo período de tempo, sem pôr fim ao estado de guerra, nem tampouco, solucionar a controvérsia, em razão da qual a guerra começou. Quando o período de trégua expira, ocorre o retorno ao estado de guerra, sem que haja necessidade de nova declaração, exceto se a paz tiver sido celebrada nesse meio tempo.[1137]
> Os arranjos, normalmente chamados tréguas tácitas, não impõem obrigações. Em tais casos, as partes permanecem silentes, de ambos os lados, conforme assim entendam discricionariamente, e podem retomar os atos de guerra, quando assim entenderem.[1138]

1132 Alberico GENTILI (1552-1608), **Direito de guerra** (orig. publ. **De jure belli libri tres**, 1598, trad. Ciro MIORANZA, intr. Diego PANIZZA, Ijuí: Ed. Unijuí, 2004).

1133 A respeito da guerra na obra de Alberico GENTILI, ver **Tratado** (tomo 6 – **Direito internacional no tempo de Suarez, Gentili e Zouch**, cap. 16).

1134 S. PUFENDORF, **De officio hominis et civis** (II.XVI.14).

1135 Ver a respeito das tréguas, Baltazar AYALA e Pierino BELLI, bem como GRÓCIO, dentre outros, no **Tratado** (tomo 4 – **Direito internacional no tempo medieval**, cap. 11 – *tratadistas da guerra* e tomo 7 – **Direito internacional no tempo de Hugo Grócio**).

1136 S. PUFENDORF, **De officio hominis et civis** (II.XVI.15).

1137 S. PUFENDORF, **De officio hominis et civis** (II.XVI.15). Distinguia, ademais (II.XVI.16) entre as tréguas, durante as quais ambos os exércitos permanecem em campo, prontos para retomar as hostilidades, enquanto outras tréguas acarretam a desmobilização, de ambos os lados. As primeiras, normalmente, são de muito breve duração, enquanto as segundas podem ser celebradas por períodos bastante longos.

1138 S. PUFENDORF, **De officio hominis et civis** (II.XVI.17).

PUFENDORF, como tantos autores, antes e depois dele, esclarece que a trégua se distingue da paz "toda a paz se presume perpétua, e tendo solucionado, em caráter definitivo, as controvérsias, em razão das quais a guerra foi deflagrada".[1139]

Não discrepa da célebre formulação de KANT, em 1795, no sentido de que a paz não é somente a ausência de guerra, mas para que seja efetivamente paz, deve conter elementos que a tornem se não eterna, ao menos duradoura.[1140] No entendimento de PUFENDORF:

> A guerra somente pode ser considerada definitivamente encerrada, quando a paz é celebrada, e quando esta é ratificada pelos soberanos, de ambos os lados. As partes contratantes devem definir os seus termos e condições, e ter, igualmente, a obrigação de as colocar em prática, ao tempo acordado, e observá-las fielmente.[1141]

A respeito dos tratados,[1142] PUFENDORF observa serem estes "acordos celebrados, entre soberanos independentes, com função, tanto em tempo de guerra, como de paz".[1143] Os tratados públicos, ou seja, alianças, ele os subdivide entre

[1139] S. PUFENDORF, **De officio hominis et civis** (II.XVI.17).

[1140] Immanuel KANT, no seu ensaio sobre a paz perpétua, de 1795, **Zum ewigen Frieden: ein philosophischer Entwurf** (mit Einleitung und Anmerkungen, Bibliographie und Registern kritisch herausgegeben von Heiner F. KLEMME, Hamburgo: Felix Meiner – Philosophische Bibliothek Band Nr. 443, 1992). Ver tb. P. B. CASELLA, *Pax perpetua – a review of the concept from the perspective of economic integration* (in **Dimensão internacional do direito: estudos em homenagem a G.E. do NASCIMENTO E SILVA**, São Paulo: LTr, 2000, p. 69-88).

[1141] S. PUFENDORF, **De officio hominis et civis** (II.XVI.17). Para assegurar o cumprimento das cláusulas de um tratado de paz, normalmente estes se faziam acompanhar de juramentos e de troca de reféns, e muitas vezes outras partes, particularmente aquelas que participaram do processo de negociação da paz, aceitam o dever de serem as garantidoras do cumprimento, prometendo assistência à parte que seja ofendida pela outra, contrariamente aos termos do tratado. Ver tb. Jean-Pierre BOIS, **La paix** – Histoire politique et militaire 1435-1878 (Paris: Perrin, 2012); Hans von HENTIG, **Der Friedenschluss** – Geist und Technik einer verlorenen Kunst (Munique: DTV, 1965); Mai LEQUAN, **La paix** (introduction, choix de textes, commentaires, vade mecum et bibliographie par M.L., Paris: Flammarion, 1998); Demétrio MAGNOLI (org.), **História da paz** (São Paulo: Contexto, 2008).

[1142] S. PUFENDORF, **De officio hominis et civis** (II.XVII).

[1143] S. PUFENDORF, **De officio hominis et civis** (II.XVII.1).

– aqueles que definem termos de obrigações já existentes, segundo o direito natural – tais como, sobre os deveres de humanidade, e de abster-se de causar dano, ou ainda que, simplesmente, exprimam, de maneira formal, as relações amigáveis, sem acrescentar outros deveres específicos, ou ainda, que confirmem o direito de estabelecer relações diplomáticas ou relações comerciais, "tal como isto se defina, segundo a lei natural";[1144] e

– outros, que acrescentam compromissos ulteriores, aos deveres da lei natural.[1145] Estes, por seu turno, podem ser equalitários ou desiguais. Um *tratado igualitário* é o mesmo, para ambas as partes, envolve igualdade, no conteúdo das promessas, feitas pelas duas partes, seja simplesmente, ou com relação a diferenças de poder e força, e a igualdade, sob a forma de promessas, de tal modo que nenhuma das partes esteja em posição inferior, em relação a outra, ou se veja subordinada a esta. Um *tratado desigual* acontece, quando as prestações, acordadas pelas partes, são diferentes, ou quando uma parte esteja em posição inferior, em relação à outra. Promessas desiguais, são feitas em tratado, pelo mais poderoso, em relação ao mais fraco. O primeiro, é o caso quando a parte, de maior poder, promete assistir a outra parte, sem estipulação de contrapartida, ou faz promessas, em escala maior do que a outra. O segundo, se dá no caso em que a parte mais fraca é obrigada a dar mais, do que recebe de volta.[1146]

Algumas das obrigações da parte mais fraca, em tratado, podem envolver perda da soberania, por exemplo, quando se acorda que o aliado mais fraco não poderá exercer parte de seu poder soberano, sem o consentimento da parte mais poderosa.[1147] Outros não acarretam perda da soberania, embora envolvam encargos durante certo período, quer se trate de encargo, que seja cumprido de uma vez e para sempre – como por exemplo, em tratado de paz, a obrigação de fazer o pagamento das tropas do outro lado; o pagamento de uma indenização de despesas da guerra; ou o pagamento de montante, determinado em dinheiro; destruição de muralhas; a entrega de reféns; a entrega de navios, de armas, ou de outros equipamentos.[1148]

[1144] S. PUFENDORF, **De officio hominis et civis** (II.XVII.2, 3 e 4).
[1145] S. PUFENDORF, **De officio hominis et civis** (II.XVII.2, 3 e 4).
[1146] S. PUFENDORF, **De officio hominis et civis** (II.XVII.2, 3 e 4).
[1147] S. PUFENDORF, **De officio hominis et civis** (II.XVII.5).
[1148] S. PUFENDORF, **De officio hominis et civis** (II.XVII.5).

Expõe, ainda, PUFENDORF existirem encargos permanentes,[1149] que não acarretam perda de soberania, tal como a obrigação unilateral, de manter como amigos ou inimigos, os mesmos que os da outra parte, contratante no tratado; ou ainda, a proibição de construir fortificações, em determinados lugares, ou de navegar, em determinadas áreas. Da mesma forma, se um dos aliados deve manifestar o reconhecimento e prestar honrarias à soberania da outra parte, ou aquiescer ante a manifestação da vontade deste. Em tudo isso,[1150]

> existe grande variedade de razões, pelas quais as partes celebram tratados, sejam igualitários ou desiguais. Dentre essas razões, suscitam tratados de conteúdo mais vinculante, aqueles que buscam união permanente, entre diversos estados. Mas, os mais frequentes são os tratados, cujo objeto é a prestação de assistência recíproca, quer em guerras, ofensivas ou defensivas, ou para a regulação de comércio.[1151]

A distinção entre tratados, pessoais e reais, tal como a formula PUFENDORF,[1152] parece ter eco em terminologia futuramente adotada,[1153] a respeito da matéria: "Tratados *pessoais* são celebrados com o rei, em razão da pessoa deste, e expiram quando ocorra a morte do soberano".[1154] O que se poderia dizer *intuitu personae*, ou seja vinculação com a pessoa daquele príncipe.

Outros tratados são ditos *reais*, no sentido de serem celebrados não tanto em função da pessoa do rei, ou de outros dirigentes, mas com o povo, enquanto tal, ou com o estado, e o reino, desse modo, tais tratados persistem, apesar das mortes, daqueles que foram os seus autores.[1155]

1149 S. PUFENDORF, **De officio hominis et civis** (II.XVII.5).

1150 S. PUFENDORF, **De officio hominis et civis** (II.XVII.5).

1151 S. PUFENDORF, **De officio hominis et civis** (II.XVII.6).

1152 S. PUFENDORF, **De officio hominis et civis** (II.XVII.7).

1153 Caberia considerar se pode existir semelhança entre a denominação proposta por PUFENDORF (1673) e a terminologia adotada pela doutrina alemã, sobretudo do século XIX, entre 'tratados-lei' e 'tratados-contrato' – *Vertrag* e *Vereinbarung*. Uns conteriam normas gerais, e transcenderiam as partes que os celebraram, enquanto os outros seriam expressão de entendimento específico entre as partes contratantes. O que se considera ultrapassado, embora por vezes ressurja.

1154 S. PUFENDORF, **De officio hominis et civis** (II.XVII.7).

1155 S. PUFENDORF, **De officio hominis et civis** (II.XVII.7).

Relacionam-se com os tratados os acordos de princípio – *sponsiones*.[1156] Essa denominação se refere, especificamente, aos pactos, feitos por ministros, em nome do soberano, sobre matérias, que dizem respeito ao soberano, mas sem a prévia autorização deste. O limite de validade e da extensão da vinculação era, claramente, expresso por PUFENDORF:

> o soberano não fica por estes vinculado, exceto se subsequentemente os ratificar. Consequentemente, se o ministro fez acordo vinculante, e a ratificação não se segue, é responsabilidade deste fazer as reparações, àqueles que aceitaram a sua palavra, e foram induzidos em erro, em decorrência de pacto, destituído de valor.[1157]

Quanto aos deveres dos cidadãos, PUFENDORF distinguia entre os deveres gerais e os específicos:[1158] os deveres gerais decorrem da obrigação comum, de estar sujeito à autoridade civil. Os deveres específicos, por sua vez, decorrem de tarefas particulares e funções, que o soberano pode impor aos indivíduos.[1159]

> Os deveres do cidadão duram, enquanto este permanecer na condição, que deu lugar a tal dever; quando uma cessa, os outros expiram também. Os deveres gerais, continuam a existir, enquanto o homem for cidadão.
> A condição de cidadão cessa, quando a pessoa deixa o país, com expresso ou tácito consentimento, para se estabelecer, em outro lugar; ou se cidadãos forem banidos, e privados de seus direitos civis, em razão de crimes cometidos; ou ainda, caso sejam vencidos, por forças inimigas, e se sejam forçados e compelidos a se submeterem ao conquistador.[1160]

[1156] S. PUFENDORF, **De officio hominis et civis** (II.XVII.8).
[1157] S. PUFENDORF, **De officio hominis et civis** (II.XVII.8). Cf. se examina no **Tratado** (tomo 3 B – **Gregos, romanos, chineses, indianos**, cap. 6 – *na formação e no desenvolvimento de Roma*) os antigos romanos entendiam deveria ser entregue à outra parte o negociador que se comprometesse com acordo, caso o Senado romano não concordasse em ratificar aqueles termos.
[1158] S. PUFENDORF, **De officio hominis et civis** (II.XVIII).
[1159] S. PUFENDORF, **De officio hominis et civis** (II.XVIII.1).
[1160] S. PUFENDORF, **De officio hominis et civis** (II.XVIII.15).

Os deveres gerais se colocam, em relação aos chefes do estado ou ao estado, como um todo, ou em relação aos concidadãos.[1161] O cidadão deve respeito, lealdade e obediência ao estado.[1162] O que se afigura consentâneo com o viés absolutista da obra de PUFENDORF, em 1673.

O dever do cidadão, para com o estado, é pela segurança e tranquilidade institucional, e sempre se deve preferir o bem público, a qualquer outra coisa.[1163] O dever, para com os concidadãos, é viver em paz e tranquilidade. Cabe a cada um ser cortês e cumpridor de seus deveres.[1164]

Os deveres específicos se referem quer ao estado, como um todo, quer a parte deste.[1165] Em todos os casos, o preceito geral se mantém: ninguém deve aceitar nem assumir funções públicas, para as quais não se considere apto:[1166]

> os que assistem, com conselhos, os governantes do estado, devem ter em vista todo o estado, todas as partes do país; o que possa parecer bom e útil, devem propor, de maneira profissional e fielmente, sem medos ou favorecimentos. O bem público deve ser o propósito, de todos os conselhos [e de seus integrantes]; não [devem visar] a sua própria riqueza e poder.[1167]

Os ministros, publicamente nomeados, para o exercício da religião, devem demonstrar dignidade e atenção, no desempenho de suas tarefas:[1168] "devem declarar os dogmas verdadeiros, na adoração da divindade; devem se mostrar exemplos notórios, daquilo que ensinam ao povo; e não devem solapar o valor de seu ministério ou enfraquecer a influência de seus ensinamentos, em razão de suas próprias falhas morais".[1169] Além de absolutista, bastante conservador.

Àqueles, aos quais foi confiada a responsabilidade de instruir os concidadãos, no ensino dos vários ramos do conhecimento, incumbe nada

1161 S. PUFENDORF, **De officio hominis et civis** (II.XVIII.2).
1162 S. PUFENDORF, **De officio hominis et civis** (II.XVIII.3).
1163 S. PUFENDORF, **De officio hominis et civis** (II.XVIII.4).
1164 S. PUFENDORF, **De officio hominis et civis** (II.XVIII.5).
1165 S. PUFENDORF, **De officio hominis et civis** (II.XVIII.6).
1166 S. PUFENDORF, **De officio hominis et civis** (II.XVIII.6).
1167 S. PUFENDORF, **De officio hominis et civis** (II.XVIII.7).
1168 S. PUFENDORF, **De officio hominis et civis** (II.XVIII.8).
1169 S. PUFENDORF, **De officio hominis et civis** (II.XVIII.8).

ensinar, que seja falso ou perigoso:[1170] "sua maneira de ensinar o que é verdadeiro, deve levar os estudantes a reconhecer a verdade, não somente porque o ouviram tanto, que acabem por concordar, mas por reconhecerem e compreenderem as sólidas razões para isso".[1171]

Insiste PUFENDORF, na necessidade de assegurar sempre exista fácil acesso, àqueles que administram a justiça:[1172]

> eles precisam proteger o povo, da opressão dos poderosos; eles precisam fazer justiça, igualmente, para o pobre e o humilde, como para o poderoso e influente; eles não devem prolongar procedimentos, além do necessário; devem ter horror ao suborno, e devem se mostrar, sempre, diligentes, em ouvir casos e afastar preconceitos, que manchariam a integridade de seus julgamentos; e não devem ter medo de ninguém, quando fazem o que é certo.[1173]

PUFENDORF, ainda, considera os deveres, daqueles aos quais é confiado o treinamento das forças armadas.[1174] Como, também, em contrapartida, examina os deveres dos soldados.[1175]

Especificamente, enfatiza "aqueles, que são enviados ao exterior, em negócios do estado, devem se mostrar cautos e circunspectos; hábeis em distinguir a boa informação da inútil, e o verdadeiro, do que é inventado; discretos, até o último grau, em manter segredos; inflexíveis, na busca do bem do país, contra toda e qualquer corrupção".[1176] A linha divisória entre o lícito e o ilícito pode, por vezes, ser bastante tênue.

PUFENDORF se inscreve em linha de continuidade histórica, a respeito do tema. Existe toda uma tradição de escritos a respeito das virtudes e das atribuições dos embaixadores e dos emissários, desde a Antiguidade, até os nossos tempos, e que florescem em tempo moderno e clássico.[1177]

1170 S. PUFENDORF, **De officio hominis et civis** (II.XVIII.9).

1171 S. PUFENDORF, **De officio hominis et civis** (II.XVIII.9) – de maneira preocupante – PUFENDORF, ainda na mesma passagem acrescentava: "devem considerar que todo conhecimento que não seja útil para a vida humana e civil é sem valor". Poder-se-ia tentar ver em PUFENDORF precursor do utilitarismo, que pautaria o século XVIII na Inglaterra?

1172 S. PUFENDORF, **De officio hominis et civis** (II.XVIII.10).

1173 S. PUFENDORF, **De officio hominis et civis** (II.XVIII.10).

1174 S. PUFENDORF, **De officio hominis et civis** (II.XVIII.11).

1175 S. PUFENDORF, **De officio hominis et civis** (II.XVIII.12).

1176 S. PUFENDORF, **De officio hominis et civis** (II.XVIII.13).

1177 Para algumas referências e exame da matéria, em Richard ZOUCH, **Solutio quaestiones veteris et novae sive de legati delinquentis judice competente dissertatio** (orig. publ.

Especiais cuidados devem ter, adverte PUFENDORF, aqueles, aos quais compete arrecadar e dispender os proventos do estado, devem agir "com cuidado, para não usar severidade desnecessária, nem impor cobranças adicionais, para assegurar seus próprios ganhos".[1178] Ele acrescenta alguns conselhos práticos, tais como "não se apropriarem de fundos públicos", e frisar "que paguem, quem tem direito de receber fundos do tesouro, sem delongas adicionais".[1179] Em suma, nada do que entre nós se chama 'criar dificuldades, para vender facilidades'.

No conjunto da sua obra sobre **De officio hominis et civis iuxta legem naturalem**, de 1673, dedicada ao exame dos "deveres do homem e do cidadão", mesmo se PUFENDORF pouco tratou de questões do que se poderia considerar como parte do direito internacional, propriamente dito, teve esta e tem importância, como exame das premissas, para a ordenação da vida em sociedade. E, em algumas passagens, para a ordenação da convivência entre sociedades.

Mesmo quando PUFENDORF cuida, sobretudo, de direito natural, a sua concepção gerou enormes debates, e estes aconteceram não somente com seus contemporâneos – o que motivou, por sua vez, outras obras de PUFENDORF, em resposta às críticas recebidas, a respeito das primeiras –[1180] como também se desdobra entre as gerações seguintes de intelectuais e internacionalistas.

1657), cf. **Tratado** (tomo 6 – **Direito internacional no tempo de Suarez, Gentili e Zouch**, cap. 17 – *Richard ZOUCH (1590-1660)*); v. tb. G. E. do NASCIMENTO E SILVA, P. B. CASELLA e O. BITTENCOURT Neto, **Direito internacional diplomático** – a Convenção de Viena sobre relações diplomáticas (1961) na teoria e na prática (São Paulo: Saraiva, 4ª ed., 2012).

1178 S. PUFENDORF, **De officio hominis et civis** (II.XVIII.14).

1179 S. PUFENDORF, **De officio hominis et civis** (II.XVIII.14).

1180 Como mencionado no início do presente capítulo, já em 1675 PUFENDORF publicava os seus ensaios acadêmicos selecionados, as **Dissertationes academicae selectiores**, onde além de coligir estudos anteriores, teve também o propósito de responder aos seus críticos e esclarecer aspectos de suas teorias. Ele publicaria, em 1677, a sua coletânea de controvérsias, o **Specimen controversiarum**, contendo, dentre outros, o texto sobre a origem e os progressos da disciplina do direito natural, o **De origine et progresso disciplina juris naturalis**. Escreveu, ainda nessa altura, mas somente publicará em 1686, as suas controvérsias escandinavas, **Eris scandica, qua adversus libro de jure naturali et gentium objecta diluuntur**, como ulterior esclarecimento e resposta aos seus críticos. A obra de PUFENDORF, **Eris scandica, qua adversus libro de jure naturali et gentium objecta diluuntur** (1686), também contém os textos anteriormente reunidos no **Specimen controversiarum** (1677).

A seguir, se pode passar à 'crítica da concepção de PUFENDORF' (20.1), o que se verifica, especialmente, no tocante à fundamentação do direito internacional, a partir do direito natural. Alguns dentre os elementos específicos, da doutrina de PUFENDORF, que se tornaram objeto de controvérsia entre analistas, são considerados a seguir.[1181]

E, pela relevância do trabalho por ele realizado nesta outra área do conhecimento, que interage com sua produção no direito internacional, antes de encerrar este capítulo, cabe ainda considerar, mesmo se brevemente, a contribuição de 'PUFENDORF como historiador' (20.2).

20.1. CRÍTICA DA CONCEPÇÃO DE PUFENDORF

> Narra, não pinta. Relata as coisas, como se as tivesse ouvido, e não como se as tivesse visto. Os leitores leem, mas não se sentem colocados diante dos fatos. O discurso flui, lento e monótono. Nunca surge passagem brilhante, ou pensamento vivo, que venha marcar o espírito, daqueles que o leem. O relato dos fatos mais horríveis nunca se faz animar de qualquer cor, e o autor se acomoda, em perpétuo langor, onde nenhuma centelha ilumina as suas intermináveis dissertações.
>
> D. JENISCH (1797, ed. 1802)[1182]

Que GRÓCIO tenha conseguido se impor aos sábios de seu tempo, eu quase diria dominá-los, e que a sua disciplina tenha sido aceita, sem resistência e durante muito tempo, pelos jurisconsultos, aplicados ao estudo do direito das gentes, seria cair em vão paradoxo tentar negar isso, ao menos em termos absolutos. O respeito à verdade obriga, somente, a reconhecer que pre-

1181 Ver a seguir, item 20.1 – *crítica da concepção de PUFENDORF.*

1182 D. JENISCH, *ad S. Nicolai Berolin pastore,* **Laudatio Samuelis Pufendorffii** (*cui palma adjudicata est anno 1797,* Stockholm: Kongl. Vitterhets Historie och Antiquitets Akademiens handlingar, 1802, t. VII, p. 229): "Narrat, non pingit, audita scribit, non visa auctor: legunt, non spectant, lectores. Fluit oratio, aequabili quaedam mediocritate non contemnenda; sed nullis interrupta acribus vibrantisque sententiis, quae aculeos relinquant in legantium animis; sed nullis colorata picturis, quae spectantem jam honore truculentarum rerum concutiant, jam in admirationem grandium rapiant: pigescit plane oratio, nullis inflamata affectibus." Ver adiante a referência feita a este trabalho por P. AVRIL (cit., 1904, p. 376-377), que acompanha e reforça a crítica contra PUFENDORF.

tensos discípulos, como PUFENDORF, conseguiram muito bem mostrar as imperfeições e as lacunas da obra magistral, para desviar do estudo exclusivo dos **Três livros sobre o direito da guerra e da paz** todos aqueles, que buscassem ensinamento completo, e refletindo o progresso das ideias e dos costumes.

P. AVRIL (1904)[1183]

A atenção, que o complexo pensamento de PUFENDORF suscitou, na república europeia das letras, durante o seu tempo de vida e durante o Iluminismo, pode ser medido pela energia intelectual, gasta em responder a ele, por filósofos tão diversos, como John LOCKE (1632-1704), Gottfried Wilhelm LEIBNIZ (1646-1716), Giambattista VICO (1668-1744), Gershon CARMICHAEL (1672-1729), Christian WOLFF (1679-1654), Francis HUTCHESON (1694-1746), David HUME (1711-1776), Jean-Jacques ROUSSEAU (1712-1778) e Adam SMITH (1723-1790). Além disso, mesmo aqueles agora mais familiares pensadores, que desafiaram e repudiaram certas linhas de seu pensamento, vieram a aceitar outras linhas deste, no curso de suas críticas, e assim, as entramaram no tecido do pensamento político moderno.

James TULLY (1991)[1184]

Face a PUFENDORF, RACHEL sustenta que os tratados ou convenções engendram não somente um direito subjetivo, mas também direito objetivo vinculante.

A. TRUYOL Y SERRA (1995)[1185]

[1183] P. AVRIL, *Pufendorf* (in **Les fondateurs du droit international public**: leurs œuvres, leurs doctrines, introduction de A. PILLET, Paris: V. Giard & E. Brière, 1904, p. 331-383, *Appréciation critique de l'œuvre de Pufendorf*, p. 375 e 331): "Si PUFENDORF n'a pas renouvelé par quelque vue extraordinaire la science à laquelle il s'est appliqué, on peut dire qu'il a conçu un plan systématique, imposant par ses proportions et la régularité de ses lignes".

[1184] James TULLY, *Editor's introduction* (in PUFENDORF, **On the duty of man and citizen** – according to natural law, ed. by J. TULLY, translated by Michael SILVERTHORNE, Cambridge: Univ. Press – Cambridge Texts in the History of Political Thought, 1st. publ., 1991, p. XIV-XXXVII, cit. p. XVI).

[1185] Antonio TRUYOL Y SERRA, **Histoire du droit international public** (Paris: Economica, 1995, p. 88).

As críticas à concepção do direito internacional, em Samuel PUFENDORF, giram em torno do papel que este atribui, respectivamente, à 'razão' e ao 'direito natural', como elementos, para a fundamentação do direito das gentes. Este é longo e complexo debate, mas, ao menos em sua direta relevância, para a determinação da natureza e da operação do direito das gentes, convém seja este retomado, aqui.

Já seus contemporâneos, como Samuel RACHEL,[1186] e também Gottfried W. LEIBNIZ,[1187] manifestaram oposição a algumas das teses de PUFENDORF. Estas controvérsias, sobre os conceitos basilares e os seus desdobramentos, parecem ser eternas e recorrentes questões, no direito internacional, em várias das fases de sua evolução. Como também se deu no contexto do direito internacional 'clássico'.[1188]

Como já observado, "em seu tempo, e durante boa parte do século XVIII, PUFENDORF foi um dos filósofos mais conhecidos, facilmente comparável a John LOCKE, por sua fama e pela extensão de sua influência".[1189] O que não é pouca coisa. E dentre os internacionalistas clássicos, PUFENDORF é talvez o autor mais frequentemente referido, mesmo fora do campo estrito do direito internacional.[1190]

É preciso situar, no contexto do tempo, o enorme papel, desempenhado por PUFENDORF. Nesse sentido, no curso do século XVIII, enquanto se formulavam muitas críticas à obra de GRÓCIO,[1191] foi em boa medida destas poupada a obra de PUFENDORF.

[1186] Sobre Samuel RACHEL (1628-1691), ver cap. 19 neste tomo.

[1187] Sobre Gottfried W. LEIBNIZ (1649-1716), ver **Tratado** (tomo 10 – **Direito internacional no tempo de C. van Bynkershoek e Christian Wolff**, item 22.1 – *direito segundo LEIBNIZ*).

[1188] Ver **Tratado** (tomo 8 – **Direito internacional além do paradigma vestfaliano**).

[1189] M. SEIDLER, *Pufendorf's Moral and Political Philosophy* (in E. N. ZALTA, ed., **The Stanford Encyclopaedia of Philosophy**, 2010, em <http://plato.stanford.edu/>).

[1190] Por exemplo, a respeito das controvérsias religiosas do século XVII, Paul HAZARD, no seu **La crise de la conscience européenne 1680-1715** (Paris: Boivin et Cie., 1935; nova ed. Paris: Fayard, © 1961, impr. 1994, p. 95): "Le grand principe des sociniens, d'après BOSSUET, est qu'on ne peut nous obliger à croire ce que nous ne connaissons pas clairement. *Socinianismus*, écrit POIRET, *fidem et scripturam subjicit rationi.* [O socinianismo sujeita a fé a e as escrituras à razão]. Les sociniens, écrit PUFENDORF, ne font de la religion chrétienne qu'une philosophie purement morale".

[1191] A respeito de Hugo GRÓCIO, ver **Tratado** (tomo 7 – **Direito internacional no tempo de Hugo Grócio**, cap. 18).

Contrapor LEIBNIZ, em relação a PUFENDORF pode ser sumamente relevante e oportuno.[1192] Considerando a importância respectiva, de ambos os pensadores.

Esse debate pode ser situado a partir dos *Dois discursos e um comentário*, do tradutor BARBEYRAC, sobre a obra de PUFENDORF.[1193] Nestes, BARBEYRAC defende PUFENDORF, das críticas de LEIBNIZ.[1194] O diálogo se faz, entre distintas concepções da sociedade e do direito internacional, bem como a respeito do papel deste último, enquanto agente regulador da convivência, entre sociedades politicamente organizadas.

Além do campo estrito do direito internacional moderno, também ocorrem debates, em torno de ideias de PUFENDORF – por exemplo, em relação à fundamentação do direito natural e, igualmente, quanto ao modelo político do Sacro Império.[1195] As duas questões, aparentemente independentes, de certa maneira, são interligadas. Em relação a ambas, é preciso atentar para a concepção de PUFENDORF, e também às reações, por esta suscitadas.

A configuração do direito natural 'moderno' almejava liberá-lo de sua fundamentação, tal como dada, desde ARISTÓTELES até TOMÁS DE AQUINO, sobre o conceito de 'natureza', como reino ordenado, segundo dispositivos teleológicos intrínsecos.[1196] Isso se fez, em torno de GALILEU

[1192] Ver **Tratado** (tomo 10 – **Direito internacional no tempo de C. van Bynkershoek e Christian Wolff**, item 22.1 – *direito segundo LEIBNIZ*).

[1193] Jean BARBEYRAC, *Dois discursos e um comentário* (no volume PUFENDORF, **Os deveres do homem e do cidadão** – de acordo com as leis do direito natural, ed. cit., Rio de Janeiro: Topbooks – Liberty Fund, 2007, p. 387-507).

[1194] Como também se examina no **Tratado** (tomo 10 – **Direito internacional no tempo de C. van Bynkershoek e Christian Wolff**, item 22.1 – *direito segundo LEIBNIZ*).

[1195] A respeito do Sacro império como corpo político 'semelhante a monstro', ver PUFENDORF, sob o pseudônimo Severinus de MONZAMBANO, **De statu imperii germanici** (1667); obra publicada com o nome do autor, depois da morte deste. S. PUFENDORF, **De statu imperii germanici**, liber unus (Latin edition, reprint Charleston: Nabu Press, 2013); ___, **Die Verfassung des deutschen Reiches** (Übersetzung, Anmerkungen und Nachwwort von H. DENZER, Stuttgart: Reclam Verlag – Universal Bibliothek, vol. 966[3]. 1985); cfr. item 20.2 – *PUFENDORF como historiador* e **Tratado** (tomo 8 – **Direito internacional além do paradigma vestfaliano**, título II – *da construção de sistemas coesos: de Vestfália (1648) até a guerra dos sete anos (1756-1763)*), também tomo 11 – **Direito internacional no tempo do iluminismo**, item – *império, estado moderno e ascensão do absolutismo*).

[1196] Ver **Tratado** (tomo 4 – **Direito internacional no tempo medieval**, esp. cap. 10 – *TOMÁS DE AQUINO e DANTE ALIGHIERI*).

(1564-1642),[1197] de BACON (1561-1626), como de MERSENNE (1588-1648), com o seu círculo de pensadores filosóficos, mas também, com relevantes participações de Thomas HOBBES (1588-1679), de Pierre GASSENDI (1592-1655), e de René DESCARTES (1596-1650).[1198]

Pode-se acompanhar Ernest NYS, quando este, em 1894, deplorava[1199] que Francis BACON, assim como John SELDEN, e também Thomas HOBBES, não tenham dado mais do que "pequena assistência" ao progresso do direito internacional.[1200] Particularmente BACON[1201] poderia ter dado contribuição relevante.[1202] Ou seja, criticaram PUFENDORF, mas não trouxeram as suas contribuições para o desenvolvimento deste ramo do direito.

A filosofia política e moral do direito natural neotomista, compartilhada pelos filósofos dominicanos, do lado católico, e também pelos seguidores luteranos de Philipp MELANCHTON (1496-1540), do lado protestante, foi considerada como inquinada dos mesmos vícios, que viciavam o modelo anterior. Os filósofos 'modernos', entusiastas das novas ciências naturais,

[1197] Cfr. **Tratado** (tomo 20 – **Direito internacional, história e cultura**, item 1.2 – *pensamento científico moderno e a caça às bruxas*); do conjunto da produção de Galileu GALILEI, com destaque para o último livro publicado em vida deste, **Discorsi e dimostrazioni matematiche intorno a due nuove scienze** (Leida: appresso gli Elsevirii, 1638 – online https://books.google.com/books), bem como o anterior **Diálogo sobre os dois máximos sistemas do mundo ptolomaico e copernicano** (1632, **Dialogo sopra i due massimi sistemi del mondo tolemaico e copernicano**, trad., intr. e notas de Paulo Rubén MARICONDA, São Paulo: Ed. 34 / Associação filosófica Scientia studia, 2013), resultado de período de 22 anos de trabalho de Galileu.

[1198] Ver **Tratado** (tomo 20 – **Direito internacional, história e cultura**, item 1.3 – *do mundo fechado ao universo infinito*).

[1199] Ernest NYS, **Les origines du droit international** (Bruxelles: Alfred Chastaigne / Paris: Thorin & Fils, 1894, chap. VII – *La guerre contre les infidèles et contre les hérétiques*, p. 140-164).

[1200] E. NYS (op. cit., 1894, cit. p. 158): "Francis BACON aurait pu rendre au droit des gens de grands services. Comme John SELDEN, comme Thomas HOBBES, il n'y apporta qu'une faible assistance."

[1201] Como paradigmaticamente ilustra **The advancement of learning**, dentre várias obras de Francis BACON, ao enfatizar o uso legítimo da razão humana – "de usu legitimo rationis humanae in divinis". Ver F. BACON, **The major works** (edited with an introduction and notes by Brian VICKERS, Oxford: Univ. Press, 1st publ., 1996; reissued, 2008, p. 120-299, cit. p. 291).

[1202] Do que constitui indício eloquente o breve ensaio sobre a justiça universal ou as fontes do direito, de Francis BACON, **Exemplum tractatus de justitia universali sive de fontibus juris / Essai d'un traité sur la justice universelle ou les sources du droit** suivi de quelques écrits juridiques (1622, biographie, traduction et notes par Jean-Baptiste de VAUZELLES, 1824, intr. par Angèle KREMER-MARIETTI, (c) 1985, Paris: L'Harmattan, 2006).

propunham conceito de 'natureza', desvinculado de qualquer propósito ou concepção finalista, e desse modo, também o direito 'natural' deveria ser alinhado, com esses mesmos conceitos, a respeito da natureza humana e do mundo físico.

Como aponta TULLY, em 1988 e 1991, a respeito das duas principais obras de PUFENDORF, em matéria de direito natural e das gentes:[1203]

> PUFENDORF, no início do **De jure naturae et gentium**,[1204] de 1672, como também no **De officio hominem et cives juxta legem naturale**, de 1673, cumpre a missão de situar a 'moral' e a 'política', como imposição extrínseca de conceitos morais e leis, emanado de superior, sobre reino desordenado de movimentações humanas, carentes de quaisquer propriedades morais intrínsecas, e de agentes humanos, privados de qualquer disposição inata, para a vida política e moral.[1205]

Apesar de serem inovações relevantes, é preciso ter cautela, porquanto "considerar isso como definidor da 'escola moderna do direito natural' tende a distorcer as coisas, na medida em que esse dado, nem é condição necessária, nem suficiente, para caracterizar a moderna teoria do direito natural".[1206] A tradição voluntarista do direito natural, associada com GUILHERME DE OCKHAM antecede, em pelo menos 300 anos, essa escola 'moderna'.[1207]

1203 James TULLY, *Governing conduct* (in **Conscience and casuistry in Early modern Europe**, ed. by Edmund LEITES, Cambridge: Univ. Press, 1988, p. 12-71); J. TULLY (*Editor's introduction*, 1991, cit.).

1204 S. PUFENDORF, **De jure naturae et gentium** (orig. publ. em Lund, em 1672); ___, **Of the Law of nature and nations** eight books ("translated into English from the best edition", "with a short introduction", Oxford: Lichfield, MDCCIII); ___, **De jure naturae et gentium libri octo** (Latin text – da edição de 1688 – and English translation by C. H. and W. A. OLDFATHER, Oxford: The Classics of International Law, 2 tomos, 1934, e reimpr. Buffalo, N.Y.: W. S. Hein, 1995).

1205 J. TULLY, *Governing conduct* (cit., 1988, p. 12-71); J. TULLY (*Editor's introduction*, 1991, p. XVII): "HOBBES and LOCKE share this imposition picture – or moral non-realism – to varying degrees".

1206 J. TULLY (*Editor's introduction*, 1991, p. XVII). A respeito do papel de GUILHERME DE OCKHAM, ver **Tratado** (tomo 4 – **Direito internacional no tempo medieval**, item 9.2).

1207 Ver **Tratado** (tomo 4 – **Direito internacional no tempo medieval**, esp. cap. 9 – *MARSÍLIO DE PÁDUA e Guilherme de OCKHAM*); tb. S. GOYARD-FABRE, **Les embarras philosophiques du droit naturel** (Paris: Vrin, 2002, Première partie, chap. II, item 1 – *le droit*

Ao mesmo tempo, em que se fazia tal esforço, outra escola rival de direito natural, do século XVII, aceitava a validade restrita da nova forma de explicação, decorrente das ciências naturais. Esta corrente prosseguia, argumentando que isso, de maneira alguma, infirmava a explicação teleológica da ação humana e a presunção de propriedades morais, inerentes aos seus objetos.

G. W. LEIBNIZ, em seus **Novos ensaios sobre o entendimento humano**, de 1704,[1208] bem como a 'Escola platônica' de Cambridge, sobretudo com Ralph CUDWORTH (1617-1688), constroem a filosofia do direito natural moderno, neoplatônico e neo-aristotélico, em resposta à revolução das ciências naturais. Argumentavam ser essa concepção invulnerável às críticas do círculo de MERSENNE, e também criticavam HOBBES e PUFENDORF por modelarem, de maneira reducionista, a filosofia política e moral, sobre a nova filosofia naturalista, e interpretavam as suas teorias como mera continuação do voluntarismo antigo.

Como mencionado, BARBEYRAC faz a defesa de PUFENDORF,[1209] contra as críticas de LEIBNIZ, em sua obra de 1704.[1210] Convém situar adequadamente a questão, pela relevância de seus desdobramentos.

naturel et le théocentrisme selon Thomas d'Aquin, p. 52-58, cit. p. 57): "Dans le mouvement culturel qui, du XIIe au XVIIe siècle, porte la pensée occidentale, la 'seconde vague' du droit naturel, accompagnée par les élans du christianisme, eut un retentissement remarquable. Certes, le jusnaturalisme que l'on appelle 'aristotélico-thomiste' n'était pas accepté sans réserves ni nuances. On assista même, dès le XIVe siècle, à un mélange étonnant d'éloges et de critiques."

1208 G. W. LEIBNIZ (1646-1716), **Neue Abhandlungen über den menschlichen Verstand** (escritos em 1704, publicados em 1765, do original **Nouveaux essais sur l'entendement humain**, übersetzt, eingeleitert und erläutert von Ernst CASSIRER, © 1915, Hamburg: Felix Meiner, reimpressão, 1971, p. 507): "Existem máximas fundamentais, que embasam o próprio direito, e às quais se contrapõem as exceções, as queixas e as réplicas. Máximas que, quando ensinadas através da razão, e não provenientes do poder voluntário do Estado, constroem o direito natural."

1209 Jean BARBEYRAC faz a defesa de PUFENDORF nos *Dois discursos e um comentário* (no volume PUFENDORF, **Os deveres do homem e do cidadão** – de acordo com as leis do direito natural, ed. cit., Rio de Janeiro: Topbooks – Liberty Fund, 2007, p. 387-507).

1210 G. W. LEIBNIZ, **Neue Abhandlungen über den menschlichen Verstand** (1704, ed. cit., 1971, Viertes Buch – Von der Erkenntinis, cit. p. 452) fala a respeito da concepção de Erhard WEIGEL, matemático de Jena, que teria "com muito espírito encontrado figuras para a apresentação de objetos morais" e aduzia: "Samuel von PUFENDORF, que foi discípulo de WEIGEL, ao publicar os seus 'fundamentos da jurisprudência geral', permanece muito próximo do pensamento de WEIGEL". Aqui LEIBNIZ se reportava à obra da juventude de PUFENDORF, **Elementa iuris prudentiae universalis** (1660). É compreensível que neste

Qual era o objeto central das críticas de LEIBNIZ?[1211] Com razão, LEIBNIZ fazia a crítica da escola do assim chamado 'direito natural moderno' – este que se inscrevia, na linha de GRÓCIO, de HOBBES, de CUMBERLAND, como também de PUFENDORF e de LOCKE – por se ter esforçado em promover doutrina da moral e do direito, racional e assim consensual, além das divisões confessionais, entre catolicismo e reforma, como também no próprio seio das igrejas protestantes, e dos conflitos políticos, que daí advinham.

LEIBNIZ formulou a sua crítica na *Advertência sobre os princípios de Samuel PUFENDORF*, em 1706.[1212] O erudito filósofo parece não poder – ou não desejar – esconder a irritação, que a concepção jusnaturalista de PUFENDORF lhe causa.[1213]

Outro grande tema de debate, entre PUFENDORF e seus coetâneos,[1214] diz respeito ao conjunto político do Sacro Império, tal como este emerge, depois de mais de um século das guerras de religião, e da paz de Vestfália, de 1648, enquanto confederação de estados, que dura até sua extinção, em 1806.[1215] O Sacro império representou experiência de ordenação institucio-

livro, publicado antes do autor alcançar os seus trinta anos, se fizesse notar a influência do mestre, o matemático Erhard WEIGEL.

1211 Ver **Tratado** (tomo 10 – **Direito internacional no tempo de C. van Bynkershoek e Christian Wolff**, item 22.1 – *direito segundo LEIBNIZ*).

1212 LEIBNIZ, *Monita quaedam ad Samuelis Pufendorfii Principia, Gerh. Wolth. Molano directa* (1706, in **Le droit de la raison**, textes réunis et présentés par René SÈVE, Paris: Vrin, 1994, p. 19-35; ver o conjunto da parte I – *La critique de l'école du droit naturel*, p. 11-81).

1213 Até hoje, o simples fato de enunciar a noção de 'direito natural' parece ensejar vivas controvérsias, contra ou a favor, como reporta, por exemplo, Pierre-Yves QUIVIGER, **Le secret du droit naturel** – ou Après VILLEY (Paris: Classiques Garnier – Bibliothèque de la pensée juridique, © 2012, impr. 2013, '*introduction*', p. 12-16, cit. p. 12) observa "este livro tem origem em dupla irritação: face ao desprezo que circunda a ideia do direito natural; como também face ao que é apresentado como direito natural, por seus últimos defensores". E assim: "Comme si amis et ennemis s'étaient entendus pour écraser, sous l'excès d'honneurs ou l'excès d'indignité, ce qui pouvait rester vivant de la rencontre de *la nature* et *du droit*." E que, ao se evocar 'direito natural' costumam ocorrer uma das duas reações seguintes: quer (i) ceticismo mais ou menos agressivo ou condescendente, ou (ii) entusiasmo moralista.

1214 Cf. item seguinte, 20.2 – *PUFENDORF como historiador*. S. PUFENDORF, **De statu imperii germanici**, liber unus (Latin edition, reprint Charleston: Nabu Press, 2013); ___, **Die Verfassung des deutschen Reiches** (Übersetzung, Anmerkungen und Nachwwort von H. DENZER, Stuttgart: Reclam Verlag – Universal Bibliothek, vol. 966[3]. 1985).

1215 Como observa Fernando LOUREIRO BASTOS, *Estados federados* (in **Enciclopédia Luso-Brasileira de Direito Internacional**, coord. D. M. VICENTE, F. L. BASTOS, M. A. RIBEIRO,

nalmente internacional, de vasto e complexo conjunto de reinos, ducados, bispados, cidades independentes e outros entes políticos soberanos, cada um dos quais inserto nesse conjunto supranacional, mas também continuava a deter capacidade limitada de formar alianças. Esse conjunto fazia operar, consequentemente, a Europa como 'equilíbrio' de tais entidades políticas independentes,[1216] e não mais segundo a antiga concepção de conjunto, ordenado a partir de autoridade central, de alcance pan-europeu, como o papa ou o imperador.[1217]

A configuração do Sacro império foi chamada de 'monstro' por PUFENDORF,[1218] no sentido aristotélico, de não ser este equivalente a nenhum dos modelos políticos tradicionais. Longe de ser excrescência do passado, ainda no Sacro império se põe a base 'moderna' de sistema de equilíbrio entre estados independentes.[1219]

A. T. SALIBA, M. T. FRANCA Fº e P. B. CASELLA, Alfragide: Dom Quixote – Leya, 2023, p. 528-531, cit. p. 528): "Em alguns casos, em especial nas federações de estados mais antigos, como a Alemanha (desde 1949, com o antecedente da confederação germânica entre 1815 e 1866), nos Estados Unidos da América (desde 1787), e na Suíça (desde 1848, com base na confederação helvética de 1291 a 1848), a federação de estados é o resultado da agregação de entidades anteriormente autônomas ou soberanas, que limitaram seus poderes em favor da criação de uma entidade federal de sobreposição."

1216 Em contraposição, ver P. B. CASELLA, *Imperativo categórico da cooperação e as lições do Brexit* (in **A evolução do direito no século XXI** – homenagem ao prof. A. WALD, coord. F. U. COELHO, G. TEPEDINO, S. F. LEMES, São Paulo: Ed. IASP, 2022, vol. 3 – Direito público, p. 963-1001); ___, *Perspectivas da integração europeia – entre mito e operacionalidade?* (Revista FDUSP, 2014, vol. 109, p. 25-74); tb. Nazaré da Costa CABRAL, José Renato GONÇALVES, Nuno Cunha RODRIGUES (ed. by), **After Brexit** – Consequences for the European Union (Cham: Palgrave-Macmillan / Springer, 2017).

1217 Como se examinou no **Tratado** (tomo 5 – **Direito internacional no tempo de Francisco de Vitória**, título I – *multipolarização da Europa na era moderna e advento do direito internacional como sistema*).

1218 Como considerado no **Tratado** (tomo 8 – **Direito internacional além do paradigma vestfaliano**, título II – *da construção de sistemas coesos: de Vestfália (1648) até a guerra dos sete anos (1756-1763)*) e no item seguinte, 20.2 – *PUFENDORF como historiador*, o império era uma confederação de estados, tendo autoridade monárquica, colocada no topo, como poder supremo. Como esta não se coadunava com os modelos de estados, tais como definidos por ARISTÓTELES, fora o Império chamado, por Samuel PUFENDORF de "*monstro simile*" – isso não quer dizer literalmente '*monstro*', mas visava refletir a natureza híbrida, compósita, a forma mesclada, em combinação de diferentes modelos constitucionais, tal como ocorria no seio do Sacro Império Romano Germânico. Ou, como se diria, usando termo de uso corrente, um 'Frankenstein'.

1219 Lucien BÉLY, **La France au XVIIe siècle** – puissance de l'état, contrôle de la société (Paris: PUF, 2009, p. 19) analisa o papel desempenhado pelo 'mito' da lei sálica – que restringia a

De longa duração e múltiplos impactos, a experiência de conjugar elementos de direito internacional e direito público, na experiência histórica do Sacro império teve considerável impacto e duradoura repercussão, sobre o conjunto do direito internacional 'clássico', essencialmente interestatal. Não foi esta experiência somente impactante, sobre o sistema político europeu, durante séculos, ademais pode ser situada, como precursora e inspiradora de modelos federativos, a partir da segunda guerra mundial, tanto no federalismo alemão, como na Europa integrada, com desdobramentos sobre o conjunto do mundo.[1220] Leituras – apressadas ou mal intencionadas, que condenam a experiência 'federativa' e de caráter institucionalmente internacional do Sacro império devem, assim, ser consideradas, com reservas: ou são superficiais, ou são mal intencionadas.

Afirmara PUFENDORF (1660),[1221] na passagem reproduzida, na epígrafe do início do presente capítulo, que o direito das gentes não é outra coisa, se não direito natural (*quod quibusdam nihil aliud est, quam ius naturae*), que observam e praticam entre si, povos não vinculados por poder soberano (*quatenus illud inter se summo imperio non connexae gentes diversae*

sucessão aos herdeiros masculinos – para a coesão do estado francês na era moderna: "Au XVIe siècle, ce mythe de la loi salique sert à maintenir la cohésion des Français autour du roi, face aux HABSBOURG. Il est d'autant mieux accueilli qu'il renvoie à des temps antérieurs à la féodalité qui aurait, elle, érodé l'autorité royale." Isso se põe como traço que distingue a França do Sacro império romano germânico na mesma época: "Cette règle distingue le roi de France des autres princes européens. Elle diffère du droit féodal [...]. Indéniablement, elle a contribué à donner une stabilité au pays, qui n'a jamais couru le risque de s'intégrer dans un autre patrimoine, en passant dans une maison étrangère. Remarquons qu'en même temps, ce choix a privé la lignée des rois de France des moyens de constituer un empire, à la différence des HABSBOURG qui purent, justement grâce à des mariages heureux, rassembler un ensemble homogène d'éléments hétérogènes". Mesmo assim, a ideia de império se esboça – e causa considerável preocupação junto a várias outras cortes europeias – quando um BOURBON, o neto de LUIS XIV, se torna rei da Espanha, em 1700, e que se chega a pensar em uma 'união' das duas coroas. O que foi, a seguir, relativizado: "Les juristes ont très tôt rélativisé l'origine franque de cette loi fondamentale, en affirmant que la coutume seule fait la valeur de la loi salique, tout en soulignant son importance capitale: '*Par la loi salique, nos ancêtres sur le fondement solide et assuré de la coutume ont affirmé l'éternité de leur Empire*', écrit CARDIN LE BRET en 1637."

[1220] Como se considera, no já mencionado artigo, P. B. CASELLA, *Perspectivas da integração europeia – entre mito e operacionalidade?* (Revista FDUSP, 2014, vol. 109, p. 25-74).

[1221] S. von PUFENDORF, **Elementa iuris prudentiae universalis** (1660, Lib. primus, § 24): "De iure gentium numque quoque aliud addendum, quod quibusdam nihil aliud est, quam ius naturae, quatenus illud inter se summo imperio non connexae gentes diversae observant, queis eadem invicem suo modo officia praestanda, quae singulis per ius naturae praescribuntur."

observant).[1222] São, necessariamente, povos entre si não subordinados, pois, se houvesse vinculação de poder soberano, não mais seriam povos 'independentes'; e portanto, não seria 'direito das gentes' o regime jurídico a ser aplicado entre estes, mas estabelecer-se-iam relações de direito interno.[1223]

Mesmo ao dizer que PUFENDORF se alinha com GRÓCIO, na fundamentação do direito internacional, cumpre notar – como mencionado – não haver perfeita coincidência entre ambos, quanto ao papel da razão. E, mesmo se ambos podem ser considerados insertos, na mesma corrente, que se convenciona denominar de "doutrina do direito natural das gentes", a ênfase de PUFENDORF, no ensaio *sobre a origem e o progresso da disciplina do direito natural*, de 1677,[1224] quanto à preponderância do 'direito natural', no 'direito das gentes', o distanciaria da anterior formulação de GRÓCIO, em 1625. A extensão da presença do 'direito natural', no 'direito das gentes', seria elemento para se traçar a linha divisória entre os dois.[1225]

1222 S. von PUFENDORF, **Elementa iuris prudentiae universalis** (1660, Lib. primus, § 24): "De quo non est, quod heic peculiariter agamus, cum ea, quae de iure naturae deque officiis singulorum tradimus, facile possint applicari ad civitates et gentes integras, quae in unam quoque personam moralem coaluerunt. Praeter isthoc nullum dari ius gentium arbitramur, quod quidem tali nomine proprie possit designari. Pleraque enim, quae apud Ictos Romanos aliosque ad ius gentium referuntur, puta quaedam circa modos adquirendi, contractus et alia, vel ad ius naturae pertinent, vel ad ius civile singularum gentium, quod istis in rebus cum legibus civilibus plurimorum populorum coincidit."

1223 S. von PUFENDORF, **Elementa iuris prudentiae universalis** (1660, Lib. primus, § 24): "Ex quibus tamen peculiaris iuris species non recte constituitur, quippe cum ista iura gentibus inter se sint communia, non ex aliqua conventione aut obligatione mutua, sed ex placito peculiari singulorum legislatorum in singulis civitatibus constituta, quaeque adeo ab uno populo inconsulti aliis mutari possint, ac saepe numero mutata deprehendantur."

1224 A origem e os progressos da disciplina do direito natural são considerados por PUFENDORF especialmente em seu 'ensaio' **De origine et progresso disciplina juris naturalis**, publicado em 1677, na sua coletânea de controvérsias, **Specimen controversiarum**, contendo, dentre outros, esse texto Escreve, ainda nessa altura, mas somente publica em 1686, as suas controvérsias escandinavas, **Eris scandica, qua adversus libro de jure naturali et gentium objecta diluuntur**, como ulterior esclarecimento e resposta aos seus críticos. Ver PUFENDORF, **Eris scandica, qua adversus libro de jure naturali et gentium objecta diluuntur**, (1686), contendo também os textos antes publicados no **Specimen controversiarum** (1677).

1225 Sobre GRÓCIO, ver **Tratado** (tomo 7 – **Direito internacional no tempo de Hugo Grócio**, cap. 18); S. GOYARD-FABRE, **Les embarras philosophiques du droit naturel** (Paris: Vrin, 2002, Première partie, chap. III – *Le droit naturel et la raison humaine*, esp. p. 77-97) fala em "racionalidade do direito natural e a surpreendente bifurcação da doutrina", justamente distinguindo o "humanismo racionalista de GRÓCIO" em relação ao "humanismo

A alegação de PUFENDORF confundir direito natural e direito internacional, ou de reduzir este último – o direito internacional – ao primeiro – o direito natural – suscitou tantas controvérsias, ao longo do tempo, que merece ser considerada. Com o intuito de esclarecer alguns dados básicos, a respeito da questão.

As controvérsias começam cedo, ainda durante o tempo de vida de PUFENDORF. Como mostram várias obras deste, explicando as suas concepções, e procurando rebater as críticas de seus adversários.[1226]

No século XVII, seu contemporâneo, quatro anos mais velho, Samuel RACHEL,[1227] em sua obra **De iure naturae et gentium dissertationes duae**, em 1676, respectivamente,[1228] quatro e três anos, depois da publicação das obras de PUFENDORF, **De iure naturae et gentium**, de 1672, e seu **De officio hominem et cives juxta legem naturalem**, de 1673, já formulara várias críticas, à concepção do direito internacional, em PUFENDORF. Ao construir a exposição de seu pensamento, RACHEL justamente divide a sua obra, em duas – como chamou "dissertações" – das quais, uma é dedicada ao 'direito natural', e a outra, ao 'direito das gentes'.[1229]

RACHEL enfatiza a sua compreensão das distinções entre os dois ramos: "o direito das gentes é direito voluntário, e somente por engano, pode ser confundido com o direito natural".[1230] Desse modo, RACHEL

voluntarista de PUFENDORF", o que caracterizaria "uma herança polêmica: a querela do jusnaturalismo"!

1226 PUFENDORF, **Eris scandica, qua adversus libro de jure naturali et gentium objecta diluuntur**, (1686), contém também os textos antes reunidos no **Specimen controversiarum** (1677). Como mencionado, dois anos antes, em 1675, PUFENDORF publicara os seus ensaios acadêmicos selecionados, as **Dissertationes academicae selectiores**, onde, além de coligir estudos anteriores, teve também o propósito de responder aos seus críticos e esclarecer aspectos de suas teorias.

1227 Sobre Samuel RACHEL e a sua contribuição para o direito internacional, ver o cap. 19, neste tomo.

1228 Samuel RACHEL, **De jure naturae et gentium dissertationes** (orig. publ. em Kiel, 1676, edited by Ludwig von BAR, transl. into English by John Pawley BATE, Washington: publ. by the Carnegie Institution, 1916, 2 vols., "Dissertatio prima" e "Dissertatio altera").

1229 Sobre Samuel RACHEL ver o anterior cap. 19, inclusive reportando passagens da obra deste, para a crítica à concepção de PUFENDORF.

1230 S. RACHEL, **De jure naturae et gentium dissertationes** (orig. publ. 1676, ed. 1916, 2 vols., "Dissertatio altera", n. IV e a seguir n. XVI) dá a sua definição do direito internacional: como o direito criado pelos muitos povos livres, por meio de pacto ou aceitação de prática (costume), reconhecido por sua utilidade e como tal obrigatório – "ius gentium est ius plurium

assinalava a sua posição, como diversa, daquela de PUFENDORF, que tenderia a reduzir o direito das gentes a direito natural, positivado.

Curioso acompanhar as controvérsias da doutrina, ao longo de mais de um século, a respeito da linha mestra de inserção de Samuel PUFENDORF, no direito internacional. Reiteradamente, a linha de inserção, ou de diferenciação, entre direito 'natural' e das 'gentes', é o objeto das críticas a PUFENDORF.

Quais questões tinha em vista PUFENDORF, no ensaio *sobre a origem e o progresso da disciplina do direito natural*, de 1677? Ao formular a sua concepção sobre a matéria,[1231] PUFENDORF inseria a sua teoria, no contexto das obras de Hugo GRÓCIO (1583-1645), John SELDEN (1585-1654), Thomas HOBBES (1588-1679) e Richard CUMBERLAND (1631-1718). A esta lista de influências, poderia ser acrescentado o nome de John LOCKE (1632-1704), como, no século XVIII, fazia BARBEYRAC (1729).[1232]

Não se trata de buscar quanto PUFENDORF deve, exatamente, a GRÓCIO, a HOBBES ou, ainda, especificamente, a CUMBERLAND. A influência de GRÓCIO é marcante, e a presença do método deste se faz sentir, na grande obra internacionalista de PUFENDORF, seus **Oito livros do direito natural e das gentes**, de 1672, sem que se faça necessário estender muito as considerações. Mas, apesar da influência – marcante e reconhecida – o pensamento de PUFENDORF não pode ser reduzido a mera continuação de GRÓCIO.

Ao estudar o direito natural, PUFENDORF toma como guias GRÓCIO e HOBBES. O seu mestre de filosofia, e com o qual ademais, nem sempre está de acordo, foi HOBBES; assim como o seu mestre, em matéria de jurisprudência, foi GRÓCIO. De tal modo, não causa surpresa ver, quão frequentemente, o professor de direito natural conformou seus ensina-

liberarum gentium pacto sive placito expressi aut tacite initum, quo utilitatis gratia sibi invicem obligantur."

1231 PUFENDORF **De origine et progresso disciplina juris naturalis**, publicado em 1677, na coletânea **Specimen controversiarum**, e depois republicado, em 1686, nas suas controvérsias escandinavas, **Eris scandica, qua adversus libro de jure naturali et gentium objecta diluuntur**.

1232 Jean BARBEYRAC, *Historical and critical account of the science of morality* (no volume PUFENDORF, **On the law of nature and nations**, translated by Basil KENNET, 4th ed., Londres, 1729); ver tb. Jean BARBEYRAC, *Dois discursos e um comentário* (in PUFENDORF, **Os deveres do homem e do cidadão** – de acordo com as leis do direito natural, ed. cit., Rio de Janeiro: Topbooks – Liberty Fund, 2007, p. 387-507).

mentos à doutrina destes dois autores. Cujas influências ele mesmo assinala e reconhece.

Específica, em PUFENDORF, é a sua concepção particular dos fundamentos do 'direito natural', tal como a explicou em linguagem algo complicada, no primeiro livro de seu grande tratado, sobre o **Direito natural e das gentes**, 1672. Buscando qual seja o fim da sociedade humana, ele acreditou reconhecer, primeiro a conservação da associação, entre os homens, e a seguir, o aperfeiçoamento dessa associação, que deveria, segundo ele, se tornar, progressivamente, mais abrangente e mais perfeita, de modo a chegar a alcançar o conjunto da humanidade.

Dois anos depois da morte de PUFENDORF, admitia LEIBNIZ, em texto de abril de 1696, nunca ter chegado a encontrar pessoalmente PUFENDORF, mas que conhecia a expressão de seu engenho, "por seus escritos preclaros, que todos conhecemos".[1233] Assim, LEIBNIZ enfatizava conhecer não somente as obras de PUFENDORF sobre o direito natural e das gentes, como também a sua obra, publicada sob o curioso pseudônimo, Severinus de MOZAMBANUS, sobre o estado do império germânico.[1234]

De todas, reconhecia LEIBNIZ o mérito de PUFENDORF, além de também mencionar os estudos de PUFENDORF sobre a história da Suécia e a história da Prússia.[1235] Mostra-se, assim, já muitos anos antes, a considerável extensão, na qual LEIBNIZ conhecia – e bastante bem – a obra de PUFENDORF: o que não o impede de se manifestar, severamente, a respeito da obra **De officio homines et civis**.

[1233] Gottfried Wilhelm LEIBNIZ, **Textes inédits** – d'après les manuscrits de la Bibliothèque provinciale de Hanovre (publiés et anotés par Gaston GRUA, Paris: PUF, 1ère éd., 1948; 2e éd., 1998, 2 tomos, p. 376-377, 'projet d'article' provavelmente de abril de 1696): "*Samuelem PUFENDORFIUM videre mihi non datum est, sed expressum ingenii imaginem in scriptis praeclaris habebamus omnes.*"

[1234] Samuel PUFENDORF, **De statu imperii germanici**, liber unus (Latin edition, reprint Charleston: Nabu Press, 2013); ___, **Die Verfassung des deutschen Reiches** (Übersetzung, Anmerkungen und Nachwwort von H. DENZER, Stuttgart: Reclam Verlag – Universal Bibliothek, vol. 966[3], 1985).

[1235] LEIBNIZ (texto de abril de 1696, ed. 1998, p. 377): "*Inclaruerat ille primum libris de jure naturae et gentium, sed cum mox MOZANBANO, edito ostendisset eleganter a se de republica scribi posset, histoiriae recentioris condendae provinciam apud Suecos suscepit, et tam praeclare administravit, ut a magno Electore Friderico Guglielmo in similem operam expeteretur, quae posthuma demum nuper lucem vidit*".

Em texto publicado anonimamente, em 1709, LEIBNIZ formula juízo crítico, a respeito da obra de PUFENDORF, de 1673. A esta crítica, responde BARBEYRAC, em 1729, dialogando com ambos,[1236] para melhor esclarecer o pensamento de PUFENDORF, face aos ataques, contra ele formulados por LEIBNIZ.

BARBEYRAC assim relatava: "caiu-me nas mãos, cerca de um ano atrás, uma carta em latim, na qual um autor anônimo dá a sua opinião, sobre esta condensação, **De officio hominis et civis**." O texto, impresso em 1709, não continha o nome de LEIBNIZ, mas se declarava inserido, em programa acadêmico, e informava sobre a "existência de doze debates públicos, sobre o sistema de direito natural que nosso autor, Samuel PUFENDORF, publica nesse pequeno livro".[1237]

Para situar o debate, a respeito da obra de PUFENDORF (1673), as observações de LEIBNIZ (1709) são reportadas em *itálico* e as respostas de BARBEYRAC (1729) são citadas "entre aspas":

> LEIBNIZ (1709): *o meu julgamento sobre o tratado* **Os deveres do homem e do cidadão** (1673), *escrito por Samuel PUFENDORF, um homem cujo mérito o tornou famoso ainda em vida* – suo quodam merito celeberrimi – *[...]* mas, não deixava de assinalar, *encontrei numerosos defeitos em seus princípios* – e isso porque, segundo LEIBNIZ, a respeito da obra de PUFENDORF (1673) – *a maioria das ideias, desenvolvidas na obra, mal tem alguma ligação com os princípios, não sendo logicamente derivada dos princípios, como sendo as suas causas, mas sim ideias, tomadas de outras fontes, de uma variedade de bons autores; nada impede esse pequeno livro de conter inúmeras coisas boas, ou de servir como um compêndio de direito natural, para pessoas que se contentam com um conhecimento superficial, como é o caso da maior parte do público, e que não aspiram a um entendimento mais profundo.*[1238]

1236 Jean BARBEYRAC, *Historical and critical account of the science of morality* (no volume PUFENDORF, **On the law of nature and nations**, translated by Basil KENNET, 4th ed., Londres, 1729); ver tb. Jean BARBEYRAC, *Dois discursos e um comentário* (in PUFENDORF, **Os deveres do homem e do cidadão** – de acordo com as leis do direito natural, ed. cit., Rio de Janeiro: Topbooks – Liberty Fund, 2007, p. 387-507).

1237 J. BARBEYRAC (1729, ed. 2007, p. 393, e a seguir, p. 395), a respeito da carta do anônimo, que intui seria 'um gênio', comenta: "discerni sinais de uma mente penetrante, uma mente que estava longe de se deixar dominar pelo julgamento de outros homens".

1238 G. LEIBNIZ (1709), reportado por J. BARBEYRAC (1729, ed. 2007, p. 396-397).

Ao julgamento negativo de LEIBNIZ, apaixonadamente reage e responde BARBEYRAC (1729): "Seria, com certeza, uma falha grave, ou antes uma falha que tornaria a obra, em questão, inadequada ao propósito de seu autor, se ela fosse nada além de uma espécie de rapsódia, solta como areia sem cimento – *scopae dissolutae, arena sine calce* –, como esta parece ser representada aqui. Mas – advertia BARBEYRAC – deixo ao público julgar se, apesar de todas as falhas, que se possam encontrar, no sistema de direito natural, aqui esboçado e hoje conhecido, na maior parte da Europa, e que não se distingam nela, tanto princípios razoavelmente sólidos, quanto uma ligação bastante clara, entre os fundamentos de cada tópico particular e esses princípios". Reconhecia, contudo, BARBEYRAC, sobre a obra de PUFENDORF: "que o todo não é organizado à maneira dos geômetras, com questões, definições, axiomas, corolários, mas esse método seco não é de modo algum necessário, em todos os campos do conhecimento, e menos ainda, nos campos relativos a costumes, do que em qualquer outro".[1239]

BARBEYRAC ressalva, logo mais adiante, LEIBNIZ reconheceria a boa fundamentação dos princípios de PUFENDORF: "tudo considerado, esses princípios são, de fato, bem fundamentados",[1240] mas, sobretudo,

> "quanto às consequências, peguemos qualquer capítulo que quisermos, e ouso dizer que, rapidamente, seremos convencidos – se o lermos atentamente –, pela amplidão de raciocínio de nosso autor, de alguma verdade que decorre, direta ou indiretamente, dos princípios gerais, que formam a obra, como um todo".[1241]

Volta à carga, LEIBNIZ (1709): *Meu desejo [...] seria uma obra mais forte e mais sólida, na qual se pudessem encontrar definições valiosas e esclarecedoras, na qual as*

1239 J. BARBEYRAC (1729, ed. 2007, p. 396-397): "Empregar uma mente geométrica é suficiente, ou seja, uma mente precisa, e isso nem sempre depende de um estudo aprofundado das ciências abstratas: uma mente organizada, precisa e penetrante, atenta em seguir o plano que foi adotado, sem admitir nenhum princípio importante que seja ou falso ou duvidoso, ou tirando uma conclusão errada, que não se pode fazer remontar, de princípio em princípio, até o mais geral".

1240 J. BARBEYRAC (1729, ed. 2007, p. 397).

1241 J. BARBEYRAC (1729, ed. 2007, p. 397-398): "Seria fácil demonstrar isso por meio de uma análise completa; mas isso ultrapassaria o âmbito de minhas reflexões, e seria supérfluo, dado o próprio livro, onde os que leem a obra podem empreender a análise por si próprios".

conclusões se seguissem logicamente – veluti filo – *de princípios corretos; na qual os fundamentos, de todas as ações e exceções, em acordo com a natureza, fossem estabelecidos em ordem; e na qual, finalmente, nada – do que é exigido, pelos que estão começando os seus estudos de direito natural, a fim de se informarem, do que possa ter sido omitido, e resolver, de acordo com regras e princípios* – determinata quaedam via –, *as questões que são colocadas, nada disso seria esquecido. Pois isso é o que esperamos, de um sistema, completo e bem organizado.*

Ao que responde BARBEYRAC (1729): "gostaria que o Anônimo estivesse ele próprio disposto a nos dar uma obra, como ele concebe ser um bom sistema de direito natural. Ele é, sem dúvida, mais capaz do que qualquer um, de cumprir o programa que propôs".[1242] E formulava sábia advertência, que continua a ser útil e atualíssima: "Devemos tomar cuidado, para não repetirmos aqui o que acontece quando alguém, incomodado por umas poucas irregularidades, em um prédio que, de resto é sólido e bem concebido, em vez de procurar remediar, o melhor que puder, essas falhas secundárias, prefere demolir o prédio inteiro, e traçar uma nova planta que, de vários modos, pode acabar sendo muito mais defeituosa".[1243]

Prossegue LEIBNIZ (1709): *Seria possível ter-se previsto algo, como o julgamento sensato e a imensa erudição do incomparável GRÓCIO, ou o gênio profundo de HOBBES, se ao menos o primeiro não houvesse sido desviado pelas muitas preocupações, que o impediram de fazer, o que ele poderia ter feito, com este tópico, ou se o último não tivesse proposto maus princípios, que ele então seguiu fielmente demais.*

Ao que responde, por sua vez, BARBEYRAC (1729): "Quanto a GRÓCIO, deve-se reconhecer, que ele é o primeiro a ter sistematizado uma ciência, que antes dele não passava de confusão e, mais frequentemente, escuridão impenetrável. Com o resultado de que, dificilmente, esse grande homem poderia ter feito mais, acima de tudo na época, em que ele viveu. Pode-se dizer, então, que sua excelente obra, o **Direito da guerra e da paz**, fornecia uma abundância de pontos de partida, suficiente para guiar todos os que, subse-

1242 J. BARBEYRAC (1729, ed. 2007, p. 398): "Meu único temor, com respeito às '*ações e exceções em acordo com a natureza*', das quais ele parece insinuar que existem muitas, é que ele possa estar confundindo as sutilezas do direito civil dos romanos, com a simplicidade do direito natural".

1243 J. BARBEYRAC (1729, ed. 2007, p. 398).

quentemente, trabalharam, ou que o farão no futuro, para produzir algo mais exato e completo".[1244]

Aduz LEIBNIZ (1709): *Também seria extremamente útil introduzir, em um sistema de direito natural, as leis paralelas do direito civil* – parallela juris civilis –, *como reconhecido entre os homens, acima de tudo, o direito civil dos romanos e o divino também.*

Responde BARBEYRAC (1729): "GRÓCIO, no livro que acabamos de falar, e PUFENDORF, em sua grande obra, **De jure naturae et gentium**, frequentemente fizeram a comparação, que o Anônimo [i.e., LEIBNIZ] acha tão útil. Mas não consigo ver, o que é tão necessário, em sistema como esse, em questão, que deva ser projetado, para as necessidades de principiantes e que, como resultado, deva conter apenas os elementos da ciência".[1245]

A seguir, critica LEIBNIZ (1709): *No entanto, uma vez que ainda nos falta uma obra, mostrando como deveria ser um bom sistema de direito natural, como acabo de dizer, e uma vez que a condensação de PUFENDORF é, entre nós, a mais famosa instância no gênero, a meu ver, é certo dar ao leitor e ao público algumas advertências, particularmente com respeito aos princípios, mais sujeitos a abusos. A coisa mais importante, nesse sentido, é que o autor parece não ter determinado, corretamente, nem o fim e o objetivo do direito natural, nem tampouco sua causa efetiva.*

Por sua vez, alinhava a sua defesa, BARBEYRAC (1729): "Tendo-se revelado como Alemão, o Anônimo poderia ter acrescentado, que não é só na Alemanha que a obra, que ele acha tão defeituosa, é considerada uma das melhores, ou mesmo a melhor, de todas de seu gênero. Em outras partes, é encarada semelhantemente, inclusive entre nações, que são um tanto chegadas a não fazer caso do que vem do estrangeiro, especialmente de determinados países".[1246]

1244 J. BARBEYRAC (1729, ed. 2007, p. 399-400). A respeito de GRÓCIO e a sua contribuição para o desenvolvimento do direito internacional, ver **Tratado** (tomo 7 – **Direito internacional no tempo de Hugo Grócio**, cap. 18).

1245 J. BARBEYRAC (1729, ed. 2007, p. 400): "A mistura que ele propõe poderia sem dúvida ser prejudicial, na medida em que confunde o panorama, havendo poucas leis civis que não acrescentem alguma coisa ao direito natural ou então que não o transformem".

1246 J. BARBEYRAC (1729, ed. 2007, p. 401-402), como tradutor da obra de PUFENDORF para o francês, se exime de louvar diretamente o impacto e a ampla acolhida da (sua) tradução francesa, da obra de PUFENDORF: "Não vou falar do modo como a tradução francesa foi recebida".

As diferenças, entre os dois povos, quanto ao modo de tratar as coisas do espírito, não vem de hoje.[1247]

Afirma, ainda, LEIBNIZ (1709): *O autor declara, explicitamente, que o* 'fim da ciência do direito natural encontra-se dentro dos limites desta vida' – sobre a obra de PUFENDORF (1673).[1248] *E, uma vez que ele viu, claramente, a possível objeção, de que a imortalidade da alma pode ser demonstrada, pela razão natural, e de que, no que toca à lei e à justiça, as consequências disso dizem respeito à ciência do direito, como entendida à luz da razão natural, o autor responde, nessa mesma instância:*

'De fato, o homem suspira, impacientemente, pela imortalidade, e não pode imaginar, sem horror, a destruição de seu ser, e, como consequência, mesmo a maioria dos pagãos acreditava, que a alma sobrevive à sua separação do corpo, que os bons são recompensados e os maus castigados; mas é, apenas, a palavra de Deus, que pode esclarecer-nos sobre isso, e dar-nos a segurança, que produz uma fé, que é íntegra e universal'.

Depois de reportar a passagem acima, da obra de PUFENDORF (1673), comenta LEIBNIZ (1709):

Isto é o que o autor diz. Mas, mesmo supondo ser verdade, o que de fato é falso, ou seja, que o entendimento natural não proporciona uma demonstração perfeita da imortalidade da alma, seria sempre satisfatório, para um homem sensato, que as provas, derivadas da razão, sejam pelo menos importantes, e sirvam para dar aos bons, uma grande esperança, de uma outra vida melhor do que esta, e para inspirar, nos maus, um justo temor do terrível castigo que virá.[...] Nem se deve desconsiderar a razão, defendida pelo consenso, de quase todos os povos, sobre esse assunto, ou a razão, que reflete o desejo natural de imortalidade. Mas um forte argumento, reconhecido por todos, para

1247 No sentido das profundas diferenças entre as culturas francesa e alemã, na compreensão das coisas do espírito, o ensaio de Emmanuel LEVINAS, **La comprehénsion de la spiritualité dans les cultures française et allemande** (orig. publ. *Dvasiskumo supratimas prancuzu ir vokieciu kulturoje*, 1933, Kaunas: *Vairas* – Revista cultural mensal, n. 7-8, jul.-ago., 1933, p. 271-280, préf. Danielle COHEN-LEVINAS, Paris: Payot-Rivages, 2014, p. 59): "Uma descrição precisa das diferenças formais, que existem entre culturas espirituais, pode permitir bem apresentar os ideais e coletivos, e melhor penetrar-lhes o mistério íntimo".

1248 S. PUFENDORF (1673, trad. francesa de BARBEYRAC, *Préface*, § 6 ou § 8 'segundo as divisões das últimas edições do original').

não mencionar outros argumentos mais sutis, é fornecido pelo puro conhecimento de Deus, um princípio, que nosso autor corretamente aceita e estabelece, como um dos fundamentos do direito natural.[1249]

Reportando-se à crítica de LEIBNIZ (1709), sobre a obra de PUFENDORF (1673), indigna-se BARBEYRAC (1729), quando enfatiza, que não se deveria excluir, do direito natural, toda a consideração, sobre a vida futura: "A fim de demonstrá-lo, adotei o mesmo argumento, que o Anônimo usa". Isso porque, PUFENDORF (1672 e 1673) nunca teria negado o princípio, sobre o qual se apoia esse argumento.[1250]

Ainda sobre esta mesma passagem, BARBEYRAC (1729, ed. 2007) aduz "não se dever excluir, do direito natural, toda a consideração, sobre a vida futura".[1251]

1249 LEIBNIZ (1709, reportado por J. BARBEYRAC, 1729, ed. 2007, p. 402-403): "Pois não se poderia duvidar que o governante supremo do universo, onisciente e onipotente, tenha resolvido recompensar os bons e castigar os maus, e que Ele executará seu plano na vida futura, uma vez que nesta vida, como manifestamente observamos, Ele deixa a maioria dos crimes sem punição e a maioria das boas ações sem recompensa. Então, aqui e agora, não ter consideração pela vida futura, inseparavelmente ligada como está à providência divina, e contentar-se com um grau inferior de direito natural, válido até para um ateu – *inferiore quodam juris nat. gradu, qui etiam apud atheum valere possit* –, seria privar essa ciência legal de sua melhor parte, e ao mesmo tempo destruir muitos dos deveres desta vida". Embora alegadamente BARBEYRAC desconheça a autoria do texto de LEIBNIZ, remete ao *'Prefácio'* do **Codex Juris Gentium Diplomaticus** (p. 7-8) e tb. menciona deste, o *Jugement sur les oeuvres de Mylord SHAFTESBURY* (publicado depois de sua morte pelo sr. DES MAIZEAUX, no **Recueil de diverses pièces sur la philosophie, la religion naturelle etc.**, vol. II, p. 282). Ver LEIBNIZ, **Codex juris gentium diplomaticus** – in quo tabulae authenticae actorum publicorum, tractatum aliarumque rerum maiores momenti per Europa gestarum, pleraque inedita vel selecta, ipso verborum tenore expressae ac temporum serie digestae continentur; a fine seculi undecimi ad nostra usque tempora aliquot tomis comprehensus; quem ex manuscriptis praesertim Bibliothecae Augustae Guelfebytanae Codicibus, ex monumentis regiorum aliorumque archivorum, ac propriis denique Collectaneis edidit G. G. L. (Hannoverae: literis & impensis Samuelis Ammonii, MDCXCIII et sq.).

1250 S. PUFENDORF, **De jure naturae et gentium** (1672, livro I, cap. III, § 7) e tb. **De officio** (1673, ed. 2007, livro I, cap. 1, § 11): "Embora a vontade sempre deseje o bem em geral, e tenha continuamente uma aversão pelo mal, também em geral, no entanto pode ser encontrada entre os homens uma grande variedade de desejos e ações. E isso surge do fato de que todas as coisas que são boas e más não se mostram puramente assim ao homem, mas se misturam, as boas com as más, e as más com as boas."

1251 J. BARBEYRAC (1729, ed. 2007, p. 404-405): "Já observei, na primeira edição de minhas traduções tanto da obra principal **De jure naturae et gentium** (1672) quanto de sua condensação **De officio hominis et civis** (1673)". E enfatizava: "Nosso autor nunca negou o

Para defender PUFENDORF (1673), BARBEYRAC (1729) chega a questionar a boa-fé de LEIBNIZ (1709): "buscando flagrar nosso autor, em uma simples omissão, o Anônimo meteu-se em difíceis apuros".[1252]

Em outra passagem, prossegue a crítica de LEIBNIZ (1709): *Nem, portanto, devemos admitir o que o autor* [PUFENDORF] *insinua, a saber, que as ações internas da alma, a que faltam manifestação externa, encontram-se além da jurisdição da ciência do direito natural.*[1253]

Ao que responde, vigorosamente, BARBEYRAC (1729): "Mas, vamos com calma, por favor. *Parcius ista viris tamen objicienda memento*, etc. Quando se trata de uma pessoa, cujo mérito é inegável – ao que me parece –, antes de acusá-la de propor absurdos, é bom nos certificarmos, de que examinamos completamente, se não há um meio de ver, por um ângulo positivo, as suas ideias. Eu próprio, estou pasmo de que o Anônimo [LEIBNIZ], ao transcrever tantas passagens, não tenha percebido algo essencial, que se encontra, entre duas, das que ele cita, e que o teriam forçado a recuar, em seu espanto, e a moderar seu zelo".[1254]

Ainda LEIBNIZ (1709), a respeito de *um coração traspassado por sentimentos de justiça e honestidade*, citava PUFENDORF, e aduzia: *Nem é a um filósofo, mas a um jurisconsulto das leis civis, que CÍCERO atribui a ideia de contentar-se com externalidades, quando diz que as leis se interessam apenas pelo que é palpável, enquanto os filósofos consideram mais, e somente a luz de uma razão penetrante pode revelar.*[1255]

princípio sobre o qual se apoia esse argumento" [...] "E refere-se ao ótimo capítulo de PASCAL sobre a questão".

1252 J. BARBEYRAC (1729, ed. 2007, p. 406-407): "Existem, claramente, duas perguntas diferentes: *Por que se é obrigado a fazer ou não fazer certas coisas?* E: *Qual é o motivo mais capaz de levar os homens a praticar o que eles reconhecem como seu dever?* Quanto a essa última pergunta, reconhecemos facilmente que o motivo da *utilidade* – acima de tudo os castigos e recompensas da vida futura – é o que decide o maior número de pessoas."

1253 G. LEIBNIZ, reportado por J. BARBEYRAC (1729, ed. 2007, p. 408).

1254 J. BARBEYRAC (1729, ed. 2007, p. 409-410): "No parágrafo 9 (parágrafo 7 em minha tradução) está dito, explicitamente, que o 'direito natural se interessa em ampla medida por formar as ações externas dos homens'. E o que é mais, em uma das passagens que o Anônimo efetivamente cita, não diz o nosso autor que as regras do tribunal divino, cuja jurisdição é sobre as ações internas, '*são principalmente do interesse da teologia moral*'?"

1255 G. LEIBNIZ, reportado por J. BARBEYRAC (1729, ed. 2007, p. 410-411).

De maneira contundente, reage uma vez mais BARBEYRAC (1729), contra LEIBNIZ (1709), em defesa de PUFENDORF (1673): "Essas reflexões não só estão mal direcionadas, como também são chavões banais, e permanecem inseparáveis de uma invectiva, inteiramente baseada sobre o falso pressuposto, a que acabo de me referir. Ter-se-á o Anônimo – LEIBNIZ (1709) – esquecido de que, no capítulo *'Do dever do homem para consigo mesmo'*, nosso autor – PUFENDORF (1673) – busca, acima de tudo, nos fazer ver, que o direito natural quer, que cada um de nós trabalhe, para formar seu coração e sua mente, preenchendo, o primeiro, com conhecimento autêntico e útil, e controlando as inclinações da última?
A passagem de CÍCERO, que nos é apresentada, não é entendida aqui em seu sentido próprio. Para CÍCERO, trata-se de questão, que não cuida, nem de atos puramente internos, nem de ações externas, consideradas sendo, ou não, o efeito de boa disposição interna, mas simplesmente, de certas injustiças ou certas fraudes, mais sofisticadas, mesmo que não punidas pelo direito civil, apesar de serem exteriormente manifestas, bem como outras, mais patentes e que permanecem sem disfarce. [...] Imediatamente antes, da formulação em questão, o orador romano acabava de falar, dos que não revelam, em boa-fé, a um comprador as falhas, que eles sabem existir, na coisa, que estão vendendo".[1256]

Outra crítica de LEIBNIZ (1709): *O autor reconhece que juramentos tem grande força, no direito natural; no entanto, não vejo que lugar eles podem ter nessa ciência, se o direito natural não se interessa, pelo que é interno.*[1257]

Em defesa de PUFENDORF (1673), contra a crítica de LEIBNIZ (1709), insurge-se BARBEYRAC (1729): "O Anônimo continua a pressupor, equivocadamente, que de acordo com o nosso autor, a consideração de atos internos à alma, de modo algum, se insere no âmbito do direito natural. E, no entanto, com certeza, juramentos não abrangem, essencialmente, um ato externo, bem como um ato interno? A força do ato exterior, admito, deriva da disposição, daquele que faz o juramento".[1258]

[1256] J. BARBEYRAC (1729, ed. 2007, p. 411-412).
[1257] G. LEIBNIZ, reportado por J. BARBEYRAC (1729, ed. 2007, p. 412).
[1258] J. BARBEYRAC (1729, ed. 2007, p. 412): "à parte o fato de que essa disposição, pelo fato mesmo de ser interna, permanece oculta dos demais homens, que podem apenas presumir quanto à sua natureza, não fica alguém obrigado a cumprir um juramento que foi feito quanto a algo, nem ilícito, nem inválido, ainda que esse alguém não pretendesse jurar? E não seria muito errado jurar quanto a algo ilícito, ainda que só tenha enunciado o juramento em alta voz?"

A contradição talvez seja mais aparente que efetiva. Como observado:[1259]

> PUFENDORF, que foi célebre em seu tempo, está um tanto esquecido hoje em dia, por ser ele considerado um autor eclético, ou mesmo contraditório. Não foi ele partidário do poder absoluto dos reis, quase no sentido de HOBBES, ao mesmo tempo em que defendia o 'direito da natureza e das gentes', no sentido de GRÓCIO? A contradição é somente aparente. Na verdade, PUFENDORF deu uma resposta absolutista, à questão dos poderes no estado, e uma resposta liberal à questão dos poderes do estado – contrapondo-se, assim, exatamente a ESPINOZA, que foi um republicano antiliberal.[1260]

No debate, sobre o direito natural, PUFENDORF assume posição original. Ele recusa as proposições do 'direito natural antigo' – ou seja, daquele que vem desde o aristotelismo até a escolástica. Desse 'direito natural antigo', PUFENDORF se distancia, primeiro, por questão de método, porque ele quer este direito natural seja *matemático*. Dir-se-á, mostraria influência cartesiana, que decorreria da formação de PUFENDORF, junto ao professor WEIGEL, cartesiano da Universidade de Jena. Ademais, recusa PUFENDORF o 'direito natural antigo', também por questão *ontológica*, visto declarar-se ele nominalista: ele não acredita que existam essências fixas, de conteúdo determinado e estável. Entende ser Deus tanto 'vontade', como também 'razão'.

O estado de natureza seria, assim, desejado por Deus e este seria, desse modo, contingente. A natureza humana não é uma realidade eterna e imutável.

> Enquanto seus contemporâneos, ingleses e franceses, trabalhavam para a construção das noções de 'história' e de 'cultura', PUFENDORF foi levado a considerar que a humanidade seja capaz de criar realidades morais específicas, em complemento à sua natureza.[1261] [...] Uma vez criados, esses entes morais tornam-se autônomos.[1262]

1259 Philippe NEMO, **Histoire des idées politiques aux temps modernes et contemporains** (orig. publ. 2002, Paris: PUF, 3ª tiragem, 2009, esp. o item – *Pufendorf*, p. 499-508).

1260 P. NEMO (op. cit., 2009, p. 499-500)

1261 P. NEMO (op. cit., 2009, p. 501): "Ces *entia moralia* – par exemple, les institutions, les qualités morales, les 'personnes morales', 'simples', comme les magistrats, ou 'composées' comme les familles, les corporations ou l'état, n'appartiennent pas à l'état de nature pure;

Da mesma forma, a sociedade politicamente organizada – *civitas* –, enquanto pessoa jurídica composta, formada pelo contrato social, terá vontade própria, a 'soberania' – e esta se exprime, pelo aparelho do estado, centralizado e unificado, que se ordena, de maneira autônoma, em relação à sociedade civil. E terá, sobre os indivíduos, que assim contrataram para a formar, um direito de comandar, como também o direito de dispor de seus bens, e mesmo direito de vida e de morte. Posição autoritária, se não absolutista, mas que PUFENDORF compreende, de maneira substancialmente diversa, de HOBBES e de ESPINOZA, por ser evidente para ele, que o próprio soberano respeitará o '*direito natural e das gentes*'.[1263]

À luz da assim chamada 'escola moderna' ou 'teoria moderna do direito natural' tem sido também considerado o pensamento de PUFENDORF, e interpretada a sua teoria, como parte de conjunto de questões compartilhadas. Também se argumenta, que os problemas e soluções, dessa escola, continuam a situar o contexto, no qual se inscrevem, não somente Jean-Jacques ROUSSEAU (1712-1778) e David HUME (1711-1776), como ainda Adam SMITH (1723-1790), e mesmo os filósofos alemães, até Immanuel KANT (1724-1804).[1264]

Mesmo concepções, contratualistas e jusfilosóficas, de John RAWLS e de Jürgen HABERMAS, permanecem no âmbito das duradouras convenções, estipuladas por essa 'escola moderna do direito natural'.[1265] Assim, estaria colocada a matriz intelectual desses pensadores, que remonta à concepção de direito natural, colocada por PUFENDORF.

E, mesmo quando estes pensadores não apontam as suas fontes 'jusnaturalistas', a matriz pufendorfiana permanece. É questão de honestidade

ils sont établis par la volonté humaine, et supposent, pour s'établir, un 'accord', un libre 'consentement' entre les hommes, un 'contrat social'."

1262 Hoje diríamos, em lugar de 'entes morais', talvez, 'conceitos jurídicos'. Ver tb. **Tratado** (tomo 20 – **Direito internacional, história e cultura**).

1263 P. NEMO (op. cit., 2009, p. 501-502).

1264 Cujo exame prossegue no **Tratado** (tomo 11 – **Direito internacional no tempo do iluminismo**).

1265 Horst DENZER, **Moralphilosophie und Naturrecht bei Samuel Pufendorf** (Munique: C. H. Beck, 1972); Leonard KRIEGER, **The politics of discretion**: PUFENDORF and the acceptance of natural law (Chicago: Univ. of Chicago Press, 1969); e tb., já citado, J. TULLY, 'Editor's introduction' (cit., 1991, p. XVI-XVII).

intelectual afirmar, com clareza, a ocorrência da matriz jusnaturalista.[1266] E reconhecer as suas fontes.

PUFENDORF afirma, claramente, ser o direito, que rege a vida da sociedade: ele citava a formulação de TITO LÍVIO (II,1): *imperia legum potentiora quam hominum* –[1267] o império das leis é maior que o dos homens.[1268] O que se põe como premissa ordenadora, da vida em sociedade. Como, ademais, das relações entre as sociedades – no âmbito do direito das gentes.

A fórmula *imperia legum potentiora quam hominum* era bem conhecida dos revolucionários ingleses, do século XVII, e está na origem de expressões tais como a preponderância de 'governo das leis e não dos homens' – *government of laws, not of men* – e também na célebre fórmula do *rule of law* –[1269] que (aproximativamente) se traduz em português como 'estado de direito'. A matriz romana da expressão inglesa, que se repete e se renova, desde TITO LÍVIO, muitas vezes é esquecida, por aqueles que citam a frase como se fosse, tão somente, inglesa e moderna; quando, na verdade, é romana e antiga.[1270]

Ao mesmo tempo, PUFENDORF declara sua adesão aos princípios tradicionais do direito natural. O homem, segundo ele, no estado de natureza,

1266 Para situar ulteriores desdobramentos do debate sobre o padrão jusnaturalista, ver: Pierre-Yves QUIVIGER, **Le secret du droit naturel ou Après VILLEY** (Paris: Classiques Garnier, 2012); Knud HAAKONSEN, **Natural law and moral philosophy** – from GROTIUS to the Scottish Enlightenment (Cambridge: Univ. Press, 1st. publ., 1996, new printing, 2003).

1267 TITO LÍVIO, **História de Roma** (introdução, tradução e notas de Paulo Matos PEIXOTO, São Paulo: Paumape, 1989, 6 volumes, ver II,1).

1268 Novamente, os já referidos Horst DENZER, **Moralphilosophie und Naturrecht bei Samuel Pufendorf** (Munique: C. H. Beck, 1972); Leonard KRIEGER, **The politics of discretion**: PUFENDORF and the acceptance of natural law (Chicago: Univ. of Chicago Press, 1969).

1269 P. NEMO (op. cit., 2009, p. 280-282): "La *rule of law*. Un thème revient constamment chez les republicains anglais et tend à se transformer chez eux en une véritable doctrine politique, dont nous trouverons la forme achevée chez LOCKE: c'est celui de la *rule of law*, le règne du droit, ou *government of laws, not of men*, gouvernment des lois, non d'hommes. L'idée est que loi et liberté se conditionnent mutuellement: il n'y pas de liberté sans loi égale pour tous. La question du régime est certes importante, mais elle est subordonnée à l'établissement de cette situation de 'liberté sous la loi': si la République est le meilleur régime, c'est précisément parce que c'est celui qui garantit le mieux l'établissement et le maintien de cette situation".

1270 E quantas vezes se esquecem as raízes e diversos institutos do direito internacional, que remontam à Antiguidade, como se expõe no **Tratado** (tomos 3 A – **Direito internacional no tempo antigo** e 3 B – **Gregos, romanos, chineses, indianos**); ver tb. David J. BEDERMAN, **International law in Antiquity** (orig. publ. 2001, Cambridge: Univ. Press, reprinted 2006).

tem dois dados característicos: quer se conservar vivo, mas é, igualmente, sociável. Não há, inexorável e impreterivelmente, somente guerra, no estado de natureza: pode-se mesmo fazer comércio. As trocas comerciais – desde a forma mais primitiva, como escambo ou *barter trade* – não precisam de estado constituído, e tampouco pressupõem ordenação institucional da sociedade, para ocorrerem.

"A paz universal não deve a sua origem a qualquer convenção", afirmava PUFENDORF (1672) e merece ser reportada a célebre passagem, de sua concepção da paz, como inerente à natureza humana:

> O estado de natureza, mesmo em relação àqueles que vivem fora de qualquer sociedade humana, não é a guerra, mas a paz, cujas principais leis se reduzem às seguintes: *não fazer mal a quem não nos faz; deixar cada um no gozo pacífico de seus bens; cumprir diligentemente o que se acordou*, e finalmente, *estar disposto a prestar serviço ao nosso próximo*, na medida em que obrigações mais estritas e mais indispensáveis assim o permitam. De fato, o uso da razão sendo inseparável do estado de natureza, não se podem nem se devem tampouco destacar as obrigações que a razão, de tempos em tempos, coloca diante de nossos olhos. [...] Pertencem igualmente à natureza humana a preferência pela verdade e pela boa-fé.[1271]

PUFENDORF retoma os conceitos tradicionais do direito natural, a partir de CÍCERO, como também a partir do **Digesto**.[1272] Dialoga PUFENDORF com a obra de GRÓCIO, a respeito do direito natural.[1273] Como se encontrará, mais adiante, em LOCKE e HUME.[1274]

Pelo fato de PUFENDORF atribuir, à timidez natural do homem, essa tendência a se agrupar em sociedade, e se unir aos seus semelhantes, ele foi rudemente criticado por Simon LINGUET, na sua **Teoria das leis civis**,

[1271] S. PUFENDORF, **De jure naturae et gentium** (1672, II.II, § 11 e II.II, § 9).

[1272] Ver **Tratado** (tomo 3 B – **Gregos, romanos, chineses, indianos**, cap. 6 – *na formação e no desenvolvimento de Roma*).

[1273] Para o exame da contribuição de GRÓCIO, ver **Tratado** (tomo 7 – **Direito internacional no tempo de Hugo Grócio**).

[1274] Knud HAAKONSEN, **Natural law and moral philosophy** – from GROTIUS to the Scottish Enlightenment (orig. publ. 1996, Cambridge: Univ. Press, 2003) explica a relação entre o direito natural e o humanismo cívico republicano, e mostra a relevância de tais ideias para compreendermos David HUME e Adam SMITH.

em 1767: os exemplos, diz ele,[1275] são muito mal escolhidos, e a confiança, com a qual PUFENDORF os detalha, não honram a solidez de seu julgamento.[1276]

Aspecto curioso, que refoge ao escopo do presente estudo, o paralelo entre os estudos históricos de ambos. Como século antes, fez PUFENDORF, também LINGUET se interessou e publicou estudo, sobre a dinastia da Macedônia, o primeiro sobre o pai, FILIPE, e o segundo, sobre o filho, ALEXANDRE,[1277] e o 'século', dito alexandrino.[1278]

Mesmo que seja falsa a explicação, dada por PUFENDORF, para justificar a origem das sociedades humanas, esta foi também adotada por

1275 Simon-Nicolas-Henri LINGUET (1736-1794), depois de ter publicado uma **Histoire du siècle d' Alexandre** (1762), um ensaio sobre **Le fanatisme des philosophes** (1763) e uma **Histoire des révolutions de l'empire romain** (1766), com sua **Théorie des lois civiles** (1767) alcançou reputação controvertida, em razão sobretudo das suas críticas às teorias, preconizadas pelos filósofos que se descreviam como Iluministas, e também dos fisiocratas, e não menos, também, por sua legitimação do poder monárquico, suscetível de proteger as propriedades. Ver Simon-Nicolas-Henri LINGUET, **Histoire du siècle d' Alexandre** – avec quelques réflexions sur ceux qui l'ont précédé (Amsterdam: s. n. ed., 1762 – online Biblioteca digital hispánica – Biblioteca Nacional de España – datos.bne.es); ___, **Le fanatisme des philosophes** (à Londres: s. n. ed., 1764 – online: gallica.bnf.fr); ___, **Histoire des révolutions de l'empire romain** – pour servir de suite à celle des révolutions de la République (Paris: chez Desaint Libraire, 1766 – online Biblioteca Nacional de España – catálogo BNE – https://datos.bne.es/resource/xx3299524); ___, **Théorie des lois civiles** (Londres : s.n.ed., 1767; nouvelle édition revue, augmentée et corrigée, 1774, 3 vols. – online Biblioteca Nacional de España – datos.bne.es). A respeito da vida e obra de LINGUET, ver P. ARABEYRE, J.-L. HALPÉRIN et J. KRYNEN (dir. de), **Dictionnaire des juristes français** XIIe-XXe siècle (orig. publ. 2007, Paris: PUF, 2e tirage, 2008, p. 511-512).

1276 S.-N.-H. LINGUET (1736-1794), **Théorie des lois civiles** (Londres, 1767, t. I, p. 242). A respeito, ver os comentários de P. AVRIL, *Pufendorf* (op. cit., 1904, cit., p. 379).

1277 Em 1663, PUFENDORF escreveu estudo sobre FILIPE da Macedônia, **De rebus gestis Philippi Amyntai filio**. Este texto foi depois incluído na obra Dissertações acadêmicas escolhidas, as **Dissertationes academicae selectiores** (1675). Praticamente um século depois, LINGUET publica sua **Histoire du siècle d'Alexandre** (1762).

1278 Ver **Tratado** (tomo 3 B – **Gregos, romanos, chineses, indianos**, cap. 5 – *as cidades-estado gregas e mundo helenístico*); Johann Gustav DROYSEN, **Geschichte Alexanders des Grossen von Macedonien** (orig. publ. Berlin: G. Fincke, 1833); ___, **Geschichte des Hellenismus** – I – **Geschichte der Nachfolger Alexanders** (orig. publ. Hamburgo: F. A. Perthes, 1836); ___, **Geschichte des Hellenismus** – II – **Geschichte der Bildung des hellenistischen Staatensystems** (orig. publ. Hamburgo: F. A. Perthes, 1843); ed. francesa ___, **Histoire de l'Héllenisme** (version intégrale, trad. sous la dir. de A. BOUCHÉ-LECLERC, préface, note sur la traduction et bibliographie P. PAYEN, Grenoble: Éd. Jerôme Millon, 2005, 2 vols.).

MONTESQUIEU.[1279] Como se lê no **Espírito das leis**, em 1748, seguindo o **Tratado de direito natural**, a paz é a primeira lei natural, mesmo para os homens, que se suponham absolutamente selvagens, e essa paz viria, não da tranquilidade da alma, que afastaria as paixões, mas de medo perpétuo, que faria as potências, assim, evoluir rumo a esse propósito.

A paz, como o comércio, podem existir entre os homens, mesmo no estado de natureza. Contrariamente à matriz de pensamento de HOBBES, que equiparava o estado de natureza ao estado de "guerra de todos contra todos".

Diversamente de PUFENDORF, que aponta a paz como "estado natural do homem", em HOBBES,[1280] vigora o espectro inquietante da guerra perpétua, ou tendente a perpetuar-se – *sempiternum bellum* –,[1281] ou seja sem limite temporal, o conflito de duração infinita.

Na mesma linha da guerra e da paz, PUFENDORF assinalava,[1282] a respeito da *autodefesa*:

> poder esta ser considerada como dever básico do homem, em relação a si mesmo e aos seus, e como tal, poder ser dividida, em duas categorias: a primeira, na qual a autodefesa se exerce, sem causar dano ao inimigo, e neste caso, não há reparo que se possa fazer contra ela, e ninguém, razoavelmente,

[1279] Charles de Secondat, Barão de La Brède et de MONTESQUIEU (1689-1755), **De l'esprit des lois** (texte présenté et annoté par Roger CAILLOIS, Paris: Gallimard NRF / Bibliothèque de la Pléiade, © 1951, impr. 1994); ed. brasileira, ___, **Espírito das leis** (intr. e notas de Gonzague TRUC, trad. Fernando Henrique CARDOSO e Leôncio Martins RODRIGUES, São Paulo: Abril – os Pensadores, vol. XXI, 1973).

[1280] Como se observa no **Tratado** (tomo 12 – **Direito internacional no tempo de Vattel e von Martens**, item – *mutações do direito internacional no século XVIII, ilustradas pelo tema da guerra*), a filosofia política de HOBBES se põe em contexto particularmente complexo e conturbado, onde se conjugavam os efeitos da "guerra dos trinta anos", de 1618-1648, na Europa e da guerra civil na Inglaterra, de 1642-1651. As três obras políticas principais de HOBBES são justamente redigidas e publicadas nesse período: seus elementos de direito natural e político, **Elements of Law, Natural and Politic** (1640), seus elementos de filosofia, sobre o cidadão, **Elementarum philosophiae, sectio secunda, de Cive** (1642, e a segunda edição em 1647), e o Leviatã, ou **Leviathan, or the Matter, Forme, & Power of a Common-Wealth Ecclesiasticall and Civill** (1651). Antes mesmo de suscitar questões de natureza moral como a proibição fundamental de matar outro ser humano, ou mesmo questões de natureza jurídica, tais como determinar o que possa ser uma guerra justa, coloca a guerra, perante HOBBES, o problema da perpetuação: este evoca, em várias passagens, de suas obras, o estado de guerra constante e sem previsão de término.

[1281] T. HOBBES, **De Cive** (I, cap. I, § 16).

[1282] S. PUFENDORF, **De jure naturae et gentium** (II.V).

> poderá dizer alguma coisa contra ela; e outra modalidade, na qual para que se exercite a autodefesa, o inimigo tem de ser ferido, ou mesmo destruído. Em relação a esta última, pode haver escrúpulo, pois se trata de ferir ou destruir homem, semelhante a nós mesmos, com relação a quem teríamos a obrigação de nos comportar socialmente. E cuja morte pode parecer uma perda, para o conjunto da humanidade, como seria a nossa própria.[1283]

Mesmo reconhecida como 'legítima', advertia PUFENDORF, a autodefesa, quando comporta uso de violência, tem caráter destruidor das relações sociais:

> Apesar do elemento de ruptura das relações sociais, caracterizado pelo uso da violência, em se defender de agressão, quando a autodefesa não possa ser alcançada, segundo a primeira modalidade, e quando este meio se mostre ineficaz, o próprio uso da razão admite, que se possa utilizar meios coercitivos, para o exercício da defesa, contra quem nos agride. Que o homem tenha sido criado para manter a paz, com os seus semelhantes, bem como todas as leis da natureza, que dizem respeito às relações, com os outros homens, primariamente tendem à constituição e à preservação desse estado de paz e de tranquilidade. Mas a natureza não deixa de nos conferir a faculdade de recurso à força, quando não seja possível repelir de outra maneira a agressão, que nos permita defender-nos de ferimentos e de ataques. Pois a obrigação de exercer as leis da natureza e os ofícios da paz é natural, e vincula todos os homens, de igual maneira, sem que a natureza tenha conferido a alguém quaisquer privilégios distintos [...]. Mas o dever sendo mútuo, a paz deve ser mutuamente observada.[1284]

Interessante comparar a lição de John LOCKE, outro célebre contemporâneo de PUFENDORF, ambos nascidos exatamente no mesmo ano de 1632, quando no segundo tratado sobre o governo civil, expõe o seu pensamento, e afirma "que a sociedade política, como um todo, constitui um corpo único, em estado de natureza, com respeito a todos os demais estados ou pessoas, externas a esse corpo".[1285]

1283 S. PUFENDORF, **De jure naturae et gentium** (II.V).

1284 S. PUFENDORF, **De jure naturae et gentium** (II.V).

1285 John LOCKE (1632-1704), **Dois tratados sobre o governo** (orig. publ. anônimamente **Two treatises of government**, 1689-1690, ed. by Peter LASLETT, Cambridge: Syndicate Press

> Este contém, portanto, o poder de guerra e paz, de firmar ligas e promover alianças e todas as transações, com todas as pessoas e sociedades políticas externas e, se alguém quiser, pode chamá-lo de *federativo*. Sendo entendida a questão, o nome é-me indiferente.[1286]

Enquanto, para PUFENDORF, quem tivesse, em primeiro lugar, rompido o dever de manter a paz e a sociabilidade entre os homens, não poderia pretender invocar a obrigação de outros, de se manterem dentro de tais padrões de comportamento. E daí resultaria o direito de se voltar contra o agressor, e promover a autodefesa, quando atacado.[1287]

Considerava PUFENDORF, igualmente, o *direito de guerra*:[1288]

> Considerando viver cada homem no estado de liberdade da natureza, assim também os estados e reinos tem o direito de se defenderem, contra a injusta violência, e de defenderem e afirmarem seus direitos, por meio do uso da força, quando outros os firam, ou deles os tentem privar, e será assim, penso eu, o melhor método de examinar a questão, considerar o que possa ter em comum a guerra, entre homens privados e entre os estados, e a seguir apontar o que pode ter de característico a guerra destes últimos, seja por meio dos costumes das nações, ou de sua própria natureza.[1289]

O homem, no estado de natureza, diria por sua vez MONTESQUIEU, décadas mais tarde, sentiria somente a sua fraqueza, e sua timidez seria extrema. Para ele, se tivéssemos necessidade da experiência a respeito,

of the Univ. of Cambridge, 1960, 1995, trad. Júlio FISCHER, rev. técnica Renato J. RIBEIRO, rev. trad. Eunice OSTRENSKY, São Paulo: Martins Fontes, 2ª ed., 2005, II.XII, p. 514-517); ___, **Segundo tratado sobre o governo** – Ensaio relativo à verdadeira origem, extensão e objetivo do governo civil (trad. de E. Jacy MONTEIRO, São Paulo: Abril – Os pensadores, 1973 vol. XVIII, p. 37-137). Remete também a ARISTÓTELES (384-322 a.C.), na **Política** (VI, XI-I).

1286 John LOCKE, **Dois tratados sobre o governo** (1689-1690, esp. Segundo tratado, cap. XII – *do poder legislativo, executivo e federativo da sociedade política*, ed. 2005, p. 514-517)

1287 S. PUFENDORF, **De jure naturae et gentium** (II.V) prossegue na exposição e caracterização da 'autodefesa' (ainda no livro II, cap. VI) e a seguir considerava "que nenhum homem deve ser ferido, e quando isso aconteça, deve ser feita reparação" (livro III, cap. I). E que "todos os homens devam ser por natureza considerados iguais" (livro III, cap. II).

1288 S. PUFENDORF, **De jure naturae et gentium** (VIII.VI).

1289 S. PUFENDORF, **De jure naturae et gentium** (VIII.VI.I).

"encontramos nas florestas homens selvagens, e tudo os faz tremer, e tudo os faz fugir".[1290]

Encontra-se, também, na obra maior de MONTESQUIEU uma concepção do direito de 'legítima defesa', que pode servir para respaldar o 'direito da guerra', em muito semelhante à concepção de PUFENDORF. Embora MONTESQUIEU se afaste dele em outras passagens – nas quais MONTESQUIEU nos soa mais próximo de CLAUSEWITZ –,[1291] do que de PUFENDORF.

Escreveu, nesse sentido, MONTESQUIEU:

> A vida dos estados é como a dos homens: estes têm o direito de matar, em caso de defesa natural – *cas de défense naturelle* –; aqueles tem o direito de fazer a guerra, para a sua própria conservação – *faire la guerre pour leur propre conservation.*[1292]

Da mesma forma, PUFENDORF mostrava, em que medida se poderia considerar ter o agressor agido preventivamente. De maneira equivalente, MONTESQUIEU ao considerar a convicção, de agir defensivamente – *censé agir défensivement* –, admitia também:

> entre as sociedades, o direito de defesa acarreta, por vezes, a necessidade de atacar, quando um povo vê, que uma paz mais longa colocaria outro em condição de o destruir, e que o ataque é, nesse momento, o único meio, de impedir tal destruição.[1293]

Não parece ser resumo adequado da maior parte da exposição, feita por PUFENDORF, no capítulo VI, do livro VIII, do **Direito natural e das gentes**,

1290 MONTESQUIEU, **De l'esprit des lois** (op. cit., 1748, ed. 1994, livro II, cap. II).

1291 Ver **Tratado** (tomo 12 – **Direito internacional no tempo de Vattel e von Martens**, item – *mutações no direito internacional no século XVIII, ilustradas pelo tema da guerra*); tb. Carl von CLAUSEWITZ, **Da guerra** (orig. publ. **Vom Kriege**, 1832, trad. integral de Teresa Barros Pinto BARROSO, prefácio de Anatole RAPOPORT, São Paulo: Martins, 1979); Norberto BOBBIO, **Il problema della guerra e le vie della pace** (Bolonha: Il Mulino, 1979); Raymond ARON, **Paz e guerra entre as nações** (trad. Sérgio BATH, Brasília: Ed. UnB, Col. Pensamento Político, 1979, do original **Paix et guerre entre les nations** © 1962, Ed. Calmann-Levy); Frank ATTAR, **Droit international**: entre ordre et chaos (Paris: Hachette, 1994).

1292 MONTESQUIEU (op. cit., 1748, ed. 1994, livro X, cap. II).

1293 MONTESQUIEU (op. cit., 1748, ed. 1994, livro X, cap. II).

de 1672, essa fórmula, espelhada no **Espírito das leis**, de 1748, onde afirma MONTESQUIEU: "o objeto da guerra é a vitória; o da vitória, é a conquista; e o da conquista, a conservação"?[1294] A respeito da guerra e da conquista, MONTESQUIEU, como mencionado, parece estar muito mais próximo de CLAUSEWITZ, de 1832, do que de da lição de PUFENDORF, em suas obras de 1672 e 1673.

Estas passagens são alguns traços visíveis, deixados pelas lições de PUFENDORF, a respeito do direito da guerra. Basta referi-las, para avaliar quanto estas soam em conformidade com o espírito da época. Mas, mesmo assim, menos belicosa a argumentação de PUFENDORF, em relação a outros, contemporâneos e pósteros.

Opiniões essas correntes, ademais, entre os autores que se interessaram pelo direito 'natural' em relação ao das gentes, entre escritores políticos franceses, do século dito das Luzes,[1295] e o olhar crítico destes, em relação às teorias, então já um tanto envelhecidas, tal como estas tinham sido formuladas, pelos autores do século XVII, dentre os quais, PUFENDORF.

A **Enciclopédia** de DIDEROT e D'ALEMBERT,[1296] ao mesmo tempo em que faz críticas a GRÓCIO, afirmando que "não se pode considerar, como tratado metódico, a obra de GRÓCIO", reserva, contudo, julgamento favorável a PUFENDORF, enfatizando não haver nada melhor que os seus oito livros sobre o direito natural e das gentes, **Juris naturae et gentium libri octo**,[1297] "para dar ideia justa das matérias abrangidas pelo direito

1294 MONTESQUIEU (op. cit., 1748, ed. 1994, livro X, cap. II).

1295 Ver **Tratado** (tomo 11 – **Direito internacional no tempo do iluminismo**) bem como o ensaio de Pierre TRAHARD, **Les maîtres de la sensibilité française au XVIIIe siècle** (1715-1789) (Paris: Boivin, 1931, quatro tomos).

1296 **Encyclopédie** ou **Dictionnaire raisonné des sciences, des arts et des métiers**, coord. por DIDEROT e D'ALEMBERT (textes choisis et présentés par Alain PONS, Paris: Flammarion, © 1986, impr. 2010, 2 vols.).

1297 **Encyclopédie** ou **Dictionnaire raisonné des sciences, des arts et des métiers**, obra de vulgarização científica e filosófica, da qual DIDEROT e D'ALEMBERT foram os inspiradores e principais redatores (de 1751 a 1772), com a colaboração de sábios, de filósofos e especialistas de todos os campos do conhecimento (em 17 volumes, mais 11 tomos de pranchas ilustrativas) que se empenhou em afirmar a preeminência da razão sobre o dogma, fazendo-a uma obra representativa do século XVIII. Alguns textos disponíveis na edição brasileira: DIDEROT e D'ALEMBERT, **Verbetes políticos da Enciclopédia** (trad. de Maria das Graças de SOUZA, São Paulo: Discurso editorial / Ed. UNESP, 2006). Ao final do verbete *Lei natural* (ed. cit., 2006, p. 197-202) considerava-se: "Isso é o bastante a respeito das leis naturais consideradas de maneira geral. Mas como elas são o fundamento de toda moral e de toda política, o leitor

das gentes". Seria esta obra "cheia de erudição e sem contradições, muito útil", segundo os autores da **Enciclopédia**. Somente aparecem restrições no elogio com relação a algumas opiniões específicas, sobretudo em relação a matérias de direito privado.

Ainda Denis DIDEROT,[1298] desta vez no seu **Plano de uma universidade para o governo da Rússia** –[1299] resultante de sua viagem à Rússia, em 1773, a convite de CATARINA II – mencionava, em primeiro lugar, dentre os livros clássicos, da primeira classe, do segundo curso de estudos, a versão resumida da obra de PUFENDORF, os **Deveres do homem e do cidadão**, tal como são prescritos pela lei natural, de 1673.[1300] É ainda esta obra de PUFENDORF, ao lado do tratado de BURLAMAQUI,[1301] que o professor de direito natural deveria utilizar, com os alunos do primeiro ano, para os estudos da Faculdade de direito,[1302] no projetado currículo.

não poderia conhecer o seu sistema completo, a não ser estudando as grandes e belas obras sobre esse assunto: as de GROTIUS, PUFFENDORF, TOMASIUS, BUDÉ, SHARROCK, SELDEN, CUMBERLAND, WOLLASTON, LOCKE e outros sábios dessa ordem".

1298 Jacques ATTALI, **Diderot ou le bonheur de penser** (Paris: Fayard, 2012); Dominique LECOURT, **Diderot** (Paris: PUF, 2013); Pierre LEPAPE, **Diderot** (orig. publ. 1991, Paris: Flammarion-Coll. Champs, 2000); Éric-Emmanuel SCHMITT, **Diderot** ou la philosophie de la séduction (Paris: Albin Michel, 1997); Jean STAROBINSKI, **Diderot** un diable de ramage (Paris: Gallimard, 2012); Arthur M. WILSON, **Diderot** (orig. publ. em inglês, 1957 e 1972, trad. Bruna TORLAY, São Paulo: Perspectiva, 2012).

1299 Denis DIDEROT (1713-1784), **Plan d'une université pour le gouvernement de Russie** – ou d'une éducation publique dans toutes les sciences (écrit de 1775-1776; publié partiellement en 1813-1814; complété d'après le manuscrit de l'Ermitage, in **Œuvres complètes de D. DIDEROT**, notes – notices – table analytique – étude sur DIDEROT et le mouvement philosophique au XVIIIe siècle par J. ASSÉZAT, Paris: Garnier, 1875, Philosophie – tome III, p. 409-534 – online – exemplar da Biblioteca Nacional da França).

1300 Ver a edição já referida da obra de Samuel PUFENDORF, **Les devoirs de l'homme et du citoyen** – tels qu'ils sont prescrits par la loi naturelle (traduits du latin par Jean BARBEYRAC, edição facsimilar da edição original dita de 'Londres': chez Jean Nourse, 1712, Caen: Centre de philosophie politique et juridique de l'Université de Caen, 1984 na capa e 1989 na página de rosto, 2 vols.).

1301 A respeito de Joh. Jacob BURLAMAQUI (1694-1748) ver **Tratado** (tomo 10 – **Direito internacional no tempo de C. van Bynkershoek e Christian Wolff**, cap. 23).

1302 A opinião positiva de DIDEROT a respeito de PUFENDORF não deve, contudo, ser levada até o ponto de constituir aceitação da real autoridade do jurisconsulto alemão, em matéria de direito das gentes. A recomendação se fazia no sentido do uso deste como manual didático, para ensino do direito natural!

Por sua vez, o chanceler DAGUESSEAU, em 1759 e 1787, parecia não ter em grande conta o tratado de PUFENDORF, como se manifesta, desabusadamente, sob a forma de conselhos, dirigidos ao seu filho:[1303]

> Dentre os modernos, os sábios do norte estimam muito o grande tratado de PUFENDORF, **De jure naturali, gentium et civili**. Eu auguro que tenha mais coragem do que eu tive, meu filho. Mas confesso, talvez, para minha confusão, que nunca pude terminar a leitura dessa obra.
> O autor, na verdade, é profundo, mas ele escreve à moda dos peripatéticos, que muitas vezes obscurecem, o que eles querem definir, com o uso de termos abstratos e de expressões técnicas, mais próprias a dar facilidade de discorrer longamente sobre uma matéria, do que a se fazer bem compreender.[1304] [...]
> Se lhe acontecer o mesmo, que ocorreu com seu pai, e que o tédio comece a dominá-lo, ao fazer essa leitura, pode contentar-se em ler o resumo, que BARBEYRAC fez, da obra de PUFENDORF, a quem ele talvez mais homenageou em resumir, do que teria feito em traduzir, embora a tradução dele seja bastante estimada.[1305]

Na mesma linha, DAGUESSEAU não deixava de contrapor as obras de GRÓCIO[1306] e de PUFENDORF. E, de tal comparação, fazia elogios sem medida ao mestre do **Direito da guerra e da paz**, de 1625:[1307]

1303 **Œuvres** de Mr. le chancelier D'AGUESSEAU (Paris: chez les Libraires Associés, tome premier, 1787, contenant: **Les Discours** pour l'ouverture des Audiences, **Les Mercuriales**, **Les Réquisitoires** & autres discours faits en différentes occasions, **Les instructions** sur les études propres à former un magistrat & autres ouvrages sur quelques-uns des objets de ces études).

1304 DAGUESSEAU, **Œuvres** (Paris, edição original de 1759, t. I, p. 295-296).

1305 Na verdade, a versão resumida da obra – **Les devoirs de l'homme et du citoyen**, tels qu'ils sont prescrits par la loi naturelle – foi feita pelo próprio PUFENDORF, e traduzida do latim para o francês por Jean BARBEYRAC (ed. cit., 1984 e 1989), como referido.

1306 A respeito de GRÓCIO, ver **Tratado** (tomo 7 – **Direito internacional no tempo de Hugo Grócio**, esp. cap. 18).

1307 Hugo GRÓCIO, **O direito da guerra e da paz** (intr. Antonio Manuel HESPANHA, trad. de Ciro MIORANZA, orig. publ. **De jure belli ac pacis**, 1625, col. clássicos do direito internacional, Ijuí: Ed. Unijuí, 2004, 2 vols.); tb. a edição H. GROTIUS, **De jure belli ac pacis** (facsimilar da tradução de Jean BARBEYRAC, "avec les notes de l'auteur même, qui n'avoient point encore paru en françois; & de nouvelles notes du traducteur", orig. publ. Amsterdã, chez Pierre DUCOUP, 1724, Caen: Publications de l'Univ. de Caen, 1984, 2 tomos).

> Encontram-se nesta [obra] ideias menos abstratas, mas mais nobres, mais elevadas e mais aplicadas aos fatos, que à dialética – eu quase diria, a escolástica de PUFENDORF, pois ele tratou a política, mais ou menos, como os autores escolásticos tratam a teologia. Era, também – eu quero dizer, GRÓCIO –, um gênio, de ordem muito superior. Seria desejável que ele tivesse, em algumas passagens, fundamentado e desenvolvido, um pouco mais, os seus argumentos. PUFENDORF peca pela extensão e GRÓCIO, em alguns pontos, pelo excesso de precisão – i. e., de concisão.

Existe mais precisão nos ataques de VOLTAIRE. Embora sejam tais ataques injustos. Como já mencionado, quando VOLTAIRE refere o direito das gentes como "esse direito que é mais frequentemente reclamado do que bem conhecido, e do qual nunca a extensão e os limites foram bem fixados, tem recebido em todos os tempos muitas violações".[1308] O mesmo VOLTAIRE que, em outra obra,[1309] não deixava de se indignar, quanto reportava violações cometidas, contra o direito da guerra e o direito das gentes.[1310] Como sempre digo, mesmo os mais ferozes críticos do direito internacional não podem viver, sem a este fazer constantes referências!

As críticas de VOLTAIRE não se voltaram somente contra PUFENDORF, mas também contra muitos dos autores – 'modernos' e 'clássicos'

1308 VOLTAIRE, **Histoire de l'empire de Russie sous Pierre le grand**, divisée en deux parties (1760-1762, in VOLTAIRE, **Œuvres historiques**, édition présentée, établie et annotée par René POMEAU, Paris: Gallimard – Pléiade, © 1957, impr. 2010, p. 337-602, p. 533): "Droit des gens – Ce droit qui est plus souvent réclamé que bien connu, et dont jamais l'étendue et les limites n'ont été fixées, a reçu dans tous les temps bien des atteintes".

1309 VOLTAIRE, **Précis du siècle de Louis XV** (in **Œuvres historiques**, édition René POMEAU, Paris: Gallimard – Pléiade, © 1957, impr. 2010, p. 1297-1571).

1310 VOLTAIRE, **Précis du siècle de Louis XV** (ed. cit., 2010, p. 1372-1373) falava a respeito de: "les conventions établies entre les princes d'Allemagne, sont toujours regardés comme neutres et inviolables", mas apesar disso, o marechal de BELLE-ISLE e seu irmão teriam sido presos e mandados para a Inglaterra, durante a guerra de 1741. E assim: "le ministère de France réclama à la fois tous les privilèges des ambassadeurs et les droits de la guerre." A conclusão da história da violência cometida contra o marechal e seu irmão aparece vinte páginas mais adiante (VOLTAIRE, op. cit., ed. 2010, p. 1392-1393): "le ministère de Londres fit réflexion qu'on avait en France plus de prisonniers anglais qu'il n'y avait de prisonniers français en Angleterre. La détention du maréchal de BELLE-ISLE et de son frère avait suspendu tout cartel. On avait pris les deux généraux contre le droit des gens, on les renvoya sans rançon. Il n'y avait en effet pas moyen d'exiger une rançon, après les avoir déclarés prisonniers d'état, et il était de l'intérêt de l'Angleterre de rétablir le cartel".

–, que escreveram a respeito do direito das gentes. As distinções, demasiadamente sutis, com as quais se comprazia PUFENDORF, autor do **Direito natural e das gentes**, de 1672, em sua longa introdução metafísica, se tornaram alvo fácil da irreverência de VOLTAIRE, que venenosamente perpassa o **Dicionário filosófico**, de 1770:[1311]

> PUFFENDORF estabeleceu inicialmente a existência de seres morais. 'São', diz ele, 'certos modos, que os seres inteligentes unem às coisas materiais, ou aos movimentos físicos, tendo em vista dirigir ou restringir a liberdade das ações voluntárias do homem, para colocar alguma ordem, alguma conveniência e alguma beleza na vida humana'. [...]
> Não é tudo. PUFFENDORF distingue, muito curiosamente, os modos morais simples e os modos de estima, as qualidades formais e as qualidades operativas. As qualidades formais são simples atributos, mas as operativas devem dividir-se cuidadosamente em originais e derivadas.[1312]
> Entretanto, BARBEYRAC comentou essas belas coisas, que são ensinadas nas universidades. Nestas, as opiniões estão divididas, entre GROTIUS e PUFFENDORF, sobre questões dessa importância. Acreditai-me, lede os **Ofícios**, de CÍCERO.[1313] [...]
> Nada contribuirá mais para tornar um espírito falso, obscuro e incerto, do que a leitura de GRÓCIO, PUFENDORF e de quase todos os comentadores do direito público.[1314] [...]
> Os publicistas escreveram grossos livros, sobre os direitos ao reino de Jerusalém. Os turcos não os escreveram, mas Jerusalém lhes pertence, pelo menos até o presente ano de 1770, e [ademais], Jerusalém não é um reino.[1315]

[1311] VOLTAIRE, **Dicionário filosófico** (trad. Bruno da PONTE e João Lopes ALVES, São Paulo: Abril cult. – Os pensadores, vol. XXIII, 1973, p. 91-301).

[1312] VOLTAIRE, **Dicionário filosófico** (ed. cit., 1973, verbete *'Direito'* – *'Direito das gentes, direito natural, direito público'*, p. 159-161, seção primeira, p. 159-160).

[1313] Reporta-se ao tratado de CÍCERO sobre os deveres. CÍCERO, **De officiis** (with an English translation by Walter MILLER, Cambridge, Ma. / London: Harvard UP / LCL 30, CICERO XXI, © 1913, reprinted 2005).

[1314] VOLTAIRE, **Dictionnaire philosophique** ('Droit', section II – 'Droit public'): "Rien ne contribuera plus à rendre un esprit faux, obscur et incertain, que la lecture de GROTIUS, PUFENDORF, et de presque tous les commentateurs sur le droit public."

[1315] VOLTAIRE, **Dicionário filosófico** (ed. cit., 1973, verbete *'Direito'* – *'Direito das gentes, direito natural, direito público'*, p. 159-161, seção segunda, p. 160-161).

As controvérsias – não somente intelectuais –, entre franceses e alemães, se estendem por muito tempo.[1316] E repercutem também no direito internacional. E isso se estende, muito além dos marcos temporais do direito internacional, dito 'clássico'.[1317] Mas isso, em boa medida, foge ao escopo do presente trabalho.

No exercício de sua atividade docente, como titular da cátedra de direito natural e das gentes, na Universidade de Heidelberg, coube a PUFENDORF, expor e comentar a obra de GRÓCIO, **Direito da guerra e da paz.**[1318] Como marco incontornável, na construção do direito internacional moderno, desde o surgimento desta.[1319]

Notava P. AVRIL, em 1904, em seu estudo sobre PUFENDORF,[1320]

> um professor não fica, necessariamente, confinado ao comentário servil do texto, imposto pelo programa universitário. Por maior que fosse o crédito do jurista holandês, sua obra não tinha, evidentemente, a força de uma codificação legal do direito das gentes. Mais facilmente ainda, que no ensino de legislação positiva escrita, o professor podia se permitir alguma liberdade, retomar as suas opiniões, verificar a solidez da doutrina, reconhecer os vícios de construção, abalar, e finalmente, deitar por terra os monumentos, que era pago para conservar.

[1316] Ver **Tratado** (tomo 10 – **Direito internacional no tempo de C. van Bynkershoek e Christian Wolff**, item 22.1 – *direito segundo LEIBNIZ*), sobre os virulentos ataques de VOLTAIRE, contra LEIBNIZ; tb. E. LEVINAS, **La compréhension de la spiritualité dans les cultures française et allemande** (orig. publ. *Dvasiskumo supratimas prancuzu ir vokieciu kulturoje*, Kaunas: *Vairas* – Revista cultural mensal, n. 7-8, jul.-ago., 1933, p. 271-280, préf. Danielle COHEN-LEVINAS, Paris: Payot-Rivages, 2014).

[1317] Como ulteriormente se considera no **Tratado** (tomo 11 – **Direito internacional no tempo do iluminismo**).

[1318] Hugo GRÓCIO, **O direito da guerra e da paz** (orig. **De jure belli ac pacis**, 1625, intr. A. M. HESPANHA, trad. C. MIORANZA, col. clássicos do direito internacional, Ijuí: Ed. Unijuí, 2004, 2 vols.); e a edição H. GROTIUS, **De jure belli ac pacis** (ed. facsimilar da tradução de Jean BARBEYRAC, "avec les notes de l'auteur même, qui n'avoient point encore paru en françois; & de nouvelles notes du traducteur", orig. publ. Amsterdã, chez Pierre DUCOUP, 1724, Caen: Publications de l'Univ. de Caen, 1984, 2 tomos).

[1319] Cfr. **Tratado** (tomo 7 – **Direito internacional no tempo de Hugo Grócio**, cap. 18).

[1320] O já mencionado estudo de P. AVRIL, *Pufendorf* (in **Les fondateurs du droit international public**: leurs œuvres, leurs doctrines, introduction de A. PILLET, Paris: V. Giard & E. Brière, 1904, p. 331-383).

PUFENDORF não deixou de se comportar assim, em relação a GRÓCIO. De seu magistério, em Heidelberg, saíram os **Oito livros do direito natural e das gentes**, que, segundo a observação de GLAFEY, não puderam, na verdade, tirar totalmente o livro de GRÓCIO das mãos das pessoas, mas fizeram à obra deste a mais acirrada concorrência.[1321]

Alguns anos depois das duas obras de PUFENDORF, de 1672 e 1673, seu mais importante discípulo, ilustre jurista e internacionalista, Christian THOMASIUS, publica as suas instituições da jurisprudência divina, em três livros. Na obra de THOMASIUS os fundamentos do direito natural são expostos, segundo as hipóteses, demonstradas por PUFENDORF, ou, como expressamente reconhece, desde o título original, **Institutionum jurisprudentiae divinae libri III in quibus fundamenta juris naturae secundum hypotheses ili Pufendorfii perspicue demonstrantur**, em 1688.[1322] A obra, que teve numerosas edições, mostrava, desde o título, claramente, a sua matriz pufendorfiana.

Nessa obra, THOMASIUS sustentou a independência do direito natural, delimitando o elemento voluntarista no seu mínimo, argumentando não podermos racionalmente saber mais sobre a vontade de Deus e sobre a criação do direito natural, além do mero fato, e podermos aprender o resto pela racionalidade humana, considerada como prática social. Depois de período de crise, a respeito de sua concepção ou de qualquer outra resposta racional às críticas do voluntarismo e ao princípio associado da sociabilidade humana, THOMASIUS reformulou radicalmente a sua posição em

[1321] P. AVRIL (cit., 1904, p. 376): "Les commentaires, les traductions, les abrégés, toute une littérature subalterne commença à se rattacher au traité le plus dogmatique qui eût encore paru sur l'ensemble du droit de la nature et des gens. THOMASIUS publiait en 1688 ses **Institutionum jurisprudentiae divinae libri III in quibus fundamenta juris naturae secundum hypotheses ili Pufendorfii perspicue demonstrantur**, qui eurent plusieurs éditions."

[1322] Christian THOMASIUS (1655-1728), **Institutionum jurisprudentiae divinae libri III in quibus fundamenta juris naturae secundum hypotheses ili Pufendorfii perspicue demonstrantur** – ou, com o título completo – **Christiani Thomasii institutiones jurisprudentiae divinae, in positiones succintè contractae** – in quibus hypotheses illustris Pufendorfii circa doctrinam juris naturalis apodicticè demonstrantur & corroborantur, pracepta vero juris divini positivi universalis primùm a jure naturali distincte secernuntur, & perspicue explicantur; his praemissa est dissertatio prooemialis & magnam partem apologetica lactant. de fals. sapient. mysterium philosophiae barbâ tantum celebratur & pallio. Libri 3 (orig. publ. Hamburg: Weidmann, 1688 – online: books.google.com.br).

sua obra sobre os Fundamentos do direito natural e das gentes – **Fundamenta juris naturae et gentium**, de 1705. Na qual reduz o direito natural de direito propriamente dito, para um conselho divino, ou uma questão de consciência, enfatizando o papel do direito positivo e da sociabilidade moral – como a base para a sua conhecida distinção entre *honestum, justum* e *decorum*, respectivamente.[1323]

AVRIL considera ser manifesta a fraqueza do estilo de PUFENDORF.[1324] BARBEYRAC,[1325] dentre outros,[1326] reconhece a facilidade e a elegância de GRÓCIO, na expressão das ideias.[1327] No máximo, faz-se o reparo, ao pen-

1323 K. HAAKONSEN, **Natural law and moral philosophy** (op. cit., 1996, cit. p. 45-46): "THOMASIUS's direct influence was more or less confined to the German-speaking (especially the Lutheran) realm, where it was very significant. If we want to understand the wider European impact of the natural law debate, we have to go beyond THOMASIUS's development of PUFENDORF's ideas. The most pervasive factor was a realist tradition that was readily invoked in the discussion, both in Britain and on the Continent. Another important feature was the attempt to use natural law to combat scepticism."

1324 P. AVRIL (cit., 1904, p. 376-377): "Selon un panégyriste dont l'œuvre fut couronnée en 1797 par l'académie de Stockholm, PUFENDORF raconte, il ne peint pas. Il écrit des choses comme s'il les avait entendues et non comme s'il les avait vues. Les lecteurs lisent, ils ne sont pas mis en présence des événements. Le discours coule d'un cours lent et monotone. Jamais un trait brillant, une pensée vive ne vient frapper l'esprit de ceux qui lisent. Le récit des faits plus horribles n'est jamais animé de la moindre couleur, l'auteur s'engourdit dans une perpétuelle langueur et aucune flamme n'illumine ses interminables dissertations."

1325 Jean BARBEYRAC nasceu em 1674 em Béziers, no Languedoc. Após a revogação do Édito de Nantes, deixou a França com seu pai em 1686. Em 1710 tornou-se professor de direito e de história em Lausanne; em 1713 tornou-se membro da *Societät der Wissenschaften* de Berlim; em 1717, professor de direito do estado em Groningen, onde faleceu em 1729. Além de traduzir PUFENDORF, foi também BARBEYRAC um dos tradutores de GRÓCIO para o francês, embora a sua tradução nem sempre seja confiável. Nesse sentido, já Von OMPTEDA (op. cit., 1785, reed. 1963, II. Theil, § 120 ss.) sobre traduções da obra de GRÓCIO (§ 125-129, p. 404-407, cit. p. 405) comenta ter BARBEYRAC prestado relevantes serviços em favor da obra de GRÓCIO: "hat sich ganz vorzügliche Verdienste um den GROTIUS erworben", tendo não somente feito boa tradução da obra para a língua francesa, como inserido excelentes notas de esclarecimento ao texto, que compõem conjunto completo de comentários, e sobretudo o texto preliminar (*Vorrede*) de não menor utilidade.

1326 Ainda que o texto de BARBEYRAC nem sempre seja fiel como tradução. Nesse mesmo sentido, observava Y. ONUMA (edited by), **A normative approach to war**: peace, war and justice in Hugo Grotius (Oxford: Clarendon Press, 1993, *Preface*, p. VI), sobre a tradução do **De jure belli ac pacis** (JBP) de GRÓCIO: "BARBEYRAC's translation is strongly coloured by his own bold interpretations. It is not always reliable as a translation of **De jure belli ac pacis**."

1327 Jean BARBEYRAC além de continuador da coletânea de tratados de Jean DUMONT, **Corps universel diplomatique du droit des gens** (Amsterdã/Haia, 1726-1731, em oito

sador holandês, por seu excesso de concisão, por sua semiobscuridade, de tal maneira que a sua obra se destine, sobretudo, aos sábios, enquanto o tratado de PUFENDORF está muito mais facilmente ao alcance de todo mundo.[1328]

Destino inexorável de todos os autores, em direito internacional, a partir da obra de 1625, é ser comparado com GRÓCIO.[1329] O que também ocorre com a obra de PUFENDORF:

> Inferior a GRÓCIO, no tocante à expressão das ideias, PUFENDORF o é incontestavelmente, também, no ponto de vista da riqueza e da segurança relativa da documentação. Com os recursos infinitos de sua erudição, o pensador holandês tinha suscitado a admiração, de todos os seus contemporâneos, e conta-se, que RICHELIEU teve a fraqueza de sentir inveja, do prestígio desse imenso saber. Na grande penúria de livros, à qual se achava reduzido GRÓCIO, conseguiu este, contudo, defender a sua doutrina, por meio de volume – *amoncellement* – de textos e de citações, extraídos de todas as fontes da antiguidade clássica. Sua prodigiosa memória, muitas vezes foi desapontada, e ele não deixa de fazer falsas referências, aos autores antigos. Tais inexatidões são, talvez, ainda mais numerosas, nas obras de PUFENDORF. O tradutor BARBEYRAC, de bom grado, reconhece tais falhas,[1330] das quais ele, todas as vezes, procurou corrigir os efeitos.[1331] [...]

volumes), publicando, com Jean Rousset DE MISSY, **Supplément au Corps diplomatique du droit des gens** (Amsterdã/Haia, 1739, em cinco volumes), foi também sistematizador do direito internacional de seu tempo, e teve atuação engajada no campo protestante, na fundamentação do direito internacional e na defesa de seus institutos. Ver tb. **Tratado** (tomo 10 – **Direito internacional no tempo de C. van Bynkershoek e Christian Wolff**, cap. 23 – *J.-J. BURLAMAQUI (1694-1748)*).

1328 Aduzia P. AVRIL (1904, cit., p. 377): "Cette critique du style de PUFENDORF ne laisse pas que d'être judicieuse et de correspondre exactement à la réalité. Pour avoir trop méprisé la forme, ce jurisconsulte a rendu presque illisibles de gros ouvrages qui ont, par suite, été promptement abandonnés aux seules méditations des savants de sa nation et aux recherches curieuses des publicistes attirés par l'éclat d'un grand nom."

1329 Como se analisa no **Tratado** (tomo 7 – **Direito internacional no tempo de Hugo Grócio**, esp. item 18.6 – *a enorme presença de GRÓCIO no direito internacional moderno*).

1330 Samuel PUFENDORF, **Les devoirs de l'homme et du citoyen** – tels qu'ils sont prescrits par la loi naturelle (traduits du latin par Jean BARBEYRAC, edição facsimilar da edição original dita de 'Londres': chez Jean Nourse, 1712, Caen: Centre de philosophie politique et juridique de l'Université de Caen, 1984 na capa e 1989 na página de rosto, 2 vols.). No *Avertissement*, seguido do *Préface du traducteur* (ed. cit., p. I-XXXV, cit. p. I) assinalava

É pela forma, muito mais que pelo conteúdo, que PUFENDORF mereceu o elogio, que se lhe fez, no sentido de ter 'laicizado' o direito natural.[1332]
Em verdade, PUFENDORF procurou se apropriar de todo o legado comum, das ideias, que tinham exposto os teólogos, os filósofos e os jurisconsultos da época anterior.[1333]

Nesse sentido, como se examinou, no presente capítulo, me parece inadequada a afirmação de ter PUFENDORF "laicizado o direito internacional". Como se demonstrou, PUFENDORF teria, inversamente, reforçado a ligação do direito internacional com a religião. Ele, ademais, enfatiza a utilidade e a necessidade da religião como 'freio social'.[1334] Exatamente o oposto da tão erroneamente propalada 'laicização'.

PUFENDORF agiu contrariamente ao que, antes dele, fizeram VITÓRIA e SUAREZ – estes sim, ao enfatizarem a base racional do direito natural e das gentes, davam fundamento 'laico' à disciplina do direito internacional 'moderno'.[1335] Mas, inexplicavelmente, enganos como esse continuam a ser repetidos.

Por sua vez, JOUFFROY, em suas "lições de direito natural',[1336] observava:

BARBEYRAC: "J'ai tâché au moins de ne rien laisser passer de ce que je croyois pouvoir être mieux exprimé ou traité plus exactement."

1331 P. AVRIL (cit., 1904, p. 376 e 378) a respeito da tradução de BARBEYRAC: "Il a mis une sorte de coquetterie à signaler dans sa préface les améliorations qu'il a dû introduire dans la version qu'il voulait donner des œuvres du maître. Ce que BARBEYRAC n'a point vu, c'est que par ce dédain relatif des autorités, par cette insouciance manifeste d'une exacte reproduction des sentences recueillis dans les livres de Rome et de la Grèce, PUFENDORF commence à se distinguer des écrivains qui l'ont précédé. L'originalité de ce juriste allemand, professeur en droit dans les universités de Suède, est précisément de n'avoir gardé des scolastiques qu'un latin barbare et d'avoir laissé le reste de l'apparat scientifique dans leurs traités théologiques."

1332 P. AVRIL (1904, cit., p. 378); v. tb. Adolphe FRANCK (1809-1893), **Réformateurs et publicistes de l'Europe – XVIIe siècle** (orig. publ. Paris: Calmann Lévy, 1881, cit. p. 336 – republ. Paris: Hachette Livre – BnF, 2020); ___, **Réformateurs et publicistes de l'Europe – XVIIIe siècle** (Paris: Calmann Lévy, 1893 – online: gallica.bnf.fr).

1333 P. AVRIL (1904, cit., p. 378).

1334 Ver o início do presente capítulo 20.

1335 Como examinado no **Tratado** (tomo 5 – **Direito internacional no tempo de Francisco de Vitória**, cap. 14 e tomo 6 – **Direito internacional no tempo de Suarez, Gentili e Zouch**, cap. 15).

1336 Théodore Simon JOUFFROY (1796-1842), **Cours de droit naturel** (*'professé à la Faculté des lettres de Paris'*, Paris: Hachette, 2e éd., 1843, 5e éd., 1876 – online: gallica.bnf.fr).

> PUFENDORF é, simplesmente, um jurisconsulto que, querendo ser um pouco filósofo, buscou máxima geral, da qual pudesse deduzir as bases, de seu direito natural. Sua doutrina não é falsa, mas constitui, tão somente, um sistema de moral, ou na melhor das hipóteses, um sistema de direito social.[1337]

Apesar de tantas críticas, AVRIL resgatava o respeito, devido à contribuição de PUFENDORF:

> Não se deve exagerar o alcance das queixas, formuladas pelos filósofos, contra PUFENDORF: não há jurisconsulto, que tenha escapado de tais críticas. Sabe-se que VICO estendeu, tanto a GRÓCIO, como a SELDEN, e a PUFENDORF, a crítica de ter deixado de fundamentar o direito natural, sobre a sua verdadeira base, ao não estabelecer, antes de tudo, a existência e o papel da providência divina. Mas, tratava-se, justamente, de fazer abstração do princípio, sobre o qual os teólogos tinham habitualmente construído, para examinar de outro ponto de vista, puramente racional, o problema das origens da sociedade.
> Praticamente, todos os publicistas franceses, do século XVIII, mostram algum conhecimento das obras históricas e jurídicas de PUFENDORF.[1338] [...] Eis a conclusão, de tantas controvérsias, sobre os méritos respectivos, das grandes compilações jurídicas do século XVII. Sem levar em conta os progressos, que os primeiros tratados gerais do direito das gentes tinham favorecido na ciência, e detendo-se somente no empilhamento envelhecido das ideias, e aos exageros dos esforços de sistematização, VOLTAIRE confundia GRÓCIO e PUFENDORF na mesma piada injuriosa – *boutade injurieuse*.[1339]

A obra de PUFENDORF tem de ser avaliada, no seu tempo histórico e no seu contexto cultural, como qualquer outra. E, sem esquecer a enorme repercussão que teve, não somente no próprio século XVII, como ademais, no curso do século XVIII, e até o final deste, como se mostrava ainda de conhecimento corrente, entre os enciclopedistas.[1340]

1337 T. S. JOUFFROY, **Cours de droit naturel** (1876, 5e éd., t. II, p. 240).

1338 P. AVRIL (1904, cit., p. 379).

1339 P. AVRIL (1904, cit., p. 383).

1340 Sobre o período, ver **Tratado** (tomo 11 – **Direito internacional no tempo do iluminismo**); tb. o já ref. Adolphe FRANCK, **Réformateurs et publicistes de l'Europe – XVIIIe siècle** (Paris: Calmann Lévy, 1893 – online: gallica.bnf.fr, *Introduction*, cit. p. II-III): "C'est au XVIIIe siècle que nous devons, sous sa forme la plus générale et la plus complète, l'émancipation

A mencionada crítica de VICO, formulada nos **Princípios de uma ciência nova**, contra GRÓCIO, SELDEN e PUFENDORF, merece ser considerada.[1341] Ainda em torno da questão central, do fundamento do direito natural.

Com relação à fundamentação do direito natural, assinale-se ter sido desenvolvimento essencial, para a perspectiva de VICO, o tratamento do direito natural. Seu ponto de partida foi a falha, dos teóricos contemporâneos, em explicar como a doutrina moderna se relacionava com modelos anteriores de pensamento.[1342]

Os influentes sistemas de GRÓCIO, de SELDEN e de PUFENDORF – que VICO chama "os três príncipes dessa doutrina" – tinham "todos os três" errado juntos, por começarem os seus relatos, com menção ao fato de que "nos últimos tempos, as nações civilizadas – e assim os homens, iluminados pelo pleno desenvolvimento da razão natural –, dos quais emergiram os filósofos, se elevaram para a meditação de perfeita ideia de justiça", enquanto eles "deveriam ter partido dos inícios dos povos – *gentes* –, onde o assunto propriamente começa".[1343]

VICO descreveu a contribuição de uma dimensão histórica da teoria do direito natural, como o sexto dentre os sete principais aspectos da segunda edição da ciência nova – *scienza nuova seconda*.[1344] Na primeira ver-

de la pensée ou la liberté intellectuelle, sans laquelle il n'y a pas d'autre, sans laquelle, pour un être raisonnable, l'idée même de la liberté, de la justice et du droit est incompréhensible, sans laquelle enfin il n'y a pas de créature humaine, car la pensée est la première qualité qui distingue l'homme de la brute. [...] L'émancipation de la pensée, la liberté intellectuelle a commencée sans doute bien avant le XVIIIe siècle; on la rencontre dès l'origine de la philosophie; elle a existé même dans les jours les plus florissants du Moyen âge; elle a été proclamée avec le plus vif éclat par l'école cartésienne dans le cours du XVIIe siècle. Mais renfermée dans les limites de la métaphysique et de la pure spéculation, ce n'est que dans le siècle suivant qu'elle s'est étendue de proche en proche au domaine entier de l'esprit humain, qu'elle a pris racine dans les habitudes et dans les mœurs."

1341 Giambattista VICO, **Principi d'una scienza nuova d'intorno alla commune natura delle nazioni** (1725, ed. definitiva 1744, in G. VICO, **Opere**, a cura di A. BATTISTINI, Milano: Mondadori, 1990, 2 vols., tomo I, p. 409-971 e tomo II, p. 975-1229); ed. bras., ___, **Princípios de uma ciência nova** – acerca da natureza comum das nações (seleção, trad. e notas A. L. de ALMEIDA PRADO, São Paulo: Abril – os Pensadores, vol. XX, 1974).

1342 Bruce Anthony HADDOCK, **Vico's political thought** (Brynmill, Inglaterra: Mortlake Press, 1986).

1343 G. VICO, **Scienza nuova** (394).

1344 G. VICO, **Scienza nuova** (385-399).

são da ciência nova – *scienza nuova prima* –, contudo, a resolução de dificuldades cruciais da literatura do direito natural tinha sido a preocupação dominante.

A estratégia de VICO foi contrastar a visão do direito natural, no direito romano, com o seu tratamento, pelos filósofos modernos. Onde GRÓCIO, SELDEN e PUFENDORF tinham, cada um, buscado elaborar uma doutrina coerente, a partir das obras dos teólogos, dos juristas e dos filósofos morais, enquanto os juristas romanos tinham se concentrado no direito, como resposta a necessidades concretas de comunidades em formação. Em lugar de tratar o direito natural, como sistema de preceitos racionais, os juristas romanos o tinham definido como "o direito, ditado pela divina providência, com os ditames das necessidades ou utilidades humanas, que é igualmente observado, entre todas as nações".[1345]

O contraste, assim, se põe entre as visões histórica e filosófica do direito natural, a primeira derivada do *jus naturale*, e a última, derivada do *jus gentium*. VICO se alinha, totalmente, com o *jus gentium*. Isso, porque enquanto o enfoque histórico pode explicar a posterior emergência de uma doutrina filosófica completa, por sua vez, o enfoque filosófico somente pode oferecer uma reconstrução hipotética, acerca das origens das ideias. E sem o sentido de mudança, das condições que sustentam diferentes corpos de ideias, fica-se somente com uma visão estática da vida política – e, por isso, totalmente enganadora.

Em suma, entendia VICO que as concepções de direito natural, apresentadas por GRÓCIO, por SELDEN e, também, por PUFENDORF, falhavam em ponto essencial, ao não levarem em conta as transformações, incidentes sobre a natureza humana, decorrentes da própria vida, em sociedade organizada. E assim, quaisquer que fossem os méritos, que os argumentos de seus três ilustres predecessores pudessem ter, como análises de suas próprias culturas políticas, seriam estas irrelevantes, quando aplica-

[1345] G. VICO, **Opere filosofiche** (175-177) faz detalhada crítica das concepções de GRÓCIO, SELDEN e PUFENDORF; e tb. B. A. HADDOCK (op. cit., 1986, esp. chap. 5 – *Society*, p. 113-159, chap. 6 – *Politics*, p. 160-203, cit. p. 125) sobre as limitações dos sistemas de GRÓCIO, SELDEN e PUFENDORF na **Scienza nuova prima** de VICO: "GROTIUS, SELDEN and PUFENDORF had each failed to take account of the transformation wrought in human nature by the experience of living in an organized society, and hence whatever merits their arguments might have as analyses of their own political culture would be irrelevant when applied to the origins of civil society."

das à explicação das origens da sociedade civil.[1346] Visto falharem nesse ponto essencial: a mutação da natureza – e do comportamento – humano, em razão da vida ordenada em sociedade. E da interação entre estas, no que VICO denomina o "direito natural das gentes" – *il diritto naturale delle genti.*

Algumas décadas mais tarde, VOLTAIRE, no **Dicionário filosófico**, em generalização crítica,[1347] tantas vezes citada, cometia ao mesmo tempo uma injustiça e uma frase de efeito: "nada contribuirá mais para tornar um espírito falso, obscuro e incerto, que a leitura de GRÓCIO, PUFENDORF e de quase todos os comentadores do direito público".[1348] Esta última parece ter prevalecido: como frase de efeito, independentemente de se averiguar se tem ou não fundamento essa crítica feroz.

Ao que parece, VOLTAIRE tinha relação muito ambígua com o "direito das gentes":[1349] como mencionado, via "esse direito que é mais frequentemente reclamado do que bem conhecido, e do qual nunca a extensão e os limites foram bem fixados, tem recebido em todos os tempos muitas violações".[1350]

1346 G. VICO, **Opere filosofiche** (176); **Scienza nuova** (329).

1347 VOLTAIRE (1694-1778), **Dictionnaire philosophique portatif** (orig. publ. anonimamente em Genebra, em 1764, com menção a Londres, MDCCLXIV); ___, **Dictionnaire philosophique** (I) et (II) Abbé-Vertu (in **Œuvres complètes de Voltaire**, ed. by Christiane MERVAUD et al., Oxford: Voltaire Foundation for Enlightenment Studies, vols. 35 e 36, 1994, 'Droit', section II – 'Droit public'): "Rien ne contribuera plus à rendre un esprit faux, obscur et incertain, que la lecture de GROTIUS, PUFENDORF, et de presque tous les commentateurs sur le droit public."

1348 VOLTAIRE, **Dicionário filosófico** (orig. publ. 1694 e 1770, trad. Bruno da PONTE e João Lopes ALVES, São Paulo: Abril – os Pensadores, vol. XXIII, 1973, p. 91-301, verbete *Direito – Direito das gentes, direito natural, direito público*, p. 159-161, seção primeira, p. 159-160).

1349 Ver, a respeito, **Tratado** (tomo 12 – **Direito internacional no tempo de Vattel e von Martens**, item – *ensaio de balanço do direito internacional no século XVIII*). Como se observa, é pena que não nos tenha dado VOLTAIRE a sua formulação, sobre o direito internacional e sobre o direito natural, e que estas fossem mais claras e mais fundamentadas: conceitualmente não se justifica, mesmo se humanamente se compreende, ser mais fácil criticar o trabalho dos outros do que construir algo novo. Um ataque insidioso como esse pode causar muito dano à reputação de um autor e à evolução de toda a disciplina!

1350 VOLTAIRE, **Histoire de l'empire de Russie sous Pierre le grand**, divisée en deux parties (1760-1762, in VOLTAIRE, **Œuvres historiques**, édition présentée, établie et annotée par René POMEAU, Paris: Gallimard – Pléiade, © 1957, impr. 2010, p. 337-602, p. 533): "Droit des gens – Ce droit qui est plus souvent réclamé que bien connu, et dont jamais l'étendue et les limites n'ont été fixées, a reçu dans tous les temps bien des atteintes".

Mas, o mesmo VOLTAIRE, em outra obra,[1351] não deixava de se indignar, quanto reportava violações cometidas contra o direito da guerra e o direito das gentes.[1352]

Tanto mais curiosa essa atitude, quando se considera, que o mesmo irreverente VOLTAIRE, parece exprimir a sua convicção em 'lei natural', que, como tal, estaria 'inscrita no coração dos homens', como se lê, em seu curioso 'poema sobre a lei natural'. Cabe reportar esse trecho, a respeito da concepção de VOLTAIRE, acerca da 'lei natural':

> dos cristãos divididos as infames querelas
> em nome do Senhor, causaram mais males
> derramaram mais sangue e cavaram mais túmulos
> que o vão pretexto de útil equilíbrio
> jamais desolou a Alemanha e a França.[1353]

Intelectualmente desonesta a condenação, em bloco, dos principais autores do direito internacional, até a sua época.[1354] Tanto mais por não nos dizer quem ele colocaria, no lugar dos autores que renega.

[1351] VOLTAIRE, **Précis du siècle de Louis XV** (in **Œuvres historiques**, édition présentée, établie et annotée par René POMEAU, Paris: Gallimard – Pléiade, © 1957, impr. 2010, p. 1297-1571).

[1352] VOLTAIRE, **Précis du siècle de Louis XV** (ed. cit., 2010, p. 1372-1373) falava a respeito de: "les conventions établies entre les princes d'Allemagne, sont toujours regardés comme neutres et inviolables", mas apesar disso, o marechal de BELLE-ISLE e seu irmão teriam sido presos e mandados para a Inglaterra, durante a guerra de 1741. E assim: "le ministère de France réclama à la fois tous les privilèges des ambassadeurs et les droits de la guerre." A conclusão da história da violência cometida contra o marechal e seu irmão aparece vinte páginas mais adiante (VOLTAIRE, op. cit., ed. 2010, p. 1392-1393): "le ministère de Londres fit réflexion qu'on avait en France plus de prisonniers anglais qu'il n'y avait de prisonniers français en Angleterre. La détention du maréchal de BELLE-ISLE et de son frère avait suspendu tout cartel. On avait pris les deux généraux contre le droit des gens, on les renvoya sans rançon. Il n'y avait en effet pas moyen d'exiger une rançon, après les avoir déclarés prisonniers d'état, et il était de l'intérêt de l'Angleterre de rétablir le cartel".

[1353] Ver VOLTAIRE, ***Poème sur la loi naturelle*** (in VOLTAIRE **Mélanges**, préf. par Emmanuel BERL, texte établi et annoté par Jacques van der HEUVEL, Paris: Gallimard – Pléiade, 1965, p. 271-287, por exemplo, 'troisième partie', p. 282): "Des chrétiens divisés les infâmes querelles / Ont, au nom du Seigneur, apporté plus de maux, / Répandu plus de sang, creusé plus de tombeaux, / Que le prétexte vain d'une utile balance / N'a désolé jamais l'Allemagne et la France."

[1354] VOLTAIRE, **Dicionário filosófico** (1770, ed. bras., 1973, cit. p. 159-160), na célebre passagem, já mencionada: "PUFFENDORF estabeleceu inicialmente a existência de seres morais. 'São', diz ele, 'certos modos que os seres inteligentes unem às coisas materiais, ou aos

Na avaliação da contribuição de PUFENDORF também se manifestava Louis E. Le FUR, em curso na Haia, em 1927:[1355]

> verdadeiro teórico do direito natural, considerado como necessário e imutável, deduzido da natureza das coisas, pela razão; para ele a sociabilidade natural do homem é o princípio, do qual decorrem os seus direitos e os seus deveres. Segundo ele, a característica do direito positivo é constituir regra, colocada por vontade distinta, daqueles que a norma vai reger, e que lhes é superior. Não há lei que não seja comando superior, quer provenha de Deus ou de um homem. Não pode, assim, existir um direito das gentes positivo.[1356]

Não se encontra caráter de lei, nem nos tratados, que os estados celebram, nem nos usos, aos quais se submetem. Comenta-se que "os estados aparecem, já em PUFENDORF, como individualidades morais, distintas dos indivíduos, mas ele ainda se limita a declarar aplicáveis aos estados, o mesmo direito natural, que rege os indivíduos".[1357] Esse passo adicional, no sentido da compreensão dos estados como coletividades institucionais, e a respeito do direito internacional como a norma para regere tais relações, somente será dado com WOLFF.[1358]

movimentos físicos, tendo em vista dirigir ou restringir a liberdade das ações voluntárias do homem, para colocar alguma ordem, alguma conveniência e alguma beleza na vida humana'." [...] "Não é tudo. PUFFENDORF distingue muito curiosamente os modos morais simples e os modos de estima, as qualidades formais e as qualidades operativas. As qualidades formais são simples atributos, mas as operativas devem dividir-se cuidadosamente em originais e derivadas". / "Entretanto, BARBEYRAC comentou essas belas coisas que são ensinadas nas universidades. Nestas, as opiniões estão divididas entre GROTIUS e PUFFENDORF sobre questões dessa importância. [...] Nada contribuirá mais para tornar um espírito falso, obscuro e incerto, do que a leitura de GRÓCIO, PUFENDORF e de quase todos os comentadores do direito público".

1355 Louis Érasme LE FUR, **La théorie du droit naturel depuis le XVIIe siècle et la doctrine moderne** (RCADI, 1927, t. 18, p. 259-442).

1356 L. LE FUR (op. cit., 1927, p. 326-327) considera curioso ter a mesma argumentação servido a autores – como Arnold ROTGER, na **Dissertatio qua demonstratur jus gentium non dari** (Leyden) e os posteriores formalistas, na mesma linha – para negar a existência do direito internacional, por razões análogas. Surpreendentemente esses debates, 'negadores' do direito internacional, até hoje ainda encontram algum curso.

1357 L. LE FUR (op. cit., 1927, p. 327): "Les états apparaissaient déjà chez PUFENDORF comme des individualités morales distinctes des individus, mais il se borne encore à leur déclarer applicable le droit naturel qui régit ces derniers."

1358 Como se examina no **Tratado** (tomo 10 – **Direito internacional no tempo de C. van Bynkershoek e Christian Wolff**, cap. 22).

Ora, é preciso que exista norma jurídica, para reger as relações entre os estados:[1359] em mundo secularizado, essa norma imperativa somente pode ser encontrada no direito natural, decorrente do exercício da razão. Como atributo, decorrente da natureza (racional) do homem. O direito das gentes não passa de parte da lei natural, que se impõe aos homens, e rege todas as relações entre estes.[1360]

Ainda segundo LE FUR, em 1927, "a reação seria fatal, e PUFENDORF, ao menos em parte, foi por esta responsável":[1361]

> O sistema de PUFENDORF comporta vários pontos fracos. É evidentemente excessivo não ver, no direito internacional inteiro, se não um fragmento do direito natural; isso é abandonar a distinção, tão fecunda, que SUAREZ e GRÓCIO tinham feito, entre o direito internacional natural e o direito internacional, voluntário ou positivo. Ao rejeitar o método de observação – erro que tinham cuidadosamente evitado os grandes escolásticos – o direito internacional se vê destacado da realidade; ele se vê cortado de suas raízes.[1362]
> O outro erro de PUFENDORF foi ter pretendido demonstrar o direito internacional *more geometrico*, como encadeamento de deduções, extraídas de alguns postulados, dos quais, em primeiro lugar, figura a necessidade de vontade superior, única apta a colocar normas jurídicas. Talvez seja nessa predominância do papel da vontade, que se possa constatar, em PUFENDORF, o começo dos desvios, que logo virão tornar irreconhecível a doutrina tradicional.[1363]

[1359] Cfr. **Tratado** (tomo 5 – **Direito internacional no tempo de Francisco de Vitória**, cap. 13 – *estado como sujeito de direito internacional*).

[1360] Como se examina no **Tratado** (tomo 6 – **Direito internacional no tempo de Suarez, Gentili e Zouch**, item – *existência e conteúdo do direito internacional moderno*), contra e a favor do reconhecimento e da existência do direito internacional, com afirmação ou negação da existência deste se confrontaram, por exemplo: a favor, Nic. Andr. POMPEJI, **Dissert. de existentia iuris gentium** (Altdorf, 1688); contra, Andr. ROTYER ou ROTGER, **Dissertatio de non existentia iuris gentium** (Leyden, 1710) – com diferença em relação ao título mencionado por LE FUR (1927); e também, de P. B. van WYDENBRUGH, **Tract. iurid. Datur sed nondum habetur ius gentium** (Göttingen, 1783).

[1361] L. LE FUR (op. cit. 1927, loc. cit.): "Une réaction était fatale et PUFENDORF en est, en partie, responsable."

[1362] L. LE FUR (op. cit. 1927, p. 327).

[1363] L. LE FUR (op. cit. 1927, p. 328).

Por esse motivo, PUFENDORF foi duramente criticado por LEIBNIZ. Este o chama de 'jurista, pouco filósofo' – *vir parum jurisconsultus et minime philosophus.*

Mas, LEIBNIZ, por sua vez, cai no mesmo erro, quanto à concepção – por assim dizer – 'geométrica' do direito,[1364] quando o procura fazer decorrer, integralmente, de único princípio. Insiste LEIBNIZ, com muita razão, sobre o fato de que o direito não é o produto da vontade arbitrária de Deus, mas a expressão da razão divina, da própria natureza de Deus: "é verdade que Deus é o autor de todo o direito natural; mas não o é por sua vontade, mas por sua própria essência, exatamente por ser o autor da verdade".[1365] Este, assim, retorna à concepção escolástica, na qual os ditames da justa razão – *dictatum rectae rationis* – desempenhavam papel muito mais relevante, do que a vontade.

O que não discrepa da célebre formulação de GRÓCIO. Quando este apontava o direito natural, como resultante da razão.[1366]

Por sua vez, Franz WIEACKER, em 1967, fala[1367] em "uma racionalização e uma deseticização de que só PUFENDORF de novo se afastou". Ele, ademais, considera:

> A especificidade do jusracionalismo moderno não reside, tanto, na secularização, como na emancipação metodológica, em relação à teologia moral e à sua promoção, a uma ética social profana e autônoma. O pressuposto dessa emancipação era, certamente, a desconfessionalização, forçosa em virtude das grandes lutas religiosas, de um direito natural que, nas guerras religiosas, políticas e coloniais da época, teve de funcionar como a linguagem comum, de uma confrontação, que era também prosseguida, com recurso a armas espirituais; uma linguagem na qual teístas (como os espanhóis, além de ALTHUSIUS,

[1364] LEIBNIZ, **Le droit de la raison** (textes réunis et présentés par René SÈVE, Paris: Vrin, 1994).

[1365] LEIBNIZ, *Observ. de princip. juris* (§ 13).

[1366] H. GRÓCIO (op. cit., 1625, livro I, cap. I, § 10): "Jus naturale est dictatum rectae rationis." Sobre GRÓCIO, ver **Tratado** (tomo 7 – **Direito internacional no tempo de Hugo Grócio**, cap. 18).

[1367] Franz WIEACKER, **Privatrechtsgechichte der Neuzeit unter besonderen Berücksichtigung der deutscher Entwicklung** (Göttingen: Vandenhoeck-Ruprecht, 2ª ed. revista, 1967); tb. ___, **História do direito privado moderno** (com prefácio à edição portuguesa de F. WIEACKER, 1980, trad. A. M. Botelho HESPANHA, Lisboa, Fundação C. Gulbenkian, 4ª ed., 2010, entre outras passagens, p. 342-343).

> GRÓCIO e LEIBNIZ), adeptos das religiões naturais (como PUFENDORF, THOMASIUS e, em especial, Christian WOLFF), panteístas como ESPINOZA e ateus, como talvez HOBBES, se puderam confrontar e compreender. Nos gritos de guerra, e no troar das armas, dessa guerra dos cem anos entre Roma e Genebra, entre a igreja católica, de novo unida, e o calvinismo – guerra que as potências navais tinham transportado, para os mundos agora descobertos, para lá do mar – neste combate, dizia, todos eles, numa aliança destemida, em prol da justiça, fundaram, de novo, o direito das gentes, a teoria do estado e o direito privado, ao reorganizar, segundo um novo padrão, o colorido mosaico do direito natural antigo-medieval, e ao preencher a velha tradição, com aquela confiança segura no direito, que havia de transformar, de cima abaixo, nos séculos seguintes, a sociedade europeia e as suas colônias atlânticas.[1368]

Assinalava WIEACKER, o encadeamento entre temas e gerações, na configuração do moderno direito das gentes:

> O primeiro período, dos pensadores jusnaturalistas da época moderna (os teólogos morais e cultores de direito das gentes espanhóis, ALTHUSIUS e GRÓCIO) está, ainda, diretamente subordinado à tradição escolástica e teológica. Nele, não se tenta nem a ruptura polêmica, a partir de uma metafísica teocêntrica do direito, nem se constituem os pressupostos metodológicos, para um sistema jurídico autônomo.[1369] [...] Estes pensadores são fundadores do moderno direito natural, antes através da sua vontade prática, de impor o direito nos conflitos do seu tempo. Assim, os teólogos e juristas espanhóis fundamentaram, do ponto de vista da teologia moral, o direito da guerra e o direito internacional do seu tempo. [...]

1368 F. WIEACKER (op. cit., ed. 2010, p. 299-300): "Na hora do nascimento do jusracionalismo tiveram, portanto, influência fatores, quer de ordem prática, quer de ordem teórica. Por um lado, a tradição antiga foi utilizada diretamente na construção de uma nova ordem jurídica da guerra e do estado, das gentes e dos poderes públicos; ao mesmo tempo, o direito natural libertou-se da teologia moral e desenvolveu como uma ética social mundana e autônoma, os seus princípios a partir de premissas próprias (assim em HOBBES, PUFENDORF e Chr. WOLFF)"; v. tb. Heinz SCHILLING, *La confessionalisation et le système international* (in **L'Europe des traités de Westphalie**, dir. de L. BÉLY, Paris: PUF, 2000, p. 411-428).

1369 F. WIEACKER (op. cit., ed. 2010, p. 303): "GRÓCIO elabora os seus princípios jurídicos não através de dedução estrita a partir dos axiomas, mas através da invocação das autoridades teológicas e humanísticas, que tinham um caráter modelar para a ética de seu tempo".

Só uma segunda geração (HOBBES, ESPINOZA, PUFENDORF) elaborou as bases metodológicas, de um sistema jus racionalista autônomo, e combateu a dependência metodológica da ética social profana, em relação à teologia moral. O seu método foi estabelecido por HOBBES, sob a direta influência de DESCARTES, e de GALILEU; PUFENDORF tentou utilizar a racionalização e matematização, tornada com ela possível, para a tentativa de criar um sistema jusnaturalista geral, enquanto, ao mesmo tempo, completava a emancipação, em relação à teologia moral, da ortodoxia luterana.
Com isto, se libertava, finalmente, o espaço, para um sistema jus racionalista, no qual os princípios do direito natural aparecessem como leis naturais da sociedade. Um epígono desse estádio, Christian WOLFF, desdobrou e pormenorizou tanto o sistema que, a partir de então, este ficou em condições de ser adotado pela ciência jurídica positiva.[1370]

Na história constitucional, a obra crítica de Bogislav Philipp von CHEMNITZ – utilizando o pseudônimo Hippolitho a Lapide – **Dissertatio de ratione status in imperio nostro Romano-germanico**,[1371] descreve o Império alemão como uma *aristocratia monarchice ex parte administrata* – onde a administração monárquica é somente um aspecto incidental, enquanto o essencial é a administração estamental, que maciçamente assegura as liberdades das categorias estamentais. Certamente a publicação dessa obra deve ter despertado em PUFENDORF a vontade de escrever sua própria análise da constituição do império, na medida em que concorda com CHEMNITZ em afastar qualquer forma de estado misto, bem como de dupla soberania, ou na incorporação de considerações políticas de razão de estado no direito constitucional. Deve ter sido tentador, para ele, usar essa semelhança, para expor as consequências de CHEMNITZ, especialmente o fortalecimento das liberdades dos estamentos, face ao imperador, como irrealistas e especialmente perigosas para o equilíbrio instável

1370 F. WIEACKER (op. cit., ed. 2010, p. 303-304). Ver tb. **Tratado** (tomo 10 – **Direito internacional no tempo de C. van Bynkershoek e Christian Wolff**, cap. 22 – *Christian WOLFF (1679-1754)*).

1371 Bogislav Philipp von CHEMNITZ (1605-1678) [sob o pseudônimo Hippolitho a Lapide], **Dissertatio de ratione status in imperio nostro Romano-germanico**, in qua, tum, qualisnam reverà in eo status sit, tum, quae Ratio Status observanda quidem, sed magno cum Patria libertatu detrimento ... (Freistadii, anno 1647, s.n.e.).

da constituição imperial.[1372] Por isso não surpreende que a dissertação de CHEMNITZ seja a única obra com a qual extensamente se confronta PUFENDORF,[1373] nos capítulos 6 e 8 de sua obra sobre o direito público do império:

> Muitos consideram verossímil a avaliação de que ao imperador se atribui poder real e soberano, mas não absoluto, antes limitado por leis determinadas. Tanto quanto sei, essa concepção também é defendida nas universidades alemãs. Segundo minhas informações, foi Hippolithus a Lapide o primeiro a declarar isso, quando estava no auge a guerra entre o imperador e a Suécia. Somente os desavergonhados podem contestar a maioria das suas afirmações; mas ele também erra em muitas coisas, e obviamente ultrapassou os limites, em razão de seu ódio irrefreável contra a casa de Áustria. A proibição do livro somente contribuiu para aumentar o seu valor e a curiosidade dos eruditos em ler. Eu nem o teria mencionado, não fosse pelo fato de que muitos o valorizam, e seus opositores se limitam a trazer conversa fiada e lisonjas, em lugar de rebater os seus argumentos.
>
> Hipólito, com razão, tira o poder real do imperador, e o atribui aos estamentos. Mas é absurdo, que o submeta aos estamentos, e que a ele, por seu título orgulhoso, se conceda graciosamente a dignidade de funcionário. Como se um estado devesse necessariamente ser uma aristocracia, se não pudesse ser visto como uma monarquia absoluta, ou de qualquer modo se tivesse de reconhecer um chefe supremo, que não pode governar por sua própria vontade. Esta observação, por si só é suficiente para tornar inválida a maioria das suas

[1372] H. DENZER, *Nachwort* (in S. PUFENDORF, **Die Verfassung des deutschen Reiches**, hrsg. von H. DENZER, Stuttgart: Philipp Reclam – Universal Bibliothek, Nr. 966 [3], 1985, cit. p. 174): "CHEMNITZ Schrift ist die Reibungsfläche, an der sich PUFENDORFs Erörterungen über die Staatsform des Reiches und seine Staatsräson entzundeten. Ohne sie wäre PUFENDORFs Reichsverfassungsschrift sicher nicht in dieser Form, wahrscheinlich überhaupt nicht entstanden."

[1373] A visão crítica de PUFENDORF foi expressa na obra sobre o estado do império germânico, **De statu Imperii germanici**, publicada, em 1667, publicada originalmente sob o curioso pseudônimo de Severinus de Monzambano. Como adiante se examina, ainda neste mesmo capítulo. Ver SEVERINUS DE MONZANBANO, Veronensis, **De statu Imperii germanici ad Laelium fratrem, Dominum Trezolani, Liber unus** (orig. publ. 1667, edição 1684, na verdade publicada em 1685, "editio novissima, additionibus necessariis aucta atque emendata", MDCLXXXIV).

razões, sem discussão adicional. É claro que existem alguns pontos de vista controversos entre eles, uma seleção dos quais gostaríamos de discutir aqui. Certa vez, ele disse que a soberania reside nos estamentos, porque estes a mantém, mesmo quando não há imperador. Claro, todos sabem que, em todos os reinos, durante um interregno, a soberania retorna ao povo ou aos seus representantes. Mas estes não a mantém, quando um novo rei é entronizado.[1374]

Apesar das diferenças, ambos trouxeram contributos importantes, para a compreensão da constituição do império, após a paz de Vestfália.[1375] Neste domínio, como na formação do direito administrativo, destacam-se:

> Nestas duas disciplinas foram estabelecidas as bases, para uma ciência alemã do estado, instruída no pensamento político europeu de MAQUIAVEL, BODIN, GRÓCIO, HOBBES e ESPINOZA e nos seus princípios políticos e morais. Os mais importantes desses teorizadores alemães, do estado e da sociedade, como ALTHUSIUS e Samuel PUFENDORF, pertencem já à próxima época do jusracionalismo.[1376]

Ao traçar paralelos, entre GRÓCIO e PUFENDORF, assinala WIEACKER, que o método matemático de demonstração do conhecimento, adotado e difundido por DESCARTES – que teria tanta influência, sobre várias áreas do conhecimento, na idade moderna – somente foi publicado depois de GRÓCIO já ter escrito o **De jure belli ac pacis**,[1377] e portanto, não teve qualquer influência, sobre ele.

A suposta influência não poderia ter ocorrido, por absoluta impossibilidade cronológica – e, ademais, o que não menciona WIEACKER – vivia DESCARTES na Holanda, enquanto GRÓCIO estava exilado na França.

1374 S. PUFENDORF, **Die Verfassung des deutschen Reiches** (hrsg. von H. DENZER, op. cit., 1985, 6. Kapitel, Abs. 7 – *Die Ansicht des Hippolithus a Lapide*, p. 102-104, cit. p. 102-103).

1375 F. WIEACKER (op. cit., ed. 2010, p. 236).

1376 F. WIEACKER (op. cit., ed. 2010, p. 237). Ver também o prosseguimento dessa orientação no **Tratado** (tomo 11 – **Direito internacional no tempo do iluminismo**).

1377 Hugo GRÓCIO, **O direito da guerra e da paz** (intr. Antonio Manuel HESPANHA, trad. de Ciro MIORANZA, do original **De jure belli ac pacis**, col. clássicos do direito internacional, Ijuí: Ed. Unijuí, 2004, 2 vols.); e tb. na edição H. GROTIUS, **De jure belli ac pacis** (ed. facsimilar da tradução de Jean BARBEYRAC, "avec les notes de l'auteur même, qui n'avoient point encore paru en françois; & de nouvelles notes du traducteur", orig. publ. Amsterdã: chez Pierre DUCOUP, 1724, reimpr. Caen: Publications de l'Univ. de Caen, 1984, 2 tomos).

E, assim, pela distância geográfica, contato pessoal não teria ocorrido. E, pela proximidade temporal, as datas de publicação excluem a influência, por meio das obras.

Mas o método de DESCARTES teria profundamente influenciado PUFENDORF, e o estilo de demonstração matemática, repercutido na obra deste último.[1378] Assim, a PUFENDORF teria cabido levar, à sua conclusão lógica, o método matemático, aplicado ao direito internacional – um verdadeiro *jus gentium more geometrico.*

Até mesmo pela denominação – *more geometrico* – de clara 'inspiração' espinoziana. Bem como as qualidades e os defeitos, que daí possam resultar.

As obras de PUFENDORF – e, especialmente, seu grande tratado sobre o direito natural e das gentes, **De jure naturae et gentium** –, tomam a forma rigorosa de proposições, estipuladas como axiomas, e das quais são deduzidas detalhas conclusões. Esse método dedutivo ainda não se encontrava, aplicado como tal, em GRÓCIO.[1379]

Com relação à base de direito natural, observava A. TRUYOL Y SERRA, em 1995: "no direito internacional, PUFENDORF deve mais a HOBBES que a GRÓCIO".[1380]

Não parece discrepar de tal interpretação o já referido F. WIEACKER:

> Enquanto o positivismo político de HOBBES encontrou, por todo o lado – em virtude do seu caráter profundamente contraditório, em relação às concepções jurídicas comuns à Europa e, sobretudo, à tradição idealística do direito natural – uma oposição apaixonada, e não teve sequer influência, na própria Inglaterra, em virtude da vitória do Parlamento, sobre os últimos STUARTS, e da influência de John LOCKE, as posições, de que HOBBES partiu, no domínio da declaração da vontade e da vinculação contratual (**De**

[1378] F. WIEACKER (op. cit., ed. 1967, p. 307-308)

[1379] No mesmo sentido, TANAKA Tadashi, *Grotius's method: with special reference to Prolegomena* (in **A normative approach to war: peace, war and justice in Hugo Grotius**, ed. by Y. ONUMA, Oxford: Clarendon Press, 1993, p. 11-31, cit. p. 12-13): "since he does not seek for methodology in itself, it is wrong to conclude, from selective quotations, that he adopted a mathematical method. What he did was to adopt a method congenial to the intellectual climate of his time."

[1380] Antonio TRUYOL y Serra, **Histoire du droit international public** (Paris: Economica, 1995, p. 86-88): "En tant que luthérien, il [PUFENDORF] n'ignore évidemment pas l'existence d'un ordre divin révélé pour la direction de la conduite humaine; mais il le différentie clairement de l'ordre fondé sur la raison, notamment en ce qui concerne la vie en société. Quant au droit des gens, PUFENDORF doit plus à HOBBES qu'à GROTIUS".

Cive, I, 2), influenciaram, de forma duradoura, o jusracionalismo, sobretudo por intermédio de PUFENDORF.[1381] [...]
LEYSER, já atingido pelo jusracionalismo, segue PUFENDORF e fundamenta as decisões positivas, por vezes diretamente no direito natural, e uma vez por outra, precisamente em PUFENDORF.[1382]

É preciso situar a ampla influência de PUFENDORF, sobre a história das ideias, no contexto do seu tempo. Muito além dos limites específicos do direito internacional 'clássico'.

Pode-se ensaiar paralelo entre os papeis, respectivamente desempenhados por PUFENDORF e por GALILEU. E este, já a partir da pioneira experimentação, com seu **Diálogo sobre os dois máximos sistemas do mundo ptolomaico e copernicano**, de 1632, busca a averiguação de leis naturais, e justamente, a partir de leis naturais, de tipo particular, ele tenta deduzir leis mais gerais e, finalmente, axiomas.[1383]

Através desse progresso, intelectual e científico, em direção a formulações, cada vez mais gerais, desencadeado por GALILEU, se formam sistemas coesos da época, tais como: a **Ética geometricamente demonstrada** de 1674, de ESPINOZA,[1384] a imagem física da natureza em NEWTON, **Os princípios matemáticos da filosofia natural**, de 1687,[1385] bem como e

1381 F. WIEACKER (op. cit., ed. 2010, p. 344). V. Thomas HOBBES, **Do cidadão** (orig. publ. **Philosophical rudiments concerning government and society**, trad., apres. e notas Renato J. RIBEIRO, São Paulo: Martins Fontes, 3a. ed. 2002); ___, **De Cive** (the Latin version, ed. by Howard WARRENDER, Oxford: Univ. Press, 1984).

1382 F. WIEACKER (op. cit., ed. 2010, p. 246).

1383 Galileu GALILEI, **Diálogo sobre os dois máximos sistemas do mundo ptolomaico e copernicano** (1632, **Dialogo sopra i due massimi sistemi del mondo tolemaico e copernicano**, trad., intr. e notas de Paulo Rubén MARICONDA, São Paulo: Ed. 34 / Associação filosófica Scientia studia, 2013).

1384 B. de SPINOZA, **Éthique démontrée selon la méthode géometrique** (orig. publ. **Ethica more geometrico demonstrata**, 1674, notice, trad., prés. et annotée par R. CAILLOIS, in **Œuvres complètes**, Paris: Gallimard-Pleiade, © 1954, impr. 1992, p. 301/596); B. de SPINOZA, **Traité des autorités théologique et politique** (orig. publ. **Tractatus theologico-politicus**, 1670, notice par Madeleine FRANCÈS e Raymond MISRAHI, in **Œuvres complètes**, Paris: Gallimard-Pleiade, © 1954, impr. 1992, p. 597/908); B. de SPINOZA, **Traité de l'autorité politique** (notices par Madeleine FRANCÈS, in **Œuvres complètes**, Paris: Gallimard-Pleiade, © 1954, impr. 1992, p. 909/1044).

1385 Isaac NEWTON, **Philosophiae naturalis principia mathematica** (orig. publ. 1687, Londini: juxta Societatis regiae ac Typis J. Streater, 3 vols., MDCLXXXVII).

com importância não menor, os sistemas jus racionalistas. Apesar da aparente diversidade dos respectivos campos de aplicação, existe interrelação entre os vários esforços, de construção de sistemas coesos e de modos ordenados de compreender o conjunto da realidade.[1386]

A respeito de PUFENDORF, voltando a WIEACKER, este nota: "o seu esboço contribui para a compreensão das novidades, da investigação metódica da natureza e do progresso do jusnaturalismo, desde ALTHUSIUS e GRÓCIO, até ao jusracionalismo sistemático, de HOBBES e PUFENDORF".[1387] Isso se exprime, como grande transformação da visão de mundo:

> A explicação renascentista da natureza baseava-se, ainda, na harmonia medieval do mundo, que remontava ao pitagorismo, ao **Timeu** de PLATÃO, e ao neopitagórico PROCLOS – a metafísica de Giordano BRUNO, o conhecimento do espírito de MONTAIGNE, de Francis BACON, e a teoria estética da alta renascença italiana, são idealistas-intelectualistas, em sentido estrito. Entre os fundadores do novo jusracionalismo ainda pertencentes ao renascimento (ALTHUSIUS, os espanhóis e GRÓCIO), bem como os sistemáticos da geração seguinte (HOBBES, ESPINOZA, PUFENDORF), manifesta-se uma relação semelhante, que não seria compreensível, sem estas complicadas origens, da imagem moderna da natureza.[1388]

Nessa visão de mundo, haverá de se encontrar lugar, para situar a teologia luterana: "a teologia moral luterana aplica-se, ainda mais decididamente, à metafísica escolar da escolástica tardia; será com esta teologia moral, que terá de se bater PUFENDORF, no seu combate emancipador.[1389]

Na figura de PUFENDORF, conjugam-se, desse modo, jusnaturalismo e jusracionalismo. Com a especificidade do contexto jurídico internacional, ao qual se volta parte relevante de sua reflexão:

[1386] Como se considera no **Tratado** (tomo 20 – **Direito internacional, história e cultura**, itens 1.2 – *pensamento científico moderno e a caça às bruxas* e 1.3 – *do mundo fechado ao universo infinito*).
[1387] F. WIEACKER (op. cit., ed. 2010, p. 286-287).
[1388] F. WIEACKER (op. cit., ed. 2010, p. 288).
[1389] F. WIEACKER (op. cit., ed. 2010, p. 296).

Os fundadores do jusracionalismo ligaram-se às várias versões da tradição baixo medieval. Enquanto GRÓCIO se reporta mais aos teólogos morais e juristas espanhóis e, através deles, ao idealismo tomista, HOBBES – e através dele, PUFENDORF – eram herdeiros de um nominalismo voluntarista, que lhes fora transmitido pela tradição inglesa, e por DESCARTES.
Em toda essa evolução, desde a baixa Idade média, o jusracionalismo é, no entanto, justamente considerado, como tendo preparado o racionalismo das modernas teoria e ciência do direito. É certo que não se pode encontrar esse racionalismo apenas na 'secularização', isto é, no alijar da vontade do criador sobrenatural, pela autonomia da razão humana. Nós sabemos hoje, que foi, precisamente, através da ideia da espontaneidade suprarracional da vontade de Deus, que a orientação voluntarista do jusracionalismo (HOBBES, THOMASIUS), chegou a um irracionalismo histórico-positivista, e a variante idealística-naturalista (LEIBNIZ, Chr. WOLFF) remonta, através das verdades racionais eternas de S. TOMÁS DE AQUINO, ao idealismo da Antiguidade (PLATÃO, ARISTÓTELES). De fato, a maior parte dos pensadores jusracionalistas foram cristãos, que acreditavam na revelação (os espanhóis, GRÓCIO, PUFENDORF, LEIBNIZ, e o próprio THOMASIUS).[1390]

Na grande controvérsia em torno do jusnaturalismo, se expõem as diferenças de concepção do direito natural entre VICO[1391] e os internacionalistas GRÓCIO, SELDEN e PUFENDORF.[1392] E, especificamente, como se viu, a diferença estaria já na base da vida em sociedade: VICO se fundamenta nos juristas romanos antigos, e mostra o papel do direito natural, como ponto de partida, como premissa da regulação da vida em sociedade, por meio do direito.

Enquanto isso, os outros três explicam o direito natural, como sistema filosófico. O que acarreta diferenças, quanto aos efeitos do direito natural, quer como base, quer como resultado da ordenação da vida em sociedade.

1390 F. WIEACKER (op. cit., ed. 2010, p. 298-299).

1391 Bruce Anthony HADDOCK, **Vico's political thought** (Brynmill, Inglaterra: Mortlake Press, 1986).

1392 B. A. HADDOCK (op. cit., 1986, esp. caps. 5, '*Society*' e cap. 6, '*Politics*', p. 113-203). Acima referido.

Algo diversa é a interpretação de PUFENDORF, desenvolvida por outros autores, como Richard TUCK, em 1987,[1393] e Istvan HONT, 1987.[1394] Para ambos, PUFENDORF seria a figura mestra, de toda a escola do direito natural e das gentes – *jus naturae et gentium* –, e não mais, simplesmente, de um direito natural – *jus naturae* –, como se cogitava até então.[1395] O objeto, em PUFENDORF, seria o direito natural – aplicado às relações entre os povos – *jus naturae et gentium* – e este dado, assim, não configura mero detalhe terminológico. Em sua nova visão, um direito natural e das gentes começa a se distinguir da concepção do direito natural, que existira até então.

No direito internacional, PUFENDORF segue as grandes linhas de GRÓCIO, mas se opõe à tese de direito natural de livre comunicação, que GRÓCIO retoma de VITÓRIA. Assim, PUFENDORF, rejeita o direito

1393 Richard TUCK, *The 'modern' theory of natural law* (no volume **The languages of political theory in early modern Europe**, edited by Anthony PAGDEN, Cambridge: Univ. Press, © 1987, edition 1990, p. 99-119).

1394 Istvan HONT, *The language of sociability and commerce: Samuel Pufendorf and the theoretical foundations of the 'four-stages theory'* (in PAGDEN, **The languages of political theory in early-modern Europe**, op. cit., 1990 p. 253-276, cit. p. 253-4) mostra como e quanto PUFENDORF teria contribuído com fundamentos, para a formulação da teoria da sociedade comercial, em Adam SMITH, e da concepção deste, a respeito da era do comércio – *age of commerce* –, como o quarto e decisivo estágio, no desenvolvimento social da humanidade: "The intimate continuity between earlier natural law theories of property and [Adam] SMITH's four stage theory of history does not need elaborate demonstration." Ver tb. Adam SMITH (1723-1790), **Inquérito sobre a natureza e as causas da riqueza das nações** (orig. publ. **An Inquiry into the nature and causes of the wealth of nations**, 1776, trad. da 6ª ed., Londres: Methuen & Co., pref. de Hermes dos SANTOS, trad. e notas de Teodora CARDOSO e Luís Cristovão de AGUIAR, Lisboa: Fundação C. Gulbenkian, 1993, 2 vols.), este é sempre lembrado pelo seu mais conhecido título, mas esquecem-se outras obras.

1395 No mesmo sentido, Jean-Pierre BOIS, **La paix** – Histoire politique et militaire 1435-1878 (Paris: Perrin, 2012, chap. 5 – *La paix européenne à l'épreuve de Louis XIV. Le temps des congrès*, p. 251-319, cit. p. 268-269): "dans le développement de la pensée de GROTIUS, des juristes se penchent sur l'approfondissement du droit naturel, ainsi Samuel von PUFENDORF, luthérien, saxon, titulaire de la chaire de droit naturel de l'Université de Lund, en Suède. Le **Droit de la nature et des gens**, publié en 1672, lui vaut une grande réputation et lui permet de devenir secrétaire d'état et historiographe du roi CHARLES XI. Attaché à rechercher les voies de la paix internationale autrement que par la guerre, il ramène tout à la prévalence du droit naturel, constitutif du droit international. Il estime, comme GROTIUS, qu'il existe entre les nations, bien qu'elles soient divisées entre états dont les rapports sont généralement conflictuels, une société commune, la communauté internationale, dont les intérêts sont supérieurs à ceux de chacun des états qui la constituent."

natural de comunicação, entre os povos – o *jus communicationis*, de matriz vitoriana –, mas, por sua vez, inova ao afirmar o princípio da igualdade jurídica dos estados.[1396] Daí resulta mutação estrutural, na maneira de conceber e fundamentar as premissas basilares, de todo o sistema de convivência internacional organizada. E por isso, aqui se inscreve PUFENDORF como expressão de um direito internacional 'clássico', e não mais do direito internacional 'moderno', como ainda se aplicava, em relação a GRÓCIO.

PUFENDORF confere ao princípio da igualdade jurídica dos estados – implicitamente recebido de HOBBES – a condição de enunciado basilar do direito internacional.[1397] Mas a 'igualdade jurídica dos estados', como

[1396] J. B. SCOTT, **Le principe de l'égalité juridique dans les rapports internationaux** (RCADI, 1932, t. 42, p. 467-630).

[1397] Celso D. de A. MELLO, *Aspectos gerais do direito internacional público contemporâneo* (XI Curso de derecho internacional, Rio de Janeiro, "organizado por el Comitê jurídico interamericano, con la cooperación de la Secretaria general de la OEA, en agosto de 1984", Washington: O.E.A.- secretaria general, 1985, p. 3-27, 'princípio da igualdade', p. 14-15): "Este princípio tem, segundo doutrinadores, a sua origem na Paz de Vestfália (1648) onde se consagrou a igualdade das religiões. Na doutrina, entre os denominados 'fundadores do direito internacional', o princípio da igualdade foi defendido por Samuel PUFENDORF e Emeric De VATTEL. Entretanto, somente no século XIX, com a universalização do direito internacional, que o princípio da igualdade foi consagrado. Porém o que sempre se defendeu foi a igualdade da Revolução francesa, isto é, uma igualdade abstrata, que não levava em consideração a condição econômica concreta. Ela defendia a existência de uma igualdade natural, mas não era contra a desigualdade advinda da própria vida social. Esta sempre foi tradicionalmente a posição do direito internacional público, sendo que na segunda conferência de paz da Haia, o representante do Brasil precisou defender a igualdade entre pequena e grande potência. / Na Carta da Organização das Nações Unidas ainda vamos encontrar a noção de 'grandes', ou seja, dos membros permanentes do Conselho de segurança. O direito internacional público explica de um modo jurídico o que só tem razão na política. O direito internacional público, a fim de não ser posto de lado, passa a observar qualquer realidade política e procura não apenas explicá-la, mas também justificá-la, dando-lhe, assim, legitimidade. A igualdade, desde que a sociedade internacional deixou de ser eurocêntrica, transformou-se em uma verdadeira ficção. Essa ficção, aplicada nas relações internacionais econômicas, beneficia sempre os países ricos. A igualdade jurídica só pode existir se nós reconhecemos a existência de uma desigualdade econômica e que ela deve ser compensada. É de se recordar que, em 1923, em parecer consultivo da CPJI (sobre questões relativas a colonos alemães nos territórios cedidos pela Alemanha à Polônia) dizia: 'é necessário que haja uma igualdade de fato e não somente uma igualdade jurídica formal'. / De um modo geral, o que afirmamos acima veio a ser aplicado quando se reivindicou o princípio da não-reciprocidade nas relações comerciais entre países ricos e pobres, como, por exemplo, na cláusula de nação mais favorecida. Esta tese foi consagrada em protocolo que modifica o acordo do GATT em 1965. Podemos mencionar, ainda, como aplicação da não-reciprocidade, o sistema geral de preferências, reivindicado pelos

premissa ordenadora do sistema, teve de percorrer longo percurso histórico, antes de ser aceita, primeiro conceitualmente, e a seguir, colocada em prática.

Hoje, pode nos parecer inerente à lógica do sistema, ter a 'igualdade jurídica dos estados', como premissa ordenadora do sistema internacional – mesmo convivendo com a desigualdade de fato, militar, política e econômica, e também a desigualdade jurídica, ante o poder de veto, dos cinco membros permanentes, do Conselho de segurança da ONU.[1398] Antes disso, durante séculos, se tinham colocado estudos e estudiosos, no sentido oposto, de buscar definir e afirmar critérios, com base nos quais se determinaria a precedência, deste ou daquele estado, em relação a outros.[1399]

PUFENDORF acentua o processo, que se poderia chamar de progressiva 'institucionalização' do direito internacional, encetado por GRÓCIO. O que me parece mais correto afirmar, do que se pretender falar em suposta 'laicização' do direito internacional.[1400]

Nesse processo de progressiva institucionalização do direito internacional, mesmo alinhados, ambos, por concepções do 'direito natural' – e ainda mais PUFENDORF, do que GRÓCIO – ambos se afastam, ulteriormente, dos laços que os ligavam aos primórdios do direito internacional 'moderno' e à tradição escolástica. Porque, em PUFENDORF já se trata de um 'direito natural das gentes'. Como etapa ulterior de sua elaboração.

Como PUFENDORF ressalta,[1401] GRÓCIO deve ser cortado de seus predecessores; mas não pode, nem deve PUFENDORF, ser visto como continuador dos pensadores de fundamentação escolástica,[1402] nem tampouco

países pobres, com respeito aos ricos em suas relações econômicas, defendido na Conferência das Nações Unidas sobre comércio e desenvolvimento, e consagrado por alguns países como, por exemplo, o Japão, ou ainda pela CEE (Convenção de Lomé, 1975)."

[1398] Cfr. H. ACCIOLY, G. E. do NASCIMENTO E SILVA, P. B. CASELLA, **Manual de direito internacional público** (São Paulo: Saraiva, 26ª ed., 2023, item 3.6.2 – *direito à igualdade*).

[1399] Ver **Tratado** (tomo 8 – **Direito internacional além do paradigma vestfaliano**, item – *sobre dignidade e precedência entre estados e povos*) para ilustrar como se teve de mudar a premissa básica de ordenação da sociedade internacional, até se chegar à igualdade jurídica dos estados.

[1400] Pelas razões já expostas no início do presente capítulo.

[1401] Samuel von PUFENDORF rebate as críticas contra suas duas obras de 1672 e 1673 e desenvolve seus argumentos no **Specimen controversiarum circa ius naturale ipsi nuper motarum** (publicado em Uppsala, 1678).

[1402] PUFENDORF, no primeiro capítulo, intitulado 'a origem e o desenvolvimento do estudo do direito natural' do **Specimen controversiarum circa ius naturale ipsi nuper motarum** do próprio GRÓCIO. Assim se insere a evolução do direito internacional 'clássico', em linha que, segundo PUFENDORF, deveria ligar GRÓCIO a HOBBES, e, daí, ao próprio PUFENDORF.[1403]

Pode-se considerar – e ter dúvidas sobre – o que GRÓCIO pensaria a respeito? Este, possivelmente, se via, muito mais, como prosseguimento e perfazimento da linha internacionalista, oriunda de VITÓRIA e de SUAREZ.[1404] Mas não teve como deixar de influenciar, o que pensaram e disseram, a respeito dele, as gerações seguintes.[1405]

A ambição científica de PUFENDORF fica patente desde a sua obra de juventude, **Elementa** ou **Elementorum jurisprudentiae universalis libri tres**, de 1660, na qual pretendeu colocar os fundamentos do direito natural, como sistema hipotético dedutivo, com vinte e uma definições, além de dois axiomas e cinco observações.[1406] Ao tempo de sua grande obra, **De jure naturae et gentium**, em 1672, essas formalidades tinham sido deixadas de lado, mas o aspecto substancial foi basicamente mantido:[1407] "a insistência no caráter científico do direito natural – inspirada pelo Cartesianismo e por HOBBES –, foi uma renovação da ambição de GRÓCIO, de utilizar a matemática, como ideal condutor do direito natural, ideal esse a maior parte do tempo submergido por sua formação humanista".[1408]

(1678, p. 1-26, cit. p. 10), enfatiza que ninguém, antes de GRÓCIO, tinha produzido obra sem contaminação de teorias de autores anteriores: *"Accinxit porro sese Grotius ad moliendum opus, in quo nulla priorum vestigia ipsum regebant"*.

1403 GRÓCIO destaca o direito natural do direito positivo e os coloca nessa ordem. Cfr. **Tratado** (tomo 7 – **Direito internacional no tempo de Hugo Grócio**, cap. 18), GRÓCIO, nessa passagem do **De iure belli ac pacis**, fundamenta seu raciocínio a partir da distinção feita por Moisés MAIMONIDES no **Guia dos perplexos**. Ver Moisés MAIMONIDES, **Le guide des égarés** (traduit de l'arabe par Salomon MUNK, préf. de Claude BIRMAN) suivi de **Le traité des huit chapitres** (traduit de l'arabe par Jules WOLF, préf. Franklin RAUSKY, nouv. éd. révue par Charles MOPSICK, Paris: Verdier, © 1979, impr. 1996).

1404 Como se examinou extensamente no **Tratado** (tomo 7 – **Direito internacional no tempo de Hugo Grócio**, cap. 18).

1405 Cfr., especificamente, no **Tratado** (tomo 7 – **Direito internacional no tempo de Hugo Grócio**, item 18.7 – *herança crítica e repercussão da obra de GRÓCIO*).

1406 S. PUFENDORF, **Elementorum jurisprudentiae universalis libri tres** (1660)

1407 S. PUFENDORF, **De jure naturae et gentium** (1672).

1408 Knud HAAKONSEN, **Natural law and moral philosophy** – From Grotius to the Scottish Enlightenment (Cambridge: Univ. Press, 1996, esp. 1.6 – *Samuel PUFENDORF*, p. 37-43 e 1.7 – *Reactions to PUFENDORF*, p. 43-46, cit. p. 37): "PUFENDORF took his stand against the Lutherans of his day by insisting on LUTHER's own assertion of the rational and moral gulf

Enfatizava PUFENDORF dois conceitos que lhe valeram consideráveis críticas, mesmo de seus colegas, professores universitários, alemães e luteranos. Ambos merecem ser retomados:

– o primeiro enunciado, no sentido de que nenhuma ação humana é, em si, intrinsecamente, boa ou má, mas terá de ser avaliada, em seu contexto – ações não teriam qualidades morais inerentes, como tem características físicas, que as constituem – mas, antes, tem qualidades morais 'imputadas' a estas, em decorrência da aplicação a esta ação, de regras e parâmetros, escolhidos por determinado grupo social, para tal fim;

O reparo central a tal afirmação é a suposta relativização, de todos os valores morais. E a incerteza, que daí decorreria. Ao mesmo tempo, em que a evolução posterior aponta, fazer sentido a 'relativização', proposta por PUFENDORF.

– o segundo conceito básico, foi o de que todo o direito natural pode ser interpretado como meio, para buscar a conservação da sociedade. Isso parece comparável à visão de HOBBES, a respeito do direito natural.

A concepção de direito natural permeia o direito internacional, em PUFENDORF. Mas, aí, cabe indagar: qual é o direito 'natural', que serve de base, para a construção do sistema de direito internacional deste?

Como uma das premissas centrais, o 'mais alto princípio', PUFENDORF chamou, a vontade de Deus; e somente porque todos os homens acreditavam em um Deus, com poder sobre eles, estes se sentiam obrigados a fazer algo, que de outro modo não fariam":[1409]

PUFENDORF acreditou, que podemos determinar, o que Deus quer que façamos, considerando qual é o nosso melhor interesse, de longo prazo: sabe-

between God and man. However, whereas the reformer was led from this to a suspicion and neglect of natural law, the natural lawyer saw the possibility of developing it as a complete 'science of morals', sharply separate from moral theology and analogous to the new deductive science."

[1409] Richard TUCK, *The 'modern' theory of natural law* (in **The languages of political theory in early modern Europe**, ed. by Anthony PAGDEN, Cambridge: Univ. Press, © 1987, edition 1990, p. 99-119).

mos o que Deus quer que seja preservado, e assim, sabemos o que estamos obrigados a fazer, para a nossa preservação. [...] PUFENDORF sempre enfatizou que o conteúdo do direito era a questão importante [...]. E como disse PUFENDORF, o problema era determinar o que era moralmente certo.[1410]

Em suma, para situar as premissas centrais da obra de Samuel PUFENDORF, desde os seus elementos de jurisprudência universal, **Elementa** ou **Elementorum jurisprudentiae universalis libri tres**, de 1660, negava a existência de direito das gentes positivo – *jus gentium* –, quando se entenda este, como distinto do direito natural – *jus naturale*.[1411] Já então sustentava, somente estarem os estados universalmente sujeitos ao direito natural.[1412]

Tal assertiva pode tornar mais difícil a fundamentação do direito internacional, como sistema. Mas, mesmo assim, PUFENDORF constrói a sua compreensão do fenômeno jurídico internacional, com base na premissa da igualdade jurídica dos estados. O que não era habitual a seu tempo, mas tornou-se o eixo do vigente sistema onusiano – com a derrogação parcial de tal igualdade, consentida pelo conjunto dos contratantes da **Carta** da ONU.

Além disso, obviamente, haveria direitos, decorrentes de estipulações, contidas em tratados, bem como decorrentes de costumes, "observados entre nações civilizadas", mas, sustentava PUFENDORF, estes eram direitos somente válidos, entre os estados, que se tivessem obrigado pelo tratado, mas deste sempre poderiam se retirar. De modo equivalente, também poderia um estado deixar de reconhecer determinado costume. E não mais aceitar ser, por este, vinculado.

Condutas, tais como o descumprimento de tratado ou deixar de reconhecer determinado costume, obviamente, poderiam sujeitar o estado

1410 R. TUCK, *The 'modern' theory of natural law'* (1987, ensaio cit., p. 106): "The 'highest principle' upon which PUFENDORF called was the will of God; it was only because all men believed in a God who had power over them, that they felt obliged to do something which they might not otherwise choose to do. (...) PUFENDORF believed that we determine what it is that God wills us to do, by considering what is in our best, long-term *interest*: we know what God wishes to be preserved, and therefore we know that we are obliged to do whatever is necessary for our preservation. (...) PUFENDORF always emphasized that the contents of the law was the important issue (...). As PUFENDORF said, the problem was to determine what was morally right".

1411 Samuel von PUFENDORF, **Elementorum jurisprudentiae universalis libri tres** (1660)

1412 S. von PUFENDORF, **Elementorum jurisprudentiae universalis libri tres** (1660; Lib. I – *definitio* 13, § 24-26).

a consequências desagradáveis, tais como represálias e censuras, mas PUFENDORF não parece dar muita importância, a tais efeitos. Refere alguns casos de condutas tais, que em diferentes épocas, não foram suficientes para fazer cessar tais condutas, por parte de príncipes e de generais.

De modo semelhante, manifestou-se PUFENDORF, em sua obra maior, **De jure naturae et gentium**, de 1672.[1413] O que, opinava Ludwig von BAR, em 1916,[1414] "não seria somente errôneo, como perigoso".[1415] E, dada a reputação do autor, levaria à sua aceitação.

Desse modo, não seria possível para costume, em harmonia com o estado presente de desenvolvimento da comunidade internacional, gradualmente assumir caráter vinculante.

Hildebrando ACCIOLY, no seu **Tratado**,[1416] menciona ter sido GRÓCIO o "coordenador de todos os princípios e doutrinas, nessa matéria, consagrados nos séculos anteriores, e também o ponto de partida de seu desenvolvimento ulterior".[1417] E que, contra ou a favor, debruçar-se-ão sobre GRÓCIO todos os autores na área do direito internacional,[1418] comentava que Samuel von PUFENDORF não foi exceção: "o século XVII ainda produziu escritores e deu lugar a fatos, que tiveram bastante influência sobre o desen-

1413 Samuel von PUFENDORF, **De jure naturae et gentium** (1672; Lib. II, cap. 3, § 23).

1414 Ludwig von BAR, *Einleitung / Introduction* (datada de Götingen, 1913, in S. RACHEL, **De jure naturae et gentium dissertationes**, 1676, ed. 1916, em alemão, vol. I, p. 7a-16a; em inglês, vol. II, p. 7a-16a). A respeito de Samuel RACHEL (1628-1691) e sua obra ver o precedente capítulo 19, neste tomo.

1415 L. von BAR (intr. cit., 1913, ed. 1916, p. 7): "Sie war aber nicht nur irrig, vielmehr auch gefährlich."

1416 Hildebrando ACCIOLY (1888-1962), **Tratado de direito internacional público** (terceira edição histórica, com prefácio P. B. CASELLA, São Paulo: Quartier Latin / Brasília: Fundação Alexandre de Gusmão, 2009, 3 vols.).

1417 ACCIOLY, **Tratado** (terceira edição, 2009, vol. I, cap. II – *Desenvolvimento histórico das relações internacionais e do direito internacional público*, p. 84-131, §§ 80-82, sobre GRÓCIO e § 83, sobre ZOUCH e PUFENDORF).

1418 Como extensamente considerado no **Tratado** (tomo 7 – **Direito internacional no tempo de Hugo Grócio**, cap. 18), sem esquecer da atuação de Hugo GRÓCIO, em outros setores, como humanista, filósofo, teólogo, músico, astrônomo, poeta e historiador, e que deixou obras nesses campos do saber, além da teoria e da prática do direito e das relações internacionais. Como ilustra, do mesmo, seu **Traité du pouvoir du magistrat politique sur les choses sacrées** (do original em latim **De imperio summarum potestatum circa sacra**, edição facsimilar da edição publicada anonimamente em Paris, em 1751, com falsa menção a Londres, na página de rosto, trad. de Charles Armand L'Escalopier de NOURAR, présentation de Vincent GUILLAUME, Caen: Publications de l'Univ. de Caen, 1991).

volvimento do direito internacional". E nessa linha, mencionava Richard ZOUCH (1590-1660) e Samuel PUFENDORF (1632-1694).[1419]

Em suma, no conjunto do século XVII, apesar da dimensão da figura e da obra de GRÓCIO, desenvolvimentos ulteriores, tais como os feitos por ZOUCH e PUFENDORF agregam outras visões, ao direito internacional desse tempo, que passou a ser 'clássico'. Por agregar elementos adicionais ao direito internacional, em relação ao que este fora, no tempo 'moderno'. Como aqui se considerou, em relação a PUFENDORF.

O tratado de PUFENDORF sobre o **Direito da natureza e das gentes**, de 1672, faz do contrato social a base racional do estado. A partir dessa mesma racionalidade, ordenar-se-ão as relações interestatais. Como grau sucessivo e mais amplo da ordenação das relações humanas.

Alinha-se, assim, PUFENDORF – sobretudo em suas obras sobre o direito natural e das gentes –[1420] com GRÓCIO, na fundamentação do direito internacional, baseado na razão. E, no que se convenciona denominar de doutrina do direito das gentes, com base no direito natural. Mas, como ressaltado,[1421] no caso de PUFENDORF, o desenvolvimento da doutrina do direito das gentes se fez com alguns dados específicos.

PUFENDORF, como luterano, não ignorava o papel de ordem divina, na condução dos negócios humanos, mas a diferenciava, claramente, da ordem fundada na razão, como premissa para a construção da vida em sociedade. Conforme já observado.[1422]

[1419] ACCIOLY, **Tratado** (terceira edição, 2009, vol. I, cap. II, § 83, sobre ZOUCH e PUFENDORF, p. 96).

[1420] S. PUFENDORF, em sua obra principal **De jure naturae et gentium** (publicada em Lund, 1672), da qual o tratado **De officio hominis et civis iuxta legem naturalem** (publicado em Lund, 1673), constitui versão resumida; ___, **Les devoirs de l'homme et du citoyen** – tels qu'ils sont prescrits par la loi naturelle (traduit du latin par Jean BARBEYRAC, Londres: chez Jean Nourse, 1712, 2 vols., edição facsimilar Caen: Centre de philosophie politique et juridique, data de publicação, na capa 1984 / pág. rosto 1989).

[1421] P. AVRIL, *Pufendorf* (in **Les fondateurs du droit international public : leurs œuvres, leurs doctrines**, introduction de A. PILLET, Paris: V. Giard & E. Brière, 1904, p. 331-383).

[1422] Antonio TRUYOL y Serra, **Histoire du droit international public** (Paris: Economica, 1995, p. 86-88): "En tant que luthérien, il [PUFENDORF] n'ignore évidemment pas l'existence d'un ordre divin révélé pour la direction de la conduite humaine; mais il le différentie clairement de l'ordre fondé sur la raison, notamment en ce qui concerne la vie en société. Quant au droit des gens, PUFENDORF doit plus à HOBBES qu'à GROTIUS".

Demonstrou-se[1423] quanto PUFENDORF foi importante, para a evolução posterior da história do pensamento.[1424] Porquanto PUFENDORF teria contribuído com fundamentos para a formulação da 'teoria da sociedade comercial', em Adam SMITH, e da concepção deste a respeito da 'era do comércio' – *age of commerce* –,[1425] como o quarto e decisivo estágio do desenvolvimento social da humanidade. Estes elementos específicos merecem ser lembrados, como razão pela qual o internacionalista PUFENDORF é também frequentemente citado, mesmo fora do contexto específico do direito internacional 'clássico'.

Em suma, como dito, mesmo se PUFENDORF segue as grandes linhas de GRÓCIO, as contribuições dos dois não se confundem, porquanto PUFENDORF se opõe à tese de direito natural de livre comunicação – o célebre *jus communicationis*, que GRÓCIO retomou de VITÓRIA.[1426] Afirma PUFENDORF o princípio da igualdade jurídica dos estados,[1427] recebido de HOBBES, e, como referido, ao qual PUFENDORF confere a condição

[1423] Cfr. Richard TUCK (ensaio cit., in PAGDEN, op. cit., 1990, p. 99-119).

[1424] Istvan HONT, *The language of sociability and commerce: Samuel Pufendorf and the theoretical foundations of the 'four-stages theory'* (in **The languages of political theory in early modern Europe**, ed. by A. PAGDEN, Cambridge: Univ. Press, © 1987, edição 1990, p. 253-276, cit. p. 253-4), já referido: "The intimate continuity between earlier natural law theories of property and [Adam] SMITH's four stage theory of history does not need elaborate demonstration.".

[1425] Adam SMITH, **Inquérito sobre a natureza e as causas da riqueza das nações** (orig. publ. **An Inquiry into the nature and causes of the wealth of nations**, 1776, ed. cit., Lisboa, 1993, 2 vols.).

[1426] A respeito, ver **Tratado** (tomo 5 – **Direito internacional no tempo de Francisco de Vitória**, cap. 14); escreveu Hugo GRÓCIO, em carta, de 3 de dezembro de 1639, ao seu irmão mais novo, Willem de GROOT: "De minha parte, as coisas que escrevi, não somente creio sejam verdadeiras, mas servem também para remover alguns obstáculos à paz cristã, na qual ainda mais consigo acreditar. Que não nos seja dado ver cumprir-se esse bem, é, contudo, nosso dever derramar água e não óleo sobre o fogo, e plantar árvores, quem sabe úteis, para um outro século" (in **Epistolae quotquot reperiri potuerunt**, Amsterdam, 1987, app., Nº 474, p. 889, cfr. Peter HAGGENMACHER, *La paix dans la pensée de Grotius* (in **L'Europe des traités de Westphalie**, dir. de L. BÉLY, Paris: PUF, 2000, p. 67-79, cit. p. 79): "Ego haec quae scripsi non tantum vera esse puto, sed etiam pertinent ad auferenda impedimenta quaedam pacis Christianae, de qua minus minusque despero. Quod si nobis non datur conspectu eius boni fruti tamen officii nostri est, aquam igni, non oleum affundere et serere arbores alteri forte saeculo profuturas."

[1427] J. B. SCOTT, **Le principe de l'égalité juridique dans les rapports internationaux** (RCADI, 1932, t. 42, p. 467-630); v. **Tratado** (tomo 8 – **Direito internacional além do paradigma vestfaliano**, item – *sob o signo do Leviatã* e tomo 20 – **Direito internacional, história e cultura**, item 1.1 – *o Leviatã e suas transformações*).

de enunciado basilar do direito internacional.[1428] Podem soar parecidos, mas as premissas ordenadoras do sistema internacional são substancialmente distintas, em GRÓCIO e em PUFENDORF.

Ademais, claramente não faz sentido pretender que se acentue, com PUFENDORF, o suposto processo de 'secularização' do direito internacional, ao afastar este os laços, que ligavam os primórdios do direito internacional à tradição escolástica. Mesmo que isso seja frequentemente repetido.

PUFENDORF ressalta, em suas obras de 1672, 1673 e 1678, que na linha da evolução do direito internacional,[1429] GRÓCIO deveria ser cortado de seus predecessores. Isto pode e deve ser entendido, no sentido de não se poder nem dever vê-lo como mero continuador dos pensadores, de fundamentação escolástica.[1430] Ainda que o próprio GRÓCIO assim visse a si mesmo.

Ao se falar em PUFENDORF, deve-se inseri-lo na linha que liga GRÓCIO a HOBBES.[1431] E deste, ao próprio PUFENDORF, porquanto pretende puxar para mais perto de si GROCIO – e afastá-lo de seus predecessores. Assim se exprime PUFENDORF, o que sucessivas gerações farão, cada uma com a sua leitura, a respeito da obra de GRÓCIO.[1432]

[1428] C. D. de Albuquerque MELLO, no já mencionado curso, *Aspectos gerais do direito internacional público contemporâneo* (XI Curso de derecho internacional, Rio de Janeiro, "organizado por el Comitê jurídico interamericano, con la cooperación de la Secretaria general de la OEA, en agosto de 1984", Washington: O.E.A.- secretaria general, 1985, p. 3-27), a respeito do 'princípio da igualdade' (1985, p. 14-15) ressaltava que entre os denominados 'fundadores do direito internacional', foi o princípio da igualdade defendido por Samuel PUFENDORF e também por Emer de VATTEL. Sobre VATTEL, ver **Tratado** (tomo 12 – **Direito internacional no tempo de Vattel e von Martens**, cap. 24).

[1429] Samuel von PUFENDORF rebate as críticas contra suas duas obras de 1672 e 1673 e desenvolve seus argumentos no **Specimen controversiarum circa ius naturale ipsi nuper motarum** (publicado em Uppsala, 1678).

[1430] PUFENDORF, no primeiro capítulo, intitulado 'a origem e o desenvolvimento do estudo do direito natural' do **Specimen controversiarum circa ius naturale ipsi nuper motarum** (1678, p. 1-26, cit. p. 10), enfatiza que ninguém, antes de GRÓCIO, tinha produzido obra sem contaminação de teorias de autores anteriores: *Accinxit porro sese Grotius ad moliendum opus, in quo nulla priorum vestigia ipsum regebant"*.

[1431] Ver **Tratado** (tomo 8 – **Direito internacional além do paradigma vestfaliano**, item – *sob o signo do Leviatã* e tomo 20 – **Direito internacional, história e cultura**, item 1.1 – *o Leviatã e suas transformações*).

[1432] Como se considerou no **Tratado** (tomo 7 – **Direito internacional no tempo de Hugo Grócio**, esp. item 18.6 – *a enorme presença de GRÓCIO no direito internacional moderno*). Cf. referido, GRÓCIO, nesta passagem do **De iure belli ac pacis**, fundamentava seu raciocínio

Para designar linhagem de encadeamento e de desenvolvimento do direito internacional, como apontado:[1433] se GRÓCIO soube manter o equilíbrio, entre os elementos natural e positivo, como base, inabalável e insubstituível, de qualquer teoria, sobre o fundamento do direito, PUFENDORF teria "deixado absorver todo o direito internacional pelo direito natural". Não foi exatamente o que ocorreu. Antes o oposto, no sentido de afastar o direito internacional do direito natural, como fariam, mais tarde, respectivamente, BYNKERSHOEK e MOSER.[1434]

A compreensão de que todo o direito natural pode ser interpretado, como meio para buscar a conservação da sociedade, parece comparável à visão de HOBBES, a respeito do direito natural.[1435] O que, como exposto, pode parecer questionável. Sobretudo quando se tenta aplicar isso a PUFENDORF.

Tampouco parece adequada a interpretação, quando se faz reparo ao papel excessivo do direito natural, na concepção do direito internacional em PUFENDORF. Pela mudança na compreensão e na fundamentação do direito internacional no direito natural, na obra deste. Enquanto, curiosamente, se apontou a medida, na qual ainda se considerariam comparáveis as concepções de PUFENDORF e de HOBBES?

a partir da distinção feita por Moisés MAIMONIDES (1135-1204) no **Guia dos perplexos**, cf. edição, já referida, ___, **Le guide des égarés** (traduit de l'arabe par Salomon MUNK, préf. de Claude BIRMAN) suivi de **Le traité des huit chapitres** (traduit de l'arabe par Jules WOLF, préf. Franklin RAUSKY, nouv. éd. révue par Charles MOPSICK, Paris: Verdier, © 1979, impr. 1996).

1433 Louis Érasme LE FUR, **La théorie du droit naturel depuis le XVIIe siècle et la doctrine moderne** (RCADI, 1927, t. 18, p. 259-442, cit. p. 324).

1434 Ver **Tratado** (tomo 10 – **Direito internacional no tempo de C. van Bynkershoek e Christian Wolff**, cap. 21, sobre BYNKERSHOEK, e tomo 12 – **Direito internacional no tempo de Vattel e von Martens**, item 25.1 – *de VON MARTENS ao 'direito público externo' de J. J. MOSER*).

1435 Richard TUCK, *The 'modern' theory of natural law* (1987, ensaio cit., p. 106): "The 'highest principle' upon which PUFENDORF called was the will of God; it was only because all men believed in a God who had power over them, that they felt obliged to do something which they might not otherwise choose to do. (...) PUFENDORF believed that we determine what it is that God wills us to do, by considering what is in our best, long-term *interest*: we know what God wishes to be preserved, and therefore we know that we are obliged to do whatever is necessary for our preservation. (...) PUFENDORF always emphasised that the contents of the law was the important issue (...). As PUFENDORF said, the problem was to determine what was morally right".

Conserva PUFENDORF a distinção, entre direito 'natural' e direito 'voluntário', e reafirma a necessidade de subordinação, deste último ao primeiro, na mesma linha de GRÓCIO. Critica-se a PUFENDORF atribuir lugar, quiçá excessivo, ao direito natural, identificado com o conjunto do direito das gentes, decorrente dos ditames da justa razão – *recta ratio* –, em detrimento do direito positivo.[1436] Esta contraposição entre 'naturalistas' e 'positivistas' se estendia já há tempos; e ainda haverá de perdurar, no processo de evolução histórica do direito internacional.[1437]

Ainda a respeito de PUFENDORF, "sua teoria política e jurídica era do gênero conhecido como 'direito natural', mas é importante notar, que essa denominação tinha conotação bastante distinta da atual":[1438]

> Não era um sistema coerente, nem tampouco conjunto uniforme de doutrina, mas linguagem prática, de amplo espectro, muito usada por diferentes teorias filosóficas. Em razão de sua utilização, como base comum, para matérias jurídicas e políticas, muitas das quais derivadas do direito romano e dos comentaristas deste, tinha a aparência de uma certa coerência.[1439]

O que se coaduna com o que se examinou, no conjunto do presente capítulo. E, cabe ainda ressaltar, ter sido, contudo, o principal tratado de PUFENDORF, **Direito da natureza e das gentes**, de 1672, bem como sua edição abreviada em forma de manual, **Sobre os deveres do homem e do cidadão**, de 1673, que deram forma ao direito natural, de tal modo, que este se tornou matéria de ensino, tanto filosófico quanto jurídico, fre-

1436 NGUYEN Quoc Dinh, P. DAILLIER e A. PELLET, **Droit international public** (Paris: LGDJ, 3ᵉ ed., 1994, par. 25, p. 55); Celso D. de A. MELLO, **Curso de direito internacional público** (Rio de Janeiro: Renovar, 15ª ed., 2004, vol. I, § 58, p. 178); A. A. CANÇADO TRINDADE, *A* ***recta ratio*** *nos fundamentos do* ***jus gentium*** *como direito internacional da humanidade* (in **A humanização do direito internacional**, Belo Horizonte: Del Rey, 2006, p. 3-29, cit. p. 12).

1437 Como ulteriormente se examina no **Tratado** (tomos 11 – **Direito internacional no tempo do iluminismo** e 13 – **Direito internacional no tempo do concerto europeu**).

1438 Knud HAAKONSEN, *Samuel PUFENDORF 1632-1694* (in **The Oxford Handbook of the History of International Law**, ed. by B. FASSBENDER e A. PETERS, Oxford: Univ. Press, 2012, cap. 49, p. 1102-1105).

1439 K. HAAKONSEN (cap. cit., 2012, p. 1102) nota o papel pioneiro, desempenhado por Hugo GRÓCIO, nessa utilização seletiva do direito natural, e tinha como principal elemento caracterizador ver este como seu fundador.

quentemente adotado, em toda a Europa e mesmo além desta, como parte de amplo processo de modernização educacional, legal e institucional.[1440]

Por isso, justifica-se a citação, no sentido de ressaltar que:

> O direito natural, em PUFENDORF, não é uma norma fundamental – *Grundnorm* –, fundada em uma ou outra forma de autoridade transcendente, que proporciona conteúdo normativo abrangente, por meio do qual normas morais e direito positivo podem ser medidos. O direito natural é, certamente, concebido como ordenado por Deus, mas tanto seu *status* próprio, como seu conteúdo jurídico efetivo, são matéria de observação empírica e a ser inferido de tal observação.[1441]

Na 'visão luterana' de PUFENDORF, a humanidade não pode ter acesso à mente divina, exceto através das manifestações passiveis de observação, provenientes da inteligência suprema. Estas 'manifestações passíveis de observação' incluem, como ponto central, a inexorável dependência da humanidade, quanto à sua capacidade e vontade, para a vida em sociedade. Se imaginarmos a exclusão de todas as relações sociais, encontramos um suposto 'ser natural', hipotético e desencarnado, que discrepa de todas as necessidades e ambições da espécie, e dos meios de consecução destas.

Mas, a inteligência humana também tem a capacidade de avaliar, que a resultante desordem tornaria a humanidade uma peça incongruente, inserida no conjunto da criação do mundo por Deus. E, assim, toda a natureza, incluindo a natureza humana, como evidência empírica da vontade divina – e mesmo para o mais limitado entendimento – se põe a necessidade e a conveniência de manter a ordenação da vida em sociedade:[1442]

[1440] Knud HAAKONSEN (cap. cit., 2012, p. 1102-1103); K. HAAKONSEN, **Natural law and moral philosophy** – From Grotius to the Scottish Enlightenment (Cambridge: Univ. Press, 1996, esp. 1.6 – *Samuel PUFENDORF*, p. 37-43 e 1.7 – *Reactions to PUFENDORF*, p. 43-46); ___, *Natural Law* (in J. SKORUPSKI, ed., **Routledge Companion to Ethics**, London: Routledge, 2010, p. 76-87).

[1441] Knud HAAKONSEN (cap. cit., 2012, p. 1103).

[1442] A respeito da concepção de PUFENDORF, observa Knud HAAKONSEN (cap. cit., 2012, p. 1103): "When we notice the overwhelming power of a Creator who has such intentions, we have reasons to expect repercussions for non-compliance. This combination of understanding of: (1) reasons for actions by reference to the goods of life, and (2) the enforceability of compliance, is what PUFENDORF understands by obligation". Ver tb. K. HAAKONSEN,

O conteúdo do direito natural é, simplesmente, que nós devamos viver em sociedade, mas o que isso quer dizer depende, inteiramente, de nossas circunstâncias específicas, e de nossas respostas a isso. A vida social decorre de escolhas humanas, ou de atos de vontade, quer individual, quer coletivamente, ao se adotarem normas, distinções, restrições, instituições, transformam-se seres humanos naturais, em ampla variedade de personas sociais, caracterizadas por suas funções. Na linguagem de PUFENDORF são impostas 'entidades morais' às 'entidades naturais'.[1443]

O meio, mais importante para a organização da humanidade, que permita a esta viver em sociedade, movida por suas necessidades, e por seu próprio interesse, é o estado. 'Estado' que PUFENDORF ainda caracteriza em termos contratuais, como análogo às pessoas, individualmente consideradas.

Existe ambiguidade fundamental na teoria de PUFENDORF sobre a obrigatoriedade do direito natural? Se a ênfase é colocada na autopreservação, então a obrigação se resume ao interesse próprio – segundo o modelo de HOBBES – o que, obviamente, PUFENDORF queria evitar; se a ênfase é colocada na sociabilidade inerente, surge um dilema interessante: a sociabilidade pode ser entendida como dado marcante da natureza humana. O que dispensaria o papel de qualquer divindade, exceto como criador. A moral seria empreitada puramente humana, inteiramente autocontida, e a sua regulação, pelo direito natural, estaria completamente segregada de toda a teologia.
Essa segregação era uma das principais preocupações de PUFENDORF, e há, assim, um forte argumento para interpretar a sociabilidade como habilidade ou inclinação natural. Contudo, nesse caso não faria sentido falar em sociabilidade como *lei*, e não faria sentido falar em obrigação desta, muito menos invocando Deus. PUFENDORF diz todas essas coisas. Se, contudo, a sociabilidade é a vontade de Deus, para a humanidade, então a questão de nossa obrigação, em relação a Deus, se coloca em toda a sua extensão.[1444]

Natural law and Personhood: Samuel Pufendorf on Social Explanation (in **Max Weber Lecture Series**, No. 2010/06, at http://cadmus.eui.eu/handle/1814/14934).

1443 Knud HAAKONSEN (cap. cit., 2012, p. 1103): "The types of such offices can be established in general terms and much of PUFENDORF's major natural law writing is devoted to this task, but specific offices are determined by the given social situation, which is the subject of history. And PUFENDORF was as much a historian as a natural lawyer".

1444 Knud HAAKONSEN, **Natural law and moral philosophy** (op. cit., 1996, 1.6 – *Samuel PUFENDORF*, p. 37-43, cit. p. 42-43 e 1.7 – *Reactions to PUFENDORF*, p. 43-46, cit. p. 43):

A ideia do 'estado', como pessoa jurídica, com identidade distinta das pessoas humanas, inclusive daqueles exercendo cargos de autoridade, que exprimem a vontade do 'estado' – na medida em que a paternidade de tal vontade lhes possa ser atribuída –[1445] poderia ser considerada uma das principais contribuições de PUFENDORF.[1446] No sentido dessa visão institucional do estado avançará Christian WOLFF, ainda no contexto do direito internacional 'clássico', já na primeira metade do século XVIII.[1447]

Ao servir, cada um, os interesses de seus cidadãos, os estados se encontram, em estado de natureza, e – da mesma forma – tem de regular os seus próprios interesses, ajustando-os à convivência, uns com os outros, segundo a norma básica da sociabilidade, e as consequências, decorrentes de tal imperativo. Aí se inscreve o papel do direito das gentes, do qual as partes, que se aplicam aos estados, tem caráter 'absoluto', tais como, por exemplo, a proscrição da guerra, exceto em casos de necessidade extrema; enquanto outras normas teriam caráter 'hipotético', pressupondo a existência de alguma espécie de relações, entre os estados. Isso tinha sido denominado, por autores anteriores, respectivamente, como 'direito das gentes necessário' e 'direito das gentes voluntário', mas a ideia central é a mesma: às normas basilares, para reger a convivência pacífica, entre sujeitos de direito internacional, se acrescem outras, que podem ser pactuadas, na extensão da 'vontade' e da 'conveniência' dos estados, ao ordenarem, entre si, as suas respectivas relações internacionais, como por exemplo enviar e receber representantes diplomáticos.[1448]

"These ambiguities gave rise to a debate which lasted for a generation or more, and which was as fierce as any in the history of philosophy. It also helped to secure to PUFENDORF an influence that was European in scope and lasted well into the eighteenth century."

[1445] A respeito da 'corporificação' do estado, como fenômeno característico da era moderna, ver **Tratado** (tomo 8 – **Direito internacional além do paradigma vestfaliano**, item – *sob o signo do Leviatã*, tomo 20 – **Direito internacional, história e cultura**, item 1.1 – *o Leviatã e suas transformações*, bem como tomo 5 – **Direito internacional no tempo de Francisco de Vitória**, cap. 13 – *estado como sujeito de direito internacional – a contribuição de Maquiavel e Bodin*).

[1446] Em defesa da contribuição de PUFENDORF, ver David BOUCHER, *Pufendorf and the person of the state* (in **Political theories of international relations** edited by D. BOUCHER, Oxford: Univ. Press, 1998, p. 223-254).

[1447] Como se examina, no **Tratado** (tomo 10 – **Direito internacional no tempo de C. van Bynkershoek e Christian Wolff**, cap. 22).

[1448] Sobre o direito de legação como expressão do direito das gentes voluntário em GRÓCIO, ver **Tratado** (tomo 7 – **Direito internacional no tempo de Hugo Grócio**, item 18.5 – *Direito das gentes voluntário e direito de legação*); sobre alguns aspectos da evolução histórica das relações

Ambas as modalidades de convivência – normas 'absolutas', assim como normas 'hipotéticas', derivam da obrigação dos estados, de zelar pela sociabilidade, que se exprime, internacionalmente, como paz. A paz internacional seria expressão da implementação institucional e normativa da sociabilidade, entre sujeitos de direito internacional.[1449] Embora a extensão das normas 'hipotéticas', ainda, ao menos em parte, dependa das circunstâncias do tempo e do reconhecimento, pelos mesmos agentes, do que seja esse sistema internacional.[1450]

> Ao lado do olhar para as necessidades universais, porém mínimas, do direito natural, os estados – como também qualquer pessoa, física ou jurídica – precisa, assim, ter a habilidade de reconhecer o verdadeiro interesse, da *persona* em questão, e equilibrar esses dois tipos de considerações, uns em relação aos outros. O dever universal de sociabilidade, imposto pelo direito natural e das gentes, impõe que olhemos, para os nossos interesses específicos, mas para cuidarmos destes nossos interesses, devemos levar em consideração os limites da lei.[1451]

O estado de direito está expresso, em sua ideia central. Isso se aplica tanto em âmbito interno, como nas relações, entre os integrantes do sistema. O que vem a se exprimir como institucionalização da sociedade internacional, e a progressiva consolidação de normas cogentes de direito internacional geral – o que mais e mais se experimenta e se reconhece, apesar de vozes contrárias ainda se fazerem ouvir. [1452]

diplomáticas, ver G. E. do NASCIMENTO E SILVA, P. B. CASELLA, O. BITTENCOURT Neto, **Direito internacional diplomático** – a Convenção de Viena sobre relações diplomáticas na teoria e na prática (São Paulo: Saraiva, 4ª ed., revista, atualizada e ampliada, 2012).

1449 Ver também as considerações desenvolvidas no início do presente tomo, no item – *sistemas internacionais coesos.*

1450 Knud HAAKONSEN (cap. cit., 2012, p. 1104): "it is clear that for PUFENDORF the law of nations proper provides for only the most elemental universal moral order, because humans needs and interests are overwhelmingly particular in their expression, and must be satisfied with regard to the specific social and political context. Accordingly, the so-called voluntary or positive law of nations that is created purely by the legislation of individual states and by particular agreements between states is not law proper."

1451 Knud HAAKONSEN (cap. cit., 2012, p. 1104).

1452 A respeito, Jacques-Yvan MORIN, **L'état de droit – émergence d'un principe de droit international** (RCADI, 1995, t. 254, p. 9-462, cit. p. 25-26) já mostrava a extensão na qual,

Dentre as três vertentes da obra de PUFENDORF – direito natural e das gentes, as obras históricas e as obras de defesa do protestantismo – as separações podem ser menos estanques, do que poderia inicialmente parecer: "as obras teóricas de PUFENDORF sobre o direito natural e das gentes e as suas obras históricas principais estão, assim, inerentemente conectadas":

> O 'estado', como pessoa jurídica, com os seus próprios direitos e deveres, somente se torna um modo efetivo de sociabilidade, se esses direitos e deveres tiverem precedência, sobre aqueles dos seus elementos constitutivos – ou seja, cada um dos indivíduos – onde é preciso que exista soberania, suprema e incontestada, que pode ser absoluta ou limitada, dependendo das circunstâncias. 'Soberania', assim, acarreta a supremacia territorial, ideia que levou PUFENDORF a discernir a 'soberania', não somente entre os estados europeus, como também entre as tribos americanas. Ao mesmo tempo, o direito da natureza e das gentes, ao definir a 'paz', como a função do estado, limita-o em relação a outras funções, especificamente em relação a cada um de seus membros.[1453]

A racionalização do papel do estado, como expressão do dever de sociabilidade, para o conjunto da sociedade humana, e não somente em relação àqueles que o compõem, se projeta, no momento seguinte, como a racionalização da convivência, entre os estados, pautada pela obrigação principal de manter entre estes a paz – como 'norma absoluta' do direito das gentes. E, ter esta 'norma absoluta' como premissa central, na obra de PUFENDORF, faz ser a paz o estado 'natural' – em contraposição à ideia

desde os séculos XVII e XVIII, a liberdade individual passou a constituir, no pensamento liberal dominante, o objeto central do governo – *l'objet même du gouvernement*. Desse modo, o poder tornou-se a obsessão central – *la grande hantise* – da reflexão política, pois, contrariamente às ideologias que sustentam o enfraquecimento progressivo do estado, muitos espíritos liberais aceitam a necessidade social do poder, mas pretendem controlá-lo e ordená-lo, com o espaço o mais abrangente possível, para as liberdades individuais, submetendo os governos e os seus agentes ao direito, e mais tardiamente, à eleição democrática.

1453 K. HAAKONSEN (cap. cit., 2012, p. 1104-1105): "This suite of concepts, the state's personhood, its supreme sovereignty, its territoriality, its duty to the law of nations as a minimal universal order within which to pursue its shifting self-interests, constitutes the theoretical core of PUFENDORF's contribution. Viewed historically, it was his attempt to deal with the situation of Europe in the wake of the Peace of Westphalia, not least that of the German Empire".

da 'guerra de todos contra todos', na concepção do estado de natureza, tal como este é formualdo, em HOBBES.

E esta norma basilar da convivência pacífica se soma à tentativa de acrescer conjunto de normas de convivência e de 'sociabilidade' – entre estes mesmos estados – sob a forma das normas hipotéticas, do direito das gentes, normas essas que podem ser voluntariamente adotadas, entre dois ou mais sujeitos internacionais, segundo o tempo e as circunstâncias. Seguindo as escolhas e a conveniência destes – e que se tornam vinculantes, depois de aceitas.

O modelo de direito internacional, em PUFENDORF, representa passo considerável em relação aos seus predecessores, e muito nos aproxima de concepções que se desenvolveriam, nos três séculos seguintes. Seus efeitos e questionamentos se estendem até os nossos tempos, em relação às questões centrais, da própria existência e das premissas de operacionalidade de um sistema institucional e normativo internacional.

Contrariamente a algumas avaliações críticas, a respeito da obra de PUFENDORF, entendo que a contribuição deste vai muito além do papel de mero sistematizador de concepções anteriores, e sobretudo de GRÓCIO – como algumas análises apressadas da contribuição de PUFENDORF parecem sugerir. Entendo e sustento que este internacionalista teve e tem méritos, que não podem ser negligenciados, ao se buscar a compreensão da evolução histórica, no âmbito do direito internacional clássico. O parâmetro pufendorfiano foi, e continua a ser, marco influente sobre numerosos autores, que a ele se seguem. Esse sentido de continuidade histórica se dá, mesmo quando se rejeita, no todo ou em parte, a sua contribuição.

Depois de cotejar algumas dentre as críticas à concepção do direito internacional e do direito natural em PUFENDORF, se pode passar ao exame – ainda que breve – da contribuição de PUFENDORF como historiador (20.2). Além de internacionalista e polemista, defensor do protestantismo, PUFENDORF também cultivou e desenvolveu relevante obra histórica, sobre o Império germânico, sobre a Suécia e sobre a Prússia. Sua reflexão histórica pode ser ampliada, para análise comparativa dos estados em relação ao papel desempenhado pela razão de estado,[1454] na condução de políticas públicas e das relações exteriores.

1454 Cf. se considera, neste tomo, nos itens – *sistemas internacionais coesos* bem como – *o teatro europeu segundo RICHELIEU.*

20.2. PUFENDORF COMO HISTORIADOR

Samuel PUFENDORF que, como GRÓCIO, durante certo tempo integrou o serviço diplomático sueco, depois se tornou professor das universidades de Heidelberg e Lund, completou sua principal obra **Direito natural e das gentes**, em 1672. Dez anos depois, ele publicou o primeiro volume da **Introdução à história dos principais reinos e estados da Europa**, e volumes ulteriores (II-III) apareceram nos anos seguintes. Esse impressionante tratado sobre questões europeias foi, a seguir, ampliado a outros continentes, constituindo uma **Introdução à história da Ásia, África e América**.

C. H. ALEXANDROWICZ (1968-69, ed. 2017)[1455]

Escolas de juristas floresceram nas muito numerosas universidades alemãs, em Iena, em Marburgo, em Giessen, mais tarde em Tübingen, com também Halle ou Göttingen. O mais célebre dentre estes foi, sem dúvida, Samuel von PUFENDORF (1632-1694). Ao mesmo tempo teólogo, jurista, historiador, filósofo e filólogo, como se podia ser naquele tempo, ele foi professor em Lund, historiógrafo do rei da Suécia, CARLOS XI (1660-1699), e a partir de 1684, historiógrafo do grande eleitor de Brandemburgo, em Berlim. Seu método para escrever a história de um estado era de compreender-lhe o motor essencial, que se pode chamar 'razão de estado'. Mas essa razão de estado dependia, a seus olhos, da estrutura desse estado – *forma imperii*. Ele buscou, assim, em vão, definir a estrutura do Sacro Império, que não era nem uma monarquia, nem uma aristocracia, nem uma democracia, o que o levou a ver o Império como um corpo irregular e similar a um monstro – *irregulare aliquid corpus, et monstro simile*.

Béatrice NICOLLIER (2012)[1456]

1455 C. H. ALEXANDROWICZ, *Pufendorf-Crull and the Afro-Asian World* (orig. publ. 1968-69, in **The Law of Nations in global history**, ed. by D. ARMITAGE and J. PITTS, Oxford: Univ. Press, 2017, p. 158-162, cit. p. 158).

1456 Béatrice NICOLLIER, **Le Saint Empire romain germanique au temps des confessions (1495-1648)** (Paris: Ellipses, 2012, *Conclusion*, p. 175-179, cit. p. 175-176): "Des écoles de juristes fleurirent dans les très nombreuses universités allemandes, à Iéna, Marbourg, Giessen, plus tard Tübingen, Halle ou Göttingen. Le plus célèbre d'entre eux est sans doute Samuel von PUFENDORF (1632-1694). À la fois théologien, juriste, historien, philosophe et philologue, comme on pouvait l'être à cette époque, il fut professeur à Lund, historiographe du roi de Suède CHARLES XI (1660-1699), puis, dès 1684, historiographe du grand électeur de

O velho jurista PUFENDORF, vindo de Estocolmo para Berlim, como historiógrafo, aceitou escrever em latim a primeira biografia do Grande Eleitor (postumamente publicada, em 1695). Suas obras foram traduzidas em francês, por um huguenote, o que logo lhes conferiu uma audiência europeia.

Michel KERAUTRET (2010)[1457]

Os desígnios são fruto das ideias, aplicadas à política exterior. E as ideias dos espanhóis da época eram fundados no princípio da monarquia católica, exercida pela casa da Áustria, segundo critério messiânico e religioso, que não se pode ignorar. [...] No século XVII, a Europa cultivou o estudo do que hoje chamamos a diplomacia, sob a forma de densos volumes, tratando da história e dos modos de relação entre os estados. [...] dois grandes tratados, muito célebres, redigidos durante esse século, foram obra de dois diplomatas espanhóis, como também foi o caso dos tratados de CALLIÈRES, WICQUEFORT, GRÓCIO, PUFENDORF, BYNKERSHOEK, PENN, HOTMAN DE VILLIERS e outros.

M. A. OCHOA BRUN (2000)[1458]

PUFENDORF é um dos primeiros a exercer a escrita da história com muita precisão, e suas obras históricas se fundam em intensiva pesquisa de arquivos. Mas, não se pode dele exigir objetividade histórica. Em uma carta a [Christian] THOMASIUS, ele reconhece que, para ele, o interesse histórico e político

Brandebourg à Berlin. Sa méthode pour écrire l'histoire d'un état était d'en comprendre le ressort essentiel, qu'on peut appeler 'raison d'état'. Mais cette raison d'état, dépendait, à ses yeux, de la structure de cet état – *forma imperii*. Il chercha donc, en vain, à définir celle du Saint Empire, qui n'était ni une monarchie, ni une aristocratie, ni une démocratie, ce qui le conduisit à voir l'Empire comme un corps irrégulier et similaire à un monstre – *irregulare aliquid corpus, et monstro simile*."

1457 Michel KERAUTRET, **Histoire de la Prusse** (Paris: Seuil, 2005, impr. 2010, p. 111). O 'huguenote', responsável pela tradução das obras de PUFENDORF para o francês, que lhes "conferiu repercussão em escala europeia", foi, justamente, Jean BARBEYRAC, cuja defesa de PUFENDORF, contra as críticas à obra deste formuladas por G. LEIBNIZ foram extensamente referidas, na seção precedente.

1458 Miguel Ángel OCHOA BRUN, *La diplomatie espagnole dans la première moitié du XVIIe siècle* (in **L'Europe des traités de Westphalie**, dir. de L. BÉLY, Paris: PUF, 2000, p. 537-554, cit. p. 544-545): "Il s'agissait de l'**Embaxador** de Juan Antonio de VERA Y ZÚÑIGA (1620), bientôt traduit en français sous le titre **Le parfait ambassadeur**, et de **Advertencias para reyes, principes y embaxadores** de Cristobal de BENAVENTE Y BENEVIDES (1643)."

estavam inseparavelmente ligados. PUFENDORF escreve história segundo a sua 'objetividade subjetiva', na linha do propósito geral do estado, um estado concreto, no contexto de uma situação histórica concreta. [...] A escrita da história em PUFENDORF não tem genuína intenção histórica, antes é política, no antigo sentido do termo: ele indaga como um estado se constitui e o que o deve reger, para cumprir tarefa de uma comunidade política, e como a ação prática dos líderes estatais do seu tempo resultaram numa realização adequada dos propósitos permanentes do estado, adaptados às circunstâncias da situação histórica, ao caráter nacional, e como se ajustaram as limitações da política e a correta efetivação dos fins permanentes do estado. Por isso, PUFENDORF não alcança uma visão geral da história europeia do seu tempo; sua historiografia permanece vinculada à perspectiva do estado então existente.

H. DENZER (1985)[1459]

Além e ao lado da sua contribuição como internacionalista,[1460] e como teólogo, em defesa da fé protestante, como terceira vertente de sua atuação, PUFENDORF deixou extensa e rica obra histórica. Como se vê pelas principais publicações históricas deste, representou esta faceta importante da sua produção.

A dificuldade da definição da 'natureza jurídica' do sacro Império, levou PUFENDORF a descrever a sua curiosa obra **De statu Imperii germanici**, publicada, em 1667, sob pseudônimo de Severinus de Monzambano,[1461] sobre as instituições do Império como "corpo irregular e similar a um monstro" – *irregulare aliquid corpus, et monstro simile.* Conceituação essa que foi, muitas vezes, repetida.

1459 H. DENZER, *Nachwort* (in S PUFENDORF, **Die Verfassung des deutschen Reiches**, Übersetzung, Anmerkungen und Nachwwort von H. DENZER, Stuttgart: Reclam Verlag – Universal Bibliothek, vol. 966[3]. 1985, p. 161-207, 1 – *Der Autor*, p. 161-171, cit. p. 168-169).

1460 Como mencionado, no início do presente capítulo.

1461 SEVERINUS DE MONZANBANO, Veronensis, **De statu Imperii germanici ad Laelium fratrem, Dominum Trezolani, Líber unus** (originalmente publicado em 1667, edição 1684, publicada em 1685 "editio novissima, additionibus necessariis aucta atque emendata", MDCLXXXIV); ed. recente, Samuel PUFENDORF, **Die Verfassung des deutschen Reiches** (Übersetzung, Anmerkungen und Nachwwort von H. DENZER, Stuttgart: Reclam Verlag – Universal Bibliothek, vol. 966[3]. 1985).

Esta fórmula célebre de PUFENDORF reflete, sobretudo, a inadequação das categorias jurídicas da época, para compreender a organização política do Império. E serve para enfatizar o crucial papel histórico, da experiência imperial alemã, como escola preparatória, para o federalismo alemão, tal como opera desde 1948.[1462] Ou mesmo, em nossos dias, para situar novas configurações político-institucionais em formação, no âmbito do processo de integração europeia.[1463]

PUFENDORF evoca, como mencionado, legado, que remonta à *Germania Magna*, onde, do Reno ao Danúbio, conviveram povos, que combinavam tradições democráticas e reinos, cujos governantes tinham antes o papel de conselheiros, "porque a total submissão esse povo nunca pôde suportar"![1464]

Mostra o desenvolvimento histórico, para chegar até os seus tempos. E, desse modo, compreender como se deu a evolução institucional, até se alcançar a configuração do Sacro Império.

Para expressar sua visão crítica, na obra sobre o estado do império germânico, PUFENDORF se vale, em 1667, do pseudônimo Severinus de Monzambano,[1465] supostamente nobre italiano, originário da cidade de Verona – *veronensis*. PUFENDORF publica a obra, como se fosse de autoria desse suposto estudioso italiano das coisas da História – *Dominus de Monzambano, illustratus et restrictus, sive Severini de Mozambano, Veronensis* –,

1462 Ver **Tratado** (tomo 8 – **Direito internacional além do paradigma vestfaliano**, item – *da construção de sistemas coesos: de Vestfália (1648) até a guerra dos sete anos (1756-1763)*).

1463 A questão da divisibilidade da soberania voltaria a se colocar a partir do tratado de Paris de 1951, por meio do qual se deu a criação da CECA – a Comunidade Europeia do Carvão e do Aço. E mesmo se aceita sem maiores questionamentos por juristas alemães e de outras nacionalidades, ainda parece encontrar enormes resistências, tanto conceituais quanto operacionais, por parte de juristas franceses. Ver P. B. CASELLA, *Perspectivas da integração europeia – entre mito e operacionalidade?* (Revista FDUSP, 2014, vol. 109, p. 25-74).

1464 Samuel von PUFENDORF, **De statu imperii germanici**, liber unus (Latin edition, reprint Charleston: Nabu Press, 2013); ___, **Die Verfassung des deutschen Reiches** (Übersetzung, Anmerkungen und Nachwwort von H. DENZER, Stuttgart: Reclam Verlag – Universal Bibliothek, vol. 966[3]. 1985, 1. Kapitel – *Die Anfänge des deutschen Reiches*, p. 10-21, Abs. 2 – *Die Verfassung des alten Germanien*, p. 10-11).

1465 SEVERINUS DE MONZANBANO, Veronensis, **De statu Imperii germanici ad Laelium fratrem, Dominum Trezolani, Liber unus** (originalmente publicado em 1667, edição 1684, publicada em 1685 "editio novissima, additionibus necessariis aucta atque emendata", MDCLXXXIV); ed. recente, Samuel PUFENDORF, **Die Verfassung des deutschen Reiches** (Übersetzung, Anmerkungen und Nachwwort von H. DENZER, Stuttgart: Reclam Verlag – Universal Bibliothek, vol. 966[3]. 1985).

um dentre outros pseudônimos utilizados por PUFENDORF. Na advertência 'ao leitor' mencionava-se ter sido a obra acrescida de interpolações por mãos de terceiro – *toties fere aliena mano interpolatus.*[1466]

Nessa obra de 1667, muitas vezes reeditada, sobre o Sacro império, PUFENDORF, fez análise, cuidadosa e exata, da história da Alemanha do seu tempo: constata que todos os procedimentos e todos os regulamentos constitucionais estavam fixados, de tal maneira, que a liberdade dos estamentos – *Stände* –, as assim chamadas liberdades germânicas – *teuetsche Libertät* –, prevalecessem, mais e mais, sobre os direitos do imperador. Essa compreensão é importante, para a evolução posterior das garantias constitucionais, nos atuais estados de direito, bem como a institucionalização da proteção internacional dos direitos fundamentais. De tais movimentos representaria a obra de PUFENDORF interessante precedente histórico. E indagação pioneira.

Escrevendo, alguns anos depois da paz de Vestfália, por sua conta, PUFENDORF pensava e apontava a extensão, na qual o Império estava em vias de passar da condição de 'estado' para ser, cada vez mais, um sistema de alianças internacionais. Era este um sistema político, complexo e em transição, comportando elementos de supranacionalidade.

Diversamente de outras monarquias da época, não se poderia qualificar o sacro Império como um estado absolutista. Justamente, por conter disposições visando preservar direitos e garantias, sobretudo dos estamentos superiores –[1467] os príncipes eleitores eclesiásticos, de Mainz, Trier e Colônia,

1466 SEVERINUS DE MONZANBANO, Veronensis, **De statu Imperii germanici ad Laelium fratrem, Dominum Trezolani, Liber unus** (1667, edição 1684, *Ad Lectorem*).

1467 S. PUFENDORF, **Die Verfassung des deutschen Reiches** (hrsg. von H. DENZER, 1985, 2. Kapitel – *Die ständische Gliederung des deutschen Reiches*, p. 26-42) caracteriza os estamentos imperiais – *die Reichsstände* – com os elementos caracterizadores destes – *die Kennzeichen eines Rechtsstandes* – e os enumera: a casa da Áustria – *das Haus Österreich* – com seus privilégios – *die österreichischen Privilegien* –, passando os WITTELSBACH, que se dividiam em duas linhas – *die Rudolfinische und die Wilhelmische* – a casa da Saxônia – *Sachsen* –, de Brandemburgo – *Brandenburg* –, as demais antigas casas principescas – *die übrigen alten Fürstenhäuser* –, os novos príncipes – *die neuen Fürsten* – como as casas de Savóia e Lorena, bem como os príncipes eleitores eclesiásticos – *die geistlichen Fürsten* – e a determinação de precedência – *die Rangfolge der geistlichen Länder* – em favor de Mainz (Mogúncia), também Trier e Colônia, bem como Salzburgo e Besançon, tendo progressivamente perdido essa condição os bispados de Magedburgo e de Lübeck, este último tendo se tornado protestante, tinha sido praticamente absorvido pela herança dos duques de Holstein. Cabendo ainda mencionar os abades, que tinham status principesco, tais como os de Fulda, Kempten, Ellwangen, Murbach, Lüders, Berchtesgaden, Weissenburg,

bem como os seculares, a casa da Áustria, a casa WITTELSBACH da Baviera, da Saxônia, do Brandemburgo, as demais antigas e novas casas principescas, também os condes imperiais, os cavaleiros imperiais,[1468] e as cidades imperiais livres, cujas liberdades e regime jurídico permitiam que muitas delas se reportassem diretamente ao imperador –[1469] organizadas em colégio eleitoral com duas classes, a renana e a suábia. O conjunto do império se dividia, desde a ordenação de MAXIMILIANO I, em 1512, em dez regiões, com status especial para o reino da Boêmia e suas adjacências, a Silésia e a Morávia, "prova clara de que se vinculavam mediante pacto federativo com a Alemanha, e não como parte de estado unitário".[1470]

Entender como os assim chamados estamentos imperiais – *Reichsstände* – alcançaram posições de poder tão relevantes é fundamental para reconhecer a origem da forma irregular de estado do Sacro Império.[1471]

> A maioria acredita que o Império alemão chegou a tal grave condição de doença, em razão de grande parcela da população ter reconhecido um estrangeiro, como chefe supremo. A menos que se queira fazer crer que os papas estão tão mortalmente apaixonados pelo povo alemão, que o bem estar deste é a coisa mais importante para eles, seria mais fácil ver o que beneficia a Alemanha a partir de Roma, do que da própria Alemanha.[1472]

Prüm, Stablo e Corvey, além do mestre da ordem dos Johanitas. Outros prelados, que não tinham tal status, dividam-se em duas cúrias, a Suábia e a Renana, e tinham direito de voto na Assembleia imperial – *Reichstag* – em igual dignidade à dos condes imperiais.

1468 S. PUFENDORF, **Die Verfassung des deutschen Reiches** (hrsg. von H. DENZER, 1985, 2. Kapitel, Abs. 14 – *Die Reichsritterschaft*, p. 41-42): "Die Rittterschaft in Deutschland hat eine zweifache Stellung; ein Teil untersteht unmittelbar Kaiser und Reich, der andere erkennt die Oberschaft anderer Stände an. Die ersteren nennen sich freie Reichsritter und in ihrer Gesamtheit die unmittelbare und freie Reichsritterschaft."

1469 S. PUFENDORF, **Die Verfassung des deutschen Reiches** (hrsg. von H. DENZER, 1985, 2. Kapitel, Abs. 13 – *Die freien Reichsstädte*, p. 39-40): "Ausserdem gibt es in Deutschland eine grosse Zahl von freien Städten, die keinem Stand, sondern unmittelbar Kaiser und Reich unterstehen und deshalb Reichsstädte heissen."

1470 S. PUFENDORF, **Die Verfassung des deutschen Reiches** (hrsg. von H. DENZER, 1985, 2. Kapitel, Abs. 15 – *Die Kreiseinteilung*, p. 42).

1471 S. PUFENDORF, **Die Verfassung des deutschen Reiches** (hrsg. von H. DENZER, 1985, 3. Kapitel – *Die Entstehung der Reichsstände und ihre Machtentwicklung bis heute*, p. 43-53, cit. p. 43): "Die Stände sind entweder weltlichen Fürsten und Grafen oder Bischöfe oder Städte; deshalb müssen wir in wenigen Worten die Entstehung der einzelnen Stände ergründen."

1472 S. PUFENDORF, **Die Verfassung des deutschen Reiches** (hrsg. von H. DENZER, 1985, 3. Kapitel, Abs. 8 – *Die Unabhängigkeit der Geistlichkeit vom Kaiser*, p. 50-51, cit. p. 51).

Considera PUFENDORF a filiação católica de parte considerável da população do Império a explicação para grande parte dos males de que padecia tal estrutura política compósita, e cheia de exceções e regimes jurídicos diferenciados. O que se explicaria antes por sua engajada propaganda anticatólica do que pela história imperial.

Prosseguia PUFENDORF com o exame do papel do imperador, como soberano do Império alemão, como se dava a eleição deste, e a atuação dos príncipes eleitores,[1473] bem como as limitações do poder imperial, mediante capitulações, leis e costumes, bem como pelos direitos dos estamentos.[1474]

> As liberdades dos estamentos são definidas em limites tão claros, que o imperador somente pode ultrapassá-los infringindo a lei. Mas o imperador não tem motivos para se queixar, por não poder, como outros monarcas, lidar com aqueles que se dizem, da boca para fora, seus súditos devotados. Pois desde o início da capitulação reconhece aceitar o poder sob a condição das disposições que se seguem, tendo celebrado um contrato com os representantes dos estamentos. Caso se considerasse insatisfeito com tais restrições, a sua intenção de assumir pleno poder real, acima dos estamentos, seria uma violação do direito, pois consentira com tais limitações, e poderia recusar a dignidade real, ou provar aos eleitores que a capitulação continha disposições injustas ou absurdas, o que certamente faria os eleitores se mostrarem dispostos a alterá-la. Nenhum alemão sensato nega a possibilidade de limitar o poder real. Somente os mais argutos professores de política percebem que existe também um poder de governo, como aquele que cabe ao chefe de uma confederação de estados, que se diferencia do poder real pleno.[1475]

Curiosamente, autores como VOLTAIRE denegriram o Sacro Império romano-germânico, como uma excrescência medieval, que não seria 'sacro', nem 'romano', mas somente germânico – mas ainda perduraria até o início

[1473] S. PUFENDORF, **Die Verfassung des deutschen Reiches** (hrsg. von H. DENZER, 1985, 4. Kapitel – *Der Kaiser, das Haupt des deutschen Reiches. Die Kaiserwahl und die Kurfursten*, p. 54-62).

[1474] S. PUFENDORF, **Die Verfassung des deutschen Reiches** (hrsg. von H. DENZER, 1985, 5. Kapitel – *Die Beschränkungen der kaiserlichen Macht durch Kapitulationen, Gesetze und Bräuche und durch die Rechte der Stände*, p. 63-95).

[1475] S. PUFENDORF, **Die Verfassung des deutschen Reiches** (hrsg. von H. DENZER, 1985, 5. Kapitel, Abs. 3 – *Nutzen der Wahlkapitulation*, p. 65-66, cit. p. 66).

do século XIX. Na sua linha, VOLTAIRE defendia – seguindo o modelo inglês – a existência de limites para o poder, no que seria um regime constitucional. A seu modo e a seu tempo, tiveram os *philosophes* de reconhecer os limites de sua capacidade em influenciar os governantes, no sentido de imprimir as luzes da razão e do progresso ao despotismo esclarecido.[1476]

Na verdade, o Sacro Império, com seus direitos e garantias 'constitucionalmente assegurados' – ainda que limitados aos estamentos imperiais –[1477] estaria muito mais próximo de um estado de direito moderno, do que as monarquias absolutistas, como a própria França dos filósofos iluministas, sob LUIS XIV e LUIS XV. Antes questão de propaganda do que análise dos fatos.

> A respeito de qual forma de estado se pode atribuir a todo o Império alemão, não existe acordo entre os autores alemães. Este é, de um lado, sinal seguro da forma irregular do estado e, de outro lado, da ignorância dos autores, que com pouco ou nenhum conhecimento da ciência da política se propuseram a interpretar o direito do estado.[1478]

Ao examinar se o Império alemão era uma monarquia, sustenta PUFENDORF que este, com certeza, não era uma monarquia absolutista.[1479] Dentre as monarquias cabe distinguir entre a monarquia absoluta e a limitada:

1476 A tortuosa relação entre o príncipe e o sábio, já vivida na Antiguidade, por PLATÃO, que teve mais sucesso como filósofo, do que como consultor político, junto ao tirano de Siracusa. Este é dado que marca toda a evolução do Ocidente Algo mais nesse sentido da relação difícil entre os *philosophes* e os soberanos se vê no **Tratado** (tomo 8 – **Direito internacional além do paradigma vestfaliano** e tomo 11 – **Direito internacional no tempo do iluminismo**).

1477 S. PUFENDORF, **Die Verfassung des deutschen Reiches** (hrsg. von H. DENZER, 1985, 6. Kapitel – *Die Staatsform des deutschen Reiches*, Abs. 3 – *Das Reich ist keine Demokratie*, p. 97): "Ich kenne keinen, der das Reich für eine Demokratie ausgegeben hat. Doch wollen manche nur die als Bürger des deutschen Reiches bezeichnen, die auf den Reichstagen Stimmenrecht haben. [...] Unter diese Annahme wäre das Reich sicher eine Demokratie, deren Bürger nur die Stände sind, da sie allein das Recht haben, auf dem Reichstag zu beraten und für das Reich Beschlüsse zu fassen; der Kaiser wäre dann princeps in eigentlichen Wortsinn, d.h. erster Bürger."

1478 S. PUFENDORF, **Die Verfassung des deutschen Reiches** (hrsg. von H. DENZER, 1985, 6. Kapitel, Abs. 3, p. 97).

1479 S. PUFENDORF, **Die Verfassung des deutschen Reiches** (hrsg. von H. DENZER, 1985, 6. Kapitel – *Die Staatsform des deutschen Reiches*, Abs. 6 – *Das Reich ist keine absolute Monarchie*, p. 101-102).

"no primeiro caso, o monarca, independentemente do título que ostente, tem autoridade para decidir, segundo seu próprio critério, sobre os assuntos mais importantes do estado", enquanto "nesta última, ele está sujeito a certas leis, no exercício de ações soberanas". De tal modo,

> Os autores que não levaram em conta essa distinção somente poderiam dizer disparates sobre a matéria, porque acreditavam que as suas razões, contra o governo absoluto do imperador, também significavam que poderiam rejeitar o seu poder limitado.
> Qualquer um, que reconheça poder absoluto ao imperador somente pode ter nascido como um carneiro em sua pátria. Os argumentos para tanto merecem antes ser silenciados, que refutados seriamente. Porque é igualmente absurdo pretender deduzir os poderes do imperador, a partir da visão de Daniel, ou dos livros de direito romano. A fórmula, segundo a qual o imperador ninguém reconhece acima dele, exceto Deus e a espada, não lhe confere domínio absoluto sobre os príncipes alemães, assim como uma Província holandesa não tem domínio absoluto sobre as outras seis. Títulos vazios, por exemplo, quando os estamentos chamam o imperador de seu senhor mais gracioso, ou quando utilizam, nas frases finais de cartas, garantias de devoção como súditos, surgidas do espírito da época e do estilo curial; estas não têm mais sentido do que os símbolos de honra, que são tanto mais desperdiçados, quanto menos preparado se pode estar para agir. Som vazio de palavras também, quando os funcionários de chancelaria entoam hinos de louvor, em cartas e decretos, sobre a plenitude e a perfeição do poder imperial. Em suma, os estamentos prestam juramento de lealdade ao imperador, observado o respeito de suas liberdades e direitos. Mostramos acima, quão poucos poderes o imperador ainda possui. Perder mais palavras a respeito, não me parece aceitável.[1480]

Inclusive o poder de declarar a guerra e de celebrar a paz era restringido pelas normas e mecanismos operacionais do Sacro Império, "visto faltavam ao imperador os meios essenciais para a condução de conflitos

[1480] S. PUFENDORF, **Die Verfassung des deutschen Reiches** (hrsg. von H. DENZER, 1985, 6. Kapitel – *Die Staatsform des deutschen Reiches,* Abs. 6 – *Das Reich ist keine absolute Monarchie,* p. 101-102).

armados".[1481] Aduzia considerações a respeito do impacto da reforma e do direito relativo a questões espirituais, dando por certo "não ser fácil convencer pessoas educadas a acreditarem, no que é contrário à razão".[1482]

Quanto aos direitos soberanos dos estamentos, é fácil mostrar o que lhes faltava – como pretender exercer direito de vida e de morte sobre seus súditos. Mas consideráveis prerrogativas legislativas e de gestão eram a estes asseguradas: podiam legislar, inclusive em sentido contrário ao direito comum. Tinham, igualmente a liberdade religiosa. Podiam criar tributos. Podiam reter para si as receitas de tais tributos. Podiam inclusive celebrar alianças, entre si, como também com outras potências, desde que não dirigidas contra o imperador e o Império, bem como exercer direitos que não tenham sido expressamente limitados.[1483]

PUFENDORF considerava problemática a forma estatal do Império alemão:[1484]

> Como a saúde e a adequação dos corpos naturais e artificiais resultam da harmonia e da ligação entre as suas partes, também os corpos morais ou as formações sociais são julgados, como fortes ou fracos, consoante as suas partes estejam corretamente ligadas umas às outras, e tenham uma estrutura ordenada ou algo irregular e monstruoso em si. O que foi exposto até aqui deixa claro que há algo no Império alemão, que o impede de se ordenar como uma das formas simples de estado, como estas são, em geral, descritas pelos professores de política.[1485]

[1481] S. PUFENDORF, **Die Verfassung des deutschen Reiches** (hrsg. von H. DENZER, 1985, 5. Kapitel, Abs. 8 – *Das Recht über Krieg und Frieden*, p. 71-72, cit. p. 71 e 72): "Auf die Hilfe der Stände kann der Kaiser aber nur hoffen, wenn sie die Zustimmung zum Krieg wie zu den dafür erforderlichen Mittel gegeben haben."

[1482] S. PUFENDORF, **Die Verfassung des deutschen Reiches** (hrsg. von H. DENZER, 1985, 5. Kapitel, Abs. 9 – *Das Recht in geistlichen Dinge. Die Reformation*, p. 73-74, cit. p. 74): "Sicher ist jedenfalls, dass man gebildete Menschen nicht so leicht dazu bringen kann, zu glauben, was der Vernunft widerspricht."

[1483] S. PUFENDORF, **Die Verfassung des deutschen Reiches** (hrsg. von H. DENZER, 1985, 5. Kapitel, Abs. 28 – *Die Hoheitsrechte der Stände*, p. 94-95).

[1484] S. PUFENDORF, **Die Verfassung des deutschen Reiches** (hrsg. von H. DENZER, 1985, 6. Kapitel – *Die Staatsform des deutschen Reiches*, p. 96-107).

[1485] S. PUFENDORF, **Die Verfassung des deutschen Reiches** (hrsg. von H. DENZER, 1985, 6. Kapitel, Abs. 1 – *Problematik der Einordnung in die Staatsformlehre*, p. 96).

Também aproveita PUFENDORF para formular críticas – umas abertamente, outras veladas – contra os 'professores de política', ou seja, os mesmos que tinham impedido a abertura de cátedra de política na universidade de Heidelberg, como teria desejado[1486] PUFENDORF. As críticas de PUFENDORF contra o direito de seu tempo podem, em termos modernos, ser resumidas em três pontos: em geral acomodou-se em positivismo conservador, negligenciou a atuação interdisciplinar e, particularmente, em relação à doutrina da constituição imperial, teria se fixado em concepções tradicionais, e perdido de vista a prática. Na medida em que o direito romano se tornara a base do sistema jurídico, baseava toda a ciência do direito somente em leis e autoridade. Constantemente, novas interpretações e comentários exibem a erudição dos especialistas, mas não trazem nenhum progresso.[1487]

Foi a ele oferecida em lugar desta a cátedra de direito natural e das gentes – *Natur- und Völkerrecht*. Como mencionado, dos anos de docência nessa área resultaram as obras, que caracterizam duradoura contribuição de PUFENDORF, na evolução do direito internacional, notadamente seu grande tratado sobre o Direito natural e das gentes – **De jure naturae et gentium**,[1488] de 1672, e também a versão resumida, Dos deveres do homem e do cidadão, segundo a lei natural – **De officio hominem et cives juxta legem naturale**, de 1673, que alcançou público muito mais amplo e con-

1486 H. DENZER, *Nachwort* (in S. PUFENDORF, **Die Verfassung des deutschen Reiches**, hrsg. von H. DENZER, 1985, cit. p. 172): "Freilich gab es zwischen PUFENDORF und den etablierten Juristen in Heidelberg nicht nur persönliche sondern auch sachliche Differenzen darüber, wie das deutsche Verfassungsrecht zu lehren sei. In die Reichsverfassungsschrift sind deshalb zahlreiche Nadelstiche gegen die Juristen und Staatsrechtslehrer eingestreut."

1487 H. DENZER, *Nachwort* (in S. PUFENDORF, **Die Verfassung des deutschen Reiches**, hrsg. von H. DENZER, 1985, cit. p. 172-173): "Die Rechtswissenschaft dürfte es nicht bei der Auslegung des positiven Rechts und der herrschender Lehre belassen, sondern müsse auch Begrundungen geben, warum etwas Recht geworden ist, ob Gesetze und Lehrmeinungen dem allgemeinen Prinzip der Gerechtigkeit entsprechen oder nicht und schliesslich ob das Recht politische Überlegungen der Angemessenheit für einen konkreten Staat und der Staatsräson eingegangen sind."

1488 S. PUFENDORF, **De jure naturae et gentium** (orig. publ. em Lund, em 1672); ___, **Of the Law of nature and nations** eight books ("translated into English from the best edition", "with a short introduction", Oxford: Lichfield, MDCCIII); ___, **De jure naturae et gentium libri octo** (Latin text – da edição de 1688 – and English translation by C. H. and W. A. OLDFATHER, Oxford: The Classics of International Law, 2 tomos, 1934, e reimpr. Buffalo, N.Y.: W. S. Hein, 1995).

tou mais de uma centena de edições![1489] Nesse meio tempo, PUFENDORF tinha sido convidado e assumira uma cátedra na Universidade de Lund, na Suécia. Cidade onde essas duas obras foram originalmente publicadas.

Em edição de 1671, além da obra principal, publicada sob o pseudônimo de Severino de MONZAMBANO, **De statu imperii germanici ad Laelium fratrem** Dominum Trezolani, Líber Unus, figura também o texto de ensaio, este de autoria declarada, de Samuel PUFENDORF, **Disquisitio de Republica Irregulari** ad Severini MOMBANZANO.[1490] Na qual PUFENDORF 'dialoga' com a 'obra' de seu *alter ego*.

Em 1677, PUFENDORF, depois de se mudar para Estocolmo, em razão da ocupação da cidade de Lund, pelo exército dinamarquês, em 1676, lá começa a sua carreira política, tornando-se conselheiro real, secretário de estado e historiógrafo oficial do rei CARLOS XI. Em 1679, sob pseudônimo, publica a sua descrição histórica e política da monarquia espiritual de Roma, **Historische und politische Beschreibung der geistlichen Monarchie des Stuhls zu Rom**, na qual critica duramente as pretensões de soberania da Igreja católica. Numa época em que estas já se encontravam em franca decadência.[1491]

1489 Samuel PUFENDORF, **De officio hominis et civis iuxta legem naturalem** (orig. publ. Lund, 1673); (in **Gesammelte Werke**, Band 2, hrsg. Gerald HARTUNG, Berlim: Akademie Verlag, 1997); ___, **On the duty of man and citizen according to natural law** (ed. by James TULLY, transl. by Michael SILVERTHRONE, Cambridge: Univ. Press – Cambridge texts in the history of political thought, 1991); ___, **Les devoirs de l'homme et du citoyen** – tels qu'ils sont prescrits par la loi naturelle (trad. du latin par Jean BARBEYRAC, Londres: chez Jean Nourse, MDCCXII – ed. facsimilar Caen: Univ. de Caen – Centre de philosophie politique et juridique – Bibliothèque de philosophie politique et juridique, 1989, 2 tomes); ___, **Os deveres do homem e do cidadão de acordo com as leis do direito natural** (trad. para o inglês de Andrew TOOKE, 1691, org. e introdução Ian HUNTER e David SAUNDERS, [seguido de] *Dois discursos e um comentário* por Jean BARBEYRAC, trad. D. SAUNDERS, 2003, trad. Eduardo FRANCISCO ALVES, Rio de Janeiro: Topbooks – Liberty Fund, 2007).

1490 A edição de 1671, além da obra Severini de MONZAMBANO Veronensis, **De statu imperii germanici ad Laelium fratrem** Dominum Trezolani, Líber Unus, contém o texto de ensaio de Samuelis PUFENDORFII, **Disquisitio de Republica Irregulari** ad Severini MOMBANZANO (*Ad exemplar Londinense*, MDCLXXI).

1491 Como examina Olivier PONCET, *Les contradictions d'une diplomatie – le Saint-Siège face aux demandes indultaires des souverains catholiques (Espagne, France, Portugal) de 1640 à 1668* (in **L'Europe des traités de Westphalie** – Esprit de la diplomatie et diplomatie de l'esprit, dir. de L. BÉLY avec I. ROCHEFORT, Paris: PUF, 2000, p. 253-265, cit. p. 265): "D'une certaine manière, le destin de la diplomatie pontificale à l'époque moderne est plus lisible en 1668 qu'en 1648. Au final, l'échec est alors plus cuisant encore pour la papauté qu'il ne l'avait été à

PUFENDORF considerava errôneas as pretensões eclesiásticas ao poder temporal, e configurariam 'desvio de função', em relação às atribuições originais da sede episcopal de Roma. Apesar da virulência do ataque, que não se pretende justificar, cumpre, contudo, lembrar que desde o **De Consideratione**, em 1145, SÃO BERNARDO, abade DE CLAIRVAUX,[1492] colocava o pontífice em guarda, contra as tentações do poder temporal. E já os contemporâneos tinham sido alertados, pelos polemistas a serviço do imperador FREDERICO II, no século XIII, que o papa, aspirando à dominação temporal, traía a sua verdadeira missão.[1493]

De 1682 até 1686, PUFENDORF publica a sua obra enciclopédica, em perspectiva comparada, de introdução à história dos principais reinos e estados, como atualmente existem na Europa, **Einleitung zu der Historie der vornehmsten Reichen und Staaten so itziger Zeit in Europa sich befinden**. Na qual estende, para o conjunto "dos melhores reinos e estados da Europa deste tempo", a sua veia crítica, antes exercitada contra a sede de Roma.

Esta extensa e rica obra estuda a política e as relações internacionais, mediante análise comparativa dos interesses e poderes dos estados europeus. Depois dos três primeiros volumes da **Introdução à história dos principais reinos e estados da Europa**, esse impressionante tratado sobre questões europeias foi, a seguir, ampliado a outros continentes, constituindo uma **Introdução à história da Ásia, África e América**.

Surge, contudo, uma controvérsia, em relação ao volume ulterior, como mostra seu título em alemão: **Einleitung zu der Historie der vornehmsten Reichen und Staaten von Asia, Afrika und America welche nach**

Münster où le Saint-Siège s'était volontairement, par sa protestation, mis à l'écart du concert des nations. C'est bien en 1668 qu'il faut tirer les conséquences de la découverte progressive de l'impossibilité faite à la papauté post-tridentine de concilier avec bonheur la politique du ciel et celle du monde. Ayant refusé de pratiquer une politique d'interventionnisme marqué dans les affaires temporelles des états, ayant délaissé les thèses bellarminiennes sur les deux pouvoirs du souverain pontife, le pape a vu réaffirmer symboliquement son magistère spirituel au moment même où les puissances catholiques, interlocuteurs privilégiés de Rome, l'écartent du cœur de la négociation internationale."

[1492] São BERNARDO, abade de CLAIRVAUX e doutor da Igreja (1090-1153), no seu **De Consideratione** (1145), dirigido ao papa EUGÊNIO III, denuncia com veemência os abusos cometidos por Roma, ao mesmo tempo em que oferece ao papa a fórmula de mediação. V. Pierre PIERRARD, **Dictionnaire des prénoms et des saints** (Paris: Larousse, 1974, p. 40-41).

[1493] Como se examina no **Tratado** (tomo 4 – **Direito internacional no tempo medieval**, esp. cap. 9 – *MARSÍLIO DE PÁDUA e GUILHERME DE OCKHAM*).

dein gelehrter Engelländer kürzlich abgehandelt und beschrieben, Anjetzo aus dem Englischen ins Hoch-Teutsche übersetzt – ou seja, Introdução à história dos principais reinos e estados da Ásia, África e América, brevemente tratados e descritos por um erudito inglês, ora traduzidos do inglês para o alemão. Ou seja, o título parece indicar que o volume sobre a história do mundo afro-asiático – com extensão ao continente americano – teria sido escrito por um autor inglês e, somente depois, traduzido para o alemão, tornando-se o volume quarto da História do mundo de PUFENDORF.[1494]

O tradutor declara que o autor teria seguido o método de PUFENDORF para escrever história. PUFENDORF tinha tratado a matéria não somente do ponto de vista da história geral, mas também na perspectiva da teoria do estado e das relações internacionais – *the theory of the State and inter-state relations.* O tradutor admite não saber quem teria escrito o texto original do volume IV, mas acreditava ter sido Jodocus CRULL.[1495]

1494 S. PUFENDORF, **Einleitung zu der Historie der vornehmsten Reichen und Staaten von Asia, Afrika und America welche nach dein gelehrter Engelländer kürzlich abgehandelt und beschrieben, Anjetzo aus dem Englischen ins Hoch-Teutsche übersetzt** (Band IV, Vorwort, p. 173 – na edição publ. em Frankfurt, 1706 – cf. exemplar da Biblioteca Nacional de Viena – online) o prefácio do tradutor menciona J. CRULL, nos seguintes termos: "Was das Absehen dieser Werk sey [...] erhellet gleich aus der ersten Seite dieses Buches; Wer aber der Autor welcher es verfertigt kann ich nicht gewiss sagen, massen es demselben nicht gefallen seinen Nahmen beyzufügen; muthmasse aber dass es eben der jenige seyn möchte welcher die Einleitung zu der Historie von Europa so weyland Herr Samuel Freiherr von Pufendorf heraus gegeben in Englischer Sprache continuiret hat und sich J. Crull nennet. Es ist aber selbiges Werck so wohl als dieses erstlich vor einem Jahre oder anderthalb nehmlich zu Ende des 1705ten Jahrs ans Licht gekommen. Den Fleiss welchen der Author bey demselben angewendet wirstu aus dem Wercke selbst beurtheilen können; die Ordnung aber die er darin gehalten aus beygefügter Vorrede also fort sehen."

1495 C. H. ALEXANDROWICZ, *Pufendorf-Crull and the Afro-Asian World* (orig. publ. 1968-69, in **The Law of Nations in global history**, ed. by D. ARMITAGE and J. PITTS, Oxford: Univ. Press, 2017, p. 158-162, cit. p. 158-159): "National biography inquiry has in fact referred to the authorship of Crull and a few words about him would be relevant in throwing some light on this partnership in history writing. This is particularly of interest to historians of the family and law of nations, as we are here faced with the first work on the history of universal inter-state relations covering all continents, civilizations and various types of state formation, making its appearance within the framework of Pufendorf's treatise."

O volume sobre a Ásia, África e América, depois de traduzido, passou a integrar a história do mundo de PUFENDORF, e esta aparece como uma das obras importantes, na série de escritos clássicos, que tratam do desenvolvimento da família e do direito das gentes, fora da Europa: "no século XVII, os dois primeiros, nesse grupo, foram o **Mare liberum** de GRÓCIO e o **Justo império lusitano na Ásia** de Serafim de FREITAS"; enquanto,

> No século XVIII, alguns dos escritos de SURLAND, JUSTI, VATTEL e von MARTENS foram contribuições adicionais à literatura clássica, que testemunham o interesse demonstrado por muitos autores, no desenvolvimento da família e do direito das gentes, em todas as partes do mundo. [...]
> A extensão da história europeia original de PUFENDORF a outros continentes e civilizações é a expressão lógica da sua concepção de 'direito natural' no direito das gentes, concebido como um sistema jurídico inerentemente universal e não-discriminatório.[1496]

Ainda durante a sua fase sueca, PUFENDORF escreve outros dois estudos, estes sobre a história contemporânea da Suécia: os comentários sobre as coisas suecas, em 26 livros, o **Commentariorum de rebus suecicis libri XXVI**, de 1686, e também, os comentários sobre os feitos do reino de CARLOS GUSTAVO, em 7 livros, o **De rebus a Carolo Gustavo Sueciae rege gestis commentariorum libri VII**, de 1696.

Em 1687, PUFENDORF publica a sua teoria sobre as relações entre a igreja e o estado, em resposta à revogação do Edito de Nantes, em 1685, sob o título **De habitu religionis christianae ad vitam civilem**. A obra

[1496] C. H. ALEXANDROWICZ, *Pufendorf-Crull and the Afro-Asian World* (orig. publ. 1968-69, in **The Law of Nations in global history**, ed. by D. ARMITAGE and J. PITTS, Oxford: Univ. Press, 2017, p. 158-162, cit. p. 161-162); a obra de PUFENDORF foi traduzida para o francês, atualizada e publicada sob o título **Introduction à l'histoire moderne, générale et politique de l'univers** – où l'on voit l'origine, les révolutions, l'état présent & les intérêts des souverains, par Mr. le baron de PUFENDORFF, nouvelle édition, plus ample et plus correcte que les précédentes – on y a continué tous les chapitres jusqu'à présent, (Amsterdam: chez Zacharie Chatelain, 4 tomes, 1732 – online https://gallica.bnf.fr>ark:); ___, **Histoire des principaux états, tels qu'ils sont aujourd'hui dans l'Europe** – Première partie (trad. de l'original allemand par Claude ROUXEL, Utrecht: chez Jean Ribbius, 1687– online https://gallica.bnf.fr>ark:); tb. a edição, ___, ___ (continuada por M. BRUZEN de LA MARTINIÈRE, atualizada por Joseph SAYER, Paris, oito volumes, 1753-1764).

foi dedicada ao líder da Europa protestante, FEDERICO GUILHERME I, Grande eleitor da Prússia-Brandemburgo (1640-1688).

Em 1688, PUFENDORF se muda para Berlim, e passa a ser o historiador da corte, bem como conselheiro real secreto e consultor jurídico, primeiramente de FREDERICO GUILHERME e, depois da morte deste, em 1688, também do filho e sucessor, FREDERICO III da Prússia (1688-1713).

Em 1689, começa a escrever a história do reinado de seus dois novos soberanos: **De rebus Friderici Magni Electoris Brandenburgici commentariorum libri XIX** (1692) – a história do grande eleitor FREDERICO GUILHERME de Brandemburgo, em 19 livros; e **De rebus gestis Friderici III Electoris Brandenburgici** (publicado somente em 1784) – a história de FREDERICO III, eleitor de Brandemburgo. Incluiu PUFENDORF comentários sobre a revolução gloriosa da Inglaterra, na sua história de FREDERICO III.

Compreensivelmente, a obra histórica de PUFENDORF reflete a sua trajetória pessoal, e está voltada para a história da Suécia e da região da Alemanha – com a qual teve mais direta relação, a Prússia. Mesmo se a qualidade de 'historiador oficial', tanto da coroa sueca quanto do "grande eleitor de Brandemburgo", ou seja, da futura monarquia prussiana, poderiam ter comprometido a independência de avaliação e de julgamento de PUFENDORF, não se deixou levar totalmente pelo caráter 'oficial' e 'institucional' de suas atribuições – e fez o seu trabalho sem perder de vista a sua condição de historiador, o que justifica referir, ainda que brevemente, esta outra faceta da rica e complexa obra do autor.

A missão de historiador se inscreve dentre as três facetas da obra de PUFENDORF, da mesma forma como se engajou na defesa e na fundamentação do jusnaturalismo, ao cuidar de direito internacional, e também se engajou PUFENDORF, na defesa da confissão protestante. Teve, ainda, papel a desempenhar, o historiador PUFENDORF, buscando conferir dignidade e estatura de estadista ao Grande eleitor de Brandemburgo – que não era exatamente personalidade de grande dimensão humana e histórica.

Nesse sentido, há que se reconhecer, "o primeiro 'rei na Prússia' não foi um grande homem", visto como "ambicioso, mas fraco e gastador, incapaz de manter uma linha política firme, continuou, contudo, a obra de unificação administrativa dos territórios esparsos, que formavam a monarquia prussiana".[1497]

[1497] Joseph ROVAN, **Geschichte der Deutschen**: Von ihren Ursprüngen bis heute (trad. do francês por Enrico HEINEMANN, Rainer PFLAIDERER e Reinhard TIFERT, Munique:

A posteridade lhe reconheceu, sobretudo, o mérito de ter deixado o campo livre às iniciativas, no campo cultural, de sua brilhante mulher, vinda de Hanover, SOPHIE-CHARLOTTE. Berlim começa a se tornar uma capital, digna desse nome, graças à fundação de uma Academia de belas artes e de uma Academia de ciências (a rainha nisso seguiu os conselhos do grande LEIBNIZ), graças ao mecenato real, que atraiu artistas, como o escultor Andreas SCHLÜTTER, o arquiteto Eosander von GÖTHE, ou intelectuais como Samuel von PUFENDORF, jurista e historiador.[1498]

Depois da paz de Vestfália, os estamentos – *Stände* –, embora permanecendo no Império, tentaram, com maior ou menor sucesso, seguir, em seus territórios, o poderoso movimento absolutista, que perpassava o conjunto da Europa:[1499]

Dois dentre estes se tornaram protagonistas, detentores de cada vez maior poder: o Brandemburgo, cujos eleitores se tornaram, primeiro reis *na* Prússia e, depois, reis *da* Prússia; e a Áustria dos HABSBURGO, sustentada pelo conjunto dos demais territórios hereditários.[1500]

Essas duas potências viriam a se fazer sucessivas guerras:[1501]

– de um lado, entre outras coisas, depois de vários avatares, a ordem dos cavaleiros teutônicos, torna-se protestante, se transforma em dinastia que, no espaço prussiano, viria a liderar a unificação da Alemanha, na segunda metade do século XIX, tendo a dinastia (prussiana) dos HOHENZOLLERN se tornado a dinastia 'imperial' alemã;[1502]

DTV, 1998, 3a. ed., 2001); J. ROVAN, **Histoire de l'Allemagne**: des origines à nos jours (© 1994, Paris: Seuil, "édition revue et augmentée par l'auteur", 1999).

1498 J. ROVAN (op. cit., 1999, p. 393-394).

1499 B. NICOLLIER (op. cit., 2012, p. 176).

1500 B. NICOLLIER (op. cit., 2012, p. 176): "Ces deux puissances en vinrent à se faire la guerre."

1501 A questão da identidade nacional, e do eixo em torno do qual esta haveria de se consolidar, se põe, durante longo tempo, como confrontação entre duas grandes famílias, os HABSBURGO, com seu vasto império, a partir do núcleo austríaco, e os HOHENZOLLERN, a partir do Brandemburgo e da Prússia.

1502 Sobre a origem dos HOHENZOLLERN, a partir do Brandemburgo e da Prússia, remontando aos cavaleiros teutônicos, ver **Tratado** (tomo 4 – **Direito internacional no tempo**

– de outro lado, depois de derrotada militarmente – no "desastre de Sadowa" – a Áustria se volta para a monarquia dual, com a Hungria, como modo de viabilizar a continuação do Império, e passa a ser a Áustria-Hungria.[1503]

No curso de guerras, que se estenderam de 1740 até 1763, o rei FREDERICO II da Prússia[1504] arrancou toda a Silésia, da imperatriz dos austríacos MARIA TERESA.[1505] Não foi esta a única confrontação entre ambos.[1506]

medieval, item 11.1 – *cristianizar a guerra?*, esp. p. 530-535 e tomo 11 – **Direito internacional no tempo do iluminismo**, item – *império, estado moderno e ascensão do absolutismo*); Henry BOGDAN, **Les Hohenzollern** – La dynastie qui a fait l'Allemagne (1061-1918) (Paris: Perrin, 2010, *Avant-propos*, p. 7-9): "une maison princière dont le rôle a été déterminant au sein du monde allemand"; ___, **Les chevaliers teutoniques** (op. cit., 2009);___, **Histoire de l'Allemagne**: de la Germanie à nos jours (inicialmente publicado em 1999, Paris: Perrin, 2003); P. MEYER, **Baltiques** (op. cit., 2013); W. URBAN, **The Teutonic Knights** – a military history (op. cit. 2003).

1503 László KONTLER, **Uma história da Hungria** (orig. publ. **A history of Hungary**, Budapeste: Atlantisz Könyvkiadó, 2009, trad. Leila V. B. GOUVEA, São Paulo: Edusp, 2021, esp. V – *Iluminismo, reforma e revolução – 1711-1849*, p. 279-371 e VI – *O advento da modernidade e a persistência do* Antigo *regime – 1849-1918*, p. 373-460); Miklós MOLNAR, **Histoire de la Hongrie** (orig. publ. 1980, Paris: Perrin – Coll. tempus, vol. 78, 1996, impr. 2010, esp. chap. IV – *Vienne et la Hongrie. Absolutisme. Réformes. Révolution. 1711 à 1848-49*, p. 193-267); Ève MENK-BERTRAND, **L'image de Vienne et de Prague à l'époque baroque (1650-1740)** – Essai d'histoire des représentations (Estrasburgo: Presses Universitaires de Strasbourg, 2008); Steven BELLER, **Histoire de l'Autriche** (orig. publ. **A concise History of Austria**, 2006, trad. Sylvie KLEINMAN-LAFON, Paris: Perrin, 2011, esp. chap. 3 – *Contrer les réformes 1740-1866*, p. 89-155 e chap. 4 – *L'empire en sursis*, p. 156-213); François FEJTÖ, **Réquiem pour un Empire défunt**: Histoire de la destruction de l'Autriche-Hongrie (orig. publ. 1988, Paris: Perrin, 2014, esp. IIe Partie – *Un regard sur l'histoire de la maison Habsbourg*, p. 81-246).

1504 Jacob BURCKHARDT, **Das Zeitalter Friedrichs des Grossen** ("herausgegeben von" Ernst ZIEGLER, mit einem Essay von Hans PLESCHINSKI, Munique: Beck, 2012); Johannes KUNISCH, **Friedrich der Grosse** – Der König unz seine Zeit (Munique: Beck, © 2011, 2a ed. 2012); Theodor SCHIEDER (1908-1984), **Friedrich der Grosse** – Ein Königtum der Widersprüche (1983, Berlim – Munique: Propyläen, 2002).

1505 Richard SUCHENWIRTH, **Maria Theresia – Ein Kaiserleben** (Leipzig: Reprint Verlag, s/d, prefácio datado de 1975).

1506 FRIEDRICHS DES GROSSEN, **Historische und militärische Schriften** (Hg. von Gustav B. BOLZ, in **Ausgewählte Werke** zu deutscher Übersetzung, Erster Band, Berlin: Reimar Hobbing, s/d); FRIEDRICHS DES GROSSEN, **Politische und philosophische Schriften Gedichte** (Hg. von Gustav B. BOLZ, in **Ausgewählte Werke** zu deutscher Übersetzung, Zweiter Band, Berlin: Reimar Hobbing, s/d); FRÉDÉRIC II roi de Prusse, **Oeuvres philosophiques** (texte revu par Jean-Robert ARMOGATHE et Dominique BOUREL, Paris: Fayard – Corpus des oeuvres de philosophie en langue française, 1985).

Indícios de mudanças, em curso no equilíbrio de poder na Europa, sobretudo entre estas duas potências.[1507]

O equilíbrio instável, entre essas duas potências, das quais grande parte dos territórios não pertenciam ao Império, e que também dividiram entre si a Polônia – com a participação do Império russo – não mais parecia compatível, com as estruturas do Sacro Império romano germânico. Mas, apesar de tudo, este se manteve e prosseguiu sua trajetória.[1508] Até ser extinto, somente no começo do século XIX.[1509]

Em 1754, o renomado jurista de Göttingen, Johann Stephan PÜTTER (1725-1807) afirmava não ter dúvidas, quanto à qualidade de estado, com certeza compósito, do Sacro Império – *zusammengesetster Staat.* Estados compósitos eram, também, ademais, a Grã-Bretanha, a Espanha e os Países Baixos.[1510] E também alguns outros, que se consolidaram depois.

[1507] Catherine SALLES, **Louis XV** – les ombres et les lumières (Paris: Tallandier, 2006, cit. p. 58) comenta as críticas, então veiculadas, no sentido de ter a França lutado, para o benefício de FREDERICO II, da Prússia, visto que este ficou com a Silésia, ocupada durante a guerra com a Áustria, enquanto a França devolveu todos os territórios ocupados nos então Países Baixos austríacos. Dataria justamente dessa ocasião a expressão *bête comme la paix* – tolo, ou sem graça, como a paz Por sua vez, comenta S. BELLER, **Histoire de l'Autriche** (do original **A concise history of Austria**, trad. Sylvie KLEINMAN-LAFON, Paris: Perrin, 2011, esp. chap. 3 – *contrer les réformes (1740-1866)*, p. 89-155) quanto teve impacto sobre os austríacos a perda da Silésia, o que os leva a afirmar a necessidade de passar a "proteger os seus interesses contra a Prússia, que se tornara o árbitro do jogo político europeu". E mesmo de se lutar para derrotar a Prússia e se recuperar a Silésia.

[1508] B. NICOLLIER (op. cit., 2012, p. 176): "Les structures impériales ne furent définitivement ébranlées que par les armées révolutionnaires françaises, qui annexèrent nombre des plus faibles *Stände* de l'Empire. Incapable de les défendre, celui-ci s'effondra, en 1806, sous les coups des armées napoléoniennes. C'est ensuite, on le sait, autour de la Prusse qui apparut une conscience nationale allemande". Ver tb., para situar o período que se estende do final do Sacro Império, até a formação do Império alemão, de Wolf D. GRUNER, seu estudo sobre **Der deutsche Bund** 1815-1866 (Munique: Beck, 2012): "Zwischen 1815 und 1866 sicherte er Frieden und Entwicklung im Europa. Dennoch spielt er im historischen Bewustsein der Deutschen kaum eine Rolle".

[1509] A respeito, ver **Tratado** (tomo 11 – **Direito internacional no tempo do iluminismo**).

[1510] A respeito da formação das Províncias Unidas como estado ver **Tratado** (tomo 7 – **Direito internacional no tempo de Hugo Grócio**, esp. item 18.2 – *GRÓCIO na evolução da identidade nacional*) sobre o papel de GRÓCIO como historiador das Províncias Unidas no seu tempo; ver tb. Catherine DENYS e Isabelle PARESYS, **Les anciens Pays-Bas à l'époque moderne (1404-1815)** (Paris: Ellipses, 2007).

Em maior ou menor grau, para muitos estados, a suposta 'identidade nacional' ou a 'unidade nacional' muitas vezes são ilusórias. Ou tiveram de ser construídas.[1511]

Os estados, em maior ou menor grau, são sempre construções teóricas, politicamente sustentadas. A lição adicional, a ser deduzida é o fato de quanto mais se insista em tais ficções, maiores e mais graves podem ser os danos. Para o próprio estado, como para os vizinhos.[1512]

A contribuição de PUFENDORF, na temática de exame histórico do poder, e das relações entre o direito e a política, já se exprime, na sua época, pelo conceito de 'razão de estado'.[1513] PUFENDORF vai desde o seu estudo sobre FELIPE da Macedônia,[1514] passa pela teoria política – e crítica das pretensões temporais – da igreja católica,[1515] prossegue nos volumes sobre história política contemporânea, tanto os escritos para CARLOS XI da Suécia,[1516] como, depois de 1688, os escritos para FREDERICO GUILHERME e para FREDERICO III da Prússia,[1517] e especialmente a sua monumental introdução à história dos principais estados da Europa.[1518]

1511 Ver **Tratado** (tomo 11 – **Direito internacional no tempo do iluminismo**, item – *império, estado moderno e ascensão do absolutismo*); tb. E. HOBSBAWM e T. RANGER (orgs.), **A invenção das tradições** (orig. publ. **The invention of tradition**, trad. C. C. CAVALCANTE, São Paulo: Paz e Terra, 1997, 6ª ed., 2008).

1512 Também a Itália e a Alemanha, que se unificaram politicamente somente na segunda metade do século XIX. A consolidação tardia desses dois estados explicaria talvez os nacionalismos exacerbados, que causariam tantos e tão graves danos, na primeira metade do século XX. Como observa Christopher DUGGAN, **A concise history of Italy** (Cambridge: Univ. Press, 1st publ., 1994, 14th printing, 2012) "since its creation in 1861, Italy has struggled to develop an effective political system and a secure sense of national identity".

1513 Ver tb., a seguir, o item – *o teatro europeu segundo RICHELIEU.*

1514 O estudo de PUFENDORF sobre FILIPE da Macedônia, **De rebus gestis Philippi Amyntai filio** (1663) foi depois inserido nas Dissertações acadêmicas escolhidas, **Dissertationes academicae selectiores** (1675).

1515 Como referido, publicado por PUFENDORF, sob o pseudônimo Basilius HYPERTA, com o título **Historische und politische Beschreibung der geistlichen Monarchie des Stuhls zu Rom** (1679).

1516 PUFENDORF, **Commentariorum de rebus suecicis libri XXVI ab expeditione Gustavi Adolphi in Germaniam ad abdicationem usque Christinae** (1686) e **De rebus a Carolo Gustavo Sueciae rege gestis commentariorum libri VII** (1696), posteriormente traduzidas e publicadas como 'História geral' da Suécia, em dois volumes, em 1702.

1517 PUFENDORF começa a escrever em 1689 os seus volumes de história da Prússia: **De rebus Friderici Magni Electoris Brandenburgici commentariorum libri XIX** (1692) – contendo a história do grande eleitor FREDERICO GUILHERME de Brandemburgo, em 19

O exame da contribuição de PUFENDORF, como historiador, poderia e mereceria ser consideravelmente mais desenvolvido, caso fosse este o objeto principal de análise. O que, embora intrinsecamente relevante e intelectualmente atraente, fugiria ao escopo central do presente trabalho. Mas serve, ao menos, ter referido as principais obras históricas de PUFENDORF, para se ter delas notícia. E que podem ser facilmente acessadas e lidas.[1519]

A obra histórica de PUFENDORF deve, contudo, ser também lembrada, mesmo aqui, onde se ateve o foco no seu papel, para o desenvolvimento do direito internacional, no tempo clássico. A obra internacionalista de PUFENDORF se inscreve, na esteira de seus predecessores, com destaque para GRÓCIO, como também em relação aos seus contemporâneos. E teve relevância em vários aspectos, como aqui ressaltado.

Foram debates marcantes da época, que se refletem nas controvérsias, entre PUFENDORF e Samuel RACHEL, bem como na crítica de LEIBNIZ à obra jusnaturalista e internacionalista de PUFENDORF. Como parte do contexto da época e do desenvolvimento do direito internacional 'clássico'. E também tem de ser lembrado PUFENDORF, pelo papel que desempenhou, em relação às gerações seguintes, de WOLFF[1520] até VATTEL.[1521]

livros; e, a seguir, a história de FREDERICO III, o **De rebus gestis Friderici III Electoris Brandenburgici** (publicado somente em 1784).

1518 Comenta J. TULLY (introdução citada, 1991, p. XV): "The **Introduction to the history of the principal realms and states as they currently exist in Europe**, with its rigorous concepts of state interest and relative powers and its comprehensive design, was republished throughout the eighteenth century. The editors of the French edition added more chapters, making a prototype of Enlightenment encyclopedias of comparative politics". Ver tb., supra, o item – *sistemas internacionais coesos.*

1519 O acesso às obras históricas acima mencionadas de Samuel PUFENDORF é tanto mais fácil, dado estarem em "domínio público", e podem ser lidas online, integralmente, quer nas edições originais, em latim ou em alemão, bem como em diferentes traduções, para o inglês e o francês.

1520 Como se examina, no **Tratado** (tomo 10 – **Direito internacional no tempo de C. van Bynkershoek e Christian Wolff**, cap. 22).

1521 A contribuição de VATTEL é examinada no **Tratado** (tomo 12 – **Direito internacional no tempo de Vattel e von Martens**, cap. 24).

O TEATRO EUROPEU SEGUNDO RICHELIEU

Não há dúvida que a Alemanha, com suas grandes províncias, abundantes em príncipes, nobreza, povos, cidades, arsenais, rios e outras comodidades, se estivessem reunidas sob um único e absoluto monarca – o que não se pode dizer do Imperador – seriam tão poderosas e temíveis, como até aqui foram fracas e pouco consideradas, em razão de sua divisão e de seus potentados e repúblicas que, na sua maioria, se opuseram à casa de Áustria, e se aliaram com os reis da França, príncipes e estados vizinhos.

Memorial de MARESCOT, *Parecer sobre o estado das coisas da Alemanha* (1625)[1522]

ANNA DE ÁUSTRIA foi obrigada a continuar a guerra contra o rei da Espanha, FELIPE IV, seu irmão, que ela amava. É difícil dizer, precisamente, porque se fazia essa guerra; nada se pedia à Espanha, sequer a Navarra, que deveria ser patrimônio dos reis da França. Lutava-se, desde 1635, porque o cardeal RICHELIEU assim tinha desejado e, pode-se crer, que o tivesse que-

1522 Ver, a seguir, a referência completa. **Les papiers de Richelieu** – tome I – **Empire allemand** (1616-1629) par A. WILD (1982, n. 66 – Memorial von MARESCOT, 1625, p. 105-110 – *Advis sur l'estat des affaires d'Allemagne* – Paris, AE, CP, Allemagne, Supplément 1, fol. 217-219, Ausfertigung, cit. p. 105): "Comme cette recognoissance a fait que l'Empereur CHARLES le V n'a rien tant desiré que cette reunion soubs son obeissance, employant soit par la force, soit par les pratiques toute sorte de moyens pour y parvenir." A autoria do Relatório por MARESCOT se deduz da observação de que este, no ano precedente, por ordem do rei, tinha estado com os protestantes na Alemanha. O que somente diz respeito a ele. Os outros dois emissários à Alemanha, no ano de 1624, FRANCAN e VAUBECOURT, tinham visitado príncipes católicos.

rido para se tornar necessário. Ele se tinha aliado ao rei da Suécia, contra o imperador, e com o duque BERNARDO, de Saxe-Weimar, um desses generais, que os italianos chamavam *condottieri*, ou seja, que vendem as suas tropas. Ele atacava também o ramo austríaco-espanhol nessas dez províncias que geralmente chamamos pelo nome de Flandres; e ele tinha partilhado com os holandeses, então nossos aliados, essa Flandres, que não conquistamos.

VOLTAIRE (1751, ed. 2010)[1523]

RICHELIEU exerceu seu ministério em tempo de guerras de religião europeias. Seus atos foram exigidos pelas necessidades da guerra. Seu governo foi, de maneira crescente, um governo de guerra. Foram-lhe impostas atitudes, palavras, atos, de múltiplos aspectos, emaranhados, contraditórios. Os historiadores e os políticos puderam altear-se de suas ações a princípios, bastante diferentes, uns dos outros, estes, por vezes, também contraditórios. Daí resultou uma enorme dificuldade em apreciar sua obra e caracterizar seus desígnios. Existe um grande risco de lhe atribuir os fins últimos e ideais, aos quais ele somente pensou vagamente ou sequer jamais cogitou, mas se tornaram os objetivos caros aos homens de outras gerações, que se reportam ao cardeal.

R. MOUSNIER (1992)[1524]

Poucos estadistas podem reclamar maior impacto sobre a história. RICHELIEU foi o pai do moderno sistema de estados. Ele promulgou o conceito de razão de estado – *raison d'état* – e o praticou incansavelmente, para o bem de seu próprio país. Sob seus auspícios, a *raison d'état* substituiu o conceito medieval de valores morais universais, como princípio diretor da política francesa. Inicialmente, ele tentou impedir a dominação da Europa pelos HABSBURGO, mas finalmente deixou legado que, pelos dois séculos seguintes, tentou seus sucessores, a estabelecer a primazia francesa na Europa. Do fracasso dessas

[1523] VOLTAIRE, **Le siècle de Louis XIV** (orig. publ. 1751, édition établie, présentée et annotée par Jacqueline HELLEGOUARCH et Sylvain MENANT, avec Philippe BONNICHON et Anne-Sophie BARROVECCHIO, Paris: Libr. Génerale Française, © 2005, 2ª ed., 2008); ___, ___ (in **Œuvres historiques**, édition présentée, établie et annotée par René POMEAU, Paris: Gallimard-Pléiade, 1957, impr. 2010, p. 603-1274, chap. III – *Minorité de LOUIS XIV – Victoires des Français sous le Grand Condé, alors duc d'ENGHIEN*, p. 635-641, cit. p. 636).

[1524] Roland MOUSNIER, **L'homme rouge ou la vie du cardinal de Richelieu** (Paris: R. Laffont, 1992, cit. p. 757).

ambições, emergiu o equilíbrio de poder, primeiro como um fato – *fact of life* –, depois como um sistema, para organizar as relações internacionais.

H. KISSINGER (1994)[1525]

RICHELIEU, postumamente, pesou bastante sobre o congresso de paz de Vestfália, pelas instruções que deixou, [enquanto] a influência de GRÓCIO, considerável do ponto de vista doutrinal, a partir da segunda metade do século XVII, foi, sem dúvida, omissível, quanto à regulação da paz de 1648.
Mas, apesar disso, os especialistas do direito internacional voluntariamente associam GRÓCIO com a paz de Vestfália. [...] Parece óbvio que esses internacionalistas, em sua grande maioria, nunca abriram o tratado de GRÓCIO, nem os tratados de Vestfália. Essa visão corresponde, antes, a uma espécie de imaginário coletivo, emanando de um duplo mito fundador, que faz de GRÓCIO o teórico visionário de uma ordem, que os negociadores de Münster e de Osnabrück teriam traduzido na prática dos fatos.

P. HAGGENMACHER (2000)[1526]

A França é assimilada ao jovem primeiro ministro, que tem a seu favor sua idade, sua sedução, o ímpeto de sua juventude. Ele é apresentado como o protetor daqueles que são oprimidos pelo malvado espanhol. A orientação política é evidente: RICHELIEU é obrigado a jogar em duas quadras, bastante contraditórias. De um lado, se trata de contar com o apoio indispensável dos estados protestantes da Europa central, da Alemanha do norte e, particularmente, da Holanda. De outro, ao que já então é a política 'diversionista',

1525 Henry KISSINGER, **Diplomacy** (New York: Simon & Schuster, 1994, chap. three – *From universality to equilibrium: RICHELIEU, WILLIAM OF ORANGE and PITT*, p. 56-77, cit. p. 58-59).

1526 Peter HAGGENMACHER, *La paix dans la pensée de Grotius* (in **L'Europe des traités de Westphalie**, dir. de L. BÉLY, Paris: PUF, 2000, p. 67-79, cit. p. 68 e p. 67): "Évoquer, après l'immense figure du cardinal de RICHELIEU, celle du juriste hollandais Hugo GROTIUS, revient à changer complètement de registre. Les deux hommes se sont connus, car GROTIUS vécut à Paris l'essentiel de la seconde partie de sa vie, après s'être enfoui de sa patrie; il avait même affaire à RICHELIEU à titre officiel en qualité d'ambassadeur de la reine CHRISTINE de Suède. Mais si les deux hommes se sont sans doute respectés, ils s'aimaient peu et n'étaient guère faits pour s'entendre par leurs tempéraments: ici, l'homme de pouvoir qui comme peu d'autres incarne la raison d'état et symbolise la catégorie du politique; là, le juriste-humaniste, citoyen de la République des lettres, pour qui la catégorie fondamentale est celle du droit."

[que será] tão cara a LUIS XIV, é preciso 'segurar a balança', na antevisão do resultado final. Não pode ser, para RICHELIEU, questão de deixar crescer excessivamente a potência sueca, ou a de um BERNARDO de Saxe-Weimar, que seria suscetível de ameaçar a existência dos estados católicos do sul do Sacro Império. Coisas demais se opõem. RICHELIEU é cardeal da santa Igreja católica e, como tal, deve levar em conta tanto a sua 'opinião pública', quanto a dos demais países católicos, e particularmente dos papas (tradicionalmente inimigos, mais ou menos declarados, da Espanha) [...]. RICHELIEU é, com certeza, o homem da razão de estado, ou seja, no plano político, simplesmente a razão, mas é, ao mesmo tempo – e muitas vezes disso nos esquecemos – um reformador religioso convicto, e muito decidido a não recorrer à conversão por meio da espada e da perseguição.

Jean MEYER (2000)[1527]

Homem da igreja e teólogo, ele desenvolve amplas concepções sobre a carta política de seu tempo, sobretudo a respeito do papel da França, que poderia ser levada a desempenhar, na Europa, o papel que o imperador não mais exerce. RICHELIEU deseja colocar em operação um sistema de paz europeia e de segurança coletiva e, para supervisionar a casa da Áustria ele prevê duas ligas, uma na Itália e outra na Alemanha. Propõe, também, ao rei da França conservar praças, fora de seu território, que seriam 'portas', para penetrar facilmente na Alemanha ou na Itália. Atribuem-se também a RICHELIEU projetos de união das igrejas, que alguns retomarão mais tarde. A reflexão sobre o futuro da Europa integra dois pressupostos, que parecem definitivos: a incapacidade do imperador em construir uma monarquia católica na Alemanha e o fracasso da Espanha, em impor o seu controle ao conjunto da Europa, e manter vínculos cômodos entre seus domínios. Doravante, a França de RICHELIEU tem a ambição de supervisionar a organização da Europa, tal como esta sairá do grande conflito que a abala.

L. BÉLY (2023)[1528]

[1527] Jean MEYER, *Images et visions politiques 'européennes' de 1648 à 1661* (in **L'Europe des traités de Westphalie**, dir. de L. BÉLY, Paris: PUF, 2000, p. 227-244, cit. p. 233): "La grandeur des deux cardinaux français de la première moitié du XVIIe siècle a été cette vraie tolérance, excluant toutefois l'identification du calvinisme français à un parti politique autonome disposant de sa propre armée."

[1528] Constrói-se reflexão sobre a reorganização depois da guerra, e as ideias de RICHELIEU, por exemplo, foram estudadas em texto que lhe é atribuído, o **Testamento político** – comenta

A concepção de Armand Jean du PLESSIS, cardeal de RICHELIEU (1585-1642), sobre a inserção internacional da França se inscreve no contexto cultural e de seu tempo histórico, depois do relevante período do reinado de HENRIQUE IV, que permitiu ao país emergir de quatro décadas de guerras de religião, ainda tentando consolidar a unidade interna do reino. Ao mesmo tempo em que procurava superar a obsessão do confinamento – *l'encerclement* – vendo a França então rodeada de terras dos HABSBURGO, de quase todos os lados: no sul, a Espanha, com os HABSBURGO de Madri – ainda ao tempo de união das coroas ibéricas, controlando também Portugal,[1529] além das imensas colônias nas Américas, como na Ásia e na África –; no sudeste, várias cidades-estado italianas, em grande parte sob comando da Espanha; também sob controle espanhol, no leste, o Franco-Condado – a *Franche-Comté*, região em torno de Lyon e a Savoia –;[1530] além dos Países Baixos espanhóis ao norte.[1531] As poucas

Lucien BÉLY, **L'art de la paix en Europe** – naissance de la diplomatie moderne XVIe – XVIIIe siècle (Paris: PUF, 2023, Deuxième partie – *De la raison d'état à la raison des états*, chap. VII – *La première guerre totale?*, p. 158-179, cit. p. 176 e nota 1) comenta a respeito do encontro entre GRÓCIO e RICHELIEU: "Il rencontre RICHELIEU qui lui fait observer, à propos de ses déboires, que, dans les affaires d'état, le plus faible a toujours tort. GROTIUS réplique que Dieu et le temps révéleront la vérité." Ver tb. **Tratado** (tomo 7 – **Direito internacional no tempo de Hugo Grócio**).

1529 Jean-François LABOURDETTE, *La diplomatie portugaise au temps de Westphalie* (in **L'Europe des traités de Westphalie**, dir. de L. BÉLY, Paris: PUF, 2000, p. 567-578).

1530 Lucien FEBVRE, **Philippe II et la Franche-Comté** – Étude d'histoire politique, religieuse et sociale (orig. publ. 1912, préface Fernand BRAUDEL, Paris: Flammarion – champs, 1970, cit. p. 74-75): "pour résumer d'ensemble notre étude, c'était un petit groupement politique et historique assez vivant encore que la Comté au milieu du XVIe siècle. Elle n'était pas devenue simplement une province banale d'un grand état, dépouillée de toute initiative et recevant du dehors toutes ses impulsions. La spontanéité n'était pas morte en elle; avec une assez large autonomie, elle avait su retenir quelque chose de son individualité nationale d'autrefois. / Or, c'était là l'indispensable condition de sa vie politique – cela en raison même de sa place en Europe. Briser les ressorts de sa vie locale; contrarier le jeu de ses institutions; énerver les forces de résistance et d'opposition qu'elle conservait en elle, c'était risquer de la tuer, de l'anéantir toute. [...] La volonté puissante et bien servie du pouvoir central peut, dans une large mesure, suppléer à l'absence, à la pauvreté des pouvoirs locaux. Mais dans la Comté du XVIe siècle, petite, faible, isolée, de toutes parts entourée de rivaux et d'ennemis? Ses maîtres étaient si soucieux, si accablés de plus grands intérêts? Étranger et lointain, le gouvernement central ne pouvait compter là sur sa vigueur d'impulsion et son activité pour remédier au défaut d'une organisation régionale solide, saine et vigilante."

1531 H. KISSINGER, **Diplomacy** (op. cit., 1994, cit. p. 59-60): "If Northern Germany were also to fall under Habsburg rule, France would become perilously weak in relation to the Holy

fronteiras não sujeitas ao controle dos HABSBURGO da Espanha, estavam sujeitas aos HABSBURGO imperiais de Viena, dominando também outras áreas da Itália; o ducado da Lorena[1532] devia vassalagem ao imperador do Sacro Império, bem como áreas estrategicamente importantes, ao longo do Reno, no que hoje é a Alsácia.[1533]

Mais do que as numerosas e complexas questões internas e necessidade de reordenação do reino da França,[1534] interessa situar a atuação do minis-

Roman Empire. / RICHELIEU derived little comfort from the fact that Spain and Austria shared France's Catholic faith. Quite to the contrary, a victory for the Counter-Reformation was exactly what RICHELIEU was determined to prevent. In pursuit of what would today be called a national security interest and was then labelled – for the first time – *raison d'état*, RICHELIEU was prepared to side with the Protestant princes and exploit the schism within the Universal church".

1532 Na Lorena, as cessões territoriais, previstas pelo tratado de Vincennes, de 1661, se dividem em três conjuntos: o rei da França recebe a praça de Sierck e trinta vilarejos "que se encontram nas dependências da referida praça, segundo a escolha de sua Majestade, cuja eleição e enumeração se farão incontinente, pelos comissários de sua Majestade, para essa finalidade"; uma série de artigos organiza a reunião da Abadia de Gorze, de Malatour (*Mars-la-Tour*) e "do que deles depende", bem como diversas localidades, "com seus arrabaldes"; ao rei ainda é atribuída a soberania sobre uma estrada, que atravessa a Lorena, e permite aceder à Alsácia – a largura desse verdadeiro corredor militar deverá ser fixada pelos comissários, cf. Daniel NORDMAN, *Les titres et les preuves – la notion de droits historiques en France (1648-1661)* (in **L'Europe des traités de Westphalie**, dir. de L. BÉLY, Paris: PUF, 2000, p. 245-252, cit. p. 250).

1533 D. NORDMAN, *Les titres et les preuves – la notion de droits historiques en France (1648-1661)* (in **L'Europe des traités de Westphalie**, dir. de L. BÉLY, Paris: PUF, 2000, p. 245-252, cit. p. 248) refere a situação como o 'mosaico alsaciano', cuja enumeração de direitos e das terras, na época da paz de Vestfália, seria inesgotável: são as possessões da casa da Áustria, o bispado de Estrasburgo, o condado de Hanau-Lichtenberg, as terras eclesiásticas dos bispados e das abadias, a república de Estrasburgo, e as cidades da Decápole, bem como as senhorias da Alta e da Baixa Alsácia, os enclaves lorenos e a república de Mulhouse (aliada dos cantões suíços). Ao que, ademais, ainda se somavam resquícios de senhorias medievais, que se reportavam diretamente ao imperador: "On peut ajouter une poussière de seigneurs alsaciens, de familles n'admettant d'autre suzeraineté que celle de l'Empereur (d'où le nom de noblesse immédiate d'Empire), ne possédant parfois que des hôtels dans les villes mais dépourvues de terres dans le plat pays. Ces nobles peuvent entretenir encore dans la seconde moitié du XVIIe siècle des chargés d'affaires à Vienne, marque, s'il en est, de leur aspiration à la reconnaissance internationale."

1534 Constitui fonte primária privilegiada, com muitos documentos então editados por primeira vez, os papéis de Armand Jean du PLESSIS, cardeal de RICHELIEU, **Les papiers de Richelieu** – section politique intérieure / correspondance et papiers d'état (par Pierre GRILLON, préf. Roland MOUSNIER, tome I (1624-1626), Paris: Pedone, 1975); ___, ___ tome II (1627) (Paris: Pedone, 1977); ___, ___ tome III (1628) (Paris: Pedone, 1979); ___,

tro-cardeal no plano internacional:[1535] "o cardeal de RICHELIEU, ocupado em rebaixar a casa da Áustria, o calvinismo e os grandes, não contou com poder, suficientemente pacífico, para reformar a nação; mas, ao menos, ele encetou essa feliz obra" – provocava VOLTAIRE.[1536]

Naqueles tempos, estava em curso o conflito que viria a ser chamado 'guerra dos trinta anos', de 1618 a 1648. Como sempre, guerras suscitam atrocidades. Mas, "a dimensão religiosa da guerra ainda acentua a expressão da violência, que leva os homens a atos extremos, tanto mais intencionais, na medida em que o inimigo lhes é próximo".[1537]

___ tome IV (1629) (Paris: Pedone, 1980); ___, ___ tome V (1630) (Paris: Pedone, 1982); ___, ___ tome VI (1631) (Paris: Pedone, 1985); ___, ___ Index des tomes I, II et III – corrections et additions (1624-1628) (par Pierre GRILLON, Paris: Pedone, 1980); ___, ___ Index des tomes IV, V et VI – corrections et additions (1629-1631) (par Marie-Catherine VIGNAL avec la collab. d'Eric de LABRIOLLE, Paris: Pedone, 1997).

1535 Da mesma forma, os papéis de RICHELIEU, publicados pela Comissão internacional para a edição das fontes da história europeia, reunindo pela primeira vez, em edição particular, os documentos concernentes à política de RICHELIEU em relação ao Império alemão. Cfr. Armand Jean du PLESSIS, cardeal de RICHELIEU, **Les papiers de Richelieu** – section politique extérieure / correspondance et papiers d'état – **Empire allemand** tome I (1616-1629) (par Adolf WILD, préf. Stephan SKALWEIT, Paris: Pedone, 1982); ___, ___, **Empire allemand** tome II (1630-1635) (par Anja Victorine HARTMANN, préfaces Hermann WEBER et Klaus MALETTKE, Paris: Pedone, 1997); ___, ___, **Empire allemand** tome III (1636-1642) (par Anja Victorine HARTMANN, préfaces Hermann WEBER et Klaus MALETTKE, Paris: Pedone, 1999); ___, ___, **Empire allemand** (1616-1642 – Index des tomes I, II et III) (par Aurélia BERGER, Paris: Pedone, 2003).

1536 VOLTAIRE, **Le siècle de Louis XIV** (orig. publ. 1751, édition établie, présentée et annotée par Jacqueline HELLEGOUARCH et Sylvain MENANT, avec Philippe BONNICHON et Anne-Sophie BARROVECCHIO, Paris: Libr. Génerale Française, © 2005, 2ª ed., 2008); ___, ___ (in **Œuvres historiques**, édition présentée, établie et annotée par René POMEAU, Paris: Gallimard-Pléiade, 1957, impr. 2010, p. 603-1274, chap. premier – introduction, p. 616-620, cit. p. 619).

1537 Ver **Tratado** (tomo 8 – **Direito internacional além do paradigma vestfaliano**); o balanço da guerra se revela pesado, lá onde os exércitos passam e onde se instalam. Especialmente sofreu a Alemanha, e regiões inteiras são devastadas. Lucien BÉLY, **L'art de la paix en Europe** – naissance de la diplomatie moderne XVIe – XVIIIe siècle (Paris: PUF, 2023, Deuxième partie – *De la raison d'état à la raison des états*, chap. VII – *La première guerre totale?*, p. 158-179, cit. p. 174-175 e nota 1, p. 174): "Aujourd'hui les idées se sont nuancées sur ce sujet. Les études de G. FRANZ en 1940 avaient dessiné une ligne nord-est (Poméranie et Mecklembourg) vers le sud-ouest (Palatinat et Wurtemberg) où des pertes de plus de 66% signifiaient la dévastation du pays. Autour de cette ligne, avec 30-40% de pertes, c'était une situation moyenne. La population allemande aurait été réduite de 40 à 45% (9 à 10 millions en 1650 contre 17,1 en 1618)." No mesmo sentido, Heinz Dieter KITTSTEINER (1942-2008), **Die**

Grandes transformações resultam das composições de forças, alianças e confrontações entre as potências da época, nas sucessivas fases do conflito.[1538] Ao ver pender o conflito em favor dos HABSBURGO e seus aliados, a França de LUÍS XIII e de RICHELIEU – que até então se mantivera mais ou menos distante de engajamentos diretos, embora financiando e interferindo à distância, se alia com as potências do norte – Dinamarca e Suécia –[1539] bem como com os príncipes protestantes alemães e passa da guerra coberta – *guerre couverte* – para a guerra aberta – *guerre ouverte*.

> Nossos reis, ao contrário, principalmente FRANCISCO I, nada esqueceram para impedir, e para estreitar e reconfirmar, de tempos em tempos, com a maioria desses príncipes e repúblicas, fortes alianças, como os mais fortes apoios das monarquias e dos estados que, sempre cuidadosamente buscaram e subtraíram, uns aos outros. O que levou HENRIQUE II, embora príncipe muito católico, à proteção dos protestantes e das liberdades germânicas, contra o mesmo imperador CARLOS V, e pessoalmente conduzir poderoso exército na Alemanha. E, sem se deter nos reis, seus sucessores, que confir-

Stabilisierungsmoderne – Deutschland und Europa 1618-1715 (Munique: Carl Hanser, 2010), fala em perdas populacionais mais altas no eixo em que se concentraram os conflitos, mas em média, redução de cerca de 40% da população alemã, em decorrência da guerra dos trinta anos.

1538 Ver **Tratado** (tomo 8 – **Direito internacional além do paradigma vestfaliano**); Lucien BÉLY (dir. de), **L'Europe des traités de Westphalie** – esprit de la diplomatie et diplomatie de l'esprit (Paris: PUF, 2000); ___, **La France au XVIIe siècle** – puissance de l'état, contrôle de la société (Paris: PUF, 2009).

1539 Na Suécia, o reinado de CRISTINA se estende por cerca de dez anos, de sua maioridade, em dezembro de 1644, passando por sua coroação, em 1650, até sua abdicação, em 1654. E, como princesa reinante, ela teve de se ocupar da situação do reino, dessangrado pela guerra e convocação de tropas, para compensar a partida de soldados estrangeiros, com descontentamento dos camponeses, diante dos privilégios concedidos à nobreza, enquanto esta se faz construir castelos, pelos arquitetos franceses Jean e Simon DE LA VALLÉE. Soube ela imprimir seu estilo, e distribuiu terras, além de consentir em outorga de vantagens ao clero e aliviar os encargos dos camponeses. Ver Jean-François de RAYMOND, *La personnalité et le rôle de la reine Christine de Suède* (in **L'Europe des traités de Westphalie**, dir. de L. BÉLY, Paris: PUF, 2000, p. 391-399, cit. p. 399): "un 'moment de la reine Christine' s'est ainsi constitué en Europe, au milieu du XVIIe siècle, dont l'écho sera renvoyé au dernier tiers du siècle suivant, lorsque VOLTAIRE comparera à cette reine qui parlait et écrivait le français comme si elle était née au Louvre, la mère du futur roi de Suède GUSTAVE III, ce prince que d'ALEMBERT recevra à l'Académie des Sciences en 1771 – l'année où il publiait un *Dialogue entre Descartes et Christine de Suède aux Champs Elysées* – et à qui l'on doit le monument érigé à Stockholm en l'honneur de DESCARTES, qui reprend un vœu de la reine CHRISTINE."

maram e estenderam, tanto quanto puderam, essas alianças, vimos que HENRIQUE o grande, de mui gloriosa memória, cuja experiência e prudência nenhum reparo pode receber, seguiu esse exemplo e, religiosamente, manteve e renovou [laços], com todos os seus vizinhos, e particularmente com os protestantes da Alemanha, depois de ter provado sua assistência e fidelidade, nas maiores questões e necessidades, enviou seu embaixador, expressamente à Alemanha, para vincular e autorizar a união protestante e para enfraquecer a casa da Áustria, e dela separar o duque da Baviera, lhe ofereceu seu crédito e autoridade, para o levar à condição de Rei dos romanos, e na hora do funesto e irreparável acidente da sua morte, se preparava, com poderoso exército, a socorrer os ducados de Ceves e de Julliers, e a outras maiores iniciativas.[1540]

A partir desses documentos, o Império se revela, antes de tudo, pela ação do próprio imperador, e este aparece como o principal interlocutor de RICHELIEU. O que aí se exprime, primeiro, é a autonomia da potência imperial, fundada na extensão dos domínios territoriais da casa de Áustria, mas também o fato que, durante esse período, o Império não se manifesta, enquanto conjunto.

Com exceção de uma vez, nem a Dieta nem os demais colegiados imperiais se reuniram durante essa época. Para suscitar oposição à política imperial, a política francesa devia assim negociar separadamente com os diferentes estados do Império. Essas negociações não são objeto de exame, nem são levadas em consideração, exceto na medida em que exerceram influência direta sobre as relações de RICHELIEU com o imperador e o Império.[1541]

1540 Memorial de MARESCOT, *Parecer sobre o estado das coisas da Alemanha* (1625, in **Les papiers de Richelieu** – tome I – **Empire allemand** (1616-1629), par A. WILD, op. cit., 1982, n. 66 – Memorial von MARESCOT, 1625, p. 105-110 – *Advis sur l'estat des affaires d'Allemagne* – Paris, AE, CP, Allemagne, Supplément 1, fol. 217-219, Ausfertigung, cit. p. 105-106).

1541 Para as relações de RICHELIEU com os diferentes estados do Império, na medida em que estas tiveram papel particular em sua política, uma outra série era prevista, no plano de edição dos papeis de RICHELIEU, como assinalava Stephan SKALWEIT, *Vorwort / Préface* (**Les papiers de Richelieu** – tome I – **Empire allemand** (1616-1629) par A. WILD, op. cit., 1982, p. IX-XIII, cit. p. XI): "Le cadre chronologique comprend le début de la carrière politique de RICHELIEU comme Secrétaire d´état (1616-1617) et les premières six années de son Ministériat (1624-1629). Une seule exception a été admise pour traiter jusqu'à son terme une affaire qui ne s'achève qu'en 1630."

O imperador, para chegar mais especiosa e facilmente aos seus fins, arruinando os protestantes, que, em todos os tempos, como se sabe, a ele se opuseram, ou os obrigou a sofrer sua absoluta dominação, como fazem os seus partidários, ou se serviu do pretexto da religião e da restituição dos bens eclesiásticos e, da mesma forma, para tornar menos suspeitas e odiosas as armas e a assistência que recebe da Espanha, sempre fingiu se servir destas somente para executar os comandos do Império, do qual o rei da Espanha é príncipe e somente depositário das praças que detém na Alemanha, somente para o bem do qual e a grandeza do Império, faz parecer levar em consideração, sem colocar em qualquer perigo a potência espanhola, antes a ela se opondo, onde esta queria empreender. E, contudo, os auxílios recíprocos, que se dão, apesar de algum disfarce destes, [mas] cujos efeitos tornam visível a boa e estreita união, que existe entre eles, com o mesmo objetivo de tudo reduzir, sob a dominação de sua casa.[1542]

O imperador persegue e avança, a vista d'olhos, seus desígnios pela força, pelo temor de suas armas e por diversas práticas. E tudo para aplicar o maior golpe – *tout pour y donner le plus grand coup* – e o mais especioso, quer realizar, no mês de outubro, na cidade de Ulm, uma [reunião da] Dieta, chamada de Deputação, e ordenar, pelas constituições do Império, enquanto os problemas na Alemanha não permitem a realização de uma Imperial, cujo resultado terá a mesma força e vigor, e é executado como esta. Assegura-se o imperador que, pela pluralidade de votos, lhe serão deferidos reconhecimento e obediência, integral e absoluta. E, para o autorizar, e obrigar os renitentes, mantém diversos exércitos de prontidão, particularmente o [exército] de Tilly, sob o

[1542] Memorial de MARESCOT, *Parecer sobre o estado das coisas da Alemanha* (1625, in **Les papiers de Richelieu** – tome I – **Empire allemand** (1616-1629), par A. WILD, op. cit., 1982, n. 66 – Memorial von MARESCOT, 1625, p. 105-110 – *Advis sur l'estat des affaires d'Allemagne* – Paris, AE, CP, Allemagne, Supplément 1, fol. 217-219, Ausfertigung, cit. p. 106-107) assinalava a duplicidade do jogo daquele que – à época ainda era – o duque da Baviera: "Le duc de Baviere d'aultre costé, et quelques autres de mesme inclination et artifice, affin de nous divertir, nous ont continuellement amusez, comme s'ilz estoient malcontents de l'Empereur et du Roy d'Espagne, en craignoient l'aggrandissement à l'oppression de leur liberté, et vouloient prendre notre appuy pour l'empescher. Et ne me puis assez estonner, comment il a été possible que nous nous soyons si longuement laissez abuser, particulièrement de ce duc le plus affidé et interessé partisan de l'Empereur duquel il est beau frere, a quatre enfants ses nepveux, ses pays enclavez dans ceux d'Austriche, et à qui par toute sorte d'affection et d'obligations il est inseparablement attaché, ne pouvant entrer en alliance avec la France qu'elle ne perde ses anciennes et esprouvés avec les protestans, dont ce prince est capital ennemy, et usurpateur de la plus grande partie des biens et dignité de l'Eslecteur Palatin aisné de sa maison."

> comando do duque da Baviera, chefe da liga católica, ou antes, imperialista, que ele sempre manteve, para tal fim, mesmo quando não havia na Alemanha qualquer [exército] contrário.
> O que ameaça toda a Germânia de se ver reduzida a tal extremo que, sem qualquer dúvida, se esta não for pronta e poderosamente socorrida, venha a cair sob absoluta dominação do imperador, com grande desvantagem para seus vizinhos, sobretudo a França, à qual tantos príncipes e estados, seus aliados, serviam de contra escarpa e de fortes barreiras. Dos quais, Metz, Thoul e Verdun se encontrariam entre as primeiras desprovidas, e com perigo tanto maior, por serem consideradas cidades do Império, e estão na má vizinhança da Lorena, que o reconhece e perpetuamente favoreceu, e tenta aproveitar-se e crescer com nossas perdas.[1543]

Desses documentos se destaca, inicialmente, como objeto permanente de conflito entre a França e o imperador, a situação – então, juridicamente incerta –[1544] dos três bispados e seus domínios, Metz, Thoul e Verdun,[1545] com danos causados pelos franceses, conforme missiva do bispo, FRANCISCO de Lorena, a RICHELIEU, queixando-se da *miséria de seu bispado, arruinado pelos homens de guerra, pela peste e pela fome que lá ainda estão.*[1546]

[1543] Memorial de MARESCOT, *Parecer sobre o estado das coisas da Alemanha* (1625, in **Les papiers de Richelieu** – tome I – **Empire allemand** (1616-1629), par A. WILD, op. cit., 1982, n. 66 – Memorial von MARESCOT, 1625, p. 105-110 – *Advis sur l'estat des affaires d'Allemagne* – Paris, AE, CP, Allemagne, Supplément 1, fol. 217-219, Ausfertigung, cit. p. 107).

[1544] **Les papiers de Richelieu** – tome I – **Empire allemand** (1616-1629) par A. WILD (op. cit., 1982, n. 34 – Memorial von FRANCAN, 1624 – Paris, AE, CP, Allemagne, 6, fol. 277-279, fol. 276 und fol. 279' jeweils Überschrift, Ausfertigung – p. 56-61, menciona, p. 60): "Reunir Metz, Toul et Verdun a la couronne de France, afin d'oster tout pretexte d'usurpation et tesmoigner a l'Empereur la juste possession du Roy."

[1545] **Les papiers de Richelieu** – tome I – **Empire allemand** (1616-1629) par A. WILD (op. cit., 1982, n. 41 – FRANZ VON LOTHRINGEN, Bischof von Verdun, an RICHELIEU, 1624 VI 28, p. 67 – Paris, AE, Mém. et Doc., France, 246, fol. 24'. Originalregest des Inventariums Le Grand): "L'Evesque de Verdun a son retour de Cologne dont il est grand Doyen, il a trouvé qu'on avoit enlevé de force un bourgeois de Verdun qui avait tué deux autres que pour le tirer de prison, on avoit mis le Regiment de Vaubecourt en bataille, se plaint de violence des ministres du Roy, et parle de Verdun comme d'une ville dont il est le chef et ou le Roy n'a le droit de protection".

[1546] **Les papiers de Richelieu** – tome I – **Empire allemand** (1616-1629) par A. WILD (op. cit., 1982, n. 43 – FRANZ VON LOTHRINGEN, Bischof von Verdun, an RICHELIEU, 1624 VII 29, p. 69 – Paris, AE, Mém. et Doc., France, 246, fol. 24'. Originalregest des Inventariums

A partir de 1624, o estacionamento de tropas francesas na região suscita vivos protestos, por parte do imperador.

O conflito sobre os três bispados atingiu seu ápice, com a fuga do hispo de Verdun, François de LORENA que, a seguir, a partir de Colônia, preparou seu retorno, com uso de força, a seu bispado, com apoio do imperador. RICHELIEU estabelece contato com o bispo, por meio de mediadores, com esperança de resolver o conflito. Contudo, isso não ocorreu, antes de 1629, quando as negociações conduzidas, nessa matéria, alcançaram resultado, satisfatório para o cardeal.[1547]

A advertência não poderia ser formulada de maneira mais clara e direta:

> Os remédios devem ser tão imediatos e poderosos quanto o perigo está próximo e é temível, caso todas as províncias da Germânia, com as que a Espanha detém na Europa, como em outras partes do mundo, em extensão que jamais teve o Império romano, caiam e se reúnam na mão de uma única casa, e lhes sirvam de degrau para subir mais alto.
> Não se trata aqui, absolutamente, de religião ou de consciência, mas da conservação do estado, e de se opor aos progressos de uma ambição, cuja torrente desregrada somente pode ser detida por equivalente, porém justa, violência.[1548]
> Ora, ainda que esse grande corpo da Alemanha pareça atacado e ocupado, em quase todos os seus membros, por contrários e violentos humores e doenças, se é que lhe resta suficiente vigor natural e disposição para receber a cura, desde que os remédios necessários lhe sejam aplicados e mantidos; os fracos,

Le Grand): "Le meme, il represente la misere de son Evesché ruiné par les gens de guerre, par la peste et par la famine qui y est encore."

[1547] Embora com algumas lacunas, nos documentos coligidos, tanto quanto os arquivos o permitem, todo o encadeamento dessas negociações está publicado pela primeira vez, apontava S. SKALWEIT, *Vorwort / Préface* (**Les papiers de Richelieu** – tome I – **Empire allemand** (1616-1629) par A. WILD, op. cit., 1982, p. IX-XIII, cit. p. XIII).

[1548] Memorial de MARESCOT, *Parecer sobre o estado das coisas da Alemanha* (1625, in **Les papiers de Richelieu** – tome I – **Empire allemand** (1616-1629), par A. WILD, op. cit., 1982, n. 66 – Memorial von MARESCOT, 1625, p. 105-110 – *Advis sur l'estat des affaires d'Allemagne* – Paris, AE, CP, Allemagne, Supplément 1, fol. 217-219, Ausfertigung, cit. p. 107-108): "En cette consideration, lors que le pape cita JOANNE Royne de Navarre, ayeule de sa Majesté, et donna ses pays et souveraineté de Bearn en proye." Tratava-se JEANNE D'ALBRET, rainha de Navarra (nascida 1528, reinou de 1555 a 1572), mãe de HENRIQUE IV que, depois da morte do marido, ANTONIO DE BOURBON, reinou sozinha. Em razão da sua oposição às medidas da Contrarreforma, foi declarada deposta pelo papa PAULO IV, acarretando a transferência de seus domínios para FELIPE II da Espanha.

fora do seu tempo e esporadicamente serão mais propícios a irritar e agravar o mal, e fazê-los sucumbir, do que preservá-los e reerguê-los. As vontades, em sua maior parte, não mudaram, mas, oprimidas, somente esperam que se lhes estendam as mãos, para juntar as suas, e as suas armas, reparar seus erros e suas perdas, sem nada esquecer, nessa derradeira necessidade, para se libertarem. Esses remédios devem ser aplicados, por dentro e por fora. E para tal fim, começar pelo restabelecimento de uma sincera e firme união, entre todas as partes interessadas nelas mesmas, e de todos aqueles que o são, por acidente, e podem contribuir para tanto.[1549]

Quanto a particularizar os reis, príncipes, estados, repúblicas e outros, tanto fora desta quanto da Alemanha, entre os quais essa união deverá se estender, isso se esclarecerá mais a propósito, quando se tratar de pôr mãos à obra. [...]

O rei da Grã-Bretanha[1550] só espera levar aberta e poderosamente as suas armas para o restabelecimento do Eleitor palatino, seu cunhado, aos seus bens e dignidade, e pode fazer, tanto por mar, quanto por terra, grandes esforços e manobras diversionistas, como também o rei da Dinamarca,[1551] por sua vez, e este já está em campanha. O rei da Suécia[1552] fará o mesmo efeito, e toda sorte de considerações devem dar equivalente esperança a Bethlehem

1549 **Les papiers de Richelieu** – tome I – **Empire allemand** (1616-1629), par A. WILD, op. cit., 1982, n. 66 – Memorial von MARESCOT, 1625, p. 105-110 – *Advis sur l'estat des affaires d'Allemagne* – Paris, AE, CP, Allemagne, Supplément 1, fol. 217-219, Ausfertigung, cit. p. 108-109): "A quoy est necessaire l'employ de personnes de qualité, probité et confidence envers les uns et les autres [et authorisees de bonnes lettres et d'instructions], ce qui manque le plus souvent aux negotiations et les rend mesprisees, suspectes et infructueuses. Par ce moyen se leveront les deffiances qu'on pourroit prendre de n'avoir que des paroles non plus que par le passé, et des effects plus contraires que favorables."

1550 O rei da Grã-Bretanha, CHARLES I, nascido em 1600, reinou de 1625 a 1649 – quando foi destronado e decapitado.

1551 O rei da Dinamarca, CHRISTIAN IV, nascido em 1577, reinou de 1588 a 1648.

1552 O rei da Suécia, GUSTAVO II ADOLFO, nascido em 1594, reinou de 1611 a 1632. Morre aos 37 anos, na batalha de Lutzen, à frente de sua cavalaria: "foi vitorioso durante toda a sua vida e triunfou na sua morte" – escreveria sua filha, a rainha CRISTINA da Suécia – "mas, por que ele não triunfou plenamente?" (cf. Vida da rainha Cristina, feita por ela mesma, dedicada a Deus, nas **Apologias**, p. 100, cit. por Jean-François de RAYMOND, *La personnalité et le rôle de la reine Christine de Suède*, in **L'Europe des traités de Westphalie**, dir. de L. BÉLY, Paris: PUF, 2000, p. 391-399, cit. p. 392 e nota 1): "Cet événement marquera de façon indélébile la vie de la princesse dont il commandera en partie les orientations. Sa destinée se trouvait dorénavant entre ses propres mains. / Si elle héritait de la gloire de son père, elle souffrit de ne pas avoir connu longtemps le modèle vivant du prince dont elle devait exercer les responsabilités. Ses premières années, et plus tard le souvenir entretenu par les compagnons

> GABOR, príncipe excessivamente avisado para perder ocasião tão bela para se afirmar e engrandecer, e se juntar [à ação] contra um perigo comum. [...] Assim, a Alemanha, tão trabalhada e igualmente cansada da guerra, tanto os católicos quanto os protestantes, recorrerão à intercessão e autoridade de sua Majestade, para fazer restabelecer plenamente a paz e as liberdades germânicas, e cada um no que lhe pertence, evento tão glorioso quanto vantajoso para sua Majestade, seu estado, seus vizinhos e confederados, e a toda a cristandade, miseravelmente cobiçada e dilacerada pela ambição espanhola e de seus partidários.[1553]

Na orientação da política externa francesa – estando em curso, desde 1618, a guerra dos trinta anos –, se mostra a acirrada oposição à Espanha[1554] e a tendência a favorecer alianças com os príncipes protestantes da Alemanha. O que se coaduna com o 'interesse nacional' francês e sua 'razão de estado'. Essa orientação da política externa francesa, que marca o período em que governou RICHELIEU – e seria mantida por seu sucessor, MAZARINO – não foi então inaugurada, mas já pautara o reinado de HENRIQUE IV.

Muito mais do que a estrita confessionalização – *Konfessionalisierung* –[1555] o foco da atuação dos estados da época moderna, pós-reformas pro-

de GUSTAVE-ADOLPHE maintinrent l'enfant dans l'admiration du héros conquérant qui avait le charisme d'un fondateur."

1553 **Les papiers de Richelieu** – tome I – **Empire allemand** (1616-1629), par A. WILD, op. cit., 1982, n. 66 – Memorial von MARESCOT, 1625, p. 105-110 – *Advis sur l'estat des affaires d'Allemagne* – Paris, AE, CP, Allemagne, Supplément 1, fol. 217-219, Ausfertigung, cit. p. 10-110): "A quoy des a present sa Majesté pour l'interest qu'elle y a tant a cause du voisinage que de ses anciennes alliances pourroit par Ambassadeur expres convier l'Empereur ce qui persuadant aux protestans que sa Majesté entreprend a bon escient leur protection, relevera leurs courages, et les unira en une si juste demande, qu'ils n'oseroient promouvoir d'eux mesmes sans avancer leur ruine. D'aultre costé donnera que penser et craindre à ceux qui les oppressent."

1554 Ver Miguel Ángel OCHOA BRUN, *La diplomatie espagnole dans la première moitié du XVIIe siècle* (in **L'Europe des traités de Westphalie**, dir. de L. BÉLY, Paris: PUF, 2000, p. 537-554).

1555 Heinz SCHILLING, *La confessionalisation et le système international* (in **L'Europe des traités de Westphalie**, dir. de L. BÉLY, Paris: PUF, 2000, p. 411-428, cit. 426-427) considera a interação entre confessionalização e emergência de um sistema internacional: "nous avons présupposé l'existence même d'un système international. Or, nul n'ignore qu'en réalité, au XVIe siècle et au début du XVIIe, ce système était encore en voie de formation, parallèlement à et en relation structurelle et factuelle étroite avec la confessionalisation des sociétés

testantes, se coloca antes na defesa e promoção da soberania dos estados, do que em supostos alinhamentos automáticos, entre, de um lado, católicos e, de outro, protestantes.[1556]

Avaliação da conveniência de referidas alianças é o que mostra o *Memorial de Francan* de 1624 – em linha semelhante.[1557] Quem foi o autor provável? François LANGLOIS, senhor de FRANCAN (1576-1628), chefe do coro e canônico da paróquia de St. Germain l'Auxerrois, durante anos, antes e depois da entrada de RICHELIEU no governo, foi seu mais estreito conselheiro político. Além de talentoso e engajado panfletista, que colaborou com numerosos textos publicísticos.

O *Memorial de Francan* de 1624 pode ter sido redigido imediatamente antes ou depois da entrada de RICHELIEU no governo, por volta do final de abril de 1624. Várias passagens deste mostram linhas condutoras da política externa, que se coadunam com o que foi feito durante as duas décadas, sob o comando de RICHELIEU:

> Para reparar faltas que tem ocorrido, nos últimos seis anos, pela negligência da França, em questões importantes, que se passaram na Alemanha, no

européennes. La coloration confessionnelle esquissée des rapports entre les puissances européennes autour de 1600, regroupés autour de deux blocs politico-militaires catholique et protestant, contribua de manière décisive à ce que les contemporains virent dans ces rapports de force et dans leur développement un système ordonné, obéissant à des règles précises. Seulement, ils étaient contraints de vivre cet 'ordre' pendant des décennies essentiellement comme un antagonisme ou une polarisation croissante, étant donné l'hostilité opiniâtre entre les confessions."

1556 Alain TALLON, *Les puissances catholiques face à la tolérance religieuse en France au XVIe siècle: droit d'ingérence ou non-intervention?* (in **L'Europe des traités de Westphalie**, dir. de Lucien BÉLY, Paris: PUF, 2000, p. 21-30, cit. p. 29): "Cette primauté de la souveraineté des états au temps des confessions, qui s'impose aux puissances catholiques comme aux autres, permet de modifier l'approche des relations internationales à cette époque. Il faut arrêter de transformer des sympathies et des solidarités confessionnelles réelles, mais intermittentes et non exclusives, en des 'internationales' catholiques ou protestantes, qui n'existent que dans les fantasmes des pamphlétaires des deux bords. Plus qu'au monde bipolarisé de la guerre froide, c'est au monde multipolaire que certains appellent aujourd'hui de leurs vœux que ressemble l'Europe du temps des Réformes, monde où la seule réalité tangible est constituée par des états plus jaloux encore de leur souveraineté qu'attachés à leur appartenance confessionnelle."

1557 **Les papiers de Richelieu** – tome I – **Empire allemand** (1616-1629) par A. WILD (op. cit., 1982, n. 34 – Memorial von FRANCAN, 1624, p. 56-61 – Paris, AE, CP, Allemagne 6, fol. 277-279, fol. 276 und fol. 279 jeweils Überschrift Ausfertigung).

presente ameaçam esta coroa, com perigosos inconvenientes, se não forem pronta e cuidadosamente remediados pelo Rei.

Parece que sua majestade deve retomar o título de Protetor das liberdades germânicas, como fizeram FRANCISCO I e HENRIQUE II, ao tempo de CARLOS V e, nessa qualidade, se colocar o conhecimento das questões desse país: perdida a Alemanha, a França não pode subsistir – *l'Allemagne perdue, la France ne peut subsister.*[1558] [...]

Fazer despacho, dirigido aos reis da Dinamarca[1559] e da Suécia,[1560] conjuntamente com outro [despacho], de parte dos Estados gerais da Holanda, para requerer que intervenham, visando a pacificação dos problemas da Alemanha, e para tanto, lá empregar suas forças, com as de seus amigos e confederados. E, enquanto o duque da Saxônia[1561] ainda está engajado com o imperador, tão somente requerer que este se empenhe, junto aos seus amigos, visando a acomodação dos problemas – *troubles* – do Império, sem que, por ora, seja necessário se abrir além disso junto a ele. Fazer ouvir ao Príncipe Palatino as boas intenções do Rei, sobre o restabelecimento das questões da Alemanha.[1562] [...]

Em conclusão, e para o bem das questões do Rei, sua Majestade deve tentar colher e reunir o que há de mais sano e bem intencionado na Alemanha, a fim de tudo isso fazer um corpo, ao qual, depois, se juntarão facilmente todos aqueles que ainda não se declararam contra a Espanha. Ora, também essa Liga poderá atrair uma boa parte daqueles que estão mergulhados na facção da Áustria, por temor que têm da grandeza desta, e não pela afeição que nutram por ela. [...]

Durante a referida negociação, o Rei deve munir os seus postos de fronteira e lá manter boas guarnições, tanto para a sua conservação, como para a honra de sua Majestade, o que causará medo a seus inimigos e coragem a seus aliados.

[1558] **Les papiers de Richelieu** – tome I – **Empire allemand** (1616-1629) par A. WILD (op. cit., 1982, n. 34 – Memorial von FRANCAN, 1624, p. 56-57) assinalava a necessidade de superar os estreitos limites de alinhamentos confessionais: "Et daultant que l'on a travailler avec personnes de diverses religions, sy le Conseil le trouvoit bon, il seroit a propos conjoinctement d'envoier un Catholique et un Huguenot vers les Protestants affin de leur oster toutte deffiance et que le Roy fust fidellement servy."

[1559] Na Dinamarca, desde 1588, reinava CHRISTIAN IV (1577-1648).

[1560] Na Suécia, onde desde 1611 reinava GUSTAVO II ADOLFO (1594-1632).

[1561] Na Saxônia, à época, o Kurfürst JOHANN GEORG I von Sachsen (nascido em 1585, reinou 1611-1656).

[1562] **Les papiers de Richelieu** – tome I – **Empire allemand** (1616-1629) par A. WILD (op. cit., 1982, n. 34 – Memorial von FRANCAN, 1624, p. 56-57).

Quanto às questões da Boêmia e da Hungria, é preciso endereçá-las às práticas e inteligências de GABOR, ao qual sua Majestade deve escrever, bem como ao conde de LA TOUR,[1563] com instruções ao agente do Rei, residente junto ao Imperador, de manter boa e estreita comunicação com o referido conde e seus amigos, que é a tarefa à qual mais se deve dedicar referido agente, naquele país.[1564]

A partir de 1628, surge nas relações de RICHELIEU com o imperador um novo tema de confrontação – *ein neues Konfliktthema* – que deixa em segundo plano a questão do bispado de Verdun, até então o principal objeto de controvérsia. É a guerra de sucessão de Mântua, na qual a França e a Espanha se confrontam, por seus respectivos pretendentes opostos.[1565] Como suserano e aliado da fraternal potência espanhola – *spanischen Schwestermacht* –, o imperador se engajou na querela: pela primeira vez, a oposição, até então latente, entre a França e o imperador, se manifesta abertamente.[1566]

O conjunto da documentação – publicada, em grande parte, pela primeira vez – confirma o fato essencial, já reconhecido, na verdade, pelas pesquisas em torno de RICHELIEU, mas que nunca antes tinha sido tão solidamente demonstrado: aos olhos do cardeal, o imperador era tão somente o representante do partido que tirava sua força do ramo espanhol da casa de Áustria; e esta, pelo enorme peso de seu poder, ameaçava sufo-

1563 Ou seja, FRANCISCO II, conde de THURN (1567-1640).

1564 **Les papiers de Richelieu** – tome I – **Empire allemand** (1616-1629) par A. WILD (op. cit., 1982, Doc. N. 34 – Memorial von FRANCAN, 1624, p. 60-61) acrescentava : "Ne faut communiquer les secretz de cette ligue au duc de Lorraine ny au Comte de VAUDEMONT, suffira que le Roy les asseure tousjours de son amitié et affection afin de les contenir en leur devoir". Tratam do Duque de LORENA – CARLOS IV (nascido em 1604, governou de 1624-1675), sobrinho de seu predecessor, HENRIQUE II, com cuja filha se casou, em 1621. Por sua vez, FRANCISCO II, conde de VAUDEMONT (1572-1632), pai de CARLOS IV e irmão de HENRIQUE II – era visto com muita desconfiança pelo lado francês.

1565 Para Miguel Ángel OCHOA BRUN, *La diplomatie espagnole dans la première moitié du XVIIe siècle* (in **L'Europe des traités de Westphalie**, dir. de L. BÉLY, Paris: PUF, 2000, p. 537-554, cit. p. 539) apesar da intenção, acalentada pelo Conde-duque de OLIVARES, de 'eterna aliança' com a França, com base nos laços dinásticos, criados em 1612, a crise de Mântua logo colocaria esse objetivo em perigo.

1566 É, em meio às negociações, lentas e laboriosas, para encerrar a guerra, por meio de armistício, que se situa o corte cronológico – *die zeitliche Zäsur* – entre essa primeira fase e a seguinte.

car os demais estados soberanos da Europa. A política de RICHELIEU não foi assim dirigida contra o imperador, enquanto tal, mas visando a condição deste como instrumento da monarquia espanhola e das ambições de hegemonia universal que se lhes atribuíam.

Nesse conjunto, cabe assinalar a importância de carta – até então, inédita – de FERDINANDO II a LUÍS XIII, do ano de 1624, na qual a este se solicita participar de política comum, de base confessional – *Regis Franciae de nova Confoederatione dehortatoria*.[1567] Enumerava o imperador os pontos de suas reclamações e pedidos.[1568]

Embora não dirigida a RICHELIEU, nem por ele assinada, obviamente a correspondência direta, entre o imperador e o rei da França, situa o quadro da política exterior, do qual RICHELIEU assumia pessoalmente a direção.[1569] A língua original dos documentos imperiais era, em sua maioria, o latim.

Os acervos documentais situados na França, sobretudo em Paris – no Ministério das relações exteriores – e a coleção GODEFROY merece menção especial, pelo conjunto de dossiers, constituídos para apoiar certas reivindicações, de ordem legal e territorial, da coroa francesa, conservados no legado do célebre jurista, que conta numerosas cópias, de originais que não foram encontrados, mas também arquivos, em outras cidades, como os antigos arquivos do ducado de Lorena, conservados em Nancy, e a coleção de Nicolas-Claude de FABRI DE PEIRESC, conservada na Biblioteca Inguimbertine, em Carpentras. No espaço de língua alemã, os documen-

[1567] **Les papiers de Richelieu** – tome I – **Empire allemand** (1616-1629) par A. WILD (op. cit., 1982, Doc. N. 37 – FERDINAND II. an LUDWIG XIII. Wien 1624 IV 15 (a), p. 63-64): “*Ab auspicio Regiminis utriusque nostrorum experti sumus*” [...].

[1568] Cf. **Les papiers de Richelieu** – tome I – **Empire allemand** (1616-1629) par A. WILD, 1982, cit. p. XVII), carta de 12 de março de 1628, na qual PHÉLYPEAUX D’HERBAULT escreve a RICHELIEU: “*Je vous envoy la copie de la lettre que l’empereur escript au Roy, qui contient tous les pointz de ses plaintes et demandes, vous la trouverez semblable au françois qui vous en a esté baillé*” [Paris, AE, Mém. et Doc., France, 790, fol. 23-23’].

[1569] A. WILD, *Einleitung / Introduction* (**Les papiers de Richelieu** – tome I – **Empire allemand** (1616-1629) dir. de A. WILD, op. cit., 1982, p. XV-XXV, cit. p. XVII): “Le principe de la préférence – *der Vorrang der Ausfertigung* – à accorder à la version définitive du texte n’a cependant pas été appliqué dans le cas des traductions françaises de documents impériaux. La langue originale de ceux-ci était le plus souvent le latin, et il ressort de la correspondance échangée entre PHÉLYPEAUX D’HERBAULT e RICHELIEU que ces traductions furent réalisées pour le Cardinal. Une édition de ses papiers d’État centrée sur sa personnalité devait, bien évidemment, respecter la forme dans laquelle ils se trouvaient lorsque RICHELIEU en prit connaissance.”

tos e comunicações dos interlocutores de RICHELIEU, são conservados em Viena, nos arquivos da Casa real, da corte e do estado – *Haus-, Hof- und Staatsarchiv* – onde se encontra a correspondência das duas casas reinantes, com importante acervo documental, abrangendo o conjunto de seus contatos diplomáticos. Além da grande série 'França', no conjunto da série 'estados', encontram-se também atas, ricas de ensinamentos, a respeito de territórios contestados, como Mântua, Metz, Toul e Verdun. Também os arquivos do Tirol, em Innsbruck, foram prospectados, em razão do papel, desempenhado pelo arquiduque LEOPOLDO, nas relações entre os HABSBURGO e a França.[1570]

A documentação não se mantém no mesmo ritmo além de ter sido conservada, em relação a vários anos, com lacunas. Os relatórios enviados por De VALEMBOURG não foram conservados, nem tampouco as instruções, que lhe foram enviadas, no curso dos anos 1624-1626. Este falece em julho de 1627, sendo sucedido, como residente junto à corte de Viena, seja no final daquele ano, seja no início do ano seguinte.

Inversamente, existe abundante documentação da missão de Mathias WERDEMANN, residente imperial junto à corte da França, em Paris, de 1626 a 1628. Por ocasião da querela da sucessão de Mântua, aparecem dois embaixadores extraordinários, junto à corte imperial em Viena: Joachim de QUINSÉ e Michel de SABRAN.[1571]

Os volumes consagrados à política exterior de RICHELIEU mostram a importância europeia do cardeal e estadista francês.[1572] Tanto a pessoa quanto a época de RICHELIEU, há muito, são objeto de muita atenção por parte de pesquisas internacionais em história moderna.[1573]

1570 A. WILD, *Einleitung/Introduction* (**Les papiers de Richelieu** – tome I – **Empire allemand** (1616-1629) dir. de A. WILD, op. cit., 1982, p. XV-XXV, cit. p. XXI): "Le 'Leopoldinum', recueil alphabétique, contient sous les noms des diplomates apparentés à l'archiduc, différentes pièces qui ont été retenues pour le présent volume."

1571 A. WILD, *Einleitung/Introduction* (**Les papiers de Richelieu** – tome I – **Empire allemand** (1616-1629) dir. de A. WILD, op. cit., 1982, p. XV-XXV, cit. p. XXIII-XXV)

1572 Hermann WEBER, *Vorwort / Préface* (**Les papiers de Richelieu** – tome II – **Empire allemand** (1630-1635) dir. de Anja Victorine HARTMANN, Paris: Pedone, 1997, p. VII-XI, cit. p. XI): "Ils répondront ainsi à l'objectif de notre Commission, soit: fournir des bases solides pour l'étude et l'enseignement de l'histoire européenne et contribuer ainsi dans le cadre de l'unification européenne au développement d'une conscience européenne."

1573 Klaus MALETTKE, *Vorwort / Préface* (**Les papiers de Richelieu** – tome II – **Empire allemand** (1630-1635) dir. de A. V. HARTMANN, Paris: Pedone, 1997, p. XII-XVI, cit.

A continuação da atuação de RICHELIEU, nos anos 1630 a 1635, pode ser dividida em duas partes, bastante distintas;[1574] tendo como divisor a celebração do tratado de Cherasco, em 19 de junho de 1631.[1575]

No ano de 1630, no norte da Itália, a França está em guerra contra os exércitos do imperador e do rei da Espanha,[1576] em razão da sucessão nos ducados de Mântua e Montferrat. Essa guerra teve considerável impacto nas relações com o imperador e o império. Como mostra esta carta de CEBERET a RICHELIEU: "*Monseigneur*, esse timão doravante está somente em suas mãos, o que fará cada um dormir em segurança".[1577] Depois de referir as dificuldades das questões pertinentes aos ducados de Mântua e de Guastala, acrescentava: "no tocante às questões da Alemanha, ainda

p. XIII): "Dies gilt insbesondere auch für Deutschland". Assinalava a criação de um Centro de estudos sobre Richelieu na Universidade de Marburgo.

1574 Anja Victorine HARTMANN, *Einleitung/Introduction* (**Les papiers de Richelieu** – tome II – **Empire allemand** (1630-1635) dir. de A. V. HARTMANN, Paris: Pedone, 1997, p. XVII-XXIX, cit. p. XXI): "La plupart des textes contenus dans ce volume sont publiés pour la première fois. L'édition suit les règles de la Commission internationale pour l'édition des sources de l'histoire européenne."

1575 VOLTAIRE, **Le siècle de Louis XIV** (orig. publ. 1751, éd. R. POMEAU, 2010, chap. II – *Des états de l'Europe avant LOUIS XIV*, p. 620-635, cit. p. 633): "Le cardinal de RICHELIEU, occupé de sa propre grandeur attachée à celle de l'état, avait commencé à rendre la France formidable au dehors, sans avoir encore pu la rendre bien florissante au dedans."

1576 A diplomacia espanhola da época não mais buscava a paz nem o equilíbrio, mas a recuperação da dominação europeia. Um dos campos de atuação, em vista de tal propósito foi o sorrateiro duelo entre a França e a Espanha. Cf. observa Miguel Ángel OCHOA BRUN, *La diplomatie espagnole dans la première moitié du XVIIe siècle* (in **L'Europe des traités de Westphalie**, dir. de L. BÉLY, Paris: PUF, 2000, p. 537-554, cit. p. 539): "L'amitié n'était pas perdue, mais l'on avait conscience (certainement de part et d'autre) de la probabilité d'un affrontement futur et de la nécessité d'agir avec une extrême prudence. Il s'agissait d'une amitié fictive, et les deux parties se jaugeaient. L'ambassadeur d'Espagne à Paris, le marquis de MIRABEL, avait ordre d'œuvrer 'sur la pointe des pieds'. Les diplomates espagnols avaient, pour leur part, souligné l'énorme risque représentait une guerre contre la France: le duc de SESSA avait prévenu: 'Ni l'heure ni notre position ne doivent nous inciter à remuer les humeurs de la France'. En 1622, OLIVARES méditait encore sur une 'éternelle alliance' avec la France, fondée sur les liens dynastiques créés en 1612. La crise de Mantoue allait mettre cet objectif en péril."

1577 **Les papiers de Richelieu** – tome II – **Empire allemand** (1630-1635) dir. de A. V. HARTMANN, op. cit., 1997, p. 1-2) [Paris, AE, CP, Autriche 15, fol. 8-9, Vermerk fol. 9v°, eigenhändige Ausfertigung]: "La plupart des textes contenus dans ce volume sont publiés pour la première fois. L'édition suit les règles de la Commission internationale pour l'édition des sources de l'histoire européenne."

nada se pode dizer, se não que as vemos em vias de se conturbarem em grande escala"[1578]

> Albrecht von WALLENSTEIN e os grandes, em força, continuam, mais do que nunca, a detestar a guerra, e querem ver o fim desta. A Suécia e os outros príncipes do Norte começam a fazer falar a respeito deles. O referido WALLENSTEIN pensa abandonar o Mecklemburgo e toda uma parte dos Países-Baixos, por não os poder defender, e se concentrar no Império, onde faz, a cada dia, avançar tropas, mesmo na Alsácia, onde se forma grande força, invejando – dizem eles – nossas forças na Champagne. A Liga católica se mantém em Mergentheim, na Suábia,[1579] tendo como principal objetivo a eleição do rei dos Romanos; veremos o que daí resultará, e eles mesclam também a defesa do Palatinado. Vamos levar de todos os lados na Alemanha, com as novas convocações, do que, sem dúvida, surgirão rumores, ajustando a isso um começo de desentendimento com a Hungria.
> Tudo o que acima ainda é uma massa informe, o tempo logo tornará uma figura mais visível.[1580]

A situação se faz progressivamente mais conturbada, como apontava CEBERET, o residente francês junto à corte em Viena, em relatório a RICHELIEU:

[1578] **Les papiers de Richelieu** – tome II – **Empire allemand** (1630-1635) dir. de A. V. HARTMANN, op. cit., 1997, p. 1-2): "*Pour les affaires d'Allemagne on n'en scauroyt encore rien dire, sinon qu'on les voyt en chemin de se brouiller grandement.*"

[1579] **Les papiers de Richelieu** – tome II – **Empire allemand** (1630-1635) dir. de A. V. HARTMANN, op. cit., 1997, p. 2, nota 11): "Vom 9. Dezember 1629 bis zum 10. Januar 1630 fand im Schwäbischen Mergentheim ein Bundestag der Liga statt, auf dem vor allem über die Bedrohung durch WALLENSTEIN und über finanzielle Fragen diskutiert wurde, vgl. ALBRECHT, Auswärtige Politik (242-243)." Cfr. Dieter ALBRECHT, **Die Auswärtige Politik Maximilians von Bayern 1618-1635** (Göttingen: Schriften der Historischen Kommission bei der Bayerischen Akademie der Wissenschaften, vol. 6, 1962, p. 242-243).

[1580] **Les papiers de Richelieu** – tome II – **Empire allemand** (1630-1635) dir. de A. V. HARTMANN, op. cit., 1997, Doc. N. 1 – *Ceberet (1) an Richelieu*, Wien 1630 I 13 – Paris, AE, CP, Autriche 15, fol. 8-9, Vermerk fol. 9v°, eigenhändige Ausfertigung, p. 1-2): "*On se va mettre de tous costez en Allemaigne sur nouvelles levées, de quoy sans doubte naistra de la rumeur, adiustant a cela un commancement de brouil en Hongrie. / Tout ce que dessus est encore une masse informe, que le temps rendra bientost en figure plus visible* [...]." Desde 1627, CEBERET era o residente francês, junto à corte imperial em Viena.

> A Alemanha se complica muito – *se brouille fort* – em diversos lugares, e mesmo assim, essas pessoas fazem tudo o que está ao seu alcance nessa [reunião da] Dieta católica, que se realiza na Suábia, como assembleia eleitoral, para a eleição do rei dos Romanos, sobre o resultado da qual muitos não têm opinião. [...] Também se preparam complicações – *du brouil* – para os lados da Hungria, não obstante, e em meio a tantas questões, de todos os lados, essas pessoas e os espanhóis querem tudo perder ou recolocar em sua reputação na Itália.[1581]

Em 1636, ocorre mudança estrutural nas relações entre a corte francesa e o imperador: em março desse ano, FERDINANDO II comunica ao residente francês CHERBONNIÈRES que ele deve deixar Viena;[1582] e já no outono precedente, o residente imperial em Paris, LUSTRIER, tinha sido chamado de volta. Assim, as relações diplomáticas regulares entre o rei da França e o imperador foram formalmente rompidas.[1583]

> Essas tensões explodem, em parte, do lado francês, quando se teve conhecimento da reunião dos Príncipes eleitores, em Regensburg – Ratisbona – e, particularmente, da intenção de eleger FERDINANDO (III) como Rei dos

[1581] **Les papiers de Richelieu** - tome II - **Empire allemand** (1630-1635) dir. de A. V. HARTMANN, op. cit., 1997, Doc. N. 2 - *Ceberet an Richelieu*, Wien 1630 I 20 - Paris, AE, CP, Allemagne 8, fol. 5-6v°, eigenhändige Ausfertigung, p. 3-5) prosseguia: "Suede et ces Princes confederez se rendent fortz labas, ou ils auront beau jeu, puisque ledit VALESTAIN leur y quitte la partye."

[1582] **Les papiers de Richelieu** - tome III - **Empire allemand** (1636-1642) dir. de A. V. HARTMANN, Paris: Pedone, 1999, Doc. N. 1 - *Pass Ferdinands II. für Cherbonnières*, Wien 1636 III 29 - Wien, HHStA, Reichshofrat, Passbriefe, Karton 5, Konvolut 2, fol. 256av°, Ausfertigung, p. 1-2): "Vermerk Ausfertigung: Passus pro Residente Gallico hic Viennae commorato de Anno 1636."

[1583] VOLTAIRE, **Le siècle de Louis XIV** (orig. publ. 1751, éd. R. POMEAU, 2010, chap. II - *Des états de l'Europe avant LOUIS XIV*, p. 620-635, cit. p. 632): "Il restait encore des anciennes lois des nations, celle de déclarer la guerre par un héraut. LOUIS XIII fut le dernier qui observa cette coutume: il envoya un héraut d'armes à Bruxelles déclarer la guerre à l'Espagne en 1635." E acrescentava: "nada era mais comum à época, do que ver sacerdotes comandando exércitos: o cardeal-infante [da Espanha], o cardeal da Savóia, RICHELIEU, LA VALETTE, SOURDIS arcebispo de Bordeaux, o cardeal Theodoro TRIVULZIO, comandante da cavalaria espanhola, tinham vestido a couraça e feito a guerra, eles mesmos. Um bispo de Mende tinha atuado como intendente de armas. Os papas, por vezes, ameaçaram de excomunhão esses padres guerreiros. O papa URBANO VIII, aborrecido com a França, fez saber ao cardeal da LA VALETTE que o despojaria de seu cardinalato, se não deixasse as armas; mas, reunido com a França, o cumulou de bençãos."

romanos. Para fazer fracassar o eventual entendimento dos eleitores com o imperador e, se possível, impedir a eleição ou, pelo menos, em caso de fracasso dessa tentativa, recusá-la, depois, como 'ilegal', planejou-se enviar um negociador a Regensburg, e toda uma série de memoriais foi preparada, com o escopo de demonstrar a ilegalidade dessa eleição imperial.[1584]

Ao mesmo tempo, tropas imperiais e espanholas preparavam a invasão da França. Dessa invasão, ficará na memória o trauma coletivo do assim chamado "ano de Corbie" – *année de Corbie*.[1585] A situação da França era descrita como "aliada à Suécia, à Holanda, à Savóia, a Portugal,[1586] tendo em favor dela os votos dos outros povos, que tinham permanecido na inação", enquanto "sustentava contra a Espanha uma guerra ruinosa para ambos, e funesta à casa da Áustria".[1587]

[1584] Anja Victorine HARTMANN, *Einleitung/Introduction* (**Les papiers de Richelieu** – tome III – **Empire allemand** (1636-1642) dir. de A. V. HARTMANN (Paris: Pedone, 1999, p. XV-XXXI, cit. p. XXV), cf. Doc N. 5 – *Instruktion für Saint Chaumont (1)*, Meung-sur-Loire 1636 X 11 – Paris, AE, CP, Allemagne 14, fol. 147-151, Kopie (op. cit., 1999, p. 12-13); Doc. N. 7 – *Memorial von Père Joseph*, 1636 X 23 – Paris, AE, CP, Allemagne 14, fol. 155-157v, Ausfertigung (op. cit., 1999, p. 14-16); Doc. N. 8 – *Instruktion für Knesebeck*, 1636 [X Ende] (1) – Paris, BN, Fond Baluze 172, fol. 24-26v., Kopie von der Hand von d'Avaux (A), Konzept (a): Paris, AE, CP, Allemagne 13, fol. 83-83v (B) (op. cit. 1999, p. 17-19); e Doc. N. 9 – *Bouthillier an Père Joseph*, Amiens 1636 XI 5 – Paris, AE, CP, Allemagne 14, fol. 162, Kopie (op. cit., 1999, p. 19-20); e os memoriais, Docs. 10 a 13 – , N. 15 e 16 – e N. 18 a 20).

[1585] Jean BÉRENGER, *Ferdinand III et la France de Mazarin* (in **L'Europe des traités de Westphalie**, dir. de L. BÉLY, Paris: PUF, 2000, p. 163-180, cit. p. 169): "Au début des hostilités, la France, qui possédait certains atouts, en particulier une série de points d'appui fortifiés en Alsace et en Lorraine, n'en avait pas moins essuyé une série d'échecs retentissants de la part de l'armée espagnole. En 1636, l'année de Corbie, l'armée du cardinal infant avait menacé Paris à la suite de la chute de Corbie et les cavaliers croates avaient atteint Pontoise. En 1638 encore, le siège de Thionville tourna au désastre pour l'armée française et il fallut attendre la campagne de 1640 pour qu'il y ait un retournement de tendance en faveur de la France, dont l'armée réussit à s'emparer d'Arras. Pour l'Espagne, c'est surtout l'année de la révolte de la Catalogne et de la sécession du Portugal."

[1586] Ver Jean-François LABOURDETTE, *La diplomatie portugaise au temps de Westphalie* (in **L'Europe des traités de Westphalie**, dir. de L. BÉLY, Paris: PUF, 2000, p. 567-578).

[1587] VOLTAIRE, **Le siècle de Louis XIV** (orig. publ. 1751, éd. R. POMEAU, 2010, chap. II – *Des états de l'Europe avant LOUIS XIV*, p. 620-635, cit. p. 630-631): "Cette guerre était semblable à toutes celles qui se font depuis tant de siècles entre les princes chrétiens, dans lesquelles des millions d'hommes sont sacrifiés et des provinces sont ravagés pour obtenir enfin quelques petites villes frontières dont la possession vaut rarement ce qu'a coûté la conquête. / Les généraux de LOUIS XIII avaient pris le Roussillon; les Catalans venaient de se donner à la

O manifesto do cardeal-infante, BALTAZAR-CARLOS – datado de Mons, em 5 de julho de 1636 –, bem como o outro, mais tardio, do imperador FERDINANDO – datado de Breisach, em 18 de setembro de 1636, bem como a resposta francesa, no manifesto de LUIS XIII – este, de Paris, em agosto de 1636,[1588] mostram claramente as tensões políticas que acompanharam essas empreitadas militares:

> A fim de que ninguém pretenda alegar ignorância, entendemos por publicar as razões do transporte e da entrada das nossas armas na França, e de tornar certos e assegurar aos estados e súditos do referido rei, a respeito da boa intenção de sua Majestade – ou seja, o rei da Espanha – e da nossa – do imperador – declarando, em virtude dos plenos poderes por ela concedidos que, deste modo, e por todos os incômodos, que poderá sofrer o referido reino, não buscamos para nós outra vantagem, se não a de fazer chegar o rei da França às justas condições de uma paz assegurada, exortando, contudo, todos e cada um, a não se oporem, nem se repugnarem a este nosso bom desígnio e expedição forçada, mas, antes, em se mostrarem amistosos e favoráveis, dando-lhes a palavra real de fé, que todos aqueles que assim se mostrarem, em relação a nós e aos nossos exércitos, e contribuírem com o que seja justo, para a sustentação destes, nós os protegeremos, contra qualquer força e injúrias, e os asseguraremos e manteremos indenes, em todas as demais coisas, em tudo o que a razão da guerra possa permitir. Ao contrário, a todos os demais, que se opuserem a nós e à nossa justa indignação, asseguramos a vingança e perse-

France, protectrice de la liberté qu'ils défendaient contre leurs rois; mais ces succès n'avaient pas empêché que les ennemis n'eussent pris Corbie en 1637, et ne fussent venus jusqu'à Pontoise. La peur avait chassé de Paris la moitié de ses habitants; et le cardinal de RICHELIEU au milieu de ses vastes projets d'abaisser la puissance autrichienne, avait été réduit à taxer les portes cochères de Paris à fournir chacune un laquais pour aller à la guerre, et pour repousser les ennemis des portes de la capitale. / Les Français avaient donc fait beaucoup de mal aux Espagnols et aux Allemands, et n'en avaient pas moins essuyé."

[1588] **Les papiers de Richelieu** – tome III – **Empire allemand** (1636-1642) dir. de A. V. HARTMANN (Paris: Pedone, 1999): Doc. N. 2 – *Manifest von Ferdinand von Spanien (1)*, Mons 1636 VII 5 – Paris, BN, f.fr 3691, fol. 98-98v, Kopie (op. cit., 1999, p. 2-4), Doc. N. 3 – *Manifest von Ludwig XIII.*, Paris 1636 VIII [Anfang, vermutlich zwischen 4. und 12. August] – Paris, BN, f.fr. 17306, fol. 197-204, Kopie (op. cit., 1999, p. 4-9) e Doc. N. 4 – *Manifest von Ferdinand (III)*, Breisach 1636 IX 18 – Wien, HHStA, Reichskanzlei, Kriegsakten in genere, Fasz. 117, fol. 482-482v, Druck (A) (op. cit., 1999, p. 9-11): "Vermerk D: 1636. Manifestum contra Regem Franciae in linguam Germanicam translatum."

guição condigna, que devem esperar de nós, como de um inimigo, protestando por estas, em nome de sua Majestade e da nossa que, se esta nossa amigável advertência não for recebida e observada, daí resultarão incômodos e calamidades para todos, cuja causa não deverá ser imputada nem a sua Majestade, nem a nós, mas a si mesmos, e a outros, em razão de fatos, pelos quais somos obrigados a chegar a este ponto. Que cada um cuide de seus negócios, e se proteja de tão grande e eminente perigo.[1589]

O tom do manifesto imperial contra o rei da França – cujo trecho final foi aqui traduzido –, passados cerca de quatro séculos, poderia, com alguns ajustes de terminologia e de estilo, ser utilizado em nossos tempos, como imputação de todos os males, que possam advir de uma guerra, tão somente à obstinação do inimigo, que se recusou a atender demandas razoáveis, formuladas pelo autor da proclamação, e fazendo saber que disto resultarão sofrimentos e danos, para toda a população, em razão da intransigência do respectivo governante.

Guerra e paz estão no cerne da organização social: algumas sociedades, de fato, se organizam em função da guerra, outras em torno da paz. Alguns autores enfatizaram como 'natural' o estado de guerra – como HOBBES, e guerra de todos contra todos, no estado de natureza – enquanto outros – como PUFENDORF colocam o estado de paz, ainda que possam ocorrer guerras, como decorrência da razão 'natural' humana.[1590]

A passagem de um estado a outro corresponde à construção do estado moderno, a um certo declínio da nobreza guerreira – *noblesse d'épée* – e à ascensão da [nobreza] de gabinete – *noblesse de robe* – de homens da lei, servidores do estado, que promovem a ideia da razão, aplicada à ação governamental, que deve se traduzir em uma reforma geral.[1591]

1589 **Les papiers de Richelieu** – tome III – **Empire allemand** (1636-1642) dir. de A. V. HARTMANN (Paris: Pedone, 1999): Doc. N. 4 – *Manifest von Ferdinand (III)*, Breisach 1636 IX 18 – Wien, HHStA, Reichskanzlei, Kriegsakten in genere, Fasz. 117, fol. 482-482v, Druck (A) (op. cit., 1999, p. 9-11): "Vermerk D: 1636. Manifestum contra Regem Franciae in linguam Germanicam translatum."

1590 Como se considerou no **Tratado** (tomo 6 – **Direito internacional no tempo de Suarez, Gentili e Zouch**, a respeito de Thomas HOBBES, bem como, neste tomo, cap. 20 – Samuel PUFENDORF).

1591 Françoise HILDESHEIMER, *Guerre et paix selon RICHELIEU* (in **L'Europe des traités de Westphalie**, dir. de L. BÉLY, Paris: PUF, 2000, p. 31-54, cit. p. 32) prossegue: "État et raison

Apesar da proximidade das tropas inimigas, e da consolidada desconfiança, em relação à sinceridade da casa da Áustria, a partir do outono de 1636, LUÍS XIII e seus ministros fizeram esforços para facilitar o início da realização do Congresso, que deveria se reunir em Colônia. Os negociadores previstos foram avisados, para se manterem de prontidão, e foram reunidos os documentos, que deveriam servir para fundamentar as suas posições.[1592]

Assinalam *Memorial e instruções* de 10 de abril de 1637 a D'AVAUX –[1593] um dos plenipotenciários franceses designados para o planejado congresso de paz em Colônia – a necessidade de enfatizar que o rei da França e seus aliados consideravam nula a pretendida eleição de FERDINANDO como rei dos Romanos, devendo também os suecos se manifestarem no mesmo sentido, para que não ficasse isolada a manifestação francesa de oposição:

> A intenção do rei não é a de se fixar em não fazer a paz, mas que se proceda à eleição de outra pessoa, ou que, novamente, seja eleito o dito rei da Hungria, dado que, segundo as formas habituais de eleição, foi nula a realizada em favor de sua pessoa, mas sua Majestade está pronta a fazer o que seus aliados julguem mais útil e, sem dúvida (como se terá de lhes apresentar), que, até a paz, e mesmo quando esta se fará, não se condescenda facilmente com essa eleição. Sobretudo, é preciso evitar que se creia que o rei pretenda participar de uma nova eleição, por sua pessoa, ou por algum de seus próximos.

sont par eux unis, en réaction contre les troubles qu'a connu le royaume, mais les choses ne sont pas forcément si simples, et l'on sait que la guerre contribue également à la promotion de l'état, d'un état froid et réducteur à l'obéissance auquel on associe sans hésiter RICHELIEU. Violence, guerre et état ont ainsi partie liée et cela dans le cadre du processus de discipline nécessaire pour que la raison puisse faire barrage aux passions, et, au cœur de tous ces thèmes, on retrouve la figure politique du Cardinal."

1592 **Les papiers de Richelieu** – tome III – **Empire allemand** (1636-1642) dir. de A. V. HARTMANN (Paris: Pedone, 1999): Doc. N. 14 – *Richelieu an Séguier*, 1636 XII 6 – Paris, BN, Colbert Cinq Cents 386, fol. 458-459, Kopie von der Hand Dupuys. Druck: Avenel V, 705-707; APW I/1, 53-55 (2) (op. cit., 1999, p. 37-38); Doc. 23 – *Richelieu an Saint Chaumont*, 1637 II 16 – Paris, AE, CP, Hambourg 1, fol. 188, Konzept von der Hand Richelieu (op. cit., 1999, p. 68); e os Docs. N. 24 a 34 – *Memorial für den Kölner Kongress*, 1637 (op. cit., 1999, p. 68-97).

1593 **Les papiers de Richelieu** – tome III – **Empire allemand** (1636-1642) dir. de A. V. HARTMANN (Paris: Pedone, 1999, Doc. N. 36 – *Instruktion für D'Avaux (1)*, 1637 IV 10 – Paris, AE, CP, Allemagne 14, fol. 258-274, Kopie, p. 102-113 – Vermerk: 10 April 1637 – *Memoire et instruction au Sieur D'Avaux, Conseiller du Roy en ses Conseils, s'en allant Ambassadeur extraordinaire de sa Majesté en Allemagne*).

Se os suecos desejarem conhecer quem sua Majestade consideraria adequado, para ser investido da dignidade imperial – *pour estre parti a la dignité Impériale* –, caso o rei da Hungria se veja excluído, pela força das armas, ou porque tivesse falecido, como correu o rumor, os senhores de SAINT CHAMONT e D'AVAUX os farão ouvir que aquele, que lhes seja mais agradável, o será também para sua Majestade.

Não há dúvida que deve ser um príncipe católico, e o duque da Baviera seria o mais adequado, para ser o imperador, tanto por sua idade, bastante avançada, que o faria desejar repouso, como em razão da divisão que nasceria, entre a casa de Áustria e ele, mas é preciso conduzir com cautela essa questão, fazendo chegar essa escolha ao pensamento dos suecos, como consequência e segundo a natureza das questões, para não fazer os ingleses suspeitarem que o rei favorece a eleição do referido duque da Baviera. Se for verdade o rumor da morte do rei da Hungria, caberá ao senhor D'AVAUX, conjuntamente com o senhor SAINT CHAMONT e os ministros da Suécia, fazer ouvir aos eleitores quanto importa não se fazer continuar, como em linha de sucessão, a dignidade imperial aos da casa de Áustria, mas interromper essa longa posse pela eleição de outra pessoa, mesmo que fosse somente para confirmar terem eles o direito de eleger o imperador, e que não seja a eleição uma simples cerimônia.[1594]

Referidas instruções ainda continham diretrizes, que deveriam ser observadas, em futuro tratado de paz: tais como levar em conta os interesses franceses em relação à Lorena e a Pinerolo; que o rei da Hungria deveria prometer ao rei da França nunca apoiar a Espanha, no futuro, quer direta ou indiretamente; que o rei da Hungria se engajaria em favor de uma paz entre os franceses e seus aliados, com o rei da Espanha; que a Suécia e a França assumiriam, reciprocamente, o compromisso de fazer cumprir as disposições do tratado de paz; que o arcebispo de Trier seria restabelecido em seus direitos.

[1594] **Les papiers de Richelieu** – tome III – **Empire allemand** (1636-1642) dir. de A. V. HARTMANN (Paris: Pedone, 1999, Doc. N. 36 – *Instruktion für D'Avaux (1)*, 1637 IV 10 – Paris, AE, CP, Allemagne 14, fol. 258-274, Kopie, p. 103-104 e 105): "Que le moyen d'eviter ce mal est qu'il use de sa prudence et auctorité pour agir vers le Roy d'Hongrie, s'il est encore en vie, a ce qu'il se porte promptement a une Paix equitable et qu'il commence a cognoistre qu'il est plus affectionné aux interestz de l'Empire et de la Chrestienté qu'a ceux d'Espagne, a quoy le dit sieur d'Avaux aioustera ce que l'estat des affaires fera cognoistre plus convenable sur le sujet."

As controvérsias entre o rei da França e o imperador seriam levadas ao congresso pelos suecos; enquanto as controvérsias com a Espanha seriam apresentadas em Colônia. Ambos tratados deveriam ser celebrados ao mesmo tempo. Seria, contudo, conveniente que também os suecos enviassem os seus emissários para Colônia. O rei da França também apresentaria a defesa dos interesses suecos em Colônia – mas D'AVAUX não deveria insistir demais em fazer os suecos irem a Colônia! Antes deveria procurar convencer os suecos, que uma aliança, mais estreita, com os holandeses lhes seria útil.[1595]

As negociações e as movimentações militares se fazem concomitantemente: instruções aos representantes diplomáticos não deixam de consignar – e ressaltam a necessidade de frisar aos dignatários estrangeiros, junto aos quais se encontram em missão – os avanços militares do oponente e os revezes sofridos pelos exércitos inimigos:

> Os exércitos do rei [da França] alcançam tantas vantagens sobre a Espanha, em todos os lugares e, particularmente, em Flandres, de modo que o rei da Espanha está longe de poder enviar homens e dinheiro ao rei da Hungria, mas ao contrário os pedir a ele, e (i) com tal necessidade e (ii) com tal urgência, que não se deve duvidar que o referido rei da Hungria, para não perder totalmente o apoio da Espanha, será obrigado a enviar as suas melhores tropas, o que deixará [tanto mais] livre o terreno para Bannier.[1596]

O contexto de guerra ainda se prolongaria por uma década. Alternando negociações diplomáticas e confrontações militares, como nesta nota enviada de Hamburgo, em 22 novembro de 1642, de SAINT ROMAIN, dirigida a CHAVIGNY:[1597]

[1595] **Les papiers de Richelieu** – tome III – **Empire allemand** (1636-1642) (Paris: Pedone, 1999, Doc. N. 36 – *Instruktion für D'Avaux (1)*, 1637 IV 10 – Paris, AE, CP, Allemagne 14, fol. 258-274, Kopie, p. 102-113).

[1596] **Les papiers de Richelieu** – tome III – **Empire allemand** (1636-1642) dir. de A. V. HARTMANN (Paris: Pedone, 1999, Doc. N. 55 – *Memorial für D'Avaux*, Saint-Germain-en-Laye 1637 X 29 – Paris, BN, Fonds Baluze 167, fol. 127-139v°, Ausfertigung (A); Kopie: Paris, AE, CP, Allemagne 14, fol. 396-411, Vermerk fol. 411 bis v°, p. 166-173, cit. p. 167 – Vermerk B: *Memoire a Monsieur D'Avaux*).

[1597] **Les papiers de Richelieu** – tome III – **Empire allemand** (1636-1642) dir. de A. V. HARTMANN (Paris: Pedone, 1999, Doc. N. 335 – *Saint Romain an Chavigny*, Hamburg 1642 XI 9 – Paris, BN, f.fr. 17317, fol. 113-114, Kopie, p. 654-655).

O rei da Dinamarca reconheceu a equidade da reclamação que recentemente apresentei a ele, por ocasião do que se passou em relação à paz, concernente às ratificações do rei da Hungria, tomando, contudo, cuidado em acusar o procedimento do conde de AUERSBERG, como se vê na cópia anexa da resposta que me fez o rei [falta o anexo]; o senhor LANGUERMAN a trouxe ontem, com cópia da ratificação do referido rei da Hungria, para a França, que será também anexada.[1598] É a mesma coisa, que eu já enviei, com relação à Suécia, exceto por uma falta adicional, em que não se dá ao rei o título de rei de Navarra, a respeito do que eu estimei meu dever nada dizer, e me contentei em simplesmente receber a cópia da referida ratificação, para enviá-la. [...]
Todos os príncipes e estados do Império deliberam sobre os meios de se constituírem e se manterem em neutralidade, durante o resto dessa guerra. O rei da Dinamarca se intriga nessa questão e faz suas ações na Baixa Saxônia, a fim de que se lhe defira a proteção e direção desse círculo. E os senhores regentes da Suécia dizem que, caso escutassem o eleitor da Baviera nessa conjuntura, isso teria consequências para o referido rei da Dinamarca, e para os eleitores de Colônia e da Saxônia, que aspiram à direção de certos círculos.
A vitória dos suecos é plena e perfeita, como se pode ver lista anexa [falta também esta] de tudo o que perderam os inimigos. Diz-se que o arquiduque morreu em razão de seus ferimentos, mas disso não se tem certeza. O senhor TORSTENSON voltou a se colocar diante de Leipzig e o general KÖNIGSMARK rumo a Halberstadt, acreditando-se que o marechal de GUEBRIANT e ele atacarão aquela praça.[1599]

Ao mesmo tempo, para RICHELIEU, "a guerra, por vezes, é um mal inevitável, e em certos casos, se faz absolutamente necessária, visando alcançar algum bem", expunha a seção do **Testamento político** de RICHELIEU, em que trata da guerra:[1600] esta é vista de maneira prática, do ponto de

[1598] **Les papiers de Richelieu** – tome III – **Empire allemand** (1636-1642) dir. de A. V. HARTMANN (Paris: Pedone, 1999, Doc. N. 333 – *Saint Romain an Chavigny*, Hamburg 1642 X 29 – Paris, BN, f.fr. 17317, fol. 107-108v°, Kopie, p. 648-651 – Eine Kopie der ksl. Ratifikation, die von 2. Juli 1642 datiert, findet sich z. B. in Paris, AE,CP, Autriche, fol. 277-277v).

[1599] **Les papiers de Richelieu** – tome III – **Empire allemand** (1636-1642) dir. de A. V. HARTMANN (Paris: Pedone, 1999, Doc. N. 335 – *Saint Romain an Chavigny*, Hamburg 1642 XI 9 – Paris, BN, f.fr. 17317, fol. 113-114, Kopie, p. 654-655).

[1600] Texto, cuja autoria é, por vezes contestada, teria sido escrito por volta de 1640-1641. RICHELIEU, **Testament politique** (éd. par F. HILDESHEIMER, Paris: Société de l'histoire de France, 1995, cit. p. 295): "Les estats en ont besoin en certains temps pour purger leurs

vista dos meios necessários, para a sua condução. Algumas notas de caráter geral são aduzidas: ao bem do estado se soma imediatamente uma justificativa, de ordem superior, qualificada de 'fundamento' – a guerra deve ser justa, no sentido religioso do termo. A segunda condição, de ordem prática, que precede a entrada no conflito, é a de ser conforme à razão, de agir como um ser racional, e não como um animal, movido pela cólera, o que pressupõe uma capacidade de dissimulação, que permite atuar com discernimento. Oposta à razão, por sua natureza de força, a guerra se vincula àquela, especialmente quando deve se opor à própria força.

Além disso, em lugar da guerra aberta – *guerre ouverte* –, como fez a França de RICHELIEU, durante alguns anos, antes de ingressar abertamente no conflito, utilizar a guerra fria, latente ou 'coberta' – *guerre couverte* – por exemplo, financiando parte da atuação dos aliados suecos, o que oferece a vantagem de preservar o sossego interno na França, bem como as finanças do reino, permitindo maior margem de manobra, sem o impacto direto da confrontação armada – que repercute sobre a população civil. Além disso, a guerra aberta exige que se tome a iniciativa de a começar e de a encerrar, com constante cuidado com a reputação do rei, na gestão e respeito das alianças, evitando a multiplicação das frentes de batalha e a grandeza inédita do encargo militar e financeiro: "muitas coisas devem ser observadas, nesta guerra: a primeira é que vossa Majestade nela entrou, quando não o pôde evitar, e dela saiu, quando o devia fazer"![1601]

A aliança com a Suécia, após a entrada da França no conflito, se mostra eficaz. Uma estratégia concertada permite ações de seus respectivos exércitos, aliviando as pressões, sobre as forças de uma e outra.

RICHELIEU morre no final de 1642. LUÍS XIII em 1643 – "um, admirado e odiado, o outro, já esquecido".[1602] Um exército invasor espanhol

humeurs, pour recouvrer ce qui leur appartient, pour vanger une injure dont l'impunité en attireroit une autre, pour garantir d'oppression leurs alliez, pour arrester le cours et l'orgueil d'un conquérant, pour prévenir les maux dont on est apparemment menacé et dont on ne sçauroit s'exempter par d'autres voyes, et enfin pour divers autres accidens."

[1601] RICHELIEU, **Testament politique** (éd. par F. HILDESHEIMER, Paris: Société de l'histoire de France, 1995, cit. p. 81): "Plusieurs choses sont à remarquer dans cette guerre: La première est que V. M. n'y est entrée que lorsqu'Elle n'a pu l'éviter et qu'Elle en est sortie qu'alors qu'Elle l'a deu faire."

[1602] VOLTAIRE, **Le siècle de Louis XIV** (orig. publ. 1751, éd. R. POMEAU, 2010, chap. III – *Minorité de LOUIS XIV – Victoires des Français sous le Grand Condé, alors duc d'ENGHIEN*, p. 635-641, cit. p. 635): "Le cardinal de RICHELIEU et LOUIS XIII venaient de mourir, l'un

tenta ocupar a França, a partir de Flandres; mas sofre derrota decisiva em Rocroi, em 19 de maio de 1643: "a batalha revela que a temível infantaria espanhola – os *tercios* – não mais são invencíveis. Isso ocorre cinco dias depois da morte de LUÍS XIII, que tinha traçado a estratégia para a campanha, mostra que a política do rei defunto teve seus frutos".[1603]

Do ponto de vista do imperador FERDINANDO III é claro que este não queria o congresso de paz de Vestfália, e preferia conduzir negociações separadas: até as derrotas de 1645, ele nem queria negociar seriamente com as demais coroas, nem colocar em questão a constituição do Santo Império, tal como tinha sido definido pela paz de Praga, em 1635.

> Por habilidade tática, os HABSBURGO de Viena acabam por aceitar participar de uma solução geral. Em 1637, FERDINANDO II nomeia um emissário ao congresso de Colônia; essas primeiras negociações, que prosseguem em Lübeck, em 1638, tinham sido provocadas por uma intervenção direta do papa URBANO VIII, preocupado em reconciliar as grandes potências católicas, que se faziam uma guerra fratricida. FERDINANDO III assinou as preliminares de Hamburgo, em 25 de dezembro de 1641, e envia uma delegação a Vestfália, em 1643.[1604]

Do lado francês, de 1643 até o final do conflito em 1648 – e por muitos anos, depois disso, até sua morte – MAZARINO dirige pessoalmente a política da França.[1605]

admiré et haï, l'autre déjà oublié. Ils avaient laissé aux Français, alors très inquiets, de l'aversion pour le nom seul du ministère, et peut de respect pour le trône."

1603 L. BÉLY, **L'art de la paix en Europe** (op. cit., 2023, cit. p. 178).

1604 Jean BÉRENGER, *Ferdinand III et la France de Mazarin* (in **L'Europe des traités de Westphalie**, dir. de L. BÉLY, Paris: PUF, 2000, p. 163-180, cit. p. 171): "En revanche, à partir de 1635, l'empereur souhaitait traiter directement avec la Suède, pour achever l'œuvre de pacification de l'Allemagne entreprise par la paix de Prague. Cette tentative s'étant soldée par un échec, il entreprit très prudemment des pourparlers avec la France en 1642-1643."

1605 Jean BÉRENGER, *Ferdinand III et la France de Mazarin* (in **L'Europe des traités de Westphalie**, dir. de L. BÉLY, op. cit., 2000, p. 163-180, cit. p. 164): "Il avait l'appui de la régente ANNE d'Autriche et il donnait ses directives à la délégation française, conduite par le duc de LONGUEVILLE, mais où les vrais négociateurs étaient deux représentants de la noblesse de robe, Abel SERVIEN et Claude de MESMES, comte d'AVAUX."

MAZARINO, que tinha trabalhado ao lado de RICHELIEU, propõe à regente da França, ANNA DE ÁUSTRIA – e, esta, apesar de irmã do rei da Espanha – dar prosseguimento ao esforço de guerra, para obter uma paz favorável. Contrariando todas as expectativas, ela segue essa política, em nome dos interesses de seu filho, o jovem LUÍS XIV.

Em 1644, os exércitos franceses ocupam toda a margem direita do Reno, de Basileia até a fronteira holandesa. Em 1645, conquistam dez cidades maiores nos Países Baixos. Em outubro de 1646, os franceses tomam Dunquerque. A Itália também se torna um campo de ação sonhado por MAZARINO, de origem italiana.[1606]

Somam-se os reveses sofridos pelas tropas imperiais e seus aliados[1607] em 1645 e 1646. Nesse meio tempo, os espanhóis, por sua vez, também sofrem, em 1646, uma série de derrotas.

Até 1646, os exércitos suecos – comandados por WRANGEL – e os franceses – comandados por TURENNE – atuam separadamente: os suecos contra os domínios imperiais – na Boêmia e na Áustria – enquanto os franceses concentravam seus ataques na Renânia e na Suábia.

TURENNE queria esmagar a Baviera, mas MAZARINO prefere fazer a paz, com essa potência católica que em nada se opõe à França. A Baviera se torna a peça principal do jogo diplomático, mas o duque da Baviera, por sua experiência e o poder de seus estados, sabe conduzir uma política complexa. De fato, deseja assinar com a França uma paz em separado, sem os suecos, e se esquiva sempre. A colaboração franco-sueca se mostra, então, perfeita: WRANGEL e TURENNE impedem qualquer socorro à Baviera, que é inva-

[1606] L. BÉLY, **L'art de la paix en Europe** (op. cit., 2023, cit. p. 178): "La Savoie, désormais alliée de la France, garde les cols alpins, empêchant toute attaque espagnole. Les troupes françaises attaquent donc les présides sur les côtes de la Toscane et l'île d'Elbe, qui appartient à l'empire espagnol (1646) et y restent quatre ans, menaçant Gênes et Naples."

[1607] J. BÉRENGER, *Ferdinand III et la France de Mazarin* (in **L'Europe des traités de Westphalie**, op. cit., 2000, p. 163-180, cit. p. 171): "FERDINAND III fit un long séjour à Presbourg, de septembre 1646 à juin 1647, pour surveiller les travaux de la diète hongroise et consolider le compromis négocié à Linz l'année précédente. En renonçant à sa politique de Contre-réforme en Hongrie et en confirmant la paix de Vienne de 1606, qui mettait sur un pied d'égalité catholiques, luthériens et réformés hongrois, il neutralisa tout danger à l'Est des pays héréditaires et brisa l'alliance des Malcontents hongrois, des Transylvains, des Suédois et des Français."

dida e saqueada, e ao duque, que se vê forçado a assinar o armistício de Ulm, em 14 de março de 1647.

Até o fim, as operações e os eventos militares abalam as negociações de paz, em Münster e em Osnabrück, e as tornam frágeis. O imperador FERDINANDO III recupera tropas e negocia com MAXIMILIANO da Baviera, e foi necessária a esmagadora vitória francesa em Zusmarhausen, em 17 de maio de 1648, para forçar MAXIMILIANO a depor as armas. O general KÖNIGSMARK, a serviço da Suécia, aplica um último golpe: entra em Praga, inesperadamente, em 26 de julho de 1648, tomando o palácio, do qual pilha as riquezas. Esse ataque imprevisto leva o imperador a assinar a paz. Em Lens, em 20 de agosto de 1648, CONDÉ bate os espanhóis, mas isso não basta para obrigar o rei da Espanha à paz. Essas vitórias de 1648 precipitam os eventos – apesar da [revolta da] *Fronde*, que enfraquece o governo de MAZARINO. Em 24 de outubro de 1648 se dá a assinatura dos tratados de Vestfália. Estes não terminam a guerra entre a França e a Espanha, que não chegaram a acordo. Enquanto o imperador assina a paz, o rei da Espanha não entra na pacificação. Ao contrário, a potência espanhola, embora enfraquecida no plano militar, alcançou vantagens no plano diplomático e não cederá antes da paz dos Pirineus de 1659.[1608]

Apesar do acordo de paz, celebrado entre a Espanha e as Províncias Unidas, em Münster, em 30 de janeiro de 1648 – que não somente pôs fim a oito décadas de conflito, como privou a França de um aliado –, a paz (geral) de Vestfália foi prejudicial aos interesses espanhóis:

A diplomacia espanhola não tinha qualquer vantagem de peso, para negociar. A guerra tinha tomado rumos desfavoráveis. E, ademais, com a perda de fôlego da diplomacia imperial, esta se via na impossibilidade de submeter a independência dos príncipes alemães a uma vocação já perdida de unidade germânica. De resto, era preciso contar com a hábil política de MAZARINO, grande mestre da arte de se fazer aliados na Europa. Além de outra desvantagem: a indecisão da própria corte da Espanha, vítima do defeito típico dos HABSBURGO, a saber, a incapacidade de decidir, que freou indevidamente os plenipotenciários.[1609]

[1608] L. BÉLY, **L'art de la paix en Europe** (op. cit., 2023, cit. p. 179); ver tb. **Tratado** (tomo 8 – **Direito internacional além do paradigma vestfaliano**).

[1609] Miguel Ángel OCHOA BRUN, *La diplomatie espagnole dans la première moitié du XVIIe siècle* (in **L'Europe des traités de Westphalie**, dir. de L. BÉLY, Paris: PUF, 2000, p. 537-554, cit.

A intenção, não confessada, dos negociadores reunidos em Münster foi: enfraquecer o adversário, isolando-o de seus aliados. O que, em ampla medida, foi alcançado: a França alcançou paz em separado com o Sacro Império, o Sacro Império com a Suécia, e a Espanha com a Holanda.[1610]

Para Portugal, a restauração da independência da coroa da Espanha somente começa em 1640, e se estenderá até o tratado de 1668 com a Espanha. Houve tentativas por parte do rei JOÃO IV e da diplomacia portuguesa, em conseguir a participação de Portugal nas negociações de Münster, mas estas encontraram a recusa, tanto por parte da Espanha, como por parte do Sacro Império. O 'apoio' dado pela França muito oscilou, conforme a conveniência e os interesses desta, não alcançando a inserção de Portugal como estado parte na negociação, nem sequer na aceitação de uma trégua de longa duração, por parte da Espanha. Trégua essa igualmente recusada pelo imperador, como pelos holandeses, quando estes foram consultados, sobre a possibilidade de arbitrarem uma trégua, em favor de Portugal.

> A Espanha, certa da neutralidade das Províncias Unidas, e com a esperança de mais tarde obter a ajuda destas, decide recomeçar a guerra contra a França. Uma vez assinada a paz com os holandeses, o congresso, no que dizia respeito a Portugal, estava encerrado. Este terminava, nem tão bem quanto se teria esperado, nem tão mal quanto se teria temido.
> Ser incluído no tratado, além do reconhecimento de sua soberania pela Europa, teria dado a paz, poupado vinte anos de guerra com a Espanha, e permitido a liberação do infante D. DUARTE, que morreu na prisão, no castelo de Milão, em 3 de setembro de 1649. Mas, se a França e a Espanha tivessem chegado a um acordo, daí teria resultado para Portugal uma grave deterioração de sua situação internacional. A continuação da confrontação franco-espanhola lhe evitava um perigoso isolamento. [...] A paz dos Pirineus, onze anos mais tarde, deixou Portugal em situação diversamente perigosa.[1611]

p. 553): "De façon très imagée, SAAVEDRA évoque 'la rengaine ordinaire qui consiste à dire: ne faisons rien'."

1610 Miguel Ángel OCHOA BRUN, *La diplomatie espagnole dans la première moitié du XVIIe siècle* (in **L'Europe des traités de Westphalie**, dir. de L. BÉLY, Paris: PUF, 2000, p. 537-554, cit. p. 554): "Avec des conséquences diverses pour chacun des états, la paix de Westphalie marqua la fin d'une époque, et en ouvrit une nouvelle. À partir de cette date, une autre Europe allait se constituer, dont nous commémorons les débuts à l'occasion de cet anniversaire historique."

1611 Jean-François LABOURDETTE, *La diplomatie portugaise au temps de Westphalie* (in **L'Europe des traités de Westphalie**, dir. de L. BÉLY, Paris: PUF, 2000, p. 567-578, cit. p. 578): "Même

Na época, os tratados de Vestfália não foram considerados na França como um sucesso, nem tampouco como um acontecimento: porque os franceses esperavam por uma paz geral, não somente a paz com o império e, dado que continuava a guerra com a Espanha, seus sofrimentos não seriam aliviados –[1612] tanto pelas misérias como pela carga fiscal adicional, causadas pela guerra – e, além disso, a partir dos territórios dos Países-Baixos 'espanhóis' – então controlados pela Espanha, *grosso modo*, Bélgica, Luxemburgo e o Artois – as tropas do rei católico estavam de prontidão para invadir e destruir as províncias do Norte e do Leste, e tinham pouco caminho a percorrer, para alcançarem a região da capital, para a qual afluíam os refugiados.

> O cardeal MAZARINO tinha sido persuadido por seu mestre e protetor, RICHELIEU, a respeito do perigo, que representava para a França, o poder dos HABSBURGO; este persuadiu, por sua vez, ANA DE ÁUSTRIA, e esta, para surpresa geral, aceitou dar continuidade à guerra.
> Um outro elemento pesou na decisão da regente: a maternidade. [...] Politicamente, ela se viu em situação nova: o rei da França não mais era o seu marido, que ela não amava, mas seu filho, por ela adorado. Isso pesou ao menos tanto quanto a habilidade de MAZARINO que, ademais, se valeu dessa carta, insistindo, junto à soberana, na 'glória', que esta deveria proporcionar ao jovem LUÍS XIV.
> Por que o fracasso da paz geral em Vestfália? Por que a Espanha não tinha sido levada a assinar? [...] Os espanhóis tinham se preparado muito bem para

si la France ne s'était pas déterminée en fonction des intérêts du Portugal, ce n'était donc pas en vain que la diplomatie de ce dernier avait multiplié ses efforts pour que ne fût pas conclue une paix générale où il ne fût pas compris. On était certes revenu au point de départ, mais la reprise de la guerre entre la France et l'Espagne faisait de JEAN IV un allié indispensable au jeune LOUIS XIV, d'autant plus que des troubles civils menaçaient la couronne de France."

[1612] Claude DULONG, *Mazarin et le gouvernement de la France* (in **L'Europe des traités de Westphalie**, dir. de L. BÉLY, Paris: PUF, 2000, p. 181-187, cit. p. 181): "La déception des Français était d'autant plus vive qu'en 1643 le changement de règne avait semblé justifier tous les espoirs. Une fois RICHELIEU et LOUIS XIII morts, à cinq mois d'intervalle, et le nouveau roi, LOUIS XIV, n'ayant pas cinq ans, on s'était trouvé sous le gouvernement d'une régence, celle d'ANNE d'Autriche, mère du roi. / Or, ANNE d'Autriche était la sœur du roi d'Espagne, la cousine de l'Empereur. On savait qu'elle ne souhaitait que la paix et que son opposition à la politique de guerre menée par LOUIS XIII et RICHELIEU lui avait valu des années de disgrâce."

a negociação; e, enquanto esta durou, paralelamente à guerra, que continuava, nada negligenciaram para se colocarem em posição de força, militar e diplomaticamente.[1613]

Os espanhóis tinham conseguidos afastar da condição de aliados da França as Províncias Unidas – atualmente, Países Baixos – prometendo a estes o reconhecimento oficial da independência, depois de guerra que já durava mais de setenta anos: em janeiro de 1647, espanhóis e holandeses assinam um acordo preliminar e, um ano mais tarde, um tratado de paz, em separado. Depois disso, os espanhóis deixam o congresso, antes de seu término.

Além disso, é preciso levar em conta o temor dos neerlandeses diante dos avanços militares franceses nos Países Baixos espanhóis, tais como a tomada de Dunquerque, em outubro de 1646. Esses avanços ameaçavam o comércio neerlandês. Aos neerlandeses não interessava ter a França conquistadora como vizinha, alcançando o conjunto dos Países Baixos espanhóis, pela guerra ou pela paz: *amicus gallus, sed non vicinus* – amigos dos franceses, mas não vizinhos – se dizia na Haia, como em Amsterdã.[1614]

> Foi, assim, preciso que a França continuasse a guerra contra a Espanha, o que teve graves consequências morais e materiais. No plano moral, a aliança de um país católico com estados protestantes (Suécia, príncipes alemães), para abater uma outra potência católica, parecia escandalosa. Já se tinha recriminado a RICHELIEU desprezar, ao pactuar tais alianças, os interesses da religião, tão somente em nome da 'razão de estado'. Mas MAZARINO, para reduzir seus opositores ao silêncio, não podia empregar meios tão rudes quanto o seu predecessor.[1615] [...]

[1613] C. DULONG, *Mazarin et le gouvernement de la France* (in **L'Europe des traités de Westphalie**, op. cit., 2000, p. 181-187, cit. p. 182-183): "une grave défaite des Français devant Lérida porte de l'Aragon, qu'ils assiégeaient depuis quatre mois (21 novembre), rendit aux Espagnols l'espoir de remporter par les armes. Le roi PHILIPPE IV avait mis tout en œuvre pour obtenir la victoire, se portant personnellement à la tête de son armée, achetant une partie des recrues catalanes qui servaient dans les troupes françaises."

[1614] C. DULONG, *Mazarin et le gouvernement de la France* (in **L'Europe des traités de Westphalie**, op. cit., 2000, p. 181-187, cit. p. 183-184).

[1615] C. DULONG, *Mazarin et le gouvernement de la France* (in **L'Europe des traités de Westphalie**, op. cit., 2000, p. 181-187, cit. p. 183-184): "La masse des Français ne s'inquiétait pas de ce débat d'idées, mais de la misère matérielle engendrée par la guerre, et particulièrement

A guerra civil – *la Fronde* – retardou em dez anos a paz com a Espanha, feliz demais em se aproveitar das nossas infelicidades, para refazer as suas forças e retomar o ataque. É quase um milagre a Espanha não ter conseguido colocar a França de joelhos e que o reino [da França] tenha conseguido retomar a superioridade, militar e diplomaticamente. É a MAZARINO que o devemos; por ele também, depois de penosas negociações, foi imposta à Espanha a paz dos Pirineus, em 1659, que confirmava todas as conquistas, todas as vantagens, anteriormente alcançadas em Münster, e que nos prometia, no futuro, a herança [na sucessão] espanhola. [...]
Todas as amarguras que MAZARINO tenha podido experimentar, durante todos esses anos, foram compensadas pelo triunfo, o verdadeiro triunfo, que lhe valeu a paz dos Pirineus.[1616]

Desde a formulação da **Razão de estado**, em 1598, por Giovanni BOTERO e por autores espanhóis e franceses, essa forma de análise da *raison d'état*,[1617] rapidamente se desenvolveu, na política comparada e nas relações internacionais. O sistema de estados independentes, conjugado com a rivalidade, militar e comercial, que emerge, depois da guerra dos trinta anos, em numerosos e sucessivos acordos e tratados, como a paz de

de l'accroissement de la pression fiscale." Mesmo na Inglaterra que, em razão da guerra civil e agitações internas, se manteve à margem do conflito, como observa Charles GIRY-DELOISON, *Westphalie 1648: L'Angleterre en marge de l'Europe* (in **L'Europe des traités de Westphalie**, dir. de L. BÉLY, Paris: PUF, 2000, p. 401-410, cit. p. 404) a instauração do tributo chamado '*Ship Money*', destinado ao desenvolvimento da marinha de guerra, suscita resistências e suspeitas de que este tivesse finalidade política de manter a participação no conflito em curso no continente: "la question du *Ship Money* souligne que CHARLES n'exclut pas le retour de l'Angleterre dans la guerre de Trente ans. L'épisode du drapeau en 1634 (le roi exigea que les navires étrangers saluent, en mer, le drapeau anglais), la publication de l'ouvrage de John SELDEN, **Mare clausum**, qui affirme la souveraineté anglaise sur les mers, le maintien du Conseil de guerre, après la dissolution du Parlement, etc. témoignent des hésitations guerrières du monarque. Ces démonstrations de force furent prises au sérieux par les puissances continentales qui continuèrent à dépêcher ambassadeurs et agents à la Cour d'Angleterre. Près de cent diplomates étrangers seraient ainsi venus à Londres entre 1628 et 1641."

[1616] C. DULONG, *Mazarin et le gouvernement de la France* (in **L'Europe des traités de Westphalie**, op. cit., 2000, p. 181-187, cit. p. 186-187): "Il est vrai que l'Espagne aussi avait des problèmes internes à résoudre, le plus grave étant, comme chez nous, le problème financier."

[1617] Giovanni BOTERO (ca. 1544-1617), **Della ragion di stato** (orig. publ. 1589, Roma: Donzetti, 1997).

Vestfália, de 1648, se põe no esforço contraditório dos estados que, simultaneamente, buscam o equilíbrio, e empreendem esforços para dominar os demais.[1618]

O método de PUFENDORF, como internacionalista e historiador, já mencionado, consiste em examinar a realidade, dentro e entre os estados contemporâneos europeus, por meio de análises históricas e comparativas, de seus interesses e poderes relativos, com vistas a estabelecer predições e recomendações, destinadas aos homens de estado, como formulação do conceitos e das diretrizes que devem reger a 'razão de estado'.[1619] Não se atém somente a uma das facetas, mas combina a sua visão teórica e experiência de vida, para mostrar que a realidade é sempre mais complexa e mais diversificada:

> Da leitura dos eventos mais importantes e das muitas duras batalhas, eu me admirei como essa terra pôde aguentar tão grandes danos, embora durante trinta anos os locais e [tantos] estrangeiros tenham trabalhado para a sua destruição. Assim, admirem-se a força e o poder desse povo, em seus múltiplos estamentos e os laços que mantêm unidos esse corpo sem forma, que merece ser mais bem conhecidos.[1620]

Depois do exame de alguns dos elementos de sistemas internacionais coesos, bem como dos principais elementos da obra de Samuel RACHEL, e de algumas facetas da extensa e complexa contribuição de Samuel PUFENDORF, não somente no direito internacional, como na história, se passou à visão do teatro europeu, segundo RICHELIEU. A 'razão de estado' é temática que aparece em diversos autores – de Giovanni BOTERO, no final do século XVI a HEGEL, no início do século XIX – como em distintas formulações, na prática de diversos estados, como norteadora de políticas públicas.

[1618] J. TULLY (introdução citada, 1991, p. XIV-XV). Ver tb. **Tratado** (tomo 8 – **Direito internacional além do paradigma vestfaliano**, o já mencionado item – *literatura sobre o equilíbrio da Europa*).

[1619] Cfr. item 20.2 – *PUFENDORF como historiador.*

[1620] Samuel PUFENDORF, **Die Verfassung des deutschen Reiches** (Übersetzung, Anmerkungen und Nachwwort von H. DENZER, Stuttgart: Reclam Verlag – Universal Bibliothek, vol. 966[3], 1985, *Widmungsbrief*, p. 4); ver tb. H. DENZER, **Moralphilosophie und Naturrecht bei Samuel Pufendorf** (Munique: C. H. Beck, 1972).

Mais do que marco fundador do sistema internacional moderno – como parecem pretender alguns – o processo de paz de Vestfália mostra a vontade de negociar que, sempre e em toda parte, marcou também as sociedades antigas, esse "ideal de unidade, de concórdia e de paz, que as misérias da guerra acabam por fazer esquecer" e "somente podemos nos interrogar sobre os fundamentos desse ideal de unidade, de concórdia e de paz, que a cristandade dividida não mais podia realizar e que uma nova Europa deveria, por sua vez, assumir"![1621]

> Negociadores tomaram o lugar dos teólogos, negociações substituíram os concílios. Assim se construiu uma reflexão sobre a reorganização, depois da guerra. As ideias de RICHELIEU continuaram a suscitar indagações apaixonadas, ideias sobre o mapa político de seu tempo, como sobre o papel do rei da França, mas também visões sobre a união das igrejas, que alguns retomarão mais tarde. Com GRÓCIO se impõe a ideia de que o direito não se extingue com a guerra, e a cristandade deve dispor de um núcleo fundamental, que deve evitar as rupturas.[1622]

Representantes dos soberanos e outros quase soberanos do Império constituíram uma nova sociedade, que inventava uma nova forma de ver a Europa, organizando o espaço, escutando as queixas e as pretensões, solucionando controvérsias, reconhecendo conquistas e situações consolidadas. Propuseram um discurso político na escala do continente. Esse discurso deveria substituir a guerra, forma extrema de violência, ademais violência organizada, magnificada, quando o diálogo entre os homens, os grupos e os países se torna impossível.

[1621] L. BÉLY, *La négociation comme idéal et comme art* (in **L'Europe des traités de Westphalie**, op. cit., 2000, p. 603-612, cit. p. 607).

[1622] L. BÉLY, *La négociation comme idéal et comme art* (in **L'Europe des traités de Westphalie**, op. cit., 2000, p. 603-612, cit. p. 608): "De tels principes ont débouché sur des pratiques. À travers la neutralité polonaise, il est apparu clairement que la décision politique était toujours à l'intersection d'intérêts multiples et contradictoires. Et ces pratiques ont suscité des acteurs. ANNE d'Autriche et MAZARIN, FERDINAND III ou CHRISTINE, autant de personnalités qui ont fait la paix, comme leurs prédécesseurs LOUIS XIII et RICHELIEU, FERDINAND II ou GUSTAVE-ADOLPHE ont fait la guerre. Il y eut une génération de la paix de Westphalie. À travers la littérature clandestine, nous avons pu suivre le passage de RICHELIEU à MAZARIN, d'une génération à l'autre."

"Teria esse tempo proposto à Europa um 'modelo vestfaliano'? Uma assembleia, ampla se constituiu, e representativa das soberanias europeias, mesmo para os príncipes de modestos poderes".[1623] Havia ausentes, com certeza, e Portugal teve de se dissimular,[1624] mas aqueles que tinham sofrido com o terrível conflito podiam exprimir suas queixas.

A solução elaborada preservou a herança do passado, levando em conta a longa guerra dos trinta anos e de suas dramáticas lições, mas preparava também o futuro, deixando vago o que não se tinha podido precisar. A confiança na razão política prevaleceu sobre as convicções religiosas. As confissões religiosas foram obrigadas a coabitar e aí a tolerância encontrou um estreito caminho. A reorganização da Europa recusava a uniformização, a unificação, e a diversidade podia assim se exprimir e se expandir, mesmo quando aos príncipes se deixou as mãos livres em seus respectivos domínios. Mesmo assim, os tratados eram compromissos internacionais para proteger os súditos, ameaçados pelos caprichos dos soberanos. Finalmente, os negociadores impuseram uma linguagem comum, a da negociação, para toda a cristandade,

1623 L. BÉLY, *La négociation comme idéal et comme art* (in **L'Europe des traités de Westphalie**, op. cit., 2000, p. 603-612, cit. p. 607): "Le congrès de Westphalie est une étape importante dans la série des grandes réorganisations européennes ou mondiales qui ont marqué l'histoire. C'est une tentative marquante pour surmonter les clivages profonds entre les peuples et transcender avec des moyens humains les conflits du désespoir."

1624 Jean-François LABOURDETTE, *La diplomatie portugaise au temps de Westphalie* (in **L'Europe des traités de Westphalie**, dir. de L. BÉLY, Paris: PUF, 2000, p. 567-578, cit. p. 567): "Lorsque s'ouvrirent en 1643 les premiers pourparlers pour mettre fin à une guerre qui ravageait l'Europe depuis une trentaine d'années et pour tenir un congrès qui permettait d'y établir une paix générale et durable, le Portugal n'avait recouvré son indépendance de la couronne d'Espagne que depuis moins de trois ans. Le nouveau roi, acclamé sous le nom de JEAN IV pouvait être très inquiet, dans la mesure où cette pacification générale se fit sans sa participation, et le laissa seul, livré à la volonté de revanche du Roi Catholique, car PHILIPPE IV, assuré de la légitimité de sa souveraineté, ne voyait dans le duc de Bragance qu'un vassal félon. Après le coup d'état du 1er décembre 1640, tout n'était pas joué car il lui fallait non seulement imposer cette indépendance à l'Espagne, mais il devait aussi reconquérir un empire gravement mutilé, surtout par les Hollandais. JEAN IV ne pouvait pas espérer faire face à une tâche aussi rude sans l'appui de puissances étrangères, car si l'Espagne était très affaiblie, libérée des autres fronts, elle serait encore assez forte pour châtier et reconquérir le Portugal rebelle. Il lui fallait pour cela reconstruire une diplomatie portugaise particulière qui avait disparu pendant l'union ibérique, pour se ménager des alliances et faire admettre le Portugal à la table des négociations de Westphalie."

e assim propuseram, em nome de seus senhores, limites para a guerra e soluções para os conflitos.[1625]

A seguir, cabe apontar as conclusões do presente volume. Antes de prosseguir,[1626] no **Direito internacional no tempo de Cornelius van Bynkershoek e Christian Wolff**, com o exame da contribuição de três importantes internacionalistas do século XVIII: o holandês Cornelius van BYNKERSHOEK (1673-1743), o alemão Christian WOLFF (1679-1754) e o suíço Jean-Jacques – ou Johann-Jakob – BURLAMAQUI (1694-1748). Estes nos permitem situar fase ulterior do desenvolvimento do direito internacional, que ainda pode ser denominado 'clássico'.[1627] E cuja influência prossegue no período subsequente.

BYNKERSHOEK, WOLFF e BURLAMAQUI acrescentam alguns relevantes dados adicionais, para a configuração de direito internacional que, embora ainda seja 'clássico', já nos aproxima, mais e mais, de concepções, cujos efeitos se estendem, do tempo do iluminismo,[1628] até os nossos tempos pós-modernos. Como se examinará.

[1625] L. BÉLY, *La négociation comme idéal et comme art* (in **L'Europe des traités de Westphalie**, op. cit., 2000, p. 603-612, cit. p. 612) considera que "a língua da diplomacia se nutriu de sabedoria e de civilização vindas das profundezas da história. E permitiu aos tratados de 1648 ressuscitar uma ordem antiga, o santo Império, e lhe conferir os meios para sobreviver. A paz trouxe novos desafios, que anunciavam uma nova Europa" e "assim, as negociações teriam esboçado o que não seria audacioso demais chamar de 'modelo vestfaliano', que deveria assombrar a Europa, até os nossos tempos."

[1626] Como se examina no **Tratado** (tomo 10 – **Direito internacional no tempo de C. van Bynkershoek e Christian Wolff**).

[1627] Conforme as considerações metodológicas apresentadas no **Tratado** (tomo 8 – **Direito internacional além do paradigma vestfaliano**, especialmente os itens – *o que é e como é o clássico, direito internacional e o padrão clássico na cultura* e ainda o item – *ensaio de balanço do direito internacional no século XVII*).

[1628] Como se examina, no **Tratado** (tomo 11 – **Direito internacional no tempo do iluminismo**).

CONCLUSÃO

Além dos desejos por comida e por sexo, aos quais os animais também estão sujeitos, o homem é atraído por muitos vícios, desconhecidos dos animais, como o desejo insaciável, por mais do que ele necessita, o mais terrível dos males, que é a ambição, e também, como excessivo ressentimento, lembrança dos males sofridos e desejo de vingança, que cresce, com o passar do tempo, e a infinita variedade de suas inclinações e apetites, e a obstinação em lutar, por suas próprias causas, vontades particulares e caprichos. Além disso, tem o homem tal furioso prazer em exercer a crueldade, sobre os seus semelhantes, que a maior parte dos males, aos quais se sujeita a condição humana, deriva do próprio homem.

Samuel PUFENDORF (1673)[1629]

[1629] S. PUFENDORF, **De officio hominis et civis iuxta legem naturalem** (Lund: Adam Junghans, 1673, cit. II.V.6); ___, **Les devoirs de l'homme et du citoyen** – tels qu'ils sont prescrits par la loi naturelle, traduits du latin par Jean BARBEYRAC, edição facsimilar da edição original dita de 'Londres': chez Jean Nourse, 1712, Caen: Centre de philosophie politique et juridique de l'Université de Caen, 1984 na capa e 1989 na página de rosto, 2 vols.; ___, **On the duty of man and citizen** – according to natural law, ed. by James TULLY, translated by Michael SILVERTHORNE, Cambridge: Univ. Press – Cambridge Texts in the History of Political Yhought, 1st. publ., 1991; ___, **Os deveres do homem e do cidadão** – de acordo com as leis do direito natural, trad. para o inglês por Andrew TOKE, 1691, org. e intr. Ian HUNTER e David SAUNDERS, seguido de *As obras de Samuel Pufendorf* – Dois discursos e um comentário, por Jean BARBEYRAC, traduzidos por David SAUNDERS, tradução Eduardo Francisco ALVES, Rio de Janeiro: Topbooks – Liberty Fund, 2007). Lamentavelmente é muito inadequada essa tradução brasileira: pouco clara, talvez por ser uma tradução de outra tradução – do latim, para o inglês, e do inglês, para o português – na qual se perdem o sentido, a concisão e a precisão do texto original de PUFENDORF.

> É a própria vida que se recusa à pretensão totalizante da investigação. Me refiro apenas à vida em suas manifestações exteriores, aquelas que podem ser objeto de uma investigação. Os movimentos psicológicos, a vida da mente e da alma, o enigma interior não são passíveis de serem submetidos com precisão a uma pesquisa. Isso só pode ser confessado, ou deduzido, ou presumido. Quanto a conhecê-la...
>
> Mohamed Mbougar SARR (2021, ed. bras. 2023)[1630]

A construção do direito internacional no tempo prossegue, na segunda metade do século XVII, com as contribuições de Samuel RACHEL e Samuel PUFENDORF, aqui apontadas, dentre muitos outros autores contemporâneos. Encadeiam-se homens e obras, com continuidades e rupturas, em relação aos autores e grandes questões de tempos precedentes, bem como outros tempos sucedâneos.

Ademais, ocorre, como antes e depois destes, o debate em relação ao direito natural, seu conteúdo, seus limites, suas relações com o direito das gentes. Samuel RACHEL e Samuel PUFENDORF também participam desse debate, no qual se inscrevem também seus predecessores e sucessores.

De um lado, alinha-se a prática dos estados, em sucessivos tratados e alianças – que se multiplicam, de Vestfália, 1648, até a guerra dos sete anos, 1756-1763 – e, de outro, tentativas de sistemas internacionais coesos, visando a paz, com formulações teóricas, como o duque de SULLY, com o 'Grande plano', de 1632 – por ele atribuído a HENRIQUE IV – ou, de G. W. LEIBNIZ, em suas 'Reflexões', de 1670 – temática que encontra alguns predecessores e muitos seguidores, por mais de um século – ou a visão do teatro europeu, segundo RICHELIEU, antes prática, que teórica, marcada pela adoção da 'razão de estado'. Como apontado, a formulação da 'razão de estado' aparece em diversos autores – desde Giovanni BOTERO, no final do século XVI, passando pelos franceses, no século XVII, a HEGEL, no início do século XIX – como em distintas manifestações, na prática de diversos estados, norteadora de políticas públicas.

Pode, assim, ser considerado como dado característico da época – e se estende a partir de então – a busca de sistemas internacionais coesos?

[1630] Mohamed Mbougar SARR (1990-), **A mais recôndita memória dos homens** (orig. publ. **La plus secrète mémoire des hommes**, 2021, trad. Diogo CARDOSO, São Paulo: Fósforo, 2023, cit. p. 231-232).

Assim como a busca de ordenação da convivência entre príncipes e outros soberanos – repúblicas, cidades-estado – em suas trajetórias de busca de inserção internacional e de organização da convivência, mediante pactos e alianças, alternando paz e guerra.

Em tudo isso, existem elementos de direito internacional, a serem compreendidos como parte do esforço humano em – ao menos, tentar – alcançar e manter convivência ordenada. O que se constata é todos, ou ao menos muitos, afirmarem ser desejável a paz, e que esta aporta frutos, riquezas e aumento da felicidade coletiva, mas também, recorrentemente, se reservam a prerrogativa de fazer uso da guerra. E estas também se fizeram e se fazem, como flagelo recorrente da história humana.

Como apontava PUFENDORF, na passagem referida em epígrafe, "o homem é atraído por muitos vícios, desconhecidos dos animais, como o desejo insaciável, por mais do que ele necessita, o mais terrível dos males, a ambição", e também, "tem o homem tal furioso prazer em exercer a crueldade, sobre os seus semelhantes, que a maior parte dos males, aos quais se sujeita a condição humana, deriva do próprio homem".[1631] Nisso, o ser humano se distingue dos animais, mas essa distinção em nada é favorável aos humanos!

A construção do direito internacional não se enceta com a paz de Vestfália, em 1648 – como ainda aparece em análises apressadas e historicamente descontextualizadas do fenômeno da internacionalidade – tampouco se encerra com o direito internacional clássico – que teve sua importância no contexto europeu do final do século XVII ao século XVIII – mas não esgota os desenvolvimentos, conceituais e institucionais da disciplina, que se estende e se renova até os nossos tempos pós-modernos. Ainda passa, desde então, o direito internacional por múltiplas inovações e reformulações, deixando de ser estritamente interestatal, para alcançar a condição do ser humano, como destinatário de direitos e obrigações, internacionalmente estipuladas, tendo ademais de superar o que ocorreu, durante o tempo do colonialismo, que se serviu de mecanismos de direito internacional, para seus fins escusos, e se livra dessa pesada carga do passado, até chegar ao presente contexto.[1632]

[1631] S. PUFENDORF, **De officio hominis et civis iuxta legem naturalem** (op. cit., 1673, cit. II.V.6).

[1632] Como se considera no **Tratado** (tomo 20 – **Direito internacional, história e cultura**, esp. cap. 5 – *Desafios e desenvolvimentos do direito internacional no contexto pós-moderno*).

REFERÊNCIAS

O elemento didático é essencial para o meu tema. Têm importância, de um lado, os 'ensinamentos' sobre o direito internacional e a sua evolução, e, de outro lado, o contínuo processo de 'ensino' do direito internacional. Os dois claramente se interpenetram, e formam vasto conjunto.

Manfred LACHS (1976)[1633]

ABI-SAAB, Georges, **Cours général de droit international public** (RCADI, 1987, t. 207, p. 9-468)

ACADEMIA BRASILEIRA DE LETRAS, **Dicionário escolar da língua portuguesa** (São Paulo: Cia. Ed. Nacional, 2008, 2ª reimpressão, 2010)

ACCIOLY, H.; NASCIMENTO E SILVA, G. E. do; CASELLA, P. B., **Manual de direito internacional público** (São Paulo: Saraiva, 26ª ed., 2023)

ACCIOLY, H., **Tratado de direito internacional público** (terceira edição histórica, prefácio P. B. CASELLA, São Paulo: Quartier Latin / Brasília: Fundação Alexandre de Gusmão, 2009, 3 vols.)

ACHENWALL, Gottfried, **Elementa iuris naturae** – additis iuris gentium Europaearum practici primis (Göttingen, 1750; na edição de 1752, conjuntamente, os nomes de ACHENWALL e Johann Stephan PÜTTER; a partir de 1757, somente com o nome de ACHENWALL; edições posteriores, 1758, 1763, 1767, 1774, 1781; a partir da quarta edição e seguintes, **Prolegomena iuris naturalis**, em volume separado – online: books.google.com.br)

[1633] Manfred LACHS, **Teachings and teaching of international law** (RCADI, 1976, vol. 151, p. 161-252, quoted p. 168): "The didactic element is essential to my theme. There is the importance of, on the one hand, 'the teachings' on international law and its evolution, and, on the other hand, the continuous process of 'teaching'. The two of course interpenetrate, and form a vast topic".

___, **Iuris gentium Europaerarum practici primae lineae, fragmentum libelli ob b. auctoris mortem adiecti nunc tandem in lucem editum** (Göttingen, 1775)

ACKROYD, Peter, **The life of Tomas Morus** (orig. publ. 1998, New York: Anchor Books, 1999)

Acta Pacis inter duas coronas in S. Ioann. Lucensis sano anno 1659 factae (Colônia, 1665 e Leipzig 1667 – internet archive https://archive.org > stream)

Acta Pacis Westphalicae publica, oder Westphälische Friedenshandlungen und Geschichte; in einer mit wichtigen Urkunden bestärkten historischen Zusammenhang verfasset und beschrieben von Joh. Gottfr. von MEIERN (VI Theile, welchen J. F. WALTHERS Universalregister als der VIIte. hinzukommt, Hannover, 1734-1740)

Actes et Mémoires des Négociations de la paix de Ryswick (La Haye: chez Adrian Moetjens marchand-libraire, 4 tomes, 1699)

ADAMI, Adamo, **Episcopi Hieropolitani et ad Tractatus pacis Westphalicae quondan legati, Relatio historica de pacificatione Osnabrugo-Monasteriensi, ex autographo autoris restituta atque Actorum pacis Westphalicae testimoniis aucta et corroborata, accurante** Ioh. Godofr. de MEIERN (Leipzig, 1737)

___, **Arcana pacis Westphalice seu plenior et ex Secretioribus Actis et congressibus depromta relatio historica de S. R. Imperii pacificatione Osnabrugo Monasteriensi, auctore A. A.** [Adamo ADAMI] (Frankfurt, 1698)

ALAMINO, Felipe N. P., **Anexação da Crimeia** – o conceito de agressão no direito internacional (pref. P. B. CASELLA, Curitiba: Instituto Memória Ed., 2021)

ALBERTI, Leon Battista, **De pictura** (redazione volgare) (a cura di Lucia BERTOLINI, Firenze: Polistampa – Ed. nazionale delle opere di L. B. ALBERTI, 2011)

ALEXANDROWICZ, C. H., **The Law of Nations in global History** (ed. by David ARMITAGE and Jennifer PITTS, Oxford: Univ. Press, 2017)

___, *Pufendorf-Crull and the Afro-Asian World* (orig. publ. 1968-69, in **The Law of Nations in global history**, ed. by D. ARMITAGE and J. PITTS, Oxford: Univ. Press, 2017, p. 158-162)

___, *Grotius and India* (orig. publ. 1954, in **The Law of Nations in Global History**, ed. by D. ARMITAGE and J. PITTS, Oxford: Univ. Press, 2017, p. 113-120)

___, *Freitas versus Grotius* (orig. publ. 1959, in **The Law of Nations in Global History**, ed. by D. ARMITAGE and J. PITTS, Oxford: Univ. Press, 2017, p. 121-139)

___, **The Afro-Asian world and the law of nations: historical aspects** (RCADI, 1968, t. 123, p. 117-214)

___, **Treaty and diplomatic relations between European and South Asian powers in the seventeenth and eighteenth centuries** (RCADI, 1960, t. 100, p. 203-322)

AL-FARABI, **Philosopher à Bagdad au Xe siècle** (bilingue arabe-français, présentation et dossier par Ali BENMAKHLOUF, trad. Stéphane DIEBLER, glossaire par Pauline KOETSCHET, Paris: Seuil 2007)

___, **A cidade virtuosa** (trad. do árabe, introdução, notas e glossário Catarina BELO, Lisboa: Fund. C. Gulbernkian, 2018)

___, **De l'obtention du bonheur** (orig. **Tahsil al-sa'ada**, trad. Olivier SEDEYN & Nassim LÉVY, présenté et annoté par Olivier SEDEYN, Paris: Alia, 2010)

___, **La philosophie de Platon, ses parties, l'ordre de ses parties, du commencement jusqu'à la fin** (trad. Olivier SEDEYN & Nassim LÉVY, présenté et annoté par Olivier SEDEYN, Paris: Alia, 2013)

ALFIERI, Vittorio ALFIERI, **Esboço do juízo final** (trad. Marco LUCCHESI, Rio de Janeiro: Lacerda, 1997)

ALLAND, D., *Capitulations* (in **Dictionnaire de la culture juridique**, dir. D. ALLAND e S. RIALS, Paris: Lamy, PUF, Quadrige, 2003, p. 167-168)

ALLAND, D.; RIALS, S. (dir. de), **Dictionnaire de la culture juridique** (Paris: Lamy, PUF, Quadrige, 2003)

ALMEIDA, Maria Cecília, *O elogio da tolerância em Pierre Bayle* (in **Cadernos espinosanos** – estudos sobre o século XVII, São Paulo: FFLCH-USP, vol. XXIII, jan.-jun. 2011, p. 115-139)

ALVAREZ, Alejandro, **Le droit international américain: son fondement, sa nature** (Paris: Pedone, 1910)

ALVAREZ, José E., **International organizations as law-makers** (Oxford: Univ. Press, 2005)

AMMIRATO, Scipione, **Discorsi del signor Scipione Ammirato sopra Cornelio Tacito** (orig. publ. Venezia: Filipo Giunti, 1594 – online Biblioteca virtual Miguel de Cervantes https://www.cervantesvirtual.com >)

ANCEAU, Eric, **Ils ont fait et défait le Second empire** (orig. publ. 2019, Paris: Tallandier – texto, 2021)

ANÔNIMO (ca. 1540), **Les peuples de l'Orient** – au milieu du XVIe siècle – Le Codex 1889 de la Bibliothèque Casanatense de Rome (préface de Sanjay SUBRAHMANYAM, Paris: Chandeigne, 2022)

___, **La bellance de l'Europe considérée comme la règle de la paix et de la guerre** (trad. para o francês, pelo Conselheiro FORMEY, Berlim, 1744)

___ (1765), **Le papillotage** – Ouvrage comique et moral (Rotterdam: chez E.V.D.V. et Compagnie, MDCCLXV)

___ L.P.S.F. (1715), **Homère vengé** – ou réponse à M. DE LA MOTTE sur l'Iliade (Paris: Étienne Ganeau, MDCCXV)

___, **Histoire des Traités de paix et autres negotiations du dix-septième siècle depuis la paix de Vervins iusqu'à la paix de Nimègue**; où l'on donne l'origine des prétentions anciennes et modernes de toutes les puissances de l'Europe et une Analyse exacte de leurs negotiations tant publiques que particulieres. Ouvrage necessaire aux Ministres publics et aux autres negociateurs, et qui peut servir d'Introduction au *Corps diplomatique* ou *Recueil des Traités de Paix* T. I.II. (à Amsterdam chez I. F. BERNARD et à la Haye, chez les Frères Vailland et Prevost, 1725 – é desconhecida a autoria desta coletânea, que complementa a obra de DUMONT, **Corps diplomatique**, com tratados relativos ao período de 1599-1679)

___, **Memoires et négociations secrètes de la Cour de France, touchant la paix de Münster** contenant les lettres, réponses, memoires & avis secrets [par Iean AYMOND] (Amsterdam: Freres Chatelain, 1710, III tomes fol. e tom IV. in 8)

___, **Recueil de tous les Traités modernes conclus entre les Potentats de l'Europe; de tous les Mémoires qui ont servi à faire la paix de Nimegue; et de tous les arrêts de la Chambre royale de Metz, relatifs aux Traités de Nimegue et de Münster** (Paris: chez Frederic Leonard, II vols., 1683)

___, **Relatio historica sive brevis atque succinta narratio eorum, quae in pacificatione Osnabrugo-Monasteriensi ex arcana ratione status inter paciscentes gesta fuere** (Frankfurt, 1707)

___, **Theatrum Pacis, hoc est, Tractatuum atque instrumentorum praecipuorum ab anno inde MDCXLVII ad MDCLX usque in Europa initorum et conclusorum collectio** (Norimb., 1663)

___, **Theatrum Pacis Pars Altera, hoc est, tractatuum atque instrumentorum pacis praecipuorum ab anno inde MDCXL ad annum MDCLXXXV inter Europaeos atque aliis cum nationibus initorum et conclusorum Collectio secunda. Cum Indicibus.** (Norimb., s/d).

___, **Untersuchung ob ein Fürst wegen erwachsender Macht seines Nachbaren den Degen entblössen könne** (Leipzig, 1721)

APRILE, Sylvie, **La révolution inachevée 1815-1870** (ouvrage dir. par Henry ROUSSO, in **Histoire de France**, dir. de Joël CORNETTE, orig. publ. 2010, Paris: Gallimard – histoire, 2020)

ARABEYRE, P.; HALPÉRIN, J.-L.; KRYNEN, J. (dir. de), **Dictionnaire des juristes français** XIIe-XXe siècle (orig. publ. 2007, Paris: PUF, 2e tirage, 2008)

ARAÚJO, Horácio Peixoto de, **Os Jesuítas no império da China: o primeiro século (1582-1680)** (Macau: Instituto português do Oriente, 2000)

ARBLASTER, Paul, **A History of the Low Countries** (orig. publ. 2006, New York: Palgrave-Macmillan, 2012)

ARBUET-VIGNALI, Heber, **Teoría jurídica de la soberania** – y su influencia sobre la teoría del estado pós-moderno (orig. publ. 2019, Montevideu: Fundación de cultura univ., reimpr. 2020)

ARCURI, Márcia (curadoria), **Por ti América** – arte pré-colombiana ("exposição realizada no Centro Cultural Banco do Brasil, Rio de Janeiro: 10 de out. de 2005 a 29 de jan. de 2006; Brasília: 20 de fev. a 23 de abril de 2006; São Paulo: 13 de maio a 16 de julho de 2006", Rio de Janeiro: Pancrom, 2005)

___ (coord. e texto), **Ouros de Eldorado** – Arte pré-hispânica da Colômbia ("exposição realizada na Pinacoteca do Estado de São Paulo, de 29 de maio a 22 de agosto de 2010", organizada pelo Museo del Oro del Banco de la República, Bogotá, Colômbia, coord. e texto Márcia ARCURI; curadoria e texto Efraín SÁNCHEZ; texto Clara Isabel BOTERO, São Paulo: Pinacoteca do Estado, 2010)

ARGAN, Giulio Carlo, **História da arte italiana** (orig. publ. **Storia dell'arte italiana**, 1968, 1988 e 2002, trad. Wilma de KATINSZKY, São Paulo: Cosac & Naify, 2003)

ARIOSTO, Lodovico, **Orlando furioso** (orig. publ. 1516, 2ª ed. 1521, 3ª ed. def. 1532, Firenze: Casa ed. Salani – I grandi classici, 1976, 2 vols.)

ARISTÓTELES, ΠΟΛΙΤΙΚΩΝ / **Politics** (with an English translation by H. RACKAM, Cambrigde, Ma. / London: Loeb Classical Library, ARISTOTLE t. XXI, LCL 264, orig. publ. 1932, reprinted 2005)

___, **The Nicomachean Ethics** (original grego com tradução em inglês de H. RACKHAM, first publ. 1926, Cambridge, Ma.: Harvard UP, Loeb Classical Library, ARISTOTLE vol. XIX, reprinted 2003)

___, **Politique** (texte établi et trad. par J. AUBONNET ; t. I: Intr. – Livres I et II; t. II: livres III et IV; t. III: livres V et VI; t. IV: livre VII; t. V: livre VIII et index; Paris: Les belles lettres – coll. Budé, 1960)

___, **The Athenian Constitution** (with an English translation by H. RACKHAM, Cambridge, Ma./London: Harvard University Press – Loeb Classical Library, vol. 285 – ARISTOTLE XX, ed. de 1935, reprinted 2004, p. 1-188)

___, **Política** (trad. Nestor Silveira CHAVES, Bauru: Edipro, 1995)

ARON, Raymond, **Paz e guerra entre as nações** (trad. Sérgio BATH, Brasília: Ed. UnB, Col. Pensamento Político, 1979, do original **Paix et guerre entre les nations** © 1962, Ed. Calmann-Lévy)

ARRIGHI, Jean-Marie; JEHASSE, Olivier, **Histoire de la Corse et des corses** (2008, Paris: Perrin-Colonna, nova ed., 2013)

ASTON, Margaret (ed. by), **The Panorama of the Renaissance** (Londres: Thames & Hudson, 1996)

ATTALI, Jacques, **Diderot ou le bonheur de penser** (Paris: Fayard, 2012)

ATTAR, Frank, **Droit international**: entre ordre et chaos (Paris: Hachette, 1994)

AUSTIN, John Langshaw, **Philosophical papers** (orig. publ. 1961 e 1970, ed. by J. O. URMSON and G. J. WARNOCK, Oxford: Clarendon Press, 3rd ed., 1990)

___, **Sense and sensibilia** (reconstructed from the manuscript notes by G. J. WARNOCK, Oxford: Univ. Press, 1962)

___, **How to do things with words** (The William James Lectures delivered at Harvard Univ. in 1955, ed. by J. O. URMSON, Cambridge, Ma.: Harvard Univ. Press, 1962)

___, **Other minds** (Oxford: Clarendon Press, 1946)

___, **Outras mentes** (trad. Marcelo Guimarães da Silva LIMA, São Paulo: Abril cult. - Os pensadores, vol. LII, 1975, p. 91-119)

___, **Quando dizer é fazer** (orig. publ. **How to do things with words**, 1962, trad. Danilo Marcondes de SOUZA Filho, São Paulo: ArtMed – Ed. artes médicas, s/d)

AUTRAND, Françoise; BÉLY, Lucien; CONTAMINE, Philippe; LENTZ, Thierry (dir. de), **Histoire de la diplomatie française** – tome I – **Du Moyen âge à l'empire** (orig. publ. 2005, Paris: Perrin – tempus, éd. 2007)

AUZAS, Pierre-Marie; MAUPEOU, Catherine de; MÉRINDOL, Christian de; MUEL, Francis; RUAIS, Antoine, **L'Apocalypse d'Angers** – Chef d'œuvre de la tapisserie médiévale (Paris: Vilo / Fribourg: Office du livre, 1985)

AVRIL, P., *Pufendorf* (in **Les fondateurs du droit international public**: leurs œuvres, leurs doctrines, introduction de A. PILLET, Paris: V. Giard & E. Brière, 1904, p. 331-383)

BACON, Francis, **The major works** (ed. with an introduction and notes by Brian VICKERS, Oxford: Univ. Press, 1st. publ., 1996, reissued, 2008)

___, **The advancement of learning** (in **The major works**, ed. VICKERS, 2008, p. 120-299)

___, **Du progrès et de la promotion des savoirs** (1605, avant-propos, trad. et notes par Michèlle LE BOEUF, Paris: Gallimard-tel, 1991)

___, **A sabedoria dos antigos** (orig. publ. **Wisdom of the Ancients**, trad. Gilson César Cardoso de SOUZA, São Paulo: UNESP, 2002)

___, **Exemplum tractatus de justitia universali sive de fontibus juris / Essai d'un traité sur la justice universelle** ou les sources du droit suivi de quelques écrits juridiques (1622, biographie, traduction et notes par Jean-Baptiste de VAUZELLES, 1824, intr. par Angèle KREMER-MARIETTI, (c) 1985, Paris: L'Harmattan, 2006)

___, **Novum organum** ou verdadeiras indicações acerca da interpretação da natureza (orig. publ. 1620, trad. e notas José Aluysio Reis de ANDRADE, São Paulo: Abril cultural – Os pensadores, vol. XIII, 1973, p. 1-237)

BADERIN, Mashood A., *Muhammad AL-SHAYBANI (749/50-805)* (in **The Oxford Handbook of the History of International Law**, ed. by B. FASSBENDER e A. PETERS, Oxford: Univ. Press, 2012, chap. 45, p. 1081-1085)

BÄHR, Otto, **Der Rechtsstaat** – eine Pulicistische Skizze (orig. publ. 1864, reimpr. Aalen: Scientia, 1961)

BAIGENT, Michael; LEIGH, Richard, **A Inquisição** (orig. publ. **The Inquisition**, 1999, trad. Marcos SANTARRITA, Rio de Janeiro: Imago, 2001)

BAKHTIN, Mikhail, **Questões de literatura e de estética – a teoria do romance** (orig. publ. **Vaprossi literatúry i estetiki**, Moscou, 1975, trad. Aurora F. BERNARDINI e outros, São Paulo: Hucitec, 2010)

BARBERIS, J., **Les règles spécifiques du droit international en Amérique latine** (RCADI, 1992, t. 235, p. 81-230)

BARBEYRAC, Jean, *Dois discursos e um comentário* (no volume PUFENDORF, **Os deveres do homem e do cidadão** – de acordo com as leis do direito natural, Rio de Janeiro: Topbooks – Liberty Fund, 2007, p. 387-507)

___, *Historical and critical account of the science of morality* (no volume PUFENDORF, **On the law of nature and nations**, translated by Basil KENNET, op. cit., 4th ed., Londres, 1729)

BARCIA TRELLES, C., **Fernando Vazquez de Menchaca (1512-1569) – L'école espagnole du droit international du XVIe siècle** (RCADI, 1939, t. 67, p. 429-534)

___, **Francisco Suárez (1548-1617) – Les théologiens espagnols du XVIe siècle et l'école moderne du droit international** (RCADI, 1933, t. 43, p. 385-554)

___, **Francisco de Vitória et l'école moderne du droit international** (RCADI, 1927, t. 17, p. 109-342)

BARBIER-MUELLER, Jean-Paul, **La parole et les armes**: Chronique des guerres de religion en France 1562-1598 (Genebra: Musée international de la Réforme / Hazan, 2006)

BARBIERI, Franco; GOLIN, Gian Antonio; RIGON, Fernando; SCHIAVO, Remo, **Vicenza & Palladio** (prefazione di Alvise ZORZI, fotografia di Chiara SAMUGHEO, Torino: ERI, 1987)

BARBIERI, Giuseppe, *La natura discendente: Danielle BARBARO, Andrea PALLADIO e l'arte della memoria* (in **Palladio e Venezia**, a cura di Leonello PUPPI, Firenze: Sansoni, 1982, p. 29-54)

BARBOSA, Ruy, *Os conceitos modernos do Direito Internacional* (conferência de Buenos Aires, 1916, trad., notas e intr. Sérgio PACHÁ, Rio de Janeiro: Fund. Casa de Rui Barbosa, 1983)

___, *Problemas de direito internacional* (conferência proferida na Faculdade de direito de Buenos Aires, em 14 de julho de 1916, orig. publ. em Londres: Jas Truscott & Son. Ltda., 1916)

___, **A grande guerra** (Rio de Janeiro: Guanabara ed., 1932)

___, **Escritos e discursos seletos** (seleção, organização e notas de Virgínia C. de LACERDA, intr. geral Américo J. LACOMBE, João MANGABEIRA, Oswald de ANDRADE e Carlos CHIACCHIO, Rio de Janeiro: Aguilar, 1966)

BARRETO, Evelyn, **Projetos de paz perpétua no direito internacional contemporâneo** (prefácio P. B. CASELLA, apresentação C. P. MOISÉS, São Paulo: Martins Fontes, 2021)

BARTELSON, Jens, **A genealogy of sovereignty** (orig. publ. 1995, Cambridge: Univ. Press, 1996, Cambridge studies in international relations, vol. 39)

BARTLETT, Thomas, **Ireland – a History** (Cambridge: Univ. Press, orig. publ. 2010, 6th printing, 2012)

BASCHET, Jérôme, **La civilisation féodale**: de l'an mil à la colonisation de l'Amérique (Paris: Aubier, 2004)

BASDEVANT, Jules, *Hugo Grotius* (in **Les fondateurs du droit international public** – leurs œuvres, leurs doctrines, introduction de A. PILLET, Paris: V. Giard & E. Brière, 1904, p. 125-267)

BASTID, Paul, **La Révolution de 1848 et le droit international** (RCADI, 1948, t. 72, p. 167-282)

BASTOS, Fernando Loureiro, *Estados federados* (in **Enciclopédia Luso-Brasileira de Direito Internacional**, coord. D. M. VICENTE, F. L. BASTOS, M. A. RIBEIRO, A. T. SALIBA, M. T. FRANCA Fº e P. B. CASELLA, Alfragide: Dom Quixote – Leya, 2023, p. 528-531)

BATTISTINI, Andrea; GUARAGNELLA, Pasquale (a cura di), **Giambattista Vico e l'enciclopedia dei saperi** (Lecce: Pensa, 2007)

BATTEUX, Charles, **As belas artes reduzidas a um mesmo princípio** (orig. publ. **Les beaux-arts réduits à un même principe**, 1746, trad. Natalia MARUYAMA, Adriano RIBEIRO, rev. Victor KNOLL, apres. e notas Marco Aurélio WERLE, São Paulo: Imprensa oficial do estado – Humanitas, coleção 'formação da estética', vol. 3, 2009)

BAUMAN, Zygmunt; MAURO, Ezio, **Babel** (Roma – Bari: Laterza, 2015)

BAUMAN, Z., **Ensaios sobre o conceito de cultura** (orig. publ. **Culture as Praxis**, 1975, trad. Carlos Alberto MEDEIROS, Rio de Janeiro: Zahar, 2012)

___, **O mal estar da pós-modernidade** (orig. publ. **Postmodernity and its Discontents**, 1997, trad. M. GAMA e C. M. GAMA, Rio de Janeiro: Zahar, 1998)

___, **Ética pós-moderna** (orig. publ. **Postmodern Ethics**, 1993, trad. J. R. COSTA, São Paulo: Paulus, 2ª ed., 2003)

___, **Vida em fragmentos** – sobre a ética pós-moderna (orig. publ. **Life in fragments** – Essays in Postmodern morality, 1995, trad. A. WERNECK, Rio de Janeiro: Zahar, 2011)

___, **Vida líquida** (orig. publ. **Liquid life**, 2005, trad. C. A. MEDEIROS, Rio de Janeiro: Zahar, 2007)

___, **44 cartas do mundo líquido moderno** (orig. publ., **44 Letters from the liquid modern world**, 2010, trad. Vera PEREIRA, Rio de Janeiro: Zahar, 2011)

___, **Amor líquido** – sobre a fragilidade dos laços humanos (orig. publ. **Liquid love** – On the frailty of human bonds, 2003, trad. C. A. MEDEIROS, Rio de Janeiro: Zahar, 2004)

___, **Vida a crédito** – conversas com Citlali ROVIROSA-MADRAZO (orig. publ. **Living on borrowed time** – conversations with C. ROVIROSA-MADRAZO, 2010, trad. A. WERNECK, Rio de Janeiro: Zahar, 2010)

___, **Medo líquido** (orig. publ. **Liquid fear**, 2006, trad. C. A. MEDEIROS, Rio de Janeiro: Zahar, 2008)

___, **Sobre educação e juventude** – conversas com Riccardo MAZZEO (orig. publ. **On Education** – conversations with R. MAZZEO, 2012, trad. C. A. MEDEIROS, Rio de Janeiro, Zahar, 2013)

___, **Europa** – uma aventura inacabada (orig. publ. **Europe** – an unfinished adventure, 2004, trad. C. A. MEDEIROS, Rio de Janeiro: Zahar, 2006)

___, **A arte da vida** (orig. publ. **The art of life**, 2008, trad. C. A. MEDEIROS, Rio de Janeiro: Zahar, 2009)

___, **Identidade** – entrevista a Benedetto VECCHI (orig. publ. **Identity** – conversations with B. VECCHI, 2004, trad. C. A. MEDEIROS, Rio de Janeiro: Zahar, 2005)

BAYLE, Pierre, **Pensées diverses écrites à un docteur de la Sorbonne à l'occasion de la comète qui parut au mois de décembre 1680** (orig. publ. 1682, Paris: Garnier--Flammarion, 2007)

___, ___ (in **Œuvres de Pierre Bayle**, Editions la bibliothèque digitale, EAN 9791021300651 babelio.com)

___, **Commentaire philosophique sur ces paroles de Jésus-Christ '*Contrains-les--d'entrer*'** (orig. publ. 1687, éd. 1688 online google.books archive.wikiwix.com)

___, **Dictionnaire historique et critique par M. BAYLE** (Rotterdam: Reinier Leers, 1697; segunda edição, substancialmente ampliada, 1702, 4 vols)

___, **De la tolérance – commentaire philosophique** (orig. publ. 1686)

___, **Les fondements philosophiques de la tolérance** (dir. de Yves-Charles ZARKA, Frank LESSAY, John ROGERS, tome III – Pierre BAYLE, Supplément du Commentaire philosophique, introduction et annotations par Martine PÉCHARMAN, Paris: PUF – fondements de la politique, 2002)

BECCARIA, Cesare, **Dos delitos e das penas** (orig. publ. **Dei delitti e delle pene**, Livorno, 1764, trad. Torrieri GUIMARÃES, São Paulo: Hemus, s/d)

BECKER LORCA, Arnulf, **Mestizo international law** – a global intellectual history 1842-1933 (orig. publ. 2014, Cambridge: Univ. Press, 2016)

___, *Eurocentrism in the history of international law* (in **The Oxford Handbook of the History of International Law**, ed. by Bardo FASSBENDER e Anne PETERS, Oxford: Univ. Press, 2012, chap. 43, p. 1034-1057)

BEDA, **De venerabilis Baedae Historia Ecclesiatica Gentis Anglorum / Of the Venerabilis Bede's Ecclesiastical History of the English Nation** (ed. bilingue, with an English translation by J. E. KING, Cambridge, Ma. / London: Harvard Univ. Press – LCL vol. 246 – BEDE I, Books I-III, © 1930, reprinted 2006)

BEDERMAN, David J., **International law in Antiquity** (Cambridge: Univ. Press, 2001, reimpr., 2006)

BEDJAOUI, M. (dir. gén.), **Droit international**: bilan et perspectives (Paris: Pedone / UNESCO, 1991, 2 tomes)

___ e THIERRY, H., *Avenir du droit international* (in **Droit international**: bilan et perspectives, Paris: Pedone / UNESCO, 1991, chap. LVI, p. 1305-1317)

BELLEC, François, **Marchands au long cours** (Paris: Ed. du Chêne / Hachette, 2003)

BELLER, Steven, **Histoire de l'Autriche** (orig. publ. **A concise History of Austria**, 2006, trad. Sylvie KLEINMAN-LAFON, Paris: Perrin, 2011)

BÉLY, Lucien, **L'art de la paix en Europe** – naissance de la diplomatie moderne XVIe – XVIIIe siècle (Paris: PUF, 2023)

___, **Louis XIV, le fantôme et le maréchal-ferrant** (Paris: PUF, 2021)

___, **Les relations internationales de l'Europe** – XVIIe – XVIIIe siècles (orig. publ. 1992, Paris: PUF, 4e éd., 2013)

___, *Anatomie de l'incident diplomatique* (in **L'incident diplomatique** XVIe-XVIIIe siècle, dir. de Lucien BÉLY et Géraud POUMARÈDE, Paris: Pedone – Histoire de la diplomatie et des relations internationales, 2010, p. 451-458)

___, **La France au XVIIe siècle** – puissance de l'état, contrôle de la société (Paris: PUF, 2009)

___, **Louis XIV – le plus grand roi du monde** (Quintin: Jean-Paul Gisserot, 2005)

___, *La place de l'étranger dans les conspirations* (in **Complots et conspirations dans l'Europe moderne** – Colloque de Rome, 30 septembre-2 octobre 1993, dir. de Y.-M. BERCÉ et E. FASANO GUARINI, École française de Rome, 1996, p. 393-410)

___ et POUMARÈDE, Géraud (dir. de), **L'incident diplomatique** XVIe-XVIIIe siècle (Paris: Pedone – Histoire de la diplomatie et des relations internationales, 2010)

___ avec ROCHEFORT, Isabelle, **L'Europe des traités de Westphalie** – esprit de la diplomatie et diplomatie de l'esprit (Paris: PUF, 2000)

___, **Espions et ambassadeurs au temps de Louis XIV** (Paris: Fayard, 1990)

BEMBO, Pietro, **Historiae Venetae libri XII / History of Venice** (edição bilingue, ed. and translated by Robert J. ULERY Jr., Cambridge, Mass.: Harvard – The I Tatti Renaissance Library, vol. I – Books I-IV, 2007; vol. II – Books V-VIII, 2008; vol. III – Books IX-XII, 2009)

BERNARDO, abade de CLAIRVAUX, **On Consideration** (orig. **De Consideratione**, 1145, transl. by George LEWIS, Oxford: Clarendon Press, 1908 – online internet archive archive.org)

BENEDICTIS, Angela de, *Vivere in guerra e scrivere sulla guerra, per venti anni, al tempo della guerra dei Trent'anni* (Società italiana per la storia dell'età moderna, giugno 2022 – on line: lasisem.it)

BENISCELLI, Alberto, **Il Settecento** (da **Storia della letteratura italiana**, a cura di Andrea BATTISTINI, vol. 4, Bologna: Il Mulino, 2005)

BENOIST-MÉCHIN, Jacques, **Frédéric de Hohenstaufen** – ou le rêve excommunié (1194-1250) (orig. publ. 1980, Paris: Perrin-tempus, 2008)

BERCHET, Jean-Claude (introduction, chronologie, notices biographiques et index par), **Le voyage en Orient** – Anthologie des voyageurs français dans le Levant au XIXe siècle (Paris: Robert Laffont, 1985)

BÉRENGER, Jean, *Ferdinand III et la France de Mazarin* (in **L'Europe des traités de Westphalie**, Paris: PUF, 2000, p. 163-180)

BERGER, Fried. Lud. Nob. Dom. de, **Politisches Bedenken über die Frage: ob der kaiserliche Titel und Namen unbeschadet kaiserliche Majestät und des römischen Reichs allerhöchsten Würde, nicht weniger derer christliche Könige und freyen Staaten Vorrecht und Interessen dem Czaaren communiciret werden könne** verfasset von F. L. N. D. D. B. (1722)

BERLIN, Isaiah, **The sense of reality**: Studies in ideas and their history, London: Chatto & Windus, 1st publ. 1996)

___, *KANT as an unfamiliar source of nationalism* (in **The sense of reality**, London: Chatto & Windus, 1996, p. 232-248)

___, **Vico e Herder** (orig. publ. **Vico and Herder: two studies in the history of ideas**, 1976, Brasília: Ed. UnB – col. pensamento político, vol. 49, 1982)

BERMAN, Nathaniel, **Passions et ambivalences** – Le colonialisme, le nationalisme et le droit international (prés. E. JOUANNET, Paris: Pedone – coll. Doctrines, 2008)

BERNARDO, João, **Poder e dinheiro** – do poder pessoal ao estado impessoal no regime senhorial, séculos V-XV – tomo I – **Sincronia. Estrutura econômica e social do século VI ao século IX** (Porto: Afrontamento – Biblioteca das Ciências do Homem:, 1995)

___, ___ – tomo II – **Diacronia. Conflitos sociais do século V ao século XIV** (Porto: Afrontamento – Biblioteca das Ciências do Homem, 1997)

___, ___ – tomo III – **Sincronia. Família, dinheiro e estado do século XI ao século XIV** (Porto: Afrontamento – Biblioteca das Ciências do Homem, 2002)

BERNSTEIN Peter L., **O poder do ouro**: história de uma obsessão (orig. publ. **The power of gold**: the History of an obsession, 2000, trad. Alexandre F. ROSAS, Rio de Janeiro: Campus, 2001)

BESNIER, Jean-Michel, *Le droit international chez KANT et HEGEL* (in **Le droit international** Archives de philosophie du droit, vol 32, Paris: Sirey, 1987, p. 85-99)

BESOLD Christoph, **Discursus de arcanis rerum publicarum** (orig. publ. 1614)

BEVILÁQUA, Clóvis, **Direito Público Internacional: a synthese dos principios e a contribuição do Brasil** (Rio de Janeiro: Freitas Bastos, 1ª ed., 1910; 2ª. ed., 1939, 2 vols.)

Biblia sacra iuxta Vulgatam Clementinam (nova editio, logicis partionibus aliisque subsidiis ornata a A. Colunga et L. Turrado, Madrid, Biblioteca de autores cristianos, 1977)

BIERSTEKER, Thomas J.; WEBER, Cynthia (eds.), **State sovereignty as a social construct** (Cambridge: Univ. Press, 1996)

BLACK, C. F.; GREENGRASS, Mark; HOWARTH, David; LAWRANCE, Jeremy; MACKENNEY, Richard; RADY, Martin; WELCH, Evelyn, **Cultural Atlas of the Renaissance** (New York: Prentice-Hall, 1993)

BLACK, Antony, **Political thought in Europe** 1250-1450 (Cambridge: Univ. Press, 1992)

BLACK, Jeremy, **The rise of the European Powers 1679-1793** (London: Edward Arnold, 1990)

BLAIR, John, **The Anglo-Saxon Age** (orig. publ. 1984, Oxford: Univ. Press – A very short introduction, 2000)

BLANNING, Tim, **The pursuit of glory – Europe 1648-1815** (orig. publ. 2007, Londres: Penguin, 2008)

BLOCH, Ernst, **La philosophie de la Renaissance** (orig. publ. **Vorlesungen zur Philosophie der Renaissance**, Frankfurt: Suhrkamp, 1972, trad. P. KAMNITZER, Paris: Payot & Rivages, 2007)

BLOCH, Marc, *Pour une histoire comparée des sociétés européennes* (conferência de 1928, orig. publ. na Revue de Synthèse Historique, dez. 1928, no volume **Mélanges historiques**, este orig. publ. em 1963, préface de Yann POTIN, Paris: Ed. CNRS, 2011, p. 16-40)

BOBBIO, Norberto, **Il problema della guerra e le vie della pace** (Bolonha: Il Mulino, 1979)

BOBBIO, N.; MATTEUCCI, N.; PASQUINO, G., **Dicionário de política** (orig. publ. 1983, trad. J. FERREIRA, C. C. VARRIALE e outros, Brasília: Ed. UnB, 1986)

BODIN, Jean, **Les six livres de la République** (ed. orig. Paris: Jacques Du Puys, 1576, esta edição segue a 10ª ed., publicada em Lyon: Gabriel Cartier, 1593, reimpr. 1594, Corpus des œuvres de philosophie en langue française, Paris: Fayard, 1986, 6 vols.).

BODINI [BODIN], Iustus Wolrad von, **Bilanx iustae potestatis inter principes et status imperii** cum imperatore et electoribus circa concursum ad publica imperii Germanici negotia (cum Johanne Henrico Baxmanno, Rinthelii: Typogr. G. Gaspari, 1689)

BOECLER, Iohann Henr., **Dissertatio de auspicio regio** (Argent., 1658)

BOEGNER, M., **L'influence de la Réforme sur le développement du droit international** (RCADI, 1925, t. 6, p. 241-324)

BOEHMII, Ioh. Gottl., **Acta Pacis Olivensis inedita** – in quo Ioachimi Pastorii ab Hirtenberg Aurora Pacis Diarium Pacificationis e Bibliotheca Zalusciana nunc primum prolatum Oliva Pacis continetur (orig. publ. T. I. Vratiff. 1763. T. II. ibid. 1766 – reprint Nabu Press, 2011)

BOEKHOFF, Hermann; JOPP, Gerhard; WINZER, Fritz (hrsg.), **Paläste, Schlösser, Residenzen** – Zentren europäischer Geschichte (Erlangen: Karl Muller, 1986)

BOERNER, Peter, **Johann Wolfgang von Goethe** (Hamburgo: Rowohlt, © 1964, impr. 1979)

BOGDAN, Henry, **La guerre de trente ans 1618-16148** (orig. publ. 1997, Paris: Perrin--tempus, nova ed. 2006, impr. 2010)

___, **Les Hohenzollern** – la dynastie qui a fait l'Allemagne (1061-1918) (orig. publ. 1999, Paris: Perrin, 2010)

___, **Les chevaliers teutoniques** (orig. publ. 1995, Paris: Perrin – tempus, 2009)

___, **Histoire des Habsbourg**: des origines à nos jours (Paris: Perrin, 2002, impr. 2005)

___, **Histoire des pays de l'Est** – des origines à nos jours (orig. publ. 1991, Paris: Perrin – Coll. tempus, vol. 236, éd. actualisée, 2008)

___, **Histoire de l'Allemagne**: de la Germanie à nos jours (inicialmente publicado em 1999, Paris: Perrin, 2003)

___, **Histoire des peoples de l'ex-URSS** – du IXe siècle à nos jours (Paris: Hachette – pluriel, 1995)

BOHMAN, James; LUTZ-BACHMANN, Matthias (eds.), **Perpetual peace**: essay on KANT's cosmopolitan ideal (Cambridge, Ma.: MIT Press, 1997)

BOILEAU, Nicolas, **Satires, épîtres, art poétique** (édition présentée, établie et annotée par Jean-Pierre COLLINET, Paris: Gallimard, © 1985, impr. 2000)

BOIS, Jean-Pierre, **La paix** – histoire politique et militaire 1435-1878 (Paris: Perrin – histoire, 2012)

BONFIM, Manoel, **O Brazil na América: caracterização da formação brasileira** (Rio de Janeiro: F. Alves, 1929)

___, **A América Latina: males de origem** (Rio de Janeiro/Paris: H. Garnier, 1905)

BONNEFOY, Yves, **Rome, 1630** – L'horizon du premier baroque *suivi de* – Un des siècles du culte des images (orig. publ. 1970 e 1989, nova edição, 1994, Paris: Flammarion, 2012)

BORGES, Jorge Luis, **Ficciones** (orig. publ. 1944, in **Obras completas** 1923-1972 de J. L. B., Buenos Aires: Emece ed., 1974, p. 425-530)

___, **Ficções** (trad. Carlos NEJAR, São Paulo: Abril cult., 1972)

BOS, M., **A methodology of International Law** (Amsterdam: North Holland, 1984)

BOSSUET, Jacques-Bénigne, **Discours sur l'histoire universelle** (orig. publ. 1681, textes établis et annotés par l'Abbé VELAT et Yvonne CHAMPAILLER, Paris: Gallimard – Pléiade, © 1961, impr. 2006, p. 657-1027, notas e variantes, p. 1471-1524)

BOTERO, Giovanni, **Della ragione di stato** (orig. publ. 1589, Roma: Donzetti ed., 1997)

BOUCHARD, Carl, **Le citoyen et l'ordre mondial (1914-1919)** – le rêve d'une paix durable au lendemain de la grande guerre, en France, en Grande-Bretagne et aux États-Unis (Paris: Pedone, 2008)

BOUCHER, David (ed. by), **Political theories of international relations** (Oxford: Univ. Press, 1998)

___, *Pufendorf and the person of the state* (in **Political theories of international relations** ed. by D. BOUCHER, Oxford: Univ. Press, 1998, p. 223-254)

BOUCHER, Jean-Jacques, **Le comte de Lowendal** Ulrich-Frédéric WOLDEMAR Maréchal de France (1700-1755) (Paris: Lanore, 2012)

BOUCHERON, Patrick; NEGRI, Antonio; PIKETTY, Thomas; REVAULT D'ALLONNES, Myriam; ROUDINESCO, Élisabeth, **Une certaine idée de l'Europe** (Paris: Flammarion – champs, 2019)

BOUGAINVILLE, Louis-Antoine, conde de, **Voyage autour du monde** (1771, ed de Jacques PROUST, Paris: Gallimard-Folio classique, vol. 1385, © 1982, impr. 2010)

BOURDIEU, Pierre, **Sur l'état** ('Cours au Collège de France 1989-1992', éd. établie par Patrick CHAMPAGNE, Remi LENOIR, Franck POUPEAU et Marie-Christine RIVIÈRE, Paris: Seuil-raisons d'agir, 2012)

BOUREAU-DESLANDES, André-François, **Histoire critique de la philosophie** (Amsterdam: chez François Changuion, 1737, 3 vols., e quarto vol., 1756)

BOURGOING, Jean Freiherr von, **Von Wiener Kongress** – Zeit- und Sittenbilder (München / Wien: Callwey und Rohrer, 1943)

BOURQUIN, M., **La Sainte-Alliance: un essai d'organisation européenne** (RCADI, 1953, t. 83, p. 377-464)

___, **Histoire de la Sainte-Alliance** (Genebra: Libr. de l'Université – Georg & Cie., 1954)

BOUSSUGE, Emmanuel, **Situations de FOUGERET DE MONBRON** (1706-1760) (Paris: Honoré Champion, 2010)

BOXER, Charles Ralph, **Salvador de Sá e a luta pelo Brasil e Angola** 1602-1686 (orig. publ. **Salvador de Sá and the struggle for Brazil and Angola** 1602-1686, em 1952, trad. Olivério M. de Oliveira PINTO, São Paulo: Nacional-Edusp, 1973)

BOYE, T., **Quelques aspects du développement des règles de la neutralité** (RCADI, 1938, t. 64, p. 157-232)

BOZARSLAN, Hamit, **Crise, violence, dé-civilisation** – Essai sur les angles morts de la cité (Paris: Éd. CNRS, 2019)

BOZEMAN, Adda B., **The future of law in a multicultural world** (orig. publ. 1971, Princeton: Univ. Press – Princeton Legacy Library, 2016)

BRANDÃO, Carlos Antonio Leite, **A formação do homem moderno vista através da arquitetura** (orig. publ. 1999, Belo Horizonte: Ed. UFMG, 2ª ed., 2006)

BRANDOLINI, Aurelio Lippo, **De comparatione reipublicae et regni / Republics and kingdoms compared** (edited and translated by James HANKINS, Cambridge, Ma.: Harvard Univ. Press – The I Tatti Renaissance Library – vol. ITRL-40, 2009)

BRAUDEL, Fernand, **O modelo italiano** (orig. publ. **Le modèle italien**, 1989, trad. Franklin de MATTOS, São Paulo: Companhia das Letras, 2007)

___, **La méditerranée et le monde méditerranéen à l'époque de Philippe II** (orig. publ. 1949, Paris: Armand Colin, © 1966, impr. 1987, 2 vols.)

___, **Écrits sur l'histoire** (Paris: Flammarion / Champs, © 1969, impr. 1984)
___ (coord.), **La méditerranée**: espace et histoire (Paris: Flammarion/Champs, 1ª ed., 1977, impr. 1985)
___ e Georges DUBY (coord.), **La méditerranée**: les hommes et l'héritage (Paris: Flammarion/Champs, 1ª ed., 1977, impr. 1986)
___, **Les ambitions de l'Histoire** (préf. de Maurice AYMARD, éd. établie et présentée par Roselyne de AYALA et Paule BRAUDEL, Paris: Éd. de Fallois, 1997)
___, **Civilisation matérielle, économie et capitalisme XVᵉ-XVIIIᵉ siècle** vol. I – **Les structures du quotidien: le possible et l'impossible** (Paris: Armand Colin 1979)
___, ___ – vol. II – **Les jeux de l'échange**, Paris: Armand Colin, 1979)
___, ___ – vol. III – **Le temps du monde**, (Paris: Armand Colin, 1979)
___, **Civilization and capitalism (15th-18th century)** vol. I – **The structures of everyday life** – the limits of the possible (© 1979, translation from the French, revised by Sián REYNOLDS, New York: Harper & Row, 1981)
___, ___ – vol. II – **The wheels of commerce** (© 1979, transl. by Sián REYNOLDS, New York: Harper & Row, 1982)
___, ___ – vol. III – **The perspective of the world** (© 1979, transl. by Sián REYNOLDS, New York: Harper & Row, 1984)
BRAUDY, Leo, **The agony and the ego** – The art and strategy of fiction-writing explored (ed. by Clare BOYLAN, Londres: Penguin, 1993)
___, **The Frenzy of Renown** – Fame and its History ('With a new Afterword', orig. publ. 1986, New York: Vintage, 1997)
BRAUN, Conrad, **Les cinq livres sur les ambassades** – à destination de ceux qui sont totalement appliqués à la Chose publique, ou très utiles à ceux qui remplissent une quelconque magistrature, et agréables à la lecture (orig. publ. **De Legationibus libri quinque**, Mainz, 1548, trad., introduction et notes de Dominique GAURIER, Limoges: Pulim – Presses univ. de Limoges, 2008)
BRAUN, René, **L'empereur Julien** – de l'histoire à la légende (Paris: Les belles lettres, 1978)
BRÉHIER, Émile, **Histoire de la philosophie** – vol. I – **Introduction – Période hellénique** (Paris: PUF, 1948)
___, **Études de philosophie moderne** (Paris: PUF, 1965)
___, *La notion de Renaissance dans l'histoire de la philosophie* (in **Études de philosophie moderne**, Paris: PUF, 1965, p. 3-17)
BREMM, Klaus-Jürgen, **1866 Bismarcks Krieg gegen die Habsburger** (Darmstadt: Theiss – WBG, 2016)
BRIÈRE, Yves de la, *Introduction* (in VITORIA et SUAREZ, **Contribution des théologiens au droit international moderne**, préface par James Brown SCOTT, Paris: Pedone, 1939, p. 1-16)
BRIERLY, James L., **Brierly's Law of Nations** – An introduction to the role of law in international relations (orig. publ. 1928, rev. Andrew CLAPHAM, Oxford: Univ. Press, 7th ed., 2012)
BRONNE, Carlo, **Hommes de cœur et femmes de tête** (Bruxelles: Gomaere, 1958)
BROTERO, J. M. Avelar, **Princípios de direito natural** – compilados por José Maria Avelar Brotero, lente do primeiro anno do curso jurídico de São Paulo (Rio de Janeiro: Typographia Imperial Nacional, 1829)

___, **Questões sobre presas marítimas** (“oferecidas ao cidadão Rafael Tobias de AGUIAR”, São Paulo: Typographia de Costa Silveira, 1836)

___, ___ (“segunda edição augmentada”, São Paulo: Typographia – imparcial – de J. R. de Azevedo Marques, 1863)

BROWN, Garrett Wallace; HELD, David (ed. by), **The Cosmopolitan reader** (Cambridge: Polity Press, 2010)

BRUN, Jean, **Sócrates – Platão – Aristóteles** (orig. publ. **Socrate – Platon – Aristote**, 1960, trad. Carlos PITTA, Filipe JARRO, Liz da SILVA, Lisboa: Dom Quixote, 1994)

BRUNO, Giordano, **Le Procès** – Documents (introduction et texte L. FIRPO, trad. et notes de A.-Ph. SEGONDS, **Œuvres complètes de Giordano Bruno**, publiés sous le patronage de l'Istituto Italiano per gli Studi Filosofici – Centro Internazionale di Studi Bruniani, ed. bilingue, vol. I, Paris: Les Belles Lettres, 2000)

___, **Le Souper des Cendres** (texte établi et notes par Giovanni AQUILECCHIA, préface Adi OPHIR, trad. Yves HERSANT, **Œuvres complètes**, ed. cit., vol. II, Paris: Les Belles Lettres, 1994)

___, **De la causa, principio et uno** (texte établi et notes par G. AQUILECCHIA, intr. Michele CILIBERTO, trad. Luc HERSANT, **Œuvres complètes**, ed. cit., vol. III Paris: Les Belles Lettres, 1996)

___, **De l'infini, de l'univers et des mondes** (texte établi par G. AQUILECCHIA, notes J. SEIDENGART, intr. Miguel Angel GRANADA, trad. de Jean-Pierre CAVAILLÉ, **Œuvres complètes**, ed. cit., vol. IV, Paris: Les Belles Lettres, 1995)

___, **Expulsion de la bête triomphante** – Dialogue 1 (texte établi par G. AQUILECCHIA, notes Maria Pia ELLERO, intr. Nuccio ORDINE, trad. de Jean BALSAMO, **Œuvres complètes**, ed. cit., vol. V – tome I, Paris: Les Belles Lettres, 1999)

___, **Expulsion de la bête triomphante** – Dialogues 2 et 3 (texte établi par G. AQUILECCHIA, notes M. P. ELLERO, intr. N. ORDINE, trad. J. BALSAMO, **Œuvres complètes**, ed. cit., vol. V – tome II, Paris: Les Belles Lettres, 1999)

___, **Cabale du cheval pégaséen** (texte établi par G. AQUILECCHIA, préface et notes Nicola BADALONI, trad. de Tristan DRAGON, **Œuvres complètes**, ed. cit., vol. VI, Paris: Les Belles Lettres, 1994)

___, **Des fureurs héroïques** (texte établi par G. AQUILECCHIA, intr. et notes M. A. GRANADA, trad. de Paul-Henri MICHEL, revue par Y. HERSANT, **Œuvres complètes**, ed. cit., vol. VII, Paris: Les Belles Lettres, 1999)

BULGAKOV, S.; BERDJAEV, N., **Il cadavere della bellezza – La crisi dell'arte** (contendo o ensaio de Sergej BULGAKOV (1871-1944), *Il cadavere della bellezza*, orig. publ. em russo, 1915, ed. cit., 2012, p. 5-38, e o ensaio de Nicolaj BERDJAEV (1874-1948), *La crisi dell'arte*, orig. publ. em 1918, ed. cit., p. 39-74, postfazione Marco VALLORA, Milano: Medusa, 2012)

BULL, Hedley; KINGSBURY, Benedict; ROBERTS, Adam, **Hugo Grotius and international relations** (Oxford: Clarendon Press, 1990)

BURCKHARDT, Jacob, **Das Zeitalter Friedrichs des Grossen** (hrsg von Ernst ZIEGLER, mit einem Essay von Hans PLESCHINSKI, Munique: Beck, 2012)

___, **The civilization of the Renaissance in Italy**: an essay (orig. publ. **Die Kultur der Renaissance in Italien**: ein Versuch, 1860, trad. C. S. G. MIDDLEMORE, de 1878, da segunda edição em alemão, "introduction" by Hajo HOLBORN, New York: The Modern Library, © 1954, reimpressão sem data)

___, **O estado como forma de arte** (orig. publ. *Der Staat als Kunstwerk*, capítulo do livro **Die Kultur der Renaissance in Italien**, 1860, trad. Sérgio TELLAROLI, São Paulo: Penguin Classics / Companhia das Letras – Grandes Ideias, 2012)

BURKHARDT, Johannes, **Der Dreissigjährige Krieg** (Frankfurt-Main: Suhrkamp, 1992)

BUTLER, Hubert, **Ten thousand saints** – a Study in Irish and European Origins (orig. publ. 1972, Dublin: The Lilliput Press, 2011)

BÜTTGEN, Philippe; LIBERA, Alain de; RASHED, Marwan; ROSIER-CATACH, Irène, **Les Grecs, les Arabes et nous** – enquête sur l'islamophobie savante (Paris: Fayard – ouvertures, 2009)

BYNKERSHOEK, Cornelius van, **De foro legatorum tam in causa civili quam criminali liber singularis** (orig. publ. Leiden, 1721, "monograph on the jurisdiction over Ambassadors in both civil and criminal cases", photographic reproduction of the text of 1744, with an English translation by Gordon J. LAING, introduction by Jan de LOUTER, de 1922, com menção "imprimatur" 1929, The Classics of International Law, vol. XXI, ed. by James B. SCOTT, Oxford: at the Clarendon Press / London: Geoffrey Cumberlege, 1946)

CABRAL, Nazaré da Costa; GONÇALVES, José Renato; RODRIGUES, Nuno Cunha (ed. by), **After Brexit** – Consequences for the European Union (Cham: Palgrave-Macmillan / Springer, 2017)

CAILLÉ, Alain; SENELLART, Michel; LAZZERI, Christian (dir. de), **Histoire raisonnée de la philosophie morale et politique** – le bonheur et l'utile – tome I – De l'antiquité aux Lumières (orig. publ. 2001, Paris: Flammarion – Champs, 2007)

___, ___, ___, in **Histoire raisonnée de la philosophie morale et politique** – le bonheur et l'utile – tome II – Des lumières à nos jours (orig. publ. 2001, Paris: Flammarion – Champs, 2007)

CAILLÉ, Alain, **Qu'est-ce que l'utilitarisme?** – une énigme dans l'histoire des idées (Paris: Recherches / La Revue du M.A.U.S.S. semestrielle, no. 6, deuxième semestre 1995; 'Présentation' par A. CAILLÉ, p. 4-14)

CAILLOSSE, Jacques, **Introduire au droit** (Paris: Montchrestien, 1995)

CALABRESE, Omar, **Il neobarocco** – Forma e dinamiche della cultura contemporanea (presentazione di Umberto ECO, postfazione di Stefano JACOVIELLO, Firenze – Lucca: Volo – La Casa di Usher, 2013)

CALÓGERAS, João Pandiá, **Formação histórica do Brasil** (orig. publ.1930, São Paulo: Nacional, 1972)

CAPISTRANO de ABREU, João, **Capítulos de História colonial** (1500-1800) e **Os caminhos antigos e o povoamento do Brasil** (Brasília: Ed. UnB, 5ª ed., 1963)

CAPUCIO, Camilla, **Implementação das decisões do sistema de solução de controvérsias da OMC e mecanismos de efetivação no direito brasileiro** (São Paulo: FDUSP – tese de doutoramento em direito internacional, 2014)

CARILE, Antonio; SACHAROV, Andrej Nicolaevic (a cura di), **I trattati dell'antica Russia con l'Impero romano d'Oriente** (Roma: L'Erma di Bretschneider, 2011, col. Da Roma alla Terza Roma – Documenti e Studi, Roma-Mosca, Documenti – vol. II)

CARRILLO SALCEDO, J. A., **Droit international et souveraineté des états**: cours général de droit international public (RCADI, 1996, t. 257, p. 35-221)

CASELLA, P. B., **Tratado de direito internacional** – tomo 1 – **Direito internacional dos espaços** – conceitos basilares, domínio terrestre, fluvial e marítimo (São Paulo: Almedina, 2ª ed. rev., ampliada e atualizada, 2022)

___, ___ – tomo 2 – ___ – domínio aéreo, navios e aeronaves, espaços internacionais e recorrências da espacialidade (São Paulo: Almedina, 2ª ed. rev., ampliada e atualizada, 2022)

___, ___ – tomo 3 A – **Direito internacional no tempo antigo** (São Paulo: Almedina, 2ª ed. rev., ampliada e atualizada, 2022)

___, ___ – tomo 3 B – **Gregos, romanos, chineses, indianos** (São Paulo: Almedina, 2ª ed. rev., ampliada e atualizada, 2023)

___, ___ – tomo 4 – **Direito internacional no tempo medieval** (São Paulo: Almedina, 2ª ed. rev., ampliada e atualizada, 2023)

___, ___ – tomo 5 – **Direito internacional no tempo de Francisco de Vitória** (São Paulo: Almedina, 2ª ed. rev., ampliada e atualizada, 2023)

___, ___ – tomo 6- **Direito internacional no tempo de Suarez, Gentili e Zouch** (São Paulo: Almedina, 2ª ed. rev., ampliada e atualizada, 2023)

___, ___ – tomo 7 – **Direito internacional no tempo de Hugo Grócio** (São Paulo: Almedina, 2ª ed. rev., ampliada e atualizada, 2023)

___, ___– tomo 10 – **Direito internacional no tempo de C. van Bynkershoek e Christian Wolff** (São Paulo: Almedina, 2ª ed. rev., ampliada e atualizada, 2024-)

___, ___– tomo 11 – **Direito internacional no tempo do Iluminismo** (São Paulo: Almedina, 2024-)

___, ___ – tomo 12 – **Direito internacional no tempo de Vattel e von Martens** (São Paulo: Almedina, 2024-)

___, ___ – tomo 13 – **Direito internacional no tempo do concerto europeu** (São Paulo: Almedina, 2024-)

___, ___ – tomos 14 a 17 – **Direito internacional no tempo do colonialismo** (São Paulo: Almedina, 2024-)

___, ___ – tomo 20 – **Direito internacional, história e cultura** (São Paulo: Almedina, 2024-)

___, *The Latin American Context Around 1873* (in **Au service du droit international / To the benefit of International law**, ed. by C. KESSEDJIAN, O. DESCAMPS & T. FABRIZI, Paris: Pedone – Éd. Panthéon-Assas, 2023, p. 57-68)

___ e OLIVEIRA, Alex S., em *Proteção internacional dos direitos das minorias por orientação sexual e identidade de gênero e o ativismo judicial brasileiro* (no volume **Tratado de proteção da diversidade**, coord. T. PAVINATTO, São Paulo: Almedina, 2023, p. 405-447)

___, *Soberania por dentro e por fora* (in **Teoria do estado contemporânea** – homenagem a E. R. Lewandowski, org. E. A. de J. PRUDENTE et al., São Paulo: Quartier Latin, 2023, p. 249-278

___, *Imperativo categórico da cooperação e as lições do Brexit* (in **A evolução do direito no século XXI** – homenagem ao prof. A. WALD, coord. F. U. COELHO, G. TEPEDINO, S. F. LEMES, São Paulo: Ed. IASP, 2022, vol. 3 – Direito público, p. 963-1001)

___, *Emer de VATTEL (1714-1767) e o direito internacional clássico* (São Paulo, Revista Fac. Direito da USP, 2020, vol. 115, p. 209-245)

___, **Introdução ao estudo do direito – ensaios didáticos** (orig. publ. 2008, São Paulo: Editora dos editores, 3ª ed., 2019)

___ e F. N. P. ALAMINO, *Estudos sobre a proteção internacional de minorias* – Grupo de estudos sobre a proteção internacional de minorias da Universidade de São Paulo – GEPIM-USP (Revista da Faculdade de Direito da USP, São Paulo, 2018, vol. 113, p. 563-736)

___, *Cesare Beccaria e o padrão clássico* (in **Estudos em homenagem a Ivette Senise Ferreira**, org. Renato M. J. SILVEIRA e Mariângela G. M. GOMES, São Paulo: Liber Ars, 2015, p. 393-414)

___, *Perspectivas da integração europeia – entre mito e operacionalidade?* (Revista FDUSP, 2014, vol. 109, p. 25-74)

___, *A proteção internacional dos direitos das minorias: o caso da minoria por orientação sexual e identidade de gênero* (in **Direito à diferença** – vol 1 – Aspectos teóricos e conceituais da proteção às minorias e aos grupos vulneráveis, coord. L. L. JUBILUT, A. G. MELO FRANCO BAHIA e J. L. Q. de MAGALHÃES, São Paulo: Saraiva, 2013, p. 179-188)

___, *Contemporary trends on Opinio Juris and the Material Evidence of International Law* ("Gilberto Amado Memorial Lecture" apresentada à Comissão de direito internacional da ONU, Genebra, julho de 2013 – Zanzibar: The Zanzibar Yearbook of Law, vol. 3, 2013, p. 27-49)

___, *International development law and the right to development in post-modern international law* (in **Droit international et nouvelles approches sur le tiers monde: entre répetition et renouveau / International law and new approaches to the third world: between repetition and renewal**, dir. de E. TOURME-JOUANNET et al., Paris: Société de législation comparée, 2013, p. 261-280)

___, **BRIC – à l'heure d'un nouvel ordre juridique international** (Paris: Pedone, 2011)

___, *Empires, hegemony and cooperation* (in **Pravovie Aspekti Brics – Aspetti giuridici del BRICS – Legal aspects of BRICS**, ed. by T. A. ALEXEEVA & P. CATALANO, São Petersburgo: Univ. Nacional de Pesquisa, 2011, p. 27-48)

___, *Evolução institucional do direito internacional à luz do cinquentenário do conceito de direito de HART (1961)* (in **Edição comemorativa em homenagem aos 70 anos do prof. Celso Lafer**, org. T. S. FERRAZ Jr. e L. O. BAPTISTA, São Paulo: Revista brasileira de filosofia, vol. 236, jan.-jun. 2011, p. 313-329)

___, *Conceito de sistema, contexto internacional e pós-modernidade* (in **Filosofia e teoria geral do direito** – estudos em homenagem a Tércio Sampaio Ferraz Júnior, por seu septuagésimo aniversário, org. João Maurício ADEODATO e Eduardo C. B. BITTAR, São Paulo: Quartier Latin, 2011, p. 999-1024)

___, *Reforma da ONU pós KELSEN* (in **Reforma da ONU**, org. J. MOSCARDO e C. H. CARDIM, Brasília: FUNAG, 2010, p. 143-210)

___, **Fundamentos do direito internacional pós-moderno** (prólogo Hugo CAMINOS, São Paulo: Quartier Latin, 2008)

___, *Desenvolvimento do direito internacional na concepção de Cornelius van BYNKERSHOEK* (Revista da Faculdade de Direito da USP, São Paulo, 2008, vol. 103, p. 563-592)

___, *Proteção internacional das minorias no direito internacional pós-moderno* (in **O direito no século XXI** – homenagem ao prof. Werter FARIA, org. Elizabeth ACCIOLY, Curitiba: Juruá, 2008, p. 541-595)

___, **Tratado de Versalhes na história do direito internacional** (São Paulo: Quartier Latin, 2007)

___, *Sucessão de estado no direito internacional pós-moderno* (São Paulo: Revista da Faculdade de Direito da USP, 2007, vol. 102, p. 1155-1170)

___, **União europeia** – instituições e ordenamento jurídico (São Paulo: LTr, 2002)

___ (org.), **Dimensão internacional do direito: estudos em homenagem a G.E. do Nascimento e Silva** (São Paulo: LTr, 2000)

___, *Pax perpetua – a review of the concept from the perspective of economic integration* (in **Dimensão internacional do direito: estudos em homenagem a G.E. do Nascimento e Silva**, São Paulo: LTr, 2000, p. 69-88)

___ e NASCIMENTO, G. F., *Direitos dos povos indígenas: releitura de Francisco de Vitória enfatizando os quinhentos anos do descobrimento* (São Paulo: Revista da Faculdade de Direito da USP, vol. 95, 2000, p. 121-128)

___, **Comunidade europeia e seu ordenamento jurídico** (São Paulo: LTr, 1994)

___, *Aspectos legais do dinheiro* (in Irineu STRENGER, **Direito moderno em foco**, São Paulo: RT, 1986, p. 126-138)

___, *Presença de Francisco de Vitória* (Revista da Faculdade de Direito da Universidade de São Paulo, vol. LXXX, 1985, p. 355-369)

CASTAÑEDA, Jorge, **México y el orden internacional** (orig. publ. 1954, México: El Colégio de México – Centro de estúdios internacionales, 1981 – online: Biblioteca virtual Miguel de Cervantes – cervantesvirtual.com)

CASTAÑON, C. G. F., **Les problèmes coloniaux et les classiques espagnols du droit des gens** (RCADI, 1954, t. 86, p. 557-700)

CASTELNUOVO, Enrico, **Retrato e sociedade na arte italiana** – Ensaios de história social da arte (sel. de textos e coord. Sérgio MICELI, trad. Franklin de MATTOS, São Paulo: Companhia das Letras, 2006)

CATELLANI, E., **Les maîtres de l'école italienne du droit international au XIXe siècle** (RCADI, 1933, t. 46, p. 704-826)

CAVALIERE, Arlete; VÁSSINA, Elena (org.), **Teatro russo** – literatura e espetáculo (São Paulo: Ateliê, 2011)

CERVANTES Saavedra, Miguel de, **El ingenioso hidalgo Don Quijote de la Mancha** (orig. publ. 1605, introducción y notas de Joaquín CASALDUERO, Madri: Alianza Edtrl. – Série clásicos, 1992)

___, **El ingenioso caballero Don Quijote de la Mancha** (orig. publ. 1615, introducción y notas de Joaquín CASALDUERO, Madri: Alianza Edtrl. – Série clásicos, 1992)

CÉSPEDES DEL CASTILLO, Guillermo, *Le contact et les échanges culturels* (in UNESCO, **Histoire de l'humanité**, vol. V – 1492-1789, orig. publ. **History of humanity** – from the sixteenth to the eighteenth century, 1999, Paris: UNESCO, 2008, p. 115-142)

CHALIAND, Gérard, **Les empires nomades** – de la Mongolie au Danube – Ve siècle av. J.-C. – XVIe siècle (Paris: Perrin – tempus, 2006)

CHALINE, Olivier, **Le règne de Louis XIV** (Paris: Flammarion – Coll. Champs, 2005, impr. 2009, dois tomos)

CHANET, Jean-François; WINDLER, Christian (dir. de), **Les ressources des faibles** – Neutralités, sauvegardes et accommodements en temps de guerre (XVIe-XVIIIe siècle), dir. de Jean-François CHANET e Christian WINDLER, Rennes: Presses univ. de Rennes, 2009)

CHARPENTIER, Jean, *Autodétermination et décolonisation* (in **Le droit des peuples à disposer d'eux-mêmes**: méthodes d'analyse du droit international – Mélanges offerts à Charles CHAUMONT (Paris: Pedone, 1984, p. 117-133)

CHARVIN, Robert, *Le droit international tel qu'il a été enseigné: notes critiques de lecture des traités et manuels (1850-1950)* (in **Le droit des peuples à disposer d'eux-mêmes**, op. cit., 1984, p. 135-159)

CHASTEL, André, **Arte e humanismo em Florença na época de Lourenço, o magnífico** – estudos sobre o Renascimento e o humanismo platônico (orig. publ. **Art et humanisme à Florence au temps de Laurent le magnifique** – études sur la Renaissance et l'humanisme platonicien, 1959, trad. Dorothée de BRUCHARD, São Paulo: Cosac & Naify, 2012)

CHAUMONT, Charles, **Nations Unies et neutralité** (RCADI, 1956, t. 89, p. 1-60)

___, **Cours général de droit international public** (RCADI, 1970, t. 129, p. 333-528)

___, **Le droit des peuples à disposer d'eux-mêmes**: méthodes d'analyse du droit international – Mélanges offerts à Charles CHAUMONT (Paris: Pedone, 1984)

CHAUNU, Pierre, **Histoire de l'Amérique latine** (orig. publ. 1949, Paris: PUF – Que sais-je?, vol. 361, 3e éd., 1964)

CHEMILLIER-GENDREAU, Monique, *Retour sur une question controversée: la notion de 'terra nullius' à l'origine des conquêtes coloniales et ses résonances contemporaines* (in **Liber amicorum Raymond Ranjeva – L'Afrique et le droit international: variations sur l'organisation internationale / Africa and international law: reflections on the international organization**, Paris: Pedone, 2013, p. 461-470)

CHEMNITZ Bogislav Philipp von [sob o pseudônimo Hippolitho a Lapide], **Dissertatio de ratione status in imperio nostro Romano-germanico**, in qua, tum, qualisnam reverà in eo status sit, tum, quae Ratio Status observanda quidem, sed magno cum Patria libertatu detrimento ... (Freistadii, anno 1647, s.n.e.)

CHENG, Anne, **Histoire de la pensée chinoise** (Paris: Vrin, 1997)

CHIAMPI, Irlemar, **Barroco e modernidade** – ensaios sobre literatura latino-americana (São Paulo: Perspectiva / FAPESP, 1998)

___, **O realismo maravilhoso** (São Paulo: Perspectiva, 1980)

CÍCERO, Marcus Tullius, **De officiis** (with an English translation by Walter MILLER, Cambridge, Ma. / London: Harvard Univ. Press – LCL 30 – CICERO XXI, © 1913, reprinted 2005)

CIJ, **South West Africa Cases** (judgment of 18 July 1965, ICJ Reports, 1966, //www.icj-cij.org/docket/files/46/4945.pdf//)

___, **Réparation des dommages subis au service des Nations Unies** – Avis consultatif / **Reparation for injuries suffered in the service of the United Nations** – Advisory opinion (ICJ Reports, 1949, p. 174)

CIORAN, Emile M., **História e utopia** (orig. publ **Histoire et utopie**, 1960, trad. José Thomaz BRUM, Rio de Janeiro: Rocco, 2011)

CLAPMARIUS, Arnoldus, **De arcanis rerum publicarum libri VI** (orig. publ. 1605, com edições posteriores de Johannes Arnoldi Corvinus, 1641, e de Martinus Schoock, 1668 e 1672 – reprint on demand Delhi: True world of books)

CLASTRES, Pierre, **A sociedade contra o estado** – pesquisas de antropologia política (orig. publ. **La société contre l'état** – recherches d'anthropologie politique, 1974, trad. Theo SANTIAGO, Rio de Janeiro: Francisco Alves, 1978, reimpr. 1990)

CLAUSEWITZ, Carl von, **Da guerra** (orig. publ. **Vom Kriege**, 1832, trad. integral de Teresa Barros Pinto BARROSO, prefácio Anatole RAPOPORT, São Paulo: Martins, 1979)

CLÉRO, Jean-Pierre, *Jeremy BENTHAM (1748-1832) et le principe d'utilité* (in **Histoire raisonnée de la philosophie morale et politique** – le bonheur et l'utile, dir. de A. CAILLÉ, M. SENELLART, C. LAZZERI, tome II, 2007, p. 124-132)

COHN, Norman Rufus Colin, **Cosmos, chaos and the world to come** – the ancient roots of apocalyptic faith (orig. publ. 1993, New Haven and London: Yale Univ. Press, reprinted 1994)

COLOMBO, Cristovão, **Diários da descoberta da América** – as quatro viagens e o testamento (trad. Milton PERSSON, intr. Marcos FAERMAN, Porto Alegre: L&PM, 2001)

___, **The four voyages of Columbus** (ed. and translated by Cecil JANE, New York: Dover, 1988)

COMÊNIO [COMENIUS] [Jan Amós KOMENSKY], **Didáctica magna** (orig. publ. 1640, introdução, trad. e notas de Joaquim Ferreira GOMES, Lisboa: Fundação C. Gulbenkian, 2015)

COMTE, Auguste, **Discours sur l'ensemble du positivisme** (1848, présentation par Jean-François MATTÉI, édition, notes et bibliographie par Annie PETIT, Paris: Flammarion, 2008)

CONDILLAC, Étienne BONNOT, abade de, **Traité des systèmes** – où l'on en démêle les inconvénients et les avantages (orig. publ. na Haia: Neaulme, 1749, in **Œuvres philosophiques de CONDILLAC**, texte établi et présenté par Georges LE ROY, Paris: Fayard–Corpus des œuvres de philosophie en langue française, © 1947, impr. 1991)

CONTAMINE, Philippe, **La guerre au Moyen âge** (orig. publ. 1980, Paris: PUF, 6e éd., 2003)

CONTE, Francis, **Les slaves** – aux origines des civilisations d'Europe centrale et orientale (VIe-XIIIe siècles) (orig. publ. 1986, Paris: Albin Michel, 1996)

COOMARASWAMY, Ananda K.; NIVEDITA, Sister, **Myths of the Hindus and Buddhists** (orig. publ. 1913, New York: Norton, 1967)

COPÉRNICO, Nicolau, **As revoluções dos orbes celestes** (orig. publ. **De revolutionibus orbium coelestium**, Nürnberg: Johannes Petrejus, 1543 etc., trad. A. DIAS GOMES e G. DOMINGUES, intr. e notas L. ALBUQUERQUE, Lisboa: Fundação C. Gulbenkian, 2ª ed., 1996)

CORDEMOY, M. de, **Nouveau traité de toute l'architecture** ou l'art de bastir utile aux entrepreneurs et aux ouvriers (Paris: chez Jean-Baptiste Coignard, MDCCXIV, ed. facsimilar, Rungis: Maxtor, 2012)

CORN, Geoffrey S., *Humanity, Principle of* (in **Encyclopedia of International Law**, 2012, vol. V, p. 72-75)

CORSI, Alessandro, **Arbitrati internazionali** – note di critica dottrinale e storica (Pisa: Tipografica Editrice Galileiana, 1893)

CPJI, julgamento do **caso Lótus** em 7 de setembro de 1927 / **affaire du vapeur Lotus / the case of the S. S. Lotus** (série A, n. 10, p. 18 e C 13/2)

CRAVEN, Matthew; FITZMAURICE, Malgosia; VOGIATZI, Maria (edited by), **Time, History and International Law** (Leiden: Martinus Nijhoff, 2011)

CRESSON, André, **Francis Bacon – sa vie, son œuvre** (avec un exposé de sa philosophie, Paris: PUF, 1948)

CRISTOFORO ARMENO, **Peregrinaggio di tre giovani figliuoli del re di Seredippo** – 'dalla persiana nell'italiana lingua trapportato' (orig. publ. Venetia: Michele Tramezzino, 1557, a cura di Renzo BRAGANTINI, Roma: Salerno Editrice, 2000)

CROCE, B., **Teoria e storia della storiografia** (orig. publ. 1912-1913, a cura di Edoardo MASSIMILLA e Teodoro TAGLIAFERRI, con una nota al testo di Fulvio TESSITORE, Napoli: Bibliopolis / Edizione Nazionale delle Opere di B.C. / Filosofia come scienza dello spirito IV, 2007, tomo primo)

___, *La storia come storia dell'universale. Crítica della 'storia universale'* (in **Teoria e storia della storiografia**, op. cit., 2007, tomo primo, p. 43-53)

___, *Recenti controversie intorno all'unità della Storia d'Italia* (orig. publ. **Proceedings of the British Academy**, London, vol. XXII, 1936, republ. no volume **La storia come pensiero e come azione**, 1938, Napoli: Bibliopolis/Edizione Nazionale delle Opere di B.C./Saggi filosofici IX, 2002, p. 325-337)

___, **La filosofia di G. B. Vico** (orig. publ. 1911, Roma-Bari: Laterza, 4° ed., 1980)

CRONIN, Vincent, **Matteo Ricci, le sage venu de l'Occident** (éd. orig. 1957, trad. Jane FILLION, préf. d'Élisabeth Rochat de la VALLÉE, Paris: Albin Michel, 2010)

CROUZET-PAVAN, É., **Renaissances italiennes 1380-1500** (Paris: Albin Michel, 2007)

CRUSOL, Jean, **Les îles à sucre** – de la colonisation à la mondialisation (Bécherel, França: Les Perséides, 2e éd., 2008)

D'AGUESSEAU, **Œuvres** de Mr. le chancelier ... (contenant: **Les Discours** pour l'ouverture des Audiences, **Les Mercuriales, Les Réquisitoires** & autres discours faits en différentes occasions, **Les instructions** sur les études propres à former un magistrat & autres ouvrages sur quelques-uns des objets de ces études, Paris: chez les Libraires Associés, tome premier, 1787)

DAICHES, David (ed. by), **The Penguin Companion to Literature** – vol. I – Britain and the Commonwealth (Londres: Penguin, 1971)

DAKHLI, L. (dir. de), **Le Moyen-Orient** – fin XIXe-XXe (Paris: Seuil, 2016)

DALACHANIS, A., *Confessions et minorités* (in **Le Moyen-Orient** – fin XIXe-XXe, dir. de L. DAKHLI, Paris: Seuil, 2016, p. 73-98)

D'ALEMBERT, Jean, *Éloge de l'abbé de Saint-Pierre* (1775, in **Histoire des membres de l'Académie française** – morts depuis 1700 jusqu'en 1771, par Mr. D'ALEMBERT, Secrétaire perpétuel de l'Académie française, Paris: chez Moutard, Imprimeur-Libraire, MDCCLXXXVII, p. 95-131, ed. facsimilar, Avant-propos de Simone GOYARD-FABRE, Caen: Univ. de Caen – Centre de philosophie politique et juridique – Bibliothèque de philosophie politique et juridique – Textes et documents, 1993)

DALISSSIER, M.; NAGAL, S.; SUGIMURA, Y., **La philosophie japonaise** – le néant, le monde et le corps (Paris: Vrin, 2013)

D'ANGEBERT [pseudônimo de Léonard CHODZKO] comte, **Le Congrès de Vienne et les traités de 1815** (orig. publ. Paris, 1864, 4 vols. – en ligne https://doi.org/10.3917/perri.lentz.2015.02.0487)

DARMSTAEDTER, Friedrich, **Rechtsstaat oder Machtstaat?** Eine Frage nach der Geltung der Weimarer Verfassung (Berlin-Grünewald: Walther Rothschild – Archiv für Rechts- und Wirtschaftsphilosophie, 1932).

DEFOE, Daniel, **Moll Flanders** (orig. publ. 1722, trad. Antonio Alves CURY, São Paulo: Abril cultural, 1971)

DEGAN, Vladimir Djuro, *L'affirmation des principes du droit naturel par la Révolution française* (AFDI, 1989, vol. XXV, p. 99-116)

DELLON, Charles, **A inquisição de Goa** (orig. publ. **L'inquisition de Goa** – la relation de Charles DELLON, 1687, estudo, edição e notas de Charles AMIEL e Anne LIMA, trad. Bruno FEITIER, São Paulo: Phoebus, 2014)

DELMAS-MARTY, Mireille, **Mireille DELMAS-MARTY et les années UMR** (Paris: Société de législation comparée, 2005)

___, *Études juridiques comparatives et internationalisation du droit* (Paris: Collège de France, Résumés 2006-2007, Annuaire 107e. année, p. 537-561)

DELORENZO Neto, A., *Duas concepções do pacifismo: os projetos de KANT e Max SCHELER* (in **Estudos jurídicos em homenagem ao professor Haroldo VALLADÃO**, Rio de Janeiro: Freitas Bastos, 1983, p. 24-33)

DELUMEAU, Jean, **La seconde gloire de Rome** – XVe-XVIIe siècle (Paris: Perrin – histoire, 2013)

___, **A civilização do Renascimento** (orig. publ. **La civilisation de la Renaissance**, 1984, trad. Pedro E. DUARTE, 2020)

DENYS, Catherine; PARESYS, Isabelle, **Les anciens Pays-Bas à l'époque moderne (1404-1815)** (Paris: Ellipses, 2007)

DENZER, Horst, **Moralphilosophie und Naturrecht bei Samuel Pufendorf** (Munique: C. H. Beck, 1972)

___, *Nachwort* (in S. PUFENDORF, **Die Verfassung des deutschen Reiches**, Übersetzung, Anmerkungen und Nachwwort von H. DENZER, Stuttgart: Reclam Verlag – Universal Bibliothek, vol. 966[3]. 1985, p. 161-207)

DERMENGHEN, Émile, **Thomas Morus et les utopistes de la Renaissance** (Paris: Plon, 8e éd., 1927)

DERRIENNIC, Jean-Pierre, *Droit de sécession et droit à la citoyenneté: réflexions à partir d'une note de KANT dans le* ***Projet de paix perpétuelle*** (in **Entre Kant et Kosovo** – études offertes à Pierre HASSNER, dir. de Anne-Marie LE GLOANNEC et Aleksander SMOLAR, Paris: Presses de Sciences Po, 2003, p. 459-476)

DESCARTES, René, **Les principes de la philosophie** (orig. publ. **Principia philosophiae**, Amsterdam: Elzevier, 1644, in **Œuvres et lettres**, présentés par A. BRIDOUX, Paris: Gallimard-Pléiade, 1952, p. 549-690)

___, **Discurso do método – Meditações – Objeções e respostas – As paixões da alma – Cartas** (São Paulo: Abril cultural – os Pensadores, vol. XV, 1973)

___, **Œuvres et lettres** (textes présentés para André BRIDOUX, Paris: Gallimard – Pléiade, 1952)

___, **Œuvres** (ed. de referência, par Ch. ADAM et P. TANNERY, Paris: CNRS – Vrin, rééd. 1964-1974, 11 vols.)

DESTUTT DE TRACY, Antoine Louis Claude, *Dissertations sur quelques questions d'idéologie* (1799, no volume **Mémoire sur la faculté de penser / De la métaphysique de KANT** et autres textes, textes réunis et revus par Anne et Henry DENEYS, Paris: Fayard – Corpus des œuvres de philosophie en langue française, 1992, p. 181-201)

DIBON, Paul, **La philosophie néerlandaise au siècle d'or** (Paris/Amsterdam: Elsevier, 1954)

DIDEROT, Denis, **Plan d'une université pour le gouvernement de Russie** – ou d'une éducation publique dans toutes les sciences (écrit de 1775; publié partiellement en 1813-1814; complété d'après le manuscrit de l'Ermitage, in **Œuvres complètes de D. DIDEROT**, notes – notices – table analytique – étude sur DIDEROT et le mouvement philosophique au XVIIIe siècle par J. ASSÉZAT, Paris: Garnier, 1875, Philosophie – tome III, p. 409-534)

DIDEROT, Denis; D'ALEMBERT, Jean Le Rond (dir. de), **Encyclopédie** ou **Dictionnaire raisonné des sciences, des arts et des métiers** (textes choisis et présentés par Alain PONS, Paris: Flammarion, © 1986, impr. 2010, 2 vols.)

___, **Verbetes políticos da Enciclopédia** (trad. de Maria das Graças de SOUZA, São Paulo: Discurso editorial/ UNESP, 2006)

DIEZ DE VELASCO Vallejo, Manuel, **Las organizaciones internacionales** (Madri: Tecnos, 9ª ed., 1995)

DINES, Alberto, **Vínculos do fogo** I – Antonio José da SILVA, o judeu, e outras histórias da Inquisição em Portugal e no Brasil (São Paulo: Companhia das letras, 1992)

DINOUART, Joseph Antoine Toussaint, Abbé, **L'art de se taire** – surtout en matière de religion (orig. publ. 1771, Paris: Payot, 2011)

___, ___ (apresentação de Jean-Jacques COURTINE e Claudette HAROCHE, Grenoble: Jerôme Millon, 1996)

DIRLMEISTER, Ulf; GESTRICH, Andreas; HERRMANN, Ulrich; HINRICHS, Ernst; JARAUSCH, Konrad H.; KLESSMANN, Christoph; REULECKE, Jürgen, **História alemã** – do século VI aos nossos dias (orig. publ. **Deutsche Geschichte**, 1995 e 2013, trad. Marian TOLDY e Teresa TOLDY, Lisboa: Ed. 70, 2020)

DIXON, Simon, **Catherine the Great** (1st publ. Profile Books, Great Britain © 2009, New York: Harper Collins, 1st U.S. ed., 2009)

DJURIC, Ivan, **Le crépuscule de Byzance** (Paris: Maisonneuve et Larose, 1996)

DOLLOT, R., **Essai sur la neutralité permanente** (RCADI, 1939, t. 67, p. 1-120)

DONNERT, Erich, **La Russie au siècle des Lumières** (orig. publ., 1983, trad. de l'allemand par Sophie ALLOYER, Leipzig: Ed. Leipzig, 1986)

DOSSE, François, **L'histoire en miettes** (orig. publ. 1987, Paris: La Découverte, Préface inédite de l'auteur, 2010)

DROYSEN, Johann Gustav, **Histoire de l'Héllenisme** (orig. publ. **Geschichte Alexanders des Grossen von Macedonien**, Berlin: G. Fincke, 1833; **Geschichte der Nachfolger Alexanders**, Hamburgo: F. A. Perthes, 1836; **Geschichte der Bildung des hellenistischen Staatensystems**, Hamburgo: F. A. Perthes, 1843, version intégrale, trad. sous la dir. de A. BOUCHÉ-LECLERC, préface, note sur la traduction et bibliographie P. PAYEN, Grenoble: Éd. Jerôme Millon, 2005, 2 vols.)

DROZ, Jacques, **Histoire diplomatique de 1648 à 1919** (Paris: Dalloz, 3ª ed., 1972)

___, *Compte-rendu* – **La Sainte-Alliance** de J.-H. PIRENNE (in Revue historique, Paris: PUF, t. 208, fasc. 1 (1952), p. 105-107 – https://www.jstor.org/stable/40948121)

DUCAMP, Emmanuel (dir. de), **Tsarskoie Selo** – De Catherine II à Nicolas II: trois siècles de splendeur impériale (photographies de Marc WALTER, Paris: Swan éd., 2010, exemplar no. 0899)

DUCELIER, Alain, **Les byzantins** – Histoire et culture (Paris: Seuil, 1988)

DUCHEIN, Michel, **Histoire de l'Écosse** (Paris: Tallandier, orig. publ. 1998, nova edição atualizada, 2013)

DUCLERT, Vincent, **La république imaginée 1870-1914** (ouvrage dir. par Henry ROUSSO, in **Histoire de France**, dir. de Joël CORNETTE, orig. publ. 2010, Paris: Gallimard – histoire, 2021)

DUGGAN, Christopher, **A concise History of Italy** (Cambridge: Univ. Press, 1st publ., 1994, 14th printing, 2012)

DULONG, Claude, *Mazarin et le gouvernement de la France* (in **L'Europe des traités de Westphalie**, Paris: PUF, 2000, p. 181-187)

DUMÉZIL, Georges, **La religion romaine archaïque** ("avec un appendice sur la religion des Étrusques", orig. publ. 1974, Paris: Payot, 2e éd., revue et corrigée, 2008)

DUMONT, Jean, **Corps universel diplomatique du droit des gens** (Amsterdã/Haia, 1726-1731, 8 vols.)

___, **Supplément au Corps diplomatique du droit des gens** (continuado por Jean BARBEYRAC e Jean Rousset DE MISSY (Amsterdã/Haia, 1739, 5 vols.)

DUMONT DE CARLSCROON, Jean, **Mémoires politiques pour servir à la parfaite intelligence de la paix de Ryswick** par Franc DU MONT (La Haye: chez François L'Honoré, 1699)

DUNBAR, Robin, **How religion evolved and why it endures** (orig. publ. 2022, Londres: Pelican Books – Penguin – Random House, 2023)

DUPUY, Pierre-Marie, **L'unité de l'ordre juridique international** – cours général de droit international public (RCADI, 2002, t. 297, p. 9-489)

DUPUY, René-Jean, *La révolution française et le droit international actuel* (RCADI, 1989, t. 214, p. 9-30)

___ (coord.), **The future of international law in a multicultural world / L'avenir du droit international dans un monde multiculturel** (Haia: Académie de Droit International, colloque 1983, publ. 1984)

DURKHEIM, Émile, **Le fait religieux** (préf. de Vincent GENIN, Paris: Payot – Rivages, 2022)

EINNECIUS, Johann Gottlieb, **Elementi del diritto di natura e delle genti** (orig. publ. **Elementa juris naturae et gentium**, Halle, 1737-1738, versione italiana e correzione del sacerdote Andrea Cantore AMATO, Napoli: dalla tipografia di Domenico Sangiacomo, ed. seconda, "riveduta e ricorretta dal Vertitore", 1828)

EISSLER, K. R., **Goethe – eine psychoanalytische Studie** 1775-1786 (Munique: D.T.V., © 1983, nova ed., 1987, dois tomos)

ELLIOTT, John H., **The Count-Duke of Olivares** – the Statesman in an age of decline (New Haven and London: Yale Univ. Press, 1986)

ERALY, Abraham, **The Mughal throne**: the Saga of India's great emperors (orig. publ. 1997 e 2000, Londres: Phoenix, 2004)

ERPELDING, Michel, **Le droit international antiesclavagiste des 'nations civilisées'** (1815-1945) (Paris: Institut universitaire Varenne, 2017)

ESPINOZA, B. de [SPINOZA], **Éthique démontrée selon la méthode géométrique** (notice, trad., prés. et annotée par R. CAILLOIS, in **Œuvres complètes**, Paris: Gallimard-Pléiade, © 1954, impr. 1992, p. 301/596)

___, **Traité des autorités théologique et politique** (orig. publ. **Tractatus theologico--politicus**, 1670, notice par Madeleine FRANCÈS e Raymond MISRAHI, in **Œuvres complètes**, Paris: Gallimard-Pléiade, © 1954, impr. 1992, p. 597/908)

___, **Traité de l'autorité politique** (notices par Madeleine FRANCÈS, in **Œuvres complètes**, Paris: Gallimard-Pléiade, © 1954, impr. 1992, p. 909/1044)

EVANS, Malcolm (ed. by), **International law** (Oxford: Univ. Press, third ed., 2010)

FAIDUTTI, Bernard, **Copernic, Kepler, Galilée face aux pouvoirs** – Les scientifiques et la politique (Paris: L'Harmattan, 2010)

FASSBENDER, Bardo, *Westphalia, peace of (1648)* (in **Encyclopedia of International Law**, 2012, vol. X, p. 865-869)

FASSBENDER, B.; PETERS, Anne (ed. by), **The Oxford Handbook of the History of International Law** (Assistant editors Simone PETER, Daniel HÖGGER, Oxford: Univ. Press, 2012)

FAURÉ, Christine (textes réunis et présentés par), **Les déclarations des droits de l'homme de 1789** (Paris: Payot, 1988)

FAUSTO, Boris, **História concisa do Brasil** (São Paulo: Edusp – Imprensa oficial do estado, 2001)

FAVIER, Jean, **Le temps des principautés** – de l'an mil à 1515 (in **Histoire de France**, dir. de Jean FAVIER, tome II, Paris: Fayard, 1984, impr. 2002)

FEBVRE, Lucien, **Philippe II et la Franche-Comté** – Étude d'histoire politique, religieuse et sociale (orig. publ. 1912, préface Fernand BRAUDEL, Paris: Flammarion – champs, 1970)

FEJTÖ, François, **Requiem pour un Empire défunt**: Histoire de la destruction de l'Autriche-Hongrie (Paris: Lieu commun, 1988)

FENWICK, Charles G., **The progress of international law during the past forty years** (RCADI, 1951, t. 79, p. 1-72)

FERGUSON, Wallace K., **La Renaissance dans la pensée historique** (orig. publ. **The Renaissance in historical thought**, 1950, trad. Jacques MARTY, préf. Élisabeth CROUZET-PAVAN, Paris: Payot, 2009)

FERNANDEZ, Dominique, **La course à l'abîme** (Paris: Grasset, 2002)

FERRARI, Jean; GOYARD-FABRE, S. (dir. de), **L'année 1796 – sur la paix perpétuelle** – de LEIBNIZ aux héritiers de KANT (Paris: Vrin, 1998)

FERRAZ Jr., Tércio Sampaio, **Conceito de sistema no direito**: uma investigação histórica a partir da obra jusfilosófica de Emil LASKI (São Paulo: RT / Edusp, 1976)

___, **Estudos de filosofia do direito** (São Paulo: Atlas, 2002)

FERRER, Aldo, **Historia de la globalización** – Orígenes del orden económico mundial (Buenos Aires: FCE de Argentina, 1996)

___, **Historia de la globalización II** – La Revolución industrial y el segundo orden mundial (Buenos Aires: FCE de Argentina, 1999)

FERRERO, G., **Reconstruction – Talleyrand à Vienne 1814-1815** (Paris: Plon, 1940)

___, **The reconstruction of Europe** – Talleyrand and the Congress of Vienna 1814-1815 (transl. by Theodore R. JAECKEL, New York: G. P. Putnam's Sons, 1941 – reprint Read Books, 2008)

FICHTE, Johann Gottlieb, **Die Bestimmung des Menschen** (1800, hrsg. und mit einem Nachwort versehen von Theodor BALLAUFF und Ignaz KLEIN, Stuttgart: Philippe Reclam, Univ. Bibliothek – Nr. 1201, ed. 1962, bibliographisch ergänzte Ausgabe 1981, impressão 2003)

___, **Beitrag zur Berichtigung der Urteile des Publikums über die französische Revolution** (orig. publ. 1793, beigefügt die Rezension von Friedrich von GENTZ, 1794, hrsg. von Richard SCHOTTKY, Hamburgo: Felix Meiner, 1973)

___, **Reden an die deutsche Nation** (orig. publ. 1808, mit einer Einletung hrsg. von Alexander AICHELE, Hamburgo: Felix Meiner, 2008)

FINSTER, Reinhard; HEUVEL, Gerd van den, **Gottfried Wilhelm LEIBNIZ** (orig. publ. 1990, Hamburgo: Rowohlt, 6ª ed., 2010)

FISCHER, Fritz, **Griff nach der Weltmacht** – Die Kriegszielpolitik des kaiserlichen Deutschland (orig. publ. 1960, "mit einem Begleitwort des Verfassers von 1977" , Düsseldorf: Droste Verlag, 2009)

FLANNERY, Kent; MARKUS, Joyce, **The creation of inequality** – How our prehistoric ancestors set the stage for monarchy, slavery and empire (Cambridge, Ma.: Harvard Univ. Press, 2012)

FLORENZANO, Modesto, **Lições de história moderna** – séculos XV a XX (São Paulo: Intermeios, 2021)

___, *Sobre a formação do estado moderno no Ocidente* (orig. publ. 2007, in **Lições de história moderna**, São Paulo: Intermeios, 2021, p. 47-67)

FLUSIN, Bernard, **La civilisation byzantine** (Paris: PUF, 2006)

FOBLETS, M.-C.; YASSARI, N. (ed. by), **Approches juridiques de la diversité culturelle / Legal approaches to cultural diversity** (Leiden: M. Nijhoff, 2013)

FOERSTER, Rolf H. (hrsg. von), **Die Idee Europa 1300-1946** – Quellen zur Geschichte der politischen Einigung (Munique: DTV, 1963)

FONDATION SINGER-POLIGNAC e SOCIÉTÉ D'HISTOIRE DIPLOMATIQUE, **La Russie et l'Europe** (Colloque organisé par la S.H.D., tenu le 9 mai 2009, Paris: Société d'histoire diplomatique, 2009)

FORD, Boris (ed. by), **The Pelican Guide to English Literature** – vol. 4 – From DRYDEN to JOHNSON (London: Pelican, s/d)

FORKEL, J. N., **Sobre vida, arte y obras de J. S. BACH** (orig. publ. 1802, in **BACH – Pequeña antologia biográfica**, org. Ernesto EPSTEIN, trad. de los documentos originales de Emiliano AGUIRRE, Buenos Aires: Ricordi Americana, 1950)

FORONDA, François (dir. de), **Avant le contrat social** – le contrat politique dans l'Occident médiéval XIIIe-XVe siècle, dir. de F. FORONDA, Paris: Publications de la Sorbonne, 2011)

___, *Du contrat ou de la structure proprement politique des sociétés politiques* (in **Avant le contrat social**, dir. de F. FORONDA, Paris: Publ. de la Sorbonne, 2011, p. 5-13)

FOUGERET DE MONBRON, Louis-Charles, **Le Cosmopolite ou le citoyen du monde** (1750, préface de Cécile GUILBERT, Paris: Rivages, 2014)

FRAGOSO, João; GOUVEA, Maria de Fátima (orgs.), **O Brasil colonial vol. I – 1443-1580** (Rio de Janeiro: Civilização brasileira, 2014)

___ (orgs.), **O Brasil colonial vol. II – 1580-1720** (Rio de Janeiro: Civilização brasileira, 2014)

___ (orgs.), **O Brasil colonial vol. III – 1720-1821** (Rio de Janeiro: Civilização brasileira, 2014)

FRANCK, Adolphe, **Réformateurs et publicistes de l'Europe – XVIIe siècle** (orig. publ. Paris: Calmann Lévy, 1881 – republ. Paris: Hachette Livre – BnF, 2020)

___, **Réformateurs et publicistes de l'Europe – XVIIIe siècle** (Paris: Calmann-Lévy, 1893 – online: gallica.bnf.fr).

FRANCONE, Marcello (art director), **Impérial Saint-Pétersbourg** – de Pierre le Grand à Catherine II (Monaco: Grimaldi Forum – Skira, 2004)

FRASER, Antonia, **A conspiração da pólvora** – terror e fé na Revolução inglesa (orig. publ. 1996, **The gunpowder plot** – Terror and faith in 1605, trad. Alda PORTO, Rio de Janeiro: Record, 2000

FRASER, Valerie, **The architecture of conquest** – Building in the Viceroyalty of Peru, 1535-1635 (Cambridge: Univ. Press – Cambridge Iberian and Latin American Studies, 1990)

FREDERICO II da Prússia [FRIEDRICH des GROSSEN], **Ausgewählte Werke** in deutsche Übersetzung – Erster Band – **Historische und militärische Schriften – Briefe** (hrsg. Gustav Berthold BOLZ, Berlin: Reimar Hobbing, Neue Ausgabe 61.-65. Tausend der Gesamtausgabe, s/d)

___, ___ – Zweiter Band – **Politische und philosophische Schriften – Gedichte** (hrsg. Gustav Berthold BOLZ, Berlin: Reimar Hobbing, Neue Ausgabe 61.-65. Tausend der Gesamtausgabe, s/d)

___, **Œuvres philosophiques** (texte revu par Jean-Robert ARMOGATHE et Dominique BOUREL, Paris: Fayard – Corpus des œuvres de philosophie en langue française, 1985)

___, **L'antimachiavel** – ou examen du Prince de Machiavel (1740, orig. publ. Haia: Van Duren, 1741, ed. crítica de Ch. FLEISCHAUER, Genebra, 1958; seguido de **Réfutation du prince de Machiavel**, 1848; ed. rev. por J.-R. ARMOGATHE e D. BOUREL, in FRÉDÉRIC II, **Œuvres philosophiques**, 1740-1780, Paris: Fayard – Corpus des œuvres de philosophie en langue française, 1985)

FREIRE, José J. Berto, **Medicina legal**: fundamentos filosóficos (São Paulo: Pillares, 2010)

FREUD, S., **O mal estar na civilização** (orig. publ. **Das Unbehagen in der Kultur**, 1930, ed. standard bras. das obras psicológicas completas de S. F. – comentários e notas de J. STRACHEY, com Anna FREUD et al., trad. do alemão e do inglês, dir. geral J. SALOMÃO, trad. J. O. de A. ABREU, rev. técnica de W. I. da SILVEIRA, Rio de Janeiro: Imago, 1969, ed. 1974, vol. XXI (1927-1931), p. 73-171)

FRIEDELL, Egon, **Kulturgeschichte der Neuzeit** (orig. publ. 1927-1931, Munique: Beck, "Um ein Nachwort ergänzte Sonderausgabe", 2007)

FRIEDENTHAL, Richard, **Goethe** – sein Leben und seine Zeit (Munique: Piper, orig. publ. 1963, 9a. ed., 1982)

FROUVILLE, Olivier de; CHAUMETTE, Anne-Laure (avec la participation de) **Droit international pénal** – Sources, incriminations, responsabilité (Paris: Pedone, 2012)

FUMAROLI, Marc, **Dans ma bibliothèque** – la guerre et la paix (préface de Pierre LAURENS, Paris: Gallimard – tel, 2023)

___, **La diplomatie de l'esprit** – de Montaigne à La Fontaine (Paris: Gallimard, © 1998, impr. 2001)

GAJA, Giorgio, **The protection of general interests in the international community** – general course on public international law (2011, publ. RCADI, 2012, t. 364)

GALAHAD, **Byzance** (trad. Jacques CHIFELLE-ASTIER, Paris: Payot, 1937)

GALASSO, Giuseppe, **Dalla 'libertà d'Italia' alle 'preponderanze straniere'** (Napoli: Editoriale Scientifica – Pubblcazioni dell'Istituto Suor Angela Benincasa, 1997)

GALILEU Galilei, **Diálogo sobre os dois máximos sistemas do mundo ptolomaico e copernicano** (1632, **Dialogo sopra i due massimi sistemi del mondo tolemaico e copernicano**, trad., intr. e notas de Paulo Rubén MARICONDA, São Paulo: Ed. 34 / Associação filosófica Scientia studia, 2013)

___, **Discorsi e dimostrazioni matematiche intorno a due nuove scienze** (Leida: appresso gli Elsevirii, 1638 – online https://books.google.com/books)

___, **O ensaiador** onde com perfeito e justo equilíbrio raciocina-se sobre as coisas contidas na 'Balança astronômica e filosófica' de Lotário Sarsi SIGENSANO, escrita em forma de carta ao ilustríssimo reverendíssimo monsenhor D. Virginio CESARINI, acadêmico linceu, mestre de sala de N. S. pelo senhor Galileu Galilei, acadêmico linceu, nobre florentino, filósofo e matemático principal do Sereníssimo Grão-Duque da Toscana (orig. publ. **Il Saggiatore**, 1623, trad. e notas de Helda BARRACO, São Paulo: Abril cult., 1973, col. Os pensadores, vol. XII, p. 99-238)

___, **L'Essayeur de Galilée** (1623, trad. francesa de Christine CHAUVIRÉ, Paris: Les Belles Lettres, 1980)

GALLO, Max, **'Moi, j'écris pour agir' – vie de Voltaire** (Paris: Fayard, © 2008, 2e ed., 2011)

GARCIA, Basileu, **Instituições de direito penal** (São Paulo: Max Limonad, s/d, 2 vols.)

GARCÍA FITZ, F., **La edad média** – guerra e ideología, justificaciones religiosas y jurídicas (Madri: Sílex, 2003)

GARDOT, A., **Le droit de la guerre dans l'œuvre des capitaines français du XVIe siècle** (RCADI, 1948, t. 72, p. 393-540)

___, **Jean Bodin: sa place parmi les fondateurs du droit international** (RCADI, 1934, t. 50, p. 545-748)

GARIN, Eugenio (dir. de), **O homem renascentista** (orig. publ. **L'uomo del Rinascimento**, 1988, trad. Maria J. V. de FIGUEIREDO, Lisboa: Presença, 1991)

GÄRTNER, Carl Wilhelm, **Westphällische Friedenscanzley**, darinnen die von a. 1643 bis 1648 bey denen Münster- und Osnabruggischen Friedenstractate geführte geheime Correspondenzen, ertheilte Instructiones, erstattete *Relationes* und besondere Nachrichten enthalten, nebst einer vollständigen Historie des Westphälischen Friedens (em 9 volumes, Leipzig, 1731-1737)

GAURIER, **Histoire du droit international**: auteurs, doctrines et développement de l'Antiquité à l'aube de la période contemporaine (Rennes: Presses univ. de Rennes, 2005)

___, **Histoire du droit international** – de l'Antiquité à la création de l'ONU (Rennes: Presses univ. de Rennes, 2014)

___, *Cosmopolis and utopia* (in FASSBENDER e PETERS, **The Oxford Handbook of the History of International Law**, cit., 2012, p. 250-271)

GAUTIER, Pierre, *Philosophie des lumières et privation de liberté – le cas de MONTESQUIEU* (in **Enferment et sécurité pénale**, Paris: Dalloz – col. **Essais de philosophie pénale et de criminologie**, vol. 6, 2007, p. 39-53)

GAXOTTE, Pierre, **Le siècle de Louis XV** (orig. publ. 1974, Paris: Tallandier – texto, 2013)

GAY, Peter, **O estilo na História** – GIBBON, RANKE, MACAULAY, BURCKHARDT (orig. publ. **Style in History**, 1974, trad. Denise BOTTMANN, São Paulo: Companhia das Letras, 1990)

___, **The Enlightenment** – an interpretation – The rise of modern paganism (orig. publ. 1966, New York & London: Norton, 1977)

___, **The Enlightenment** – an interpretation – The science of freedom (orig. publ. 1969, New York & London: Norton, 1977)

GEBAUER, G. Chr., **Progr. de regio apud Germanos nomine** (Goettingen, 1753)

GENTILI, Alberico, **Direito de guerra** (orig. publ. **De Iure belli libri tres**, 1598, trad. Ciro MIORANZA, introdução Diego PANIZZA, Ijuí: ed. Unijuí, 2004)

___, **De legationibus libri tres** (Londres: Vautrollerius, 1585)

GENTZ, Friedrich, **Dépêches inédites du chevalier de Gentz aux Hospodars de Valachie** – pour servir à l'histoire de la politique européenne (1813-1826) publiées par le comte PROKESCH-OSTEN Fils (orig. publ. 1876-1877, 3 vols., reimpr. Paris: Hachette--livre – BnF, 2013)

GERT, Bernard, **Hobbes** (Cambridge, UK: Polity, 2010)

GILLINGAM, John; GRIFFITHS, Ralph A., **Medieval Britain** (orig. publ. 1984, Oxford: Univ. Press – A very short introduction, 2000)

GIROLIMON, Michael T., *Hugh of St. Victor's De Sacramentis Christianae fidei: The Sacraments of Salvation* (Journal of Religious History, vol. 18, No. 2, December 1994 – online https://doi.org/10.1111/j.1467-9809.1994.tb00231.x)

GIRY-DELOISON, Charles, *Westphalie 1648: L'Angleterre en marge de l'Europe* (in **L'Europe des traités de Westphalie**, dir. de L. BÉLY, Paris: PUF, 2000, p. 401-410)

GIULIANO, Mario, *La 'Respublica Christiana' medioevale e le pretese origini della società e del diritto internazionale* (in **Multitudo legum, ius unum**: Mélanges en l'honneur de / Essays in honour of / Festschrift für Wilhelm Wengler zu seinem 65. Geburtstag, hrsg. von Josef TITEL et al., Berlin: Interrecht, 1973, Band I – Allgemeine Rechtslehre und Völkerrecht, p. 155-163)

GIVE, Bernard de, **Les rapports de l'Inde et de l'Occident**: des origines au règne d'Asoka (Paris: Les Indes Savantes, 2005)

GLAFEY, Adam Friedrich von, **Völkerrecht, worinn die Handlungen freyer Völker gegen einander zu Kriegs- und Friedenszeiten nach dem Rechte der Vernunft betrachtet, und aus denen neueren Geschichten mit denen darüber vorgefallenen Streitigkeiten erläutert werden** (Nürnberg, Frankfurt und Leipzig, 1752)

GODWIN, Joscelyn, **The Pagan Dream of the Renaissance** (Londres: Thames & Hudson, 2002)

GOETHE, Johann Wolfgang von, **Werke – Hamburger Ausgabe** (Munique: D.T.V., © 1981, nova ed., 1982, 14 volumes)

___, **Die Leiden des jungen Werther** (Textkritisch durchgesehen von Erich TRUNZ, kommentiert von Erich TRUNZ und Benno von WIESE, in J. W. von GOETHE **Werke – Hamburger Ausgabe**, Munique: D.T.V., 1982, vol. 6, p. 7-124)

___, **Faust I und II – Urfaust** (Textkritisch durchgesehen und kommentiert von Erich TRUNZ, in J. W. GOETHE, **Werke – Hamburger Ausgabe**, Munique: D.T.V., 1982, vol. 3, 692 p.)

___, **Fausto** (texto integral, trad. Agostinho D'ORNELLAS (1867, São Paulo: Martin Claret, 2003)

___, **Wilhelm Meisters Lehrjahre** (Textkritisch durchgesehen und kommentiert von Erich TRUNZ, in J. W. GOETHE, **Werke – Hamburger Ausgabe**, Munique: D.T.V., 1982, vol. 7, 828 p.)

___, **Wilhelm Meisters Wanderjahre** (Textkritisch durchgesehen und kommentiert von Erich TRUNZ, in J. W. GOETHE, **Werke – Hamburger Ausgabe**, Munique: D.T.V., 1982, vol. 8, 704 p.).

___, **Aus meinem Leben – Dichtung und Wahrheit** (Buch 1-13, Textkritisch durchgesehen von Lieselotte BLUMENTHAL, kommentiert von Erich TRUNZ, in J. W. GOETHE, **Werke – Hamburger Ausgabe**, Munique: D.T.V., 1982, vol. 9, *Autobiographische Schriften I*, 876 p.)

___, **Aus meinem Leben – Dichtung und Wahrheit** (Buch 14-20, Textkritisch durchgesehen von Lieselotte BLUMENTHAL und Waltraud LOOS, kommentiert von Waltraud LOOS und Erich TRUNZ, in J. W. GOETHE, **Werke – Hamburger Ausgabe**, Munique: D.T.V., 1982, vol. 10, *Autobiographische Schriften II*, tb. **Campagne in Frankreich**, 1792, p. 188-362, e *Autobiographische Einzelheiten*, p. 529-547)

___, **Italienische Reise** (Textkritisch durchgesehen von Erich TRUNZ, kommentiert von Herbert von EINEM, in J. W. GOETHE, **Werke – Hamburger Ausgabe**, Munique: D.T.V., 1982, vol. 11, 748 p.)

___, **Viaggio in Italia** (tradotto e illustrato da Eugenio ZANIBONI, Firenze: Sansoni, 1948, 3 vols.)

GONZAGA, João Bernardino, **A inquisição em seu mundo** (São Paulo: Saraiva, 2ª ed., 1993)

GOYARD-FABRE, Simone, **Les embarras philosophiques du droit naturel** (Paris: Vrin, 2002)

___, **La construction de la paix** – ou le travail de Sisyphe (Paris: Vrin, 1994)

___, **Pufendorf et le droit naturel** (Paris: PUF, 1994)

___, *Les silences de HOBBES et de ROUSSEAU devant le droit international* (in **Le droit international** Archives de philosophie du droit, vol 32, Paris: Sirey, 1987, p. 59-69)

GOYAU, G., **L'église catholique et le droit des gens** (RCADI, 1925, t. 6, p. 123-240)

GRABAR, André, **L'iconoclasme byzantin** – le dossier archéologique (orig. publ. 1984, Paris: Flammarion – champs – arts, 2011)

GRANET, Marcel, **La civilisation chinoise**: la vie publique et la vie privée (orig. publ. 1929, Paris: Albin Michel, 1968)

GRANT, Michael, **Gli imperatori romani** (orig. publ. 1983, Roma: Newton, 1994)

GRECO, Gaetano; ROSA, Mario (a cura di), **Storia degli antichi stati italiani** (Roma-Bari: Laterza, 1996)

GREGOROVIUS, Ferdinand, **Storia della città di Roma nel Medioevo** (orig. publ. **Geschichte der Stadt Rom im Mittelalter** – von V. bis XVI. Jahrhundert, 1859-1873, intr. Waldemar KAMPF, trad. Andrea CASALEGNO, Torino: Einaudi, (c) 1973, ristampa, 2011, 3 vols.)

GREWE, Wilhelm, **Epochen der Völkerrechtsgeschichte** (Baden-Baden: Nomos, 1984)

GRIGULÉVICH, J. (redac. general), **Mexico** – historia, cultura, desarrollo contemporaneo (Moscou: Academia de ciencias de la URSS – Col. America Latina: estudios de científicos soviéticos, vols. 9 e 10, 1981)

GRÓCIO, Hugo, **Mare liberum** (original Latin text, 1609, and modern English translation, ed. and annotated by R. FEENSTRA, Introduction J. VERVLIET, Leiden/Boston: Brill, 2009)

___, **Mare liberum / De la liberté des mers** (1609, ed. facsimilar da tradução de Antoine de COURTIN, 1703, "Dissertation d'Hughes GROTIUS pour la liberté des mers, au soutien du droit qu'ont les Hollandais de participer au commerce de l'Inde", Caen: Publications de l'Univ. de Caen, 1990)

___, **De Mari Libero** et P. MERULA, **De Maribvs** (Lvgd. Batavorvm: Ex Officina Elzeviriana, 1633)

___, **Traité du pouvoir du magistrat politique sur les choses sacrées** (orig. publ. **De imperio summarum potestatum circa sacra**, facsimilar da edição publicada anonimamente em Paris, em 1751, com menção a Londres, trad. de Charles Armand L'Escalopier de NOURAR, présentation de Vincent GUILLAUME, Caen: Publications de l'Univ. de Caen, 1991)

GROSS, Leo, *The peace of Westphalia* (American Journal of International Law, 1948, vol. 42, p. 20-41)

GROTTE, Rainer, *Westphalian system* (in **Encyclopedia of International Law**, 2012, vol. X, p. 870-874)

GROUSSET, René, **L'empire des steppes** – Attila, Gengis-Khan, Tamerlan (orig. publ. 1965, Paris: Payot, 2009)

GRUEL, Louis, **Pardons et châtiments** (Paris: Nathan, 1991)

GRUNDLING, Jac. Paul von, **Bestand des russischen Kaisertitels** (Riga, 1724)

GRUNER, Wolf D., **Der deutsche Bund** 1815-1866 (Munique: Beck, 2012)

GRUZINSKI, Serge, **Las cuatro partes del mundo** – Historia de una mundialización (México: FCE, 2010)

GUANI, A., **La solidarité internationale dans l'Amérique latine** (RCADI, 1925, t. 8, p. 203-340)

GUICCIARDINI Francesco, **Storia d'Italia** (orig. publ. Firenze: Lorenzo Torrentino, 1561, ed. a cura di Silvana Seidl MENCHI, saggio introduttivo di Felix GILBERT, Turim: Einaudi, ed. 1971, ristampa 2008, 3 vols.)

___, **Ricordi** (1512-1530, ed. a cura di Vincenzo De CAPRIO, Roma: Salerno Editrice, 1990)

GULIÁEV, Valeri, *Antiguas civilizaciones de Mexico* (in **Mexico** – historia, cultura, desarrollo contemporaneo, redac. general J. GRIGULÉVICH, Moscou: Academia de ciencias de la URSS – America Latina: estudios de científicos soviéticos, vols. 9 e 10, 1981, tomo 9, p. 30-53)

GURVITCH, Georges, *La philosophie du droit de Hugo Grotius et la théorie moderne du droit international* – à l'occasion du tricentenaire du **De jure belli ac pacis**, 1625-11925 (Revue de Métaphysique et de Morale, t. 34, no. 3, juil.-sept. 1927, p. 366-391, publ. Paris: PUF – online https://www.jstor.org/stable/40896476)

GUSMÃO, Paulo D. de, **Filosofia atual da história** (Rio de Janeiro: Forense, 1967)

HAAK, Bob, **The Golden Age** – Dutch Painters of the Seventeenth Century (translated from the Dutch and edited by Elizabeth WILLEMS-TREEMAN, Londres: Thames & Hudson, 1984)

HAAKONSEN, Knud, *Samuel PUFENDORF 1632-1694* (in **The Oxford Handbook of the History of International Law**, ed. by B. FASSBENDER e A. PETERS, Oxford: Univ. Press, 2012, cap. 49, p. 1102-1105)

___, *Natural Law* (in J. SKORUPSKI, ed., **Routledge Companion to Ethics**, London: Routledge, 2010, p. 76-87)

___, *Natural law and Personhood: Samuel Pufendorf on Social Explanation* (in **Max Weber Lecture Series**, No. 2010/06, at http://cadmus.eui.eu/handle/1814/14934)

___, **Natural law and moral philosophy** – From Grotius to the Scottish Enlightenment (Cambridge: Univ. Press, 1996)

HABERMAS, Jürgen, **Ach, Europa** (Frankfurt: Suhrkamp, 2008, 4ª ed., 2012)

___, **Sobre a constituição da Europa – um ensaio** (do original **Zur Verfassung Europas – Ein Essay**, 2011, trad. Denílson Luis Werle, Luiz REPA e Rúrion MELO, São Paulo: Ed. UNESP, 2012)

___, **Mudança estrutural da esfera pública**: investigações quanto a uma categoria da sociedade burguesa (orig. publ. **Strukturwandel der Öffentlichkeit**, 1961, trad. Flávio R. KOTHE, Rio de Janeiro: Tempo brasileiro, 2003)

___, **La paix perpétuelle**: le bicentenaire d'une idée kantienne (trad. de l'allemand Rainer HOCHLITZ, Paris: Cerf, 1996)

HADDOCK, Bruce Anthony, **Vico's political thought** (Brynmill, Inglaterra: Mortlake Press, 1986)

HAFFNER, Sebastian, **Preussen ohne Legende** (orig. publ. 1979, Munique: Siedler, 9a. ed., 1998)

___, **Geschichte eines Deutschen** – Die Erinnerungen 1914-1933 (seguido de **Als Engländer maskiert** – ein Gespräch mit Jutta KRUG über das Exil, Munique: Deutsche Verlags-Anstalt, Sonderausgabe, 2006)

HAGGENMACHER, Peter, *La paix dans la pensée de Grotius* (in **L'Europe des traités de Westphalie**, dir. de L. BÉLY, Paris: PUF, 2000, p. 67-79)

HALE, John R., **The civilization of Europe in the Renaissance** (New York: Athenaeum, 1994)

HAMMET, B. R., **A concise history of Mexico** (orig. publ., 1999, Cambridge: Univ. Press, 2nd ed., 2006, reprint 2007)

HAMILTON, Sue, **Indian philosophy** (Oxford: Univ. Press – a very short introduction, 2000, reprint, 2001)

HANDELMANN, Gottfried Heinrich, **História do Brasil** (orig. publ. na Alemanha, em 1860, primeira edição brasileira, 1930, trad. Lucia Furquim LAHMEYER, anotada por

Basílio de MAGALHÃES e Odilon Nogueira de MATOS, intr. Odilon N. de MATOS, Belo Horizonte: Itatiaia – São Paulo: Edusp. 4ª ed., 1982, 2 tomos)

HARDING, C.; LIN, M., **Renegotiating Westphalia** – Essays and commentary on the European and conceptual foundations of modern international law (The Hague: Kluwer Law International, 1999)

HARRIS, W. V. (ed. by), **Rethinking the Mediterranean** (Papers from a Conference organized by the Columbia Univ. Center for the Ancient Mediterranean, September 21-22, 2001, Oxford: Univ. Press, 2005)

HARTMANN, Anja Victorine, *Einleitung/Introduction* (**Les papiers de Richelieu** – tome II – **Empire allemand** (1630-1635) dir. de A. V. HARTMANN, Paris: Pedone, 1997, p. XVII-XXIX)

HARVEY, David, **Condição pós-moderna** – uma pesquisa sobre as origens da mudança cultural (orig. publ. **The condition of post-modernity**, 1989, trad. Adail Ubirajara SOBRAL e Maria Stela GONÇALVES, São Paulo: Loyola, 18ª ed., 2009)

HATTINGOIS-FORNER, Anne-Marie, **L'Atlantique au XVIIIe siècle** – un monde construit par et pour les européens? (Paris: Ellipses, 2013)

HAWTHORN, Geoffrey, **Enlightenment and despair** – a history of social theory (orig. publ. 1976, Cambridge: Univ. Press, 2nd ed., 1987, reprinted 1992)

HAZARD, Paul, **La crise de la conscience européenne 1680-1715** (Paris: Boivin et Cie., 1935; nova ed. Paris: Fayard, © 1961, impr. 1994)

HEALTH, Michael J., **Crusading commonplaces** – La Noue, Lucinge and rhetoric agains the Turks (Genève: Droz – Travaux d'humanisme et de Renaissance, vol. CCIX, 1986 – online droz.org)

HEARTZ, Daniel, *Classical* (in **The New GROVE Dictionary of Music and Musicians**, ed. by Stanley SADIE, Londres: Macmillan, 1980, vol. 4, p. 449-454)

HEERS, Jacques, **Chute et mort de Constantinople** (1204-1453) (Paris: Perrin tempus, 2007)

HEGEL, Georg Wilhelm Friedrich, **Werke** (auf den Grundlage der ***Werke***, von 1832-1845, neu edierte Ausgabe Redaktion Eva MOLDENHAUER und Karl Markus MICHEL, Frankfurt: Suhrkamp, 20 vols., (c) 1971, 1986, com reimpressões: **Frühe Schriften**, stw 601, **Jenaer Schriften 1801-1807**, stw 602; **Phänomenologie des Geistes**, 1807, Colonia: Anaconda, 2010; **Nürnberger und Heidelberger Schriften 1808-1817**, **Wissenschaft der Logik – I**, stw 605, **Wissenschaft der Logik – II**, stw 606, **Grundlinien der Philosophie des Rechts**, stw 607, **Enzyklopädie der philosophischen Wissenschaften – I, II e III**, stw 608, stw 609 e stw 610, **Berliner Schriften**, stw 611, **Vorlesungen über die Ästhetik**, stw 613, stw 614 e stw 615, **Vorlesungen über die Philosophie der Religion**, stw 616, stw 617 (c) 1969, 1986, **Vorlesungen über die Geschichte der Philosophie – I, II e III**

___, **Vorlesungen über die Philosophie der Geschichte**, mit einer Einführung von Theodor LITT, Stuttgart: philipp Reclam, (c) 1961, impr. 2002)

___, **Philosophie der Kunst** – Vorlesung von 1826 (hrsg. von Annemarie GETHMANN--SIEFERT, JEONG-IM Kwon e Karsten BERR, Frankfurt: Suhrkamp, stw 1722, erste Auflage, 2005)

HÉLIE, Jérôme, **Les relations internationales dans l'Europe moderne** 1453-1789 (Paris: Armand Colin, 2008)

HENNIGES, Heinrich, **Meditationes ad Instrumentum Pacis Caesareo-Suecicum. Specimina** ("Verlag nicht ermittelbar", 10 volumes, 1706-1712 – online books.google.com.br)

HENTIG, Hans von, **Der Friedensschluss** – Geist und Technik einer verlorenen Kunst (Munique: dtv – Deutscher Taschenbuch Verlag, 1965)

HERCULANO [CARVALHO DE ARAÚJO], Alexandre, **História da origem e estabelecimento da Inquisição em Portugal** (Lisboa: Bertrand 11x17, tomo II, 2017)

HERDER, Johann Gottfried von, **Auch eine Philosophie des Geschichte zur Bildung der Menschheit** (orig. publ. 1774, hrsg. von Hans Dietrich IRMSCHER, Stuttgart: Reclam – Universal Bibliothek Nr. 4460, 1990, reimpr. 2007)

___, **Abhandlung über den Ursprung der Sprache** (orig. publ. Berlim: bey Christian Friedrich Voss, 1772; Hg. von Hans Dietrich IRMSCHER, Stuttgart: Reclam – Universal Bibliothek Nr. 8729, ed. 1966, bibliografia completada em 2001, reimpressão 2011)

___, **Histoire et cultures** – une autre philosophie de l'histoire (trad. et notes par Max ROUCHE, présentation, bibliographie et chronologie par Alain RENAULT, Paris: GF--Flammarion, © 1964, nova ed. 2000)

HERDING, Klaus, **Im Zeichen der Aufklärung** – Studien zur Moderne (Frankfurt: Fischer, 1989)

HERRERA, David, **El siglo del americanismo** – una interpretación histórica y geoestratégica de la hegemonía de los E.U. (Mexico: Univ. Nac. autónoma de Mexico – Akal – Edtrl. Mexico, 2020)

HERRING, George C., **From colony to superpower** – U.S. Foreign relations since 1776 (Oxford: Oxford Univ. Press, 2008)

HIGMAN, B. W., **A concise History of the Caribbean** (Cambridge: Univ. Press, 2011)

HILBER, Wolfgang, **Lexikon der Philosophie** (Königswinter: Tandem, 2009)

HILDESHEIMER, Françoise, *Guerre et paix selon RICHELIEU* (in **L'Europe des traités de Westphalie**, Paris: PUF, 2000, p. 31-54)

HILL, Christopher, **O século das revoluções 1603-1714** (orig. publ. **The century of revolution 1603-1714**, 1961 e 1980, trad. Alzira Vieira ALLEGRO, São Paulo: Ed. Unesp, 2012)

___, **O mundo de ponta-cabeça** – Ideias radicais durante a revolução inglesa de 1640 (orig. publ. **The world turned upside down** – Radical ideas during the English revolution, 1972 e 1975, trad. apres. e notas Renato Janine RIBEIRO, São Paulo: Companhia das Letras, 1987)

HILL, Jason D., **Becoming a Cosmopolitan** – what it means to be a human being in the new millennium (Lanhan, MD. / Plymouth, UK: Rowman & Littlefield, 2011)

HIRSCH, Alfred, **Rousseaus Traum vom ewigen Frieden** (Munique: Wilhelm Fink, 2012)

Histoire des Négociations et du Traité de paix des Pyrénées (Amsterdam. 1750, II Tomes – reprint Kessinger Publ., 2009)

Histoire des Traités de paix et autres négotiations du dix-septième siècle depuis la paix de Vervins iusqu'à la paix de Nimègue – où l'on donne l'origine des prétentions anciennes et modernes de toutes les puissances de l'Europe et une Analyse exacte de leurs négociations tant publiques que particulières. Ouvrage nécessaire aux Ministres publics et aux autres négociateurs, et qui peut servir d'Introduction au *Corps diploma-*

tique ou *Recueil des Traités de Paix* T. I.II. (Amsterdam: chez I. F. BERNARD et la Haye: chez les Frères Vailland et Prevost, 1725)

HITLER, Adolf, **Mein Kampf** (orig. publ. 1925, eine kritische Edition, hrsg. von Christian HARTMANN, Thomas VORDEMAYER, Othmar PLÖCKINGER, Roman TÖPPEL, unter Mitarbeit von Pascal TREES, Angelika REIZLE, Martina SEEWALD-MOOSER, Munique – Berlim: im Auftrag des Institut für Zeitgeschichte, 2016)

HOBBES, Thomas, **Do cidadão** (orig. publ. **Philosophical rudiments concerning government and society**, trad., apres. e notas Renato J. RIBEIRO, São Paulo: Martins Fontes, 3a. ed. 2002)

___, **De Cive** (the Latin version, ed. by Howard WARRENDER, Oxford: Univ. Press, 1984)

___, **Leviathan** (1651, ed. by Richard TUCK, Cambridge: Univ. Press – col. Cambridge Texts in the History of Political Thought, 1991)

___, **Leviatã** (trad. de João Paulo MONTEIRO e Maria Beatriz Nizza da SILVA, São Paulo: Abril cult. – Os pensadores vol. XIV, 1974)

___, **Behemoth, or the long Parliament** (ed. by F. TÖNNIES, rev. by M. M. GOLDSMITH, Londres: Franck Cass, 1969)

___, **Béhémoth** ou le long Parlement (introduction, traduction, notes, glossaire et index par Luc BOROT, Paris: Vrin, 1990)

___, **Diálogo entre um filósofo e um jurista** (original de 1666, **A Dialogue between a philosopher and a Student of common laws of England**, trad. Maria Cristina Guimarães CUPERTINO, São Paulo: Landy, 2001)

___, **De Corpore** (orig. publ. 1655, segunda edição 1668, in **Elementa philosophiae Sectio Prima De corpore – Hobbes Latinus** – vol. 1, reprinted Kessinger Publ., 2009)

___, **Éléments de droit naturel et politique** (1640, introduction, notes, bibliographie, index et traductions par Delphine THIVET, Paris: Vrin, 2010)

HOBSBAWM, Eric, **A era das revoluções 1789-1848** (orig. publ. **The age of Revolution 1789-1848**, 1977, trad. Maria Tereza TEIXEIRA e Marcos PENCHEL, São Paulo: Paz e Terra, 25ª ed., 2ª reimpr., 2010)

___, **A era do capital 1848-1875** (orig. publ. **The age of capital 1848-1875**, 1977, trad. Luciano COSTA Neto, São Paulo: Paz e Terra, 15ª ed., 2ª reimpr., 2011)

___, **A era dos impérios 1875-1914** (orig. publ. **The age of empire 1875-1914**, 1988, trad. Sieni Maria CAMPOS e Yolanda S. de TOLEDO, São Paulo: Paz e Terra, 13ª ed., 2ª reimpr., 2011)

___ e T. RANGER (orgs.), **A invenção das tradições** (orig. publ. **The invention of tradition**, trad. C. C. CAVALCANTE, São Paulo: Paz e Terra, 1997, 6ª ed., 2008).

HOCHSTRASSER, T. J., **Natural law theories in the Early Enlightenment** (Cambridge: Univ. Press, 2000)

HOFFET, Frédéric, **Psychanalyse de l'Alsace** (texte de 1951, augmenté d'une préface de l'auteur et d'un avant-propos de Germain MULLER, Colmar: Editions Alsatia, 1973)

HOFSTADTER, Douglas R., **Gödel, Escher, Bach** – um entrelaçamento de gênios brilhantes (orig. publ. 1979, Basic Books Inc., trad. José VIEGAS Filho, Brasília: Ed. UnB / São Paulo: Imprensa Oficial do Estado, 2001)

HOLLENSTEIN, André, *L'enjeu de la neutralité: les cantons suisses et la guerre de Trente ans* (in **Les ressources des faibles**, dir. de J.-F. CHANET e C. WINDLER, Rennes: Presses univ. de Rennes, 2009, p. 47-61)

HOLTZENDORFF, Franz de; RIVIER, Alphonse, **Principes du droit des gens** (Paris: Fischbacher, 1889)

HONT, Istvan, *The language of sociability and commerce: Samuel Pufendorf and the theoretical foundations of the 'four-stages theory'* (in **The languages of political theory in early modern Europe**, ed. by A. PAGDEN, Cambridge: Univ. Press, © 1987, reprint 1990, p. 253-276)

HOOGENSEN, Gunnhild, **International Relations, Security and Jeremy Bentham** (Londres e Nova York: Routledge, 2005)

HSU, Francis L. K., **O estudo das civilizações letradas** (orig. publ. **The study of literate civilizations**, trad. Sonia M. Bibe LUYTEN, São Paulo: E.P.U.-EDUSP, 1974)

HUGHES DE SAINT VICTOR, **De sacramentis Christianae fidei / On the Sacraments of the Christian faith** (translated by Roy J. DEFERRARI, Cambridge, Ma.: Harvard Univ. Press, 1951 – na coleção MIGNE, **Patrologia latina**, t. 176)

HUISMAN, Bruno; RIBES, François, **Les philosophes et le droit** (Paris: Bordas, 1988)

HUISMAN, Denis, **Dicionário de obras filosóficas** (São Paulo: Martins Fontes, 2001)

HUIZINGA, Johan, **O outono da Idade média** – estudos sobre as formas de vida e de pensamento dos séculos XIV e XV na França e nos Países Baixos (orig. publ. **Herfstij der middeleeuwen**, 1919, trad. de Francis Petra JANSSEN, ensaios de Peter BURKE e Francis von der LEM, São Paulo: Cosac & Naify, 2010, 2ª reimpr., 2011)

HULDENBERG, Georg Ludwig Erasm. ad, **Dissertatio de equilibrio alioque legali iuris gentium arbitrio in gentium controversiis pacis tuendae causa interposito** (Helmst., 1720; nova ed. 1748)

HUNTER, William Wilson, **The Indian Empire**: its people, history and products (orig. publ. 1886, reprinted New Delhi: Asian Educational Services, 2009)

HUNTINGTON, Samuel, **The clash of civilizations and the remaking of world order** (Londres: Simon & Schuster, 1998)

___, **O choque de civilizações e a recomposição da ordem mundial** (trad. M. H. C. CÔRTES, Rio de Janeiro: Objetiva, 1997)

___, *The clash of civilizations* (Foreign Affairs, 1993, 72, n. 3, p. 22 ss.)

___, *The West unique, not universal* (Foreign Affairs, 1996, 75, n. 6, p. 28 ss.)

IANNI, Octávio, **A sociedade global** (Rio de Janeiro: Civilização brasileira, 5ª ed., 1997)

IBN KHALDUN, **Discours sur l'histoire universelle** (orig. **Al-Muqaddima**, trad. nouvelle, préface et notes par Vincent MONTEIL, Paris: Sindbad, 1978, 3 vols.)

IBN SINA [AVICENA], **A origem e o retorno** (orig. **Al-Mahda wa al-Maad**, trad. e aparelho crítico Jamil Ibrahim ISKANDAR, São Paulo: Martins Fontes, 2005)

IBN TUFAYL, **Le philosophe sans maître** (trad. Étienne-Marc de QUATREMÈRE, éd. du texte, notes et préface de J.-B. BRENET, Paris: Payot & Rivages, 2021)

IDI – INSTITUT DE DROIT INTERNATIONAL, **Le problème intertemporel en droit international public** (Session de Wiesbaden, 1975, *Onzième Commission, Rapporteur: Max SORENSEN) (Le texte français fait foi. Le texte anglais est une traduction)*

IGLESIAS, Francisco, **Trajetória política do Brasil** 1500-1964 (São Paulo: Companhia das Letras, © 1993, 4ª reimpr., 2001)

IMHOF, Iohann Hier., **Anmerkungen contra scriptum: Päpstlicher Unzug titulirt** (Nürnberg, 1702)

INOCÊNCIO X [nascido Giambattista PAMPHILI, papa de 15 de setembro de 1644 a 7 de janeiro de 1655], **Zelo domus Dei**, Bulla Pontificia adversus instrumentum Pacis Westphalicae (26 Nov. 1648 ... S. D. N. D. Innocentii Divina Providentia Papae – edição crítica por Michael F. FELDKAMP, *Das Breve 'Zelo Domus Dei' vom 26. November 1648*, in Archivium Historiae Pontificiae, 1993, vol. 31, p. 293-305, publ. GBP – Gregorian Biblical Press, https://www.jstor.org/stable/23564987)

IRIYE, Keishiro, **The principles of international law in the light of Confucian doctrine** (RCADI, 1967, t. 120, p. 1-60)

JACARANDÁ, Rodolfo de Freitas, **Pelas razões de estado** – o maquiavelismo e os arcanos da estatalidade moderna (Campinas: Unicamp – Instituto de filosofia e ciências humanas, 2008 – disponível online)

JAEGER, Werner, **Aristote** – fondements pour une histoire de son évolution (orig. publ. **Aristoteles** – Grundlegung einer Geschichte seine Entwicklung, Berlim, 1923; 2a. ed. rev., em inglês, Oxford, 1948; trad. e apres. Olivier SEDEYN, Paris: L'éclat, 1997)

JAFFRO, Laurent; LABRUNE, Monique (dir. de), in **Gradus philosophique** (Paris: GF--Flammarion, © 1994, 4ª ed., 1996)

JAMBET, Christian, **Qu'est-ce que la philosophie islamique?** (Paris: Gallimard – Folio – Essais – Inédit, 2011)

JANKÉLÉVITCH, Vladimir, **La musique et l'ineffable** (orig. publ. 1961, Paris: Seuil, 1983)

JAYME, Erik, **Pasquale Stanislao Mancini**: il diritto internazionale privato tra Risorgimento e attività forense (orig. publ. **Pasquale Stanislao Mancini**: Internationales Privatrecht zwischen Risorgimento und praktischer Jurisprudenz, 1980, Ebersbach: Verlag Rolf Gremer, trad. Antonio RUINI, Padova: CEDAM, 1988)

JEFFERSON, D. W., ***Tristram Shandy*** *and its tradition* (in **The Pelican Guide to English Literature**, ed. by Boris FORD, London: Pelican, s/d, vol. 4 – From DRYDEN to JOHNSON, p. 333-345)

JENISCH, D., *ad S. Nicolai Berolin pastore*, **Laudatio Samuelis Pufendorffii** (*cui palma adjudicata est anno 1797*, Stockholm: Kongl. Vitterhets Historie och Antiquitets Akademiens handlingar, 1802, t. VII, p. 229)

JENKS, C. Wilfred, **Economic and social change and the law of nations** (RCADI, 1973, t. 138, p. 455-502)

JEVAKHOFF, André, **Kemal Atatürk** – Père fondateur de la Turquie (orig. publ. 1989, Paris: Tallandier – texto, nova ed., 2021)

JIMÉNEZ DE ARÉCHAGA, Eduardo; ARBUET-VIGNALI, Heber; PUCEIRO RIPOLL, Roberto, **Derecho internacional público** (Montevidéu: Fundación de cultura universitária, tomo I, 2005)

JOUANNET, E., ver TOURME-JOUANNET, E.

JOUFFROY, Théodore Simon, **Cours de droit naturel** (*'professé à la Faculté des lettres de Paris'*, Paris: Hachette, 2e éd., 1843; 5e éd., 1876 – online: gallica.bnf.fr)

JOUHAUD, Christian, **Sauver le Grand-siècle?** – Présence et transmission du passé (Paris: Seuil 2007)

JULIANO, Flávio Cláudio [JULIEN], **Œuvres complètes** (Paris : Les belles lettres, tomo I, texte établi et trad. par J. BIDEZ, parte I, 1932 e parte II, © 1924, 3ª ed., 1972; tomo II, parte I, texte établi et trad. par G. ROCHEFORT, 1963; tomo II – parte II, texte établi et trad. par Chr. LACOMBRADE, 1964)

___, **Misopogon** (edição bilingue, texte établi et traduit par Ch. LACOMBRADE, introduction et notes par Aude de SAINT-LOUP, Paris: Les belles lettres, 2003)

JULIÃO, Danilo Oliveira Nascimento, *De re diplomatica de Jean Mabillon: uma breve história da escrita* (in Labor histórico – v. 7, n. 3, 2021, DOI https://doi.org/10.24206/lh.v.7i3.53514 > Juliao)

JULLIEN, François, **O diálogo entre as culturas** – do universal ao multiculturalismo (orig. publ. **De l'universel, de l'uniforme, du commun et du dialogue entre les cultures**, 2008, trad. André TELLES, apres. e rev. técnica Danilo MARCONDES, Rio de Janeiro: Zahar, 2009)

KAGAY, D. J.; VILLALON, L. J. A. (ed.), **The circle of war in the Middle Ages** – Essays on Medieval Military and Naval History (Suffolk, UK: Boydell Press, 1999)

KAHLE, Ludwig Martin [Ludovici Martini Kahlii], **Opuscula minora quibus ... juris argumenta ... exhibentur ... pluribus accessionibus aucta** (Frankfurt: Springii Haeredes et Garbe, tomo I, 1751 – online: books.google.com.br)

KALTENBORN von STACHAU, Carl Baron, **Kritik des Völkerrechts nach dem jetzigen Standpunkte der Wissenschaft** (orig. publ. Ed. Mayer, 1847, reprinted by Nabu Press, 2011 – online: books.google.com.br)

___, **Die Vorläufer des Hugo Grotius** – auf dem Gebiete des *ius naturae et gentium* sowie der Politik im Reformationszeitalter (Leipzig: G. Mayer, 1848, t. II)

KAMTO, Maurice, **La volonté de l'état en droit international** (RCADI, 2004, t. 310, p. 9-428)

KANT, Immanuel, **Werke** (hrsg. von Wilhelm WEISCHEDEL, **Vorkritische Schriften bis 1768 – I**, stw 186, **Vorkristische Schriften bis 1768 – II**, stw 187, **Kritik der reinen Vernunft – I**, stw 55, **Kritik der reinen Vernunft – II**, stw 55, **Schriften zur Metaphysik und Logik – I**, stw 188, **Schriften zur Metaphysik und Logik – II**, stw 189, **Kritik der praktischen Vernunft. Grundlegung zur Metaphysik der Sitten**, stw 56, **Die Metaphysik der Sitten**, stw 190, **Schriften zur Naturphilosophie**, stw 191, **Kritik der Urteilskraft**, stw 57, **Schriften zur Anthropologie. Geschichtsphilosophie, Politik und Pädagogik**, stw 192, **Schriften zur Anthropologie. Geschichtsphilosophie, Politik und Pädagogik**, stw 193, Frankfurt: Suhrkamp, 12 vols., ed. 1956, 1974 e reimpressões)

___, **Was ist Aufklärung? Ausgewählte kleine Schriften** (Hamburgo: Felix Meiner – Philosophische Bibliothek, vol. 512, 1999)

___, **Zum ewigen Frieden: ein philosophischer Entwurf** (precedido de **Über den Gemeinspruch: Das mag in der Theorie richtig sein, taugt aber nicht für die Praxis**, mit Einleitung und Anmerkungen, Bibliographie und Registern kritisch herausgegeben von Heiner F. KLEMME, Hamburgo: Felix Meiner – Philosophische Bibliothek Band Nr. 443, 1992)

___, **Grundlegung zur Metaphysik der Sitten** (hrsg. von Theodor VALENTINE, Stuttgart: Reclam Univ. Bibl. Nr. 4507, © 1961, 2008, impr. 2011)

___, **Opuscules sur l'histoire** (présentation par Philippe RAYNAUD, trad. Stéphane PIOBETTA, Paris: GF – Flammarion, © 1990, impr. 2009)

__ et al., **A paz perpétua** – um projeto para hoje (org. J. GUINSBURG, textos de KANT, DERRIDA, ROSENFELD e ROMANO, São Paulo: Perspectiva, 2004)

KANTOROWICZ, Ernst H., **L'empereur Frédéric II** (orig. publ. **Kaiser Friedrich der Zweite**, 1927, trad. Albert KOHN, Paris: Gallimard – Quarto, 2000, **Kantorowicz œuvres**, p. 9-641)

___, **Les deux corps du roi** (orig. publ. **The Kings two bodies: a study in medieval political theology**, 1957, trad. Jean-Philippe GENET e Nicole GENET, Paris: Gallimard – Quarto, 2000, **Kantorowicz œuvres**, p. 643-1222)

___, *La royauté médiévale sous l'impact d'une conception scientifique du droit* (Paris: Philosophie – revue trimestrielle, n. 20, automne 1988, p. 48-72)

___, **Kaiser Friedrich der Zweite: Ergänzungsband, Quellennaachweise und Exkurse** (Berlin: G. Bondi, 1931)

KANTOROWICZ, Hermann; BUCKLAND, William W., **Studies in the glossators of the Roman Law** – Newly discovered writings of the 12th century (orig. publ. Cambridge, 1938; reimpr. Aalen: Scientia Verlag, 1969)

KAWAMURA, Katsutoshi, *Kants Kritik and der Goldenen Regel* (in Katsutoshi Kawamura. Kant-online.ru posted by admin / on 26 Sept. 2014 / in Publications)

KELSEN, Hans, **Der soziologische und der juristische Staatsbegriff** – kritische Untersuchung des Verhältnisses von Staat und Recht (Tübingen: Mohr, 1922)

KENNEDY, David, *Images of religion in International Legal Theory* (in **Religion and International Law**, ed. by M. W. JANIS & C. EVANS, Leiden/Boston: M. Nijhoff, 2004, chap. 8, p. 145-153)

KENT, Neil, **A concise History of Sweden** (Cambridge: Univ. Press, 1st publ., 2008, reprinted, 2010)

KEPLER, Johannes, **Was die Welt im Innersten zusammenhält** – Antworten auf Schriften von J. Kepler (reúne três obras, **Mysterium cosmographicum**, Tübingen, 1597, **Tertius interveniens**, 1610, e **Harmonices mundi**, 1619, in deutscher Übersetzung mit einer Einleitung und Glossar, hrsg. von F. KRAFT, Wiesbaden: Marixverlag, 2005)

KERAUTRET, Michel, **Histoire de la Prusse** (orig. publ. 2005, Paris: Seuil, impr. 2010)

KERN, Daniela, *Voltaire* (in Jurandir MALERBA, org., **Lições da história**: o caminho da ciência no longo século XIX, Rio de Janeiro: Ed. FGV, 2010, p. 33-62)

KERSTEN, Kurt, **Peter der Grosse** – Vom Wesen und von den Ursachen historischer Grosse (Amsterdam: Querido Verlag, 1935)

KHAN, Ali, **The extinction of nation-states: a world without borders** (Haia: Kluwer, 1996)

KHAN, D.-E.; LAGRANGE, E.; OETER, S. WALTER, C. (ed. by), **Democracy and sovereignty** – Rethinking the legitimacy of Public International Law (Leiden / Boston: Brill / Nijhoff, 2023)

KHANNA, Parag, **The second world**: empires and their influence in the new global order (New York: Random House, 2008)

KIRIÊIEVSKI, Ivan V., *Sobre o caráter da ilustração da Europa e sua relação com a ilustração da Rússia* (orig. publ. 1852, trad. Denise SALES, in **Antologia do pensamento crítico russo – 1802-1901**, org., apres. e notas de Bruno B. GOMIDE, São Paulo: Ed. 34, 2013, p. 187-234)

KISSINGER, Henry, **Diplomacy** (New York: Simon & Schuster, 1994)

KISTEMAKER, Renee; VAN GELDER, Roelof, **Amsterdam** – The Golden Age 1275-1795 (orig. publ. **Amsterdam 1275-1795, Buono governo e cultura in una metropoli di mercanti**, 1982, transl. by Paul FOULKES, New York: Abbeville Press, 1983)

KITTSTEINER, Heinz Dieter, **Die Stabilisierungsmoderne** – Deutschland und Europa 1618-1715 (Munique: Carl Hanser, 2010)

KLINGE, Matti, **A Brief History of Finland** (Keuruu: Otava Printing, 10th ed., 1994)

KOETSCHET, Pauline (textes choisis et présentés par), **La philosophie arabe** – IXe-XIVe siècle (Paris: Seuil – points – essais, 2011)

KOMARNICKI, T., **The place of neutrality in the modern system of international law** (RCADI, 1952, t. 80, p. 395-510)

KONTLER, Laszló, **Uma história da Hungria** (orig. publ. **A history of Hungary**, 2009, trad. Leila V. B. GOUVÊA, São Paulo: Edusp, 2021)

KOSELLECK, Reinhart, **Uma latente filosofia do tempo** (org. com textos do volume **Von Sinn und Unsinn der Geschichte** – Aufsätze und Vorträge aus vier Jahrzenten, 2010, por Hans Ulrich GUMBRECHT e Thamara de O. RODRIGUES, trad. Luiz COSTA LIMA, São Paulo: Ed. Unesp, 2021)

___, **Vergangene Zukunft** – zur Semantik geschichtlicher Zeiten (1979, Frankfurt: Suhrkamp, 1989)

KOSKENNIEMI, Martti, **The gentle civilizer of nations**: the rise and fall of international law (1870-1960) ("Hersch Lauterpacht Memorial Lectures", Cambridge: University Press, 1st publ. 2001, reprinted 2005)

___, *A history of international law histories* (in **The Oxford Handbook of the History of International Law**, ed. by B. FASSBENDER e A. PETERS, Oxford: Univ. Press, 2012, cap. 39, p. 943-971)

KOUTROULIS, Vaios, **Le début et la fin de l'application du droit de l'occupation** (Paris: Pedone, 2010)

KOYRÉ, Alexandre, **Do mundo fechado ao universo infinito** (orig. publ. **From the closed world to the infinite universe**, 1957, trad. bras. de Donald M. GARSCHAGEN, Rio de Janeiro: Forense Univ. / São Paulo: Edusp, 1979)

___, **Études d'histoire de la pensée scientifique** (Paris: Gallimard, 1973)

KREISER, Klaus; NEUMANN, Christoph K., **Kleine Geschichte der Türkei** (orig. publ. 2003 e 2008, Stuttgart: Reclam, '2., aktualisierte und erweiterte Auflage', 2009)

KRETZMER, David, *Torture, Prohibition of* (in **Encyclopedia of International Law**, 2012, vol. IX, p. 950-964)

KRIEGER, Leonard, **The politics of discretion**: PUFENDORF and the acceptance of natural law (Chicago: Univ. of Chicago Press, 1969)

KUNISCH, Johannes, **Friedrich der Grosse** – Der König unz seine Zeit (Munique: Beck, © 2011, 2a ed. 2012)

LABOURDETTE, Jean-François, *La diplomatie portugaise au temps de Westphalie* (in **L'Europe des traités de Westphalie**, dir. de L. BÉLY, Paris: PUF, 2000, p. 567-578)

LACHS, Manfred, **Teachings and teaching of international law** (RCADI, 1976, vol. 151, p. 161-252)

LACROIX, Jean, **Kant et le kantisme** (orig. publ. 1966, Paris: PUF – Que sais-je? 1213, 11e éd., 1995)

LADURIE, Emmanuel Le Roy, **O estado monárquico – França, 1460-1610** (orig. publ. **L'état royal – de Louis XI à Henri IV**, 1987, trad. Maria Lúcia MACHADO, São Paulo: Companhia das letras, 1994)

LA FUYE, Maurice de, **La Sainte-Alliance** (Paris: Denoël, 1948)
LAGARDE, G. de, La **naissance de l'esprit laïc au déclin du Moyen Âge** (Paris: Vrin, 2e éd., tomos 4, 5 e 6, 1956)
LAGARDE-CHAMBONAS, Comte A. de, **Souvenirs du Congrès de Vienne 1814-1815** (orig. publ. Paris, 1901, reimpr. Paris: Hachtte-livre – BnF, 2014)
LAMARTINE, Alphonse de, **Histoire de la Turquie** (orig. publ. Paris: Librairie Le Constitutionnel, 1854; Paris: Adolphe Delahays, 8 vols., 1859-1861)
___, **Histoire de la Turquie** – vol. I – **La vie de Mahomet** ('édition spéciale publiée en collaboration avec la Fondation Abdulaziz Saud Al-Babtin pour la Création poétique', intr. et annotations d'Ali KURHAN, ouvrage révisé par Osama KHALIL, Paris: Institut des arts et lettres arabes / Harmattan, 2006)
LAQUEUR, Walter, **Weimar** – une histoire culturelle de l'Allemagne des années 1920 (orig. publ 1974, **Weimar** – a cultural history 1918-1933, trad. Georges LIÉBERT, Paris: Les belles lettres, 2021)
LARA, Sílvia Hunold, **Fragmentos setecentistas** – Escravidão, cultura e poder na América portuguesa (São Paulo: Companhia das letras, 2007)
LASKY, Kathryn (ed. by), **A Journey to the new world** – the diary of Remember Patience Whipple: Mayflower (1620) (New York: Scholastic Inc., 1996)
LASSALLE, Ferdinand, **A essência da Constituição** (orig. publ. *Über Verfassungswesen*, conferências em 1863, prefácio Aurélio Wander BASTOS, Rio de Janeiro: Lumen Juris, 2007)
LASSON, Adolf, **Johann Gottlieb Fichte in Verhältnis zu Kirche und Staat** (orig. publ. Berlim, 1863, reimpr. Aalen: Scientia, 1968)
___, **Princip und Zukunft des Völkerrechts** (orig. publ. Berlim, 1871 – Digitale Sammlungen https://www.digitale-sammlungen.de > ...)
LAUTERPACHT, E., **The development of the law of international organization by the decisions of international tribunals** (RCADI, 1976, t. 152, p. 377-478)
LAVAL, Christian, *Fiction et utilité chez Jeremy Benthham* (in **Qu'est-ce que l'utilitarisme?** – une énigme dans l'histoire des idées (Paris: Recherches / La Revue du M.A.U.S.S. semestrielle, no. 6, deuxième semestre 1995, p. 95-105)
LAZZERI, Christian, *La théorie du droit naturel au XVIIe siècle: l'utilité comme enjeu du droit et du contrat* (in **Histoire raisonnée de la philosophie morale et politique** – le bonheur et l'utile, dir. de A. CAILLÉ, M. SENELLART, C. LAZZERI, tome I, 2007, p. 465-492)
LECLERCQ d'ORNANCOURT, Dom Henri, **Vie de Dom Mabillon** (orig. publ. © Letouzey & Ané, 1953, in Dom MABILLON, **Œuvres choisies**, précédées d'une biographie par dom Henri LECLERCQ, édition établie par Odilon HUREL, Paris: Robert Laffont, 2007)
LECOURT, Dominique, **Diderot** (Paris: PUF, 2013)
LEFEBVRE, Georges, **A revolução francesa** (orig. publ. **La révolution française**, 1951, trad. Ely B. de Melo PATI, São Paulo: Ibrasa, 1966)
LE FUR, Louis Érasme, **La théorie du droit naturel depuis le XVIIe siècle et la doctrine moderne** (RCADI, 1927, t. 18, p. 259-442)
LE GLOANNEC, Anne-Marie; SMOLAR, Aleksander (dir. de), **Entre Kant et Kosovo** – études offertes à Pierre HASSNER (Paris: Presses de Sciences Po, 2003)

LE GOFF, Jacques; NORA, Pierre (dir.), **Faire de l'histoire** – nouveaux problèmes, nouvelles approches, nouveaux objets (orig. publ. 1974, Paris: Gallimard-Histoire, 2011)

LEHMANNI, Ioh. Iac., **Trutina vulgo Bilanx Europae, norma belli pacisque hactenus a summis imperantibus habita, cuius fundamentum, doctrina et officia ex genuinis iuris gentium fontibus evolvuntur, atque iis quae in pace nuperrima Ultraiectina aliisque huius generis pactionibus acta sunt, illustrantur. Accessit Praef. de iustitia belli ac Aug. nostro Imperatore Turcis inferendi** (Jena, 1716).

LEIBNIZ, Gottfried Wilhelm, **Der Briefwechsel mit den Jesuiten in China** (1689-1714) (em latim, alemão e francês, hrsg. und mit einer Einleitung versehen von Rita WIDMAIER, Textherstellung und Übersetzung von Malte-Ludolf BABIN, Hamburgo: Felix Meiner, 2006)

___, **Textes inédits** – d'après les manuscrits de la Bibliothèque provinciale de Hanovre (publiés et annotés par Gaston GRUA, Paris: PUF, 1ere éd., 1948; 2e éd., 1998, 2 tomes)

___, **Monadologie**, hrsg. von Hubertus BUSCHE, Berlim: Akademie Verlag, 2009)

___, **Die Theodizee** (do original **Essais de Théodicée**, 1710, Übersetzung von Arthur BUCHENAU, Einführender Essay von Morris STOCKHAMMER, 1968, Hamburgo: Felix Meiner, 2a. ed., 1968)

___, **Le droit de la raison** (textes réunis et présentés par René SÈVE, Paris: Vrin, 1994, esp. *Projet d'un mémoire pour le Tzar* (1708), p. 241-246; *Entretien avec le Tzar à Torgau* (1711), p. 247-251)

___, **Discurso sobre a teologia natural dos chineses** (orig. publ. **Lettre de Mr. G. G. LEIBNIZ sur la philosophie chinoise à Mr. de RÉMOND**, de 1716, introdução, tradução e notas de Adelino CARDOSO, Lisboa: Colibri-Universalia-Fundação Oriente, 1991)

___, *Bedenken, welchergestalt Securitas publica interna et externa et Status praesens im Reich jetzigen Umständen nach auf festen Fuss zu stellen* (1670, in **Die Idee Europa 1300-1946** – Quellen zur Geschichte der politischen Einigung, hrsg. Rolf Hellmut FOERSTER, Munique, DTV, 1963, p. 73-78)

___, **Codex juris gentium diplomaticus** – in quo tabulae authenticae actorum publicorum, tractatum aliarumque rerum maiores momenti per Europa gestarum, pleraque inedita vel selecta, ipso verborum tenore expressae ac temporum serie digestae continentur; a fine seculi undecimi ad nostra usque tempora aliquot tomis comprehensus; quem ex manuscriptis praesertim Bibliothecae Augustae Guelfebytanae Codicibus, ex monumentis regiorum aliorumque archivorum, ac propriis denique Collectaneis edidit G. G. L. [Gottf. Guil. LEIBNITZIUS] (Hannoverae: literis & impensis Samuelis Ammonii, MDCXCIII)

___, *Code diplomatique du droit des gens* (1693, in **Le droit de la raison**, textes réunis et présentés par René SÈVE, Paris: Vrin, 1994, p. 156-169)

___, *Lettre de LEIBNIZ à l'abbé de Saint-Pierre, 7 février 1715* suivie de *Observations sur le Projet de paix perpétuelle* (in **Œuvres** de LEIBNIZ, publiées pour la première fois d'après les manuscrits originaux par A. FOUCHER DE CAREIL, tome quatrième – **Histoire et politique**, Paris: Firmin Didot Frères, 1862, p. 325-336, ed. facsimilar LEIBNIZ, **Observations sur le Projet de paix perpétuelle de l'abbé de Saint-Pierre**, Avant-propos de Simone GOYARD-FABRE, Caen: Univ. de Caen – Centre de philosophie politique et juridique - Bibliothèque de philosophie politique et juridique - Textes et documents, 1993)

___, **Principes de la nature et de la grâce fondés en raison / Vernunftprinzipien der Natur und der Gnade** (1714, seguido de **Monadologie**, auf Grunde der kritischen Ausgabe von André ROBINET, 1954, und der Übersetzung von Artur BUCHENAU, mit Einführung und Anmerkungen hrsg. von Herbert HERRING, edição bilíngue, Hamburgo: Felix Meiner, © 1982, zweite, verbesserte Auflage, 1982)

___, **Discurso de metafísica e outros textos** (apres. Tessa M. LACERDA, trad. Alexandre C. BONILHA, São Paulo: Marttins Fontes, 2004, *Princípios da natureza e da graça, fundados na razão*, p. 151-163)

___, **Neue Abhandlungen über den menschlichen Verstand** (originalmente escritos **Nouveaux essais sur l'entendement humain**, 1704, publ. 1765, übersetzt, eingeleitert und erläutert von Ernst CASSIRER, © 1915, Hamburg: Felix Meiner, reimpressão, 1971)

___, *Monita quaedam ad Samuelis Pufendorfii Principia, Gerh. Wolth. Molano directa* (1706, in **Le droit de la raison**, textes réunis et présentés par René SÈVE, Paris: Vrin, 1994, p. 19-35; ver o conjunto da parte I - *La critique de l'école du droit naturel*, p. 11-81)

LEISTNER, Bernd, **Spielraum des Poetischen** - GOETHE, SCHILLER, KLEIST, HEINE (Berlim e Weimar: Aufbau, 2a. ed., 1989)

LENFANT, Jacques, **Histoire du Concile de Constance** (Amsterdam: chez Pierre Humbert, nouvelle édition, 1727, 2 vols.)

LENTZ, Thierry, **Le congrès de Vienne** - une refondation de l'Europe 1814-1815 (orig. publ. 2013, Paris: Perrin-tempus, 2015)

LEPAPE, Pierre, **Diderot** (orig. publ. 1991, Paris: Flammarion-Coll. Champs, 2000)

LEQUAN, Mai, **La paix** (introduction, choix de textes, commentaires, vade-mecum et bibliographie par M. L., Paris: Flammarion, 1998; reimpr. 2013)

Le RIDER, Jacques, **Modernité viennoise et crises de l'identité** (Paris: PUF, 1990)

LEROY-BEAULIEU, Anatole, **L'empire des Tsars et les Russes** (1ère éd. 1881-1882, éd. présentée par Marc RAEFF, Paris: Robert Laffont, 1990)

LESAFFER, Randall, *International law and its history: the story of an unrequited love* (in **Time, History and International Law**, ed. by M. CRAVEN, M. FITZMAURICE and M. VOGIATZI, Leiden: Martinus Nijhoff, 2011, p. 27-41)

LEVILLAIN. Charles-Édouard, *Stetit sol in caelo: les préparatifs de la guerre de Hollande à l'aune d'un incident diplomatique* (in **L'incident diplomatique - XVIe-XVIIIe siècle**, dir. de L. BÉLY G. et POUMARÈDE, Paris: Pedone - Histoire de la diplomatie et des relations internationales, 2010, p. 261-280)

LEVINAS, Emmanuel, **La compréhension de la spiritualité dans les cultures française et allemande** (orig. publ. *Dvasiskumo supratimas prancuzu ir vokieciu kulturoje*, Kaunas: *Vairas* - Revista cultural mensal, n. 7-8, jul.-ago., 1933, p. 271-280, préf. Danielle COHEN-LEVINAS, Paris: Payot-Rivages, 2014)

LIE-TSEU, **Sur le destin** et autres textes (trad. du chinois et annoté par Benedykt GRYNPAS, 'textes extraits du recueil' **Le vrai classique du vide parfait**, ©1961 UNESCO, Paris: Gallimard-Folio, 2009)

___, **Le vrai classique du vide parfait** (in **Les fleurs de la pensée chinoise**, introduction et notes complémentaires par Guy ROCHET, Paris: Presses du Châtelet, 2007, 3 vols., vol II, p. 87-192)

LINDQVIST, Herman, **A History of Sweden** (transl. by Rod BRADBURY, Estocolmo: Norstedts Förlag, 2006)

LINGUET, Simon-Nicolas-Henri, **Histoire du siècle d' Alexandre** – avec quelques réflexions sur ceux qui l'ont précédé (Amsterdam: s. n. ed., 1762 – online Biblioteca digital hispánica – Biblioteca Nacional de España – datos.bne.es)

___, **Le fanatisme des philosophes** (à Londres: s. n. ed., 1764 – online: gallica.bnf.fr)

___, **Histoire des révolutions de l'empire romain** – pour servir de suite à celle des révolutions de la République (Paris: chez Desaint Libraire, 1766 – online Biblioteca Nacional de España – catálogo BNE -- https://datos.bne.es/resource/xx3299524)

___, **Théorie des lois civiles** (Londres : s.n.ed., 1767; nouvelle édition revue, augmentée et corrigée, 1774, 3 vols. – online Biblioteca Nacional de España – datos.bne.es)

LOBACHEV, Valeri; PRAVOTOROV, Vladimir, **A Millenium of Russian Orthodoxy** (Moscow: Novosti Press, 1988)

LOCKE, John, **An Essay concerning Human Understanding** (1689, abridged, with an Introduction by Pauline PHEMISTER, Oxford: Univ. Press, 2008)

___, **Ensaio acerca do entendimento humano** (extratos, trad. Anoar AIEX, São Paulo: Abril – Os pensadores, 1973 vol. XVIII, p. 139-350)

___, **Two treatises of government** (ed. by Peter LASLETT, Cambridge: Syndicate Press of the Univ. of Cambridge, © 1960, reimpr. 1995)

___, **Dois tratados sobre o governo** trad. Júlio FISCHER, rev. técnica Renato J. RIBEIRO, rev. trad. Eunice OSTRENSKY, São Paulo: Martins Fontes, 2ª ed., 2005)

___, **Segundo tratado sobre o governo** – Ensaio relativo à verdadeira origem, extensão e objetivo do governo civil (trad. de E. Jacy MONTEIRO, São Paulo: Abril – Os pensadores, 1973 vol. XVIII, p. 37-137)

___, **Carta sobre a tolerância** (org., introdução, revisão técnica, notas e comentários Flávio F. LOQUE, trad. do latim Fábio FORTES e Wellington F. LIMA, trad. do inglês Flávio F. LOQUE, Belo Horizonte: Autêntica, 2019)

___, ___ (org. e trad. Ari Ricardo Tank BRITO, São Paulo: Hedra, 2012)

___, ___ (trad. Anoar ALEX, São Paulo: Abril – Os pensadores, 1973 vol. XVIII, p. 9-35)

___, **Lettre sur la tolérance** (Paris: PUF, © 1965, ed. revista, 1995)

___, **Of the abuse of words** ('extracts from **An Essay concerning Human Understanding**', London: Penguin – Great Ideas, 2009)

LONGHI, Roberto, **Caravaggio** (pref. Lorenzo MAMMÍ, trad. Denise BOTTMANN, São Paulo: Cosac & Naify, 2012)

___, **Piero della Francesca** (orig. publ. 1963, introd. Carlo GINZBURG, trad. Denise BOTTMANN, São Paulo: Cosac & Naify, 2007)

___, **Breve, mas verídica história da pintura italiana** (orig. publ. **Breve ma veridica storia della pittura italiana**, 1914, trad. Denise BOTTMANN, posfácio Luciano MIGLIACCIO, São Paulo: Cosac & Naify, 2005)

LOPEZ, Adriana, **Guerra, açúcar e religião no Brasil dos holandeses** (São Paulo: Ed. Senac, 2002)

___ e MOTA, Carlos Guilherme, **História do Brasil** – uma interpretação (São Paulo: Ed. Senac, 2008)

LÓPEZ Alvarez, Pablo, *BECCARIA, Cesare* (in **Diccionario Espasa Filosofia**, dir. Jacobo MUÑOZ, Madri: Espasa-Calpe, 2003, p. 61-62)

LOSANO, Mario G., **Sistema e estrutura no direito** – vol. 1 – **Das origens à Escola histórica** (orig. publ. **Sistema e struttura nel diritto** – vol I – **Dalle origini alla Scuola storica**, 2002, trad. Carlo Alberto DASTOLI, São Paulo: Martins Fontes, 2008)

LOWE, Keith, **L'Europe barbare 1945-1950** (orig. publ. **Savage continent – Europe in the aftermath of World War II**, 2012, trad. Johan F. Hel GUEDJ, Paris: Perrin, 2013, ed. 2015)

LOYER, Emmanuelle, **Une brève histoire culturelle de l'Europe** (Paris: Flammarion – champs – histoire, 2017)

LUCIE-SMITH, Edward, **Dictionary of Art Terms** (Londres: Thames & Hudson, 1984)

LUDWIG, Iohann Petr., **Dissertatio iuris gentium de auspicio regum** (Halae, 1701; a seguir publicada com o título **De iure regis appellandi**, Hallae, 1704)

___, **Naeniae Pontificis de iure reges appellandi** (Halae, 1702; também publicado em alemão, com o título, **Päpstlicher Unzug Clementis XI wider die Krone Preussen, und überhaupt von dem Recht, König zu werden**, Halle, 1701, e depois também publicado em Cölln, 1702)

LUKACS, Georg, **Goethe et son époque** (orig. de 1930-1940, trad. L. GOLDMANN et FRANK, Paris: Nagel, 1949)

LUKOWSKI, Jerzy; ZAWADZKI, Hubert, **Histoire de la Pologne** (orig. publ. **A concise History of Poland**, 2001 e 2006, trad. Eric CHÉDAILLE, Paris: Perrin, 2010)

LÜNIG, Johann Christian, **Publicorum Negotiorum ad Aug. Rom. Imperatore, universis Europae Regibus, S. R. I. Electoribus Principibus et statibus, intra vicennium latina quidem lingua tractatorum sylloge, continens litteras cuiuscumque fere generis, varia item decreta, salvos conductus, plenipotentias, Memorialia, Propositiones, Resolutiones, Observationes, Declarationes, Protestationes, Reservationes, Vota, Pacta, Foedera, Instrumenta Pacis, Armistitia atque Manifesta etc. etc. iuxta serie annorum disposita, rubricisque ac indice locupletissimo instructa et in lucem edita** (Frankfurt e Leipzig, 1694)

___, **Publicorum Negotiorum – sylloges Supplementum et Continuatio ab anno MDCLXXIV usque ad annum MDCCII** (Frankfurt e Leipzig, 1702)

LYNN, John A., **The French Wars 1677-1714**: the Sun King at war (Oxford: Osprey, © 2002, second impression, 2009)

LYONS, G. M.; MASTUNDANO, M. (ed. by), **Beyond Westphalia?** State sovereignty and international intervention (Baltimore: John Hopkins Univ. Press, 1995)

LYONS, Jonathan, **A casa da sabedoria** – como a valorização do conhecimento pelos árabes transformou a civilização ocidental (orig. publ. **The house of wisdom** – How the Arabs transformed Western civilization, 2009, trad. Pedro Maia SOARES, Rio de Janeiro: Zahar, 2011)

MAAZ, Bernhard; BISCHOFF, Ulrich; KAAK, Joachim (dir. de), **Regards sur l'Europe** – L'Europe et la peinture allemande du XIXe siècle (Berlim: Staatliche Museen / Kulturstiftung des Bundes / Ostfilden: Hatje-Cantz, 2007)

MABILLON, Jean, **De re diplomatica libri VI, in quibus quidquid ad veterum instrumentorum antiquitatem, materiam, scripturam et stilum; quidquid ad sigilla, monogrammata, subscriptiones ac notas chronologicas; quidquid inde ad antiquariam, historicam, forensemque disciplinam pertinet, explicatur et illustratur.**

Accedunt commentarius de antiquis regum Francorum palatiis, veterum scripturarum varia specimina, tabulis LX comprehensa, nova ducentorum et amplius monumentorum collectio. Opera et studio domni Johannis Mabillon, presbyteri et monachi ordinis S. Benedictii e congretatione S. Mauri (escrita em 1679, originalmente publicada em Paris, 1681, foi reeditada em Paris, 1709, e terceira edição, publicada em Nápoles, **De re diplomatica ... tertio editio aMarchione Bumbae Iohanne Adinari**, 2 vols., Nápoles, 1789 – online https://x0b.de/mabillon/mabillon-inhalt.html)

MABLY, **Droit public de l'Europe, fondé sur les Traités** par l'Abbé de ... (dois tomos, Paris, 1747 – https://gallica.bnf.fr > ark: ...; 2ª ed. com comentários de ROUSSET, dois tomos, Amsterdam, 1748, reimpr. 1761; 3ª ed., rev. e atualizada pelo autor, até a Paz de Hubertusburger, sem as notas de ROUSSET, três tomos, Genebra – na verdade, Paris – 1764; 4ª ed., idem, 1768; outras edições em Amsterdam, 1761 e 1766; quinta edição – com notas de ROUSSET e a obra de MABLY, **Principes des Négociations**, Amsterdam e Leipzig, três tomos, 1773; tb. em alemão, ___, **Das Staatsrecht von Europa**, Frankfurt, 1749)

MACEDO, Paulo Emílio Borges de O **nascimento do direito internacional** (São Leopoldo: Ed. Unisinos, 2009)

MACMILLAN, Margareth, **Les artisans de la paix** – comment LLOYD GEORGE, CLEMENCEAU et WILSON ont redessiné la carte du monde (do original **Peacemakers**, 2001, trad. de l'anglais par A. ZAVRIEW, Paris: J. C. Lattès, 2006, impr. 2008)

MAGALHÃES, J. C. de, *As leis de concorrência e a globalização: a competência extraterritorial do CADE* (in **Avances del derecho internacional privado en América latina**: liber amicorum Jürgen SAMTLEBEN, org. Jan KLEINHESTERKAMP & Gonzalo LORENZO, Montevideu: Fundación de cultura universitária, 2002, p. 365-378)

MOVCHAN, A., **Problems of boundaries and security in the Helsinki Declaration** (RCADI, 1977, t. 154, p. 1-43)

MAGNOLI, Demétrio (org.), **História da paz** (São Paulo: Contexto, 2008)

MAIMONIDES, Moisés, **Le guide des égarés** (traduit de l'arabe par Salomon MUNK, préf. de Claude BIRMAN) suivi de **Le traité des huit chapitres** (traduit de l'arabe par Jules WOLF, préf. Franklin RAUSKY, nouv. éd. révue par Charles MOPSICK, Paris: Verdier, © 1979, impr. 1996)

MAISSEN, Thomas, *L'invention de la tradition de neutralité helvétique: une adaptation au droit des gens naissant du XVIIe siècle* (in **Les ressources des faibles**, dir. de J.-F. CHANET e C. WINDLER, Rennes: Presses univ. de Rennes, 2009, p. 17-46)

MAKARCZYK, Jerzy (ed. by), **Essays in international law in honour of judge Manfred LACHS / Études de droit international en l'honneur du juge Manfred Lachs** (The Hague: Martinus Nijhoff / Institute of State and Law of the Polish Academy of Sciences-Institut de l'état et de droit de l'Académie polonaise des sciences, 1984)

MALANIMA, Paolo, *L'economia* (in **Storia degli antichi stati italiani**, a cura di Gaetano GRECO e Mario ROSA, Roma-Bari: Laterza, 1996, cap. VI, p. 249-295)

MALEBRANCHE, Nicolas, **De la recherche de la vérité** (orig. publ. 1674, ed. Paris: chez André Pralard, 1678; e Paris: chez Michel David, 1712)

___, **De novorum systematum inventoribus** (in **De inquirendo veritate libri sex**, Genebra, 1691)

MALERBA, Jurandir (org.), **Lições da história** – o caminho da ciência no longo século XIX (Rio de Janeiro: Ed. FGV, 2010)

MALETTKE, Klaus, *Vorwort / Préface* (**Les papiers de Richelieu** – tome II – **Empire allemand** (1630-1635) dir. de A. V. HARTMANN, Paris: Pedone, 1997, p. XII-XVI)

MALHERBE, Michel, **La philosophie de Francis Bacon** (Paris: Vrin, 2011)

MALHERBE, M.; POUSSEUR, J.-M., **Francis Bacon: science et méthode** (Paris: Vrin, 2002)

MANCINI, Pasquale Stanislao, **Direito internacional** (orig. publ. **Diritto internazionale. Prelezioni**, trad. Ciro MIORANZA, Ijuí, R.S.: Ed. Unijuí, 2003)

MANDELSTAM, A. N., **La politique russe d'accès à la Méditerranée au XXe siècle** (RCADI, 1934, t. 47, p. 597-802)

MANN, Thomas, **Essays**, Band 1 – Literatur, Frankfurt: Fischer, 1977)

___, *Goethes Werther* (in **Goethe im XX. Jahrhundert** – Spiegelungen und Deutungen, Hg. von Hans MAYER, Hamburg, 1967, p. 7 ss.)

MANZANO Moreno, E., **Historia de las sociedades musulmanas en la Edad média** (Madri: Síntesis, 1992)

MAQUIAVEL, Nicolau, **O Príncipe e outros escritos políticos** (trad. Lívio XAVIER, São Paulo: Folha de São Paulo, 2010)

___, **Comentários sobre a primeira década de TITO LÍVIO** (trad. Sérgio BATH, Brasília: Ed. UnB, 1979)

___, **Discorsi** (in **Tutte le opere**, a cura di Mário MARTELLI, Firenze: Sansoni, 1971, p. 73-254)

___ [MACHIAVELLI], **Tutte le opere** (a cura di Mario MARTELLI, Firenze: Sansoni, 1971)

MARAÑON, Gregorio, **Olivares** – der Niedergang Spaniens als Weltmacht (do original **El Conde-Duque de Olivares – La pasión de mandar**, s/d, übersetzt und eingeleitet von Ludwig PFANDL, München: Hermann Rinn, s/d, *Published under Military Government Information Control License Nr. US-E-161*)

MARCO AURÉLIO [Marcus Aurelius VERUS, depois Marcus Aurelius ANTONINUS], **Meditações** (original Τα εις εαυτον, trad. e notas de Jaime BRUNA, São Paulo: Abril – os Pensadores, 1973 vol. V, p. 271-329)

MARÈS, Antoine, **Histoire des tchèques et des slovaques** (Paris: Perrin, 2005)

MARROU, Henri-Irénée, **De la connaissance historique** (orig. publ. 1954; Paris: Seuil, 6e ed. rev. e aumentada, 1973)

MARTENS, G. F. de, **Précis du droit des gens moderne de l'Europe** (orig. publ. 1788, éd. revue et augmentée, Paris: Guillaumin, 1858, vol. I)

MARTUS, Steffen, **Aufklärung** – das deutsche 18. Jahrhundert – ein Epochenbild (Berlin: Rowohlt, 2015)

MATTOS, Hebe, *Colonização e escravidão no Brasil – memória e historiografia* (in **O Brasil colonial**, vol. I – 1443-1580, op. cit., 2014, p. 41-104)

MAUDUIT, Xavier, **Napoléon III** (Paris: PUF, 2023)

MAURO, Frédéric, **L'expansion européenne** 1600-1870 (orig. publ. 1964, Paris: PUF, 4ª ed., 1996)

MAUROIS, André [pseud. Emile Salomon Wilhelm HERZOG], **História de Inglaterra** – vol. II – Época moderna (orig. publ. **Histoire d'Angleterre**, s/d, trad. Maria Henriques OSSVALD, Lisboa: Aster, 1976)

MAZOVER, Mark, **O império de Hitler** – a Europa sob o domínio nazista (orig. publ. **Hitler's empire** – Nazi rule in occupied Europe, 2013, trad. Cláudio CARINA e Lucia BOLDRINI, São Paulo: Companhia das letras, 2013)

McGILLIVRAY, Royce, *Thomas Hobbes's History of the English Civil War* (in Journal of the History of Ideas, 1970, vol. XXXI, p. 179-198)

McMEEKIN, Sean, **The Ottoman endgame** – war, revolution and the making of the modern Middle East (London: Allen Lane – Penguin, 2015)

McWHINNEY, Edward, *The time dimension in international law, historical relativism and intertemporal law* (in **Essays in international law in honour of judge Manfred LACHS / Études de droit international en l'honneur du juge Manfred LACHS**, ed. by Jerzy MAKARCZYK, The Hague: Martinus Nijhoff / Institute of State and Law of the Polish Academy of Sciences-Institut de l'état et de droit de l'Académie polonaise des sciences, 1984, p. 179-199)

MELLO, Celso D. de A., **Curso de direito internacional público** (Rio de Janeiro: Renovar, 15ª ed., 2004)

___, *Aspectos gerais do direito internacional público contemporâneo* (XI Curso de derecho internacional, Comitê jurídico interamericano de la OEA, Washington: O.E.A. – Secretaria general, 1985, p. 3-27)

MELLO, Evaldo Cabral de (org.), **O Brasil holandês 1630-1654** (seleção, introdução e notas de E. C. de MELLO, São Paulo: Penguin Classics, 2010)

___, **Olinda restaurada** – guerra e açúcar no Nordeste 1630-1654 (Rio de Janeiro/São Paulo: Forense / Edusp, 1975)

MELVILLE, Herman, **Moby Dick or the Whale** (Londres: Penguin Classics, 1994)

___, **Moby Dick ou a baleia** (orig. publ. 1851, trad. Péricles Eugenio da Silva RAMOS, São Paulo: Abril Cultural, 1972)

MENDELSON, Maurice, **The formation of customary international law** (RCADI, 1998, vol. 272, p. 155-410)

MENDES, José, **Direito internacional público: preleções** (São Paulo: Duprat & Comp., 1913)

MENEZES, Edmilson; DONATELLI, Marisa (orgs.), **Modernidade e a ideia de história** (Ilhéus, Ba.: Editora da Universidade estadual de Santa Cruz, 2003)

MENEZES, Flô, **Matemática dos afetos** – Tratado de (re)composição musical (São Paulo: EDUSP-FAPESP, 2013)

MENK-BERTRAND, Ève, **L'image de Vienne et de Prague à l'époque baroque (1650-1740)** – Essai d'histoire des représentations (Estrasburgo: Presses Univ. de Strasbourg, 2008)

MERLE, Marcel, **Pacifisme et internationalisme XVIIe-XXe siècle** (Paris: Armand Colin, 1966)

MESME D'AVAUX, Claude du, **Mémoires de M. D. touchant les négociations du traité de paix fait à Münster en 1648** (Colônia, 1674; Grenoble. 1674)

MESZÁROS, Istvan, **O poder da ideologia** (orig. publ. **The power of idelogy**, 1989, trad. Paulo Cezar CASTANHEIRA, São Paulo: Boitempo, 2004)

METCALF, Barbara D.; METCALF, Thomas R., **A concise History of modern India** (Cambridge: Univ. Press, 3rd ed., 2012)

METTERNICH, **Mémoires, documents et écrits divers** laissés par le prince de Metternich (ed. française, Paris: Plon, 1879, 8 vols.)

MEVIUS, David, **Prodromum iurisprudentiae gentium communis** (1671 – online: unimunster.de)

MEYER, Jean, **L'Europe et la conquête du monde** (orig. publ. 1975, Paris: Armand Colin, 2009)

___, *Images et visions politiques 'européennes' de 1648 à 1661* (in **L'Europe des traités de Westphalie**, dir. de L. BÉLY, Paris: PUF, 2000, p. 227-244)

MEYER, Philippe, **Baltiques** – histoire d'une mer d'ambre (Paris: Perrin – tempus, 2013)

MICHAUD, Claude, **Entre croisades et révolutions** – princes, noblesses et nations au centre de l'Europe (XVIe-XVIIIe siècles) – *Scripta varia* (avec la collab. de Christine LEBEAU, Paris: Publ. de la Sorbonne, 2010)

MILTON, John, **The complete prose works** (ed. by Ernest SIRLOCK, New Haven: Yale Univ. Press, 1983, vol. IV – 1650-1655)

MIRANDOLA, Pico dela, **De la dignité de l'homme – Oratio de hominis dignitate** (1487, ed. bilingue, trad., préfacé et annoté par Yves HERSANT, © 1993, Paris: Éds. de l'éclat, 2016)

MIRKINE-GUETZÉVITCH, B., **L'influence de la révolution française sur le développement du droit international dans l'Europe orientale** (RCADI, 1928, t. 22, p. 295-458)

MISHIMA, Yukio, **O pavilhão dourado** (orig. publ. **Kinkakuji**, 1949, trad. do japonês e glossário Shintaro HAYASHI, São Paulo: Companhia das Letras, 2010)

MISSOFFE, Michel, **Metternich (1773-1859)** (Paris: Fayard, 1959)

MITTERAUER, Michael, **Warum Europa?** – Mittelalterliche Grundlagen eines Sonderwegs (orig. publ. 2003, Munique: Beck, 5ª ed., 2009)

MOCHI ONORE, Lorenza, **Dipinti del '700** (Roma: Galleria Nazionale d'Arte Antica di Palazzo Barberini, 2007)

MOEGLIN, Jean-Marie, *Le Saint Empire: contrat politique et souveraineté partagée* (in **Avant le contrat social**, op. cit., 2011, p. 173-191)

MOLIÈRE [Jean-Baptiste POQUELIN] (1622-1673), **Le misanthrope** (1666, texte établi par Jacques CHUPEAU, Paris: Gallimard-Folio téâtre n. 28, © 1996, ed. 2000)

MOLNAR, Miklós, **Histoire de la Hongrie** (orig. publ. 1980, Paris: Perrin – Coll. tempus, vol. 78, nouv. éd. 1996, impr. 2010)

MONTAIGNE, Michel de, **Essais** (in **Œuvres complètes**, textes établis par Albert THIBAUDET et Maurice RAT, introduction et notes par Maurice RAT, Paris: Gallimard – Pléiade, © 1962, impr. 1992)

MONTESQUIEU, Charles de Secondat, Barão de La Brède et de, **De l'esprit des lois** (texte présenté et annoté par Roger CAILLOIS, Paris: Gallimard – Pléiade, © 1951, impr. 1994)

___, **Espírito das leis** (intr. e notas de Gonzague TRUC, trad. Fernando Henrique CARDOSO e Leôncio Martins RODRIGUES, São Paulo: Abril – Os pensadores, vol. XXI, 1973)

___, **Lettres persanes** (1721, in **Œuvres complètes**, Paris: Gallimard-Pléiade, texte annoté et présenté par Roger CAILLOIS, 1949, impr. 1990, vol. I, p. 129-386)

MONTPLAISIR, Daniel de, **Le comte de Chambord** – dernier roi de France (orig. publ. 2008, Paris: Perrin, 2012)

Monumenta Europae Historica, Armand Jean du PLESSIS, cardeal de RICHELIEU, **Les papiers de Richelieu** – section politique extérieure / correspondance et papiers d'état – **Empire allemand** tome I (1616-1629) (par Adolf WILD, préf. Stephan SKALWEIT, Paris: Pedone, 1982)

___, ___, **Empire allemand** tome II (1630-1635) (par Anja Victorine HARTMANN, préfaces Hermann WEBER et Klaus MALETTKE, Paris: Pedone, 1997)

___, ___, **Empire allemand** tome III (1636-1642) (par Anja Victorine HARTMANN, préfaces Hermann WEBER et Klaus MALETTKE, Paris: Pedone, 1999)

___, ___, **Empire allemand** (1616-1642 – Index des tomes I, II et III) (par Aurélia BERGER, Paris: Pedone, 2003)

MORE, Thomas, **A sós, com Deus** – escritos da prisão 1534-1535 (trad. Roberto Vidal da Silva MARTINS, São Paulo: Quadrante, 2002)

MOREAU-REIBEL, J., **Le droit de société interhumaine et le *jus gentium*. Essai sur les origines et le développement des notions jusqu'à GROTIUS** (RCADI, 1950, t. 77, p. 481-598)

MORIN, Jacques-Yvan, **L'état de droit – émergence d'un principe de droit international** (RCADI, 1995, t. 254, p. 9-462)

MORITZ, Karl Philipp, **Viagem de um alemão à Itália** (1786-1788) (orig. publ. **Reisen eines Deutschen in Italien**, trad., introd. e notas Olivier TOLLE, São Paulo: Imprensa oficial do estado – Humanitas, coleção 'formação da estética', vol. 2, 2007)

MORRALL, John B., **Aristóteles** (orig. publ. **Aristotle**, 1977, trad. Sérgio DUARTE, Brasília: Ed. UnB – Col. pensamento político, vol. 31, 1981)

MOSER, Johann Jacob, **Anfangsgründe der Wissenschaft von der gegenwärtigen Staatsverfassung von Europa, und dem unter denen europäischen Potenzien üblichen Völker- oder allgemeinen Staatsrechte 1ter. Theil** (Tübingen, 1732)

___, **Entwurf einer Einleitung zu dem allerneuesten europäischen Völkerrecht in Friedens- und Kriegszeiten** (1736)

___, **Grundsätze des jetzt üblichen europäischen Völkerrechts in Friedenszeiten** (Hanau, 1750)

___, **Grundsätze des jetzt üblichen europäischen Völkerrechts in Kriegszeiten** (Tübingen, 1752)

___, **Von der Garantie des Westphälischen Friedens, nach dem Buchstaben und Sinn desselbigen** (1767 – online https://www.deutsche-digitale-bibliothek.de >)

___, **Grundlehren des jetzigen europäisches Völkerrechts in Friedens- und Kriegszeiten** (Nuremberg, 1778)

___, **Versuch des neuesten europäischen Völkerrechts in Friedens- und Kriegszeiten, vornehmlich aus denen Staatshandlungen derer europäischen Mächten, auch andere Begebenheiten, so sich seit dem Tode Kaiser Carls VI. im Jahre 1740 zugetragen haben** (1780)

MOUSNIER, Roland, **L'homme rouge ou la vie du cardinal de Richelieu** (Paris: R. Laffont, 1992)

___, **Os séculos XVI e XVII** – tomo 9 – a grande mutação intelectual da humanidade (orig. publ. **Histoire générale des civilisations – Les siècles XVI et XVII**, dir. de M.

CROUZET, trad. Vítor RAMOS, J. GUINSBURG e Geraldo G. de SOUZA, São Paulo: Difel, 4ª ed., 1973)

___, ___ - tomo 10 - a Europa e o mundo (orig. publ. **Histoire générale des civilisations - Les siècles XVI et XVII**, dir. de M. CROUZET, trad. Pedro Moacyr CAMPOS, São Paulo: Difel, 3ª ed., 1968)

MOUTSOPOULOS, Evangelos, **La philosophie de la musique dans la dramaturgie antique** - formation et structure (Atenas: Publications de la Société hellénique des études philosophiques - Ed. Hermès, 1975)

___, **Conformisme et déformation**: mythes conformistes et structures déformantes (Paris: PUF, 1978)

MÜLLER, Konrad (hrsg.), **Instrumenta pacis Westphalicae / Die Westfällischen Friedensverträge** (Vollständiger lateinischer Text mit Übersetzung der wichtigsten Teile und Regesten, Bern / Frankfurt a. M.: Lang - Quellen zur Neueren Geschichte, 1975)

MÜLLER, Rainer (Hrsg), **Deutsche Geschichte in Quellen und Darstellung** - Band 3 - **Reformationszeit 1495-1555** (Ulrich KÖPF hrsg., Stuttgart: Reclam - Univ. Bibl. Nr. 17003, 2001)

___, ___ - Band 4 - **Gegenreformation und Dreissigjähriger Krieg 1555-1648** (Bernd ROECK hrsg., Stuttgart: Reclam - Univ. Bibl. Nr. 17004, ed. 1996, impr. 2002)

___, ___ - Band 5 - **Zeitalter des Absolutismus, 1648-1789** (Helmut NEUHAUS hrsg., Stuttgart: Reclam - Univ. Bibl. Nr. 17005, ed. 1997, impr. 2006)

___, ___ - Band 6 - **Von der Französischen Revolution bis zum Wiener Kongress, 1789-1815** (Walter DEMEL und Uwe PUSCHNER hrsg., Stuttgart: Reclam - Univ. Bibl. Nr. 17006, ed. 1995, impr. 2008)

___, ___ - Band 7 - **Vom Deutschen Bund zum Kaiserreich 1815-1871** (Wolfgang HARDTWIG und Helmut HINZE hrsg., Suttgart: Reclam - Univ. Bibl. Nr. 17007, orig. publ. 1997, ed. 2007)

MUÑOZ Veiga, Jacobo (dir.), **Diccionario Espasa Filosofia**, Madri: Espasa-Calpe, 2003)

MUNRO, Alice, **O amor de uma boa mulher** (orig. publ. **The love of a good woman**, 1998, trad. Jório DAUSTER, São Paulo: Companhia das Letras, 2013)

NADEAU, C.; SADA, J., **Guerre juste, guerre injuste**: histoire, théories et critiques (Paris: PUF, 2009)

NASCIMENTO E SILVA, G. E. do; CASELLA, P. B.; BITTENCOURT NETO, O. de O., **Direito internacional diplomático** - Convenção de Viena sobre relações diplomáticas na teoria e na prática (São Paulo: Saraiva, 4ª ed., 2012)

NEFF, Stephen C., *A short History of International Law* (in **International law**, ed. by M. EVANS, Oxford: Univ. Press, third ed., 2010, p. 3-31)

Négociations secrètes touchant la paix de Münster et d'Osnabrug - ou Recueil général des Préliminaires, Instructions, Lettres, Mémoires &c. concernant ces Negotiations, depuis leur commencement en 1642 iusqu'à leur conclusion en 1648. Avec les Depéches de Mr. de VAUTORTE, et autres Pièces au suiet du même Traité iusqu'en 1654 inclusivement, le tout tiré des manuscrits les plus authentiques. Ouvrage absolumment necessaire à tous ceux, qui se pourvoiront du Corps Diplomatique ou grand Recueil des Traités de paix, et d'autant plus utile aux Politiques et Negotiateurs, qu'il renferme le fondement du Droit public (com dois estudos introdutórios: *Préface his-*

torique e Iean LECLERC, *Sur l'origine du droit de la nature, du celui des gens, et de celui qu'on nomme publice*, La Haye: chez Iean Neaulme, 4 tomes, 1725-1726)

NEMO, Philippe, **Histoire des idées politiques** aux temps modernes et contemporains (orig. publ. 2002, Paris: PUF, 3ª tiragem, 2009)

NEUBERT, Karel; ROYT, Jan, **Praga Caput Regni** (trad. du tchèque par M. POGNAN, Praga: Odeon, 1991)

NEUMAYR von RAMSLA, Johan Wilhelm, **Von der Neutralitet und Assistenz oder Unparteyligkeit und Parteyligkeit in KriegsZeiten sonderbarer Tractat oder Handlung** (Erfurt: J. Birckner, 1620, 183 p.; 2a. ed., 1625, 691 p.)

___, **Von Bündnüssen und Ligen in Kriegszeiten** (Jena, 1624)

___, **Sonderbarer Tractat von Friedenshandlungen und Verträgen** (Jena, 1624)

NEWTON, Isaac, **Philosophia naturalis principia mathematica** (orig. publ. Londini: juxta Societatis Regiae ac Typis J. Streater, 1687, 3 vols., trad. "en français, par feue Madame la marquise du CHASTELLET", Paris: Dessaint & Saillant et Lambert Imprimeurs, 1759, 2 tomes – online)

NEYRON, Pierre Ioseph, **Principes du droit des gens européen conventionnel et coutumier, ou bien Précis historique politique et juridique des droits et obligations, que les États de l'Europe se sont acquis et imposes par des conventions et des usages reçus, que l'intérêt commun a rendu nécessaires** par P. J. N., D.(octeur) en Droits, Instituteur de Msgr. le Prince hered. de Bronsu. Luneb. Prof. ord. du droit civil et publ. Syndic du College Carolin. Bronsuic. (Brunswick: Librairie des Orphelins, 1783 – online: books.google.com.br)

NGUYEN Quoc Dinh; DAILLIER, P.; PELLET, A., **Droit international public** (Paris: LGDJ, 3e ed., 1994)

NICOL, Donald M., **Les derniers siècles de Byzance** (1261-1453) (orig. publ. **The last centuries of Byzantium**, 1972, trad. Hughes DEFRANCE, Paris: Tallandier, 2008)

NICOLLIER, Béatrice, **Le Saint Empire romain germanique (1495-1648)** (Paris: Ellipses, 2012)

NICOLSON, Harold George, **The Congress of Vienna** – a study in allied unity 1812-1822 (New York: Constable and Co. Ltd., 1946)

___, **Peacemaking 1919** (orig. publ. Londres: Houghton Mifflin, 1933, reprinted Safety Harbor, Fl.: Simon Publications, 2001)

NIPPOLD, Otfried, **Le développement historique du droit international depuis le Congrès de Vienne** (RCADI, 1924, t. 2, p. 1-24)

NIGARDI, Sal., **Disquisitio iurium et obligationum, quae circa pacem Westphalicam in Imperio Rom. Germ. competunt regi ac regno Galliarum** (Lugd. Bat., 1750)

NOLTE, Hans-Heinrich, **Geschichte Russlands** (Stuttgart: Reclam, vol. 18960 (c) 1998, nova ed., 2012)

NORDMAN, Daniel, *Les titres et les preuves – la notion de droits historiques en France (1648-1661)* (in **L'Europe des traités de Westphalie**, dir. de L. BÉLY, Paris: PUF, 2000, p. 245-252)

NORWICH, John Julius, **Histoire de Byzance** (330-1453) (orig. publ. **A short history of Byzantium**, 1988, trad. Dominique PETERS, Paris: Perrin tempus, 2009)

NOUR, Soraya, **À paz perpétua de KANT** – filosofia do direito internacional e das relações internacionais (prefácio Carlos Henrique CARDIM, São Paulo: Martins Fontes, 2004)

NOVAIS, Fernando A.; SILVA, Rogério F. da (org.), **A nova História em perspectiva** (São Paulo: Cosac & Naify, 2011)

NOVICOW, J., **La politique internationale** (intr. Eugène VERON, Paris: Felix Alcan, 1886)

NYS, Ernest, **Les origines du droit international** (Bruxelles: Alfred Chastaigne / Paris: Thorin & Fils, 1894)

OAKESHOTT, Michael, **Hobbes on civil association** (Oxford: Basil Blackwell, 1975)

___, **L'association civile selon Hobbes** – suivi de Cinq essais sur Hobbes (trad. et notes par Dominique WEBER, Paris: Vrin, 2011)

O'BRIEN, Máire; O'BRIEN, Conor Cruise, **Ireland** – a concise History (Londres: Thames and Hudson, orig. publ. 1972, 3rd ed., 1985, reprinted, 1999)

OCHOA BRUN, Miguel Ángel, *La diplomatie espagnole dans la première moitié du XVIIe siècle* (in **L'Europe des traités de Westphalie**, dir. de L. BÉLY, Paris: PUF, 2000, p. 537-554)

OEA, **Convenção interamericana para prevenir e punir a tortura** (assinada em Cartagena das Índias, em 9 de dezembro de 1985, no Brasil, Dec. n. 98.386, de 9 de novembro de 1989)

OFFENSTADT, N., **Faire la paix au Moyen Âge** – discours et gestes de paix pendant la guerre de Cent ans (Paris: Odile Jacob, 2007)

OLIVE, L., *Wolff* (in **Les fondateurs du droit international**: leurs œuvres, leurs doctrines, introduction de A. PILLET, Paris: V. Giard & E. Brière, 1904, p. 447-479)

O'MEARA, Dominic; SCHAMP, Jacques (anthologie éditée par), **Miroirs de prince** – de l'Empire romain au IVe siècle (Fribourg: Presses universitaires / Paris: Cerf, 2006)

OMPTEDA, Dietrich Heinrich Ludwig von, **Literatur des gesamten natürlichen und positiven Völkerrechts** ("Neudruck der Ausgabe Regensburg 1785", Aalen: Scientia Verlag, 1963)

ONFRAY, Michel, **Théorie du voyage** – poétique de la géographie (Paris: LGF-Le livre de poche, 2007)

ONU, **Carta da Organização das Nações Unidas** (assinada em 26 de junho de 1945, ratificada pelo Brasil, depósito do instrumento em 12 de setembro de 1945, promulgada pelo Dec. 19841, de 22 de outubro de 1945)

___, **Declaração contra a tortura / Declaration on the protection of all persons from being subject to torture and other cruel, inhuman or degrading treatment or punishment** (UNGA Resolution 3452 (XXX) adotada pela Assembleia geral da Organização das Nações Unidas, em 9 de dezembro de 1975)

___, **Convenção contra a tortura e outros tratamentos ou penas cruéis, desumanos ou degradantes** (assinada em Nova York, em 10 de dezembro de 1984; no Brasil, Dec. n. 40, de 15 de fevereiro de 1991)

ONUMA Yasuaki, **A Transcivilizational Perspective on International Law** (RCADI, 2009, vol. 342; tb. publ. Haia: Pocketbooks of the Hague Academy of International Law, 2010)

___ (edited by), **A normative approach to war**: peace, war and justice in Hugo Grotius (Oxford: Clarendon Press, 1993)

OSTERHAMMEL, Jürgen, **Die Verwandlung der Welt** – Eine Geschichte des 19. Jahrhunderts (orig. publ. 2009, Munique: Beck, "Sonderausgabe", 2011)

___, **Die Entzauberung Asiens** – Europa und die asiatischen Reiche im 18. Jahrhundert (orig. publ. 1998, Munique: Beck, 2010)

OTTO, Everb., **Tract. iuris gentium de titulo Imperatores Russorum** (Ultraj., 1722; Halae, 1724)

ÖZSU, U., *Ottoman Empire* (in **The Oxford Handbook of the History of International Law**, ed. by B. Fassbender and A. Peters, Oxford: Univ. Press, 2012, chap. 18, p. 429-448)

PADFIELD, Peter, **Maritime supremacy and the opening of the Western mind**: naval campaigns that shaped the modern world 1588-1782 (orig. publ. 1999, Londres: Random House, 2000)

PADMASANBHAVA (composed by), **The Tibetan book of the dead**, or **The great liberation by hearing in the intermediate states** (revealed by TERTON KARMA LINGPA, translated by GYURME DORJE, ed. by Graham COLEMAN with THUUTEN JINPA, introductory commentary by his Holiness the DALAI LAMA, Londres: Penguin, 2005)

PAGDEN, Anthony (ed. by), **The languages of political theory in early modern Europe** (orig. publ. 1987, Cambridge: Univ. Press, 1990)

PALMER, Alan, **Declínio e queda do império otomano** (orig. publ. **The decline and fall of the Ottoman Empire**, 1992, trad. Gleuber VIEIRA, Rio de Janeiro: Globo livros, 2013)

PANCRACIO, Jean-Paul; GUIGNARD, Pierre-Henri, **Protocole & cérémonial** (Paris: Pedone, 2012)

PANOFSKY, Erwin, **Essais d'iconologie** – thèmes humanistes dans l'art de la Renaissance (orig. publ. **Studies in iconology**, 1939, trad. Claude HERBETTE e Bernard TEYSSÈDRE, présenté et annoté par Bernard TEYSSÈDRE, Paris: Gallimard – tel, 2021)

___, **La Renaissance et ses avant-courriers dans l'art d'Occident** (orig. publ. **Renaissance and Renascences in Western Art**, 1960, trad. Laure MEYER, Paris: Flammarion – champs – arts, 2012)

PARRY, C. (ed. by), **Consolidated treaty series 1648-1919** (Dobbs Ferry-New York: Oceana Publications, 1969-1981, 231 volumes)

PASCAL, Blaise, **Pensées** (in **Œuvres complètes**, texte établi, présenté et annoté par Jacques CHEVALIER, Paris: Gallimard-Pléiade, © 1954, impr. 1991, p. 1081-1345)

___, **Pensamentos** (introdução e notas de Ch.-M. des GRANGES, trad. Sérgio MILLIET, São Paulo: Abril – os Pensadores, vol. XVI, 1973)

___, **Les Provinciales** (in **Œuvres complètes**, texte établi, présenté et annoté par Jacques CHEVALIER, Paris: Gallimard-Pleiade, © 1954, impr. 1991, p. 657-945)

___, **Les écrits sur la grâce** (ed. cit., 1954, impr. 1991, p. 947-1044)

PAYEN, Pascal, *Johann Gustav DROYSEN et l'histoire de l'Hellénisme: l'époque hellénistique entre ALEXANDRE et la Prusse* (in J. G. DROYSEN, **Histoire de l'Hellénisme**, Grenoble: Éd. Jérôme Millon, 2005, 2 vols., vol. I, p. 5-82)

PELLER von und zu SCHEPPERSHOF, Christopher, **Collectio praecipuorum tractatuum pacis ab anno 1647 ad annum 1666 utpote Hispanorum et Belgarum, Osnabrugensis, Monasteriensis, Cromwellio-Holandicus, Dano-Suedicus, Pyrenaicus, Polono-Suecicus** (orig. publ. Norib., 1666, nova ed., dois tomos, 1684)

PENDLE, George, **A history of Latin America** (orig. publ. 1963, Londres: Penguin, 1990)

PEREIRA, Lafayette Rodrigues, **Princípios de direito internacional** (Rio de Janeiro: Jacinto Ribeiro dos Santos Ed., 1903)

PEREIRA, Rosalie H. de Souza (org.), **O Islã clássico** – itinerários de uma cultura, São Paulo: Perspectiva, 2007)

PERINO-ROUX, Julie, **Les Templiers** (textes rédigés avec la collaboration de, Vic-en--Bigorre: MSM – Coll. In Situ, 2015)

PETERS, Edward, **Tortura** – uma visão sistemática do fenômeno da tortura em diferentes sociedades e momentos da história (orig. publ. **Torture**, 1985, trad. Lia SPINELLI, São Paulo: Ática, 1989)

PEVSNER, Nikolaus, **Panorama da arquitetura ocidental** (orig. publ. **An outline of European Architecture**, 1943, trad. José Teixeira COELHO Neto e Silvana GARCIA, São Paulo: Martins Fontes, 2ª ed., 2002)

PEYREFITTE, Alain, **L'empire immobile** – ou le choc des mondes – récit historique (Paris: Fayard, 1989)

PEYREFITTE, Roger, **Voltaire et Frédéric II** (Paris: Albin Michel, 1992, 2 tomos)

___, **Voltaire – sa jeunesse et son temps** (Paris: Albin Michel, 1985, 2 tomos)

PHILONENKO, Alexis, **Essai sur la philosophie de la guerre** (orig. publ. 1976, Paris: Vrin – problèmes & controverses, 2e éd. augmentée, 2003)

PIAIA, Gregorio; SANTINELLO, G. (ed. by), **Models of the History of Philosophy** (International Archives of the History of Ideas – Archives internationales d'histoire des idées, DOI 10.1007/9789048195077_2 © Springer Science+Business Media B.V., 2011)

PIAIA, Gregorio, *Philosophical historiography in France from BAYLE to DESLANDES* (in **Models of the History of Philosophy**, ed. by G. PIAIA & G. SANTINELLO, International Archives of the History of Ideas – Archives internationales d'histoire des idées, DOI 10.1007/9789048195077_2 © Springer Science+Business Media B.V., 2011, p. 93 ss.)

PICQ, Jean **Une histoire de l'état en Europe** – Pouvoir, justice et droit du Moyen âge à nos jours (Paris: Presses de Sciences Po, 2009)

PIEPER, Dietmar; SALTZWEDEL, Johannes (Hg.), **Der Dreissigjährige Krieg** – Europa im Kampf um Glaube und Macht 1618-1648 (Munique: Deutsche Verlags-Anstalt, 2012)

___; ___ (Hg.), **Die Welt der Habsburger** – Glanz und Tragik eines europäischen Herrscherhauses (Munique: Wilhelm Goldmann, 2011)

PIERRARD, Pierre, **Dictionnaire des prénoms et des saints** (Paris: Larousse, 1974)

PIERRAT, Emmanuel, **Le sexe et la loi** (Paris: La Musardine, 2002)

PIGNATTI, Terisio, **Antonio Canal, detto il Canaletto** (Florença: Giunti, 2001)

PIRENNE, Jacques-Henri, **La Sainte-Alliance** – organisation européenne de la paix mondiale (Neuchâtel: éd. de la Baconnière, 1946-1949, 2 vols.)

PISTONE, S., *Razão de estado* (in **Dicionário de política**, orig. publ. 1983, por N. BOBBIO, N. MATTEUCCI e G. PASQUINO, trad. J. FERREIRA, C. C. VARRIALE e outros, Brasília: Ed. UnB, 1986, p. 1066-1073)

PLANAS SUAREZ, S., **L'extension de la doctrine de Monroe dans l'Amérique du Sud** (RCADI, 1924, t. 5, p. 267-366)

PLÍNIO [PLINII], **Naturalis historia** (with an English translation by H. RACKHAM, Cambridge, Ma.: Harvard U.P. / Loeb Classical Library, 10 volumes, LCL 330 – preface and books 1-2, 1st. publ., 1938, rev. 1944 e 1949, reprinted, 2004)

___, **Histoire naturelle** (textes choisis et présentés d'après la traduction de LITTRÉ, par Hubert ZEHNACKER, Paris: Gallimard-Folio 3090, © 1999, impr. 2007)

POGLIETTI, Alessandro, **Il Rossignolo** – œuvres pour clavecin (executadas por Jörg-Andreas BÖTTICHER, Schola Cantorum Basiliensis – Documenta, Colonia: Westdeutsche Rundfunk / Arles: Harmonia Mundi – HMC 905242, © 1998)

POIRIER, Philippe, **Les enjeux de l'histoire culturelle** (Paris: Seuil, 2004)

POLÍBIO [POLYBE], **Histoire** (texte traduit, présenté et annoté par Denis ROUSSEL, Paris: Gallimard – Pléiade, 1970)

POMEAU, René, **Voltaire** (Paris: Seuil, orig. publ. 1955, reimpr. 1977)

POMPEJI, Nic. Andr., **Dissert. de existentia iuris gentium** (Altdorf, 1688)

PONCET, Olivier, *Les contradictions d'une diplomatie – le Saint-Siège face aux demandes indultaires des souverains catholiques (Espagne, France, Portugal) de 1640 à 1668* (in **L'Europe des traités de Westphalie**, Paris: PUF, 2000, p. 253-265)

PONTES DE MIRANDA, F. C., **La conception du droit international privé d'après la doctrine et la pratique au Brésil** (RCADI, 1932, t. 39, p. 551-678)

PORTER, Yves, **Les iraniens** – Histoire d'un peuple (Paris: Armand Colin, 2006, reimpr. 2007)

PORTOGHESI, Paolo, **Francesco Borromini** (Milão: Electa, ristampa, 1994)

___, **La mano di Palladio** (fotografie Lorenzo CAPELLINI Torino: Umberto Allemandi, 2008)

POUMARÈDE, Gérard, *La question d'Orient au temps de Westphalie* (in **L'Europe des traités de Westphalie**, Paris: PUF, 2000, p. 363-390)

PRATT, Michael, **The great country houses of central Europe** – Czechoslovakia, Hungary, Poland (photography by Gerhard TRUMLER, New York: Abbeville Press, 1991)

PRAZ, Mario, *La tradizione iconologica* (estudo introdutório à **Nova Iconologia** del Cavalier Cesare RIPA, 1593 e 1603, ed. P. BUSCAROLI, Milano: TEA, 2008, p. XIII-XVIII)

PREISER, Wolfgang, *History of international law, Ancient times to 1648* (in **Encyclopedia of International Law**, 2012, vol. IV, p. 869-896)

___, *History of International Law, Basic questions and principles* (in **Encyclopedia of International Law**, 2012, vol. IV, p. 896-902)

___, **Macht und Norm in der Völkerrechtsgeschichte** (Baden-Baden: Nomos, 1985)

___, *Frühe völkerrechtliche Ordnungen der aussereuropäischer Welt – Ein Beitrag zur Geschichte des Völkerrechts* (Sitzungsberichte der Wissenschafltichen Gesellschaft an der Johann Wolfgang Goethe-Universität Frankfurt am Main, Wiesbaden: Franz Steiner, 1976 – traduzido para o francês e publicado por R. KOLB, **Esquisse d'un droit international public** des anciennes cultures extra européennes, Paris: Pedone, 2010)

___, **Macht und Norm in der Völkerrechtsgeschichte** (Baden-Baden: Nomos, 1985)

PROSCHWITZ, Gunnar von (texte établi et commenté par), **Catherine II et Gustave III** – Une correspondance retrouvée (Estocolmo: Nationalmuseum, 1998)

PRZEWODOWSKI, Oscar, **O século XVII no seu sentido jurídico internacional** – o advento do direito das gentes GROTIUS (Rio de Janeiro: Jornal do Commercio / Rodrigues & Cia., 1941)

PUFENDORF, Samuel von, **Elementa** ou **Elementorum juris prudentiae universalis**, libri duo (orig. publ. 1660, in **Gesammelte Werke**, Band 3, hrsg. Thomas BEHME, Berlim: Akademie Verlag, 1999)

___, **De jure naturae et gentium libri octo** (orig. publ. Lund, 1672)
___, ___ (cum integris Commentariis Virorum Classirimorum Jo. Nicolai HERTII atque Joannis BARBEYRACI, recensuit & animadversionibus illustravit Gottfridus MASCOVIUS, Francofurti & Lipsiae: ex officina Knochiana, MDCCXLIV)
___, ___ (in **Gesammelte Werke**, Band 4.1 – liber primus – liber quartus, Band 4.2 – liber quintus – liber octavus, hrsg. Frank BÖHLING, Berlim: Akademie Verlag, 1998)
___, **Of the Law of nature and nations** eight books ("translated into English from the best edition", "with a short introduction", Oxford: Lichfield, MDCCIII)
___, **De jure naturae et gentium libri octo** (Latin text – edição de 1688 – and English translation by C. H. and W. A. OLDFATHER, Oxford: The Classics of International Law, 2 tomos, 1934, e reimpr. Buffalo, N.Y.: W. S. Hein, 1995)
___, **De officio hominis et civis iuxta legem naturalem** (orig. publ. Lund, 1673)
___, ___ (in **Gesammelte Werke**, Band 2, hrsg. Gerald HARTUNG, Berlim: Akademie Verlag, 1997)
___, **On the duty of man and citizen according to natural law** (ed. by James TULLY, transl. by Michael SILVERTHRONE, Cambridge: Univ. Press – Cambridge texts in the history of political thought, 1991)
___, **Les devoirs de l'homme et du citoyen** – tels qu'ils sont prescrits par la loi naturelle (trad. du latin par Jean BARBEYRAC, Londres: chez Jean Nourse, MDCCXII – ed. facsimilar Caen: Univ. de Caen – Centre de philosophie politique et juridique – Bibliothèque de philosophie politique et juridique, 1989, 2 tomes)
___, **Os deveres do homem e do cidadão de acordo com as leis do direito natural** (trad. para o inglês de Andrew TOOKE, 1691, org. e introdução Ian HUNTER e David SAUNDERS, [seguido de] *Dois discursos e um comentário* por Jean BARBEYRAC, trad. D. SAUNDERS, 2003, trad. Eduardo FRANCISCO ALVES, Rio de Janeiro: Topbooks – Liberty Fund, 2007)
___, [sob o pseudônimo] Severini de MONZAMBANO Veronensis, **De statu imperii germanici ad Laelium fratrem** Dominum Trezolani, Líber Unus (Veronae: apud Franciscum Giulium, MDCLXVII)
___, Severini de MONZAMBANO Veronensis, **De statu imperii germanici ad Laelium fratrem** Dominum Trezolani, Líber Unus (Genevae: apud Petrum Columesium, MDCLXVII)
___, Dominus de MONZAMBANO, Illustratus & Restrictus sive Severini de Monzambano, Veronensis, **De statu imperii germanici ad Laelium fratrem** Dominum Trezolani, Liber Unus – Discursibus Ivridico-Politicis explicatus & restrictus: in quibus *elegantissima iuris publici Romano-Germanici materia v.g. de finibus ac limitibus Germania antiquis et hodiernis; de Germanorum Imperio Romano; de variis exterorum adversus Imperium molitionibus; de Maiestati Imperatoris & libertate Imperii Ordinum; de Reip. Imperii forma prasenti per Instrumentum Pacis stabilita etc. aliaque, quas Index discursuum in sinenotarum exhibet, ad modernum seculi genium curiose firmissimis rationibus deducuntur* (Opera & Studio Pacifici a Lapide, Germano Constantiensis, Utopiae apud Vdonem Neminem, Vico ubique, ad insigne veritatis, 1668, i.e., publicada em lugar nenhum (*utopia*), por ninguém (*neminem*), na rua em toda parte (*vico ubique*), sob a insígnia da verdade)
___, ___ – edição de 1671 – além da obra Severini de MONZAMBANO Veronensis, **De statu imperii germanici ad Laelium fratrem** Dominum Trezolani, Líber Unus, con-

tém o texto de ensaio de Samuelis PUFENDORFII, **Disquisitio de Republica Irregulari** ad Severini MOMBANZANO (*Ad exemplar Londinense*, MDCLXXI)

___, ___ – edição datada de 1684, publ. em 1685 – SEVERINUS DE MONZANBANO, Veronensis, **De statu Imperii germanici ad Laelium fratrem, Dominum Trezolani, Líber unus** ("editio novissima, additionibus necessariis aucta atque emendata", MDCLXXXIV)

___, **De statu imperii germanici**, liber unus (Latin edition, reprint Charleston: Nabu Press, 2013)

___, **Die Verfassung des deutschen Reiches** (Übersetzung, Anmerkungen und Nachwwort von H. DENZER, Stuttgart: Reclam Verlag – Universal Bibliothek, vol. 966[3]. 1985)

___, **Eris scandica, qua adversus libro de jure naturali et gentium objecta diluuntur** (1686)

___, **Einleitung zu der Historie der vornehmsten Reichen und Staaten von Asia, Afrika und America welche nach dein gelehrter Engelländer kürzlich abgehandelt und beschrieben, Anjetzo aus dem Englischen ins Hoch-Teutsche übersetzt** (edição Frankfurt, 1706, 4 vols. – cf. exemplar da Biblioteca Nacional de Viena – online)

___, **Eris scandica, qua adversus libro de jure naturali et gentium objecta diluuntur** (orig. publ. 1686)

___, **Specimen controversiarum circa ius naturale ipsi nuper motarum** (Uppsala, 1678)

___, **Dissertationes academicae selectiores** (seguido de **Specimen controversiarum**, *De rebus gestis Philippi Amyntai filio* (1663) e *De origine et progressu disciplinae juris naturalis* – anno MDCCXXV editae sunt opus a Samuele Pufendorf scriptum. In hoc libro, auctor varias disputationes philosophicas tractat, quae ad ius naturale et gentium perṭinent (Londini Scanorum: Adamus Junghans, 1775, online books.google.com.br – exemplar da Universidade de Lausanne)

___ [sob pseudônimo Basilius HYPERTA], **Historische und politische Beschreibung der geistlichen Monarchie des Stuhls zu Rom** (1679)

___, **Commentariorum de rebus suecicis libri XXVI ab expeditione Gustavi Adolphi in Germaniam ad abdicationem usque Christinae** (1686) e **De rebus a Carolo Gustavo Sueciae rege gestis commentariorum libri VII** (1696) (posteriormente traduzidas e publicadas como 'História geral' da Suécia, em dois volumes, em 1702)

___, **De rebus Friderici Magni Electoris Brandenburgici commentariorum libri XIX** (1692)

___, **De rebus gestis Friderici III Electoris Brandenburgici** (publicado somente em 1784)

___, **De habitu religionis christianae ad vitam civilem** (1687)

___, **Jus feciale divinum sive de consensu et dissensu protestantium exercitatio posthuma** (1695)

___, **Introduction à l'histoire moderne, générale et politique de l'univers** – où l'on voit l'origine, les révolutions, l'état présent & les intérêts des souverains, par Mr. le baron de PUFENDORFF, nouvelle édition, plus ample et plus correcte que les précédentes – on y a continué tous les chapitres jusqu'à présent (Amsterdam: chez Zacharie Chatelain, 4 tomes, 1732 – online https://gallica.bnf.fr>ark: ...)

___, **Histoire des principaux états, tels qu'ils sont aujourd'hui dans l'Europe** – Première partie (trad. de l'original allemand par Claude ROUXEL, Utrecht: chez Jean Ribbius, 1687– online https://gallica.bnf.fr>ark: ...)

___, ___ (continuada por M. BRUZEN de LA MARTINIÈRE, atualizada por Joseph SAYER, Paris, oito volumes, 1753-1764)

PUIG, Juan Carlos, **Les principes du droit international public américain** (Paris: Pedone, 1954).

PUPPI, Lionello, **Palladio – Introduzione alle Architetture e al Pensiero teorico** (fotografie di Piero CODATO e Massimo VENCHIERUTTI, Venezia: Regione del Veneto – San Giovanni Lupatoto, VR, Italia: Arsenale, 2005)

___ (a cura di), **Palladio e Venezia** (Firenze: Sansoni, 1982)

PUSTA, K.-R., **Le statut juridique de la mer Baltique à partir du XIXe siècle** (RCADI, 1935, t. 52, p. 105-190)

QUIVIGER, Pierre-Yves, **Le secret du droit naturel** – ou Après VILLEY (Paris: Classiques Garnier – Bibliothèque de la pensée juridique, vol. 3, © 2012, impr. 2013)

RACHEL, Samuel, **De jure naturae et gentium dissertationes** (orig. publ. Kiel, 1676, ed. by Ludwig von BAR, transl. into English by John Pawley BATE, 2 vols., "Dissertatio prima" e "Dissertatio altera", Washington: Carnegie Institution, 1916)

RADER, Olaf B., **Friedrich II. Der Sizilianer auf dem Kaiserthron** – eine Biographie (orig. publ. 2010, Munique: C. H. Beck, 4a. ed., 2012)

RADVANYI, Jean, **Russie – un vertige de puissance** – une analyse critique et cartographique (Paris: La découverte, 2023)

RANJEVA, Raymond, **L'Afrique et le droit international**: variations sur l'organisation internationale / **Africa and international law**: reflections on the international organization – **Liber amicorum Raymond Ranjeva** (Paris: Pedone, 2013)

RAPP, Francis, **Le Saint Empire romain germanique**: d'Otton le grand à Charles Quint (Paris: Tallandier, 2000, impr. 2003)

RAUMER, Kurt von, **Ewiger Friede**: Friedensrüfe und Friedenspläne seit der Renaissance (Freiburg-Munique, 1953)

RAYMOND, Jean-François de, *La personnalité et le rôle de la reine Christine de Suède* (in **L'Europe des traités de Westphalie**, dir. de L. BÉLY, Paris: PUF, 2000, p. 391-399)

REISCHAUER, Edwin O., **Histoire du Japon et des japonais** – tome I – des origines à 1945 (orig. publ. **Japan, past and present**, 1946, trad. Richard DUBREUIL, Paris: Seuil, 3e éd. revue et corrigée, 1997)

___, ___ – tome II – de 1945 à nos jours (nouv. éd. mise à jour et completée par R. DUBREUIL, Paris: Seuil, 2001)

RETZ, Jean-François Paul de GONDI, cardeal de, **Mémoires** (édition présentée et annotée par Michel PERNOT, texte établi par Marie-Thérèse HIPP, Paris: Gallimard – Folio classique 3835, © 1984, 2003, reimpr. 2005)

RIASANOVSKY, Nicholas V.; STEINBERG, Mark D., **A History of Russia** (Oxford: Univ. Press, 7th. ed., 2005)

RICCI, Matteo RICCI [para os chineses, LI MADOU], **Della entrata della Compagnia di Gesù e Cristianità nella Cina** (ed. realizzata sotto la dir. di Pietro CORRADINI, pref. Filippo MIGNINI, a cura di Maddalena del GATTO, © 2000, Macerata: Quodlibet, 2ª ed., 2006)

___, **Jiffa: treatise on mnemonic art** ("the only surviving versions list RICCI as author, ZHU Dinghan as collator, VAGNONI (GAO Yizhi) and SAMBIASI (BI Fangji) as editors", ed. by Jonathan D. SPENCE, **The memory palace of Matteo Ricci**, 1st. publ., 1984, London: Faber and Faber, 1985)

RICHELIEU, Armand Jean du PLESSIS, cardeal de, **Testament politique** (éd. par F. HILDESHEIMER, Paris: Société de l'histoire de France, 1995)

___, **Les papiers de Richelieu** – section politique extérieure / correspondance et papiers d'état – **Empire allemand** tome I (1616-1629) (par Adolf WILD, préf. Stephan SKALWEIT, Paris: Pedone, 1982)

___, ___, **Empire allemand** tome II (1630-1635) (par Anja Victorine HARTMANN, préfaces Hermann WEBER et Klaus MALETTKE, Paris: Pedone, 1997)

___, ___, **Empire allemand** tome III (1636-1642) (par Anja Victorine HARTMANN, préfaces Hermann WEBER et Klaus MALETTKE, Paris: Pedone, 1999)

___, ___, **Empire allemand** (1616-1642 – Index des tomes I, II et III) (par Aurélia BERGER, Paris: Pedone, 2003)

___, **Les papiers de Richelieu** – section politique intérieure / correspondance et papiers d'état (par Pierre GRILLON, préf. Roland MOUSNIER, tome I (1624-1626), Paris: Pedone, 1975)

___, ___ tome II (1627) (Paris: Pedone, 1977)

___, ___ tome III (1628) (Paris: Pedone, 1979)

___, ___ tome IV (1629) (Paris: Pedone, 1980)

___, ___ tome V (1630) (Paris: Pedone, 1982)

___, ___ tome VI (1631) (Paris: Pedone, 1985)

___, ___ Index des tomes I, II et III – corrections et additions (1624-1628) (par Pierre GRILLON, Paris: Pedone, 1980)

___, ___ Index des tomes IV, V et VI – corrections et additions (1629-1631) (par Marie--Catherine VIGNAL avec la collab. d'Eric de LABRIOLLE, Paris: Pedone, 1997)

RICHER, Jean (études rassemblées par), **L'empereur Julien – de la légende au mythe** – de VOLTAIRE à nos jours (Paris: Les belles lettres / Groupe de recherches de Nice et associés de Paris, Caen, Lyon, Montpellier, Athènes et Copenhague, t. II, première partie – JULIEN au dix-huitième siècle, 1981)

RIEDEL, W., *POGLIETTI, Alessandro* (in **The New GROVE Dictionary of Music and Musicians**, ed. by Stanley SADIE, Londres: Macmillan, 1980, vol. 15, p. 19)

RIEDMATTEN, Henri de, **Le catholicisme et le développement du droit international** (RCADI, 1976, t. 151, p. 115-159)

RIEGL, Aloïs, **L'origine de l'art baroque à Rome** (curso ministrado na Univ. de Viena em 1898-1899, publicado postumamente em 1907, trad. Sibylle MULLER, prés. Paul PHILIPPOT, © 1993, Paris: Klincksieck, impr. 2005)

RIPA, Cesare, **Nova Iconologia** del Cavalier Cesare RIPA Perugino (orig. publ. 1593, 2° edição ilustrada 1603, edizione pratica a cura di Pietro BUSCAROLI, prefazione di Mario PRAZ, Milano: TEA, (c) 1992, 5° ed., 2008)

RIVAROLA PAOLI, Juan Bautista, **Derecho internacional público** (Asunción, Paraguay: ed. Juan Bautista Rivarola Paoli, 6ª ed., 2013)

ROCHE, Jean-Jacques, **Le système international contemporain** (Paris: Montchrestien, 3e éd., 1998)

ROCHEFOUCAULD, François de La, **Réflexions ou sentences et maximes morales** (orig. publ. 1665, 5e éd. 1678, in **Œuvres complètes**, texte établi et annoté par L. MARTIN-CHAUFFIER, Paris: Gallimard-Pléiade, 1935, p. 235-400)

RODAS, João Grandino; OLIVEIRA, Gesner, **Direito e economia da concorrência** (Rio de Janeiro: Renovar, 2004)

RODRIGO OCTÁVIO [LANGGAARD MENEZES], **Les sauvages américains devant le droit** (RCADI, 1930, t. 31, p. 177-292)

RODRIGUES, José Honório, **Civilização holandesa no Brasil** (São Paulo: Nacional, 1940, col. Brasiliana, vol. 180)

ROHAN, Henri Duc de, **De l'interest des princes et estats de la chrestienté** à monsieur le cardinal de Richelieu (orig. publ. 1638, Paris: s.n.e. – copie imprimée, 1639 – online Bibliothèque nationale de France, https://gallica.bnf.fr.fr > ark)

ROTGER [tb. grafado ROTYER], Arnold, **Dissertatio qua demonstratur jus gentium non dari** (Leyden)

ROTH, François, **La guerre de 1870** (orig. publ. 1990, Paris: Arthème Fayard, 2010, impr. 2016)

ROUSSEAU, Jean-Jacques, **Dictionnaire de musique** (facsimilé de l'édition de 1768, édition préparée et présentée par Claude DAUPHIN, Arles: Actes Sud, 2007)

___, **Discours sur l'origine et le fondement de l'inégalité entre les hommes** (in **Œuvres complètes III – Du contrat social – Écrits politiques** (éd. publ. sous la dir. de B. GAGNEBIN et M. RAYMOND, avec F. BOUCHARDY, J.-D. CANDAUX, R. DERATHÉ, J. FABRE, J. STAROBINSKI et S. STELLING-MICHAUD, sous le patronage de la Soc. J.-J. ROUSSEAU et avec l'appui du Fonds national suisse de la recherche scientifique et de l'état de Génève, Paris: Gallimard-Pléiade, © 1964, impr. 1991, p. 109-237)

___, **Du contract social ou essai sur la forme de la république** (première version) e **Du contrat social ou principes du droit politique** (in **Œuvres complètes III – Du contrat social – Écrits politiques** (éd. B. GAGNEBIN et M. RAYMOND, 1991, p. 279-346, versão definitiva, p. 347-470)

___, *Écrits sur l'Abbé de SAINT-PIERRE* (in **Œuvres complètes**, éd. publ. sous la dir. de B. GAGNEBIN et M. RAYMOND, volume III, avec F. BOUCHARDY, J.-D. CANDAUX, R. DERATHÉ, J. FABRE, J. STAROBINSKY et S. STELLING-MICHAUD, Paris: Gallimard / Pleiade, © 1964, impr. 1991, contendo: *Extrait du projet de paix perpétuelle* (fragments), *Jugement sur le projet de paix perpétuelle, Que l'état de guerre naît de l'état social* e *Fragments sur la guerre, Polysynodie de l'Abbé de Saint-Pierre, Jugement sur la Polysynodie,* Fragments sur la polysynodie en forme de dialogue, fragments divers, Projet d'introduction à un ouvrage sur l'Abbé de Saint-Pierre, Liste des manuscrits contenus dans les cartons de Mr. le Comte de Saint-Pierre, p. 561-682)

ROVAN, Joseph, **Histoire de l'Allemagne**: des origines à nos jours (orig. publ. 1994, Paris: Seuil, 1999)

___, **Geschichte der Deutschen**: Von ihren Ursprüngen bis heute, trad. Enrico HEINEMANN, Rainer PFLAIDERER e Reinhard TIFERT, Munique: DTV, 1998, 3ª ed., 2001)

ROY, Hugonis de, **De eo quod iustum est, et circa id philosophiae, theologiae et iurisprudentiae syncretismo libri tres** (Ultrajecti: ex officina Gisberti à Zyll, 1645 – online: books.google.com.br tb. digitale-sammlungen.de)

RUEB, Franz, **48 variações sobre BACH** (orig. publ. **48 Variationen über BACH**, 2000, trad. João AZENHA, rev. Marcos B. LACERDA, São Paulo: Companhia das Letras, 2001)
RUNCIMAN, Steven, **A teocracia bizantina** (orig. publ. **The byzantine theocracy**, 1977, trad. Heloisa Toller GOMES, Rio de Janeiro: Zahar, 1978)
RUSSELL, Bertrand, **História do pensamento ocidental** (trad. Laura ALVES e Aurélio REBELLO, São Paulo: Ediouro, 2003, 3 vols.)
RUSSELL, P. L., **The History of Mexico – From Pre-Conquest to the Present** (New York, Routledge, 2010)
RUTHERFORD, Donald; COVER, J. A. (ed. by), **Leibniz, nature and freedom** (Oxford: Univ. Press, 2005)
RYBAKOV, B., **Early centuries of Russian History** (translated from the Russian by John WEIR, Moscou: Progress Publishers, 1965)
SÁ VIANNA, Manoel Álvaro de Souza, **De la non-existence d'un droit international américain** (Rio de Janeiro: L. Figueiredo ed., 1912)
SAHD, Luiz Felipe Netto de Andrade e Silva, *Sacro Império Romano de Severinus de Monzambano* (Fortaleza: Univ. fed. do Ceará – Revista Sofia – Programa de pós-graduação em filosofia UFES, vol. 12(1), e12140722, publ. 11.05-2023 – online https://doi.org/10.47456/sofia.v12i1.40722)
___, *Samuel Pufendorf e a diferença entre direitos perfeitos e imperfeitos* (Pensando – Revista de Filosofia, vol. 3, no. 6, 2012, p. 49-63 – online https://revistas.ufpi.br > article 920-12765-1-PB)
SAID, Edward W., **Orientalism** (orig. publ. 1978, Londres: Penguin, 1985)
___, **Cultura e política** (org. Emir SADER, trad. Luiz Bernardo PERICÁS, São Paulo: Boitempo, 2003, reimpressão 2007)
___, **Humanismo e crítica democrática** (orig. publ. **Humanism and democratic criticism**, 2004, trad. Rosaura EICHENBERG, São Paulo: Companhia das Letras, 2007)
___, **Fora do lugar: memórias** (orig. publ. **Out of place – a Memoir**, 1999, trad. José Geraldo COUTO, São Paulo: Companhia das Letras, 2004)
___, **Reflexões sobre o exílio e outros ensaios** (orig. publ. **Reflections on exile and other essays**, 2001, trad. Pedro Maia SOARES, São Paulo: Companhia das Letras, 2003)
SAINT DISDIER, Alexandre Toussaint de Limojon, chevalier de, **Histoire de la négociation de la paix de Nimegue depuis l'an 1676 iusqu'en 1679**, par le Sieur de ... (Paris: Claude Barbin, 1680 – online data bnf.fr; tb. publ. **Actes et Memoires des négociations de la paix de Nimegue**, III tomes, Amsterdam, 1678; IV tomes à La Haye 1697, trad. Leonhard SAUTER em alemão, ***Acta* und *Memorialia* über alles, was zu Nimwegen von 1674 bis 1679 unter denen paciscirenden Theilen tractiret, geschlossen und vollzogen worden**, Leipzig, 1680)
SAINT-PIERRE, Abbé de, Charles 'Irénée' CHASTEL, **Projeto para tornar perpétua a paz na Europa** (orig. publ. Utrecht, por Antoine Schouten, em 1713 e 1717, trad. Sérgio DUARTE, pref. R. SEITENFUS, Brasília: Ed. UnB / IPRI, São Paulo: IOE, 1ª ed. bras., 2003)
SAINT SIMON, Claude Henri de ROUVROY, conde de, **De la réorganisation de la société européenne** – ou de la nécessité et des moyens de rassembler les peuples de l'Europe en un seul corps politique en conservant à chacun son indépendance natio-

nale, par M. le comte de SAINT-SIMON et par A. THIERRY, son élève (octobre 1814) (publié avec une introduction et des notes par Alfred PEREIRE, préface de Henri de JOUVENEL, Paris: Les presses françaises, 1925)

SALDANHA, Antonio Vasconcelos de, **De Kangxi para o papa, pela via de Portugal**: memória e documentos relativos à intervenção de Portugal e da Companhia de Jesus na questão dos Ritos Chineses e nas relações entre o imperador Kangxi e a santa Sé (traduções chinesas por JIN Guo Ping, Macau: Instituto Português do Oriente, 2002, 3 vols.)

___, **A 'memória' sobre o estabelecimento dos portugueses em Macau do Visconde de Santarém (1845): os primórdios da discussão da legitimidade da presença dos portugueses em Macau** (Macau: Instituto português do Oriente, 1995)

SALDANHA, A. V. de; JIN Guo Ping, **Para a vista do imperador – memoriais da dinastia Qing sobre o estabelecimento dos portugueses em Macau (1808-1887)** (Macau: Instituto português do Oriente, 2000)

SALLES, Catherine, **Louis XV** – les ombres et les lumières (Paris: Réunion des musées nationaux / Tallandier, 2006)

SARR, Mohamed Mbougar, **A mais recôndita memória dos homens** (orig. publ. **La plus secrète mémoire des hommes**, 2021, trad. Diogo CARDOSO, São Paulo: Fósforo, 2023)

SCHAEFFER, Jean-Marie, **L'art de l'âge moderne** – L'esthétique et la philosophie de l'art du XVIIIe siècle à nos jours (orig. publ. 1992, Paris: Gallimard – NRF – Essais, 2010)

SCHAMA, Simon, **The embarrassment of riches**: an interpretation of Dutch culture in the Golden Age (Berkeley and Los Angeles: Univ. of California Press, 1988)

SCHIEDER, Theodor, **Friedrich der Grosse** – Ein Königtum der Widersprüche (1983, Berlim – Munique: Propyläen, 2002)

SCHILLER, Friedrich, **Geschichte des dreissigjährigen Kriegs** (orig. publ. 1792, in F. SCHILLER, **Werke in drei Bänden**, unter Mitwirkung von Gerhard FRICKE, hrsg. von Herbert G. GÖPFERT, Munique: Carl Hanser, 1966, vol. II, p. 34-320)

___, **Geschichte des dreissigjährigen Kriegs** (Gütersloh: P. P. Kelen, s/d, posfácio de Herbert REINOSS, datado de 1964)

SCHILLING, Heinz, *La confessionalisation et le système international* (in **L'Europe des traités de Westphalie**, dir. de L. BÉLY, Paris: PUF, 2000, p. 411-428)

SCHINDLER, D., **Aspects contemporains de la neutralité** (RCADI, 1967, t. 121, p. 221-322)

SCHMAUSS, J. J., **Einleitung zur Staatswissenschaft** (em duas partes, Leipzig, 1748)

SCHMEIZEL, Mart., **Oratio de Imperatoris titulo, quem Czaarus Russorum sibi dari praetendit** (Jena, 1722)

SCHMITT, Eric-Emmanuel, **Diderot** ou la philosophie de la séduction (Paris: Albin Michel, 1997)

SCHNEIDERS, Werner, **Die Zeit der Aufklärung** (orig. publ. 1997, Munique: Beck, 4a. ed., 2008)

SCHOENBORN, W., **La nature juridique du territoire** (RCADI, 1929, t. 30, p. 81-190)

SCHRADER, Fred, **L'Allemagne avant l'État-nation**: le 'corps germanique' (1648-1806) (Paris: PUF, 1998)

SCHÜCKING, Walter M. A., **Le développement du Pacte de la Société des Nations** (RCADI, 1927, t. 20, p. 349-458)

___, **Die Organisation der Welt** (Leipzig: J. C. B. Mohr – P. Siebeck, 1908)

___, **Das Nationalitätsproblem** – eine politische Studie über die Polenfrage, und die Zukunft Österreich-Ungarns (Dresden: Zahn & Jaensch – Gehe-Stiftung zu Dresden, 1908)

SCHWEITZER, Albert, **J. S. BACH** (orig. publ. em francês em 1903; edição ampliada em alemão em 1908; trad. inglesa de Ernest NEWMAN, da edição alemã de 1911, pref. C. M. WIDOR, Neptune City, N.J.: Paganiniana Publications, 1980, dois tomos)

SCOTT, James B., **Le principe de l'égalité juridique dans les rapports internationaux** (RCADI, 1932, t. 42, p. 467-630)

SEABRA, Leonor de, **The embassy of Pero Vaz de Siqueira to Siam (1684-1686)** (orig. publ. **A embaixada ao Sião de Pero Vaz de Siqueira (1684-1686)**, translated into English by Custódio Cavaco MARTINS, Mário Pinharanda NUNES and Alan Norman BAXTER, Macau: Univ. of Macau Publications Centre, 2005)

SÉDOUY, Jacques-Alain de, **Le concert européen**: aux origines de l'Europe (1814-1914) (Paris: Fayard, 2009)

SEIDLER, Christoph, *Westfälisches Vexierbild* (in **Der Dreissigjährige Krieg**, hrsg. von D. PIEPER e J. SALTZWEDEL, Munique: Deutsche Verlags-Anstalt, 2012, p. 251-258)

SEIDLER, M., *Pufendorf's Moral and Political Philosophy* (in E. N. ZALTA, ed., **The Stanford Encyclopaedia of Philosophy**, 2010, em <http://plato.stanford.edu/>)

SELDEN, John, **De iure naturali et gentium iuxta disciplina Ebraeorum** (1650)

SEMENOFF, Marc, **Histoire de Russie: étude comparée entre l'Orient et l'Occident** (préface de Louis RÉAU, Paris: La renaissance du livre, 1924);

SÉNAC, Philippe, **L'Occident médiéval face à l'Islam** – L'image de l'autre (Paris: Flammarion, 2ª ed., 2000)

SEPÚLVEDA, Luís, **Historia de una balena blanca – Una novela para jóvenes de 8 a 88 años** (Barcelona: Tusquets, 2019)

SERVET, Miguel, **Restitución del cristianismo** (orig. publ. **Christianismi Restitutio**, 1553, ed. e trad. Angel ALCALÁ, Madri: Fund. univ. espanhola 1980)

SETTALA, Ludovico, **Della ragion di stato libri sette** (Milano: Gio. Battista Bidelli, 1627 – online https://books.google.com >)

SETTIS, Salvatore, **Il futuro del classico** (Torino: Einaudi, 2004, 8ª ristampa, 2008)

SFDI, **La nécessité en droit international** ('colloque de Grenoble, 8-10 juin 2006', Paris: Pedone, 2007)

SGARBI, Vittorio; MAGALHÃES, Fábio, **Luce e ombra** – nella pittura italiana tra Rinascimento e Barocco (Milão: Torcular srl. / São Paulo: Pinacoteca do Estado, 28 de março a 23 de abril de 2006)

SHAKESPEARE, William, **The Complete Works** (new edition, edited with an introduction and glossary by Peter ALEXANDER, 1951, Londres e Glasgow: Collins, reprinted 1975)

SHIELDS, Christopher, **Aristotle** (Londres: Routledge, 2007)

SIEYÈS, Emmanuel-Joseph, **Qu'est-ce que le Tiers État?** (1789, in **Les déclarations des droits de l'homme de 1789**, textes réunis et présentés par C. FAURÉ, Paris: Payot, 1988, p. 319-324)

SILVA, Nelson Lehmann da, **A religião civil do estado moderno** (pref. José Osvaldo de MEIRA PENNA, Brasília: Thesaurus, 1985)

SIMMS, Brendan, **Europe – the struggle for supremacy** – 1453 to the present (Londres: Allen Lane-Penguin, 2013)

SKALWEIT, S., *Vorwort / Préface* (**Les papiers de Richelieu** – tome I – **Empire allemand** (1616-1629) par A. WILD, Paris: Pedone, 1982, p. IX-XIII)

SMITH, Adam, **Inquérito sobre a natureza e as causas da riqueza das nações** (do original **An Inquiry into the nature and causes of the wealth of nations** 6ª ed., Londres: Methuen & Co., pref. de Hermes dos SANTOS, trad. e notas de Teodora CARDOSO e Luís Cristovão de AGUIAR, Lisboa: Fundação C. GULBENKIAN, 1993, 2 vols.)

SOMMERER, Erwan, **Sieyès** – le révolutionnaire et le conservateur (Paris: Michalon, 2011)

SORENSEN, Max, **Principes de droit international public** (RCADI, 1960, t. 101, p. 1-254)

SOUSTELLE, Jacques, **Os astecas na véspera da conquista espanhola** (orig. publ. **Les aztèques à la veille de la conquête espagnole**, 1955, trad. Eduardo BRANDÃO, São Paulo: Companhia das Letras, 1990)

___, **Os Astecas** (orig. publ. **Les Aztèques**, trad. Luiz Carlos Roque da SILVA, São Paulo: Difel, 1972)

SOUZA, Miguel Augusto Gonçalves de, **O descobrimento e a colonização portuguesa no Brasil** (Belo Horizonte: Itatiaia, 2000)

SPAVENTA, Bertrando, **Opere** (saggio intr., pref., note e apparati di F. VALAGUSSA, postfazione di V. VITIELLO, Milano: Bompiani – Il pensiero occidentale, 2009)

___, **La filosofia italiana nelle sue relazioni con la filosofia europea** (in B. SPAVENTA, **Opere**, Milão: Bompiani, 2008, p. 1161-1362)

___, *Carattere e sviluppo della filosofia italiana* – dal secolo XVI fino al nostro tempo (orig. publ. 1860, *Prolusione alle Lezioni di storia della filosofia nell'Università di Bologna*, in B. SPAVENTA, **Opere**, Milano: Bompiani, 2008, p. 253-292)

SPEAR, Percival, **A History of India** (volume two: from the sixteenth century to the twentieth century, 1st. publ, 1965, New Delhi: Penguin Books India, with Epilogue, 1970, with revisions, 1973 and 1978, reprinted 1990)

SPENGLER, Oswald, **Preussentum und Sozialismus** (Hamburgo: Tredition Classics, s/d)

STAROBINSKI, Jean, **Diderot** un diable de ramage (Paris: Gallimard, 2012)

___, **A invenção da liberdade 1700-1789** (orig. publ. **L'invention de la liberté**, 1987, trad. Fulvia Maria Luiza MORENO, São Paulo: Ed. UNESP / Col. Studium, 1994)

STECK, Johann Christoph Wilhelm von, **Abhandlungen aus dem teutschen Staats- und Lehnrechts** – zur Erläuterung einiger neuen Reichsangelegenheiten (Halle, 1757, n. 6 – *Von den Rechten und Pflichten der Garants des Westphälischen Friedens*)

STELLER, Verena, **Diplomatie von Angesicht zu Angesicht** – Diplomatische Handlungsformen in den deutsch-französischen Beziehungen 1870-1919 (Paderborn: Ferdinand Schöningh, 2011)

STERNE, Laurence, **The life and opinions of Tristram Shandy gentleman** (introduction by George SAINTSBURY, London: Dent – Everyman's Library, edição de 1912, reprinted 1982)

STRUVENS, Burch. Gotth., **Grundmässige Untersuchung von den kaiserlichen Titel und Würde** wobey auch von der czaarischen Titulatur, und was massen von Ihro czaarischen Majestät der kaiserliche Titul geführet und prätendiret werde, gehandelt wird (Cölln, 1723)

SUAREZ, Francisco, **Tractatus de legibus ac Deo legislatore** in decem libros distributus (orig. publ. Conimbricae: apud Didacum Gomez de Loureyro, 1612)

___, **Tractatus de legibus ac de Deo legislatore / Tratado de las leyes e de Dios legislador** en diez libros (facsimilar da editio princeps, Coimbra, 1612, com versão espanhola de J. R. EGUILOR Muñozguren (S.J.), intr. geral Luis VELA Sanchez (S.J.), Madri: Instituto de Estudios Políticos, 1967-68)

___ et VITORIA, **Contribution des théologiens au droit international moderne**, préface par J. B. SCOTT, Introduction Y. de la BRIÈRE, Paris: Pedone, 1939, "Deuxième partie: Conceptions majeures du droit des gens d'après Fr. Suarez S.J.", p. 147-208)

___, **Selections from three works** (contendo **De Legibus ac Deo legislatore**, 1612; **Defensio fidei catholicae et apostolicae adversus anglicanae sectae errores**, 1613; **De triplice virtute theologica, fide, spe, et charitate**, 1621, vol. I. A Photographic Reproduction of the Selections from the original Editions; vol. II. An English version of the texts, prepared by G. L. WILLIAMS, A. BROWN, and J. WALDRON, with certain revisions by Henry DAVIS, S.J., Introduction by J. B. SCOTT, an Analytical Table of Contents, Indexes and a Portrait of SUAREZ, Washington: Carnegie Endowment for International Peace – The Classics of International Law / Oxford: At the Clarendon Press / London: Humphrey Milford, 1944)

___, **Defensio fidei catholicae et apostolicae** adversus Anglicanae sectae errores, cum responsione, ad apologiam pro iuramento fidelitatis & praefationem monitoriam serenissimi IACOBI Angliae Regis, Authore P. D. Francisco SUARIO Granatensi è societate Jesu (orig. publ. Conimbricae: Gómez de Loureyro, 1613, in Fr. SUAREZ, **Selections from three works**, ed. cit., 1944, p. 661-731)

SUCHENWIRTH, Richard, **Maria Theresia** – Ein Kaiserleben (orig. publicado, 1975, Leipzig: Reprint Verlag, s/d)

TÁCITO, **Annales / Annals** (with an English translation by John JACKSON, Cambridge, Ma.: Harvard U. P. – LCL 312 – TACITUS IV, 1st publ. 1937, reprinted 2006; LCL 322 – TACITUS V, 1st publ. 1937, reprinted 1999)

TALLEYRAND, Charles-Maurice de, prince de Bénévent, **Mémoires complets et authentiques** (*'texte conforme au manuscrit original', 'contenant les notes de Mr. Adolphe Fourier de BOCOURT, légataire des manuscrits de l'auteur'*, Paris: chez Jean de Bonnot, 1989, 5 vols.)

___, **Lettres à Napoléon** (*'d'après les originaux conservés aux archives des Affaires étrangères'*, Paris: chez Jean de Bonnot, 1989)

___, **Mémoires et correspondance** (édition intégrale, établie et présentée par Emmanuel de WARESQUIEL, Paris: Laffont-Bouquins, © 2007, impr. 2008)

TALLON, Alain, *Les puissances catholiques face à la tolérance religieuse en France au XVIe siècle: droit d'ingérence ou non-intervention?* (in **L'Europe des traités de Westphalie**, Paris: PUF, 2000, p. 21-30)

TANAKA, Tadashi, *Grotius's concept of law* (in **A normative approach to war**: peace, war and justice in Hugo Grotius, ed. by Y. ONUMA, Oxford: Clarendon Press, 1993, chap. 2, p. 32-56)

TAPIÉ, Victor-Lucien, **O barroco** (orig. publ. **Le baroque**, 1961, trad. Armando Ribeiro PINTO, São Paulo: Cultrix / EDUSP, 1983)

TARABRA, Daniela, **Settecento** (Milano: Mondadori-Electa, 2006)

___, **European Art of the Eighteenth century** (trad. Rosanna M. Giammanco FRONGIA, Los Angeles: J. Paul Getty Museum, 2008)

TARLÉ, Evgueni Viktorovitch, **La guerre du nord** (trad. du russe par Jean CHAMPENOIS, Moscou: Edtrl. Progresso, 1966, 2 vols.)

___, **Talleyrand** – um diplomata da burguesia em ascensão (orig. publ. em russo, 1957, trad. francesa, Moscou, 1958, trad. Pedro de ALCÂNTARA, Rio de Janeiro: Civilização brasileira, 1965)

TAUBE, Michel de, **L'apport de Byzance au développement du droit international occidental** (RCADI, 1939, t. 67, p. 233-340)

___, **Le statut juridique de la mer Baltique jusqu'au XIXe siècle** (RCADI, 1935, t. 53, p. 437-530)

TEIXEIRA, Dante M., *O diário de viagem de Caspar Schmalkalden ao Novo Mundo (1642-1645)* (in **Brasil Holandês** – A viagem de Caspar Schmalkalden de Amsterdã para Pernambuco no Brasil, Rio de Janeiro: Ed. Index, 1998, 2 vols.)

TELÒ, Mario, **L'état et l'Europe** – histoire des idées politiques et des institutions européennes (orig. publ. **Dallo stato all'Europa**, 2004, trad. Jean VOGEL, Bruxelas: Labor, 2005)

TERNON, Yves, **Empire ottoman** – le déclin, la chute, l'effacement (orig. publ. 2002, Paris: Michel de Maule, 2005)

TESCHKE, Benno, **The myth of 1648** (orig. publ. 2003, Londres: Verso, 2009)

TESTAS, G.; TESTAS, J., **A inquisição** (orig. publ. **L'inquisition**, s/d, trad. Alfredo NASCIMENTO e Maria Antônia NASCIMENTO, São Paulo: Difel, 1968)

THAPAR, Romila, **A History of India** (Londres: Penguin, 1st publ., 1966, reprinted 1990)

THIERRY, Hubert, **L'évolution du droit international**: cours général de droit international public (RCADI, 1990, t. 222, p. 9-186)

___, **L'évolution du droit international**: Mélanges offerts à Hubert THIERRY, Paris: Pedone, 1998)

THOMASIUS, Christian, **Institutionum jurisprudentiae divinae libri III in quibus fundamenta juris naturae secundum hypotheses ili Pufendorfii perspicue demonstrantur** – ou título completo – **Christiani Thomasii institutiones jurisprudentiae divinae, in positiones succintè contractae** – in quibus hypotheses illustris Pufendorfii circa doctrinam juris naturalis apodicticè demonstrantur & corroborantur, pracepta vero juris divini positivi universalis primùm a jure naturali distincte secernuntur, & perspicue explicantur; his praemissa est dissertatio prooemialis & magnam partem apologetica lactant. de fals. sapient. c. 25. mysterium philosophiae barbâ tantum celebratur & pallio. Libri 3 (orig. publ. Hamburg: Weidmann, 1688 – online: books.google.com.br)

TITO LÍVIO, **História de Roma** (introdução, tradução e notas de Paulo Matos PEIXOTO, São Paulo: Paumape, 1989, 6 volumes)

TORKE, Hans-Joachim (Hg.), **Die russische Zaren** 1547-1917 (Munique: Beck, 4a. ed., 2012)

TOURME-JOUANNET, E., **Le droit international** (Paris: PUF – Que sais-je?, 2013)

___, **What is a fair international society?** – International law between development and recognition (Oxford and Portland, Oregon: Hart, 2013)

___, **Le droit international libéral-providence**: Une histoire du droit international (Bruxelles: Bruylant / Ed. de l'Université de Bruxelles, 2011)

___, **Emer de Vattel et l'émergence doctrinale du droit international classique** (Paris: Pedone, 1998)

___, *À quoi sert le droit international? Le droit international providence du XXIe siècle* (Revue belge de droit international, 2007/1, Bruxelles: Bruylant, p. 5-51)

TOURME-JOUANNET, E.; TOUFAYAN, M.; RUIZ-FABRI, H. (dir. de), **Droit international et nouvelles approches sur le tiers monde: entre répetition et renouveau / International law and new approaches to the third world: between repetition and renewal**, Paris: Société de législation comparée, 2013)

TOURNIER, Michel, **Le bonheur en Allemagne?** (orig. publ. 2004, "ed. augmentée" 2006, Paris: Gallimard, impr. 2010)

TRAHARD, Pierre, **Les maîtres de la sensibilité française au XVIIIe siècle** (1715-1789) (Paris: Boivin, 1931, 4 tomos)

TRAZ, Robert de, **De l'alliance des rois à la ligue des peuples** – Sainte-Alliance et S.D.N. (Paris: Grasset, 1936)

TREITSCHKE, Heinrich Gotthard von, **Die Politik** – Band I – Vorlesungen gehalten an der Universität zu Berlin, 1897-1898 (Leipzig: Hirzel, 2 vols., 1911-1913 – reprint Forgotten Books, 2018)

TRINDADE, A. A. Cançado, **A humanização do direito internacional**, Belo Horizonte: Del Rey, 2006)

___, *A* ***recta ratio*** *nos fundamentos do* ***jus gentium*** *como direito internacional da humanidade* (in **A humanização do direito internacional**, Belo Horizonte: Del Rey, 2006, p. 3-29)

___, *Memorial em prol de uma nova mentalidade quanto à proteção dos direitos humanos nos planos internacional e nacional* (in **Os direitos humanos e o direito internacional**, org. N. de ARAUJO e C. E. de Abreu BOUCAULT, Rio de Janeiro: Renovar, 1999, p. 7-62)

TROPER, Michel, *Les relations extérieures dans la Convention de l'an III – vers la fonction gouvernementale* (in **L'évolution du droit international**: Mélanges offerts à Hubert THIERRY, Paris: Pedone, 1998, p. 403-417, cit. p. 405).

TRUYOL Y SERRA, Antonio, **Histoire du droit international public** (Paris: Economica, 1995)

___, *Considérations sur Francisco de Vitoria en son cinquième centenaire* (in **Essays in international law in honour of judge Manfred LACHS / Études de droit international en l'honneur du juge Manfred LACHS**, ed. by J MAKARCZYK, The Hague: M. Nijhoff / Institute of State and Law of the Polish Academy of Sciences-Institut de l'état et de droit de l'Académie polonaise des sciences, 1984, p. 749-757)

___, **L'expansion de la société internationale aux XIXe et XXe siècles** (RCADI, 1965, t. 116, p. 89-180)

___, **Genèse et structure de la société internationale** (RCADI, 1959, t. 96, p. 553-642)

TUCK, Richard, *The 'modern' theory of natural law* (in **The languages of political theory in early modern Europe**, ed. by Anthony PAGDEN, Cambridge: Univ. Press, © 1987, edition 1990, p. 99-119)

TULLY, James, *Governing conduct* (in **Conscience and casuistry in Early modern Europe**, ed. by Edmund LEITES, Cambridge: Univ. Press, 1988, p. 12-71)

TZITZIS, Stamatios, *Les limites de la liberté et la sanction: les anciens et les modernes* (in **Enfermement et sécurité pénale**, Paris: Dalloz – col. **Essais de philosophie pénale et de criminologie**, vol. 6, 2007, p. 23-38)

UNESCO, **Déclaration de principes sur la tolérance** (adoptée par la Conférence générale de l'UNESCO, Paris le 16 novembre 1995 – UNESCO General Conference 28th. 1995 – doc. code SHS 96/WS/5)

UNESCO, **Histoire de l'humanité** – vol. V – 1492-1789 (orig. publ. **History of humanity** – from the sixteenth to the eighteenth century, 1999, Paris: UNESCO, 2008)

URBAN, William, **The Teutonic Knights** – a military history (London: Greenhill Books/ Mechanicsburg, PA.: Stackpole Books, 2003)

URRUTIA, F.-J., **La codification du droit international en Amérique** (RCADI, 1928, t. 22, p. 81-236)

UTRILLA ROBLES, Manuella, **Le fanatisme dans la psychanalyse** – Quand les institutions se déchaînent ... (orig. publ. **Convulsiones en las instituciones psicoanalíticas** (II). **El fanatismo en psicoanálisis**, Madri, 2010 e **Upheavals in the institutions** (II) **Fanaticism in psychoanalysis**, Londres, 2013, trad. de l'anglais et de l'espagnol par Agathe LAROUCHE, présentation de Milagros CID SANZ, préface de Marilia AISENSTEIN, Paris: Éd. d'Ithaque, 2023)

VAINFAS, Ronaldo (direção de), **Dicionário do Brasil colonial** 1500-1808 (Rio de Janeiro: Objetiva, 2000)

VALDÉON, J.; PÉREZ, J.; JULIÁ, S., **História de Espanha** (orig. publ. **Historia de España**, 2009, trad. L. F. SARMENTO, Lisboa: ed. 70, 2014)

VANDER, Fabio, **De philosophia italica** – modernità e politica in Vico e Cuoco (Lecce: Pensa, 2010)

VANDERPOL, Alfred, **La doctrine scholastique du droit de la guerre** (Paris: Pedone, 1919)

VANINI, Lucilio Pompeo, **Amphitheatrum aeternae providentiae** divino-magicum, christiano-physicum, necnon astrologo-catholicum adversus veteres philosophos, atheos, epicureos, paripateticos et stoicos (Lyon: apud Viduam Antonii de Harsy, 1615)

___, **De admirandis naturae, reginae deaque mortalium arcanis** (Paris: Adrien Périer, 1616)

VARNHAGEN, Francisco Adolfo de – Visconde de Porto Seguro, **História geral do Brasil** – antes de sua separação e independência de Portugal (São Paulo: Melhoramentos, 6ª ed. integral, 1959, 6 tomos)

VAROUFAKIS, Yanis, **Conversations entre adultes** – dans les coulisses secrètes de l'Europe (orig. publ. **Adults in the room** – my battle against Europe's deep establishment, 2017, trad. Cécile Dutheil de LA ROCHÈRE et Abel GERSCHENFELD, Arles: Babel – Actes Sud, 2019).

VASARI, Giorgio, **Le vite dei più eccellenti pittori, scultori e architetti** (orig. publ. 1550, edizione integrale, intr. Maurizio MARINI, Roma: Newton Compton, 1991)

VATTEL, Emer de, **O direito das gentes** (orig. publ. **Le droit des gens**, 1758, pref. e trad. V. Marotta RANGEL, Brasília: IPRI – UnB, 2004)

VECCHIO, Giorgio del, **La société des nations au point de vue de la philosophie du droit international** (RCADI, 1931, t. 38, p. 541-650)

VELTHUYSEN Lambert van, **Des principes du juste et du convenable** – une apologie du **De Cive** de HOBBES (1651-1680) (orig. publ. **Epistolica Dissertatio de Principiis Justi et Decori, continens Apologiam pro tractatu clarissimi Hobbaei De Cive**,

Amsterdam: Elzevier, 1651, trad. et présenté par Catherine SECRETAN, Caen: Univ. de Caen – Centre de philosophie morale et politique / Bibliothèque de philosophie morale et politique / textes et documents, 1995)

VERDROSS, Alfred, **Abendländische Rechtsphilosophie ihre Grundlagen und Hauptprobleme in geschichtlicher Schau** (Viena: Springer Verlag, 1969)

___, *Das Völkerrecht im System von Spinoza* (Zeitschrift für öffentliches Recht, 1928, vol. VII, p. 100-ss)

VERDROSS, Alfred; SIMMA, Bruno, **Universelles Völkerrecht**: Theorie und Praxis (orig. publ. 1976, Berlim: Duncker & Humblot, Zweite Auflage, 1981)

VEROSTA, Stephan, *History of International Law, 1648 to 1815* (in **Encyclopedia of International Law**, 2012, vol. IV, p. 823-843)

VERRI, Pietro, **Observações sobre a tortura** (escritas entre 1770-1777, somente publicadas em 1804, **Osservazioni sulla tortura**, trad. Frederico CAROTTI, pref. Dalmo de Abreu DALLARI, São Paulo: Martins Fontes, 1992)

VERZA, Tadeu Mazzola, *Kalām – a escolástica islâmica* (in **O Islã clássico** – itinerários de uma cultura, org. Rosalie H. de Souza PEREIRA, São Paulo: Perspectiva, 2007, parte II, cap. 5, p. 149-175)

VIANNA, Hélio, **História do Brasil** (rev. e atualizada por Américo J. LACOMBE, São Paulo: Melhoramentos – Edusp, 12ª ed., 1975)

VICENTE, Dario Moura, *Equidade (direito internacional privado)* (in **Enciclopédia luso-brasileira de direito internacional**, coord. D. M. VICENTE, F. L. BASTOS, M. A. RIBEIRO, A. T. SALIBA, M. T. FRANCA Filho e P. B. CASELLA, Lisboa / Alfragide: Sociedade Portuguesa de Direito Internacional / Leya – Publicações Dom Quixote, 2023, p. 501-506)

VICO, Giambattista, **Principi d'una scienza nuova d'intorno alla commune natura delle nazioni** (1725, ed. definitiva 1744, in G. VICO, **Opere**, a cura di A. BATTISTINI, Milano: Mondadori, 1990, 2 vols., t. I, p. 409-971 e t. II, p. 975-1229)

VIENNE, Jean-Michel, *Locke* (in **Gradus philosophique**, dir. Laurent JAFFRO et Monique LABRUNE, Paris: GF-Flammarion, © 1994, 4ª ed., 1996, p. 413-428)

___, *Savoir et violence: raison et volonté chez Locke* (in **Savoir et violence en Angleterre** – du XVIe au XIXe siècle, dir. de Alain MORVAN Lille: Univ. de Lille III – Travaux et recherches, 1987, p. 99-109)

VILLEY, Michel, **A formação do pensamento jurídico moderno** (trad. Claudia BERLINER, rev. técnica Gildo Sá Leitão RIOS, São Paulo: Martins Fontes, 2ª ed., 2009)

___, **La formation de la pensée juridique moderne** (texte établi, révisé et présenté par Stéphane RIALS, notes revues par Eric DESMONS, Paris: P.U.F. – Leviathan, 2003)

___, **Réflexions sur la philosophie et le droit** – les Carnets ("textes préparés et indexés par" Marie-Anne FRISON-ROCHE et Christophe JAMIN, préf. de Blandine KRIEGEL et François TERRÉ, Paris: P.U.F., 1995)

___, **Le droit et les droits de l'homme** (Paris: P.U.F., 1983)

___, *Les fondateurs de l'école du droit naturel moderne* (in Archives de philosophie du droit, Paris, 1961, p. 73 ss.)

___, *La doctrine du droit dans l'histoire de la science juridique: préface à Emmanuel KANT* (in E. KANT, **Métaphysique des mœurs**, première partie, **Doctrine du droit**, trad. A. PHILONENKO, Paris: Vrin, 1979)

___, *Bible et philosophie gréco-romaine de saint Thomas au droit moderne* (in **Dimensions religieuses du droit**, Paris: Sirey – CNRS – Archives de philosophie du droit, vol. XVIII, 1973, p. 22-57)

VINOGRADOFF, Paul, **Roman Law in Mediaeval Europe** (orig. publ. London/New York: Harper & Brothers, 1909; reprint Charleston, SC: Bibliolife, 2011)

___, **Introducción al derecho** (orig. publ. **Common sense in law**, 1913, trad. Vicente HERRERO, Mexico: Fondo de cultura económica, 1952, 3a. ed., 1997)

___, **Principes historiques du droit** – introduction – le droit de la tribu (trad. de l'anglais par P. DUEZ et F. JOÜON DES LONGRAIS, Paris: Payot, 1924)

VOGEL, Gottfried, **Allgemeines Völkerrecht** (Frankfurt, 1668)

VOGEL, Paul, **Hegels Gesellschaftsbegriff** – und seine geschichtliche Fortbildung durch Lorenz Stein, Marx, Engels und Lassalle, Berlin: Pan-verlag Rolf Heise, 1925)

VOLTAIRE, **Le siècle de Louis XIV** (orig. publ. 1751, édition établie, présentée et annotée par Jacqueline HELLEGOUARCH et Sylvain MENANT, avec Philippe BONNICHON et Anne-Sophie BARROVECCHIO, Paris: Libr. Génerale Française, © 2005, 2ª ed., 2008)

___, ___ (in **Œuvres historiques**, édition présentée, établie et annotée par René POMEAU, Paris: Gallimard-Pléiade, 1957, impr. 2010, p. 603-1274)

___, **Dictionnaire philosophique portatif** (orig. publ. anonimamente em Genebra, em 1764, com menção a Londres, MDCCLXIV)

___, **Dictionnaire philosophique** (I) et (II) Abbé-Vertu (in **Œuvres complètes de Voltaire**, ed. by Christiane MERVAUD et al., Oxford: Voltaire Foundation for Enlightenment Studies, vols. 35 e 36, 1994)

___, **Dicionário filosófico** (orig. publ. 1694 e 1770, trad. Bruno da PONTE e João Lopes ALVES, São Paulo: Abril – os Pensadores, vol. XXIII, 1973, p. 91-301)

___, ***Poème sur la loi naturelle*** (in VOLTAIRE **Mélanges**, préf. par Emmanuel BERL, texte établi et annoté par Jacques van der HEUVEL, Paris: Gallimard – Pléiade, 1965, p. 271-287)

___, **A filosofia da história** (orig. publ. *Essai sur les moeurs et l'esprit des nations – Introduction*, 1765; verbetes *Histoire* e *Historiographie* escritos para a **Encyclopédie**, de DIDEROT e D'ALEMBERT; *La défense de mon oncle*, a resposta de VOLTAIRE a uma violenta crítica contra *A flosofia da história*, trad. Eduardo BRANDÃO, São Paulo: Martins Fontes, 2007)

___, **Essai sur l'histoire générale et sur les mœurs et l'esprit des nations depuis Charlemagne jusqu'à nos jours** (1756), na edição das **Œuvres complètes** publicada pela Voltaire Foundation for Enlightenment Studies – University of Oxford, em 205 volumes – https://www.voltaire.ox.ac.uk – volumes 21 a 27, **Essai sur les mœurs et l'esprit des nations**, I-IX)

___, **Précis du siècle de Louis XV** (in **Œuvres historiques**, éd. R. POMEAU, Paris: Gallimard – Pléiade, 1957, impr. 2010, p. 1297-1571)

___, **Histoire de l'empire de Russie sous Pierre le grand**, divisée en deux parties (1760-1762, in **Œuvres historiques**, édition présentée, établie et annotée par René POMEAU, Paris: Gallimard – Pléiade, © 1957, impr. 2010, p. 337-602)

___, **Histoire de la guerre de 1741** ('extraits', in VOLTAIRE, **Œuvres historiques**, édition présentée, établie et annotée par René POMEAU, Paris: Gallimard – Pléiade, © 1957, impr. 2010, p. 1573-1656)

___, **Histoire de Charles XII roi de Suède** (in **Œuvres historiques**, édition présentée, établie et annotée par René POMEAU, Paris: Gallimard – Pléiade, © 1957, impr. 2010, p. 51-319)

___, **Traité sur la tolérance – à l'occasion de la mort de Jean CALAS (1763)** (in VOLTAIRE **Mélanges**, préf. par Emmanuel BERL, texte établi et annoté par Jacques van der HEUVEL, Paris: Gallimard-Pléiade, 1965, p. 563-650)

___, *Rescrit de l'empereur de la Chine à l'occasion du projet de paix perpétuelle* (1761, no volume, **L'année 1796 – sur la paix perpétuelle** – de LEIBNIZ aux héritiers de KANT, dir. de J. FERRARI e S. GOYARD-FABRE, Paris: Vrin, 1998, p. 202-203)

WALLACE, Martin, **A Short History of Ireland** (© 1973, Belfast: Appletree Press, 2008)

WANG Fuzhi, **Chunqiu jiashuo** (*Interprétation des 'Annales des printemps et des automnes' dans la tradition familiale*, de 1646, *juan 3*, in **Chuanshan yishu quanji**, ou Recueil complet des œuvres encore existantes de Wang Fuzhi, 22 vols., Taipei: Zhongguo Chuanshan xuehui et Ziyou chubanshe, 1972, t. 7, p. 3648-3649)

WATERHOUSE, Ellis, **Painting in Britain 1530-1790** (with an introduction by Michael KITSON, orig. publ. Londres: Penguin, 1953, new edition, New Haven and London: Yale Univ. Press, 1994)

WATSON, Peter, **The great divide** – History and human nature in the Old World and the New (London: Phoenix, 2012)

___, **The German Genius** (orig. publ. 2010, Londres: Simon & Schuster, 2011)

WEBER, Alfred, **História de la cultura** (orig. publ. **Kulturgeschichte als Kultursoziologie**, 1935, sem nome do trad., México: Fondo de cultura econômica, 13ª reimpr., 1991)

WEBER, Dominique, **Hobbes et le désir des fous** – Rationalité, prévision et politique (Paris: Presses de l'Université de Paris-Sorbonne, 2007)

___, **Hobbes et l'histoire du salut** – ce que le Christ fait à Léviathan (Paris: Presses de l'Université de Paris-Sorbonne, 2008)

___, **Hobbes et le corps de Dieu** – 'idem esse ens & corpus' (Paris: Vrin, 2009)

WEBER, Max, **Die protestantische Ethik und der Geist des Kapitalismus** (1905, Erfstadt: area verlag, 2005)

___, **Political writings** (ed. by Peter LASSMAN and Ronald SPEIRS, Cambridge: Univ. Press – Cambridge Texts in the History of Political Thought, 1994)

WEBSTER, Charles Kingsley, **The Congress of Vienna** (London: Great Britain Foreign Office – Historical Section, 1919 – reprint Forgotten Books, 2018)

WEHBERG, H., **La guerre civile et le droit international** (RCADI, 1938, t. 63, p. 1-128)

WEIBEL, Ernest, **Histoire et géopolitique des Balkans de 1800 à nos jours** (Paris: Ellipses, 2002)

WEIL, Eric, **Hegel e o estado** (orig. publ. **Hegel et l'état** – cinq conférences suivies de *Marx et la philosophie du droit*, Paris: Vrin, © 1950 e 2002, trad. Carlos NOUGUÉ, São Paulo: Realizações ed., 2011)

WEIL, Commandant M.-H., **Les dessous du Congrès de Vienne** – d'après les documents originaux des Archives du Ministère impérial et royal de l'intérieur à Vienne – tome 1 – juin 1814-4 janvier 1815 (Paris: Payot & Cie., 1917)

___, ___ – tome 2 – 4 janvier – 23 décembre 1815 (Paris: Payot, 1917)

WENCHAO Li, *Konfuzius in der deutschen Frühaufklärung* (in **Von mehr als einer Welt – die Künste der Aufklärung**, coord. por Moritz WULLEM e outros, Berlim: Kunstbibliothek – Staatlichen Museen zu Berlin, 2012, p. 329-355)

WERNER, Karl Ferdinand, **Les origines** – avant l'an mil (in **Histoire de France**, dir. de Jean FAVIER, tome I, Paris: Fayard, 1984, impr. 2001)

WHATMORE, Richard, **Against war and empire** – Geneva, Britain and France in the eighteenth century (New Haven and London: Yale Univ. Press, 2012)

WIEACKER, Franz, **Privatrechtsgeschichte der Neuzeit unter besonderen Berücksichtigung der deutscher Entwicklung** (Göttingen: Vandenhoeck-Ruprecht, 2a. ed. revista, 1967)

___, **História do direito privado moderno** (com prefácio à edição portuguesa de F. WIEACKER, 1980, trad. A. M. Botelho HESPANHA, Lisboa, Fundação C. Gulbenkian, 4ª ed., 2010)

WIENFORT, Monika, **Geschichte Preussens** (Munique: Beck, 2008)

WILD, A., *Einleitung / Introduction* (**Les papiers de Richelieu** – tome I – **Empire allemand** (1616-1629) dir. de A. WILD, Paris: Pedone, 1982, p. XV-XXV)

WILHELM, Jacques, **Paris no tempo do rei sol** (1660-1715) (orig. publ. **La vie quotidienne des parisiens au temps du Roi-soleil** (1660-1715), 1977, trad. Cássia R. da SILVEIRA e Denise M. PEGORIM, São Paulo: Companhia das letras – Círculo do livro, 1988)

WILLEQUET, Jacques, *Compte-rendu* – **Histoire de la Sainte-Alliance** de Maurice BOURQUIN (in Revue belge de philologie et d'Histoire, 1955, vol. 33-3, p. 693-695 www.persee.fr/doc/rbph_0035-0818_1955_num_33_1961_11_0693_0000_2)

WILLIAMSON, David, **Germany since 1789** – a Nation forged and renewed (orig. publ. 2005, Londres: Palgrrave-Macmillan, 2nd ed., 2016)

WILLMS, Johannes, **Talleyrand – Virtuose der Macht 1754-1838** – Eine Biographie (Munique: Beck, 2011)

WILSON, Arthur M., **Diderot** (orig. publ. **Diderot**, 1957 e 1972, trad. Bruna TORLAY, São Paulo: Perspectiva, 2012)

WILSON, John, **The History of Switzerland** (orig. publ. 1832, New Tork: Cosimo, 2007)

WILSON, Peter, **The Holy Roman Empire** – a thousand years of Europe's History (orig. publ. 2016, Londres: Penguin, 2017)

WINCKELMANN, Johann Joachim, **Histoire de l'art dans l'Antiquité** (orig. publ. **Geschichte der Kunst des Alterthums**, Dresden: In der Waltherischen Hof--Buchhandlung, 1764, trad. Dominique TASSEL, introduction et notes de Daniella GALLO, Paris: Librairie générale française, 2005)

WINKLER, Benedictus, **Principiorum juris** libri quinque (Cober: Heinz Gritberleth, 1615 – online https://books.google.com >)

WISMANN, Heinz, **Penser entre les langues** (Paris: Albin Michel, 2012)

WOLF, Eric R., **A Europa e os povos sem história** (orig. publ. **Europe and the people without history**, 1982, trad. Eugenio Marcondes de MOURA, São Paulo: Edusp, 2009)

WOLFF, Christian, **Ius gentium, methodo scientifica pertractatum, in quo ius gentium naturale ab eo, quod voluntarii, pactitii et consuetudinarii est, accurate distinguitur** (Halle, 1749)

___, **Christiani Wolffi Jus naturae methodo scientifica pertractatum** (pars prima – octava) **in qua obligationes et jura connata ex ipsa hominis essential atque natura a priori demonstrantur et totius philosophiae moralis omnisque juris reliqui fundamenta solida jaciuntur** – cum clarissimi auctoris vita, et nunc primum cum viri cl. de VATTEL animadversionibus Christiani Wolffi ... (pars octava, sive ultima, Halle, 1750 – online e-book – Googleplay)

___, **De imperio publico seu jure civitatis in qua omne jus publicum universale demonstratur et verioris politicae inconcussa fundamenta ponuntur.** Et nunc primum cum viri cl. de VATTEL animadversionibus ... (vol. 8, Halle, 1750 – online e-book – Googleplay)

___, **Principes du droit de la nature et des gens** ("extrait du grand ouvrage latin de Mr. de WOLFF par Mr. [Jean-Henri Samuel] FORMEY", Amsterdam: chez Marc Michel Rey, 1758, 3 vols. edição facsimilar Caen: Centre de philosophie politique et juridique, 1990)

___, **Institutiones iuris naturae et gentium** – in quibus ex ipsa hominis natura continuo nexu omnes obligationes et jura omnia deducuntur (Hallae Magdeburgicae: prostat in officina Rengeriana, 1754 – online e-book – Googleplay; tb. reimpr. Arkose Press, 2015)

___, **Institutions du droit de la nature et des gens** (orig. publ. **Institutiones iuris naturae et gentium**, Halle, 1750, traduites du latin de Mr. de WOLFF, avec des notes par Elie LUZAC, 6 tomes, Leide, 1772)

___, **Grundsätze des Natur- und Völkerrechts** (Halle, 1754 e 1769)

___, **Oratio de sinarum philosophia practica** – in solemni panegyri recitata in ipso Academiae Hallensis (1721, Francofurti ad Moenum: apud Joh. B. Andreae & Heinr. Hort., MDCCXXVI)

WOLFF, Christoph; EMERY, Walter; JONES, Richard; HELM, Eugene; WARBURTON, Ernest; DERR, Ellwood S., *Bach* (verbetes no **The New GROVE Dictionary of Music and Musicians**, ed. by Stanley SADIE, Londres: Macmillan, 1980, em vinte tomos, vol. 1, p. 774-877).

WOLFF, Larry, **Inventing Eastern Europe** – The map of civilization on the mind of the Enlightenment (Stanford: Univ. Press, 1994)

WOLFRUM, Rüdiger (edited under the direction of), **The Max Planck Encyclopedia of Public International Law** – published under the auspices of the Max Planck Institute for Comparative Public Law and International Law (Oxford: Univ. Press, 2012, 11 vols.)

WOODWARD, E. L., **Uma história da Inglaterra** (orig. publ. **A History of England**, 1962, trad. Álvaro CABRAL, Rio de Janeiro: Zahar, 1964)

WOOLF, Daniel, **A global history of history** (Cambridge: Univ. Press, 2011)

WULLEM, Moritz (coord., colab. Michael LAILACH e Jörg VÖLLNAGEL), **Von mehr als eine Welt** – Die Künste der Aufklärung (Berlim: Staatliche Museen Preussischer Kulturbesitz – Michael Imhof Verlag, 2012)

WYDENBRUGH, P. B. van, **Tract. iurid. Datur sed nondum habetur ius gentium** (Göttingen, 1783)

XAVIER, Vinicius de Moura, *A essência da Constituição – uma análise da colaboração de Ferdinand Lassalle para o desenvolvimento do constitucionalismo moderno* (Brasília: Revista de informação legislativa, ano 50, no. 197, jan.-mar. 2013, p. 301-313)

YATES, Frances A., **L'art de la mémoire** (orig. publ. **The art of memory**, 1966 trad. francesa de Daniel ARASSE, © 1975, Paris: Gallimard, 1982)

YEPES, J.-M., **Les problèmes fondamentaux du droit des gens en Amérique** (RCADI, 1934, t. 47, p. 1-144)

___, **La contribution de l'Amérique latine au développement du droit international public et privé** (RCADI, 1930, t. 32, p. 691-800)

YOVEL, Yirmiyahu, **Spinoza et autres hérétiques** (orig. publ. **Spinoza and other heretics**, 1989, trad. Éric BEAUMATIN et Jacqueline LAGRÉE, Paris: Seuil, 1991)

ZANATTA, Loris, **Historia de América Latina** – de la Colonia al siglo XXI (orig. publ. **Storia dela America Latina contemporanea**, 2010, trad. Alfredo GRIECO Y BAVIO y Guillermo DAVID, Buenos Aires: Siglo Veintiuno, 5ª ed., 2022)

ZANELLA, Massimo; CHIOETTO, Alessandra (coord. éd.), **Impérial Saint-Pétersbourg** – de Pierre le Grand à Catherine II (Milão: Skira / Monaco: Grimaldi Forum, 2004)

ZERI, Federico, **Renaissance et pseudo-Renaissance** (orig. publ. **Rinascimento e pseudo-Rinascimento**, 1983, trad. Christian PAOLONI, Paris: Payot, 2001)

ZERNOV, Nicholas, **Il Cristianesimo Orientale** (do original **Eastern Christendom**, trad. italiana Orazio NICOTRA, Milão: Il Saggiatore, 1962)

ZIMMER, Heinrich Robert, **Die indische Weltmutter** – Aufsätze (hg. und eingeleitet von Friedrich WILHELM, Frankfurt: Insel, 1980)

___, **As filosofias da Índia** (orig. publ. **Philosophies of India**, 1951, compilado por Joseph CAMPBELL, trad. Nilton A. SILVA, Cláudia G. BOZZA e outros, São Paulo: Palas Atena, 1986)

ZIMMERMANN, Andreas, *State succession in other matters than treaties* (in **Encyclopedia of International Law**, 2012, vol. IX, p. 536-545)

___, *State succession in treaties* (in **Encyclopedia of International Law**, 2012, vol. IX, p. 545-551)

ZIMMERMANN, Michael, **La crise de l'organisation internationale à la fin du Moyen âge** (RCADI, 1933, t. 44, p. 315-438)

ZORGBIBE, Charles, **Metternich** – le séducteur diplomate (Paris: De Fallois, 2009)

ZORZI, Alvise, **Histoire de Venise** (orig. publ. **La Repubblica del Leone – Storia di Venezia**, 1979, Paris: Perrin-tempus, 2005)

ZOUCH, Richard, **Solutio quaestiones veteris et novae sive de legati delinquentis judice competente dissertatio** – in qua Hug. Grotii de ea re. sententia explicatur, expenditur et adseritur (orig. publ. Oxford, 1657, ed. cum notis & animadversionibus Christian HENELII, Colonia: Imp. Rupert Völckert, 1669; tb. Londres, 1717)

ZSCHACKWIZ, Johann Ehrenfried, **Einleitung zu denen vornehmsten Rechts-Ansprüchen, derer Gecrönten hohen Häupter und anderer Souverainen in Europa** (Frankfurt und Leipzig: Carl Friedrich Jungnicol, tomo I, 1733)

ZUMTHOR, Paul, **A Holanda no tempo de Rembrandt** (orig. publ. **La vie quotidienne en Hollande au temps de Rembrandt**, 1959, trad. Maria Lúcia MACHADO, São Paulo: Companhia das Letras, 1989)